中国指数研究院简介

中国指数研究院整合了中国房地产指数系统、中国房地产TOP10研究组等众多资源，由国内外几十位专家和数家学术机构共建，全方位服务于中国商业经济。中国指数研究院下设华北、华东、华中、华南、西南五大分院，分支机构遍布全国75个大中城市，并拥有500多位专业分析师团队，是目前中国最大的房地产专业研究机构。

中国房地产指数系统

中国房地产指数系统（China Real Estate Index System，简称CREIS）是一套以价格指数形式反映全国各主要城市房地产市场运行状况和发展趋势的指标体系和分析方法。它最早由国务院发展研究中心、中国房地产业协会、中国房地产开发集团于1994年发起，分别于1995年和2005年两次通过由国务院发展研究中心、建设部、国土资源部、中国银监会、中国房地产业协会、清华大学和北京大学等单位的著名专家学者组成的鉴定委员会的学术鉴定。中国房地产指数系统（CREIS）目前覆盖全国17个主要城市，定期发布中国主要城市的房地产价格指数，是国际国内房地产投资与开发的主要依据，被称为中国房地产市场的"晴雨表"和引导投资置业的"风向标"。2010年起，中国房地产指数系统启动“百城价格指数”研究，每月1日发布100个城市住宅价格指数，成为中国覆盖范围最广、城市最多的房屋价格指数系统，得到了新华社、中央电视台、第一财经、彭博社、路透社等国内外主流媒体和政府部门、主流开发企业的广泛关注。

中国房地产TOP10研究组

中国房地产TOP10研究组由国务院发展研究中心企业研究所、清华大学房地产研究所、中国指数研究院三家研究机构于2002年发起，2003年1月10日正式成立，致力于对中国规模大、效益佳、品牌优的房地产企业群体进行研究；本着客观、公正、准确、全面的基本原则，排除主观因素的影响，以客观数据为唯一依据，充分借鉴国外TOP10研究的理论框架和操作实务，结合中国房地产发展特点，开展TOP10系列研究工作。中国房地产TOP10研究组办公室设于中国指数研究院，由国务院发展研究中心企业研究所所长赵昌文、清华大学房地产研究所所长刘洪玉、中国指数研究院院长莫天全任联席组长，中国指数研究院常务副院长黄瑜任办公室主任，共同指导管理研究组的工作。经过十年多的努力，TOP10研究组发展成为一支数十人的研究团队、长期专职进行中国房地产TOP10研究具体工作，形成的中国房地产百强企业研究、中国房地产上市公司10强研究、中国房地产品牌价值研究等系列成果，已成为评判房地产企业经营实力和行业地位的重要标准。基于以上研究，中国指数研究院提供以下专项研究服务：企业认证研究、企业品牌价值评估、顾客满意度调研、企业对标研究、企业战略顾问等。

中国指数研究院总院

地址：北京市丰台区南四环西路186号四区汉威国际广场5号楼3层

邮编：100160

电话：010-56319200

传真：010-56319191

2013中国房地

万科 让建筑赞美生命 | 保利地产 和者筑善 | 恒大地产集团 EVERGRANDE REAL ESTATE GROUP | 中海地产 CHINA OVERSEAS PROPERTY | Longfor 龙湖地产 | 绿城集团 GREENTOWN | SHIMAO PROPERTY 世茂房地产 | 首开集团

合生创展 HOPSON | 金融街控股 | 珠江地产 | 卓越集团 Excellence Group | BBMG | 首创置业 | 深业集团 SHUM YIP GROUP | 蓝光地产

Nimble 敏捷集团 | 嘉凯城 CALXON | 禹洲地产 YUZHOU PROPERTIES | 武汉地产集团 WUHAN REAL ESTATE GROUP | 奥园 | M 红星地产 MACALLINE | 龙光地产 LOGAN PROPERTY | SINCERE 协信

AUX 奥克斯地产 | 俊发地产 | 上实城开 SIUD | 香江地产 | 百步亭 Baibuting | 新元房产 | 富通地产 FUTONG REAL ESTATE

金龙集团 GOLD DRAGON GROUP | 光耀集团 | 上海城建 Shanghai Urban Construction | 新鸥鹏地产集团 NEW OPEN REAL ESTATE GROUP | 星河集团 GALAXY GROUP | 福晟集团 FULLSUN GROUP | 保利集团 | 合正集团 HAZENS REAL ESTATE

实力集团 中国房地产双百强企业 | ORSUN 奥山集团 | 華都集團 | VERAKIN 同景 | 众安房产 | GOVA 光华集团 | EAST 尚东地产 | 长安地产

百世金谷实业 BLESSGO INDUSTRIAL | 北京城建地产 | 华创地产集团 | 北辰实业 BEIJING NORTH STAR | 北京建工地产 BCEG REAL ESTATE | 京汉置业 KINGHAND HOUSING | TDG 同德实业集团 | 融汇地产

庭瑞集团 TEAMRISE GROUP | Kineer 楷林置业 | FOSUN 复星 | FORTE 复地 | SUNAC 融创 | 鑫中天 KING ZHONGTIAN | 世联地产 WORLDUNION | TOSPUR 同策咨询

世方商业地产 SHIFANG COMMERCIAL PROPERTIES | 中铁置业 | 香港联祥 | ZOHARO 正合地产 | 尚峰地產 SFRE | 信达行 | 万科物业

卓越物业 EXCELLENCE PROPERTY | 网信物业 WANGXIN PROPERTY | 金融街物业 FSPM | 银湾集团 YINWAN GROUP | SFRE | BBMG | YanGO 阳光城物业

AT YOUR SERVICE 世茂物業 | LONCIN 隆鑫物业 | Jiayuan 佳源物业 | 幸福基业物业 XINGFU JIYE PROPERTY | H&C 誠信行 | 昆明银海物业服务有限公司 Kunming Yinhai Property Management Co.,Ltd.

正弘物业 ZHENGHONG PROPERTY | 東方銀座物業 ORIENTAL GINZA PROPERTY | Yi hua | 美林物业 MAYLAND PROPERTY | 嘉禾装饰 和谐家居 | FOTILE 方太 高端厨电领导者

产优秀企业

金地集团 Gemdale 科学筑家　家在·情在 招商地产　中信地产 CITIC REAL ESTATE　JINKE 金科　Kaisa 佳兆业 佳居乐业　华夏幸福基业 Cfld　新城控股 FUTURE HOLDINGS　RiseSun 荣盛

天房集团 TIANFANG GROUP　滨江集团 BINJIANG REAL ESTATE 股票代码：002244　越秀地产 YUEXIU PROPERTY　福星惠誉 FUXINGHUIYU　银亿股份　POWERLONG 宝龙　CIFI GROUP 旭辉集团　SHIMAO　COASTAL 滨海

景瑞地产　方圆　三盛宏业 SAN SHENG GROUP　上海爱家 SHANGHAI AIJIA　联发集团　花样年　SRE GROUP LIMITED　東原　正商地产 ZENSUN

Midea 美的地产 筑城 筑家 筑未来　CASIC 中国航天·三江地产 SPACE ESTATE　广西东方航洋实业集团　LANDSEA 朗诗　名流置业　ITG　東方銀座集團 ORIENTAL GINZA

祥生地产 XIANGSHENG REAL ESTATE　翠屏　蓝鼎集团 LANDING GROUP　Boee Real Estate 保亿置业　奥宸地产　兴茂集团　金都集团 JINDU GROUP　君华集团 KING VISION　億鵬集團 YIPENG GROUP

力高(中国)地产 REDCO (CHINA) REAL ESTATE　厦门象屿建设集团有限责任公司 XIAMEN XIANGYU CONSTRUCTION CO., LTD.　联东U谷 LIANDO U VALLEY　重庆高科 CHONGQING GAOKE　东湖高新　银湖科技 YIN HU　长虹置业 CHANGHONG DEVELOPMENT

浙江广厦 ZHEJIANG GUANGSHA　泰禾集团（股票代码：000732）　圆融集团 HARMONY GROUP　隆基泰和 LONGJITAIHE　WOZ 五洲国际　YULONG　步步高置业 Better Life　光谷联合

策源 RESOURCE　新聚仁 NEW TALENTEAM GROUP　KINVO 金网络·地产顾问　新景祥 NEW VISUAL ANGLE　金丰易居 JINFENG REAL ESTATE　博思堂 地产综合服务股份有限公司

绿城服务 GREENTOWN　首开物业　长城物业 CHANGCHENG PROPERTY 信得托付　Gemdale 金地物业　JUMBO CHAMPS 均豪物业　广电物业 GrounDey Property Management　中奥物业 ZHONGAO PROPERTY SERVICE　佳兆业物业 KAISA PROPERTY

zhixin 成都置信 为您想得更多·为您做得更好　银亿物业 YINYI PROPERTY　嘉凯城服务 CALXONSERVICE　东光物业 DONGGUANG PROPERTY　港联物业 asiaasset　BETWEEN 佰全物业

津滨联合物业 JINBIN UNITED PROPERTY　申大物业 SHENDA PROPERTY　晋愉物业 JINYU PRORERTY MANAGEMENT　hq　浙江大管家物业管理服务有限公司 BIG HOUSE PROPERTY　会议中心物业

AOLEISHI 奥雷士　ROBAM 老板　意大利蜜蜂瓷砖　Power Dekor 圣象　BASKO　TOPLI 特普丽　中国上虞 Shangyu China

中国指数研究院房地产数据库

中国房地产指数系统自1994年成立以来便组建了专业调研团队，依托遍布全国的分析师实地调研和搜房网平台的长期跟踪监测，掌握了大量一手数据，汇集了20年来的房地产开发经营数据、120个城市的房地产交易数据和2000余个城市的土地交易信息，同时收录了40万余宗土地、10万多个住宅项目和超5万栋商用物业的600多项指标共6000余万条详细信息，建立了中国历时最长、信息最全的房地产专业数据库。

CREIS中指数据　　http://fdc.soufun.com

土地版	城市版	营销顾问版	宏观版	企业版	客户专享版
搜地	城市规划	市场监测	交易数据	土地储备	家居企业版
土地评估	经济水平	竞品监测	开发经营	经营业绩	券商版
土地统计	土地供求	开盘监测	指数研究	项目分布	高校版
地块排行榜	项目交易	定期报告	宏观经济	项目销售	……
土地报告	竞品分析	地产快讯	政策法规	财务数据	
供地计划	代表企业		城市规划	企业公告	

中国指数研究院房地产研究报告

（六大类3000余册）

中国指数研究院长期致力于跟踪研究中国房地产市场，与全国主流房地产企业构建了良好的战略合作与互动关系，并在合作过程中积累了大量经验及成功案例，形成了政策研究、指数研究、全国市场研究、城市市场研究、企业研究及相关专题研究等6大系列研究报告，全年研究成果达3000余册，总字数超千万，全面帮助用户解读政策调控方向、把握行业长期发展趋势、研究标杆企业经营策略、监测最新市场变化。

报告类别	研究报告
政策研究报告	《中国房地产政策即时解读报告》 《中国房地产政策月度跟踪报告》 《中国房地产政策季度评估报告》 《中国房地产政策年度评估及预测报告》
企业研究报告	《企业资讯周报》 《企业动态研究月报》 《房地产企业监测年报》 《中国房地产百强企业研究报告》 《中国房地产上市公司研究报告》 《中国房地产品牌价值研究报告》 《中国房地产百强企业白皮书》 《中国房地产企业动态监测》 《中国房地产百亿企业深度研究报告》
专题研究报告	市场热点专题研究报告 房地产政策专题分析报告 土地市场专题研究报告 城市投资吸引力及细分市场研究报告

报告类别	研究报告
指数研究报告	《百城价格指数报告》 《中国房地产指数系统月报》 《百城住宅用地价格报告》
全国市场研究报告	《土地市场交易情报》(周度、月度、年度) 《住宅市场交易情报》(周度、月度、年度) 《全国房地产开发经营数据解读》 《中国房地产市场季度报告》 《中国房地产市场形势分析与趋势展望》 《中国城市房地产开发投资吸引力研究报告》
城市市场研究报告	《城市数据信息周报》 《城市风险测评月报》 《城市房地产市场发展研究报告》 《城市住宅市场研究报告》 《城市别墅市场研究报告》 《城市写字楼市场研究报告》 《城市商铺市场研究报告》

2013

中国房地产统计年鉴

CHINA REAL ESTATE STATISTICS YEARBOOK

国家统计局
中国指数研究院 编

中国统计出版社
China Statistics Press

图书在版编目（CIP）数据

中国房地产统计年鉴. 2013 / 国家统计局, 中国指数研究院编. -- 北京 : 中国统计出版社, 2013.11
ISBN 978-7-5037-7001-2

Ⅰ. ①中… Ⅱ. ①国… ②中… Ⅲ. ①房地产业－统计资料－中国－2013－年鉴 Ⅳ. ①F299.233-54

中国版本图书馆 CIP 数据核字(2013)第 242997 号

中国房地产统计年鉴—2013

作　　者/国家统计局　中国指数研究院
责任编辑/佘竞雄
封面设计/李雪燕
出版发行/中国统计出版社
通信地址/北京市丰台区西三环南路甲 6 号　邮政编码/100073
电　　话/邮购（010）63376909　书店（010）68783171
网　　址/http://csp.stats.gov.cn
印　　刷/河北天普润印刷厂
经　　销/新华书店
开　　本/880mm×1230mm　1/16
字　　数/966 千字
印　　张/31.25　4 彩页
版　　别/2013 年 11 月第 1 版
版　　次/2013 年 11 月第 1 次印刷
定　　价/500.00 元

如有印装差错，由本社发行部调换。

编委会名单

前　言

2013年，针对去年下半年部分热点城市市场量价快速升温的态势，"国五条"在一季度出台并在北京等地落实，二季度多数城市成交下行后再度企稳回升，全国投资开工稳步向好，热点城市价格涨幅相对较高，但不同城市的市场分化日益加剧，部分城市供大于求的态势依然显著。为了及时准确地反映中国房地产市场的发展状况，给行业内提供一个全面客观研究房地产市场的辅助工具，帮助大家有效透析房地产投资、开发、交易等运作过程，也为了便于房地产行业相关人士对房地产市场进行深入的量化分析，从1999年到2013年，国家统计局与中国指数研究院共同编辑出版了《中国房地产统计年鉴》系列。

《中国房地产统计年鉴》以客观数字真实地反映与记载中国房地产市场发展状况，是房地产业权威的综合性资料年刊。她创刊于1999年，至今已经连续出版15年。由中国指数研究院和国家统计局合作出版的《中国房地产统计年鉴（1999）》，是当时国内第一部全方位汇集我国房地产业发展状况的统计资料工具书，出版后得到了行业内的普遍好评。此后又陆续出版了《中国房地产统计年鉴（2000）》、《中国房地产统计年鉴（2001）》、《中国房地产统计年鉴（2002—2003）》、《中国房地产统计年鉴（2004）》、《中国房地产统计年鉴（2005-2006）》、《中国房地产统计年鉴（2007）》、《中国房地产统计年鉴（2008）》、《中国房地产统计年鉴(2009)》、《中国房地产统计年鉴(2010)》、《中国房地产统计年鉴(2011)》和《中国房地产统计年鉴(2012)》。

《中国房地产统计年鉴（2013）》是中国指数研究院在长期对房地产市场跟踪调查的基础上，与国家统计局固定资产投资司共同合作，通过扎实而细致的准备工作，反复核对计算、认真编排后推出的。《中国房地产统计年鉴(2013)》收录了2012年全国各地区及35个大中城市的房地产经济统计数据。全书内容共分四个部分：第一部分全国及地区篇，收录了2012年全国及各地区房地产行业各项指标综合统计数据，以便读者按地区分类来了解中国及各地房地产行业的发展及状况。第二部分大中城市篇，收录2012年35个大中城市房地产综合统计数据，对2012年各城市的房地产发展进行了深度整理，方便了查阅及各城市的对比。第三部分省与城市篇，囊括了2012年各省及35个大中城市的房地产数据，在数据上实现了年度同比，有利于观察全国各省及城市的房地产发展变化。为了使读者全面了解2013年房地产行业及上下游企业最新的研究状况，我们在第四部分附录收录：《2013中国房地产百强企业研究报告》、《2013中国房地产策划代理百强企业研究报告》、《2013中国房地产上市公司TOP10研究报告》、《2013中国房地产品牌价值研究报告》、《2013中国房地产策划代理品牌价值研究报告》、《2013中国物业服务百强企业研究报告》、《2013中国家居产业百强企业研究报告》，同时为了便于读者了解项目的最新情况还收录了《2013中国重要城市部分典型地产指数系统样本楼盘》等内容。

中国指数研究院是目前中国最大的房地产专业研究机构，它整合了中国房地产指数系统、中国房地产TOP10研究组等众多资源，由国内外几十位专家和数家学术机构共建，全方位服务于中国商业经济。中国指数研究院运营的中国房地产指数系统，被誉为中国房地产市场的“晴雨表”和引导投资置业的“风向标”；中国指数研究院与国务院发展研究中心企业研究所、清华大学房地产研究所共同发起成立的“中国房地产TOP10研究组”连续发布中国房地产百强企业研究、中国房地产品牌价值研究等系列研究成果，已成为评判房地产企业经营实力及行业地位的重要标准。

《中国房地产统计年鉴（2013）》的成功出版，首先要感谢我们的合作单位——国家统计局固定资产投资司的领导：贾海、赵培亚、李俊波、李皎、刘晓琼、路亚南、杲海青等。在《中国房地产统计年鉴（2013）》出版过程中，他们不仅是基础资料的提供者，同时作为我们的顾问和学术指导，提出了许多非常有帮助的意见和建议，使我们的工作得以不断完善。

感谢中国指数研究院年鉴编辑部的全体成员，他们对庞大的房地产统计数据进行收集、整理、计算、分类，没有他们辛苦细致的工作，就不可能有如今比较完备的房地产数据库和中国房地产指数系统资料库，也就不可能编辑完成本书的很多章节。他们查阅、汇总了大量的专业资料和行业数据，并进行了细致的整理、编辑。正是他们严谨、周密的工作态度促使本书得以更新和完善，以满足不断发展的行业研究需求。

还要感谢兄弟单位搜房网全国 100 多个城市的分支机构，在我们进行数据采集、整理和分析当中给予大力的支持。正是因为有了搜房网全国机构作为后盾，本年鉴的数据完整性才得到保障。

最后，感谢一直支持中国指数研究院和搜房网体系的房地产行业及上下游企业（附鸣谢企业列表），他们为本书资料收集工作提供了许多方便，让我们更好地完善了各类信息和数据。

我们力求本年鉴中所有的数据翔实、客观，但鉴于所载内容涉及面广，数据量浩大，且各省、市、自治区采集的样本资料及其内容特点各异，结构体系也不尽相同，因此，书中难免出现遗漏及不足，敬请读者及业内人士谅解，并提出宝贵意见，以便在今后编写下一年度《中国房地产统计年鉴》时予以修正。

中国指数研究院　院长

莫天全

2013 年 11 月

特别鸣谢以下企业：

万科企业股份有限公司	联发集团有限公司
保利房地产（集团）股份有限公司	花样年集团（中国）有限公司
恒大地产集团有限公司	上置集团有限公司
中国海外发展有限公司	重庆东原房地产开发有限公司
龙湖地产有限公司	河南正商置业有限公司
绿城房地产集团有限公司	宁波奥克斯置业有限公司
世茂房地产控股有限公司	俊发地产有限责任公司
北京首都开发控股（集团）有限公司	上海实业城市开发集团有限公司
金地（集团）股份有限公司	深圳香江控股股份有限公司
招商局地产控股股份有限公司	杭州开元房地产集团有限公司
中信房地产股份有限公司	深圳市富通房地产集团有限公司
金科地产集团股份有限公司	美的地产集团
佳兆业集团控股有限公司	广西东方航洋实业集团有限公司
新城控股集团有限公司	朗诗集团股份有限公司
荣盛房地产发展股份有限公司	厦门国贸地产集团有限公司
合生创展集团有限公司	东方银座集团中国有限公司
金融街控股股份有限公司	浙江金龙房地产投资集团有限公司
广东珠江投资股份有限公司	光耀集团
卓越置业集团有限公司	上海城建置业发展有限公司
首创置业股份有限公司	重庆新鸥鹏地产（集团）有限公司
深业集团有限公司	星河控股集团有限公司
四川蓝光和骏实业股份有限公司	福晟集团有限公司
天津市房地产开发经营集团有限公司	上海保集(集团)有限公司
杭州滨江房产集团股份有限公司	深圳市合正房地产集团有限公司
越秀地产股份有限公司	浙江祥生房地产开发有限公司
银亿房地产股份有限公司	翠屏国际控股有限公司
宝龙地产控股有限公司	安徽蓝鼎控股集团有限公司
旭辉控股（集团）有限公司	保亿置业集团有限公司
上海世茂股份有限公司	奥宸地产（集团）有限公司
沿海地产投资（中国）有限公司	重庆市兴茂产业发展（集团）有限公司
广州市敏捷投资有限公司	金都房产集团有限公司
嘉凯城集团	君华集团有限公司
禹洲地产股份有限公司	上海亿丰企业（集团）有限公司
中国奥园地产集团股份有限公司	云南实力房地产开发经营集团有限公司
上海红星美凯龙房地产有限公司	浙江华都控股集团股份有限公司
龙光地产控股有限公司	重庆同景置业有限公司
协信地产控股有限公司	众安房产有限公司
景瑞地产（集团）股份有限公司	重庆光华控股（集团）有限公司
方圆地产控股有限公司	广州尚东地产集团有限公司
上海三盛宏业投资（集团）有限责任公司	重庆长安房地产开发有限公司
上海爱家集团	力高（中国）地产有限公司

续表

象屿建设集团有限责任公司	方太集团
北京联东投资（集团）有限公司	宁波奥雷士洁具有限公司
重庆高科集团有限公司	圣象集团有限公司
四川长虹置业有限公司	北京金隅家居有限公司
百世金谷实业有限公司	北京特普丽装饰装帧材料有限公司
北京城建投资发展股份有限公司	万科物业发展有限公司
北京北辰实业股份有限公司	绿城物业服务集团有限公司
京汉置业集团股份有限公司	北京首开鸿城实业有限公司
云南同德实业集团有限公司	长城物业集团股份有限公司
融汇集团	深圳市金地物业管理有限公司
浙江广厦股份有限公司	北京市均豪物业管理股份有限公司
泰禾集团股份有限公司	广州市广电物业管理有限公司
苏州圆融发展集团有限公司	广东中奥物业管理有限公司
隆基泰和集团	佳兆业物业管理（深圳）有限公司
五洲国际控股有限公司	深圳市卓越物业管理有限公司
河南楷林置业有限公司	北京网信物业管理有限公司
苏州豪城建屋置业有限公司	北京金融街物业管理有限责任公司
鑫中天（天津）投资发展有限公司	上海银湾物业连锁集团
鲁商置业股份有限公司	深圳市彩生活服务集团有限公司
鲁能集团有限公司	阳光城物业
青岛海尔地产集团有限公司	成都置信实业（集团）有限公司
陕西宏远房地产股份有限公司	宁波银亿物业管理有限公司
复地集团重庆公司	嘉凯城服务
融创中国·重庆公司	北京东光物业管理有限公司
金融街重庆置业有限公司	杭州佰全物业管理有限公司
深圳世联地产顾问股份有限公司	上海世茂南京物业服务有限公司
同策房产咨询股份有限公司	重庆隆鑫物业管理有限公司
策源地产	浙江佳源物业管理有限公司
上海新聚仁物业咨询有限公司	山东省诚信行物业管理有限公司
新景祥投资控股有限公司	昆明银海物业服务有限公司
北京金网络投资管理有限公司	天津津滨联合物业服务有限公司
上海金丰易居房地产顾问有限公司	上海申大物业有限公司
博思堂地产综合服务股份有限公司	重庆晋愉物业管理有限公司
深圳世方商业地产顾问机构	中新苏州和乔物业服务有限公司
北京中铁新业投资顾问有限公司	浙江大管家物业管理服务有限公司
沈阳联祥地产营销策划有限公司	苏州市会议中心物业管理有限公司
成都正合地产顾问有限公司	河南正弘物业管理有限公司
重庆尚峰企业营销策划有限公司	深圳市东方银座物业管理有限公司
沈阳信达行房地产经纪有限公司	杭州怡华物业管理有限公司
意大利蜜蜂瓷砖	广州市美林基业物业管理有限公司
杭州老板电器股份有限公司	上虞市国土资源局

目 录

第一部分 全国及地区篇

第五章　土地开发与购置（2012）

第三部分 省与城市篇

第八章 各省、自治区、直辖市房地产开发投资综合统计（2012）

第九章 35 个大中城市分城市房地产开发投资综合统计（2012）

第四部分 附 录

第一部分
全国及地区篇

第一章　房地产开发综合（2012）

1-1　房地产开发企业主要指标完成情况

指　　标	绝对量		增　速	
	2011	2012	2011	2012
一、企业个数(个)	**88419**	**89859**	**3.8**	**1.6**
内资	83011	84695	4.4	2.0
#国有	3427	3354	-7.0	-2.1
集体	1023	904	-16.1	-11.6
港、澳、台投资	3565	3451	-3.0	-3.2
外商投资	1843	1713	-10.2	-7.1
二、本年完成投资(亿元)	**61796.89**	**71803.79**	**28.1**	**16.2**
1.按构成分				
建筑安装工程	44405.34	52036.26	34.3	17.2
设备工器具购置	816.03	1019.39	46.2	24.9
其他费用	16575.52	18748.13	13.3	13.1
#土地购置费	11527.25	12100.15	15.3	5.0
2.按工程用途分				
住宅	44319.50	49374.21	30.3	11.4
办公楼	2558.79	3366.61	41.6	31.6
商业营业用房	7424.05	9312.00	31.4	25.4
其他	7494.55	9750.96	10.6	30.1
三、本年新增固定资产(亿元)	**29051.73**	**33541.42**	**29.8**	**15.5**
四、本年土地购置面积(万平方米)	**44327.4**	**35666.8**	**10.9**	**-19.5**
五、房屋建筑面积(万平方米)				
施工面积	506775.5	573417.5	25.0	13.2
#住宅	387706.0	428964.1	23.2	10.6
竣工面积	92619.9	99425.0	17.6	7.3
#住宅	74319.1	79043.2	17.1	6.4
六、商品房销售				
商品房销售面积(万平方米)	109366.7	111303.6	4.4	1.8
#住宅	96528.4	98467.5	3.4	2.0
#别墅、高档公寓	3729.9	3476.0	-11.6	-6.8
商品房平均销售价格(元/平方米)	5357	5791	6.5	8.1
#住宅	4993	5430	5.7	8.7
#别墅、高档公寓	10994	11460	0.5	4.2
七、利润总额(亿元)	**5847.51**	**6300.70**	**-6.2**	**7.8**

注：商品房平均销售价格由报告期内新建商品房销售额除以销售面积计算而成。不同时期的商品房平均销售价格可能会受商品房区域、房屋类型等各种因素的影响(以下相关各表同)。

1-2 各地区按登记注册类型分的房地产开发企业个数

单位：个

地区	总计	内资	国有	集体	股份合作	国有联营	集体联营
全国总计	**89859**	**84695**	**3354**	**904**	**375**	**34**	**23**
北京	2981	2709	73	20	2		
天津	1322	1208	222	18	2	3	1
河北	3178	3116	40	5	17		
山西	2221	2201	99	16	5	1	
内蒙古	2250	2243	33	2	9		
辽宁	3961	3563	80	14	22	2	
吉林	1709	1679	21	4	3		
黑龙江	2134	2094	78	4	6		
上海	3132	2663	288	80	6	9	7
江苏	6357	5763	236	73	16	2	
浙江	6221	5917	165	45	7	2	1
安徽	3402	3300	120	17	11	4	
福建	3140	2644	170	35	2	2	2
江西	2005	1901	96	14	16		3
山东	5841	5608	223	119	42	3	3
河南	5316	5188	127	33	26		
湖北	3785	3660	165	32	24		
湖南	3564	3435	138	23	53		
广东	6492	5601	213	228	18		2
广西	2934	2793	119	26	15	2	
海南	971	895	48	1	9		
重庆	2552	2441	101	8	5		
四川	4221	4059	121	22	17	1	1
贵州	2133	2091	76	8	12	1	
云南	2707	2664	94	10	12	1	1
西藏	45	45	7	1			
陕西	1646	1612	103	18	8		1
甘肃	1359	1336	57	23	8		
青海	291	288	10		2	1	
宁夏	480	476	3	4			
新疆	1509	1502	28	1			1

1-2　续表 1　　　　单位：个

地　区	内资						
	国有与集体联营	其他联营	国有独资公司	其他有限责任公司	股份有限公司	私营独资	私营合伙
全国总计	**31**	**26**	**804**	**35054**	**3627**	**1904**	**481**
北　京			54	1852	77	1	1
天　津			22	482	40	21	3
河　北		1	11	1435	156	97	14
山　西			13	398	39	25	11
内蒙古	2		9	1033	103	73	8
辽　宁			23	1240	124	113	14
吉　林	1		16	783	96	46	6
黑龙江			11	956	143	42	8
上　海	8	1	68	963	41	42	6
江　苏	1	1	42	1732	253	220	49
浙　江	3	1	72	2272	96	57	13
安　徽	3	3	39	1530	148	66	24
福　建	2	1	47	1019	61	33	18
江　西		1	12	806	151	38	23
山　东		1	47	2472	339	124	23
河　南		2	21	2761	398	158	48
湖　北	3	1	23	1389	233	100	26
湖　南	2	1	37	1359	207	71	35
广　东		5	40	2607	131	160	45
广　西		1	20	758	132	89	15
海　南	1	1	5	531	57	11	5
重　庆	1	1	42	787	46	23	8
四　川		1	34	1745	254	79	9
贵　州	1	1	18	971	55	34	19
云　南	2		25	1009	97	73	30
西　藏	1	1		9	3	4	
陕　西		1	18	815	82	32	8
甘　肃			3	606	45	31	6
青　海			5	76	7	14	1
宁　夏			12	107	4	9	3
新　疆			15	551	9	18	2

1-2 续表 2

单位：个

地　区	内资			港澳台商投　资			
	私营有限责任公司	私营股份有限公司	其他内资企　业		合资经营	合作经营	独　资
全国总计	**34018**	**2563**	**1497**	**3451**	**1291**	**381**	**1710**
北　京	604	25		164	59	67	38
天　津	340	15	39	63	30	4	26
河　北	1192	96	52	37	22		15
山　西	1496	73	25	13	6	1	6
内蒙古	870	47	54	4	4		
辽　宁	1773	83	75	256	113	6	132
吉　林	629	41	33	21	10	1	9
黑龙江	741	78	27	23	10		10
上　海	1074	52	18	295	119	20	155
江　苏	2789	221	128	364	149	12	197
浙　江	3108	72	3	184	84	3	89
安　徽	1136	110	89	62	28	1	31
福　建	1139	76	37	386	94	17	264
江　西	591	102	48	79	35	2	42
山　东	1895	167	150	148	80	14	53
河　南	1340	153	121	85	40	5	37
湖　北	1474	120	70	90	46	1	40
湖　南	1228	223	58	91	40	3	47
广　东	1966	111	75	685	133	212	328
广　西	1455	105	56	85	45	7	33
海　南	186	12	28	54	16		34
重　庆	1278	105	36	72	30		42
四　川	1575	124	76	87	32	3	48
贵　州	774	101	20	32	19		13
云　南	1138	88	84	34	23	1	9
西　藏	17	2					
陕　西	422	65	39	15	6	1	8
甘　肃	489	36	32	15	13		2
青　海	150	14	8	2	1		1
宁　夏	314	17	3	1	1		
新　疆	835	29	13	4	3		1

1-2 续表 3 单位：个

地区	港澳台商投资		外商投资					
	股份有限	其他		合资经营	合作经营	独资	股份有限	其他
全国总计	**58**	**11**	**1713**	**719**	**164**	**780**	**45**	**5**
北京			108	41	42	22	3	
天津	3		51	25	4	19	3	
河北			25	11	2	12		
山西			7	4		3		
内蒙古			3	1		2		
辽宁	5		142	72	9	57	3	1
吉林	1		9	7	1	1		
黑龙江	2	1	17	8	1	8		
上海	1		174	67	9	92	6	
江苏	4	2	230	93	11	123	3	
浙江	8		120	58	2	58	2	
安徽	2		40	16	2	21	1	
福建	11		110	35	2	70	3	
江西			25	13		11	1	
山东	1		85	45	11	29		
河南	2	1	43	20		21	2	
湖北	3		35	19	1	14	1	
湖南	1		38	22	1	13	2	
广东	9	3	206	53	47	97	7	2
广西			56	30	5	20	1	
海南	2	2	22	5	1	14	2	
重庆			39	14	2	18	3	2
四川	3	1	75	33	4	37	1	
贵州			10	3	2	5		
云南		1	9	6	1	1	1	
西藏								
陕西			19	7	3	9		
甘肃			8	5	1	2		
青海			1	1				
宁夏			3	2		1		
新疆			3	3				

1-3 各地区按资质等级分的房地产开发企业个数

单位：个

地区	总计	一级	二级	三级	四级	暂定	其他
全国总计	**89859**	**1201**	**9171**	**22580**	**17211**	**33760**	**5936**
北京	2981	124	217	297	1167	606	570
天津	1322	28	111	150	683	319	31
河北	3178	35	235	580	1210	1008	110
山西	2221	14	139	369	1045	629	25
内蒙古	2250	28	183	400	1032	528	79
辽宁	3961	55	226	1117	98	2079	386
吉林	1709	5	152	386	476	663	27
黑龙江	2134	19	331	1179	166	394	45
上海	3132	51	270	407	9	1863	532
江苏	6357	106	1989	1526	96	2292	348
浙江	6221	133	631	1665	818	2219	755
安徽	3402	39	336	913	358	1676	80
福建	3140	33	137	770	660	1288	252
江西	2005	6	232	685	327	672	83
山东	5841	86	343	1033	1335	2591	453
河南	5316	59	496	976	468	3084	233
湖北	3785	50	426	944	917	1338	110
湖南	3564	22	200	1650	427	1142	123
广东	6492	93	283	1432	1691	2209	784
广西	2934	9	96	630	456	1583	160
海南	971	4	33	99	110	599	126
重庆	2552	42	578	832	102	977	21
四川	4221	48	615	2415	269	691	183
贵州	2133	6	117	404	662	832	112
云南	2707	25	191	313	1034	1000	144
西藏	45	1	5	17	10	10	2
陕西	1646	35	232	452	624	234	69
甘肃	1359	6	104	415	412	389	33
青海	291	5	86	89	45	57	9
宁夏	480	10	79	101	98	183	9
新疆	1509	24	98	334	406	605	42

1-4　各地区按隶属关系分的房地产开发企业个数

单位：个

地　区	合　计	中央属	地方属	省　属	地市属	县　属	其　他
全国总计	**89859**	**676**	**89183**	**2001**	**8870**	**8240**	**70072**
北　京	2981	111	2870	245	283	8	2334
天　津	1322	58	1264	140	258	70	796
河　北	3178	12	3166	19	285	314	2548
山　西	2221	9	2212	42	179	117	1874
内蒙古	2250	9	2241	28	216	332	1665
辽　宁	3961	23	3938	23	328	266	3321
吉　林	1709	7	1702	7	209	191	1295
黑龙江	2134	10	2124	86	321	364	1353
上　海	3132	52	3080	262	441	14	2363
江　苏	6357	22	6335	54	245	363	5673
浙　江	6221	8	6213	63	249	279	5622
安　徽	3402	11	3391	73	425	276	2617
福　建	3140	8	3132	50	290	300	2492
江　西	2005	8	1997	41	173	243	1540
山　东	5841	26	5815	89	544	859	4323
河　南	5316	16	5300	53	676	601	3970
湖　北	3785	33	3752	46	595	315	2796
湖　南	3564	16	3548	89	449	380	2630
广　东	6492	33	6459	56	779	557	5067
广　西	2934	6	2928	24	303	234	2367
海　南	971	10	961	115	135	122	589
重　庆	2552	46	2506	70	273	108	2055
四　川	4221	32	4189	61	348	552	3228
贵　州	2133	23	2110	44	78	234	1754
云　南	2707	10	2697	71	172	428	2026
西　藏	45		45	4	9	2	30
陕　西	1646	16	1630	57	292	220	1061
甘　肃	1359	5	1354	42	172	187	953
青　海	291	1	290	13	38	18	221
宁　夏	480	4	476	16	26	20	414
新　疆	1509	51	1458	18	79	266	1095

1-5 各地区按登记注册类型分的房地产开发企业从业人数

单位：人

地区	总计	内资	国有	集体	股份合作	国有联营	集体联营
全国总计	**2386772**	**2199815**	**123593**	**20398**	**14352**	**1305**	**1012**
北京	91941	77985	3177	476	109		
天津	34753	31036	7974	614	14	47	30
河北	95792	92988	1481	302	355		
山西	52389	51859	3420	464	94	69	
内蒙古	61314	61083	968	45	363		
辽宁	96655	83227	2069	285	511	50	
吉林	41267	39769	402	67	27		
黑龙江	48481	47587	2642	319	59		
上海	74219	53667	6121	1141	54	230	71
江苏	158864	141087	7204	1168	301	58	
浙江	111378	103835	3788	595	149	356	
安徽	97911	94088	3542	203	287	295	
福建	78167	66485	5782	637	20	25	15
江西	52157	48879	2773	480	329		152
山东	174153	166259	9489	3731	1504	47	51
河南	138200	134471	3566	682	4782		
湖北	104240	99360	8778	700	591		
湖南	97175	93469	4152	1380	1963		
广东	196656	159261	10810	5040	616		656
广西	70167	66202	2969	414	393	59	
海南	32178	26305	2271	4	255		
重庆	86938	81754	5050	106	50		
四川	118215	112103	4767	334	813	6	
贵州	47042	45900	1860	49	161	32	
云南	63478	61609	2317	182	227	18	10
西藏	1454	1454	242	80			
陕西	71866	69872	12269	550	186		27
甘肃	35074	33971	2545	292	89		
青海	8150	8078	517		50	13	
宁夏	15944	15738	55	53			
新疆	30554	30434	593	5			

1-5　续表 1　　单位：人

地　区	内资						
	国有与集体联营	其他联营	国有独资公司	其他有限责任公司	股份有限公司	私营独资	私营合伙
全国总计	**513**	**824**	**35174**	**940885**	**116633**	**45358**	**9823**
北　京			2658	57756	3717	8	25
天　津			877	10421	1761	594	24
河　北		37	304	42215	5611	2380	328
山　西			287	10264	1213	666	256
内蒙古	48		332	27166	2060	1232	169
辽　宁			1736	36633	3791	2537	341
吉　林	22		758	18789	2432	1178	121
黑龙江			642	23008	2903	744	124
上　海	92	5	1884	19934	2079	831	59
江　苏	6	25	1055	46644	6887	5658	1174
浙　江	85	5	1703	42363	3503	661	149
安　徽	72	66	1901	40925	11551	2315	640
福　建	19		1871	27678	1549	629	294
江　西		49	289	19877	4104	937	377
山　东		22	3979	73013	11221	2708	566
河　南		120	591	70476	7731	4894	626
湖　北	36	20	3225	36692	8902	1950	345
湖　南	42	30	1401	38437	5529	1640	1423
广　东		115	2152	70876	6713	2972	791
广　西		50	816	20229	2810	1921	270
海　南	26	15	200	15185	1888	435	59
重　庆	35	3	1541	28822	1796	528	155
四　川		32	1310	47859	8257	1963	140
贵　州	11	1	373	23688	1839	686	294
云　南	15		716	26232	2466	1276	431
西　藏	4	211		191	42	144	
陕　西		18	668	33233	3107	1785	228
甘　肃			44	14740	804	1162	123
青　海			181	1941	128	308	36
宁　夏			1004	3828	113	394	61
新　疆			676	11770	126	222	194

1-5 续表 2 单位：人

地区	内资			港澳台商投资			
	私营有限责任公司	私营股份有限公司	其他内资企业		合资经营	合作经营	独资
全国总计	**781492**	**68380**	**40073**	**116849**	**44583**	**10399**	**59441**
北京	9572	487		7871	2677	2758	2436
天津	6789	426	1465	2202	935	85	1077
河北	33577	4854	1544	1310	793		517
山西	33049	1485	592	303	128	28	147
内蒙古	20907	6756	1037	47	47		
辽宁	32110	1808	1356	8468	3212	72	5056
吉林	14486	836	651	1216	390	2	786
黑龙江	15085	1420	641	557	226		296
上海	19664	1239	263	12198	6465	749	4956
江苏	62213	5403	3291	10828	4333	202	6028
浙江	49326	1121	31	4724	2162	20	2392
安徽	27241	2731	2319	2119	986	33	1069
福建	25491	1522	953	9231	2530	349	6095
江西	16038	2578	896	2162	944	46	1172
山东	50269	4630	5029	5182	2607	213	2317
河南	32598	3417	4988	2299	817	227	1193
湖北	33866	2559	1696	3506	1519	15	1873
湖南	30180	5386	1906	2573	972	105	1458
广东	54170	2872	1478	22181	4340	5144	12348
广西	32250	2707	1314	2332	956	272	1104
海南	4944	259	764	4686	2942		1118
重庆	38983	3260	1425	3588	1584		2004
四川	41785	3007	1830	2853	466	39	2182
贵州	14731	1850	325	989	545		444
云南	23914	1813	1992	1532	800	2	726
西藏	529	11					
陕西	14558	1962	1281	765	239	38	488
甘肃	13036	614	522	852	733		119
青海	4357	399	148	42	22		20
宁夏	9736	421	73	118	118		
新疆	16038	547	263	115	95		20

1-5　续表 3

单位：人

地　区	港澳台商投资		外商投资					
	股份有限	其　他		合资经营	合作经营	独　资	股份有限	其　他
全国总计	**2104**	**322**	**70108**	**25173**	**8015**	**34614**	**2087**	**219**
北　京			6085	1835	2719	1096	435	
天　津	105		1515	489	106	841	79	
河　北			1494	397	25	1072		
山　西			227	163		64		
内蒙古			184	96		88		
辽　宁	128		4960	1887	450	2512	55	56
吉　林	38		282	247	26	9		
黑龙江	32	3	337	63	8	266		
上　海	28		8354	2954	746	4171	483	
江　苏	201	64	6949	2660	226	4023	40	
浙　江	150		2819	1053	15	1733	18	
安　徽	31		1704	391	80	1205	28	
福　建	257		2451	760	3	1635	53	
江　西			1116	733		323	60	
山　东	45		2712	1430	664	618		
河　南	26	36	1430	721		652	57	
湖　北	99		1374	604	113	609	48	
湖　南	38		1133	570		540	23	
广　东	183	166	15214	4546	1571	8836	196	65
广　西			1633	743	124	583	183	
海　南	599	27	1187	275	180	631	101	
重　庆			1596	506	101	803	88	98
四　川	144	22	3259	1151	305	1695	108	
贵　州			153	42	49	62		
云　南		4	337	272	2	31	32	
西　藏								
陕　西			1229	276	501	452		
甘　肃			251	212	1	38		
青　海			30	30				
宁　夏			88	62		26		
新　疆			5	5				

1-6 各地区按资质等级分的房地产开发企业从业人数

单位：人

地 区	总 计	一 级	二 级	三 级	四 级	暂 定	其 他
全国总计	**2386772**	**117129**	**410272**	**600750**	**368853**	**781452**	**108316**
北 京	91941	14211	15742	10763	29270	13500	8455
天 津	34753	2303	5392	4088	13264	9022	684
河 北	95792	7468	13316	18949	28632	25023	2404
山 西	52389	1027	9366	11480	20748	9448	320
内蒙古	61314	2266	15495	10346	21515	10578	1114
辽 宁	96655	3970	14659	25733	1540	43844	6909
吉 林	41267	386	6640	11304	8278	14286	373
黑龙江	48481	1624	11409	24107	2959	7374	1008
上 海	74219	3661	10156	10543	170	38390	11299
江 苏	158864	7876	60418	28190	1730	54069	6581
浙 江	111378	7067	18543	29480	9940	36801	9547
安 徽	97911	2098	15127	23671	6981	47836	2198
福 建	78167	3341	7141	23018	12676	29098	2893
江 西	52157	591	8031	17101	5982	18650	1802
山 东	174153	7183	18009	37566	33924	67571	9900
河 南	138200	3993	22139	22844	12928	71293	5003
湖 北	104240	4661	19014	25971	20320	33144	1130
湖 南	97175	1785	11938	44325	9157	27635	2335
广 东	196656	14266	15374	51772	40120	57143	17981
广 西	70167	704	5506	16593	9359	35056	2949
海 南	32178	90	1805	5794	3466	18062	2961
重 庆	86938	6346	31460	22063	1443	25312	314
四 川	118215	5931	25658	62040	3095	17985	3506
贵 州	47042	655	7731	10464	12041	15059	1092
云 南	63478	2108	11056	8076	19768	20549	1921
西 藏	1454	4	356	800	98	188	8
陕 西	71866	7104	13214	18240	22141	8861	2306
甘 肃	35074	475	4894	13457	8071	7563	614
青 海	8150	365	3257	1844	750	1774	160
宁 夏	15944	1262	3572	2969	2806	5164	171
新 疆	30554	2308	3854	7159	5681	11174	378

1-7　各地区按隶属关系分的房地产开发企业从业人数

单位：人

地　区	合　计	中央属	地方属				
				省　属	地市属	县　属	其　他
全国总计	**2386772**	**33130**	**2353642**	**71990**	**274783**	**236317**	**1770552**
北　京	91941	4582	87359	12057	11755	496	63051
天　津	34753	1310	33443	5139	6898	2021	19385
河　北	95792	599	95193	842	9153	8442	76756
山　西	52389	195	52194	2287	4978	2813	42116
内蒙古	61314	307	61007	673	5240	6982	48112
辽　宁	96655	1352	95303	801	8330	12160	74012
吉　林	41267	491	40776	344	3628	4965	31839
黑龙江	48481	799	47682	1525	8674	9420	28063
上　海	74219	1405	72814	7549	11343	247	53675
江　苏	158864	598	158266	1790	7485	10173	138818
浙　江	111378	186	111192	1190	6700	5878	97424
安　徽	97911	477	97434	3038	18293	6507	69596
福　建	78167	114	78053	1596	9027	7934	59496
江　西	52157	386	51771	1027	4184	6945	39615
山　东	174153	3108	171045	4756	17420	28018	120851
河　南	138200	623	137577	2280	15813	21338	98146
湖　北	104240	2506	101734	2208	17100	11142	71284
湖　南	97175	612	96563	2694	13385	11316	69168
广　东	196656	4740	191916	2917	24567	15391	149041
广　西	70167	179	69988	348	9171	5289	55180
海　南	32178	656	31522	2867	6469	4052	18134
重　庆	86938	1802	85136	3559	9757	3869	67951
四　川	118215	2240	115975	1640	10430	14639	89266
贵　州	47042	800	46242	984	1943	4933	38382
云　南	63478	382	63096	1643	4350	9661	47442
西　藏	1454		1454	58	512	12	872
陕　西	71866	690	71176	2700	19673	10638	38165
甘　肃	35074	203	34871	1778	4554	5272	23267
青　海	8150	24	8126	477	966	351	6332
宁　夏	15944	510	15434	756	723	1059	12896
新　疆	30554	1254	29300	467	2262	4354	22217

第二章

房地产开发投资与资金状况（2012）

2-1 各地区房地产开发企业投资规模与完成情况

单位：万元

地区	计划总投资	自开始建设至本年底累计完成投资	本年完成投资	#配套工程投资
全国总计	**3588197734**	**2236455436**	**718037869**	**11194442**
北京	207490584	140489765	31534419	1161971
天津	101838195	54538223	12599969	480562
河北	126912586	77485858	30865214	355234
山西	45609585	26918947	10104513	140637
内蒙古	63559033	36755508	12914397	74267
辽宁	227292321	145384135	54558196	744553
吉林	52879945	32008671	13100259	209517
黑龙江	51698029	31809107	15358438	211202
上海	177036307	122442333	23813574	446678
江苏	340923236	209555375	62060953	831530
浙江	231848901	151514839	52262667	533912
安徽	154552379	95091644	31516065	419311
福建	141176607	93161879	28241249	364228
江西	48725547	31939503	9696176	110469
山东	234531638	139369721	47083068	570206
河南	136659531	75129811	30352884	331847
湖北	107777141	70694224	25394649	650998
湖南	113725949	66325041	22105229	371652
广东	311822244	202532600	53527853	952060
广西	82930696	53111475	15549388	239710
海南	51104091	26550162	8866440	147565
重庆	134241334	84470498	25083500	415354
四川	133689166	98695133	32663970	607785
贵州	61294024	35630303	14675960	90015
云南	76938635	41032474	17821351	231860
西藏	554410	335612	68719	1622
陕西	93900329	51289023	18359321	215235
甘肃	22766511	12471135	5610185	87926
青海	9690882	4867633	1896795	12407
宁夏	20101776	10671587	4291529	104531
新疆	24926122	14183217	6060939	79598

2-2 各地区按登记注册类型分的房地产开发企业计划总投资

单位：万元

地区	总计	内资					
			国有	集体	股份合作	国有联营	集体联营
全国总计	**3588197734**	**3146867790**	**210470112**	**18749297**	**13084194**	**4852031**	**246065**
北京	207490584	188333569	7328792	852142			
天津	101838195	91604281	21628142	1670095	500000	85000	
河北	126912586	122041423	1425764	188000	794371		
山西	45609585	44532863	3106668	217117	6887	500623	
内蒙古	63559033	63411266	2020751	51201	287749		
辽宁	227292321	168134867	10796292	458600	1437641	280000	
吉林	52879945	49450934	856924	11600	12600		
黑龙江	51698029	49670378	4045696	65562	40100		
上海	177036307	143262821	19822440	2032646	122029	2479280	192812
江苏	340923236	286195400	24613176	2030558	662345	171048	
浙江	231848901	210566939	6581269	648590	232458	563995	
安徽	154552379	145456399	8334726	65127	383830	387485	
福建	141176607	122716982	11715800	890361		50000	
江西	48725547	44177655	1438445	91800	204302		3530
山东	234531638	214900186	16740507	2998065	1376407	300000	29350
河南	136659531	131186262	2802019	391762	854962		
湖北	107777141	96797880	8597461	627427	153205		
湖南	113725949	105673453	3780926	310522	2228155		
广东	311822244	236231367	13969252	2718286	1540646		4675
广西	82930696	75939318	4467401	184484	230272	25000	
海南	51104091	41198282	3151980	1716	519000		
重庆	134241334	110134875	11417174	35870	21500		
四川	133689166	107483279	3816769	423193	863044		
贵州	61294024	58611831	3959057	32030	60515		
云南	76938635	74501563	3869593	407281	130006		749
西藏	554410	554410	22016				
陕西	93900329	88023353	5977361	1022256	388280		14949
甘肃	22766511	22263220	2530277	179830	9690		
青海	9690882	9650882	903087		24200	9600	
宁夏	20101776	19277555	185526	140176			
新疆	24926122	24884297	564821	3000			

2-2　续表 1

单位：万元

地　　区	内资						
	国有与集体联　　营	其他联营	国有独资公　　司	其他有限责任公司	股份有限公　　司	私营独资	私营合伙
全国总计	**661592**	**881964**	**74428361**	**1598071761**	**139536938**	**53363540**	**9482584**
北　　京			8761361	154193801	6215434		
天　　津			2982314	36731262	8008534	1371529	1000
河　　北		26000	987886	62118073	6299025	3406968	272688
山　　西			514375	10257658	933607	382064	137179
内 蒙 古			1191356	30514224	3136753	1285833	464781
辽　　宁			3332929	73524547	9653425	3989657	315456
吉　　林			1072646	30122427	1582725	894733	45528
黑 龙 江			2203267	25236590	2548881	528601	26203
上　　海	531977		3318767	66894898	2424804	2711045	20000
江　　苏		65000	4523389	114509308	12659138	10948350	1625906
浙　　江	5500		5796116	112757736	4815324	1463729	174660
安　　徽	16800	213000	6658214	78906521	4193764	2335361	861910
福　　建	350		7285322	61003082	2755872	1001479	246719
江　　西		50000	92448	22118153	3783006	667675	234412
山　　东			4328205	105576090	13613090	3016536	805016
河　　南		40900	818172	76896970	9577871	3210233	616150
湖　　北		24656	417046	44537012	10374734	1818660	68978
湖　　南	52000	70408	1884544	59687153	3901400	1328032	875203
广　　东		287500	3697983	128681792	10214983	3290674	430702
广　　西		8900	1880240	26141966	4391696	2399606	367574
海　　南	20000	9000	133765	25829574	2319007	637996	50700
重　　庆	14965		3603636	43441585	1927351	533109	167198
四　　川		9000	1309638	55430703	6194568	2018829	91500
贵　　州	20000		1091487	36734270	1900819	493702	299702
云　　南			1488250	35178551	1862853	847234	477613
西　　藏		67600		146000	12180	161000	
陕　　西		10000	1540339	51322589	3395358	1190645	292600
甘　　肃			27202	10599993	498621	332118	78700
青　　海			475212	3268882	73427	365457	
宁　　夏			2205684	3803511	79700	287755	11300
新　　疆			806568	11906840	188988	444930	423206

2-2 续表 2

单位：万元

地区	内资			港澳台商投资			
	私营有限责任公司	私营股份有限公司	其他内资企业		合资经营	合作经营	独资
全国总计	**899740774**	**66923698**	**56374879**	**284826190**	**105257961**	**26632320**	**145389655**
北京	10343098	638941		12346054	3673038	2954206	5718810
天津	12228017	3018420	3379968	4407674	1821915	719750	1389267
河北	41923721	2921021	1677906	1876127	613603		1262524
山西	26620897	1375150	480638	569443	103794	25000	440649
内蒙古	21907342	1004533	1546743	12000	12000		
辽宁	57145303	3719830	3481187	36011658	15978686	836121	18798710
吉林	13248799	1018512	584440	2874836	1758832		966004
黑龙江	13508154	1164609	302715	688901	271921		416980
上海	40614446	1517067	580610	17745298	8211416	862119	8531763
江苏	100981503	6806800	6598879	35293230	15554243	1481931	17357157
浙江	75446902	2039160	41500	13885441	6142478	22000	7431657
安徽	36026768	2482354	4590539	5187574	1836386	170000	2859440
福建	33283257	1757656	2727084	14538880	6903963	563000	6624917
江西	12597475	2115128	781281	2975052	1354177		1620875
山东	54829565	6645431	4641924	14527643	7477107	1214480	5761097
河南	29341396	3623097	3012730	3044789	1190474	179856	1210255
湖北	24448783	2468307	3261611	7501491	2517631		4483860
湖南	26825984	3314299	1414827	6627248	1606603	91365	4924780
广东	63949551	5605506	1839817	54509241	12416629	16846532	24304049
广西	32310830	2089640	1441709	4214263	1812692	218571	2183000
海南	7176114	336291	1013139	8013763	1443567		4514915
重庆	44052268	2634612	2285607	17700703	7211122		10489581
四川	33669072	1506759	2150204	12437503	2458082	47389	9549589
贵州	12095708	1606130	318411	2414853	819505		1595348
云南	24090246	1804872	4344315	1916439	945376		971063
西藏	131639	13975					
陕西	18027373	1592473	3249130	2735570	426570	400000	1909000
甘肃	7271026	359281	376482	284691	234691		50000
青海	3743868	699380	87769	14000			14000
宁夏	11979608	562295	22000	430000	430000		
新疆	9922061	482169	141714	41825	31460		10365

2-2　续表 3　　　　单位：万元

地　区	港澳台商投资		外商投资					
	股份有限	其　他		合资经营	合作经营	独　资	股份有限	其　他
全国总计	**7017572**	**528682**	**156503754**	**49576269**	**17315893**	**82689105**	**6225460**	**697027**
北　京			6810961	1632628	2490698	2407635	280000	
天　津	476742		5826240	2240942	226500	2652844	705954	
河　北			2995036	132647		2862389		
山　西			507279	82879		424400		
内蒙古			135767	72187		63580		
辽　宁	398141		23145796	9132602	2085182	10929768	674232	324012
吉　林	150000		554175	496175		58000		
黑龙江			1338750	263750		1075000		
上　海	140000		16028188	5470321	2819304	7025801	712762	
江　苏	774399	125500	19434606	7603937	1460924	10338445	31300	
浙　江	289306		7396521	2287436	6500	5102585		
安　徽	321748		3908406	876505	616401	1765500	650000	
福　建	447000		3920745	835727		2595018	490000	
江　西			1572840	1194726		250114	128000	
山　东	74959		5103809	2710692	819746	1573371		
河　南	404204	60000	2428480	239400		2003940	185140	
湖　北	500000		3477770	663425	1200000	1308300	306045	
湖　南	4500		1425248	674036		751212		
广　东	667194	274837	21081636	6265664	1814312	11872324	818192	311144
广　西			2777115	534670	19455	2122990	100000	
海　南	2026936	28345	1892046	268954	147709	1341548	133835	
重　庆			6405756	1397988	1253987	2881910	810000	61871
四　川	342443	40000	13768384	2669816	949175	9949393	200000	
贵　州			267340	107240	98000	62100		
云　南			520633	120633	400000			
西　藏								
陕　西			3141406	1245689	908000	987717		
甘　肃			218600	212600		6000		
青　海			26000	26000				
宁　夏			394221	117000		277221		
新　疆								

2-3 各地区按资质等级分的房地产开发企业计划总投资

单位：万元

地　区	总　计	一　级	二　级	三　级	四　级	暂　定	其　他
全国总计	**3588197734**	**219565817**	**663138631**	**689642756**	**374950919**	**1472719141**	**168180470**
北　京	207490584	35019563	32934743	23382731	56135153	51644836	8373558
天　津	101838195	6381308	11158811	8192517	37115286	37498648	1491625
河　北	126912586	9667597	17741834	20274437	30403829	43119464	5705425
山　西	45609585	1449763	8231617	8824156	17715303	8604979	783767
内蒙古	63559033	4310123	12843292	9384002	23126779	13145038	749799
辽　宁	227292321	6519006	22991680	49160281	1580433	133331871	13709050
吉　林	52879945	573220	12242281	11786874	5903761	21849211	524598
黑龙江	51698029	4489494	15789936	18986813	897405	9227461	2306920
上　海	177036307	3524831	20814725	16114915	207176	128736167	7638493
江　苏	340923236	21152133	139138568	34543131	1023736	134453338	10612330
浙　江	231848901	13780498	34051292	49410198	10977899	96280845	27348169
安　徽	154552379	4051479	28157263	33159973	5174891	79052547	4956226
福　建	141176607	8679976	19929283	39044352	16276780	55586346	1659870
江　西	48725547	1074441	9600639	13307439	3088721	19667381	1986926
山　东	234531638	11943453	24745296	35089147	26099389	123880776	12773577
河　南	136659531	8372429	25602037	14745998	4394722	79300617	4243728
湖　北	107777141	11748760	26706271	19171483	8260465	38290460	3599702
湖　南	113725949	4386345	12538128	47104829	5435437	41824926	2436284
广　东	311822244	23147871	26182384	85566372	51257350	99392240	26276027
广　西	82930696	2475563	10512374	16861052	6888955	41600519	4592233
海　南	51104091	288900	2380018	6131762	4299840	30814394	7189177
重　庆	134241334	9711758	53116737	14741059	696493	55812659	162628
四　川	133689166	9151987	29655658	55594598	1898026	29330306	8058591
贵　州	61294024	559799	15285706	9612368	10098743	24719835	1017573
云　南	76938635	5498369	15156434	6113691	15578553	31223610	3367978
西　藏	554410		34300	442482	12000	65628	
陕　西	93900329	4639562	17819308	24512146	20897411	20326930	5704972
甘　肃	22766511	541717	4754741	7801635	3603795	5758357	306266
青　海	9690882	957797	4023230	1839338	854451	1922196	93870
宁　夏	20101776	3577342	6105834	3064268	2374345	4655421	324566
新　疆	24926122	1890733	2894211	5678709	2673792	11602135	186542

2-4　各地区按登记注册类型分的房地产开发企业完成投资

单位：万元

地　区	总　计	内　资					
			国　有	集　体	股份合作	国有联营	集体联营
全国总计	**718037869**	**649829303**	**44026149**	**4678978**	**2410643**	**705253**	**44782**
北　京	31534419	29413579	1377759	161965			
天　津	12599969	11408098	2720567	235952	88500	20573	
河　北	30865214	29947590	349657	135795	244455		
山　西	10104513	9847620	646959	52609	1540	95521	
内蒙古	12914397	12877803	358558	5701	56666		
辽　宁	54558196	43689286	3270703	155333	334640	115073	
吉　林	13100259	12579735	109893	2700	1998		
黑龙江	15358438	15085581	1397031	57804	22100		
上　海	23813574	20694359	2642326	440472	3671	100162	34719
江　苏	62060953	53690989	6328822	622005	60661	53095	
浙　江	52262667	47451206	1824516	132220	46491	87500	
安　徽	31516065	29942905	1985156	23658	84931	55077	
福　建	28241249	25277724	1988643	148956			
江　西	9696176	9037249	554936	21269	47418		108
山　东	47083068	43992373	4114644	887834	321277	170347	4500
河　南	30352884	29190116	645150	131188	205537		
湖　北	25394649	23691968	1979996	221715	43626		
湖　南	22105229	20612263	741275	105512	310575		
广　东	53527853	43238588	2244757	574105	105471		10
广　西	15549388	14570370	964518	51894	40250	5668	
海　南	8866440	7521311	700030	100	125662		
重　庆	25083500	21782405	2476723	12576	6801		
四　川	32663970	28222012	980093	63993	180018		
贵　州	14675960	13773197	640026	8289	16898		
云　南	17821351	17485078	725970	168806	25256		308
西　藏	68719	68719	10220				
陕　西	18359321	17186503	1252333	190214	29205		5137
甘　肃	5610185	5527610	646835	49994	4535		
青　海	1896795	1895595	111675		2461	2237	
宁　夏	4291529	4075804	60437	14819			
新　疆	6060939	6051667	175941	1500			

2-4 续表 1 单位：万元

地区	内资						
	国有与集体联营	其他联营	国有独资公司	其他有限责任公司	股份有限公司	私营独资	私营合伙
全国总计	**72941**	**121096**	**15539529**	**319325716**	**27853239**	**12882350**	**1899149**
北京			1020318	24540019	1023428		
天津			400446	4802113	697590	83848	
河北		2000	215158	14546978	1826618	1011996	47679
山西			97900	2219745	327060	92699	43027
内蒙古			395161	5713100	587893	329618	55333
辽宁			710191	17961671	2033701	1481712	180767
吉林			414509	7008495	545252	343942	13172
黑龙江			782295	7371426	651221	208968	2973
上海	24868		640701	9587007	338529	457900	
江苏		25000	865224	19627176	2251293	2440502	319942
浙江	81		1278560	24341795	796715	351832	19792
安徽	3900	41800	1712291	15024324	973839	586139	198343
福建	13		1409226	12966369	753230	148569	43885
江西		11907	41973	4322424	620982	125754	56913
山东			809704	21448705	2332509	784150	96953
河南		14155	215780	16310661	2392988	867244	117291
湖北		6242	108754	10415922	2440855	489256	31950
湖南	12268	4600	305422	10922781	673482	375210	170516
广东		784	306374	24348950	1479347	531696	111185
广西		150	558384	4623142	808990	388947	70996
海南	7355	3517	43635	4289195	440227	113642	1850
重庆	4456		966106	8643987	419572	73779	13523
四川		8999	357060	14452688	1532207	537162	21697
贵州	20000		247912	8965967	386188	119538	42282
云南			493147	8229245	497772	314773	102620
西藏				28536	4850	3300	
陕西		1942	417024	9795186	798946	236051	58576
甘肃			11050	2556238	131584	146931	22069
青海			88418	678405	26041	34349	
宁夏			389701	891383	23744	57370	2370
新疆			237105	2692083	36586	145473	53445

2-4　续表 2　　　　单位：万元

地　区	内资：私营有限责任公司	内资：私营股份有限公司	内资：其他内资企业	港澳台商投资	合资经营	合作经营	独　资
全国总计	**194269359**	**13709007**	**12291112**	**45196434**	**16714613**	**3543975**	**23530956**
北　京	1191165	98925		1283286	329105	427714	526467
天　津	1778149	92682	487678	519886	345555	14250	156845
河　北	10461583	642227	463444	422501	211228		211273
山　西	5912988	227955	129617	123617	457	1220	121940
内蒙古	4982440	197847	195486				
辽　宁	15505094	964521	975880	7119436	2793053	74610	4118474
吉　林	3605640	286280	247854	455442	325394		105048
黑龙江	4141549	333690	116524	138598	77954		60644
上　海	6145779	206933	71292	1660397	919733	84209	656455
江　苏	18148589	1260259	1688421	5915925	2748778	196640	2756065
浙　江	18212379	351688	7637	3500933	1364572	9710	2073359
安　徽	7590293	581254	1081900	999344	327646	46400	522502
福　建	6647819	418618	752396	2427912	969320	173885	1154169
江　西	2676264	408121	149180	477144	241074		236070
山　东	11056177	1132093	833480	2135792	838506	260088	1021413
河　南	6615405	880378	794339	616811	242648	65048	286575
湖　北	6716865	564410	672377	1261111	460413		760137
湖　南	5902911	816289	271422	1243017	229856	18336	994825
广　东	12107960	1050912	377037	7136474	2096037	2067207	2817869
广　西	6389525	409162	258744	727063	274903	84590	367570
海　南	1477728	72155	246215	882483	199047		364039
重　庆	8334578	459033	371271	2207051	747664		1459387
四　川	8851353	576487	660255	2209270	452896		1565731
贵　州	2898980	364490	62627	795553	131695		663858
云　南	5737459	411047	778675	265168	140787		124381
西　藏	21813						
陕　西	3470596	479083	452210	452890	62245	20068	370577
甘　肃	1765516	110788	82070	49016	17367		31649
青　海	843576	94688	13745	1200			1200
宁　夏	2553549	79228	3203	159842	159842		
新　疆	2525637	137764	46133	9272	6838		2434

2-4 续表 3

单位：万元

地 区	港澳台商投资		外商投资					
	股份有限	其 他		合资经营	合作经营	独 资	股份有限	其 他
全国总计	**1272900**	**133990**	**23012132**	**7382711**	**2629636**	**11994892**	**888811**	**116082**
北 京			837554	116437	205934	503598	11585	
天 津	3236		671985	203753	56101	352472	59659	
河 北			495123	48389		446734		
山 西			133276	10838		122438		
内蒙古			36594	29144		7450		
辽 宁	133299		3749474	1377416	529835	1690076	89651	62496
吉 林	25000		65082	39744		25338		
黑龙江			134259	84324		49935		
上 海			1458818	754237	177939	505544	21098	
江 苏	206172	8270	2454039	875674	147239	1423052	8074	
浙 江	53292		1310528	367481	4570	938477		
安 徽	102796		573816	191360	135582	229180	17694	
福 建	130538		535613	186798		329309	19506	
江 西			181783	99623		60160	22000	
山 东	15785		954903	442095	211581	301227		
河 南	14878	7662	545957	50451		493178	2328	
湖 北	40561		441570	260809	62089	114350	4322	
湖 南			249949	121961		127988		
广 东	77939	77422	3152791	915071	256883	1619111	329801	31925
广 西			251955	73340	4878	139737	34000	
海 南	289694	29703	462646	64102	82426	296118	20000	
重 庆			1094044	168171	190898	491005	222309	21661
四 川	179710	10933	2232688	557885	339676	1308343	26784	
贵 州			107210	44055	38875	24280		
云 南			71105	19755	51350			
西 藏								
陕 西			719928	245176	133780	340972		
甘 肃			33559	30832		2727		
青 海								
宁 夏			55883	3790		52093		
新 疆								

2-5　各地区按资质等级分的房地产开发企业完成投资

单位：万元

地　区	总　计	一　级	二　级	三　级	四　级	暂　定	其　他
全国总计	**718037869**	**35874524**	**121989595**	**138186750**	**73802217**	**309907433**	**38277350**
北　京	31534419	4183568	4564027	3380115	7006029	10031645	2369035
天　津	12599969	1069057	1365654	1177524	3915557	4763679	308498
河　北	30865214	1669641	4619995	4993235	7311410	11102242	1168691
山　西	10104513	304709	1814170	1989368	3898787	1915594	181885
内蒙古	12914397	665841	1944186	2216896	5338460	2619646	129368
辽　宁	54558196	1151969	4753523	11467597	403865	33422887	3358355
吉　林	13100259	57239	2749826	3161869	1833112	5124730	173483
黑龙江	15358438	1215314	4259837	5947836	380523	2822125	732803
上　海	23813574	743741	2141998	2160476	44154	17842221	880984
江　苏	62060953	3230371	26364441	6449494	167961	23395554	2453132
浙　江	52262667	2529220	7217686	10355841	2162542	23001502	6995876
安　徽	31516065	783918	4554808	5830384	1050295	18271332	1025328
福　建	28241249	1444215	3220345	7217711	2490108	13302092	566778
江　西	9696176	178891	1423080	2461362	779748	4234209	618886
山　东	47083068	2060663	4990377	6474516	5927146	24833455	2796911
河　南	30352884	1576300	4892940	3436568	1364536	17842094	1240446
湖　北	25394649	2009790	4849933	4360311	2359513	10604752	1210350
湖　南	22105229	1031797	1845848	8621021	1283795	8748787	573981
广　东	53527853	3238267	3427130	12108507	9156333	20344013	5253603
广　西	15549388	479095	1752421	3137147	1185893	8124455	870377
海　南	8866440	22789	361442	1051005	685785	5873267	872152
重　庆	25083500	1228909	8242015	3053350	109598	12392268	57360
四　川	32663970	1609141	6221307	14469105	622766	7909662	1831989
贵　州	14675960	147313	4794530	2077333	2587326	4928229	141229
云　南	17821351	763586	2813750	1679352	4278706	7301944	984013
西　藏	68719		13000	39369	4480	11870	
陕　西	18359321	932399	3343916	4707283	4664774	3484775	1226174
甘　肃	5610185	69959	1099281	1779316	1192131	1373861	95637
青　海	1896795	235832	654243	382458	168970	427197	28095
宁　夏	4291529	833428	977229	674573	553267	1162150	90882
新　疆	6060939	407562	716657	1325828	874647	2695196	41049

2-6 各地区按隶属关系分的房地产开发企业完成投资

单位：万元

地区	合计	中央属	地方属				
				省属	地市属	县属	其他
全国总计	**718037869**	**17104356**	**700933513**	**25594588**	**93645490**	**62349708**	**519343727**
北京	31534419	2419742	29114677	4301018	5309262	24635	19479762
天津	12599969	886670	11713299	1719944	3186868	349280	6457207
河北	30865214	176763	30688451	615151	3088329	2501148	24483823
山西	10104513	41809	10062704	434925	1169050	361236	8097493
内蒙古	12914397	70618	12843779	104736	1484966	1532915	9721162
辽宁	54558196	1051191	53507005	267738	5682293	4879095	42677879
吉林	13100259	156115	12944144	81178	1564840	1052080	10246046
黑龙江	15358438	719930	14638508	592247	3335469	2850417	7860375
上海	23813574	968371	22845203	2894240	3725582	217393	16007988
江苏	62060953	277761	61783192	610588	5500072	5210797	50461735
浙江	52262667	69894	52192773	339046	3303465	3679856	44870406
安徽	31516065	362592	31153473	1653061	5680117	2407779	21412516
福建	28241249	44041	28197208	679023	5170557	3316191	19031437
江西	9696176	181266	9514910	574181	1049307	1411478	6479944
山东	47083068	1405125	45677943	1698697	5300188	6986822	31692236
河南	30352884	199262	30153622	716854	3963796	3141348	22331624
湖北	25394649	1141827	24252822	693806	4863833	2229617	16465566
湖南	22105229	296056	21809173	1036363	3627589	2029127	15116094
广东	53527853	2017271	51510582	156728	8502218	2440208	40411428
广西	15549388	139410	15409978	98430	2788318	979882	11543348
海南	8866440	162097	8704343	757232	1225904	1291659	5429548
重庆	25083500	1478371	23605129	2772633	2840830	778110	17213556
四川	32663970	540307	32123663	416518	3098735	4761633	23846777
贵州	14675960	997248	13678712	234263	391634	998239	12054576
云南	17821351	144092	17677259	680060	1881072	2824839	12291288
西藏	68719		68719		24771		43948
陕西	18359321	391796	17967525	830703	4207470	1869317	11060035
甘肃	5610185	169750	5440435	259959	702781	1094291	3383404
青海	1896795	19150	1877645	121752	300075	62330	1393488
宁夏	4291529	219959	4071570	118830	267853	174641	3510246
新疆	6060939	355872	5705067	134684	408246	893345	4268792

2-7　各地区按构成分的房地产开发企业完成投资

单位：万元

地　区	本年完成投资	建筑工程	安装工程	设备工器具购置	其他费用	#土地购置费
全国总计	**718037869**	**470672142**	**49690459**	**10193941**	**187481327**	**121001507**
北　京	31534419	13606155	224490	656771	17047003	11026870
天　津	12599969	7981941	838266	90326	3689436	1383927
河　北	30865214	22025881	2989479	586288	5263566	3326008
山　西	10104513	7073575	1015994	123489	1891455	1176101
内蒙古	12914397	9719613	728154	197230	2269400	1353175
辽　宁	54558196	38281458	4330448	1127517	10818773	7405576
吉　林	13100259	9210596	691692	107268	3090703	2255877
黑龙江	15358438	11906082	729293	124052	2599011	1509508
上　海	23813574	15158445	1859382	145754	6649993	3905305
江　苏	62060953	40526023	3494629	1404209	16636092	11404552
浙　江	52262667	24652738	2794912	415805	24399212	19487536
安　徽	31516065	21287489	2582605	395858	7250113	5252699
福　建	28241249	17964021	1294982	233141	8749105	6881569
江　西	9696176	6910787	862555	119087	1803747	1075870
山　东	47083068	30475249	5040186	525177	11042456	8522848
河　南	30352884	23841314	132799	442678	5936093	3073637
湖　北	25394649	16828486	2198048	561614	5806501	3484886
湖　南	22105229	14782495	1916844	347531	5058359	2498001
广　东	53527853	34360744	3850273	482828	14834008	7872684
广　西	15549388	10561406	988737	198138	3801107	1917438
海　南	8866440	5869972	1045233	213587	1737648	769110
重　庆	25083500	15549103	2342314	334832	6857251	3841572
四　川	32663970	22449707	2582130	554117	7078016	4742327
贵　州	14675960	10508678	707151	192798	3267333	1194959
云　南	17821351	12333338	1194195	178578	4115240	2510812
西　藏	68719	57615	7453	1782	1869	726
陕　西	18359321	13442314	1781664	239267	2896076	1402692
甘　肃	5610185	4104446	542423	66779	896537	523848
青　海	1896795	1258663	126618	11434	500080	388135
宁　夏	4291529	3230757	333136	26735	700901	430339
新　疆	6060939	4713051	464374	89271	794243	382920

2-8 各地区按用途分的房地产开发企业完成投资

单位：万元

地　区	本年完成投资	住　宅	#别　墅、高档公寓	办公楼	商业营业用房	其　他
全国总计	**718037869**	**493742137**	**34483745**	**33666129**	**93120012**	**97509591**
北　京	31534419	16279851	1815421	3848067	2758685	8647816
天　津	12599969	8430526	623395	856968	1553063	1759412
河　北	30865214	23171251	561855	1146671	4075683	2471609
山　西	10104513	7356137	63861	227958	1392518	1127900
内蒙古	12914397	8456280	234266	594469	2602685	1260963
辽　宁	54558196	39619482	1811848	1633776	8627741	4677197
吉　林	13100259	9877438	623608	313270	1789054	1120497
黑龙江	15358438	11225245	221446	269161	2183563	1680469
上　海	23813574	14519446	3350806	2628502	2937507	3728119
江　苏	62060953	43546260	4701613	2600955	9760837	6152901
浙　江	52262667	34367379	3055888	3058512	5849933	8986843
安　徽	31516065	20592945	629049	1319806	5649370	3953944
福　建	28241249	17519814	1021325	1892202	3703798	5125435
江　西	9696176	6842114	296939	621001	1176446	1056615
山　东	47083068	34732267	2145903	1906559	5763110	4681132
河　南	30352884	22030619	215814	1363478	3193898	3764889
湖　北	25394649	16983811	679868	1365480	3372324	3673034
湖　南	22105229	15726652	735655	720581	2728813	2929183
广　东	53527853	37049832	4444984	2348321	5474535	8655165
广　西	15549388	10696420	459919	404730	1616637	2831601
海　南	8866440	7253209	1996708	56538	506034	1050659
重　庆	25083500	17067687	1656664	1016124	3074966	3924723
四　川	32663970	21977450	1266629	1371163	4333247	4982110
贵　州	14675960	9303118	155974	422301	2125621	2824920
云　南	17821351	11525012	863434	864149	2562885	2869305
西　藏	68719	42509	15711	3169	23001	40
陕　西	18359321	14775700	339606	438731	1554941	1589949
甘　肃	5610185	4125139	11506	110565	654094	720387
青　海	1896795	1411006	1329	33642	268742	183405
宁　夏	4291529	2794871	114599	108440	830146	558072
新　疆	6060939	4442667	368122	120840	976135	521297

2-9　各地区按控股情况分的房地产开发企业完成投资

单位：万元

地　区	总　计	国有控股	集体控股	私人控股	港澳台控股	外商控股	其他
全国总计	**718037869**	**118291159**	**24747405**	**416820535**	**45945478**	**23303544**	**88929748**
北　京	31534419	14866859	4064633	8485899	1304553	965385	1847090
天　津	12599969	5365463	496770	2948940	687705	949666	2151425
河　北	30865214	1077902	553407	23711587	419159	490708	4612451
山　西	10104513	1507305	287137	7477226	122397	126548	583900
内蒙古	12914397	1203018	352152	10606600		67641	684986
辽　宁	54558196	6607742	1610371	28832068	6851944	3242693	7413378
吉　林	13100259	1613408	46506	10392397	456342	74082	517524
黑龙江	15358438	3814329	517620	8888644	151598	210423	1775824
上　海	23813574	8160316	1310720	7927640	1732163	1497877	3184858
江　苏	62060953	11096939	1749155	32550641	5879837	2376088	8408293
浙　江	52262667	5735674	1188429	34147564	3199981	1423950	6567069
安　徽	31516065	5981348	431839	19154463	995309	630579	4322527
福　建	28241249	4637415	476766	15777848	2731901	653262	3964057
江　西	9696176	1533155	269879	6290391	502746	185579	914426
山　东	47083068	7337239	3298674	25245623	2363132	719961	8118439
河　南	30352884	1935630	1193307	22790231	550770	583929	3299017
湖　北	25394649	4248210	1509218	14749343	1384062	548744	2955072
湖　南	22105229	3324761	849695	14113908	1270949	224101	2321815
广　东	53527853	6709723	1607436	25113153	7218010	3419635	9459896
广　西	15549388	2219502	156542	10748129	705945	295179	1424091
海　南	8866440	1167129	427833	4178570	757404	464639	1870865
重　庆	25083500	5433268	211997	13294576	2352327	1122979	2668353
四　川	32663970	3459457	526176	20204693	2199668	2172058	4101918
贵　州	14675960	1944704	122808	10991055	795553	107210	714630
云　南	17821351	2131429	476603	12515251	640310	71105	1986653
西　藏	68719	23220		45499			
陕　西	18359321	2447520	606283	12450116	456211	590081	1809110
甘　肃	5610185	867632	150310	4040195	45628	33559	472861
青　海	1896795	269757	182638	1259936	1200		183264
宁　夏	4291529	546407	26508	3496527	159842	55883	6362
新　疆	6060939	1024698	45993	4391822	8832		589594

2-10 各地区按投资规模分房地产开发企业完成投资

单位：万元

地 区	500万元以下	500-1000万元	1000-3000万元	3000-5000万元	5000万-1亿元	1-5亿元	5-10亿元	10亿元及以上
全国总计	**75317**	**452615**	**4180822**	**7630562**	**29037823**	**197439093**	**147114020**	**332107617**
北 京	324	1686	18740	53550	152446	1914349	3336774	26056550
天 津	1	542	5784	15804	89809	1779080	2774035	7934914
河 北	924	2541	140666	199374	1104517	9410603	6530262	13476327
山 西		19672	130524	217629	845034	3814320	1709701	3367633
内蒙古	2254	25659	268831	312659	1268921	4070784	3071517	3893772
辽 宁	2986	18103	142157	300903	1263666	14943553	13130348	24756480
吉 林	4939	18769	151204	253885	806311	3968648	2598611	5297892
黑龙江	1294	15922	188263	478300	1069470	4727926	2507695	6369568
上 海		529	13651	36801	109128	2406929	4448223	16798313
江 苏	1106	7689	127368	262394	1337785	15943748	14659686	29721177
浙 江	380	4026	100228	260721	1154212	12986287	11753105	26003708
安 徽	5188	20856	151964	235298	974141	9091190	7629510	13407918
福 建	1587	4976	108544	154052	721419	6324222	5593617	15332832
江 西	497	9658	102960	176148	711827	4379824	2207074	2108188
山 东	5091	21335	252542	524615	2421764	15637372	10561901	17658448
河 南	2579	16298	188703	424935	1962678	12647509	5687720	9422462
湖 北	4214	18623	241979	407432	1249124	7164984	4097928	12210365
湖 南	5427	35311	281791	466526	1720166	7949880	3921809	7724319
广 东	7835	33625	258461	424922	1470280	11375388	10545537	29411805
广 西	3426	17202	143933	287243	927957	6044499	3647436	4477692
海 南		63	24945	44951	239618	2231062	1782600	4543201
重 庆	2781	22855	120699	260133	891302	5497972	4346983	13940775
四 川	2244	27349	221748	495789	2060770	11130670	8841386	9884014
贵 州	3220	15096	111397	221367	714272	3750925	2142886	7716797
云 南	2827	16285	139767	278007	1122808	5418637	2794927	8048093
西 藏	200		1630		17375	34729	13985	800
陕 西	415	15235	84865	186908	573185	4765032	3726696	9006985
甘 肃	2229	22626	143618	254790	837849	2435024	943523	970526
青 海		2194	12790	16857	89099	583445	405082	787328
宁 夏	531	5216	43440	66207	267339	2269989	963737	675070
新 疆	10818	32674	257630	312362	863551	2740513	739726	1103665

2-11　各地区按登记注册类型分的房地产开发企业住宅完成投资

单位：万元

地　区	总　计	内　资					
			国　有	集　体	股份合作	国有联营	集体联营
全国总计	**493742137**	**449519084**	**31782735**	**3610743**	**1902679**	**515274**	**28016**
北　京	16279851	15463789	708965	73985			
天　津	8430526	7667535	1979216	227326	76500	17541	
河　北	23171251	22630958	306094	135795	212080		
山　西	7356137	7208273	579262	49762	1240	9758	
内蒙古	8456280	8420786	267706	3821	46433		
辽　宁	39619482	32057998	2280846	132011	221614	70318	
吉　林	9877438	9471707	96848	2400	1780		
黑龙江	11225245	11020538	1196226	56304	11020		
上　海	14519446	13094465	1861539	318079	3088	81777	23244
江　苏	43546260	37468356	4646618	481075	39344	47674	
浙　江	34367379	31293352	1206139	90682	37416	76150	
安　徽	20592945	19601292	1544518	15128	55873	39927	
福　建	17519814	15620980	1154277	126230			
江　西	6842114	6440153	441504	8274	40817		108
山　东	34732267	32482749	2773994	685895	255174	170347	1235
河　南	22030619	21325731	532243	116154	197719		
湖　北	16983811	15811193	1550565	131461	31241		
湖　南	15726652	14824529	613373	87608	224233		
广　东	37049832	30294802	1591918	417640	92934		
广　西	10696420	9961690	520988	39293	21153		
海　南	7253209	6271660	557193	100	112533		
重　庆	17067687	15057425	1934704	11600	3544		
四　川	21977450	19457337	628635	58367	148302		
贵　州	9303118	8756794	457836	5562	12108		
云　南	11525012	11260330	516638	125319	24836		200
西　藏	42509	42509	5195				
陕　西	14775700	13989352	1041299	152229	26898		3229
甘　肃	4125139	4068564	506238	44807	2398		
青　海	1411006	1410256	88053		2401	1782	
宁　夏	2794871	2609852	49905	12986			
新　疆	4442667	4434129	144200	850			

2-11 续表 1

单位：万元

地区	内资						
	国有与集体联营	其他联营	国有独资公司	其他有限责任公司	股份有限公司	私营独资	私营合伙
全国总计	**67802**	**105772**	**11165185**	**218076323**	**19383565**	**9248512**	**1360662**
北京			556818	12817603	575505		
天津			333693	2971462	455238	40262	
河北			188948	11087854	1462214	776728	29826
山西			74126	1437780	306552	63550	26232
内蒙古			172476	3659146	377534	194483	16299
辽宁			633446	13457167	1357753	1120320	168712
吉林			340330	5306233	408704	276564	10872
黑龙江			595326	5278246	500993	168540	2684
上海	23981		470406	6472566	115569	207953	
江苏		20500	648457	13421225	1675851	1706112	242624
浙江			766959	15893071	523385	215214	8972
安徽	2814	41400	1431914	9549479	616738	364838	52461
福建	13		987888	7716507	309609	111660	27473
江西		11198	36226	3038438	415207	105689	41872
山东			678706	15677425	1716793	637592	75292
河南		9355	144920	11517589	1919704	694285	87249
湖北		4684	72903	7526231	1283703	314947	26530
湖南	10908	4590	195178	7701406	513902	291437	150749
广东		457	231413	17264379	940675	385655	80830
广西		150	272272	3123794	626051	260591	50684
海南	6645	2534	42635	3705908	400311	79645	1850
重庆	3441		636344	5898141	346120	43046	8818
四川		8999	246982	9682631	1074503	385049	19387
贵州	20000		123972	5609464	287766	78230	21650
云南			343977	5367994	325153	231596	99871
西藏				23409	4850	3110	
陕西		1905	380093	7939655	689344	199210	57476
甘肃			8330	1913209	101635	112556	7955
青海			83505	496011	16174	27583	
宁夏			259769	595013	12185	38936	1768
新疆			207173	1927287	23844	113131	42526

2-11　续表 2　　　　单位：万元

地　　区	内资			港澳台商投资			
	私营有限责任公司	私营股份有限公司	其他内资企业		合资经营	合作经营	独　资
全国总计	**134247415**	**9578886**	**8445515**	**29936357**	**10985011**	**2128528**	**15726009**
北　京	696551	34362		661925	183373	180717	297835
天　津	1146962	72548	346787	336539	257748		78250
河　北	7663284	482577	285558	309384	144712		164672
山　西	4398303	166443	95265	108613		1037	107576
内蒙古	3457172	118815	106901				
辽　宁	11034155	778864	802792	5059910	2112337	21455	2814370
吉　林	2686969	174473	166534	371368	269527		79739
黑龙江	2891885	251080	68234	92456	48625		43831
上　海	3363916	111754	40593	727284	353439	53156	320689
江　苏	12574665	924891	1039320	4287937	1942051	110537	2043998
浙　江	12249194	226170		2264586	880335	9710	1351451
安　徽	4739522	403100	743580	609794	131463	33280	357069
福　建	4454211	253697	479415	1535775	633468	111222	756986
江　西	1892407	301550	106863	286624	148373		138251
山　东	8250837	886247	673212	1609575	630478	175784	791716
河　南	4750667	742206	613640	318292	48410	52645	200784
湖　北	4147390	278905	442633	891770	322364		528845
湖　南	4220669	620410	190066	696540	203653	15157	477730
广　东	8504629	522227	262045	4472534	1143816	1297961	1931327
广　西	4575009	265841	205864	548682	233782	47315	267585
海　南	1121383	37544	203379	683162	192010		171755
重　庆	5684080	287978	199609	1441805	354228		1087577
四　川	6431737	392844	379901	1373602	324490		910654
贵　州	1869678	244464	26064	518421	107882		410539
云　南	3446146	293607	484993	203073	126797		76276
西　藏	5945						
陕　西	2726948	396604	374462	351170	50500	18552	282118
甘　肃	1215723	78693	77020	35586	4384		31202
青　海	617278	68641	8828	750			750
宁　夏	1572007	64370	2913	130662	130662		
新　疆	1858093	97981	19044	8538	6104		2434

2-11 续表 3

单位：万元

地区	港澳台商投资		外商投资					
	股份有限	其他		合资经营	合作经营	独资	股份有限	其他
全国总计	**994923**	**101886**	**14286696**	**5060623**	**1624424**	**7033163**	**477291**	**91195**
北京			154137	47059	80222	23149	3707	
天津	541		426452	185409	16718	210204	14121	
河北			230909	44619		186290		
山西			39251	4110		35141		
内蒙古			35494	29144		6350		
辽宁	111748		2501574	1033767	395584	972184	37543	62496
吉林	22102		34363	31067		3296		
黑龙江			112251	62480		49771		
上海			697697	470121	77501	134847	15228	
江苏	190901	450	1789967	649279	123955	1008659	8074	
浙江	23090		809441	236980	3470	568991		
安徽	87982		381859	84486	127726	153153	16494	
福建	34099		363059	120711		242348		
江西			115337	63610		38527	13200	
山东	11597		639943	301461	109940	228542		
河南	13391	3062	386596	43079		343511	6	
湖北	40561		280848	121965	45688	108873	4322	
湖南			205583	94850		110733		
广东	36946	62484	2282496	651966	151897	1131487	323477	23669
广西			186048	52070	4783	129195		
海南	289694	29703	298387	48801	82426	147160	20000	
重庆			568457	120806	125457	312483	4681	5030
四川	132271	6187	1146511	366440	109571	654062	16438	
贵州			27903		27875	28		
云南			61609	10259	51350			
西藏								
陕西			435178	164408	90261	180509		
甘肃			20989	19146		1843		
青海								
宁夏			54357	2530		51827		
新疆								

2-12　各地区按资质等级分的房地产开发企业住宅完成投资

单位：万元

地　区	总　计	一　级	二　级	三　级	四　级	暂　定	其　他
全国总计	**493742137**	**25033176**	**85147775**	**99116005**	**52476210**	**206919509**	**25049462**
北　京	16279851	2867302	2552069	1431106	3913221	4207736	1308417
天　津	8430526	958290	805060	807181	2515657	3074771	269567
河　北	23171251	1253162	3206018	3885490	5683587	8238800	904194
山　西	7356137	237527	1278609	1540100	2839993	1310806	149102
内蒙古	8456280	434390	1255919	1434152	3518717	1754403	58699
辽　宁	39619482	697258	3572684	8476274	263365	24202158	2407743
吉　林	9877438	41492	1935225	2443446	1484615	3876426	96234
黑龙江	11225245	960212	3079754	4444382	301779	1791157	647961
上　海	14519446	505177	1427081	1375855	28141	10792551	390641
江　苏	43546260	2556061	18604868	4771613	142855	15666283	1804580
浙　江	34367379	1793603	5008411	7082317	1458272	14478957	4545819
安　徽	20592945	412757	3129116	4172900	723895	11499346	654931
福　建	17519814	879146	2191958	4964366	1599924	7635550	248870
江　西	6842114	133435	975286	1789313	583809	2998462	361809
山　东	34732267	1475715	3831071	4874595	4655080	17974355	1921451
河　南	22030619	1200831	3653840	2711944	1126161	12453475	884368
湖　北	16983811	1462468	3329755	2994587	1720560	7098078	378363
湖　南	15726652	519855	1237029	6636288	983903	5950268	399309
广　东	37049832	1930830	2491708	8496666	6764203	13762631	3603794
广　西	10696420	213552	1215543	2214294	904952	5579558	568521
海　南	7253209	22362	326359	827114	627249	4812060	638065
重　庆	17067687	841365	5689322	2114719	74478	8336923	10880
四　川	21977450	1199494	4584765	10030293	400441	4958721	803736
贵　州	9303118	92630	2844324	1429565	1776117	3068415	92067
云　南	11525012	518934	1922231	1176076	2588898	4707284	611589
西　藏	42509		11800	23549		7160	
陕　西	14775700	706377	2553345	3932130	3760859	2762837	1060152
甘　肃	4125139	36270	765353	1344120	951382	935049	92965
青　海	1411006	192406	472097	285957	111403	328618	20525
宁　夏	2794871	568771	649179	398358	318924	776562	83077
新　疆	4442667	321504	547996	1007255	653770	1880109	32033

2-13 各地区按资质等级分的房地产开发企业90平方米及以下住宅完成投资

单位：万元

地区	总计	一级	二级	三级	四级	暂定	其他
全国总计	**167894948**	**8206132**	**28520441**	**34821025**	**16302057**	**70057934**	**9987359**
北京	7393042	1597983	1018866	647247	1789408	2009156	330382
天津	3030999	393988	306094	348668	825579	1001121	155549
河北	8594172	414894	1350470	1761008	1924322	2690998	452480
山西	2167006	149810	401277	640678	634056	339183	2002
内蒙古	2586244	12464	292788	587533	1146702	517652	29105
辽宁	20614767	369030	1848880	4688687	183764	12231116	1293290
吉林	5400112	11432	998338	1349921	1046700	1933137	60584
黑龙江	5893616	130302	1275544	2522429	242019	1153722	569600
上海	6326720	123912	727145	519448	4408	4869722	82085
江苏	10094996	495660	4705973	1163382	38761	3134511	556709
浙江	9706787	405666	1266104	1648454	359454	4150886	1876223
安徽	7461075	121367	1301715	1574448	169754	3996009	297782
福建	3900046	186406	535854	1185324	404824	1549968	37670
江西	1581554	18880	275742	419128	88583	694546	84675
山东	9456480	313043	1008649	1296916	1421939	4849335	566598
河南	6764552	456446	1284434	796711	239771	3725018	262172
湖北	5215424	729495	1301249	745787	355099	1943420	140374
湖南	3502263	116679	323738	1378036	217274	1411201	55335
广东	9714689	622574	736453	1922570	1579202	3233106	1620784
广西	3227982	42119	316963	615188	265209	1675201	313302
海南	3372064	20706	94178	419780	399642	2152676	285082
重庆	8895513	414428	2423493	1166034	33004	4852274	6280
四川	8870151	462128	1659511	4416788	171054	1786752	373918
贵州	2484127	22527	1201025	405271	269489	557630	28185
云南	2945058	140975	454210	273448	565392	1404739	106294
西藏	12407			10449		1958	
陕西	4333125	253213	662898	1063216	1088864	993415	271519
甘肃	1928691	11474	314884	722484	419933	428001	31915
青海	252048	1366	113829	65848	22514	46271	2220
宁夏	781044	94196	141304	134065	147264	194046	70169
新疆	1388194	72969	178833	332079	248073	531164	25076

2-14 各地区按资质等级分的房地产开发企业144平方米以上住宅完成投资

单位：万元

地 区	总 计	一 级	二 级	三 级	四 级	暂 定	其 他
全国总计	**98063612**	**4734191**	**16340897**	**18337932**	**10476146**	**43280616**	**4893830**
北 京	3788822	557067	555155	443357	1292220	812976	128047
天 津	1119443	20408	57765	161617	331307	530187	18159
河 北	3178666	188983	578347	344755	827896	1165065	73620
山 西	1688955	23373	281418	202242	917074	223450	41398
内蒙古	1778808	104959	359446	228731	698163	375183	12326
辽 宁	5554035	33549	501711	923022	10429	3875939	209385
吉 林	1468276	1629	276428	342755	91757	754928	779
黑龙江	1371662	141614	558736	447628	5945	163190	54549
上 海	4066022	152933	243783	375028	1455	3151339	141484
江 苏	10472586	426666	4004765	950696	17650	4644780	428029
浙 江	13047327	737819	1838046	2814975	507362	5741784	1407341
安 徽	1934370	31229	283708	368940	30568	1169402	50523
福 建	4070308	191870	377197	1224938	428672	1721394	126237
江 西	959438	8498	135971	230093	72538	478838	33500
山 东	6612827	335819	695952	836219	567398	3882328	295111
河 南	3027845	174124	478411	307707	201095	1766690	99818
湖 北	2366008	65104	443562	477717	215452	1035490	128683
湖 南	3576803	9685	327831	1564926	145914	1451471	76976
广 东	11711452	786999	851533	2857552	2031917	4147706	1035745
广 西	1683464	16014	276840	297477	131715	854315	107103
海 南	1130180	1656	14545	90748	82513	882090	58628
重 庆	2117991	131013	762977	215901	7730	1000370	
四 川	3234163	137326	685339	1301495	67609	922129	120265
贵 州	1323991	33481	510042	180353	232027	357450	10638
云 南	2869471	115924	442983	321943	810680	1070412	107529
西 藏	15136		8800	3948		2388	
陕 西	2016089	88832	450389	481126	533571	362650	99521
甘 肃	404159	12442	79461	70117	65615	152988	23536
青 海	136188	3922	36471	45671	40603	8061	1460
宁 夏	608549	143853	130948	53792	27844	248682	3430
新 疆	730578	57400	92337	172463	81427	326941	10

2-15 各地区按资质等级分的房地产开发企业别墅、高档公寓完成投资

单位：万元

地区	总计	一级	二级	三级	四级	暂定	其他
全国总计	**34483745**	**1269332**	**4859667**	**6205219**	**3321699**	**17193310**	**1634518**
北京	1815421	361519	141847	143586	956182	95050	117237
天津	623395	57914	28086	12941	185850	330726	7878
河北	561855	2998	30309	102070	158578	267900	
山西	63861	2910	5624	3926	43489	7912	
内蒙古	234266	11624	53118	38320	91347	36757	3100
辽宁	1811848	11202	62328	424569	1720	985899	326130
吉林	623608		120628	133904	6351	362725	
黑龙江	221446	15245	54884	103471	140	47479	227
上海	3350806	56568	140135	361318	1655	2650206	140924
江苏	4701613	130022	1465994	446916	799	2519928	137954
浙江	3055888	52041	378661	840343	156827	1425279	202737
安徽	629049	7512	31531	146221	12458	410238	21089
福建	1021325	12047	111001	434743	133771	329763	
江西	296939	9942	59991	59223	13092	153380	1311
山东	2145903	86180	94542	78727	62640	1736527	87287
河南	215814	21621	74887	12215	2	107089	
湖北	679868	14331	171969	120614	23505	349449	
湖南	735655	5331	42461	351117	6982	310960	18804
广东	4444984	124042	253674	1163130	836136	1739913	328089
广西	459919	15	173244	94308	65217	118200	8935
海南	1996708	170	128226	244516	118523	1409579	95694
重庆	1656664	119892	624882	117570	6648	787672	
四川	1266629	94623	225096	381373	71480	475960	18097
贵州	155974	14910	34846	22402	37944	40467	5405
云南	863434	22068	137067	120445	246927	274395	62532
西藏	15711		9800	3665		2246	
陕西	339606	10624	123899	83588	32069	38357	51069
甘肃	11506	99	339	8828	1686	554	
青海	1329		1119			210	
宁夏	114599	8272	19657	17989	30292	38389	
新疆	368122	15610	59822	133181	19389	140101	19

2-16 各地区按登记注册类型分的房地产开发企业办公楼完成投资

单位：万元

地区	总计	内资					
			国有	集体	股份合作	国有联营	集体联营
全国总计	**33666129**	**29194272**	**1968943**	**77322**	**63886**	**1050**	**559**
北京	3848067	3351818	23260	3083			
天津	856968	791071	119034	100			
河北	1146671	1142441	100		5500		
山西	227958	212250	2873				
内蒙古	594469	593819	30215		2550		
辽宁	1633776	1211681	83908	10179	35050		
吉林	313270	311476	231		5		
黑龙江	269161	249351	8276				
上海	2628502	2055222	118601	16195			36
江苏	2600955	2291083	190361	8475	4030		
浙江	3058512	2873997	192996	4687	102		
安徽	1319806	1201171	82082		1100	1050	
福建	1892202	1665673	164002				
江西	621001	576283	20859		90		
山东	1906559	1842140	359380	6177	3137		523
河南	1363478	1274023	25205	3000			
湖北	1365480	1226180	89405	5410	4825		
湖南	720581	590150	21994	820	6219		
广东	2348321	1454120	88098	13884			
广西	404730	362594	31434	278	600		
海南	56538	55163	22179				
重庆	1016124	891243	173405				
四川	1371163	961693	30360	2260	2		
贵州	422301	391663	15899	125	30		
云南	864149	844045	28312				
西藏	3169	3169	928				
陕西	438731	402891	18094	359			
甘肃	110565	105110	18677	2200	646		
青海	33642	33502	3274				
宁夏	108440	108410	1709	90			
新疆	120840	120840	3792				

2-16 续表 1　　　　单位：万元

地　区	内资						
	国有与集体联营	其他联营	国有独资公司	其他有限责任公司	股份有限公司	私营独资	私营合伙
全国总计		**1111**	**765199**	**15886211**	**1173848**	**364666**	**52446**
北　京			47122	2964803	75146		
天　津			35752	542944	21576	7057	
河　北			325	493905	119224	27533	194
山　西				39966	449	8861	
内蒙古			55452	322986	4728	19542	1431
辽　宁			20455	434635	59365	17696	87
吉　林			9832	145027	3174	3431	
黑龙江			7251	129856	8009	2154	
上　海			54207	810027	118361	8436	
江　苏			63126	1149676	63667	74403	4083
浙　江			88687	1557253	33047	37624	2091
安　徽			15302	660588	74840	47715	29853
福　建			162199	958345	11178	2892	2965
江　西				433108	22814	9924	
山　东			6638	944619	63809	12888	120
河　南		500	10390	854480	71272	10475	5218
湖　北			15961	296118	282491	10475	500
湖　南			15150	397633	10097	4644	102
广　东		116	13416	844701	42471	10107	1311
广　西			40814	88700	12676	8185	60
海　南		495		17978	2213	3562	
重　庆			49337	196340	2643	472	
四　川			30776	558467	46406	22805	103
贵　州			2001	292369	3934	3111	3365
云　南			1193	439372	9567	3606	
西　藏				881			
陕　西			16861	203899	10491	500	
甘　肃				37366		4900	
青　海				10908		200	
宁　夏			726	22707	200	1376	
新　疆			2226	36554		92	963

2-16 续表 2

单位：万元

地区	内资			港澳台商投资			
	私营有限责任公司	私营股份有限公司	其他内资企业		合资经营	合作经营	独资
全国总计	**7754431**	**546547**	**538053**	**2798350**	**1237075**	**232177**	**1271057**
北京	215621	22783		207866	47941	82103	77822
天津	49484		15124	6417	1016	5110	291
河北	446348	3260	46052	4215	4050		165
山西	157221	1286	1594				
内蒙古	128536	13915	14464				
辽宁	530271	14031	6004	242675	45391	5021	191938
吉林	85845	44846	19085	1794	200		1594
黑龙江	86911	6253	641	19810	19780		30
上海	896584	32775		336222	212246		123976
江苏	672558	13356	47348	251390	141572		109818
浙江	901470	51173	4867	93825	19660		65467
安徽	231295	10944	46402	59447	43401		16046
福建	223576	8261	132255	190714	55611	5729	88743
江西	73636	3226	12626	28689	18662		10027
山东	431888	7069	5892	22746	9325	6962	6459
河南	285901	1694	5888	78915	59510		19405
湖北	480761	9884	30350	78584	1416		77168
湖南	111008	19333	3150	129938	3987		125951
广东	290092	142947	6977	736231	512719	127252	91310
广西	167279	3144	9424	40012	892		39120
海南	8541	195		1375			1375
重庆	417515	51336	195	35194	15814		19380
四川	211344	39714	19456	195627	9313		182877
贵州	66448	4381		9114	9114		
云南	275666	8976	77353	10964			10964
西藏	1360						
陕西	105193	15444	32050	10991			10991
甘肃	31692	9273	356	5455	5455		
青海	18322	798		140			140
宁夏	81097	505					
新疆	70968	5745	500				

2-16 续表 3 单位：万元

地　区	港澳台商投资		外商投资					
	股份有限	其　他		合资经营	合作经营	独　资	股份有限	其　他
全国总计	**56704**	**1337**	**1673507**	**486289**	**187907**	**873524**	**125787**	
北　京			288383	20250	38540	225538	4055	
天　津			59480	3967	17633	23126	14754	
河　北			15			15		
山　西			15708	2537		13171		
内蒙古			650			650		
辽　宁	325		179420	35725		113696	29999	
吉　林								
黑龙江								
上　海			237058	89918	41955	103285	1900	
江　苏			58482	14494	1129	42859		
浙　江	8698		90690	31842		58848		
安　徽			59188	48382		10806		
福　建	40631		35815	8688		14229	12898	
江　西			16029	10392		137	5500	
山　东			41673	7771	10800	23102		
河　南			10540	1940		8600		
湖　北			60716	60716				
湖　南			493	2		491		
广　东	4950		157970	61481	43918	52522	49	
广　西			2124	866		258	1000	
海　南								
重　庆			89687	12071		21984	55632	
四　川	2100	1337	213843	46258	33932	133653		
贵　州			21524			21524		
云　南			9140	9140				
西　藏								
陕　西			24849	19849		5000		
甘　肃								
青　海								
宁　夏			30			30		
新　疆								

2-17　各地区按资质等级分的房地产开发企业办公楼完成投资

单位：万元

地　区	总　计	一　级	二　级	三　级	四　级	暂　定	其　他
全国总计	**33666129**	**1513324**	**4892595**	**5014764**	**2956677**	**17090063**	**2198706**
北　京	3848067	125215	384199	348066	697326	2205073	88188
天　津	856968	24218	47221	4871	269227	494239	17192
河　北	1146671	28516	165454	156509	300972	477748	17472
山　西	227958	14974	24694	24034	134423	28633	1200
内蒙古	594469	55673	108330	90412	234588	96101	9365
辽　宁	1633776	16467	88061	342471	518	1000948	185311
吉　林	313270		135844	48123	16998	103877	8428
黑龙江	269161	55945	55283	102348	1450	54100	35
上　海	2628502	17612	151421	190969		2129422	139078
江　苏	2600955	126168	1069405	129878	638	1237215	37651
浙　江	3058512	72790	247305	586374	72032	1574403	505608
安　徽	1319806	95191	283756	191147	11549	712384	25779
福　建	1892202	108098	310844	424525	151482	846238	51015
江　西	621001	5558	68617	64116	11413	275986	195311
山　东	1906559	110046	185058	277911	141866	1115495	76183
河　南	1363478	7817	160280	62490	36972	1070026	25893
湖　北	1365480	44432	289804	263719	19163	394466	353896
湖　南	720581	134086	44670	189694	13685	323848	14598
广　东	2348321	257250	147254	572236	251400	973848	146333
广　西	404730	17946	23223	27657	13388	256880	65636
海　南	56538	178	99	24963	3354	26211	1733
重　庆	1016124	47790	234353	95832	1244	632859	4046
四　川	1371163	41954	208381	444550	37648	472693	165937
贵　州	422301	12004	141127	53380	83815	131974	1
云　南	864149	27261	62085	90464	298393	327440	58506
西　藏	3169			3169			
陕　西	438731	32132	187126	99100	92791	25741	1841
甘　肃	110565	32	21560	30946	30516	27496	15
青　海	33642	2130	10945	14400	1405	4762	
宁　夏	108440	23742	20259	25875	16993	21516	55
新　疆	120840	8099	15937	34535	11428	48441	2400

2-18 各地区按登记注册类型分的房地产开发企业商业营业用房完成投资

单位：万元

地区	总计	内资					
			国有	集体	股份合作	国有联营	集体联营
全国总计	**93120012**	**83090976**	**3557503**	**406568**	**240350**	**63065**	**4735**
北京	2758685	2267507	26802	1928			
天津	1553063	1344000	198387	8520	10000	1642	
河北	4075683	3766548	24816		9943		
山西	1392518	1334837	12629	301			
内蒙古	2602685	2602235	55040	1880	3305		
辽宁	8627741	6742845	530070	10189	57380	44255	
吉林	1789054	1710621	6225		15		
黑龙江	2183563	2158112	38519	950	9109		
上海	2937507	2247979	158064	23520	153	1039	20
江苏	9760837	8659168	610338	78184	11190	2048	
浙江	5849933	5130474	138163	10415	2095	6020	
安徽	5649370	5398243	145455	1463	16557	2135	
福建	3703798	3316661	161067	9900			
江西	1176446	1017834	32266	670	4513		
山东	5763110	5328448	470700	116174	50773		2719
河南	3193898	2990837	29677	801	3018		
湖北	3372324	3171811	103251	20150	4105		
湖南	2728813	2531261	41693	5497	32748		
广东	5474535	4360669	126866	30875	2987		
广西	1616637	1496379	60213	4863	3264	5668	
海南	506034	473586	40020		176		
重庆	3074966	2639721	178781		1552		
四川	4333247	3678578	129084	1914	11872		
贵州	2125621	2021185	59482	1413	2740		
云南	2562885	2537402	49219	42990			88
西藏	23001	23001	4097				
陕西	1554941	1429326	63735	28786	1349		1908
甘肃	654094	644847	46506	2792	1491		
青海	268742	268552	5214		15	258	
宁夏	830146	822249	1883	1743			
新疆	976135	976060	9241	650			

2-18　续表 1　　　　单位：万元

地　区	内资						
	国有与集体联营	其他联营	国有独资公司	其他有限责任公司	股份有限公司	私营独资	私营合伙
全国总计	**3084**	**10121**	**1130862**	**40209316**	**3501541**	**1940774**	**318586**
北　京			70853	1993812	32688		
天　津			8667	544771	103259	13433	
河　北			4592	1637380	165007	123635	15001
山　西			12329	479322	13519	5079	2000
内蒙古			86823	1159844	145783	103772	36571
辽　宁			26269	2521614	328991	264725	4766
吉　林			46599	856053	101622	43172	2300
黑龙江			88515	1195325	89026	29905	287
上　海	700		28620	816945	51268	197913	
江　苏		4000	54416	3078058	365676	450718	66617
浙　江			81514	2436110	79762	38770	5065
安　徽	1086	400	81024	3004049	126217	69701	102824
福　建			68749	1943173	88110	13696	5384
江　西		709	5609	444713	99105	5779	6169
山　东			42537	2575744	369336	77996	6558
河　南		4300	14830	1848499	205556	81501	16004
湖　北		114	3432	1361149	331034	71957	3800
湖　南		10	30399	1378290	69618	44199	6042
广　东		100	21223	2482077	225069	40033	9466
广　西			100600	517203	48553	47368	6752
海　南	700	488		227093	7821	10656	
重　庆	598		23307	1276659	29688	11359	1423
四　川			25144	1991588	174842	65432	1337
贵　州			51900	1317805	60978	24121	4978
云　南			32938	1145614	83722	36526	1753
西　藏				4246		150	
陕　西			11915	867137	68301	14558	600
甘　肃			2110	336057	15301	22412	9814
青　海			998	103559	1947	1515	
宁　夏			93084	146664	9729	13413	477
新　疆			11866	518763	10013	17280	2598

2-18 续表 2 单位：万元

地　区	内资			港澳台商投资			
	私营有限责任公司	私营股份有限公司	其他内资企业		合资经营	合作经营	独资
全国总计	**28245972**	**1902625**	**1555874**	**6383733**	**2449589**	**611901**	**3220013**
北　京	128271	13153		184132	51224	85312	47596
天　津	342909	6810	105602	104228	58540	6676	36317
河　北	1598877	103005	84292	55481	36604		18877
山　西	767879	21071	20708	13351	457	73	12821
内蒙古	914208	44743	50266				
辽　宁	2717465	104420	132701	1185275	396525	44787	729765
吉　林	554771	52024	47840	52646	28902		22898
黑龙江	641612	26072	38792	16602	5060		11542
上　海	916983	49046	3708	354187	197324	13756	143107
江　苏	3541814	231734	164375	805772	327927	79936	385188
浙　江	2287669	43147	1744	508603	167393		335413
安　徽	1613447	91233	142652	174814	104898		66114
福　建	916825	68362	41395	318866	123383	20121	149836
江　西	362286	41242	14773	121019	53084		67935
山　东	1316527	173939	125445	275135	160843	57282	55510
河　南	668121	49299	69231	148712	108374	4958	30757
湖　北	1032209	195848	44762	145721	29486		116235
湖　南	800682	79480	42603	179909	19043		160866
广　东	1274367	108514	39092	937620	277207	284372	354683
广　西	640242	40607	21046	71102	19829	13682	37591
海　南	150781	20183	15668	17709	5773		11936
重　庆	994973	71183	50198	308286	187495		120791
四　川	1107945	69242	100178	245828	64566		172098
贵　州	445561	38661	13546	90708	7968		82740
云　南	960366	56247	127939	25319	5457		19862
西　藏	14508						
陕　西	299795	44236	27006	30364	519	946	28899
甘　肃	195701	10674	1989	4812	4366		446
青　海	134139	16740	4167	190			190
宁　夏	545425	9831		7267	7267		
新　疆	359614	21879	24156	75	75		

2-18　续表 3

单位：万元

地　区	港澳台商投资		外商投资					
	股份有限	其　他		合资经营	合作经营	独　资	股份有限	其　他
全国总计	**90184**	**12046**	**3645303**	**993259**	**318176**	**2201836**	**130497**	**1535**
北　京			307046	34084	33994	237230	1738	
天　津	2695		104835	5958	11882	66300	20695	
河　北			253654	3400		250254		
山　西			44330	4191		40139		
内蒙古			450			450		
辽　宁	14198		699621	160612	56950	467859	14200	
吉　林	846		25787	3745		22042		
黑龙江			8849	8837		12		
上　海			335341	111896	34074	188271	1100	
江　苏	5592	7129	295897	112335	18410	165152		
浙　江	5797		210856	61317	1000	148539		
安　徽	3802		76313	34081	7856	33876	500	
福　建	25526		68271	31017		32515	4739	
江　西			37593	16206		18087	3300	
山　东	1500		159527	99061	25632	34834		
河　南	23	4600	54349	1617		52732		
湖　北			54792	44793	9474	525		
湖　南			17643	12735		4908		
广　东	21120	238	176246	106631	9521	59916	100	78
广　西			49156	12410	45	5701	31000	
海　南			14739	14074		665		
重　庆			126959	12223	17892	49064	46323	1457
四　川	9085	79	408841	73012	39227	289800	6802	
贵　州			13728		11000	2728		
云　南			164	164				
西　藏								
陕　西			95251	23972	41219	30060		
甘　肃			4435	4378		57		
青　海								
宁　夏			630	510		120		
新　疆								

2-19 各地区按资质等级分的房地产开发企业商业营业用房完成投资

单位：万元

地区	总计	一级	二级	三级	四级	暂定	其他
全国总计	**93120012**	**3496735**	**15880183**	**17050937**	**8796009**	**42868487**	**5027661**
北京	2758685	311283	362970	244249	663661	1022253	154269
天津	1553063	29215	238091	135909	550402	582375	17071
河北	4075683	213569	856686	589942	730115	1621216	64155
山西	1392518	30038	328169	247491	551029	231292	4499
内蒙古	2602685	123524	439759	434470	1091987	475331	37614
辽宁	8627741	221256	677473	1755527	132918	5295422	545145
吉林	1789054	6036	360533	459803	227291	674032	61359
黑龙江	2183563	47283	581429	699807	51217	755641	48186
上海	2937507	67368	204422	235902	80	2201129	228606
江苏	9760837	216542	3982810	977542	15952	4165819	402172
浙江	5849933	190467	571939	1182623	345527	2736929	822448
安徽	5649370	172193	628646	886561	194700	3551731	215539
福建	3703798	83476	331118	894710	254348	2087431	52715
江西	1176446	27835	236051	334561	112781	419818	45400
山东	5763110	257746	451739	635475	664795	3208686	544669
河南	3193898	142121	508039	306753	93947	1953694	189344
湖北	3372324	248947	755949	528009	281753	1429568	128098
湖南	2728813	137357	264925	844112	150208	1256487	75724
广东	5474535	265135	291273	1307554	757868	2191047	661658
广西	1616637	38073	109082	330042	100486	910416	128538
海南	506034	197	8917	67494	18421	384763	26242
重庆	3074966	131573	1088258	421286	22863	1393121	17865
四川	4333247	160481	687729	2000997	94319	1118968	270753
贵州	2125621	16049	838986	253252	309782	690062	17490
云南	2562885	56004	268899	263660	625645	1185455	163222
西藏	23001		1200	12651	4480	4670	
陕西	1554941	127183	307714	368528	324671	337554	89291
甘肃	654094	13777	114245	216844	134020	172922	2286
青海	268742	21527	115011	54008	19222	54854	4120
宁夏	830146	103678	209929	170948	126636	216347	2608
新疆	976135	36802	58192	190227	144885	539454	6575

2-20　各地区按资质等级分的房地产开发企业本年新增固定资产

单位：万元

地　区	总　计	一　级	二　级	三　级	四　级	暂　定	其　他
全国总计	**335414178**	**21743817**	**72207522**	**80994907**	**40211530**	**109269563**	**10986839**
北　京	10537099	1593343	1325249	1097936	4389356	2023607	107608
天　津	10664898	656514	1845845	1509069	2965976	3232677	454817
河　北	13851234	821330	2293784	2744896	3856600	3455724	678900
山　西	4242793	173727	753421	927963	2016218	371464	
内蒙古	6363992	176357	1199377	1381664	2172550	1194129	239915
辽　宁	23154604	818305	3468384	6562975	291199	11075336	938405
吉　林	5655047	118556	1259231	1353489	1042903	1840211	40657
黑龙江	8246658	197143	2631068	3576444	324401	1070320	447282
上　海	13884487	467087	1663834	836699	38800	10470010	408057
江　苏	37340508	3223967	16230372	5229124	139710	11713673	803662
浙　江	16529603	1371991	2260616	6065669	1044965	4885813	900549
安　徽	12531622	188015	2359784	3258604	669284	5954945	100990
福　建	6288034	592255	917830	2058616	1032121	1638026	49186
江　西	5832322	7229	1293779	2177856	531000	1638638	183820
山　东	20984393	1254726	3095297	3870560	3601844	8041348	1120618
河　南	16024540	854376	3723679	1946694	1309098	7681862	508831
湖　北	12970544	1215048	4452353	2581869	1644904	2819936	256434
湖　南	13777767	639385	1398483	6738647	1063561	3497278	440413
广　东	26966773	2472510	1804165	8140824	4950841	7325674	2272759
广　西	6923890	281338	1023936	1605956	1145470	2661376	205814
海　南	4639559	229598	304749	477007	464390	3070023	93792
重　庆	14800553	1534424	5048649	2883354	37568	5296558	
四　川	17943850	613007	5776825	8002467	406644	2806918	337989
贵　州	3324788		858076	806698	721192	921922	16900
云　南	6160800	357286	1504311	773256	1529204	1952949	43794
西　藏	39081		1500	37581			
陕　西	5067280	510798	1347025	1450092	1267990	399637	91738
甘　肃	2154183	27713	336769	846352	531765	353786	57798
青　海	1289870	93590	375632	246858	113053	434252	26485
宁　夏	2893938	581140	813559	596461	356711	434787	111280
新　疆	4329468	673059	839940	1209227	552212	1006684	48346

2-21 各地区房地产开发企业实际到位资金情况

单位：万元

地区	本年实际到位资金合计	上年末结余资金	本年实际到位资金小计	国内贷款	#银行贷款
全国总计	**1209721458**	**244353382**	**965368076**	**147783861**	**131404107**
北京	83573757	22728212	60845545	14847394	12391611
天津	29803871	8341083	21462788	5703680	5248406
河北	44004772	6874887	37129885	2955653	2498805
山西	13386503	3049587	10336916	608744	449339
内蒙古	15653825	1562983	14090842	795999	636406
辽宁	72672851	9385296	63287555	8507560	7941962
吉林	17034261	2717485	14316776	1096958	805031
黑龙江	19634736	2522968	17111768	876365	792577
上海	53169349	13484213	39685136	9757750	9274064
江苏	122884152	24315223	98568929	18907148	16490391
浙江	89886271	24577640	65308631	11254805	9685764
安徽	46821695	8477471	38344224	4062323	3462515
福建	48746007	7538738	41207269	5236284	4845614
江西	18535042	3762875	14772167	1648995	1545709
山东	70832882	13281964	57550918	6775106	6081143
河南	40911134	6360755	34550379	3210906	2730278
湖北	40667073	7028769	33638304	5120460	4561269
湖南	36020360	6993797	29026563	3745230	3432988
广东	103428025	24245322	79182703	15075297	13778636
广西	24253916	4180300	20073616	2638371	2443928
海南	16744091	3339855	13404236	2720209	2581963
重庆	51017442	12322052	38695390	7207959	6369112
四川	52009197	9782540	42226657	4592355	4246550
贵州	16959960	2778280	14181680	2306113	1978647
云南	27302577	5962355	21340222	2161200	1818522
西藏	106390	25857	80533		
陕西	28372451	5198403	23174048	2803565	2523044
甘肃	7681294	1168865	6512429	1290787	1118722
青海	2718024	433547	2284477	373912	341412
宁夏	5824836	826807	4998029	593984	534848
新疆	9064714	1085253	7979461	908749	794851

2-21 续表 1

单位：万元

地 区	#非银行金融机构贷款	利用外资	#外商直接投资	自筹资金	#自有资金
全国总计	**16379754**	**4020851**	**3585244**	**390819610**	**178511618**
北 京	2455783	42209	42209	16119093	4833056
天 津	455274	34699	3767	8317073	3530099
河 北	456848	109307	109307	21954764	12194793
山 西	159405	253	253	5507027	2409324
内蒙古	159593			10310743	4927235
辽 宁	565598	1178814	1050300	33105096	17465355
吉 林	291927	18880	18880	8783841	4786404
黑龙江	83788	165	165	11042025	4952354
上 海	483686	261165	261165	13859584	6606926
江 苏	2416757	615723	547923	30875317	12159165
浙 江	1569041	160046	155984	21785574	7830062
安 徽	599808	13860	13860	16859424	6054159
福 建	390670	78394	74124	14267925	7754807
江 西	103286	7893	6493	5047928	2223031
山 东	693963	159111	159111	26758554	11872952
河 南	480628	11303	10300	19207213	8195476
湖 北	559191	12700	12200	14253079	5857423
湖 南	312242	511215	491526	10362341	3998264
广 东	1296661	290633	265863	24146361	11738840
广 西	194443	3294		7884479	4195692
海 南	138246	73677	73677	5978145	3466739
重 庆	838847	201314	74187	11820589	4562046
四 川	345805	169309	147063	17289653	10492663
贵 州	327466	42887	42887	5184444	2593749
云 南	342678			9750300	4146109
西 藏				21319	10758
陕 西	280521	24000	24000	11204400	4768184
甘 肃	172065			3049698	1791869
青 海	32500			1133544	529227
宁 夏	59136			1963181	993945
新 疆	113898			2976896	1570912

2-21 续表 2

单位：万元

地区	其他资金来源	#定金及预收款	#个人按揭贷款	本年各项应付款合计	#工程款
全国总计	**422743754**	**265580213**	**105237848**	**161780053**	**83950635**
北京	29836849	20868095	5010395	850095	710572
天津	7407336	5473276	649252	5124356	2090449
河北	12110161	7728019	2776987	7056491	3588543
山西	4220892	3183897	721612	2450768	1202051
内蒙古	2984100	1960365	656878	2631093	1186296
辽宁	20496085	13905878	3322521	11766337	5488542
吉林	4417097	2971782	847993	2507156	1162339
黑龙江	5193213	3470100	892911	1918427	1178796
上海	15806637	10646820	2361345	6844489	3937355
江苏	48170741	29905191	14196345	19962351	10971324
浙江	32108206	21414254	7952473	9029005	5336238
安徽	17408617	9196255	5427963	7639641	3940907
福建	21624666	11532318	6996239	3088375	1461986
江西	8067351	4382059	2425428	2150181	1235293
山东	23858147	15744428	5123669	11118034	5309800
河南	12120957	6415659	3251063	5150477	2222163
湖北	14252065	7929342	3283716	4976420	2650215
湖南	14407777	9230919	3889528	6039581	3281314
广东	39670412	25477256	11212014	11629640	6359629
广西	9547472	4793288	3392784	3279076	1597677
海南	4632205	3751222	228519	3593519	1239026
重庆	19465528	11450932	5404292	8318875	3527576
四川	20175340	12476434	5538973	7743931	4273152
贵州	6648236	3739390	2466177	3951688	2174568
云南	9428722	5936946	2582009	4602710	2628714
西藏	59214	25955	17129	36847	31436
陕西	9142083	5977368	2269511	3244173	1979797
甘肃	2171944	1569152	408124	1892784	1152920
青海	777021	487445	177123	399356	200597
宁夏	2440864	1428385	604422	1198201	842805
新疆	4093816	2507783	1150453	1585976	988555

2-22　各地区按登记注册类型分的房地产开发企业本年实际到位资金小计

单位：万元

地　区	总　计	内　资					
			国　有	集　体	股份合作	国有联营	集体联营
全国总计	**965368076**	**870817173**	**59251906**	**6366791**	**3404838**	**717529**	**75753**
北　京	60845545	56799337	1971821	191081			
天　津	21462788	19505046	5662020	401923	78500	29018	
河　北	37129885	36276681	599121	124450	275955		
山　西	10336916	10138378	455940	32592	700	95521	
内蒙古	14090842	14039385	348897	6000	85588		
辽　宁	63287555	51228288	3368499	155545	469748	119892	
吉　林	14316776	13688226	212712	2700	7971		
黑龙江	17111768	16694813	1217063	57804	22100		
上　海	39685136	34203219	4312968	606767	1915	165123	63094
江　苏	98568929	84716636	8713899	870325	182819	48738	
浙　江	65308631	60158391	1883294	135518	46932	136	
安　徽	38344224	36433789	2519241	18083	78594	40131	
福　建	41207269	36299849	2655428	211146		1523	
江　西	14772167	13436586	844937	25344	55100		582
山　东	57550918	53591421	4086915	868232	450894	210000	6100
河　南	34550379	33083229	735069	141843	210991		
湖　北	33638304	31688689	4515281	224934	58817		
湖　南	29026563	27213963	902374	364340	534959		
广　东	79182703	63398470	2779513	823851	238320		592
广　西	20073616	18482369	1049348	53979	41965	6247	
海　南	13404236	11278392	1198878		173968		
重　庆	38695390	34043923	3950279	35143	13202		
四　川	42226657	36717903	1024639	60977	231371		
贵　州	14181680	13646633	615064	9754	16972		
云　南	21340222	20945538	926553	582290	72338		610
西　藏	80533	80533	10711				
陕　西	23174048	21664022	1571974	289712	46876		4775
甘　肃	6512429	6347578	656787	55407	4220		
青　海	2284477	2269577	168513		4023	1200	
宁　夏	4998029	4783205	64008	15551			
新　疆	7979461	7963104	230160	1500			

2-22 续表 1

单位：万元

地区	内资						
	国有与集体联营	其他联营	国有独资公司	其他有限责任公司	股份有限公司	私营独资	私营合伙
全国总计	**69697**	**203300**	**19103523**	**436363213**	**40107828**	**16401603**	**2424967**
北京			2175941	45256715	4493426		
天津			649305	7834807	950405	242373	
河北		8090	175366	17021309	2073336	1185153	38704
山西			96300	2644055	225919	105491	35040
内蒙古			354307	6362776	682480	351153	48083
辽宁			823881	20706870	2931009	1655486	229876
吉林			390183	7589617	571100	320190	12500
黑龙江			529702	8308631	786999	237060	1927
上海	24440		735407	15772865	455919	761631	231
江苏		29000	1221596	32511516	3819522	3579856	433231
浙江	4081		1291514	32214334	1006210	454203	42407
安徽	4519	53455	1776156	18962656	950507	659062	162170
福建	21		1324933	20016412	1191595	284330	61991
江西		24980	112283	6523286	981770	174872	60657
山东			1332449	26723891	3034375	828668	113408
河南		12928	218945	18644008	2456235	936198	134582
湖北		6242	172194	13582874	2931689	562897	33923
湖南	7871	19821	385451	14768263	819510	447829	195748
广东		26152	647832	35836486	2904693	781278	154507
广西		479	783944	6496015	1439515	454280	71302
海南	7325	6304	43154	6787521	656366	128711	5374
重庆	1043		1681036	13273122	586747	100079	31852
四川		8999	464126	19509486	1953099	652783	40653
贵州	20397		208511	8312402	546990	141356	72847
云南			339245	10171416	584069	324201	123202
西藏		4908		19068	7415	3325	
陕西		1942	438426	12484474	845294	533936	55468
甘肃			11300	2926440	142423	146627	13688
青海			76597	716665	20014	124688	
宁夏			431054	925350	24833	70339	2015
新疆			212385	3459883	34364	153548	249581

2-22　续表 2　　　　单位：万元

地　区	内资			港澳台商投资	合资经营	合作经营	独　资
	私营有限责任公司	私营股份有限公司	其他内资企　业				
全国总计	**251855205**	**19135775**	**15335245**	**62841753**	**22813573**	**4678257**	**33409442**
北　京	2552387	157966		2455274	693215	627879	1134180
天　津	2843862	140865	671968	832244	501902	10840	176992
河　北	13078120	1126269	570808	471924	238442		233482
山　西	6115232	199418	132170	72300	24935	1100	46265
内蒙古	5308449	150952	340700				
辽　宁	18436695	1085589	1245198	8067355	3269568	80919	4545192
吉　林	4071369	308600	201284	580571	290764		264807
黑龙江	4908575	474997	149955	237864	166687		71177
上　海	10642593	520086	140180	2881031	1550976	135738	1193872
江　苏	28497435	2457790	2350909	9333322	4004815	212836	4939358
浙　江	22601171	439882	38709	3919959	1372928	16635	2426580
安　徽	9468460	720993	1019762	1159082	371648	46400	601335
福　建	9114385	514715	923370	4073274	1865226	207867	1882928
江　西	3788846	621925	222004	912545	455372	269	456904
山　东	13749893	1231574	955022	2804020	1181509	344626	1258285
河　南	7591442	1081583	919405	879450	427132	78050	331251
湖　北	7900991	931453	767394	1337113	474987		860765
湖　南	7309632	1035502	422663	1439145	235005	23862	1179778
广　东	16937949	1738659	528638	10640457	2221112	2671540	5604820
广　西	7252973	449006	383316	1139901	610807	138819	390275
海　南	1885071	98829	286891	1714250	560813		579897
重　庆	12807725	947080	616615	2995930	1102317		1893613
四　川	11259207	713033	799530	3063429	571316	8008	2201339
贵　州	3193600	435076	73664	465861	151466		314395
云　南	6505094	510463	806057	299437	191966		107471
西　藏	29352	5754					
陕　西	4329155	511676	550314	797299	52919	72869	671511
甘　肃	2085632	143168	161886	94205	63132		31073
青　海	1060327	87376	10174	1200			1200
宁　夏	3138135	108429	3491	156954	156954		
新　疆	3391448	187067	43168	16357	5660		10697

2-22 续表 3 单位：万元

地 区	港澳台商投资		外商投资					
	股份有限	其 他		合资经营	合作经营	独 资	股份有限	其 他
全国总计	**1815846**	**124635**	**31709150**	**10858989**	**3273833**	**16109572**	**1248924**	**217832**
北 京			1590934	454103	515711	457192	163928	
天 津	142510		1125498	427925	39000	548950	109623	
河 北			381280	69870		311410		
山 西			126238	10232		116006		
内蒙古			51457	43987		7470		
辽 宁	171676		3991912	1557160	333832	1959808	79801	61311
吉 林	25000		47979	22641		25338		
黑龙江			179091	72403		106688		
上 海	445		2600886	1181491	268386	1081198	69811	
江 苏	161071	15242	4518971	1572620	224623	2704280	17448	
浙 江	103816		1230281	325126	4342	900813		
安 徽	139699		751353	228922	177660	287101	57670	
福 建	117253		834146	237095		528497	68554	
江 西			423036	315627		85011	22398	
山 东	19600		1155477	641275	139437	374765		
河 南	41017	2000	587700	65411		513800	8489	
湖 北	1361		612502	287912	131621	150569	42400	
湖 南	500		373455	147785		225670		
广 东	78228	64757	5143776	1528443	511854	2613565	374711	115203
广 西			451346	136526	7313	230858	76649	
海 南	541837	31703	411594	65542	50795	284400	10857	
重 庆			1655537	435882	363921	685831	128585	41318
四 川	271833	10933	2445325	666761	234912	1525652	18000	
贵 州			69186	2300	42830	24056		
云 南			95247	18607	76640			
西 藏								
陕 西			712727	252804	150956	308967		
甘 肃			70646	69096		1550		
青 海			13700	13700				
宁 夏			57870	7743		50127		
新 疆								

2-23 各地区按资质等级分的房地产开发企业本年实际到位资金小计

单位：万元

地 区	总 计	一 级	二 级	三 级	四 级	暂 定	其 他
全国总计	**965368076**	**62484152**	**176080318**	**181219146**	**100964614**	**397282230**	**47337616**
北 京	60845545	10051142	10628779	5439930	15309533	17057666	2358495
天 津	21462788	1509719	2704588	1643090	7508765	7653866	442760
河 北	37129885	2516555	4881199	6285133	9032552	13102675	1311771
山 西	10336916	310132	1850112	1921838	4181186	1914303	159345
内蒙古	14090842	872376	2225534	2405763	5662043	2769980	155146
辽 宁	63287555	1550568	5515578	14477145	560403	37582022	3601839
吉 林	14316776	152932	3332623	3171161	2097573	5392698	169789
黑龙江	17111768	1103974	4533893	6910563	418547	3320379	824412
上 海	39685136	1090980	3477091	3825826	73585	29931978	1285676
江 苏	98568929	7271217	40481265	10192478	316867	36974010	3333092
浙 江	65308631	4000776	9318188	13295035	2861670	26885189	8947773
安 徽	38344224	724194	5632409	7493354	1173020	22164637	1156610
福 建	41207269	2984400	5789416	9535736	4114518	18155513	627686
江 西	14772167	268547	2714475	3661700	945664	6518965	662816
山 东	57550918	2659405	6201253	8690458	6809435	29877346	3313021
河 南	34550379	2048181	6038277	3964661	1461364	19836980	1200916
湖 北	33638304	5244958	6516783	5123142	2888268	12914376	950777
湖 南	29026563	1246650	2810710	11096310	1640715	11565603	666575
广 东	79182703	5540173	6143865	18645026	13742052	27037625	8073962
广 西	20073616	338408	3154276	4029241	1351969	9410132	1789590
海 南	13404236	20573	1891848	1580394	1074508	7617961	1218952
重 庆	38695390	3555052	14725237	4360428	192206	15729787	132680
四 川	42226657	2575952	9036221	18354199	632574	9657739	1969972
贵 州	14181680	287590	4021395	2325925	2394107	4970986	181677
云 南	21340222	904067	3698106	2026263	5824111	7802510	1085165
西 藏	80533		8700	44285	6626	20922	
陕 西	23174048	1517961	4346973	5790296	5599241	4462864	1456713
甘 肃	6512429	142525	1272355	2118790	1265878	1610236	102645
青 海	2284477	312681	802435	457122	201040	475269	35930
宁 夏	4998029	928444	1250053	755834	531219	1441396	91083
新 疆	7979461	754020	1076681	1598020	1093375	3426617	30748

2-24 各地区按登记注册类型分的房地产开发企业国内贷款

单位：万元

地区	总计	内资					
			国有	集体	股份合作	国有联营	集体联营
全国总计	**147783861**	**132303778**	**16594315**	**554269**	**491190**	**89045**	**2000**
北京	14847394	14287258	890555	2060			
天津	5703680	5238942	1923347	41979			
河北	2955653	2822080	8819		138200		
山西	608744	549122	35957				
内蒙古	795999	795999	600		4500		
辽宁	8507560	6791512	1152897	20000	132266	51735	
吉林	1096958	1076958	5000		1895		
黑龙江	876365	839365	12210				
上海	9757750	7975328	1364261	56479		11310	
江苏	18907148	17319645	3959134	97089	29625	8800	
浙江	11254805	10184558	609977	1915	22788		
安徽	4062323	3929026	344798		16300	12500	
福建	5236284	4312913	373439				
江西	1648995	1464104	36200	50			
山东	6775106	6076801	762993	88621	1412		2000
河南	3210906	3024575	68143	710	14500		
湖北	5120460	4872131	997106		2600		
湖南	3745230	3621513	137292	51333	15500		
广东	15075297	12173261	850003	164633	39297		
广西	2638371	2372746	287880	1700	2710	3500	
海南	2720209	2361882	256998		45647		
重庆	7207959	6426598	1061577		100		
四川	4592355	3614921	165246	1200	20000		
贵州	2306113	2212733	240058				
云南	2161200	2148200	301221				
西藏							
陕西	2803565	2666475	419465		430		
甘肃	1290787	1278037	257537	26500	3420		
青海	373912	373912	23000			1200	
宁夏	593984	585384	9000				
新疆	908749	907799	39602				

2-24　续表 1　　单位：万元

地　区	内资						
	国有与集体联营	其他联营	国有独资公司	其他有限责任公司	股份有限公司	私营独资	私营合伙
全国总计	**7616**	**32000**	**4897327**	**63752581**	**8354779**	**2189995**	**314357**
北　京			677653	9974443	2148950		
天　津			367854	1692824	351775	6700	
河　北			19294	1114736	176200	45230	7570
山　西			15000	126403	17917	2650	
内蒙古			12383	331684	92300	80030	
辽　宁			35830	2336561	844115	308021	
吉　林			181974	617687	6892	47618	
黑龙江			187400	348420	1400		
上　海	7000		125431	3672822	104947	156826	
江　苏		5000	468606	5956795	743204	607163	42160
浙　江			658139	5768768	124780	22317	140
安　徽	616	13000	572275	1848812	83630	60340	13650
福　建			60926	2452442	289434	101000	
江　西			22000	738812	143340	14900	9140
山　东			418785	2846407	397518	73209	23826
河　南		2000	27500	1549215	254997	94518	15600
湖　北			15100	2074923	492341	36700	400
湖　南		12000	119540	2009314	67595	48200	19941
广　东			52703	6322472	1254177	164681	21950
广　西			187687	937276	99260	56000	6000
海　南				1291747	121630	46845	
重　庆			261607	2906017	94623	31760	
四　川			73000	1964307	234833	58217	5500
贵　州			18800	1446752	18794	6700	26380
云　南			54300	1096117	89511	10218	
西　藏							
陕　西			51750	1307223	96034	47400	2100
甘　肃			9990	505276	4090	2610	
青　海			20000	76035		54000	
宁　夏			124900	88857	328	4142	
新　疆			56900	349434	164	2000	120000

2-24 续表 2

单位：万元

地区	内资			港澳台商投资			
	私营有限责任公司	私营股份有限公司	其他内资企业		合资经营	合作经营	独资
全国总计	**30872280**	**1868688**	**2283336**	**9625618**	**3955674**	**875912**	**4650187**
北京	547097	46500		381681	120526	145314	115841
天津	680084	23900	150479	208438	137082		57356
河北	1187995	16594	107442	58373	44573		13800
山西	328195	19300	3700	47740	15000		32740
内蒙古	240945	26510	7047				
辽宁	1651951	130381	127755	1115255	655309		420946
吉林	200484	15408		20000			20000
黑龙江	289135		800				
上海	2284782	151520	39950	764753	411142	59950	293661
江苏	4441980	322886	637203	953523	367140	22000	544383
浙江	2926192	34692	14850	773201	340649		432436
安徽	818676	61383	83046	91074	33400		57674
福建	879475	26310	129887	760082	507615	18000	223067
江西	419999	60077	19586	93491	33600		59891
山东	1207466	158343	96221	549466	261586	90059	189821
河南	685144	123669	188579	102000	77000	25000	
湖北	1120221	44080	88660	213329	44500		168829
湖南	968299	146114	26385	104517	41587		62930
广东	3066578	174968	61799	1811065	256707	496089	1016022
广西	721166	64267	5300	204925	99395		105530
海南	580415	8800	9800	324135	247500		76635
重庆	1895616	42598	132700	528161	158926		369235
四川	963631	39635	89352	349369	74387		265900
贵州	422581	30838	1830	89500	1500		88000
云南	419766	33037	144030	13000	13000		
西藏							
陕西	664463	5610	72000	58990	4000	19500	35490
甘肃	396146	31463	41005				
青海	198677		1000				
宁夏	329442	28715		8600	8600		
新疆	335679	1090	2930	950	950		

2-24　续表 3　　　　单位：万元

地　区	港澳台商投资		外商投资					
	股份有限	其　他		合资经营	合作经营	独　资	股份有限	其　他
全国总计	**92516**	**51329**	**5854465**	**2108557**	**493378**	**3066429**	**169449**	**16652**
北　京			178455	30245	50192	65350	32668	
天　津	14000		256300	38000	39000	179300		
河　北			75200	20000		55200		
山　西			11882	300		11582		
内蒙古								
辽　宁	39000		600793	212900		374906	12987	
吉　林								
黑龙江			37000	37000				
上　海			1017669	504273	133678	369718	10000	
江　苏	20000		633980	205435	30716	397829		
浙　江	116		297046	41950		255096		
安　徽			42223	30553	4000	3000	4670	
福　建	11400		163289	24400		91889	47000	
江　西			91400	81400		10000		
山　东	8000		148839	68664	1400	78775		
河　南			84331	7500		76831		
湖　北			35000	29000			6000	
湖　南			19200	19200				
广　东		42247	1090971	393086	135320	545913		16652
广　西			60700	14200		46500		
海　南			34192	9000	13192	6500	5500	
重　庆			253200	126501	45000	31075	50624	
四　川		9082	628065	176200		451865		
贵　州			3880		3880			
云　南								
西　藏								
陕　西			78100	26000	37000	15100		
甘　肃			12750	12750				
青　海								
宁　夏								
新　疆								

2-25 各地区按资质等级分的房地产开发企业国内贷款

单位：万元

地 区	总 计	一 级	二 级	三 级	四 级	暂 定	其 他
全国总计	**147783861**	**14531535**	**31894340**	**23264147**	**12797430**	**57330219**	**7966190**
北 京	14847394	3731834	3158136	1395511	3102536	2974130	485247
天 津	5703680	742193	1014149	447668	1641333	1828272	30065
河 北	2955653	392398	658381	551813	717614	609873	25574
山 西	608744	33198	135555	98157	258311	80523	3000
内蒙古	795999	71500	234347	91659	273049	105009	20435
辽 宁	8507560	580171	582110	1677890	38739	5029889	598761
吉 林	1096958		277445	149380	214883	423530	31720
黑龙江	876365	128000	455648	233134	13510	20620	25453
上 海	9757750	132013	758486	772218	25000	7638794	431239
江 苏	18907148	1723585	8574009	1475673	54502	6355174	724205
浙 江	11254805	789987	1448180	1890618	296731	5002299	1826990
安 徽	4062323	111485	984466	600722	111225	2189132	65293
福 建	5236284	591458	632079	1104083	560974	2298570	49120
江 西	1648995	4900	452462	430965	50202	660081	50385
山 东	6775106	416638	1200350	1279144	462053	3179147	237774
河 南	3210906	305730	657897	421055	107182	1656486	62556
湖 北	5120460	1148305	889491	872682	333911	1739671	136400
湖 南	3745230	76550	712066	1366243	160878	1383636	45857
广 东	15075297	1468716	1180558	3820933	1805033	4687947	2112110
广 西	2638371	73900	579679	524925	128831	1189692	141344
海 南	2720209		595917	188712	434474	1367299	133807
重 庆	7207959	472238	2918753	510201	7650	3271017	28100
四 川	4592355	385932	969491	1817947	24600	970947	423438
贵 州	2306113	15000	816116	357759	459533	616273	41432
云 南	2161200	183011	581636	135400	591873	563910	105370
西 藏							
陕 西	2803565	475049	631336	434107	593376	576797	92900
甘 肃	1290787	38350	341337	371101	212116	301848	26035
青 海	373912	72000	159016	35100	2000	105796	
宁 夏	593984	141094	205210	61178	55723	120829	9950
新 疆	908749	226300	90034	148169	59588	383028	1630

2-26　各地区按登记注册类型分的房地产开发企业利用外资

单位：万元

地　　区	总　计	内　资					
			国　有	集　体	股份合作	国有联营	集体联营
全国总计	**4020851**	**92936**					
北　　京	42209	1050					
天　　津	34699						
河　　北	109307						
山　　西	253						
内 蒙 古							
辽　　宁	1178814	53810					
吉　　林	18880						
黑 龙 江	165						
上　　海	261165						
江　　苏	615723	14000					
浙　　江	160046						
安　　徽	13860						
福　　建	78394						
江　　西	7893						
山　　东	159111						
河　　南	11303	3					
湖　　北	12700	500					
湖　　南	511215	15600					
广　　东	290633	7850					
广　　西	3294	123					
海　　南	73677						
重　　庆	201314						
四　　川	169309						
贵　　州	42887						
云　　南							
西　　藏							
陕　　西	24000						
甘　　肃							
青　　海							
宁　　夏							
新　　疆							

2-26 续表 1

单位：万元

地区	内资						
	国有与集体联营	其他联营	国有独资公司	其他有限责任公司	股份有限公司	私营独资	私营合伙
全国总计				**45650**	**1050**		
北京					1050		
天津							
河北							
山西							
内蒙古							
辽宁				7700			
吉林							
黑龙江							
上海							
江苏				14000			
浙江							
安徽							
福建							
江西							
山东							
河南							
湖北				500			
湖南				15600			
广东				7850			
广西							
海南							
重庆							
四川							
贵州							
云南							
西藏							
陕西							
甘肃							
青海							
宁夏							
新疆							

2-26　续表 2　　　　单位：万元

地　　区	内资			港澳台商投资			
	私营有限责任公司	私营股份有限公司	其他内资企业		合资经营	合作经营	独　资
全国总计	**46113**	**123**		**2924502**	**488255**	**103736**	**2319181**
北　京				33039	24899		8140
天　津				34699	30932		3767
河　北				95985	19600		76385
山　西							
内蒙古							
辽　宁	46110			872406	242532	60000	569874
吉　林				18880			18880
黑龙江				165			165
上　海				46487	1900		44587
江　苏				401399	42270		359129
浙　江				73580	8560		61890
安　徽							
福　建				72502	13695		56807
江　西				7893			7893
山　东				118754	5711		110043
河　南	3			11300			9300
湖　北				12200	7200		5000
湖　南				495615	90		495525
广　东				246014	89366	43736	109712
广　西		123					
海　南				8960			8960
重　庆				191614	1500		190114
四　川				140123			140123
贵　州				42887			42887
云　南							
西　藏							
陕　西							
甘　肃							
青　海							
宁　夏							
新　疆							

2-26 续表 3 单位：万元

地　区	港澳台商投资		外商投资					
	股份有限	其　他		合资经营	合作经营	独　资	股份有限	其　他
全国总计	**11330**	**2000**	**1003413**	**150973**	**92271**	**754869**	**5300**	
北　京			8120	8120				
天　津								
河　北			13322			13322		
山　西			253	253				
内蒙古								
辽　宁			252598	39987		207311	5300	
吉　林								
黑龙江								
上　海			214678	49086	89100	76492		
江　苏			200324			200324		
浙　江	3130		86466	3750		82716		
安　徽			13860	12000		1860		
福　建	2000		5892			5892		
江　西								
山　东	3000		40357	4777		35580		
河　南		2000						
湖　北								
湖　南								
广　东	3200		36769	9000		27769		
广　西			3171		3171			
海　南			64717			64717		
重　庆			9700			9700		
四　川			29186			29186		
贵　州								
云　南								
西　藏								
陕　西			24000	24000				
甘　肃								
青　海								
宁　夏								
新　疆								

2-27　各地区按资质等级分的房地产开发企业利用外资

单位：万元

地　区	总　计	一　级	二　级	三　级	四　级	暂　定	其　他
全国总计	**4020851**	**443435**	**150013**	**202082**	**143813**	**2665012**	**416496**
北　京	42209	1050			16260	24899	
天　津	34699				30932	3767	
河　北	109307			562	32360	76385	
山　西	253		253				
内蒙古							
辽　宁	1178814			49375		942005	187434
吉　林	18880					18880	
黑龙江	165			165			
上　海	261165			1900		208383	50882
江　苏	615723		119659	51283		444781	
浙　江	160046	8560			18174	95288	38024
安　徽	13860			1860		12000	
福　建	78394			9558		68836	
江　西	7893					7893	
山　东	159111		3000		385	155726	
河　南	11303		2000			9300	3
湖　北	12700	500				12200	
湖　南	511215	417110		15430		78675	
广　东	290633		4623	65009	42531	178440	30
广　西	3294				3171	123	
海　南	73677					73677	
重　庆	201314		1500			199814	
四　川	169309	16215		6940		6031	140123
贵　州	42887		18978			23909	
云　南							
西　藏							
陕　西	24000					24000	
甘　肃							
青　海							
宁　夏							
新　疆							

2-28 各地区按资质等级分的房地产开发企业自筹资金

单位：万元

地区	总计	一级	二级	三级	四级	暂定	其他
全国总计	**390819610**	**13609615**	**55567394**	**71812004**	**44326942**	**183585228**	**21918427**
北京	16119093	884708	2519576	1086552	4225435	6219759	1183063
天津	8317073	242192	848494	538948	3562033	2793642	331764
河北	21954764	652606	2235264	3975731	4496910	9636423	957830
山西	5507027	74948	962336	978191	1899819	1451626	140107
内蒙古	10310743	587557	1328369	1790653	4229002	2242450	132712
辽宁	33105096	510569	2291949	7326087	296662	20529403	2150426
吉林	8783841	11672	2228515	1784525	1428740	3205208	125181
黑龙江	11042025	816651	2113070	4571360	332397	2554443	654104
上海	13859584	536999	1102797	1328628	17000	10279399	594761
江苏	30875317	1692052	11285305	3256784	176048	12885766	1579362
浙江	21785574	802168	3395295	4538300	1137611	9657911	2254289
安徽	16859424	120326	1596293	3210293	496602	10780286	655624
福建	14267925	189752	1610406	2712831	1128530	8100368	526038
江西	5047928	85755	621524	1065812	472065	2522157	280615
山东	26758554	656595	1449205	3364034	3394379	15796219	2098122
河南	19207213	280083	2596786	2259761	1081800	12146362	842421
湖北	14253079	1166516	1936702	2082226	1550074	6998730	518831
湖南	10362341	235674	628727	4237434	824999	4099573	335934
广东	24146361	922556	1096810	4367127	4304380	10636067	2819421
广西	7884479	43328	942264	1209395	570734	4695631	423127
海南	5978145		955687	647037	300092	3249547	825782
重庆	11820589	1368823	3542277	1383043	47916	5422008	56522
四川	17289653	445628	3399465	7615504	444758	4562220	822078
贵州	5184444	132881	544578	795523	922654	2689325	99483
云南	9750300	210299	1517706	863521	2187246	4598806	372722
西藏	21319			8232	6626	6461	
陕西	11204400	374739	1282016	2838045	3240521	2486739	982340
甘肃	3049698	13360	422589	893487	694181	956222	69859
青海	1133544	163799	329848	234637	81386	289813	34061
宁夏	1963181	293600	422046	311243	254224	632728	49340
新疆	2976896	93779	361495	537060	522118	1459936	2508

2-29　各地区按资质等级分的房地产开发企业定金及预收款

单位：万元

地　区	总　计	一　级	二　级	三　级	四　级	暂　定	其　他
全国总计	**265580213**	**20854946**	**54708795**	**55036336**	**28409488**	**96012447**	**10558201**
北　京	20868095	4514826	3124785	1951511	5789630	4980910	506433
天　津	5473276	351553	632824	545378	1853294	2014473	75754
河　北	7728019	917979	1373460	1166312	2462433	1639213	168622
山　西	3183897	152532	508796	665308	1552395	298920	5946
内蒙古	1960365	130321	383876	401128	804354	239587	1099
辽　宁	13905878	361680	1970726	3560941	150057	7390450	472024
吉　林	2971782	68941	579921	930906	344557	1034929	12528
黑龙江	3470100	85426	1276503	1566087	48655	392086	101343
上　海	10646820	282672	966518	1055215	31585	8129449	181381
江　苏	29905191	2441976	12557690	3357419	44151	10840680	663275
浙　江	21414254	1537654	2873538	4426986	901951	8185426	3488699
安　徽	9196255	188100	1460171	2001601	286392	5075537	184454
福　建	11532318	925235	1797054	3120700	1519846	4127202	42281
江　西	4382059	124218	1003659	1180697	229413	1747183	96889
山　东	15744428	924541	2688760	2846687	1750251	6838310	695879
河　南	6415659	851085	1561515	681276	154389	3079729	87665
湖　北	7929342	1079104	2067315	1330547	545830	2671087	235459
湖　南	9230919	350356	977179	3466979	384790	3862124	189491
广　东	25477256	1875287	2100497	7438102	4578267	7665938	1819165
广　西	4793288	61953	999555	1312728	335268	1893049	190735
海　南	3751222	20573	309832	684092	269258	2302326	165141
重　庆	11450932	1082112	4940974	1484100	35867	3879830	28049
四　川	12476434	772028	3099064	5308793	130203	2792727	373619
贵　州	3739390	82362	1529992	644583	565686	894541	22226
云　南	5936946	403731	997315	658448	1772914	1616099	488439
西　藏	25955		8700	11381		5874	
陕　西	5977368	534117	1641714	1618868	1093623	852462	236584
甘　肃	1569152	80899	379384	677784	212984	211833	6268
青　海	487445	44847	147627	131013	109136	53149	1673
宁　夏	1428385	283803	364939	233535	122236	410601	13271
新　疆	2507783	325035	384912	577231	330073	886723	3809

2-30 各地区按资质等级分的房地产开发企业个人按揭贷款

单位：万元

地　区	总　计	一　级	二　级	三　级	四　级	暂　定	其　他
全国总计	**105237848**	**7900634**	**22303759**	**22063711**	**11228172**	**37319522**	**4422050**
北　京	5010395	723614	858080	483825	1543250	1286224	115402
天　津	649252	40309	96363	36733	187212	285540	3095
河　北	2776987	458723	432226	464798	826181	521995	73064
山　西	721612	32379	110381	120777	384385	63398	10292
内蒙古	656878	67663	102949	105288	272785	108193	
辽　宁	3322521	60942	271599	867759	17132	1972506	132583
吉　林	847993		158044	202520	59174	427895	360
黑龙江	892911	33097	419876	288087	16530	113419	21902
上　海	2361345	20993	269403	323820		1738855	8274
江　苏	14196345	1106571	6054207	1552684	14098	5219219	249566
浙　江	7952473	584970	920534	1732049	428961	3128899	1157060
安　徽	5427963	242222	901230	1257211	229114	2705933	92253
福　建	6996239	772810	774625	2106387	777500	2558000	6917
江　西	2425428	4999	432508	750765	149247	1001997	85912
山　东	5123669	425211	678777	810915	764940	2297144	146682
河　南	3251063	473451	790880	307007	34858	1607969	36898
湖　北	3283716	370465	780798	679032	366342	1028492	58587
湖　南	3889528	157462	375761	1526770	143127	1625892	60516
广　东	11212014	950945	1398606	2382169	2577689	2771365	1131240
广　西	3392784	111302	445439	688218	225777	1260590	661458
海　南	228519		1456	27148	5910	176424	17581
重　庆	5404292	346860	2350302	693337	28048	1971536	14209
四　川	5538973	435737	1117644	2782297	28893	984013	190389
贵　州	2466177	35043	1050432	417054	368819	590068	4761
云　南	2582009	100693	407068	272881	1036796	688034	76537
西　藏	17129			8737		8392	
陕　西	2269511	103015	583371	673428	469307	384867	55523
甘　肃	408124	9593	120818	124063	63849	89318	483
青　海	177123	32035	74455	44235	7867	18335	196
宁　夏	604422	104532	153947	97622	43418	194743	10160
新　疆	1150453	94998	171980	236095	156963	490267	150

2-31 各地区按资质等级分的房地产开发企业各项应付款合计

单位：万元

地区	总计	一级	二级	三级	四级	暂定	其他
全国总计	**161780053**	**6727395**	**30348001**	**33372994**	**18223434**	**65979746**	**7128483**
北京	850095	77525	75969	49538	208232	376614	62217
天津	5124356	443172	507617	447643	2229339	1443557	53028
河北	7056491	829430	1213253	1402800	1634487	1866113	110408
山西	2450768	131141	396112	517774	847126	538068	20547
内蒙古	2631093	75372	434181	422705	1136212	540348	22275
辽宁	11766337	126473	1201496	3670253	81162	6170426	516527
吉林	2507156	50616	420743	642433	335105	1021509	36750
黑龙江	1918427	86815	419625	877617	14616	310115	209639
上海	6844489	273569	735185	900685	65	4520163	414822
江苏	19962351	771910	9158531	1814455	67706	7401704	748045
浙江	9029005	262060	1027039	2263624	636384	3955178	884720
安徽	7639641	115049	1380990	1434785	359284	4194449	155084
福建	3088375	76595	197232	795236	292274	1532296	194742
江西	2150181	2631	319152	640980	175288	883112	129018
山东	11118034	495525	1165466	1419457	1366386	5975081	696119
河南	5150477	189065	904771	548034	311743	2885763	311101
湖北	4976420	317563	944577	1113353	616879	1882413	101635
湖南	6039581	113510	579078	2692866	348388	2164693	141046
广东	11629640	304629	427888	2501618	2869994	4379606	1145905
广西	3279076	134659	287131	642526	318751	1799051	96958
海南	3593519	15034	1070409	318357	188863	1693006	307850
重庆	8318875	1030978	2678487	1045629	53500	3472334	37947
四川	7743931	196026	1374709	3864273	117311	1971545	220067
贵州	3951688	55233	1286726	573353	871837	1140706	23833
云南	4602710	198747	743713	334485	1600811	1551376	173578
西藏	36847		9000	17192		10655	
陕西	3244173	99560	541294	1030015	801048	552530	219726
甘肃	1892784	38773	358562	634723	286458	527113	47155
青海	399356	6432	164050	129272	27293	61729	10580
宁夏	1198201	113403	215582	220549	225366	392653	30648
新疆	1585976	95900	109433	406764	201526	765840	6513

搜房 SouFun
www.SouFun.com
搜房土地网
land.soufun.com
资金与项目高效聚合
招商引资网络平台
土地项目流转渠道
有资金，没有合适的土地或项目怎么办？
想转让土地或项目，找不到投资方怎么办？
用户真实
人工审核企业证件及企业信息
信息有效
电话核准，实地勘察，可保密发布
资源丰富
近万家房企、近百家金融机构
快速匹配
系统及人工匹配，资源整合促进成交
会员热线
400-890-5885转0

第三章

房地产开发开竣工面积（2012）

3-1　各地区按用途分的房地产开发企业房屋施工面积

单位：平方米

地　区	房屋施工面　积	住　宅	#别　墅、高档公寓	办公楼	商业营业用房	其　他
全国总计	**5734175193**	**4289640509**	**185799786**	**194341693**	**658139053**	**592053938**
北　京	131224915	75103589	6421998	17118590	12368916	26633820
天　津	98642247	69235199	3428667	7923966	10452308	11030774
河　北	275778302	218959526	3970742	5987863	27982527	22848386
山　西	117142849	92996204	793789	2166689	12529954	9450002
内蒙古	165073986	111816609	2331531	6430957	30830456	15995964
辽　宁	385020220	292848810	9356850	7789947	56985773	27395690
吉　林	109357999	85125959	3473898	2072196	14708706	7451138
黑龙江	134849706	104719594	967821	1776618	15699880	12653614
上　海	132499656	83156827	14257667	12846833	14499055	21996941
江　苏	450975382	334121657	25556268	15398391	60710684	40744650
浙　江	334229728	216563846	15398083	20991694	36422768	60251420
安　徽	248360596	181825819	4172057	7894578	38400941	20239258
福　建	211214992	147311896	5600473	9873666	22461114	31568316
江　西	94656342	73198469	2674736	2801901	11889365	6766607
山　东	429589083	337152452	9241598	10518161	48871176	33047294
河　南	295593645	234669870	2273119	9764858	29418083	21740834
湖　北	168197102	130130082	2415422	5765189	17604372	14697459
湖　南	213568869	167736828	5630578	4412545	20799140	20620356
广　东	392962669	292532363	25007004	11763752	33555290	55111264
广　西	150184579	118468560	2422353	2797602	14065234	14853183
海　南	51094929	44113778	7726690	373446	3220588	3387117
重　庆	220090320	169978502	7234418	4998528	20289004	24824286
四　川	298655040	225901636	7218295	8346454	31362522	33044428
贵　州	132453147	96540267	1118849	3004955	17299361	15608564
云　南	143620001	104321134	9783722	4271603	18695138	16332126
西　藏	473319	310053	73327	16789	146477	
陕　西	154105712	130301606	2362906	3385716	11866372	8552018
甘　肃	56349533	44312076	229980	998487	6328247	4710723
青　海	18912259	15135060	129305	292265	2076680	1408254
宁　夏	50332607	36226338	819311	1191375	8186705	4728189
新　疆	68965459	54825900	3708329	1366079	8412217	4361263

3-2 各地区按资质等级分的房地产开发企业房屋施工面积

单位：平方米

地 区	总 计	一 级	二 级	三 级	四 级	暂 定	其 他
全国总计	**5734175193**	**298615324**	**1066109695**	**1292530323**	**699754458**	**2148063219**	**229102174**
北 京	131224915	19952162	20164776	11722224	37348606	34734655	7302492
天 津	98642247	6622477	15067703	10057743	35514724	29067847	2311753
河 北	275778302	18047559	39478564	57196598	74491241	77061308	9503032
山 西	117142849	5406399	20807978	24784636	46204135	18612441	1327260
内蒙古	165073986	9124046	32606086	26512190	63949277	30878324	2004063
辽 宁	385020220	9877286	38832610	90061211	3229222	222015397	21004494
吉 林	109357999	1218283	24117354	22750825	17519234	42680234	1072069
黑龙江	134849706	8587222	37443965	58705812	4590382	20360959	5161366
上 海	132499656	4234107	17903815	12685560	249635	92984180	4442359
江 苏	450975382	29305194	184880185	56802944	1421696	161828582	16736781
浙 江	334229728	18604258	51491526	84822208	19626238	124268607	35416891
安 徽	248360596	5715401	42363822	54366023	8946452	128981035	7987863
福 建	211214992	11993085	28658397	63048823	22754453	82773623	1986611
江 西	94656342	1783628	14898622	28629363	7909989	37804850	3629890
山 东	429589083	19555899	49462836	76435738	67869007	195208022	21057581
河 南	295593645	14915961	57872819	41630918	14242742	157855540	9075665
湖 北	168197102	12143818	32353030	35381585	24206802	60744201	3367666
湖 南	213568869	6874598	21107361	93597881	15342177	71372946	5273906
广 东	392962669	22122000	29678993	93813860	77255733	139477282	30614801
广 西	150184579	2608415	17751782	34193616	14022164	73717626	7890976
海 南	51094929	378928	1837651	6642438	5426369	31487136	5322407
重 庆	220090320	14769194	86676759	34512061	1372024	82468946	291336
四 川	298655040	16543591	70710609	140936890	6501768	54170570	9791612
贵 州	132453147	1500325	29249424	26328212	26571527	47225640	1578019
云 南	143620001	10841704	26525816	15554277	34936679	51035608	4725917
西 藏	473319		81600	270525	44960	76234	
陕 西	154105712	9045463	34209389	42072042	38221172	23685509	6872137
甘 肃	56349533	1162179	11239193	17714502	11670365	13469850	1093444
青 海	18912259	1437270	6977722	4208586	1712915	4386064	189702
宁 夏	50332607	8175688	13123995	9319626	6871628	11436688	1404982
新 疆	68965459	6069184	8535313	17771406	9731142	26193315	665099

3-3　各地区按资质等级分的房地产开发企业住宅施工面积

单位：平方米

地　区	总　计	一　级	二　级	三　级	四　级	暂　定	其　他
全国总计	**4289640509**	**224608421**	**808258412**	**998053742**	**534366513**	**1562339447**	**162013974**
北　京	75103589	13827885	12031825	7031239	20588388	17479784	4144468
天　津	69235199	5756100	11537207	7153556	24026469	18986893	1774974
河　北	218959526	14297781	31084799	46364523	59616081	59796752	7799590
山　西	92996204	4672185	16764278	19887737	35694793	14964830	1012381
内蒙古	111816609	5781187	21260848	18086682	44529082	21090712	1068098
辽　宁	292848810	7068510	30523416	71869896	2320091	166316811	14750086
吉　林	85125959	1038460	18327156	18523087	14642897	31813307	781052
黑龙江	104719594	7257281	29216797	46210114	3556361	14085462	4393579
上　海	83156827	2429107	12161073	8545220	224624	57439708	2357095
江　苏	334121657	23783403	138112525	44106755	1261519	113941015	12916440
浙　江	216563846	13175654	35340408	56610542	13916545	76483167	21037530
安　徽	181825819	3529871	31591633	41702920	7047709	92418107	5535579
福　建	147311896	8112096	20529172	47001250	16563538	53790982	1314858
江　西	73198469	1523602	11075841	22510039	6491411	28730638	2866938
山　东	337152452	15363957	39807838	61262518	55534103	150007347	15176689
河　南	234669870	11940643	46040107	34950927	12128895	122214488	7394810
湖　北	130130082	10206224	24616244	28185516	19449173	45921141	1751784
湖　南	167736828	4834643	16272784	75430645	12931693	54095127	4171936
广　东	292532363	14622261	23142621	68883237	60724359	103849527	21310358
广　西	118468560	1936988	14780289	27720386	11403300	56716027	5911570
海　南	44113778	352013	1496767	5826451	4936326	26642947	4859274
重　庆	169978502	10811747	66189794	27289170	1119373	64435407	133011
四　川	225901636	12195805	55618561	107863027	5135977	38551408	6536858
贵　州	96540267	939740	21666944	19327742	19500854	34068881	1036106
云　南	104321134	8577168	20186131	11138514	25076189	36181835	3161297
西　藏	310053		75600	175505		58948	
陕　西	130301606	7656408	28483853	35538638	32906205	19932206	5784296
甘　肃	44312076	537902	8660207	14405860	9335175	10355988	1016944
青　海	15135060	1178696	5433452	3330444	1329204	3701220	162044
宁　夏	36226338	6463279	9106444	6715383	4476258	8184343	1280631
新　疆	54825900	4737825	7123798	14406219	7899921	20084439	573698

3-4 各地区按用途分的房地产开发企业房屋新开工面积

单位：平方米

地 区	房屋新开工面积	住 宅	#别 墅、高档公寓	办公楼	商业营业用房	其 他
全国总计	**1773336174**	**1306954195**	**42283135**	**59864556**	**220068509**	**186448914**
北 京	32242095	16275023	884026	5368188	3256129	7342755
天 津	25651881	17647557	584894	2310154	2021598	3672572
河 北	76418020	59837758	832667	1876132	8313368	6390762
山 西	41663385	32711068	193822	666218	4424366	3861733
内蒙古	54234249	36701776	591986	1605452	9776305	6150716
辽 宁	138289201	106440294	2183567	2346134	19226289	10276484
吉 林	48267557	36833938	899486	885038	6993527	3555054
黑龙江	50743456	37855484	494716	927862	7284628	4675482
上 海	27240509	15633923	2343312	3039087	3651658	4915841
江 苏	139084434	102854909	6835122	4025308	19282741	12921476
浙 江	78167951	49468346	3591467	4138818	9117577	15443210
安 徽	78742199	54683862	1215908	2337528	14405472	7315337
福 建	53429663	35651137	868958	2523784	6409553	8845189
江 西	32610254	24000924	762646	1370194	4804201	2434935
山 东	139027241	108379656	2800860	3782691	15907985	10956909
河 南	105151091	84244450	684062	3600840	9853052	7452749
湖 北	59760628	46507876	639704	2183816	6153454	4915482
湖 南	66316182	50535244	885076	1844416	7126838	6809684
广 东	106157258	78402574	5268822	2889425	9981789	14883470
广 西	37418818	29101120	723007	1030254	3763243	3524201
海 南	16612856	14028520	1707398	177809	1372536	1033991
重 庆	58134823	43451427	1179303	1606357	5390391	7686648
四 川	83672082	59625076	1220311	3144632	10893699	10008675
贵 州	37876722	25784145	76181	1762364	5679055	4651158
云 南	60375257	41668813	2593954	2223653	8827737	7655054
西 藏	226763	170714	64600	15688	40361	
陕 西	47383153	39289066	330296	990284	4197011	2906792
甘 肃	24045119	19335232	79980	232231	2516790	1960866
青 海	7729029	6053276	75850	77886	973811	624056
宁 夏	18427796	12287413	385834	385969	4210154	1544260
新 疆	28236502	21493594	1285320	496344	4213191	2033373

3-5　各地区按资质等级分的房地产开发企业房屋新开工面积

单位：平方米

地　区	总　计	一　级	二　级	三　级	四　级	暂　定	其　他
全国总计	**1773336174**	**72966799**	**281254638**	**373005412**	**217091718**	**744254506**	**84763101**
北　京	32242095	5051808	3465780	2036844	7294905	10829024	3563734
天　津	25651881	601110	4849858	1692824	8479022	8571990	1457077
河　北	76418020	4614015	7152698	15754254	22007326	23955956	2933771
山　西	41663385	2304028	6404204	8696505	14089260	9322491	846897
内蒙古	54234249	1847862	5796096	9638782	23691213	12720789	539507
辽　宁	138289201	2821101	12013175	34990283	1081638	79333685	8049319
吉　林	48267557		10653062	11231389	7832562	17703496	847048
黑龙江	50743456	1633218	9779107	23904959	2044140	10658096	2723936
上　海	27240509	1207215	3373623	3075222		18915642	668807
江　苏	139084434	8073158	53364980	16717114	453282	53223499	7252401
浙　江	78167951	2659235	11362149	15501771	3462877	34995436	10186483
安　徽	78742199	1703451	11417493	12739739	3026759	46657143	3197614
福　建	53429663	1993682	5613749	13268238	4241335	27446121	866538
江　西	32610254	579077	4182752	8300765	2459965	15391953	1695742
山　东	139027241	4613917	15235908	22392134	23452167	64917165	8415950
河　南	105151091	3884085	16594615	14735149	5777282	59326215	4833745
湖　北	59760628	2657032	8182322	11048136	10524195	25674907	1674036
湖　南	66316182	1740011	5639399	25558371	5835347	25753884	1789170
广　东	106157258	3999564	5145629	19834146	21041233	46589542	9547144
广　西	37418818	716313	2804682	8556261	3218426	19643389	2479747
海　南	16612856		243137	1655565	663896	12132191	1918067
重　庆	58134823	2491956	21294958	8815782	458788	24947370	125969
四　川	83672082	4396632	15494840	40139187	2847878	19095353	1698192
贵　州	37876722	56440	9420205	5567987	5175532	16862124	794434
云　南	60375257	4602149	9751210	6015596	13364112	24082144	2560046
西　藏	226763		81600	112244		32919	
陕　西	47383153	3075107	8806916	12377362	10488899	9720095	2914774
甘　肃	24045119	236244	3409375	6694394	6270676	6941524	492906
青　海	7729029	511571	2790130	1382291	874198	2098055	72784
宁　夏	18427796	2447312	4332509	4156735	2131710	4968667	390863
新　疆	28236502	2449506	2598477	6415383	4803095	11743641	226400

3-6 各地区按资质等级分的房地产开发企业住宅新开工面积

单位：平方米

地区	总计	一级	二级	三级	四级	暂定	其他
全国总计	**1306954195**	**53920229**	**208210227**	**289016530**	**165053212**	**530303473**	**60450524**
北京	16275023	3432369	1938096	1443191	3726010	3826556	1908801
天津	17647557	474492	4062707	1352931	5125165	5366641	1265621
河北	59837758	3660463	5412024	12706929	17353783	18354302	2350257
山西	32711068	1923224	4830481	7251189	10857340	7259579	589255
内蒙古	36701776	994219	3703032	6584484	16757832	8267924	394285
辽宁	106440294	1665996	9658678	29082599	847899	59313997	5871125
吉林	36833938		7008222	8854999	6558306	13754230	658181
黑龙江	37855484	1307618	7541478	18529835	1632179	6533066	2311308
上海	15633923	574584	1810634	2011126		10806964	430615
江苏	102854909	6631996	39306729	13132172	366450	37435043	5982519
浙江	49468346	1846204	7409876	10351318	2244296	21826227	5790425
安徽	54683862	1155514	7859080	9845604	2378831	31209026	2235807
福建	35651137	1560751	4206964	10161189	3149560	16000243	572430
江西	24000924	426007	3188834	6201166	2083651	11002900	1098366
山东	108379656	3666358	12241429	17559412	19431450	49738754	5742253
河南	84244450	2831234	13317692	12527525	5091137	46488693	3988169
湖北	46507876	2227663	5804439	9238579	8066597	20205896	964702
湖南	50535244	512431	4271220	20483292	4893466	19030395	1344440
广东	78402574	2866953	3834576	14706149	16215764	34315304	6463828
广西	29101120	500568	2272479	6941608	2469838	14831082	2085545
海南	14028520		165975	1482285	581275	10011176	1787809
重庆	43451427	1716548	16360942	6918360	397219	18058158	200
四川	59625076	2928151	11223259	29526836	2157243	12712677	1076910
贵州	25784145	26977	6821814	3615884	3679084	11197775	442611
云南	41668813	3836738	7188033	4115608	9209867	15783057	1535510
西藏	170714		75600	76531		18583	
陕西	39289066	2515028	7371420	10237633	8813029	7860096	2491860
甘肃	19335232	180522	2557995	5457980	5111502	5588965	438268
青海	6053276	430971	2293120	1043718	640562	1588014	56891
宁夏	12287413	2049946	2531674	2752610	1395421	3190118	367644
新疆	21493594	1976704	1941725	4823788	3818456	8728032	204889

3-7 各地区按用途分的房地产开发企业房屋竣工面积

单位：平方米

地区	房屋竣工面积	住宅	#别墅、高档公寓	办公楼	商业营业用房	其他
全国总计	**994249584**	**790432027**	**31679082**	**23153610**	**102264506**	**78399441**
北京	23908593	15227151	1350949	2267874	2400582	4012986
天津	25427456	19139656	1107433	1668026	3014184	1605590
河北	48945621	39780950	701604	945294	5037959	3181418
山西	17329943	14356940	87774	149002	1825385	998616
内蒙古	24491300	18161022	586507	672301	4036758	1621219
辽宁	64381534	51322876	1202719	997425	7620691	4440542
吉林	19278702	16135936	818156	164300	2230670	747796
黑龙江	32457265	26462053	73676	285203	3402487	2307522
上海	23050586	16091305	2759148	2068703	1776514	3114064
江苏	98484031	76871276	4478908	2371807	11687357	7553591
浙江	42929350	29172640	1925409	2183543	4531061	7042106
安徽	39653918	31231480	462565	499757	5771938	2150743
福建	22327799	15646197	595664	1192013	2388270	3101319
江西	17474817	14404841	448420	318908	2055924	695144
山东	73249656	60867092	1559245	1302882	6826002	4253680
河南	58705430	48881710	667295	820110	5619981	3383629
湖北	32737099	27952078	674152	273692	3001854	1509475
湖南	44579657	36885478	1205239	393882	4438815	2861482
广东	63561201	49181619	4274329	1596337	4735764	8047481
广西	23335803	19565731	379950	253329	2050180	1466563
海南	8564139	7349920	1147454	39911	601455	572853
重庆	39906286	33863514	1037241	303658	2822316	2916798
四川	58665790	47136101	700415	1193482	5189320	5146887
贵州	14167671	11201719	102512	161648	1623577	1180727
云南	18515742	14922756	2044570	265432	1830635	1496919
西藏	92259	64561	8344	1101	26597	
陕西	16539444	14137517	197538	194751	1455949	751227
甘肃	8445017	7100332		85618	938514	320553
青海	4162028	3710646	6139	34143	238820	178419
宁夏	11519733	9222591	66529	98478	1310419	888245
新疆	17361714	14384339	1009198	351000	1774528	851847

3-8 各地区按资质等级分的房地产开发企业房屋竣工面积

单位：平方米

地 区	总 计	一 级	二 级	三 级	四 级	暂 定	其 他
全国总计	**994249584**	**62713777**	**212236473**	**259481727**	**134287346**	**294937079**	**30593182**
北 京	23908593	4510924	3544362	3067137	8049643	4628332	108195
天 津	25427456	2415636	4974151	2915673	8001753	5996443	1123800
河 北	48945621	3304904	7754275	11657392	13572835	10529108	2127107
山 西	17329943	938119	3669495	4036004	7248875	1437450	
内蒙古	24491300	821682	4460476	5747698	8677159	3887384	896901
辽 宁	64381534	2548384	10815280	18717547	1202808	28285426	2812089
吉 林	19278702	384651	3699872	5256795	3877306	5916904	143174
黑龙江	32457265	781334	8813156	14984557	1838410	4162247	1877561
上 海	23050586	977330	3422747	1913756	93743	16150744	492266
江 苏	98484031	8909235	42448204	15400620	388318	29116904	2220750
浙 江	42929350	3764596	6976942	14768203	2797458	11852687	2769464
安 徽	39653918	621441	7437821	11653099	2245264	17194489	501804
福 建	22327799	2476738	2928363	7366596	3665564	5659328	231210
江 西	17474817	53809	3755127	6538156	2393930	4031649	702146
山 东	73249656	3998782	10700375	14823554	15581753	25542201	2602991
河 南	58705430	3045558	11602402	8521919	4840264	28651343	2043944
湖 北	32737099	2809911	5585563	9394071	5978531	8084105	884918
湖 南	44579657	1422229	4888832	21087652	4795789	10565497	1819658
广 东	63561201	4693547	4945454	18317943	14552548	17429471	3622238
广 西	23335803	566015	3939050	6438324	2973828	8702890	715696
海 南	8564139	291948	284832	1065060	1070665	5615035	236599
重 庆	39906286	3536822	14051284	7763551	182064	14372565	
四 川	58665790	2081839	20271838	25826305	1479566	8100123	906119
贵 州	14167671		3870109	2978791	3298048	4020723	
云 南	18515742	1298462	4458564	2350280	4785945	5451817	170674
西 藏	92259			92259			
陕 西	16539444	1126496	4252991	4460370	5165194	1108249	426144
甘 肃	8445017	41867	1665907	3418845	1817236	1320212	180950
青 海	4162028	385242	914283	974198	262246	1599574	26485
宁 夏	11519733	2348265	3204217	2651851	1026377	1758782	530241
新 疆	17361714	2558011	2900501	5293521	2424226	3765397	420058

3-9　各地区按资质等级分的房地产开发企业住宅竣工面积

单位：平方米

地　区	总　计	一　级	二　级	三　级	四　级	暂　定	其　他
全国总计	**790432027**	**49064762**	**171376646**	**209590101**	**108788908**	**227691311**	**23920299**
北　京	15227151	3245829	2329088	1839863	4848599	2929228	34544
天　津	19139656	2061845	4081316	2375218	6363406	3501128	756743
河　北	39780950	2789919	6445727	9621931	11380642	7898657	1644074
山　西	14356940	781920	3311947	3360052	5865143	1037878	
内蒙古	18161022	459819	3542978	4232724	6324367	3053006	548128
辽　宁	51322876	1938436	8528250	14712239	1019441	22616273	2508237
吉　林	16135936	327257	3158356	4569526	3306664	4652764	121369
黑龙江	26462053	708584	6957592	12335147	1457687	3377351	1625692
上　海	16091305	521116	2747548	1432298	93743	11113616	182984
江　苏	76871276	7417276	34260356	12535343	334131	20596798	1727372
浙　江	29172640	2759074	4937242	10152097	1984880	7610085	1729262
安　徽	31231480	470363	5519854	9417088	1710133	13806495	307547
福　建	15646197	1316960	2241204	5565341	2700248	3670309	152135
江　西	14404841	53809	2743910	5559406	1980292	3422351	645073
山　东	60867092	3317884	8599823	12488330	13229477	21320370	1911208
河　南	48881710	2597635	9488066	7143511	4390154	23429536	1832808
湖　北	27952078	2558568	4736299	7964990	5257134	6576379	858708
湖　南	36885478	1209231	3998130	17898272	4119608	8168518	1491719
广　东	49181619	3035544	3771054	14120187	12039663	13502208	2712963
广　西	19565731	493460	3553777	5293082	2457049	7128920	639443
海　南	7349920	287635	217748	827144	960727	4824296	232370
重　庆	33863514	2858443	11727643	6766199	154807	12356422	
四　川	47136101	1626636	16650655	20929502	1225064	6008319	695925
贵　州	11201719		3212168	2451079	2658951	2879521	
云　南	14922756	996922	3771251	1910681	3711452	4418418	114032
西　藏	64561			64561			
陕　西	14137517	931333	3791485	3641390	4448730	970698	353881
甘　肃	7100332	9756	1299553	2920110	1643345	1054258	173310
青　海	3710646	308717	824506	833559	219189	1498190	26485
宁　夏	9222591	2053687	2394303	2121947	859555	1318870	474229
新　疆	14384339	1927104	2534817	4507284	2044627	2950449	420058

3-10 各地区按资质等级分的房地产开发企业90平方米及以下住宅竣工面积

单位：平方米

地 区	总 计	一 级	二 级	三 级	四 级	暂 定	其 他
全国总计	**241824734**	**14653375**	**51772364**	**63776002**	**29833121**	**71306600**	**10483272**
北 京	7762584	1854842	1335357	1094568	1926319	1542809	8689
天 津	5176938	303308	2104647	189775	1470248	545060	563900
河 北	14738581	1025094	1643418	4583187	3540215	3170723	775944
山 西	3569143	35966	1108331	914422	1247128	263296	
内蒙古	5971040	115003	790870	1632782	2500385	818367	113633
辽 宁	27429279	784885	4072290	8016973	721604	12232496	1601031
吉 林	9932508	51062	2068409	2461338	2143094	3163443	45162
黑龙江	15813973	426388	2638716	7574517	1250593	2316293	1607466
上 海	7121008	204530	1486120	595713	27363	4732941	74341
江 苏	17701866	2690430	8442480	2752805	38036	3401050	377065
浙 江	7467192	594340	1361924	2654156	373048	1989287	494437
安 徽	7701977	126721	1337210	2990396	237145	2885242	125263
福 建	3585758	155484	554297	1287203	827698	722896	38180
江 西	2702304	10269	852880	766528	265101	588198	219328
山 东	13926751	278286	1828502	2323899	3146371	5514594	835099
河 南	11979101	1135853	2873499	1664030	1002007	4999761	303951
湖 北	5532306	748730	1354577	1297239	573529	851143	707088
湖 南	5158720	39789	640575	2604031	574185	1134633	165507
广 东	10593788	739893	984617	2705794	2127265	3121211	915008
广 西	5059877	210610	824047	1248263	564993	1817728	394236
海 南	3668076	35406	103162	387290	458192	2583844	100182
重 庆	16711662	1369219	4477757	2747907	51471	8065308	
四 川	14515056	430988	4885164	7070469	568597	1353889	205949
贵 州	1958854		521950	440221	348353	648330	
云 南	2556644	203481	765261	191512	631285	737890	27215
西 藏							
陕 西	4229907	185465	1039844	938177	1620522	352183	93716
甘 肃	1960598	9756	421904	698223	521343	282176	27196
青 海	255372	15685	37116	69708	16186	111277	5400
宁 夏	2222359	264662	489475	527975	330723	355727	253797
新 疆	4821512	607230	727965	1346901	730122	1004805	404489

3-11　各地区按资质等级分的房地产开发企业别墅、高档公寓竣工面积

单位：平方米

地　区	总　计	一　级	二　级	三　级	四　级	暂　定	其　他
全国总计	**31679082**	**1662129**	**5912532**	**8597462**	**4161273**	**10898280**	**447406**
北　京	1350949	96884	162665	151822	903615	35963	
天　津	1107433	116246	53253	172534	301260	464140	
河　北	701604	38453	16500	125530	201139	319982	
山　西	87774	20875	37055	844	29000		
内蒙古	586507		315307	51554	84323	135323	
辽　宁	1202719	27620	107008	270303		664081	133707
吉　林	818156		321226	382668	2860	111402	
黑龙江	73676		22700	24187		26789	
上　海	2759148	154594	249523	443966	22036	1889029	
江　苏	4478908	226544	1902920	702933	17157	1607113	22241
浙　江	1925409	57272	337801	707605	166083	624710	31938
安　徽	462565		66594	159791	1552	234628	
福　建	595664		3540	267193	60049	264882	
江　西	448420		22391	153668	107172	149197	15992
山　东	1559245	203468	201431	317427	117091	719828	
河　南	667295	65204	315521	33929		252641	
湖　北	674152		21497	374581	83716	194358	
湖　南	1205239		171782	852481	51682	126762	2532
广　东	4274329	62841	77693	1553282	1328360	1023697	228456
广　西	379950	1183	148112	111782	44784	74089	
海　南	1147454	861	13982	202776	337076	592759	
重　庆	1037241	278191	164722	335939		258389	
四　川	700415		223890	144280		319705	12540
贵　州	102512		31578		5557	65377	
云　南	2044570	214666	535499	403395	296761	594249	
西　藏	8344			8344			
陕　西	197538		157423	40115			
甘　肃							
青　海	6139		6139				
宁　夏	66529		13583	34046		18900	
新　疆	1009198	97227	211197	570487		130287	

3-12 各地区按用途分的房地产开发企业不可销售面积

单位：平方米

地区	不可销售面积	住宅	#别墅、高档公寓	办公楼	商业营业用房	其他
全国总计	**60222727**	**29224369**	**456035**	**1994995**	**8997404**	**20005959**
北京	4265600	1305955	60490	119711	498157	2341777
天津	2108085	1252921	1634	13080	574093	267991
河北	2328426	954347	21966	206568	761253	406258
山西	1992378	1466156		33525	220503	272194
内蒙古	1131199	972016	17447	9354	96229	53600
辽宁	3423014	1924754	19671	186737	555373	756150
吉林	1618887	1117459		12330	389176	99922
黑龙江	3110712	2609970		55367	173867	271508
上海	2573580	898842	80160	80145	232356	1362237
江苏	5777991	2073682	36875	250868	1088343	2365098
浙江	5774730	1902164	48995	367282	601447	2903837
安徽	2518956	1174247	4663	22259	405988	916462
福建	2215508	1197050	429	33362	337094	648002
江西	631948	296964		9191	185428	140365
山东	1860055	833967	73327	80766	345098	600224
河南	2331970	932119	2609	52793	306180	1040878
湖北	756049	348262	1138	27986	93630	286171
湖南	1187401	391874	945	41966	373474	380087
广东	2730553	541246	38482	90266	290385	1808656
广西	512666	100114		19254	50902	342396
海南	347076	74653	21678	4335	98725	169363
重庆	3234891	2712328	5000	9816	144340	368407
四川	2714873	1111276	18655	169394	499394	934809
贵州	720947	256171	299	3860	106540	354376
云南	409371	162492		15997	63045	167837
西藏	1101			1101		
陕西	881679	432395		14180	261341	173763
甘肃	430497	232923		14803	57047	125724
青海	99912	71650		9471		18791
宁夏	1172083	770621		7436	120273	273753
新疆	1360589	1105751	1572	31792	67723	155323

3-13　各地区按资质等级分的房地产开发企业不可销售面积

单位：平方米

地　区	总　计	一　级	二　级	三　级	四　级	暂　定	其　他
全国总计	**60222727**	**3413391**	**12840993**	**14315085**	**6652143**	**19904145**	**3096970**
北　京	4265600	916577	331326	456599	1282481	1213026	65591
天　津	2108085	10437	403656	1450272	152828	82792	8100
河　北	2328426	73272	84260	499677	767639	892668	10910
山　西	1992378	67521	640203	455614	755582	73458	
内蒙古	1131199		268805	239511	584407	21705	16771
辽　宁	3423014	270925	500430	621952	56388	1917847	55472
吉　林	1618887		418052	74405	67456	968955	90019
黑龙江	3110712	1650	871558	1095105	75935	351814	714650
上　海	2573580	61799	853064	66294		1445008	147415
江　苏	5777991	307548	2368142	806764	7481	2240226	47830
浙　江	5774730	597534	1125559	2177879	148862	1380898	343998
安　徽	2518956	18349	560805	472863	145618	1318174	3147
福　建	2215508	95780	365530	444530	914804	389767	5097
江　西	631948		239466	122040	46845	60643	162954
山　东	1860055	49047	561190	435906	98494	544295	171123
河　南	2331970	62433	404340	332783	10825	1228359	293230
湖　北	756049	22723	173199	279584	163842	113051	3650
湖　南	1187401	8772	55741	427954	137381	505897	51656
广　东	2730553	315990	201950	940725	443193	569506	259189
广　西	512666	47655	30019	204438	45112	176174	9268
海　南	347076		10772	111517	7273	214822	2692
重　庆	3234891	59683	197911	130499	1189	2845609	
四　川	2714873	87811	1196403	1016071	49917	281159	83512
贵　州	720947		215520	143138	75358	286931	
云　南	409371	41663	75745	24110	45574	222061	218
西　藏	1101			1101			
陕　西	881679	8220	194522	176731	434907	17496	49803
甘　肃	430497		156984	123174	6691	141648	2000
青　海	99912	34904	25980	29823	9205		
宁　夏	1172083	204789	269726	282233	40683	290952	83700
新　疆	1360589	48309	40135	671793	76173	109204	414975

3-14 各地区按用途分的房地产开发企业住宅竣工套数

单位：套

地　区	住　宅	#90平方米及以下住宅	#别墅、高档公寓
全国总计	**7642379**	**3342733**	**161899**
北　京	156606	103725	5769
天　津	183572	64893	5334
河　北	381529	184614	3602
山　西	131677	49092	522
内蒙古	164962	75599	3379
辽　宁	598299	393628	5394
吉　林	195425	137322	7641
黑龙江	311229	223430	246
上　海	162169	96209	16974
江　苏	667136	227170	19288
浙　江	242386	97922	5741
安　徽	301370	100344	2081
福　建	147318	55190	2317
江　西	127629	36905	1668
山　东	553218	176453	7752
河　南	439355	153869	5435
湖　北	250207	71316	2838
湖　南	337701	72497	5026
广　东	492103	219445	19942
广　西	187628	70440	1398
海　南	89764	56249	13012
重　庆	396319	251096	4970
四　川	442906	182093	2660
贵　州	96924	26355	466
云　南	121134	36848	8765
西　藏	618		42
陕　西	135007	55709	1529
甘　肃	66864	25088	
青　海	31474	3343	22
宁　夏	85433	30014	331
新　疆	144417	65875	7755

3-15 各地区按资质等级分的房地产开发企业住宅竣工套数

单位：套

地　区	总 计	一 级	二 级	三 级	四 级	暂 定	其 他
全国总计	**7642379**	**502332**	**1613210**	**1999513**	**1076454**	**2208162**	**242708**
北 京	156606	36775	25544	19595	44572	29733	387
天 津	183572	24141	40760	24307	57999	29021	7344
河 北	381529	25040	58318	98102	107909	75987	16173
山 西	131677	6831	34227	30996	50633	8990	
内蒙古	164962	3871	25053	40603	63195	27886	4354
辽 宁	598299	26568	100071	169590	13049	260345	28676
吉 林	195425	2911	36245	51217	40315	63229	1508
黑龙江	311229	8156	70246	148677	18675	41921	23554
上 海	162169	5534	30247	14482	761	109232	1913
江 苏	667136	73189	295665	108311	2920	171441	15610
浙 江	242386	24759	41726	84864	15351	61093	14593
安 徽	301370	4112	52806	92460	15820	132696	3476
福 建	147318	13074	22216	51845	26613	32153	1417
江 西	127629	486	25541	48299	17255	28886	7162
山 东	553218	26737	73529	111295	119352	202760	19545
河 南	439355	26617	89243	65453	37902	204154	15986
湖 北	250207	24114	43204	71866	45231	55628	10164
湖 南	337701	34083	33395	148339	34103	74773	13008
广 东	492103	25830	32782	118590	171766	117603	25532
广 西	187628	4344	34467	50517	21971	69490	6839
海 南	89764	4194	2250	9229	12187	59048	2856
重 庆	396319	30796	126062	72140	1697	165624	
四 川	442906	15600	155498	199811	11915	53233	6849
贵 州	96924		27242	21908	22884	24890	
云 南	121134	7844	32645	14726	31436	33487	996
西 藏	618			618			
陕 西	135007	8812	36108	32699	44543	9980	2865
甘 肃	66864	110	13240	26806	15544	9561	1603
青 海	31474	2242	7119	6941	1929	12956	287
宁 夏	85433	17047	22995	19005	8695	13549	4142
新 疆	144417	18515	24766	46222	20232	28813	5869

3-16 各地区按资质等级分的房地产开发企业90平方米及以下住宅竣工套数

单位：套

地区	总计	一级	二级	三级	四级	暂定	其他
全国总计	**3342733**	**197631**	**704715**	**853260**	**468724**	**977492**	**140911**
北京	103725	25390	19161	14614	25469	18938	153
天津	64893	5030	26023	2380	18111	6999	6350
河北	184614	14177	20437	56060	43366	40956	9618
山西	49092	416	17792	11990	15670	3224	
内蒙古	75599	1362	9183	20510	32644	10490	1410
辽宁	393628	12551	64368	113317	10835	170762	21795
吉林	137322	593	29059	32749	30133	44258	530
黑龙江	223430	5235	39734	105954	16877	32212	23418
上海	96209	2737	20546	7868	322	63740	996
江苏	227170	35203	107910	34665	484	43833	5075
浙江	97922	7618	17515	35455	5628	25645	6061
安徽	100344	1546	18167	37814	2860	38059	1898
福建	55190	2718	8677	19242	13224	10794	535
江西	36905	115	10724	10438	3473	8213	3942
山东	176453	3750	23216	29540	39637	69963	10347
河南	153869	14115	37025	22853	12133	63425	4318
湖北	71316	10773	16703	16462	7799	10891	8688
湖南	72497	488	8300	37006	8891	15789	2023
广东	219445	9428	13300	38457	100878	44201	13181
广西	70440	2620	11334	17119	8005	26242	5120
海南	56249	460	1297	5973	7215	39800	1504
重庆	251096	18621	65883	37839	779	127974	
四川	182093	5640	62270	87155	7047	17238	2743
贵州	26355		7429	5958	5123	7845	
云南	36848	3096	13069	2687	8623	9015	358
西藏							
陕西	55709	2269	12915	12493	22806	4133	1093
甘肃	25088	110	5677	8493	7063	3413	332
青海	3343	179	535	908	242	1419	60
宁夏	30014	3574	6336	6440	4265	5761	3638
新疆	65875	7817	10130	20821	9122	12260	5725

3-17　各地区按资质等级分的房地产开发企业别墅、高档公寓竣工套数

单位：套

地　区	总 计	一 级	二 级	三 级	四 级	暂 定	其 他
全国总计	**161899**	**9022**	**32257**	**42531**	**22469**	**53895**	**1725**
北　京	5769	395	183	294	4673	224	
天　津	5334	1135	260	379	1727	1833	
河　北	3602	129	60	1008	1579	826	
山　西	522	336	131	5	50		
内蒙古	3379		1420	248	1135	576	
辽　宁	5394	164	386	1479		3008	357
吉　林	7641		2517	3745	8	1371	
黑龙江	246		68	100		78	
上　海	16974	1430	1738	3832	49	9925	
江　苏	19288	700	9705	2366	38	6396	83
浙　江	5741	136	980	2111	497	1905	112
安　徽	2081		555	678	5	843	
福　建	2317		12	1048	201	1056	
江　西	1668		79	473	473	571	72
山　东	7752	908	1164	1191	683	3806	
河　南	5435	449	3259	204		1523	
湖　北	2838		73	1665	382	718	
湖　南	5026		877	3565	122	453	9
广　东	19942	164	933	6607	5486	5712	1040
广　西	1398	1	370	359	300	368	
海　南	13012	3	47	2292	3845	6825	
重　庆	4970	1390	558	1880		1142	
四　川	2660		905	624		1079	52
贵　州	466		247		24	195	
云　南	8765	1019	2345	1770	1192	2439	
西　藏	42			42			
陕　西	1529		1354	175			
甘　肃							
青　海	22		22				
宁　夏	331		116	147		68	
新　疆	7755	663	1893	4244		955	

3-18 各地区按用途分的房地产开发企业房屋竣工价值

单位：万元

地区	房屋竣工价值	住宅	#别墅、高档公寓	办公楼	商业营业用房	其他
全国总计	**248366202**	**191474476**	**12282888**	**8554573**	**28992746**	**19344407**
北京	7367720	4203382	547880	985349	1017920	1161069
天津	6440908	4751184	280816	473235	823362	393127
河北	11324860	8850664	239651	259708	1605678	608810
山西	3992377	3302475	81139	32681	462514	194707
内蒙古	5251295	3806025	152954	180069	937927	327274
辽宁	15474814	12010496	325376	357869	2050761	1055688
吉林	3859528	3138484	184806	39244	524483	157317
黑龙江	6415407	5139773	19847	56022	691915	527697
上海	10600726	6926328	1835237	1354852	1060874	1258672
江苏	27469070	21320298	1897160	763112	3561929	1823731
浙江	12428699	8239600	648913	854974	1468266	1865859
安徽	9553219	7449321	134712	131195	1483984	488719
福建	5066161	3462346	120761	274661	650407	678747
江西	3697797	2939680	107984	88801	521588	147728
山东	15681100	12665391	490004	500894	1565844	948971
河南	10590789	8461462	154816	215253	1243838	670236
湖北	8763081	7259367	272947	93938	1050974	358802
湖南	10248513	8344653	343905	127949	1157279	618632
广东	20798426	15800759	1614128	771670	1834532	2391465
广西	4903501	4077306	76215	52666	483028	290501
海南	3620204	3154873	949591	8178	224335	232818
重庆	11217560	9372166	772148	172598	874175	798621
四川	13182745	10329386	173835	396918	1332155	1124286
贵州	2784361	2172453	27934	31453	356109	224346
云南	4173959	3265906	484086	72382	494569	341102
西藏	37581	21458	4172	164	15959	
陕西	4295569	3606319	65736	71738	471946	145566
甘肃	1779057	1447690		25099	238397	67871
青海	1078925	947483	1742	7967	76118	47357
宁夏	2596364	2047874	16680	35732	315240	197518
新疆	3671886	2959874	257713	118202	396640	197170

3-19　各地区按资质等级分的房地产开发企业房屋竣工价值

单位：万元

地　区	总　计	一　级	二　级	三　级	四　级	暂　定	其　他
全国总计	**248366202**	**17035606**	**55013061**	**59839641**	**30413898**	**77634733**	**8429263**
北　京	7367720	1114654	1132665	951282	2621383	1504957	42779
天　津	6440908	481700	1248768	722053	2089306	1579281	319800
河　北	11324860	738173	1971397	2346826	3142305	2512857	613302
山　西	3992377	159896	734163	836933	1977244	284141	
内蒙古	5251295	161959	945198	1173641	1832561	915719	222217
辽　宁	15474814	658525	2666598	4369953	249226	6749005	781507
吉　林	3859528	89034	840417	1004033	731642	1165894	28508
黑龙江	6415407	171113	2021162	2779506	292124	784962	366540
上　海	10600726	413330	1338127	681563	38527	7797685	331494
江　苏	27469070	2423969	12171174	3757787	75303	8468390	572447
浙　江	12428699	1038661	1828001	4341828	731902	3696196	792111
安　徽	9553219	143466	1769994	2826152	432019	4286819	94769
福　建	5066161	528491	780595	1699683	743917	1268371	45104
江　西	3697797	7229	872482	1304906	470978	920277	121925
山　东	15681100	1040064	2440092	3013499	3043281	5565425	578739
河　南	10590789	579921	2342863	1523329	692315	5098655	353706
湖　北	8763081	824074	2435378	2049987	1093256	2121036	239350
湖　南	10248513	492461	1179094	4661439	891792	2633240	390487
广　东	20798426	1817249	1719482	5684970	4012573	5825309	1738843
广　西	4903501	205565	790035	1337946	603595	1836550	129810
海　南	3620204	229598	104719	462943	446062	2289630	87252
重　庆	11217560	1362589	4097541	1741839	30514	3985077	
四　川	13182745	412065	4516504	5629753	290091	2049588	284744
贵　州	2784361		804866	563464	604345	811686	
云　南	4173959	263481	1109265	512192	1082603	1172652	33766
西　藏	37581			37581			
陕　西	4295569	340994	1146973	1252874	1166462	331975	56291
甘　肃	1779057	10633	316876	753313	364182	292616	41437
青　海	1078925	93590	261504	232458	59395	428005	3973
宁　夏	2596364	576060	721861	575567	197255	415605	110016
新　疆	3671886	657062	705267	1010341	407740	843130	48346

3-20 各地区按资质等级分的房地产开发企业住宅竣工价值

单位：万元

地区	总计	一级	二级	三级	四级	暂定	其他
全国总计	**191474476**	**13054719**	**43781276**	**47164810**	**23851009**	**57420091**	**6202571**
北京	4203382	810467	696132	493403	1425237	771137	7006
天津	4751184	419523	1011041	578012	1678228	847860	216520
河北	8850664	630602	1655900	1923768	2483838	1655779	500777
山西	3302475	130920	646388	695213	1639126	190828	
内蒙古	3806025	85599	732463	869490	1284958	722365	111150
辽宁	12010496	485492	2083345	3340424	215608	5180787	704840
吉林	3138484	78214	693779	862525	612017	869686	22263
黑龙江	5139773	152816	1559960	2245808	225734	634864	320591
上海	6926328	155093	1011698	520039	38527	5151775	49196
江苏	21320298	1963469	9915505	2972032	67333	5961327	440632
浙江	8239600	762650	1285490	2962834	522177	2255190	451259
安徽	7449321	104132	1330694	2237045	320268	3385945	71237
福建	3462346	251549	659666	1212830	558757	750031	29513
江西	2939680	7229	583987	1090215	377132	768399	112718
山东	12665391	773171	1933837	2478802	2538054	4498436	443091
河南	8461462	495403	1876046	1231099	620525	3938205	300184
湖北	7259367	721100	1954334	1728795	915052	1712995	227091
湖南	8344653	418664	885483	3910811	730241	2057382	342072
广东	15800759	1218573	1321411	4398765	3329611	4362206	1170193
广西	4077306	167610	715535	1095870	501364	1481203	115724
海南	3154873	228750	79918	342807	391512	2026612	85274
重庆	9372166	1147628	3327004	1508499	24351	3364684	
四川	10329386	324166	3639451	4452721	240003	1447477	225568
贵州	2172453		667031	449374	477138	578910	
云南	3265906	196234	924070	393066	799061	935042	18433
西藏	21458			21458			
陕西	3606319	294317	984698	1023257	973893	284415	45739
甘肃	1447690	1386	243414	639393	316313	207224	39960
青海	947483	72339	221841	199736	48515	401079	3973
宁夏	2047874	492559	534630	451350	158163	311951	99221
新疆	2959874	465064	606525	835369	338273	666297	48346

3-21 各地区房地产开发企业建造的房屋面积和造价

地 区	房屋施工面积（平方米）	房屋竣工面积（平方米）	房屋建筑面积竣工率（%）	房屋竣工价值（万元）	房屋竣工造价（元/平方米）
全国总计	**5734175193**	**994249584**	**17.3**	**248366202**	**2498**
北 京	131224915	23908593	18.2	7367720	3082
天 津	98642247	25427456	25.8	6440908	2533
河 北	275778302	48945621	17.7	11324860	2314
山 西	117142849	17329943	14.8	3992377	2304
内蒙古	165073986	24491300	14.8	5251295	2144
辽 宁	385020220	64381534	16.7	15474814	2404
吉 林	109357999	19278702	17.6	3859528	2002
黑龙江	134849706	32457265	24.1	6415407	1977
上 海	132499656	23050586	17.4	10600726	4599
江 苏	450975382	98484031	21.8	27469070	2789
浙 江	334229728	42929350	12.8	12428699	2895
安 徽	248360596	39653918	16.0	9553219	2409
福 建	211214992	22327799	10.6	5066161	2269
江 西	94656342	17474817	18.5	3697797	2116
山 东	429589083	73249656	17.1	15681100	2141
河 南	295593645	58705430	19.9	10590789	1804
湖 北	168197102	32737099	19.5	8763081	2677
湖 南	213568869	44579657	20.9	10248513	2299
广 东	392962669	63561201	16.2	20798426	3272
广 西	150184579	23335803	15.5	4903501	2101
海 南	51094929	8564139	16.8	3620204	4227
重 庆	220090320	39906286	18.1	11217560	2811
四 川	298655040	58665790	19.6	13182745	2247
贵 州	132453147	14167671	10.7	2784361	1965
云 南	143620001	18515742	12.9	4173959	2254
西 藏	473319	92259	19.5	37581	4073
陕 西	154105712	16539444	10.7	4295569	2597
甘 肃	56349533	8445017	15.0	1779057	2107
青 海	18912259	4162028	22.0	1078925	2592
宁 夏	50332607	11519733	22.9	2596364	2254
新 疆	68965459	17361714	25.2	3671886	2115

3-22 各地区房地产开发企业建造的住宅面积和造价

地 区	住宅施工面积(平方米)	住宅竣工面积(平方米)	住宅建筑面积竣工率(%)	住宅竣工价值(万元)	住宅竣工造价(元/平方米)
全国总计	**4289640509**	**790432027**	**18.4**	**191474476**	**2422**
北 京	75103589	15227151	20.3	4203382	2760
天 津	69235199	19139656	27.6	4751184	2482
河 北	218959526	39780950	18.2	8850664	2225
山 西	92996204	14356940	15.4	3302475	2300
内 蒙 古	111816609	18161022	16.2	3806025	2096
辽 宁	292848810	51322876	17.5	12010496	2340
吉 林	85125959	16135936	19.0	3138484	1945
黑 龙 江	104719594	26462053	25.3	5139773	1942
上 海	83156827	16091305	19.4	6926328	4304
江 苏	334121657	76871276	23.0	21320298	2774
浙 江	216563846	29172640	13.5	8239600	2824
安 徽	181825819	31231480	17.2	7449321	2385
福 建	147311896	15646197	10.6	3462346	2213
江 西	73198469	14404841	19.7	2939680	2041
山 东	337152452	60867092	18.1	12665391	2081
河 南	234669870	48881710	20.8	8461462	1731
湖 北	130130082	27952078	21.5	7259367	2597
湖 南	167736828	36885478	22.0	8344653	2262
广 东	292532363	49181619	16.8	15800759	3213
广 西	118468560	19565731	16.5	4077306	2084
海 南	44113778	7349920	16.7	3154873	4292
重 庆	169978502	33863514	19.9	9372166	2768
四 川	225901636	47136101	20.9	10329386	2191
贵 州	96540267	11201719	11.6	2172453	1939
云 南	104321134	14922756	14.3	3265906	2189
西 藏	310053	64561	20.8	21458	3324
陕 西	130301606	14137517	10.8	3606319	2551
甘 肃	44312076	7100332	16.0	1447690	2039
青 海	15135060	3710646	24.5	947483	2553
宁 夏	36226338	9222591	25.5	2047874	2220
新 疆	54825900	14384339	26.2	2959874	2058

第四章

房地产市场（2012）

4-1 各地区按用途分的房地产开发企业房屋出租面积

单位：平方米

地　区	房　屋出租面积	住宅	#别　墅、高档公寓	办公楼	商业营业用房	其　他
全国总计	**41797817**	**2635325**	**943568**	**11977238**	**21806856**	**5378398**
北　京	8932113	445445	171836	3204409	4217689	1064570
天　津	152420	29490		2913	74406	45611
河　北	310954			14249	296705	
山　西	127700	4726			99879	23095
内蒙古	133408	55000		74102	4306	
辽　宁	443414	126775		2589	314050	
吉　林	304825	301		33718	270806	
黑龙江	50783	154		18117	30344	2168
上　海	13551994	924317	732551	6438307	3964541	2224829
江　苏	1893659	41774	3209	77268	1703945	70672
浙　江	1822247	14886		180799	1359109	267453
安　徽	591937	7443		36286	543702	4506
福　建	1512581	49908		153037	1165531	144105
江　西	288912	85839	1209	8604	194469	
山　东	937144	13645		45932	717104	160463
河　南	789822	59739		3069	688535	38479
湖　北	559554	122021		34301	375729	27503
湖　南	372393	54794		13572	294522	9505
广　东	4781494	276290	29079	1322494	2455600	727110
广　西	262252	39037			200243	22972
海　南	130619	386	386		126003	4230
重　庆	1210353	20244		43921	800257	345931
四　川	809017	109174	5066	93637	526956	79250
贵　州	202276	7748		16165	166080	12283
云　南	219135	7504	232	63224	139067	9340
西　藏	18692	2167			16525	
陕　西	226522	43060		1170	174392	7900
甘　肃	216236	51431		53421	71156	40228
青　海	88847			2151	86696	
宁　夏	310557	17610		21810	261584	9553
新　疆	545957	24417		17973	466925	36642

4-2 各地区按资质等级分的房地产开发企业房屋出租面积

单位：平方米

地 区	总 计	一 级	二 级	三 级	四 级	暂 定	其 他
全国总计	**41797817**	**3764253**	**7484262**	**9184831**	**5477342**	**10501139**	**5385990**
北 京	8932113	1455408	1343609	1332988	3275588	590666	933854
天 津	152420		45611	12654	50236	43919	
河 北	310954		40559	2480	18306	249609	
山 西	127700			15273	90162	22265	
内蒙古	133408		67517	6395	58396		1100
辽 宁	443414		67362	205601	21	170430	
吉 林	304825		160599	99461	39365	5400	
黑龙江	50783		37780	13003			
上 海	13551994	1307950	2272792	1392184	22011	5195144	3361913
江 苏	1893659	4919	631143	445297		792824	19476
浙 江	1822247	107178	327820	917137	77711	336435	55966
安 徽	591937		360166	142490	15196	23307	50778
福 建	1512581	186601	239335	539511	284200	172447	90487
江 西	288912		56690	146422	48603		37197
山 东	937144	300	95630	222696	148760	362403	107355
河 南	789822	7303	54309	50271	8267	669672	
湖 北	559554		200554	136825	90596	64876	66703
湖 南	372393	12026	6010	201118	104824	48284	131
广 东	4781494	191347	290655	1892307	638300	1213462	555423
广 西	262252		35536	168967	15368	37472	4909
海 南	130619			49573	30537	44141	6368
重 庆	1210353	286554	363954	417633	3535	134783	3894
四 川	809017	67309	251198	334176	13100	84559	58675
贵 州	202276		25338	83256	50134	38612	4936
云 南	219135		51923	41370	94972	30870	
西 藏	18692			18692			
陕 西	226522	49590	15857	147805	13270		
甘 肃	216236	7550	115166	7088	69214	17218	
青 海	88847		41565	1200	46082		
宁 夏	310557		237382	32970	24745	15460	
新 疆	545957	80218	48202	107988	145843	136881	26825

4-3 各地区按资质等级分的房地产开发企业住宅出租面积

单位：平方米

地 区	总 计	一 级	二 级	三 级	四 级	暂 定	其 他
全国总计	**2635325**	**249421**	**417872**	**453473**	**306953**	**679253**	**528353**
北 京	445445	47086	196020	21350	57886	61992	61111
天 津	29490			961		28529	
河 北							
山 西	4726				4000	726	
内蒙古	55000				55000		
辽 宁	126775		234	15771	21	110749	
吉 林	301			301			
黑龙江	154			154			
上 海	924317	164227	62776	151180	5596	238408	302130
江 苏	41774		15278	23306		3190	
浙 江	14886	4296	3106	7259	188	37	
安 徽	7443		6000	1000		443	
福 建	49908		220	16264	17029	16395	
江 西	85839		8738	29568	47533		
山 东	13645			11580	1000	1065	
河 南	59739			600	4000	55139	
湖 北	122021		13961	28301	13056		66703
湖 南	54794			7469	18053	29141	131
广 东	276290	911	21056	83188	55183	20609	95343
广 西	39037		1317	2000	10162	25558	
海 南	386				386		
重 庆	20244		9235	9654		1355	
四 川	109174	611	8913	35213	300	62800	1337
贵 州	7748				5000	1150	1598
云 南	7504		481	5512		1511	
西 藏	2167			2167			
陕 西	43060	32290			10770		
甘 肃	51431		50799	600		32	
青 海							
宁 夏	17610		17610				
新 疆	24417		2128	75	1790	20424	

4-4 各地区房地产开发企业90平方米及以下住房开发规模及竣工情况

地　　区	施工面积(平方米)	新开工面积(平方米)	竣工面积(平方米)	不可销售面积(平方米)	竣工套数(套)	出租面积(平方米)
全国总计	**1250973759**	**376498904**	**241824734**	**17040382**	**3342733**	**984156**
北　　京	36794681	8488280	7762584	1008118	103725	138980
天　　津	22909058	4924071	5176938	75	64893	17815
河　　北	78254472	19059220	14738581	408792	184614	
山　　西	23012732	11236011	3569143	946080	49092	726
内 蒙 古	27354788	9073614	5971040	644374	75599	55000
辽　　宁	138205182	52693656	27429279	1459906	393628	32961
吉　　林	42658590	20826045	9932508	991671	137322	
黑 龙 江	53054972	21476389	15813973	2514543	223430	
上　　海	38707431	7929405	7121008	420031	96209	109230
江　　苏	70768803	16578946	17701866	811229	227170	10126
浙　　江	54899735	12112650	7467192	408117	97922	12702
安　　徽	49186853	14728933	7701977	447114	100344	
福　　建	36203277	8671129	3585758	410221	55190	33607
江　　西	13718132	3955396	2702304	234746	36905	84498
山　　东	77816262	23542455	13926751	327302	176453	12936
河　　南	63005134	20128076	11979101	496208	153869	24001
湖　　北	27900892	8803058	5532306	150823	71316	107704
湖　　南	26749685	6193088	5158720	206892	72497	16495
广　　东	68549872	16827609	10593788	256608	219445	180233
广　　西	27697873	6118053	5059877	47561	70440	3514
海　　南	18363003	6704360	3668076	34072	56249	
重　　庆	67693528	16217390	16711662	2602553	251096	13434
四　　川	74238599	20192372	14515056	301386	182093	31194
贵　　州	20001702	4516118	1958854	50301	26355	
云　　南	19302889	7966394	2556644	47539	36848	6197
西　　藏	69106	20196				1778
陕　　西	31308936	9898798	4229907	295514	55709	2374
甘　　肃	15557580	7010168	1960598	92722	25088	51031
青　　海	2517055	1486619	255372	1277	3343	
宁　　夏	9991017	3625223	2222359	479960	30014	17610
新　　疆	14481920	5495182	4821512	944647	65875	20010

4-5 各地区按用途分的房地产开发企业商品房销售面积

单位：平方米

地区	商品房销售面积	住宅	#别墅、高档公寓	办公楼	商业营业用房	其他
全国总计	**1113036464**	**984675134**	**34760015**	**22536505**	**77592767**	**28232058**
北京	19437367	14833746	1169400	2534960	1139677	928984
天津	16616941	15114032	663234	281741	721681	499487
河北	51449160	46224637	1140835	747798	3167009	1309716
山西	14978843	13904422	53834	95353	794999	184069
内蒙古	25235214	21042187	546607	365557	2701681	1125789
辽宁	88279494	76553988	2437912	791473	7759254	3174779
吉林	24524245	21594307	795556	147547	2194900	587491
黑龙江	38068231	32262165	229540	242575	4108684	1454807
上海	18984590	15926284	2345559	1117263	1200053	740990
江苏	90191799	79233670	4117368	2008261	7639475	1310393
浙江	40052939	33162270	1684006	1887546	3326371	1676752
安徽	48288149	42754287	717689	619992	4284155	629715
福建	32589398	27419567	845794	1508294	2098796	1562741
江西	23971035	21258981	320620	475595	1894565	341894
山东	86327614	77458724	1659602	1353808	5537524	1977558
河南	59684858	54555010	336893	1264867	2979604	885377
湖北	40378459	36200951	590584	697490	2568692	911326
湖南	51504767	46640816	1435845	642463	3299657	921831
广东	78989915	71576276	5402138	1414679	3605725	2393235
广西	27592573	25469557	248055	95955	1498338	528723
海南	9318373	8983484	1139391	40382	202321	92186
重庆	45223997	41051083	1437780	622998	2218883	1331033
四川	64559339	56793338	1346414	1573714	4385296	1806991
贵州	21869485	20023965	158696	148825	1445571	251124
云南	32377457	27896760	2652834	908665	2775364	796668
西藏	225003	206486	29375	4343	14174	
陕西	27555907	25308411	529810	659666	1243366	344464
甘肃	9784417	8933551	3780	29674	639872	181320
青海	2629567	2468539	4100	2140	154763	4125
宁夏	8044266	7075675	143289	68168	829177	71246
新疆	14303062	12747965	573475	184713	1163140	207244

4-6 各地区按资质等级分的房地产开发企业商品房销售面积

单位：平方米

地　区	总 计	一 级	二 级	三 级	四 级	暂 定	其 他
全国总计	**1113036464**	**53629030**	**199352037**	**272500847**	**144773875**	**402198835**	**40581840**
北　京	19437367	3853522	3233589	2357163	4551796	4912035	529262
天　津	16616941	1409102	1462456	1419952	5277995	5708862	1338574
河　北	51449160	3127950	6778665	10416490	14353934	15491999	1280122
山　西	14978843	713279	2831775	3081263	6424661	1806475	121390
内蒙古	25235214	840579	4582901	4744768	10274705	4251090	541171
辽　宁	88279494	1977493	10632935	24735050	1403919	44600941	4929156
吉　林	24524245	135105	4217047	7029706	5842116	7020606	279665
黑龙江	38068231	1134560	8214462	20566094	2309316	5043035	800764
上　海	18984590	588400	2927701	2206347	270137	12639976	352029
江　苏	90191799	6421348	37651261	12011763	334744	31102474	2670209
浙　江	40052939	1793275	5626335	9703558	2811294	15373388	4745089
安　徽	48288149	1202633	7445259	10471675	2319254	25644582	1204746
福　建	32589398	2050793	2931757	9582101	4146617	13481192	396938
江　西	23971035	285873	3555112	7113121	2190909	9571809	1254211
山　东	86327614	4605253	9474885	15053017	15722870	37687308	3784281
河　南	59684858	2892759	9821217	8668130	4159296	31881597	2261859
湖　北	40378459	3035145	7878835	8813980	6791948	13099308	759243
湖　南	51504767	1795926	4516989	23111718	4084717	16499216	1496201
广　东	78989915	4444370	5534930	19121247	18969300	25875583	5044485
广　西	27592573	683204	3357374	6250045	3085987	12735222	1480741
海　南	9318373	6091	307866	1834160	1105212	5244006	821038
重　庆	45223997	3085161	16022799	8280710	403652	17295814	135861
四　川	64559339	2594837	15283413	31159858	996455	12542235	1982541
贵　州	21869485	280132	7658686	3652903	3737770	6268892	271102
云　南	32377457	927829	5255737	3706173	8922218	12818528	746972
西　藏	225003		32500	158136		34367	
陕　西	27555907	855679	5397059	7514908	8018307	4760021	1009933
甘　肃	9784417	277972	1602008	3382012	2577426	1806223	138776
青　海	2629567	123570	1045959	681141	263929	482580	32388
宁　夏	8044266	1471061	1849711	1891503	984405	1750180	97406
新　疆	14303062	1016129	2220814	3782155	2438986	4769291	75687

4-7 各地区按用途分的房地产开发企业商品房现房销售面积

单位：平方米

地区	现房销售面积	住宅	#别墅、高档公寓	办公楼	商业营业用房	其他
全国总计	**267633574**	**220899376**	**7632496**	**5144297**	**28707377**	**12882524**
北京	5064820	3660118	272822	324358	618486	461858
天津	6557567	5824805	148472	143536	170678	418548
河北	10236284	8820829	122673	237953	958911	218591
山西	6530676	6004783	41140	46682	384035	95176
内蒙古	12024206	9323604	402160	238340	1711831	750431
辽宁	25016052	20225329	456408	385227	2808681	1596815
吉林	8608963	7366630	172013	18771	1005418	218144
黑龙江	12941249	10136679	160570	117783	1906939	779848
上海	7527160	5685294	693745	546215	663313	632338
江苏	16249145	12864829	844108	414791	2492561	476964
浙江	4201404	2378535	202477	403637	946097	473135
安徽	8185580	6640439	158622	59780	1382769	102592
福建	2841777	1712669	130030	191985	439673	497450
江西	5371688	4454081	141527	104789	697815	115003
山东	18397008	15580275	263473	412392	1900174	504167
河南	21792451	19329885	86806	301839	1513825	646902
湖北	12272855	10674638	155419	89821	983933	524463
湖南	16702229	14543340	454618	211560	1399209	548120
广东	19670133	16094362	1128807	350897	1649388	1575486
广西	5199730	4481223	25558	10265	501477	206765
海南	2399208	2283079	372160	38462	56567	21100
重庆	6196269	5167642	160472	38028	439063	551536
四川	11814846	9720505	416029	117828	1188443	788070
贵州	2528737	1962359	30886	26906	412559	126913
云南	5151208	3822769	376108	179108	848258	301073
西藏	175654	161522	16375		14132	
陕西	3314089	2986378	2565	26676	255429	45606
甘肃	3241838	2826671		23574	338177	53416
青海	615561	519130	477		95699	732
宁夏	3158936	2616889	98927	27592	467247	47208
新疆	3646251	3030085	97049	55502	456590	104074

4-8 各地区按资质等级分的房地产开发企业商品房现房销售面积

单位：平方米

地区	总计	一级	二级	三级	四级	暂定	其他
全国总计	**267633574**	**10768552**	**44208141**	**80496892**	**47491997**	**74143919**	**10524073**
北京	5064820	1188711	1005334	1118103	1240019	414559	98094
天津	6557567	159586	451010	916620	2261677	1478806	1289868
河北	10236284	457809	1756921	2692436	2435607	2664774	228737
山西	6530676	240555	1422542	1419652	2921542	522440	3945
内蒙古	12024206	299707	1875189	3080827	4810303	1641448	316732
辽宁	25016052	1128581	3358462	8894703	783879	9000166	1850261
吉林	8608963	14106	1149526	2336087	3102159	1951279	55806
黑龙江	12941249	164400	2556906	7085573	1012231	1662991	459148
上海	7527160	377666	1305429	1306066	270137	4014958	252904
江苏	16249145	1459072	6257890	3595681	121699	4180654	634149
浙江	4201404	282319	680131	1529047	477846	1069657	162404
安徽	8185580	107906	1850685	2513844	753266	2742612	217267
福建	2841777	225638	271770	1010353	624783	688522	20711
江西	5371688	34771	913727	2420275	689768	1172009	141138
山东	18397008	768121	1880985	3358501	4551158	7220832	617411
河南	21792451	354755	2980733	3164138	2605913	11723589	963323
湖北	12272855	351663	1603938	3695045	3188785	3097423	336001
湖南	16702229	193763	1154306	8597200	1960826	4112230	683904
广东	19670133	858167	1697616	5318078	6057357	4333258	1405657
广西	5199730	84610	300613	1384226	986334	2344245	99702
海南	2399208	6091	112595	1070059	194258	797291	218914
重庆	6196269	603186	2081484	1659359	96840	1726780	28620
四川	11814846	228916	3098196	6512763	371503	1423465	180003
贵州	2528737	11758	324526	682402	748575	761045	431
云南	5151208	163173	1010246	741782	1631836	1578908	25263
西藏	175654		8500	137309		29845	
陕西	3314089	32945	654349	1133948	1278928	176919	37000
甘肃	3241838	92104	487993	1281173	801906	469877	108785
青海	615561	34860	380341	46910	75585	52666	25199
宁夏	3158936	639002	750952	842435	537957	332725	55865
新疆	3646251	204611	825246	952297	899320	757946	6831

4-9　各地区按用途分的房地产开发企业商品房期房销售面积

单位：平方米

地　区	期房销售面积	住　宅	#别　墅、高档公寓	办公楼	商业营业用房	其　他
全国总计	**845402890**	**763775758**	**27127519**	**17392208**	**48885390**	**15349534**
北　京	14372547	11173628	896578	2210602	521191	467126
天　津	10059374	9289227	514762	138205	551003	80939
河　北	41212876	37403808	1018162	509845	2208098	1091125
山　西	8448167	7899639	12694	48671	410964	88893
内蒙古	13211008	11718583	144447	127217	989850	375358
辽　宁	63263442	56328659	1981504	406246	4950573	1577964
吉　林	15915282	14227677	623543	128776	1189482	369347
黑龙江	25126982	22125486	68970	124792	2201745	674959
上　海	11457430	10240990	1651814	571048	536740	108652
江　苏	73942654	66368841	3273260	1593470	5146914	833429
浙　江	35851535	30783735	1481529	1483909	2380274	1203617
安　徽	40102569	36113848	559067	560212	2901386	527123
福　建	29747621	25706898	715764	1316309	1659123	1065291
江　西	18599347	16804900	179093	370806	1196750	226891
山　东	67930606	61878449	1396129	941416	3637350	1473391
河　南	37892407	35225125	250087	963028	1465779	238475
湖　北	28105604	25526313	435165	607669	1584759	386863
湖　南	34802538	32097476	981227	430903	1900448	373711
广　东	59319782	55481914	4273331	1063782	1956337	817749
广　西	22392843	20988334	222497	85690	996861	321958
海　南	6919165	6700405	767231	1920	145754	71086
重　庆	39027728	35883441	1277308	584970	1779820	779497
四　川	52744493	47072833	930385	1455886	3196853	1018921
贵　州	19340748	18061606	127810	121919	1033012	124211
云　南	27226249	24073991	2276726	729557	1927106	495595
西　藏	49349	44964	13000	4343	42	
陕　西	24241818	22322033	527245	632990	987937	298858
甘　肃	6542579	6106880	3780	6100	301695	127904
青　海	2014006	1949409	3623	2140	59064	3393
宁　夏	4885330	4458786	44362	40576	361930	24038
新　疆	10656811	9717880	476426	129211	706550	103170

4-10 各地区按资质等级分的房地产开发企业商品房期房销售面积

单位：平方米

地 区	总 计	一 级	二 级	三 级	四 级	暂 定	其 他
全国总计	**845402890**	**42860478**	**155143896**	**192003955**	**97281878**	**328054916**	**30057767**
北 京	14372547	2664811	2228255	1239060	3311777	4497476	431168
天 津	10059374	1249516	1011446	503332	3016318	4230056	48706
河 北	41212876	2670141	5021744	7724054	11918327	12827225	1051385
山 西	8448167	472724	1409233	1661611	3503119	1284035	117445
内蒙古	13211008	540872	2707712	1663941	5464402	2609642	224439
辽 宁	63263442	848912	7274473	15840347	620040	35600775	3078895
吉 林	15915282	120999	3067521	4693619	2739957	5069327	223859
黑龙江	25126982	970160	5657556	13480521	1297085	3380044	341616
上 海	11457430	210734	1622272	900281		8625018	99125
江 苏	73942654	4962276	31393371	8416082	213045	26921820	2036060
浙 江	35851535	1510956	4946204	8174511	2333448	14303731	4582685
安 徽	40102569	1094727	5594574	7957831	1565988	22901970	987479
福 建	29747621	1825155	2659987	8571748	3521834	12792670	376227
江 西	18599347	251102	2641385	4692846	1501141	8399800	1113073
山 东	67930606	3837132	7593900	11694516	11171712	30466476	3166870
河 南	37892407	2538004	6840484	5503992	1553383	20158008	1298536
湖 北	28105604	2683482	6274897	5118935	3603163	10001885	423242
湖 南	34802538	1602163	3362683	14514518	2123891	12386986	812297
广 东	59319782	3586203	3837314	13803169	12911943	21542325	3638828
广 西	22392843	598594	3056761	4865819	2099653	10390977	1381039
海 南	6919165		195271	764101	910954	4446715	602124
重 庆	39027728	2481975	13941315	6621351	306812	15569034	107241
四 川	52744493	2365921	12185217	24647095	624952	11118770	1802538
贵 州	19340748	268374	7334160	2970501	2989195	5507847	270671
云 南	27226249	764656	4245491	2964391	7290382	11239620	721709
西 藏	49349		24000	20827		4522	
陕 西	24241818	822734	4742710	6380960	6739379	4583102	972933
甘 肃	6542579	185868	1114015	2100839	1775520	1336346	29991
青 海	2014006	88710	665618	634231	188344	429914	7189
宁 夏	4885330	832059	1098759	1049068	446448	1417455	41541
新 疆	10656811	811518	1395568	2829858	1539666	4011345	68856

4-11　各地区按资质等级分的房地产开发企业商品住宅销售面积

单位：平方米

地区	总计	一级	二级	三级	四级	暂定	其他
全国总计	**984675134**	**48008617**	**176519858**	**241418293**	**128391316**	**354784319**	**35552731**
北京	14833746	3254098	2515354	1750287	3250164	3627109	436734
天津	15114032	1387064	1369713	1350109	4559780	5401316	1046050
河北	46224637	2798779	5953012	9437353	13087181	13795903	1152409
山西	13904422	661793	2657678	2887612	5923859	1652090	121390
内蒙古	21042187	701541	3895659	3867827	8487580	3673894	415686
辽宁	76553988	1687189	9282287	21534599	1137222	38478160	4434531
吉林	21594307	123190	3513513	6301493	5129016	6277701	249394
黑龙江	32262165	1103720	7121730	17347753	1882613	4096319	710030
上海	15926284	438299	2672465	1796274	270137	10475604	273505
江苏	79233670	6022963	33622429	10557163	306478	26393656	2330981
浙江	33162270	1471804	4528991	7727679	2251265	13003911	4178620
安徽	42754287	955620	6513640	9455942	1992408	22840605	996072
福建	27419567	1687080	2301185	8125561	3455302	11530699	319740
江西	21258981	263250	2765933	6320939	1968955	8782320	1157584
山东	77458724	4098493	8644214	13537514	14169592	33945894	3063017
河南	54555010	2664987	9065385	8075209	3838527	28711144	2199758
湖北	36200951	2918444	7064532	8098086	5973102	11689933	456854
湖南	46640816	1618612	4035615	21072321	3774800	14726389	1413079
广东	71576276	3936791	5007008	17050293	17380887	23615593	4585704
广西	25469557	639707	3118397	5864001	2880466	11576882	1390104
海南	8983484	6091	306941	1809931	1067314	5020015	773192
重庆	41051083	2733179	14550859	7564146	360134	15727932	114833
四川	56793338	2365243	13593474	27561684	922654	10776132	1574151
贵州	20023965	225849	7226432	3318462	3345405	5645985	261832
云南	27896760	808369	4353924	3093595	7816760	11197419	626693
西藏	206486		32500	140490		33496	
陕西	25308411	777176	4773781	7062129	7417680	4335095	942550
甘肃	8933551	253240	1461465	3040889	2433549	1608354	136054
青海	2468539	118076	954320	641245	250007	472503	32388
宁夏	7075675	1391148	1574023	1619078	841348	1561687	88391
新疆	12747965	896822	2043399	3408629	2217131	4110579	71405

4-12 各地区按资质等级分的房地产开发企业 90平方米及以下住宅销售面积

单位：平方米

地区	总计	一级	二级	三级	四级	暂定	其他
全国总计	**307203926**	**14766674**	**53624561**	**81149210**	**34749387**	**108801770**	**14112324**
北京	6368050	1731307	1283381	909822	775022	1510972	157546
天津	4371432	187914	441585	578686	1742264	1418133	2850
河北	15156929	1021906	1870075	3813649	3763199	4238265	449835
山西	2270064	87146	347814	382971	930183	514588	7362
内蒙古	6752622	48400	814255	1714789	2937151	1145059	92968
辽宁	44613938	974978	4801691	12183949	830895	22490543	3331882
吉林	13406290	45919	2014660	4034042	3766380	3306707	238582
黑龙江	21109338	378135	3769625	11640256	1726027	3023382	571913
上海	7424140	184008	1217976	647883	74688	5196874	102711
江苏	15788489	1796320	6342990	2522215	57475	4529103	540386
浙江	9198466	279854	1321086	1658809	468862	3739917	1729938
安徽	11606039	282852	1596409	2895075	337422	6187721	306560
福建	6270018	361271	463827	1907282	905769	2464630	167239
江西	3896511	23548	908609	1062144	199497	1502971	199742
山东	17887826	815253	1689358	3116595	3229873	8152306	884441
河南	12517320	864496	2653297	1833298	832452	6076459	257318
湖北	7797254	959573	2108104	1604138	575961	2350302	199176
湖南	6876684	334228	776075	2669459	626733	2263400	206789
广东	18533107	1299019	1336439	3988085	3544904	6292398	2072262
广西	6438845	179351	919269	1455583	424486	2897490	562666
海南	3623323	5580	95410	716586	478719	1990825	336203
重庆	17853840	1216205	6031677	3273373	178488	7129606	24491
四川	21199309	860071	4184329	11029941	333970	3903677	887321
贵州	4722650	24310	2778260	533110	424907	912993	49070
云南	6050073	211786	892513	672404	1594335	2488330	190705
西藏	33998			27079		6919	
陕西	7180350	186270	1474008	1994281	1809627	1247256	468908
甘肃	2920777	7704	516825	869757	1065095	434188	27208
青海	342332	11276	153987	92444	16357	65296	2972
宁夏	1431128	235237	265188	451773	226863	217032	35035
新疆	3562784	152757	555839	869732	871783	1104428	8245

4-13　各地区按资质等级分的房地产开发企业144平方米以上住宅销售面积

单位：平方米

地　区	总　计	一　级	二　级	三　级	四　级	暂　定	其　他
全国总计	**154892263**	**7487484**	**27388641**	**34746311**	**22980190**	**57253500**	**5036137**
北　京	3569620	472851	572992	293764	1477326	682528	70159
天　津	1647007	47102	161965	76347	492758	850628	18207
河　北	5755910	244941	884052	961689	1699078	1848923	117227
山　西	2769452	83478	563248	584892	1274493	241591	21750
内蒙古	3776283	435398	924881	354463	1280044	648617	132880
辽　宁	8262115	142626	1393813	1752604	89293	4679884	203895
吉　林	2131853	1802	308464	705357	210452	901024	4754
黑龙江	3027354	112082	1310316	1313973	22889	224144	43950
上　海	2742163	21449	381739	294676		1997752	46547
江　苏	12678738	665891	5144893	1527748	15409	5001029	323768
浙　江	9195505	516199	1223300	2151356	652681	3702007	949962
安　徽	2858186	10430	552849	655673	85968	1466460	86806
福　建	5554089	374722	399520	1626684	666930	2464951	21282
江　西	2068091	4713	243042	565400	217376	910616	126944
山　东	11213104	864978	1615590	1969338	1454045	4948632	360521
河　南	8982377	193516	1439886	1209605	1064772	4876336	198262
湖　北	4167837	162039	823081	1288874	659636	1203316	30891
湖　南	10687606	130653	966138	4787183	859151	3593596	350885
广　东	19363524	1130720	1544439	4876691	5108244	5641948	1061482
广　西	3780681	105476	299930	667670	412282	2119288	176035
海　南	1260847	511	68167	385618	67016	672373	67162
重　庆	4189599	232210	1755556	549700	47520	1604613	
四　川	5197953	414694	1177067	2018645	175961	1164471	247115
贵　州	2580127	94978	700870	435550	672501	627363	48865
云　南	9316462	348098	1567343	1079017	2669817	3540514	111673
西　藏	44740		22500	15880		6360	
陕　西	4464059	216987	602467	1618883	1273697	660063	91962
甘　肃	742565	87790	185598	211073	109545	123215	25344
青　海	297946	18713	148753	90338	31350	8792	
宁　夏	896863	188671	160596	177410	66765	265753	37668
新　疆	1669607	163766	245586	500210	123191	576713	60141

4-14 各地区按资质等级分的房地产开发企业别墅、高档公寓销售面积

单位：平方米

地区	总计	一级	二级	三级	四级	暂定	其他
全国总计	**34760015**	**1264516**	**5434888**	**7746586**	**4251001**	**15025675**	**1037349**
北京	1169400	76761	28584	106449	805094	64026	88486
天津	663234	53167	62718	6210	137630	385302	18207
河北	1140835	1931	31917	51021	294807	761159	
山西	53834	2650	38096	2429	5309	5350	
内蒙古	546607		265588	11044	140450	129525	
辽宁	2437912	9600	146195	415361	60352	1655761	150643
吉林	795556		236309	312976	9193	237078	
黑龙江	229540		65386	147472		16682	
上海	2345559	10077	259496	326803		1738241	10942
江苏	4117368	140989	1579907	359137	2707	1956869	77759
浙江	1684006	26844	227845	452411	135820	724099	116987
安徽	717689		80823	218171	23451	395244	
福建	845794	18492	76212	278889	115475	356464	262
江西	320620	14267	24498	89750	34829	153284	3992
山东	1659602	131097	157685	128044	69106	1089806	83864
河南	336893	18967	82749	20052		182611	32514
湖北	590584	27269	121825	285465	29700	126325	
湖南	1435845	42903	51222	895729	40758	404963	270
广东	5402138	123104	291182	1779961	1155396	1803303	249192
广西	248055		26910	84755	22515	102870	11005
海南	1139391		85533	223522	59304	694953	76079
重庆	1437780	201769	449985	149862		636164	
四川	1346414	260897	277120	388208	75040	344723	426
贵州	158696	18096	24891	18120	17018	70819	9752
云南	2652834	60649	402048	454772	969921	747141	18303
西藏	29375		21500	7875			
陕西	529810		208758	205546		26840	88666
甘肃	3780		1599	2181			
青海	4100		4100				
宁夏	143289	10618	14145	98082	8754	11690	
新疆	573475	14369	90062	226289	38372	204383	

4-15　各地区按资质等级分的房地产开发企业办公楼销售面积

单位：平方米

地　区	总　计	一　级	二　级	三　级	四　级	暂　定	其　他
全国总计	**22536505**	**1017592**	**4340908**	**4235733**	**2208832**	**9579259**	**1154181**
北　京	2534960	86177	362647	285478	757277	1030751	12630
天　津	281741	7301	26194		105282	117100	25864
河　北	747798	850	136884	120932	263919	225213	
山　西	95353	11791	35836	6698	41028		
内蒙古	365557	39941	90017	73804	130234	23061	8500
辽　宁	791473	34710	61207	273023	1671	386571	34291
吉　林	147547		89994	19301	11916	26336	
黑龙江	242575		66669	103657	15984	56265	
上　海	1117263	70147	37131	96216		874177	39592
江　苏	2008261	95872	709280	126114	61	1011206	65728
浙　江	1887546	104666	272036	495214	44085	718048	253497
安　徽	619992	28585	191408	93548	8076	298375	
福　建	1508294	82621	202382	442544	107057	620014	53676
江　西	475595	5669	103519	63001	24597	230583	48226
山　东	1353808	111476	189696	280003	213938	517833	40862
河　南	1264867	66908	186130	8355	15862	982636	4976
湖　北	697490		116381	135825	2672	175266	267346
湖　南	642463	9618	68416	205604	7598	349764	1463
广　东	1414679	144032	94409	552118	50556	526940	46624
广　西	95955		976	23552	2712	68715	
海　南	40382					39511	871
重　庆	622998	72828	265851	18378		265941	
四　川	1573714		330775	467754	2581	580720	191884
贵　州	148825		36107	20559	45221	46938	
云　南	908665	13055	376392	92570	190233	178264	58151
西　藏	4343			4343			
陕　西	659666	3075	264979	130651	138518	122443	
甘　肃	29674		28	18857	3489	7300	
青　海	2140		713		1427		
宁　夏	68168	11194	17573	30150	950	8301	
新　疆	184713	17076	7278	47484	21888	90987	

4-16 各地区按资质等级分的房地产开发企业商业营业用房销售面积

单位：平方米

地区	总计	一级	二级	三级	四级	暂定	其他
全国总计	**77592767**	**2569637**	**12818433**	**19528040**	**10073157**	**29807041**	**2796459**
北京	1139677	331795	225179	130580	320234	59950	71939
天津	721681	12311	48217	60073	435668	165412	
河北	3167009	153362	386914	674747	619848	1223408	108730
山西	794999	26333	80714	164738	384289	138925	
内蒙古	2701681	46752	489677	571341	1113715	392580	87616
辽宁	7759254	207290	771138	2047776	251641	4234580	246829
吉林	2194900	4840	537643	465292	588024	568830	30271
黑龙江	4108684	29413	654608	2341985	298930	735716	48032
上海	1200053	38462	101449	175979		880773	3390
江苏	7639475	184710	2807943	1061668	26312	3310413	248429
浙江	3326371	103471	469812	908755	373462	1241554	229317
安徽	4284155	124015	634142	844612	298788	2182234	200364
福建	2098796	42901	193880	675435	253080	918510	14990
江西	1894565	287	635420	579587	173289	460622	45360
山东	5537524	214566	349639	828450	1036831	2476338	631700
河南	2979604	155388	387846	528435	156755	1696379	54801
湖北	2568692	114228	380527	369212	679116	990686	34923
湖南	3299657	46877	322662	1559050	224413	1109263	37392
广东	3605725	131188	240347	871468	784053	1323509	255160
广西	1498338	14106	127722	259388	167461	876623	53038
海南	202321		925	23363	25522	106406	46105
重庆	2218883	125283	646109	391050	40181	996060	20200
四川	4385296	129623	821119	2246136	60574	931509	196335
贵州	1445571	40818	374017	226061	266353	529052	9270
云南	2775364	76499	259201	499785	678936	1210996	49947
西藏	14174			13303		871	
陕西	1243366	62637	300928	223055	377943	221801	57002
甘肃	639872	24732	140015	236892	118862	116649	2722
青海	154763	4762	90926	39416	9582	10077	
宁夏	829177	57743	235947	213535	140188	173449	8315
新疆	1163140	65245	103767	296873	169107	523866	4282

4-17　各地区按用途分的房地产开发企业商品房销售额

单位：万元

地　区	商品房销售额	住　宅	#别　墅、高档公寓	办公楼	商业营业用房	其　他
全国总计	**644557856**	**534671820**	**39835632**	**27734349**	**69995718**	**12155969**
北　京	33085572	24555008	3194508	5605857	2333565	591142
天　津	13655259	12105706	721408	376097	938729	234727
河　北	23039044	19146060	614631	503385	2974852	414747
山　西	5798872	5131950	29378	74705	545762	46455
内蒙古	10227971	7693888	344125	220722	1876003	437358
辽　宁	43627815	36112089	2112351	763539	5464026	1288161
吉　林	10169480	8368014	663985	117895	1413060	270511
黑龙江	15482979	12019303	214318	138229	2645351	680096
上　海	26694942	22089570	6613452	2346206	1946240	312926
江　苏	60670069	50890578	4777823	1817335	7466905	495251
浙　江	42626643	35416262	2371266	2405250	4053591	751540
安　徽	23298812	19218573	531586	460060	3364761	255418
福　建	28176959	22938978	1223675	1827658	2620053	790270
江　西	11373453	9313940	247271	506207	1402281	151025
山　东	41117964	35295110	1666120	1177315	3922038	723501
河　南	22866650	19155695	221804	1115658	2281545	313752
湖　北	20362024	16898602	582649	856659	2246183	360580
湖　南	20852339	17115454	1023818	622986	2830768	283131
广　东	64078111	54883925	5540562	2899756	4685105	1609325
广　西	11598322	9958158	166420	150247	1290728	199189
海　南	7355740	7017234	2232028	20073	257370	61063
重　庆	22973464	19724206	1189537	716121	2124707	408430
四　川	35177222	28164868	1351519	1409265	4883977	719112
贵　州	9000765	7399576	190125	121414	1392054	87721
云　南	13628282	10770956	1110279	715677	1822605	319044
西　藏	73545	61578	10826	2314	9653	
陕　西	14207497	12155745	508782	533837	1323773	194142
甘　肃	3493180	3016035	2785	20643	415674	40828
青　海	1064592	911437	2932	1395	150192	1568
宁　夏	3175781	2561936	69475	34530	554355	24960
新　疆	5604508	4581386	306194	173314	759812	89996

4-18 各地区按资质等级分的房地产开发企业商品房销售额

单位：万元

地　区	总　计	一　级	二　级	三　级	四　级	暂　定	其　他
全国总计	**644557856**	**40674363**	**120412126**	**139822604**	**71822913**	**243269008**	**28556842**
北　京	33085572	5176324	5382913	3380142	9343547	8838152	964494
天　津	13655259	1218930	1131008	947935	4219724	5430731	706931
河　北	23039044	1664278	3308700	4453612	5805624	7282347	524483
山　西	5798872	230824	978343	1167548	2694060	667391	60706
内蒙古	10227971	376358	2344724	1745612	3865837	1713931	181509
辽　宁	43627815	1226607	5483125	10832448	510399	23169431	2405805
吉　林	10169480	81421	2046898	2690309	1953439	3315715	81698
黑龙江	15482979	484304	3981253	7796052	632265	2183166	405939
上　海	26694942	672674	3781306	2820851	95264	18939678	385169
江　苏	60670069	4365556	25801085	7082762	158097	21750799	1511770
浙　江	42626643	2285527	5986875	9165727	2140173	17102009	5946332
安　徽	23298812	774886	3979631	5072859	838286	12093856	539294
福　建	28176959	2388094	2864987	7591387	4117495	10909822	305174
江　西	11373453	140487	1900268	3083033	794881	4833889	620895
山　东	41117964	2288122	4829417	6384073	5960469	19594106	2061777
河　南	22866650	1619945	4100679	2925121	1236652	12314103	670150
湖　北	20362024	1877499	4728153	3746103	2151928	7230132	628209
湖　南	20852339	825994	2034926	8893691	1102205	7549724	445799
广　东	64078111	6655568	5816936	16557523	11344879	17937985	5765220
广　西	11598322	286309	1489518	2689018	1022630	5549837	561010
海　南	7355740	9965	471794	1538766	731222	4100578	503415
重　庆	22973464	1890206	8656529	3238728	122688	9013357	51956
四　川	35177222	1731789	7747565	15706806	397952	7466891	2126219
贵　州	9000765	141189	3380596	1404676	1371599	2594660	108045
云　南	13628282	404139	2576521	1407081	3627891	5255448	357202
西　藏	73545		11200	52170		10175	
陕　西	14207497	630342	2712898	3894859	3662629	2763782	542987
甘　肃	3493180	136277	708834	1229766	742412	631239	44652
青　海	1064592	73288	466146	261807	88115	170045	5191
宁　夏	3175781	585675	812019	657664	351411	741552	27460
新　疆	5604508	431786	897279	1404475	739140	2114477	17351

4-19 各地区按用途分的房地产开发企业商品房现房销售额

单位：万元

地区	现房销售额	住宅	#别墅、高档公寓	办公楼	商业营业用房	其他
全国总计	**129229100**	**96679728**	**9375056**	**5875686**	**21484349**	**5189337**
北京	7107672	5132961	958955	632712	1127432	214567
天津	3804754	3309765	193385	153895	182097	158997
河北	5047703	3468757	112837	147059	1370412	61475
山西	1912592	1677869	16751	28981	184224	21518
内蒙古	4382662	2964804		121172	1004571	292115
辽宁	11419183	8736115	424514	415003	1652576	615489
吉林	2939756	2283214	83370	6395	571174	78973
黑龙江	5077323	3531077	162949	52430	1133773	360043
上海	8283935	5884793	1982019	1291032	826300	281810
江苏	9393190	7061575	1014325	343762	1826657	161196
浙江	3625692	1949368	223522	563575	935040	177709
安徽	3286692	2374326	104851	32297	851329	28740
福建	1820512	1026738	168963	188764	388025	216985
江西	2078763	1602795	95158	95120	347255	33593
山东	7674216	6040700	186359	312778	1136107	184631
河南	6460129	5107305	36944	191707	947693	213424
湖北	4558490	3645303	91611	72735	638951	201501
湖南	5330696	4157192	318531	108354	902217	162933
广东	14691274	11281406	1261478	686360	1835816	887692
广西	1861653	1424637	16135	3942	363600	69474
海南	2030427	1923950	747090	17331	59857	29289
重庆	2506093	1944856	117642	43056	340480	177701
四川	5450748	4115560	538608	143075	894638	297475
贵州	1063141	583695	44482	17211	420747	41488
云南	2190905	1501917	146309	123152	429117	136719
西藏	56298	46688	6326		9610	
陕西	1388208	1105918	1675	17062	245714	19514
甘肃	1122309	896386		18095	195525	12303
青海	264231	178947	186		84999	285
宁夏	1162457	826772	37976	18577	299299	17809
新疆	1237396	894339	47028	30054	279114	33889

4-20 各地区按资质等级分的房地产开发企业商品房现房销售额

单位：万元

地区	总计	一级	二级	三级	四级	暂定	其他
全国总计	**129229100**	**7848642**	**23871307**	**35954428**	**19676422**	**36001383**	**5876918**
北京	7107672	1634898	1393498	1355862	2388767	247888	86759
天津	3804754	179408	281224	518575	1371393	809178	644976
河北	5047703	146210	777939	1148590	833922	2040505	100537
山西	1912592	64643	360177	436923	912017	137502	1330
内蒙古	4382662	133701	991656	1105983	1468626	552278	130418
辽宁	11419183	534456	1697076	3966185	243200	4081494	896772
吉林	2939756	7413	472143	730326	961748	754773	13353
黑龙江	5077323	52283	1273184	2722346	280522	603047	145941
上海	8283935	280479	1194348	1072561	95264	5412743	228540
江苏	9393190	885382	3948133	1614711	37720	2581871	325373
浙江	3625692	300526	629171	1174036	315525	1048667	157767
安徽	3286692	48212	908550	1051677	235700	965959	76594
福建	1820512	182925	190816	668498	440271	324957	13045
江西	2078763	5159	389987	938766	223759	418233	102859
山东	7674216	351641	888508	1393226	1757284	3030031	253526
河南	6460129	178734	995251	993224	733355	3309774	249791
湖北	4558490	221017	747429	1266791	936528	1265816	120909
湖南	5330696	75884	462840	2905105	479997	1242827	164043
广东	14691274	1342936	1679979	4077684	3284707	2464694	1841274
广西	1861653	50842	128123	468582	307876	882603	23627
海南	2030427	9965	149413	791646	143381	797678	138344
重庆	2506093	336215	1048409	524745	25847	559397	11480
四川	5450748	301226	1448245	2741999	143303	741360	74615
贵州	1063141	7251	156511	271889	240940	385450	1100
云南	2190905	82406	471515	308052	621056	699238	8638
西藏	56298		3700	43989		8609	
陕西	1388208	44586	194196	535963	515191	90872	7400
甘肃	1122309	33694	177765	495462	233599	145760	36029
青海	264231	24077	173032	27261	25310	11229	3322
宁夏	1162457	245437	327702	277511	174474	123156	14177
新疆	1237396	87036	310787	326260	245140	263794	4379

4-21 各地区按用途分的房地产开发企业商品房期房销售额

单位：万元

地 区	期房销售额	住 宅	#别 墅、高档公寓	办公楼	商业营业用房	其 他
全国总计	**515328756**	**437992092**	**30460576**	**21858663**	**48511369**	**6966632**
北 京	25977900	19422047	2235553	4973145	1206133	376575
天 津	9850505	8795941	528023	222202	756632	75730
河 北	17991341	15677303	501794	356326	1604440	353272
山 西	3886280	3454081	12627	45724	361538	24937
内蒙古	5845309	4729084	109048	99550	871432	145243
辽 宁	32208632	27375974	1687837	348536	3811450	672672
吉 林	7229724	6084800	580615	111500	841886	191538
黑龙江	10405656	8488226	51369	85799	1511578	320053
上 海	18411007	16204777	4631433	1055174	1119940	31116
江 苏	51276879	43829003	3763498	1473573	5640248	334055
浙 江	39000951	33466894	2147744	1841675	3118551	573831
安 徽	20012120	16844247	426735	427763	2513432	226678
福 建	26356447	21912240	1054712	1638894	2232028	573285
江 西	9294690	7711145	152113	411087	1055026	117432
山 东	33443748	29254410	1479761	864537	2785931	538870
河 南	16406521	14048390	184860	923951	1333852	100328
湖 北	15803534	13253299	491038	783924	1607232	159079
湖 南	15521643	12958262	705287	514632	1928551	120198
广 东	49386837	43602519	4279084	2213396	2849289	721633
广 西	9736669	8533521	150285	146305	927128	129715
海 南	5325313	5093284	1484938	2742	197513	31774
重 庆	20467371	17779350	1071895	673065	1784227	230729
四 川	29726474	24049308	812911	1266190	3989339	421637
贵 州	7937624	6815881	145643	104203	971307	46233
云 南	11437377	9269039	963970	592525	1393488	182325
西 藏	17247	14890	4500	2314	43	
陕 西	12819289	11049827	507107	516775	1078059	174628
甘 肃	2370871	2119649	2785	2548	220149	28525
青 海	800361	732490	2746	1395	65193	1283
宁 夏	2013324	1735164	31499	15953	255056	7151
新 疆	4367112	3687047	259166	143260	480698	56107

4-22 各地区按资质等级分的房地产开发企业商品房期房销售额

单位：万元

地区	总计	一级	二级	三级	四级	暂定	其他
全国总计	**515328756**	**32825721**	**96540819**	**103868176**	**52146491**	**207267625**	**22679924**
北京	25977900	3541426	3989415	2024280	6954780	8590264	877735
天津	9850505	1039522	849784	429360	2848331	4621553	61955
河北	17991341	1518068	2530761	3305022	4971702	5241842	423946
山西	3886280	166181	618166	730625	1782043	529889	59376
内蒙古	5845309	242657	1353068	639629	2397211	1161653	51091
辽宁	32208632	692151	3786049	6866263	267199	19087937	1509033
吉林	7229724	74008	1574755	1959983	991691	2560942	68345
黑龙江	10405656	432021	2708069	5073706	351743	1580119	259998
上海	18411007	392195	2586958	1748290		13526935	156629
江苏	51276879	3480174	21852952	5468051	120377	19168928	1186397
浙江	39000951	1985001	5357704	7991691	1824648	16053342	5788565
安徽	20012120	726674	3071081	4021182	602586	11127897	462700
福建	26356447	2205169	2674171	6922889	3677224	10584865	292129
江西	9294690	135328	1510281	2144267	571122	4415656	518036
山东	33443748	1936481	3940909	4990847	4203185	16564075	1808251
河南	16406521	1441211	3105428	1931897	503297	9004329	420359
湖北	15803534	1656482	3980724	2479312	1215400	5964316	507300
湖南	15521643	750110	1572086	5988586	622208	6306897	281756
广东	49386837	5312632	4136957	12479839	8060172	15473291	3923946
广西	9736669	235467	1361395	2220436	714754	4667234	537383
海南	5325313		322381	747120	587841	3302900	365071
重庆	20467371	1553991	7608120	2713983	96841	8453960	40476
四川	29726474	1430563	6299320	12964807	254649	6725531	2051604
贵州	7937624	133938	3224085	1132787	1130659	2209210	106945
云南	11437377	321733	2105006	1099029	3006835	4556210	348564
西藏	17247		7500	8181		1566	
陕西	12819289	585756	2518702	3358896	3147438	2672910	535587
甘肃	2370871	102583	531069	734304	508813	485479	8623
青海	800361	49211	293114	234546	62805	158816	1869
宁夏	2013324	340238	484317	380153	176937	618396	13283
新疆	4367112	344750	586492	1078215	494000	1850683	12972

4-23　各地区按资质等级分的房地产开发企业商品住宅销售额

单位：万元

地　区	总　计	一　级	二　级	三　级	四　级	暂　定	其　他
全国总计	**534671820**	**34688744**	**101142456**	**116378948**	**59658614**	**199398683**	**23404375**
北　京	24555008	4262648	4172765	2404271	7048007	5947401	719916
天　津	12105706	1184724	1030443	868189	3487973	4968751	565626
河　北	19146060	1451243	2810185	3832787	5105964	5474683	471198
山　西	5131950	207813	889493	1044753	2337054	592131	60706
内蒙古	7693888	298324	1698797	1292453	2886866	1413776	103672
辽　宁	36112089	896838	4539117	9144293	340629	19065614	2125598
吉　林	8368014	74158	1567867	2310537	1584919	2763923	66610
黑龙江	12019303	464705	3265218	6039204	443416	1452872	353888
上　海	22089570	511263	3477665	2286943	95264	15416470	301965
江　苏	50890578	4026304	22177496	5993941	148366	17303460	1241011
浙　江	35416262	1932648	4993746	7378228	1681033	14263794	5166813
安　徽	19218573	494017	3136478	4364483	679435	10117103	427057
福　建	22938978	2040136	2308129	6141006	3312947	8875627	261133
江　西	9313940	127793	1330829	2511820	672994	4139405	531099
山　东	35295110	1988236	4253433	5477209	5149840	16839719	1586673
河　南	19155695	1399734	3464442	2567918	1071682	10015874	636045
湖　北	16898602	1705085	4071699	3219155	1764188	5961420	177055
湖　南	17115454	754921	1611328	7387840	959913	5986956	414496
广　东	54883925	5569244	5111666	13865678	10081797	15186966	5068574
广　西	9958158	246213	1310113	2391453	869892	4622178	518309
海　南	7017234	9965	470973	1500527	706331	3889778	439660
重　庆	19724206	1584121	7401759	2809095	105036	7782732	41463
四　川	28164868	1535689	6463655	12847148	358761	5807852	1151763
贵　州	7399576	109750	2993669	1117555	1049430	2027989	101183
云　南	10770956	286875	1989532	1093310	2923801	4179104	298334
西　藏	61578		11200	40646		9732	
陕　西	12155745	495029	2198656	3518754	3170674	2283949	488683
甘　肃	3016035	120483	595532	1039872	672273	544769	43106
青　海	911437	64222	379712	226077	75829	160406	5191
宁　夏	2561936	512647	620536	523138	269840	611823	23952
新　疆	4581386	333916	796323	1140665	604460	1692426	13596

4-24 各地区按资质等级分的房地产开发企业 90平方米及以下住宅销售额

单位：万元

地区	总计	一级	二级	三级	四级	暂定	其他
全国总计	**159206250**	**9727771**	**28460481**	**37140169**	**14866684**	**59215462**	**9795683**
北京	6941470	1581317	1095250	950308	1250742	1884476	179377
天津	3195069	158450	275909	298132	1218701	1242399	1478
河北	6213221	520226	860030	1658228	1405608	1602978	166151
山西	727360	44889	111045	122596	289327	155528	3975
内蒙古	2196458	20252	319302	532357	918672	385715	20160
辽宁	19494321	394478	2243082	5074440	238254	10045399	1498668
吉林	4470279	27595	799842	1230444	1103054	1247895	61449
黑龙江	6592693	149438	1447698	3481447	402284	921307	190519
上海	7004311	172954	1221236	571169	19850	4950712	68390
江苏	9132161	935849	3937329	1152896	13421	2807255	285411
浙江	9475461	379967	1285593	1440523	312577	4002739	2054062
安徽	5407835	134156	819024	1406652	120372	2778870	148761
福建	4312133	275520	386651	1345920	640618	1526744	136680
江西	1874760	22502	430127	487943	74594	741828	117766
山东	8314846	350823	865517	1324591	1214342	4110161	449412
河南	5306595	557808	1068099	631945	262865	2687780	98098
湖北	3930003	449774	1279197	687147	175738	1279294	58853
湖南	3151168	197764	338400	1238888	181127	1121711	73278
广东	15794016	1731144	1468059	3496826	2189104	4298792	2610091
广西	2916568	78832	392490	734820	161863	1262669	285894
海南	2703779	9106	87079	472972	277161	1657405	200056
重庆	8310750	679686	2764412	1306638	49034	3501829	9151
四川	10691362	525609	2013528	5175861	141262	2166899	668203
贵州	1897824	10864	1194746	189140	142866	339439	20769
云南	2757183	72177	497086	314679	672079	1090290	110872
西藏	10924			8857		2067	
陕西	3555499	104791	660812	1017245	769398	742708	260545
甘肃	945470	1694	182102	315241	298883	139909	7641
青海	142698	7318	71243	34910	4946	23835	446
宁夏	491098	64620	112226	147180	79997	79060	8015
新疆	1248935	68168	233367	290174	237945	417769	1512

4-25　各地区按资质等级分的房地产开发企业 144平方米以上住宅销售额

单位：万元

地　区	总　计	一　级	二　级	三　级	四　级	暂　定	其　他
全国总计	**120952448**	**8246298**	**22644211**	**23307477**	**15454643**	**46339964**	**4959855**
北　京	9700706	1171829	1741396	706646	3908340	1956574	215921
天　津	1867084	85571	245646	92891	544266	873802	24908
河　北	3055919	129582	486658	422798	939207	1007459	70215
山　西	1359969	30732	211475	226864	774879	103882	12137
内蒙古	1821488	186246	574611	158606	576649	294034	31342
辽　宁	5589073	126558	827428	1004914	31906	3420869	177398
吉　林	1282716	1015	221448	403444	82665	571015	3129
黑龙江	1651882	73338	735380	647087	3980	95806	96291
上　海	7857069	50820	898715	850537		5971863	85134
江　苏	11884796	739705	4644968	1511844	9716	4691730	286833
浙　江	12746205	818148	1883455	2706303	622450	5219347	1496502
安　徽	1605973	14063	357646	300428	21486	878207	34143
福　建	6889893	694677	569277	1653429	998941	2945958	27611
江　西	1123685	2633	149749	278849	81252	577766	33436
山　东	6536258	498840	866178	915492	588330	3333874	333544
河　南	2949525	96452	588012	392905	285384	1533876	52896
湖　北	2297266	101295	738164	510471	180446	747613	19277
湖　南	3836477	40814	351737	1741248	186852	1442927	72899
广　东	17746195	2048703	2045701	4603395	3249525	4391625	1407246
广　西	1566362	39375	146269	266523	117315	934117	62763
海　南	1729728	859	174909	482449	184198	840873	46440
重　庆	2900995	183351	1313976	230365	12913	1160390	
四　川	4062052	514795	981599	1297147	87578	982707	198226
贵　州	1063142	50720	346642	167827	217088	259176	21689
云　南	3541077	129460	787004	327016	1002943	1209386	85268
西　藏	15026		9000	4280		1746	
陕　西	2731077	178795	437679	1038565	634800	403604	37634
甘　肃	281696	38854	89201	79088	32152	34944	7457
青　海	112267	13925	49518	35106	9787	3931	
宁　夏	440029	110479	86810	72267	28190	134309	7974
新　疆	706818	74664	83960	178693	41405	316554	11542

4-26 各地区按资质等级分的房地产开发企业别墅、高档公寓销售额

单位：万元

地　区	总　计	一　级	二　级	三　级	四　级	暂　定	其　他
全国总计	**39835632**	**1764354**	**5898861**	**7847044**	**4554693**	**18304743**	**1465937**
北　京	3194508	360109	50280	271835	2080548	155042	276694
天　津	721408	88453	48843	5696	163905	389603	24908
河　北	614631	1516	33297	30486	173377	375955	
山　西	29378	3138	13773	1503	6116	4848	
内蒙古	344125		187725	14560	70311	71529	
辽　宁	2112351	21509	158263	409395	24530	1346015	152639
吉　林	663985		228001	196249	5760	233975	
黑龙江	214318		64392	143869		6057	
上　海	6613452	31671	725257	915267		4906784	34473
江　苏	4777823	223166	1733696	433057	1727	2313366	72811
浙　江	2371266	46668	399458	600678	164951	1000010	159501
安　徽	531586		55848	144360	14025	317353	
福　建	1223675	43015	92411	384911	141685	561493	160
江　西	247271	20038	24412	70349	18671	112961	840
山　东	1666120	71938	130514	84813	39075	1243277	96503
河　南	221804	15978	50063	6652		132729	16382
湖　北	582649	33301	197250	159370	23552	169176	
湖　南	1023818	19792	21054	656711	14328	311844	89
广　东	5540562	230534	445260	1666029	954479	1793984	450276
广　西	166420		47876	39530	12935	64178	1901
海　南	2232028		69163	595140	197718	1293304	76703
重　庆	1189537	141573	420582	115413		511969	
四　川	1351519	360129	229539	344320	38218	378915	398
贵　州	190125	12751	40317	14934	11568	96972	13583
云　南	1110279	23166	197821	173344	379674	321611	14663
西　藏	10826		8200	2626			
陕　西	508782		164976	242058		28335	73413
甘　肃	2785		1816	969			
青　海	2932		2932				
宁　夏	69475	9320	8438	37408	5092	9217	
新　疆	306194	6589	47404	85512	12448	154241	

4-27 各地区按资质等级分的房地产开发企业办公楼销售额

单位：万元

地 区	总 计	一 级	二 级	三 级	四 级	暂 定	其 他
全国总计	**27734349**	**1614503**	**4583391**	**4750824**	**2788915**	**12419088**	**1577628**
北 京	5605857	236841	772941	587323	1478321	2495078	35353
天 津	376097	13694	27953		172088	127929	34433
河 北	503385	510	76251	52582	208567	165475	
山 西	74705	5254	24572	4672	40207		
内蒙古	220722	30869	78582	30511	59739	18071	2950
辽 宁	763539	62152	118514	174458	502	393480	14433
吉 林	117895		72993	10354	2997	31551	
黑龙江	138229		38552	68903	5025	25749	
上 海	2346206	84134	110036	224760		1859504	67772
江 苏	1817335	84417	612987	126230	33	943421	50247
浙 江	2405250	156225	382261	474925	34649	978165	379025
安 徽	460060	53970	139592	66173	2110	198215	
福 建	1827658	91866	172388	523350	272494	739360	28200
江 西	506207	9145	115105	62732	25200	252695	41330
山 东	1177315	94399	169855	195385	119889	567795	29992
河 南	1115658	59301	150534	2456	16653	884474	2240
湖 北	856659		94738	138253	1084	195653	426931
湖 南	622986	6581	38227	145630	2064	430084	400
广 东	2899756	465689	203419	1187708	51991	790482	200467
广 西	150247		1456	11538	1422	135831	
海 南	20073					19514	559
重 庆	716121	81871	354980	15957		263313	
四 川	1409265		290992	383331	1382	507483	226077
贵 州	121414		52629	15316	28056	25413	
云 南	715677	27610	278714	59371	133947	178816	37219
西 藏	2314			2314			
陕 西	533837	4150	189608	118484	120845	100750	
甘 肃	20643		36	16516	735	3356	
青 海	1395		254		1141		
宁 夏	34530	8279	9342	10566	556	5787	
新 疆	173314	37546	5880	41026	7218	81644	

4-28 各地区按资质等级分的房地产开发企业商业营业用房销售额

单位：万元

地区	总计	一级	二级	三级	四级	暂定	其他
全国总计	**69995718**	**3194288**	**12365005**	**15683780**	**7641648**	**28038700**	**3072297**
北京	2333565	580358	371649	274493	629774	272151	205140
天津	938729	19832	59691	70741	479626	308839	
河北	2974852	124325	331045	518321	361890	1592115	47156
山西	545762	15053	50252	112536	295311	72610	
内蒙古	1876003	24974	519035	321310	721557	224530	64597
辽宁	5464026	216331	584058	1223740	161973	3101136	176788
吉林	1413060	2657	373601	280818	302847	438049	15088
黑龙江	2645351	18895	490579	1320672	139779	642816	32610
上海	1946240	61133	160141	231811		1485863	7292
江苏	7466905	202712	2837478	872811	9072	3337747	207085
浙江	4053591	146744	479666	1082404	383888	1611218	349671
安徽	3364761	184253	653441	619035	150157	1648840	109035
福建	2620053	109679	247670	766117	367619	1118433	10535
江西	1402281	790	427235	442964	88633	395146	47513
山东	3922038	148431	297982	574229	589090	1884326	427980
河南	2281545	159291	416625	334491	104807	1234895	31436
湖北	2246183	171844	449666	297580	348405	954549	24139
湖南	2830768	36253	340486	1265876	120906	1045419	21828
广东	4685105	271167	370295	1132129	820803	1719887	370824
广西	1290728	26572	134341	245911	140361	715518	28025
海南	257370		821	38070	20267	135466	62746
重庆	2124707	174986	709772	328896	16632	884061	10360
四川	4883977	148616	808829	2105268	34969	1045732	740563
贵州	1392054	27423	320148	240757	273417	523447	6862
云南	1822605	71692	186133	247165	493143	806300	18172
西藏	9653			9210		443	
陕西	1323773	121721	296870	208653	327726	320577	48226
甘肃	415674	15794	112946	156816	64468	64104	1546
青海	150192	8781	86180	35322	10270	9639	
宁夏	554355	57338	176349	115615	80740	120988	3325
新疆	759812	46643	72021	210019	103518	323856	3755

4-29　各地区按用途分的房地产开发企业商品住宅销售套数

单位：套

地　区	住　宅	#90平方米及以下住宅	#144平方米以上住宅	#别墅、高档公寓
全国总计	**9446424**	**4039486**	**834440**	**184001**
北　京	147153	86566	16437	5277
天　津	153686	57746	8458	4030
河　北	444959	189403	31807	5566
山　西	122431	28527	15919	215
内蒙古	198073	85035	20739	2917
辽　宁	840520	588822	40724	9509
吉　林	245525	179698	11338	5641
黑龙江	373563	285582	17365	935
上　海	164759	99971	13327	14160
江　苏	705029	198687	64085	20407
浙　江	282224	115788	44158	5464
安　徽	418989	146800	15473	4701
福　建	249314	86758	29930	3518
江　西	189254	49165	11648	2082
山　东	714514	226786	63939	9951
河　南	489310	158902	54192	1953
湖　北	340340	102097	24439	3522
湖　南	400490	98115	60943	7442
广　东	644541	250052	102149	30573
广　西	235237	83619	20945	783
海　南	97242	53881	6379	8627
重　庆	438391	245297	23065	7912
四　川	573537	268837	27667	6583
贵　州	190506	63907	15604	535
云　南	239631	86815	46945	12374
西　藏	1830	447	264	168
陕　西	245420	97416	26103	4187
甘　肃	88808	36480	4545	18
青　海	22913	4791	1834	11
宁　夏	66329	18450	4990	709
新　疆	121906	45046	9029	4231

4-30 各地区按资质等级分的房地产开发企业商品住宅销售套数

单位：套

地区	总计	一级	二级	三级	四级	暂定	其他
全国总计	**9446424**	**460865**	**1699786**	**2343790**	**1197931**	**3389935**	**354117**
北京	147153	35664	26556	19586	26049	34930	4368
天津	153686	15114	13595	14385	46906	53667	10019
河北	444959	27977	57242	94286	122559	131696	11199
山西	122431	6176	23384	25542	50963	15313	1053
内蒙古	198073	5285	33075	39086	81754	35103	3770
辽宁	840520	17843	97589	240418	12716	419828	52126
吉林	245525	1299	40061	70751	61156	69088	3170
黑龙江	373563	10463	76543	201531	25553	49414	10059
上海	164759	4544	27503	17755	2615	109602	2740
江苏	705029	57701	299280	97078	3036	226850	21084
浙江	282224	11397	39588	64325	18702	108905	39307
安徽	418989	9445	62722	92229	19228	225754	9611
福建	249314	14533	20961	73264	32253	104850	3453
江西	189254	2440	26128	55813	17244	78183	9446
山东	714514	36468	75981	125893	130945	316149	29078
河南	489310	26317	84032	71842	34645	254009	18465
湖北	340340	30769	70045	74050	51720	109214	4542
湖南	400490	14939	34720	174215	34379	130919	11318
广东	644541	35537	44698	149009	150737	218197	46363
广西	235237	5796	29969	54908	24511	106595	13458
海南	97242	84	2837	19175	12367	53771	9008
重庆	438391	29173	156079	80870	3836	167280	1153
四川	573537	22941	133597	282447	8798	107304	18450
贵州	190506	1658	77825	29487	28276	50972	2288
云南	239631	6643	38258	26475	67357	95343	5555
西藏	1830		194	1345		291	
陕西	245420	6986	49401	65151	70815	42940	10127
甘肃	88808	1945	14397	29690	25807	15768	1201
青海	22913	1080	8877	5915	2132	4558	351
宁夏	66329	12674	14860	15410	8317	14231	837
新疆	121906	7974	19789	31859	22555	39211	518

4-31　各地区按用途分的房地产开发企业商品住宅现房销售套数

单位：套

地　区	住　宅	#90平方米及以下住宅	#144平方米以上住宅	#别墅、高档公寓
全国总计	**2118039**	**961633**	**215822**	**35306**
北　京	38194	23059	3580	1272
天　津	58340	18445	1939	813
河　北	86763	45103	5612	792
山　西	52771	12406	7185	146
内蒙古	93962	49101	5926	2351
辽　宁	231314	179942	10161	1942
吉　林	86274	67778	3678	852
黑龙江	119060	94193	6421	586
上　海	58590	33847	4357	3279
江　苏	114371	39486	11920	3312
浙　江	20063	8847	4144	707
安　徽	64397	25868	3074	653
福　建	14961	5714	2741	471
江　西	38706	10908	3163	545
山　东	146328	47041	12588	1310
河　南	164389	41434	24385	420
湖　北	93843	21677	10203	704
湖　南	115883	23541	29056	1543
广　东	137994	51575	28538	4277
广　西	39478	12546	6283	102
海　南	25177	15316	1586	3167
重　庆	55647	32191	3447	917
四　川	91029	32428	7077	2161
贵　州	17099	4244	1365	91
云　南	34806	15437	6568	1674
西　藏	1464	315	200	117
陕　西	29801	13969	4062	12
甘　肃	28328	12381	1586	
青　海	4425	652	734	2
宁　夏	24842	8610	1781	462
新　疆	29740	13579	2462	626

4-32 各地区按用途分的房地产开发企业商品住宅期房销售套数

单位：套

地区	住宅	#90平方米及以下住宅	#144平方米以上住宅	#别墅、高档公寓
全国总计	**7328385**	**3077853**	**618618**	**148695**
北京	108959	63507	12857	4005
天津	95346	39301	6519	3217
河北	358196	144300	26195	4774
山西	69660	16121	8734	69
内蒙古	104111	35934	14813	566
辽宁	609206	408880	30563	7567
吉林	159251	111920	7660	4789
黑龙江	254503	191389	10944	349
上海	106169	66124	8970	10881
江苏	590658	159201	52165	17095
浙江	262161	106941	40014	4757
安徽	354592	120932	12399	4048
福建	234353	81044	27189	3047
江西	150548	38257	8485	1537
山东	568186	179745	51351	8641
河南	324921	117468	29807	1533
湖北	246497	80420	14236	2818
湖南	284607	74574	31887	5899
广东	506547	198477	73611	26296
广西	195759	71073	14662	681
海南	72065	38565	4793	5460
重庆	382744	213106	19618	6995
四川	482508	236409	20590	4422
贵州	173407	59663	14239	444
云南	204825	71378	40377	10700
西藏	366	132	64	51
陕西	215619	83447	22041	4175
甘肃	60480	24099	2959	18
青海	18488	4139	1100	9
宁夏	41487	9840	3209	247
新疆	92166	31467	6567	3605

4-33 各地区按资质等级分的房地产开发企业90平方米及以下住宅销售套数

单位：套

地 区	总 计	一 级	二 级	三 级	四 级	暂 定	其 他
全国总计	**4039486**	**193211**	**710532**	**1059331**	**461310**	**1430284**	**184818**
北 京	86566	23718	17666	13265	10948	18892	2077
天 津	57746	2799	5246	7104	22123	20431	43
河 北	189403	13486	23162	46723	46502	54124	5406
山 西	28527	1078	4222	5182	11762	6197	86
内蒙古	85035	911	9554	21277	37356	14800	1137
辽 宁	588822	12468	63029	163900	10257	295723	43445
吉 林	179698	632	27348	52854	50093	45689	3082
黑龙江	285582	4804	51361	155950	24197	40236	9034
上 海	99971	2363	16052	9305	838	70002	1411
江 苏	198687	22952	80344	31471	747	56343	6830
浙 江	115788	3336	17092	22087	6126	45291	21856
安 徽	146800	3353	20825	36250	4822	77558	3992
福 建	86758	4539	6347	26159	13175	34386	2152
江 西	49165	365	11264	13707	2835	18672	2322
山 东	226786	10592	21147	39907	40442	103258	11440
河 南	158902	11256	33510	22577	11342	76796	3421
湖 北	102097	12954	28026	21256	7293	30281	2287
湖 南	98115	4275	9848	35355	10185	35771	2681
广 东	250052	16609	17830	52857	47797	86976	27983
广 西	83619	2388	12001	19119	5326	37753	7032
海 南	53881	82	1332	10285	7781	29327	5074
重 庆	245297	16318	85786	43595	2367	96928	303
四 川	268837	10833	52899	138780	4389	49883	12053
贵 州	63907	292	39206	6941	5513	11388	567
云 南	86815	3075	14310	9602	24670	32846	2312
西 藏	447			353		94	
陕 西	97416	2512	21974	24876	24441	17741	5872
甘 肃	36480	87	6200	10597	13926	5340	330
青 海	4791	166	2201	1265	233	866	60
宁 夏	18450	3000	3572	5565	3017	2881	415
新 疆	45046	1968	7178	11167	10807	13811	115

4-34 各地区按资质等级分的房地产开发企业144平方米以上住宅销售套数

单位：套

地区	总计	一级	二级	三级	四级	暂定	其他
全国总计	**834440**	**39670**	**148406**	**188381**	**124255**	**305949**	**27779**
北京	16437	2452	2805	1330	6253	3273	324
天津	8458	173	866	340	2493	4523	63
河北	31807	1264	5386	5621	9435	9505	596
山西	15919	498	3193	3411	7222	1475	120
内蒙古	20739	2537	4544	2128	7163	3528	839
辽宁	40724	432	7035	9467	448	22381	961
吉林	11338	12	1464	3670	1252	4909	31
黑龙江	17365	641	7598	7486	95	1345	200
上海	13327	115	2035	1251		9679	247
江苏	64085	3448	26211	7826	86	24844	1670
浙江	44158	2646	5802	10157	3083	17321	5149
安徽	15473	45	2995	3409	446	8183	395
福建	29930	1903	1963	8210	3502	14228	124
江西	11648	32	1418	2991	1262	5197	748
山东	63939	5165	9019	11262	8446	27992	2055
河南	54192	1142	8636	7306	7031	29054	1023
湖北	24439	956	4962	7552	3873	6916	180
湖南	60943	768	5874	26723	5167	20370	2041
广东	102149	5354	8311	25165	27191	30207	5921
广西	20945	589	1545	3645	2211	12009	946
海南	6379	2	319	1934	203	3634	287
重庆	23065	1444	9847	3207	297	8270	
四川	27667	2262	6052	11411	778	5666	1498
贵州	15604	506	4266	2626	4060	3826	320
云南	46945	1424	8364	5537	12719	18228	673
西藏	264		119	106		39	
陕西	26103	1204	3676	9442	7523	3662	596
甘肃	4545	522	1083	1331	698	766	145
青海	1834	95	909	577	192	61	
宁夏	4990	1061	917	787	393	1584	248
新疆	9029	978	1192	2473	733	3274	379

4-35　各地区按资质等级分的房地产开发企业别墅、高档公寓销售套数

单位：套

地　　区	总　计	一　级	二　级	三　级	四　级	暂　定	其　他
全国总计	**184001**	**7109**	**29338**	**40021**	**21002**	**80412**	**6119**
北　　京	5277	177	83	327	3775	406	509
天　　津	4030	354	679	9	621	2304	63
河　　北	5566	8	281	200	1673	3404	
山　　西	215	7	136	11	40	21	
内 蒙 古	2917		1593	36	743	545	
辽　　宁	9509	35	506	1613	267	5833	1255
吉　　林	5641		1676	2290	36	1639	
黑 龙 江	935		389	498		48	
上　　海	14160	53	1521	1951		10579	56
江　　苏	20407	591	7924	1323	9	10191	369
浙　　江	5464	103	718	1576	446	2255	366
安　　徽	4701		474	1562	416	2249	
福　　建	3518	83	278	978	375	1803	1
江　　西	2082	259	83	285	222	1203	30
山　　东	9951	752	666	607	312	7137	477
河　　南	1953	130	717	142		876	88
湖　　北	3522	111	720	1550	235	906	
湖　　南	7442	445	187	4357	98	2343	12
广　　东	30573	535	1670	10391	5793	10798	1386
广　　西	783		58	289	121	283	32
海　　南	8627		628	1418	531	5630	420
重　　庆	7912	1314	2243	663		3692	
四　　川	6583	1398	1750	1986	289	1157	3
贵　　州	535	96	54	62	57	230	36
云　　南	12374	482	1546	2462	4502	3297	85
西　　藏	168		106	62			
陕　　西	4187		1722	1271		263	931
甘　　肃	18		5	13			
青　　海	11		11				
宁　　夏	709	102	86	361	100	60	
新　　疆	4231	74	828	1728	341	1260	

4-36 各地区按用途分的房地产开发企业商品房平均销售价格

单位：元/平方米

地区	商品房平均销售价格	住宅	#别墅、高档公寓	办公楼	商业营业用房	其他
全国总计	**5791**	**5430**	**11460**	**12306**	**9021**	**4306**
北京	17022	16553	27317	22114	20476	6363
天津	8218	8010	10877	13349	13008	4699
河北	4478	4142	5388	6732	9393	3167
山西	3871	3691	5457	7835	6865	2524
内蒙古	4053	3656	6296	6038	6944	3885
辽宁	4942	4717	8665	9647	7042	4057
吉林	4147	3875	8346	7990	6438	4605
黑龙江	4067	3726	9337	5698	6438	4675
上海	14061	13870	28196	21000	16218	4223
江苏	6727	6423	11604	9049	9774	3779
浙江	10643	10680	14081	12743	12186	4482
安徽	4825	4495	7407	7420	7854	4056
福建	8646	8366	14468	12117	12484	5057
江西	4745	4381	7712	10644	7402	4417
山东	4763	4557	10039	8696	7083	3659
河南	3831	3511	6584	8820	7657	3544
湖北	5043	4668	9866	12282	8744	3957
湖南	4049	3670	7130	9697	8579	3071
广东	8112	7668	10256	20498	12994	6724
广西	4203	3910	6709	15658	8614	3767
海南	7894	7811	19590	4971	12721	6624
重庆	5080	4805	8273	11495	9576	3069
四川	5449	4959	10038	8955	11137	3980
贵州	4116	3695	11980	8158	9630	3493
云南	4209	3861	4185	7876	6567	4005
西藏	3269	2982	3685	5328	6810	
陕西	5156	4803	9603	8093	10647	5636
甘肃	3570	3376	7368	6957	6496	2252
青海	4049	3692	7151	6519	9705	3801
宁夏	3948	3621	4849	5065	6686	3503
新疆	3918	3594	5339	9383	6532	4343

4-37　各地区按资质等级分的房地产开发企业商品房平均销售价格

单位：元/平方米

地　区	总 计	一 级	二 级	三 级	四 级	暂 定	其 他
全国总计	**5791**	**7584**	**6040**	**5131**	**4961**	**6048**	**7037**
北　京	17022	13433	16647	14340	20527	17993	18223
天　津	8218	8650	7734	6676	7995	9513	5281
河　北	4478	5321	4881	4276	4045	4701	4097
山　西	3871	3236	3455	3789	4193	3694	5001
内蒙古	4053	4477	5116	3679	3762	4032	3354
辽　宁	4942	6203	5157	4379	3636	5195	4881
吉　林	4147	6026	4854	3827	3344	4723	2921
黑龙江	4067	4269	4847	3791	2738	4329	5069
上　海	14061	11432	12916	12785	3527	14984	10941
江　苏	6727	6799	6853	5897	4723	6993	5662
浙　江	10643	12745	10641	9446	7613	11124	12532
安　徽	4825	6443	5345	4844	3614	4716	4476
福　建	8646	11645	9772	7922	9930	8093	7688
江　西	4745	4914	5345	4334	3628	5050	4950
山　东	4763	4969	5097	4241	3791	5199	5448
河　南	3831	5600	4175	3375	2973	3862	2963
湖　北	5043	6186	6001	4250	3168	5519	8274
湖　南	4049	4599	4505	3848	2698	4576	2980
广　东	8112	14975	10510	8659	5981	6932	11429
广　西	4203	4191	4437	4302	3314	4358	3789
海　南	7894	16360	15325	8389	6616	7820	6131
重　庆	5080	6127	5403	3911	3039	5211	3824
四　川	5449	6674	5069	5041	3994	5953	10725
贵　州	4116	5040	4414	3845	3670	4139	3985
云　南	4209	4356	4902	3797	4066	4100	4782
西　藏	3269		3446	3299		2961	
陕　西	5156	7367	5027	5183	4568	5806	5376
甘　肃	3570	4903	4425	3636	2880	3495	3218
青　海	4049	5931	4457	3844	3339	3524	1603
宁　夏	3948	3981	4390	3477	3570	4237	2819
新　疆	3918	4249	4040	3713	3031	4434	2292

4-38 各地区按资质等级分的房地产开发企业 90平方米及以下住宅平均销售价格

单位：元/平方米

地区	总计	一级	二级	三级	四级	暂定	其他
全国总计	**5182**	**6588**	**5307**	**4577**	**4278**	**5443**	**6941**
北京	10900	9134	8534	10445	16138	12472	11386
天津	7309	8432	6248	5152	6995	8761	5186
河北	4099	5091	4599	4348	3735	3782	3694
山西	3204	5151	3193	3201	3110	3022	5399
内蒙古	3253	4184	3921	3105	3128	3369	2168
辽宁	4370	4046	4671	4165	2867	4466	4498
吉林	3334	6009	3970	3050	2929	3774	2576
黑龙江	3123	3952	3840	2991	2331	3047	3331
上海	9435	9399	10027	8816	2658	9526	6658
江苏	5784	5210	6207	4571	2335	6198	5282
浙江	10301	13577	9731	8684	6667	10703	11874
安徽	4660	4743	5130	4859	3567	4491	4853
福建	6877	7626	8336	7057	7073	6195	8173
江西	4811	9556	4734	4594	3739	4936	5896
山东	4648	4303	5123	4250	3760	5042	5081
河南	4239	6452	4026	3447	3158	4423	3812
湖北	5040	4687	6068	4284	3051	5443	2955
湖南	4582	5917	4360	4641	2890	4956	3544
广东	8522	13327	10985	8768	6175	6832	12595
广西	4530	4395	4270	5048	3813	4358	5081
海南	7462	16319	9127	6600	5790	8325	5950
重庆	4655	5589	4583	3992	2747	4912	3736
四川	5043	6111	4812	4693	4230	5551	7531
贵州	4019	4469	4300	3548	3362	3718	4233
云南	4557	3408	5570	4680	4215	4382	5814
西藏	3213			3271		2987	
陕西	4952	5626	4483	5101	4252	5955	5556
甘肃	3237	2199	3523	3624	2806	3222	2808
青海	4168	6490	4627	3776	3024	3650	1501
宁夏	3432	2747	4232	3258	3526	3643	2288
新疆	3506	4463	4198	3336	2729	3783	1834

4-39 各地区按资质等级分的房地产开发企业144平方米以上住宅平均销售价格

单位：元/平方米

地　区	总 计	一 级	二 级	三 级	四 级	暂 定	其 他
全国总计	**7809**	**11013**	**8268**	**6708**	**6725**	**8094**	**9849**
北　京	27176	24782	30391	24055	26456	28667	30776
天　津	11336	18167	15167	12167	11045	10272	13680
河　北	5309	5290	5505	4396	5528	5449	5990
山　西	4911	3681	3755	3879	6080	4300	5580
内蒙古	4823	4278	6213	4475	4505	4533	2359
辽　宁	6765	8873	5936	5734	3573	7310	8700
吉　林	6017	5633	7179	5720	3928	6337	6582
黑龙江	5457	6543	5612	4925	1739	4274	21909
上　海	28653	23693	23543	28863		29893	18290
江　苏	9374	11108	9028	9896	6305	9382	8859
浙　江	13861	15849	15397	12580	9537	14099	15753
安　徽	5619	13483	6469	4582	2499	5989	3933
福　建	12405	18538	14249	10164	14978	11951	12974
江　西	5433	5587	6161	4932	3738	6345	2634
山　东	5829	5767	5361	4649	4046	6737	9252
河　南	3284	4984	4084	3248	2680	3146	2668
湖　北	5512	6251	8968	3961	2736	6213	6240
湖　南	3590	3124	3641	3637	2175	4015	2078
广　东	9165	18119	13246	9440	6361	7784	13257
广　西	4143	3733	4877	3992	2846	4408	3565
海　南	13719	16810	25659	12511	27486	12506	6915
重　庆	6924	7896	7485	4191	2717	7232	
四　川	7815	12414	8339	6426	4977	8439	8022
贵　州	4121	5340	4946	3853	3228	4131	4439
云　南	3801	3719	5021	3031	3757	3416	7636
西　藏	3359		4000	2695		2745	
陕　西	6118	8240	7265	6415	4984	6115	4092
甘　肃	3794	4426	4806	3747	2935	2836	2942
青　海	3768	7441	3329	3886	3122	4471	
宁　夏	4906	5856	5405	4073	4222	5054	2117
新　疆	4233	4559	3419	3572	3361	5489	1919

4-40 各地区按资质等级分的房地产开发企业别墅、高档公寓平均销售价格

单位：元/平方米

地区	总计	一级	二级	三级	四级	暂定	其他
全国总计	**11460**	**13953**	**10854**	**10130**	**10714**	**12182**	**14132**
北京	27317	46913	17590	25537	25842	24215	31270
天津	10877	16637	7788	9172	11909	10112	13680
河北	5388	7851	10432	5975	5881	4939	
山西	5457	11842	3615	6188	11520	9062	
内蒙古	6296		7068	13184	5006	5522	
辽宁	8665	22405	10825	9856	4064	8129	10132
吉林	8346		9648	6270	6266	9869	
黑龙江	9337		9848	9756		3631	
上海	28196	31429	27949	28007		28228	31505
江苏	11604	15829	10973	12058	6380	11822	9364
浙江	14081	17385	17532	13277	12145	13810	13634
安徽	7407		6910	6617	5981	8029	
福建	14468	23261	12126	13802	12270	15752	6107
江西	7712	14045	9965	7838	5361	7369	2104
山东	10039	5487	8277	6624	5654	11408	11507
河南	6584	8424	6050	3317		7268	5038
湖北	9866	12212	16191	5583	7930	13392	
湖南	7130	4613	4110	7332	3515	7701	3296
广东	10256	18727	15291	9360	8261	9948	18069
广西	6709		17791	4664	5745	6239	1727
海南	19590		8086	26626	33340	18610	10082
重庆	8273	7017	9347	7701		8048	
四川	10038	13803	8283	8869	5093	10992	9343
贵州	11980	7046	16197	8242	6798	13693	13928
云南	4185	3820	4920	3812	3914	4305	8011
西藏	3685		3814	3335			
陕西	9603		7903	11776		10557	8280
甘肃	7368		11357	4443			
青海	7151		7151				
宁夏	4849	8778	5965	3814	5817	7885	
新疆	5339	4586	5263	3779	3244	7547	

4-41 各地区按用途分的房地产开发企业商品房待售面积

单位：平方米

地 区	商品房待售面积	住 宅	#别 墅、高档公寓	办公楼	商业营业用房	其 他
全国总计	**364600578**	**236188726**	**19154279**	**15547007**	**71303355**	**41561490**
北 京	19117915	7894548	1965781	1982135	4420473	4820759
天 津	4989392	3470081	334781	640853	519568	358890
河 北	10515470	8307717	295062	243395	1250225	714133
山 西	7580164	5752764	66956	109827	1268440	449133
内蒙古	7226830	4911520	90599	215580	1700643	399087
辽 宁	23476556	17249685	777719	321182	4369380	1536309
吉 林	9232087	6712504	165360	159640	1814966	544977
黑龙江	14820886	10541745	181040	209001	2773746	1296394
上 海	16634312	7663212	2499916	2230002	3161416	3579682
江 苏	31374350	19410812	2691120	1688017	7962967	2312554
浙 江	16597583	7599318	987048	1503825	5098415	2396025
安 徽	9448425	6204898	708967	243560	2436183	563784
福 建	8722413	3692004	259132	480689	2206196	2343524
江 西	6405677	4825354	320718	77759	1161936	340628
山 东	22029956	16688553	673458	513127	3630958	1197318
河 南	25404547	20308103	227533	345326	3738810	1012308
湖 北	14720658	10380133	656332	1011322	2321090	1008113
湖 南	15633893	11039555	670243	260007	2699285	1635046
广 东	34528654	21384189	3211627	1440815	6021724	5681926
广 西	9260180	6430747	303009	84308	1515604	1229521
海 南	3921912	3209166	533633	77746	414392	220608
重 庆	10363160	4606570	290592	309019	2838271	2609300
四 川	14511523	9288645	471718	309052	2217316	2696510
贵 州	4573102	2623365	82587	109879	1204312	635546
云 南	5116703	3323527	334220	324239	829980	638957
西 藏	698740	622904	33534	10780	30889	34167
陕 西	2586715	2008095	11986	34564	388282	155774
甘 肃	2587596	1855359		83082	538332	110823
青 海	657063	501984		17756	113011	24312
宁 夏	7271830	4904701	121855	157227	1722298	487604
新 疆	4592286	2776968	187753	353293	934247	527778

4-42 各地区按资质等级分的房地产开发企业商品房待售面积

单位：平方米

地 区	总 计	一 级	二 级	三 级	四 级	暂 定	其 他
全国总计	**364600578**	**20421544**	**75367335**	**100334711**	**52226467**	**104710305**	**11540216**
北 京	19117915	3588877	3952870	3263079	6435926	1021199	855964
天 津	4989392	274151	789885	467430	2288746	1042643	126537
河 北	10515470	207477	1007917	3222990	2639458	2808932	628696
山 西	7580164	135360	889333	2322048	3129961	1030244	73218
内蒙古	7226830	65486	1115301	1705984	3334514	847277	158268
辽 宁	23476556	1426150	4824276	6794605	739243	8724965	967317
吉 林	9232087	117914	1875172	2446079	2230127	2401137	161658
黑龙江	14820886	630099	5162704	6139933	695095	1922647	270408
上 海	16634312	1103342	2444825	2693646	45006	9516554	830939
江 苏	31374350	2973287	14378905	4875086	89986	8656566	400520
浙 江	16597583	1162572	3039980	5742615	1753144	4214972	684300
安 徽	9448425	158659	1822170	2821822	871066	3552501	222207
福 建	8722413	892323	1009299	3455249	1616167	1687435	61940
江 西	6405677		941871	2598413	601041	2142570	121782
山 东	22029956	1218497	2336062	4727374	4968988	8271165	507870
河 南	25404547	707629	5623717	3834356	1716539	12857855	664451
湖 北	14720658	517339	2776291	4503112	2385253	4112505	426158
湖 南	15633893	127541	2110115	7407591	1195591	4372403	420652
广 东	34528654	1358292	2684353	11454450	8307279	7728156	2996124
广 西	9260180	235177	752530	2889593	893689	4395038	94153
海 南	3921912	1670	133448	594158	542494	2544834	105308
重 庆	10363160	956086	4516330	2159294	78670	2642260	10520
四 川	14511523	198357	4431573	7135146	520703	1995278	230466
贵 州	4573102	11595	698727	1163869	1355970	1326139	16802
云 南	5116703	196259	1415612	392826	1078350	1932796	100860
西 藏	698740	35978	4700	263255	1700	393107	
陕 西	2586715	212155	853665	758342	631033	131520	
甘 肃	2587596	21881	534439	1055497	546855	398500	30424
青 海	657063	63020	326394	184406	27439	55804	
宁 夏	7271830	1332962	2257679	1870121	645660	806588	358820
新 疆	4592286	491409	657192	1392342	860774	1176715	13854

4-43 各地区按用途分的房地产开发企业商品房待售1-3年面积

单位：平方米

地　区	待售1-3年面积	住　宅	#别　墅、高档公寓	办公楼	商业营业用房	其　他
全国总计	**178108572**	**115126753**	**10090134**	**7311681**	**35477231**	**20192907**
北　京	6441298	2304165	482815	718150	1519234	1899749
天　津	3804631	2718835	283328	555884	326503	203409
河　北	5474064	4508251	234979	86309	586490	293014
山　西	2825488	2172898	44348	38907	488820	124863
内蒙古	3245140	2178935	20013	100868	778475	186862
辽　宁	13194807	9719439	346610	130362	2523837	821169
吉　林	4389869	3220845	84744	42313	931981	194730
黑龙江	8062276	5965305	121317	105839	1393213	597919
上　海	5668722	2620918	963916	671979	1300993	1074832
江　苏	15780669	8809517	1729423	968792	4743442	1258918
浙　江	7577575	3247035	458371	618695	2472864	1238981
安　徽	5444141	3685405	533756	131980	1302570	324186
福　建	4187668	1793276	131931	225850	830951	1337591
江　西	3539564	2661313	170891	33868	632613	211770
山　东	10605709	7823889	389242	256988	1949947	574885
河　南	7825894	6103281	111431	173469	1205262	343882
湖　北	8456925	5632633	271321	876484	1329602	618206
湖　南	9701088	6822394	403042	170610	1521107	1186977
广　东	19524050	12360878	1718023	771840	3111788	3279544
广　西	3908166	2402748	260351	35086	877172	593160
海　南	2516197	2105801	397478	31136	248065	131195
重　庆	5488713	2410678	183584	81695	1542721	1453619
四　川	6392705	3982209	320627	140025	923260	1347211
贵　州	2284160	1373608	65699	66705	583776	260071
云　南	3128731	2288296	181071	60286	544143	236006
西　藏	247741	223364	4700	7744	16633	
陕　西	1325166	1052311	8493	14259	198786	59810
甘　肃	1588410	1241318		33753	234919	78420
青　海	370515	289130			77072	4313
宁　夏	3473533	2303579	65218	107640	891466	170848
新　疆	1634957	1104499	103412	54165	389526	86767

4-44 各地区按资质等级分的房地产开发企业商品房待售1-3年面积

单位：平方米

地 区	总 计	一 级	二 级	三 级	四 级	暂 定	其 他
全国总计	**178108572**	**9370361**	**35828478**	**52492620**	**26061382**	**48899763**	**5455968**
北 京	6441298	1219956	997974	1186847	2742479	144818	149224
天 津	3804631	253852	421304	412017	1913127	692362	111969
河 北	5474064	68283	354464	1946246	1168319	1492197	444555
山 西	2825488	86149	223432	960859	1433219	121829	
内蒙古	3245140	65486	584597	852759	1581781	160517	
辽 宁	13194807	872176	2841940	3870467	330810	4746971	532443
吉 林	4389869	759	426289	1383212	1041095	1450580	87934
黑龙江	8062276	553617	3161886	2890917	284577	1075692	95587
上 海	5668722	223576	877058	1093259	8492	3291588	174749
江 苏	15780669	1356191	6314221	2575323	63710	5347231	123993
浙 江	7577575	491438	1232427	2502795	961376	1999408	390131
安 徽	5444141	72419	947318	1969568	499332	1832139	123365
福 建	4187668	230555	619150	1928926	924086	461918	23033
江 西	3539564		412003	1504213	366348	1195753	61247
山 东	10605709	685073	1290018	2315157	2515128	3562417	237916
河 南	7825894	352968	2111060	1144369	648864	3443081	125552
湖 北	8456925	461636	1351361	2794678	991148	2452079	406023
湖 南	9701088	127541	1465463	4418580	627108	2772402	289994
广 东	19524050	527388	2027231	6865804	4374800	4351194	1377633
广 西	3908166	192153	352437	1428427	427093	1472993	35063
海 南	2516197		132867	336552	363225	1596583	86970
重 庆	5488713	406431	2187384	1233528	41650	1615203	4517
四 川	6392705	110192	1756330	3324579	158716	906836	136052
贵 州	2284160	7578	382253	615241	681756	597072	260
云 南	3128731	191464	1237960	174021	628200	835429	61657
西 藏	247741		4700	221484		21557	
陕 西	1325166	135680	598337	266214	272230	52705	
甘 肃	1588410		362854	644175	291672	259285	30424
青 海	370515	478	145242	149114	22005	53676	
宁 夏	3473533	504992	798179	994294	376778	453613	345677
新 疆	1634957	172330	210739	488995	322258	440635	

4-45 各地区按用途分的房地产开发企业商品房待售3年以上面积

单位：平方米

地区	待售3年以上面积	住宅	#别墅、高档公寓	办公楼	商业营业用房	其他
全国总计	**25483534**	**9537319**	**2692652**	**1999315**	**8633300**	**5313600**
北京	3090059	964457	554857	319358	1038736	767508
天津	243745	71074	24395	41206	103936	27529
河北	40713	11080	1745	16574	11633	1426
山西	86216	50957		6133	29126	
内蒙古	123861	45364	13339	2837	74630	1030
辽宁	991758	687529	197114	37533	214724	51972
吉林	1043639	670465	58119	68890	202710	101574
黑龙江	553316	165477	19427	14668	297124	76047
上海	2913021	1034597	501857	359195	686969	832260
江苏	1758707	643568	180561	53554	883617	177968
浙江	1584474	495319	80217	107444	592657	389054
安徽	567798	376240	64450	3658	152467	35433
福建	1106116	218572	11651	123070	453089	311385
江西	278304	65575	25788	18907	183530	10292
山东	760454	295808	15052	21021	313192	130433
河南	623278	396178	5935	41578	123938	61584
湖北	653570	414791	218694	19797	161424	57558
湖南	630033	194383	67890	14299	343060	78291
广东	3793414	1459337	534449	248373	1176367	909337
广西	279152	91387	11085		84384	103381
海南	116162	101285	11277		11288	3589
重庆	1094194	138757	29054	75724	452052	427661
四川	575657	114941	8986	63101	181433	216182
贵州	354686	50354	8976	9443	253350	41539
云南	696834	170746	1876	177369	87038	261681
西藏	449145	397686	28834	3036	14256	34167
陕西	55211	24583			18297	12331
甘肃	208146	86110		11752	94317	15967
青海	27563	2792		1876	4919	17976
宁夏	191555	33084	4227	5781	142484	10206
新疆	592753	64823	12797	133138	246553	148239

4-46 各地区按资质等级分的房地产开发企业商品房待售3年以上面积

单位：平方米

地　区	总 计	一 级	二 级	三 级	四 级	暂 定	其 他
全国总计	**25483534**	**1936023**	**5654528**	**7224382**	**3685333**	**5308106**	**1675162**
北　京	3090059	481338	569107	486962	1096391	151460	304801
天　津	243745	16597	56424	48171	88001	34552	
河　北	40713			426	12713	27574	
山　西	86216			30956	55260		
内蒙古	123861		66	10359	24586	24902	63948
辽　宁	991758	47114	311236	342147	14628	274410	2223
吉　林	1043639	79304	119083	304203	429655	111394	
黑龙江	553316	33299	245198	229628	450		44741
上　海	2913021	187340	530261	732967	35864	1154055	272534
江　苏	1758707	113882	848745	311384	660	427417	56619
浙　江	1584474	86661	522497	585635	165134	173516	51031
安　徽	567798		182987	87714	46496	250601	
福　建	1106116	205518	45457	496618	118840	221364	18319
江　西	278304		138555	49073	28477	62199	
山　东	760454	134336	225995	207141	65662	106110	21210
河　南	623278	30597	336272	101575	473	154361	
湖　北	653570	25780	269157	180719	39346	138568	
湖　南	630033		102956	462829	17964	40084	6200
广　东	3793414	157558	197184	1232206	1027517	442944	736005
广　西	279152	43024	24415	73262	72620	55862	9969
海　南	116162			7570	8329	98196	2067
重　庆	1094194	53831	514962	331360	11597	176441	6003
四　川	575657	9766	163187	313497	27617	15854	45736
贵　州	354686		93595	134099	81401	29049	16542
云　南	696834	4795	4585	39736	74117	573601	
西　藏	449145	35978		39917	1700	371550	
陕　西	55211		14398	40813			
甘　肃	208146		7152	116645	55115	29234	
青　海	27563	14382	10720	2461			
宁　夏	191555	20956	55848	71406	34430		8915
新　疆	592753	153967	64486	152903	50290	162808	8299

4-47 各地区房地产开发企业90平方米及以下住宅待售情况

单位：平方米

地　区	待售面积	待售1-3年	待售3年以上
全国总计	**58769380**	**28199306**	**1609333**
北　京	2826307	811711	125937
天　津	644948	523308	7606
河　北	2363417	1128499	8402
山　西	882807	350744	
内蒙古	1384995	503944	3400
辽　宁	7339090	4431163	149015
吉　林	2866532	1661441	244605
黑龙江	4936305	2647785	53159
上　海	2005466	784937	108017
江　苏	4660339	809732	83855
浙　江	1680623	463236	85779
安　徽	1264242	685385	109443
福　建	730972	274970	53369
江　西	440418	270034	16396
山　东	3643038	1847415	42147
河　南	4511072	1523365	431
湖　北	1631401	944834	11741
湖　南	1553033	795343	9517
广　东	3920034	2399096	279391
广　西	915225	477550	43767
海　南	1531860	1063446	82372
重　庆	1409521	672227	37808
四　川	1844403	802619	5080
贵　州	470891	331445	2566
云　南	421294	322217	348
西　藏	31429	15360	16069
陕　西	289227	162489	2782
甘　肃	510274	352502	12126
青　海	65981	56596	
宁　夏	1257715	792069	6958
新　疆	736521	293844	7247

第五章

土地开发与购置（2012）

5-1　各地区房地产开发企业土地开发及其购置情况

地　　区	待开发土地面积（平方米）	本年土地购置面积（平方米）	本年土地成交价款（万元）
全国总计	**401959926**	**356667964**	**74096391**
北　京	1504010	3059890	2246543
天　津	9951793	2997546	564052
河　北	7732378	17609888	3060148
山　西	6188455	7183623	973876
内蒙古	5385174	9027554	1076231
辽　宁	17209875	31995220	4918076
吉　林	2456110	15390069	2776751
黑龙江	3476368	9299142	1275964
上　海	3502341	3006176	1350850
江　苏	48873275	30709986	7768935
浙　江	19086942	12561137	6502900
安　徽	25584055	26187806	4739616
福　建	9129916	9256419	3203188
江　西	6620178	7331710	1368054
山　东	34395600	26100287	4481652
河　南	13187178	17426286	2167325
湖　北	15881947	13031946	2972620
湖　南	25349677	11062894	1833426
广　东	41228236	18054392	5918501
广　西	8862464	5417056	1008952
海　南	7622053	3336197	457411
重　庆	33687113	21830685	5507056
四　川	15675727	8922185	1579917
贵　州	10051844	7075134	1072906
云　南	9647216	16023917	2721122
西　藏	3678	13447	726
陕　西	5628062	4730279	981384
甘　肃	3292583	4193277	470527
青　海	894720	1970293	259030
宁　夏	4090067	4256860	317685
新　疆	5760891	7606663	520967

5-2 各地区按资质等级分的房地产开发企业待开发土地面积

单位：平方米

地 区	总 计	一 级	二 级	三 级	四 级	暂 定	其 他
全国总计	**401959926**	**13698215**	**65513117**	**81465452**	**38299321**	**187355947**	**15627874**
北 京	1504010		700255	57000	382363	295872	68520
天 津	9951793		670725	1023291	2525080	5405333	327364
河 北	7732378	53003	360752	1006840	1327709	4847454	136620
山 西	6188455	186382	321417	160378	2068733	3150519	301026
内蒙古	5385174		269128	720218	2914606	1298754	182468
辽 宁	17209875	367285	2245364	2514369	93830	10769827	1219200
吉 林	2456110		470780	303551	280202	1396858	4719
黑龙江	3476368	254829	789317	1804858	4583	622781	
上 海	3502341		361262	533559		2407923	199597
江 苏	48873275	3525012	19661420	5294724	428094	17811275	2152750
浙 江	19086942	320367	1621120	3194914	4759842	7678153	1512546
安 徽	25584055	285345	3036747	3854432	1001243	16289293	1116995
福 建	9129916	11567	8623	1947083	925829	6142262	94552
江 西	6620178	110000	1416500	1684068	435456	2833636	140518
山 东	34395600	3339065	2920882	4611882	3650384	18522665	1350722
河 南	13187178	126600	1474007	1596443	318767	8683229	988132
湖 北	15881947	784822	1532376	3689220	1282332	7861352	731845
湖 南	25349677	201446	1743759	13951384	869222	8270210	313656
广 东	41228236	392436	1978440	12483265	7016759	17039671	2317665
广 西	8862464	67606	2767544	1608230	497960	3771805	149319
海 南	7622053		701551	221320	1282695	4877855	538632
重 庆	33687113	1317136	10305482	5662036	87063	16163616	151780
四 川	15675727	618243	2228498	7461420	32610	5190647	144309
贵 州	10051844		2599943	1323741	1087437	4892599	148124
云 南	9647216	259832	1554117	719095	1751790	4265200	1097182
西 藏	3678			3678			
陕 西	5628062	85486	1848144	432559	1275969	1804564	181340
甘 肃	3292583		105531	1796518	567015	803519	20000
青 海	894720		637569	86995	7600	124263	38293
宁 夏	4090067	809026	895772	508482	670528	1206259	
新 疆	5760891	582727	286092	1209899	753620	2928553	

5-3 各地区按资质等级分的房地产开发企业土地购置面积

单位：平方米

地 区	总 计	一 级	二 级	三 级	四 级	暂 定	其 他
全国总计	**356667964**	**13212978**	**48922058**	**60399034**	**36805268**	**181265585**	**16063041**
北 京	3059890	146172	576644	278705	356572	1371861	329936
天 津	2997546		1356090	148834	316584	873690	302348
河 北	17609888	1513039	1098934	2181232	5242692	7360365	213626
山 西	7183623	273371	767681	900020	1935621	3148800	158130
内蒙古	9027554	27274	655021	1653023	4301033	2313305	77898
辽 宁	31995220	543376	4071901	6398362	96188	18978999	1906394
吉 林	15390069	67767	3341121	2669146	1948146	7260953	102936
黑龙江	9299142		1636840	4506400	218744	2781076	156082
上 海	3006176	70401	384133	933696		1503269	114677
江 苏	30709986	2235127	9762273	2388653	173153	14110398	2040382
浙 江	12561137	198851	1266232	2232099	899891	6688194	1275870
安 徽	26187806	128364	1285946	3469733	1045636	18810378	1447749
福 建	9256419	63669	21183	2178850	805347	5713526	473844
江 西	7331710	184480	736472	1293498	445779	4199140	472341
山 东	26100287	1252160	2370083	3219187	2897751	14288816	2072290
河 南	17426286	544346	1928165	3057829	758002	10415950	721994
湖 北	13031946	294027	841921	2245199	2045721	7033540	571538
湖 南	11062894	114377	648125	3140407	1082374	5459016	618595
广 东	18054392	636394	302909	2024669	3156581	10974168	959671
广 西	5417056	67606	574286	793046	265759	3397350	319009
海 南	3336197		29877	19998	152743	2431467	702112
重 庆	21830685	3034852	7252657	2346010	36650	9105089	55427
四 川	8922185	24266	1319416	4818996	1095996	1573143	90368
贵 州	7075134	21593	931032	1114912	483016	4448725	75856
云 南	16023917	825997	2384064	1287633	2897710	8190542	437971
西 藏	13447					13447	
陕 西	4730279	149562	1648999	887254	794007	978096	272361
甘 肃	4193277		184080	1980893	836664	1174351	17289
青 海	1970293		594780	422979	287510	621521	43503
宁 夏	4256860	302087	703072	824809	765046	1661846	
新 疆	7606663	493820	248121	982962	1464352	4384564	32844

5-4 各地区按资质等级分的房地产开发企业土地成交价款

单位：万元

地 区	总 计	一 级	二 级	三 级	四 级	暂 定	其 他
全国总计	**74096391**	**3851498**	**10248873**	**10071309**	**5548654**	**39522114**	**4853943**
北 京	2246543	87230	304087	101694	231541	1333152	188839
天 津	564052		94323	52942	73041	278409	65337
河 北	3060148	351644	312422	294100	816934	1270376	14672
山 西	973876	43254	102149	120846	222827	464192	20608
内蒙古	1076231	410	47175	197176	442704	384782	3984
辽 宁	4918076	124911	290835	837445	12268	3365907	286710
吉 林	2776751	26596	704164	456858	241390	1341501	6242
黑龙江	1275964		229240	609286	13674	400396	23368
上 海	1350850	7393	70548	180427		1008630	83852
江 苏	7768935	752613	2886045	493026	14010	3191972	431269
浙 江	6502900	245761	862972	760063	231686	3512685	889733
安 徽	4739616	28740	249531	429387	187736	3501261	342961
福 建	3203188	42976	34405	671679	153612	1962769	337747
江 西	1368054	50521	56209	245269	84405	854462	77188
山 东	4481652	215219	443159	458331	312200	2680415	372328
河 南	2167325	138097	248918	221963	58989	1402679	96679
湖 北	2972620	58280	166599	476997	238442	1536302	496000
湖 南	1833426	34037	204812	369814	113141	1063832	47790
广 东	5918501	278018	47057	890512	856578	3175986	670350
广 西	1008952	20000	148556	178541	48461	537543	75851
海 南	457411		14510	3000	6966	359884	73051
重 庆	5507056	1192900	1634367	318306	4311	2347363	9809
四 川	1579917	1800	205319	874753	122237	365653	10155
贵 州	1072906	3360	160039	116206	88620	685818	18863
云 南	2721122	38374	391229	162896	541850	1481849	104924
西 藏	726					726	
陕 西	981384	43124	120557	145289	182709	394666	95039
甘 肃	470527		51029	195897	73622	149474	505
青 海	259030		74196	50232	25438	101400	7764
宁 夏	317685	41040	68771	62530	46062	99282	
新 疆	520967	25200	25650	95844	103200	268748	2325

第六章

房地产开发企业经营状况（2012）

6-1　各地区房地产开发企业主要财务指标

单位：万元

地　区	资产总计	负债合计	所有者权益合计	主营业务收入
全国总计	**3518586517**	**2645975533**	**872610984**	**510284104**
北　京	341265626	269874921	71390705	30674227
天　津	156857562	111377801	45479761	12948973
河　北	90074353	74539440	15534913	16876998
山　西	37384680	32466691	4917988	4606447
内蒙古	50654956	40728637	9926320	8705873
辽　宁	157220968	121310106	35910862	24747923
吉　林	34300789	27606882	6693907	6834718
黑龙江	71072452	43317095	27755357	9863946
上　海	323164216	216128374	107035841	31825020
江　苏	305900130	223981319	81918811	58546888
浙　江	313609205	235975508	77633696	33828622
安　徽	98837169	74587728	24249441	17971004
福　建	125376742	91593418	33783324	17698952
江　西	45176701	32312575	12864126	8998939
山　东	181958446	146536922	35421523	30945607
河　南	86412935	66347192	20065743	15709431
湖　北	96588772	73130014	23458759	17310299
湖　南	73156232	55678078	17478153	13863743
广　东	347253175	265879547	81373628	52349209
广　西	53443643	39009651	14433992	7757316
海　南	44381937	33967579	10414358	5010398
重　庆	131173295	91436539	39736757	18036050
四　川	127947021	97873989	30073031	25490982
贵　州	42288479	33795075	8493404	5499827
云　南	69549291	56318675	13230616	8358591
西　藏	488308	371430	116879	104063
陕　西	52149806	41734407	10415399	13434504
甘　肃	16644060	12976234	3667826	2977787
青　海	6068792	5080297	988495	1034026
宁　夏	15614913	12723086	2891828	2776060
新　疆	22571865	17316323	5255542	5497683

6-1 续表 1 单位：万元

地　区	土地转让收入	商品房销售收入	房屋出租收入	其他收入
全国总计	**8193896**	**474634877**	**11515484**	**15939848**
北　京	2158448	24551200	2179145	1785434
天　津	512567	11026976	191907	1217523
河　北	27961	16515497	98347	235193
山　西	38262	4370785	81683	115717
内蒙古	148833	8286916	90770	179354
辽　宁	122510	24038626	169517	417271
吉　林	53599	6651212	41368	88540
黑龙江	53161	9555357	41243	214185
上　海	406558	26492791	3488171	1437500
江　苏	1020407	55536287	464854	1525341
浙　江	400995	32359910	355173	712543
安　徽	292738	16942885	207885	527497
福　建	86490	16954545	204315	453602
江　西	64514	8822691	48538	63197
山　东	147153	29254206	199363	1344885
河　南	77198	15133586	209955	288692
湖　北	183164	16002272	385137	739726
湖　南	387998	13005705	183381	286660
广　东	417097	48925203	1617914	1388995
广　西	163012	7188761	166599	238944
海　南	90360	4485470	27565	407004
重　庆	756339	16436532	274834	568345
四　川	310071	24220130	352740	608041
贵　州	46511	5157094	72911	223312
云　南	125330	7914294	98196	220771
西　藏	6	101255	1841	961
陕　西	52378	12868813	116147	397166
甘　肃	20859	2821511	40714	94703
青　海	3476	1021608	7662	1281
宁　夏	5013	2661308	35066	74674
新　疆	20891	5331454	62547	82792

6-1　续表 2　　　　单位：万元

地　区	主营业务成本	主营业务税金及附加	其他业务利润	销售费用
全国总计	**355629240**	**46108744**	**3337332**	**17136047**
北　京	18145321	3526821	473531	1121140
天　津	9281929	978755	80521	453529
河　北	12752590	1391572	91208	439862
山　西	3628222	351975	18031	167398
内蒙古	6735396	676851	52944	206081
辽　宁	18411438	2046951	223216	761851
吉　林	5220466	545834	29187	215966
黑龙江	7787222	741449	41168	230122
上　海	19224964	3391477	281162	1055461
江　苏	42569496	5067782	198410	1827740
浙　江	22857280	3310095	230146	1114582
安　徽	13094354	1445807	95464	578777
福　建	11368823	1839951	101983	591047
江　西	6249059	750593	69221	259041
山　东	23126001	2365572	187092	826143
河　南	10869756	1318915	89285	523143
湖　北	12144390	1479071	85690	566828
湖　南	10370596	1095801	60557	490728
广　东	32306756	6098134	349725	2169315
广　西	5477352	732607	42209	315845
海　南	3066854	580065	12563	323291
重　庆	12616813	1523793	68027	637694
四　川	18138385	2015017	103110	1053810
贵　州	4115153	423992	23358	222871
云　南	6422864	707550	74239	306439
西　藏	83304	8342	144	2642
陕　西	10163342	857052	65751	371552
甘　肃	2372148	183059	20384	42247
青　海	880193	67086	5347	16949
宁　夏	2175336	172925	18708	68900
新　疆	3973439	413851	144952	175054

6-1 续表 3

单位：万元

地　区	管理费用	财务费用	营业利润	营业外收入
全国总计	**29947884**	**13569243**	**60013265**	**4523158**
北　京	2531767	1669075	6469219	242655
天　津	706656	528290	1287812	506439
河　北	823478	355242	1213289	97268
山　西	336692	125900	61637	17147
内蒙古	446009	301121	409270	83078
辽　宁	1428478	606542	2148906	268416
吉　林	451352	101734	356468	44445
黑龙江	434983	148820	531278	106020
上　海	2237785	1403420	6944455	326705
江　苏	2636001	1007693	5627315	499503
浙　江	2091035	898860	4716971	230938
安　徽	917426	322230	1751883	279717
福　建	943461	337688	2979109	67299
江　西	398401	183752	1197456	46198
山　东	1623255	659277	2586906	138969
河　南	1003690	450444	1729605	234396
湖　北	953362	351915	2032064	93740
湖　南	783075	310799	771424	85820
广　东	3344503	1536901	8949096	200113
广　西	681700	143447	472056	108154
海　南	475828	149794	398112	15456
重　庆	1007926	546118	1891103	334319
四　川	1196051	636381	2504673	174928
贵　州	403580	154088	239048	139406
云　南	676832	217658	581271	87039
西　藏	7429	5495	-3056	1677
陕　西	618554	194060	1306334	30007
甘　肃	194233	77489	87350	12267
青　海	59010	19980	-6445	4237
宁　夏	175451	50775	162897	15534
新　疆	359884	74254	615762	31273

6-1 续表 4

单位：万元

地　区	营业外支出	利润总额	应交所得税	应付职工薪酬
全国总计	**2983399**	**63007003**	**15103125**	**16468491**
北　京	233021	6644167	1574028	1436591
天　津	145546	1704724	381090	352435
河　北	90931	1225255	386056	368384
山　西	28403	50811	105858	191853
内蒙古	43861	450540	169559	299403
辽　宁	119963	2336588	579380	501459
吉　林	30825	394440	135121	485125
黑龙江	28352	610619	247105	215888
上　海	111271	7423635	1499572	913381
江　苏	321669	5869649	1461915	1113616
浙　江	266635	5020830	1009502	872824
安　徽	102213	1947798	411195	412715
福　建	113542	2956616	633416	501190
江　西	45195	1211132	281373	216677
山　东	110804	2640653	623043	769336
河　南	237018	1817922	430793	507149
湖　北	76849	2107358	508859	736459
湖　南	40768	834351	314016	465633
广　东	271031	8941268	1986932	1828699
广　西	70097	514108	238385	402078
海　南	32365	392535	174942	207100
重　庆	110579	2207828	584494	645337
四　川	116759	2594468	546836	1270216
贵　州	49648	333045	115828	495522
云　南	84725	584774	216169	481729
西　藏	1323	-2703	704	4947
陕　西	29643	1309723	239943	326583
甘　肃	9830	89508	37009	109512
青　海	10027	-12235	5941	31084
宁　夏	17860	166268	49999	132112
新　疆	32645	641327	154064	173456

6-2 各地区按登记注册类型分的房地产开发企业资产总计

单位：万元

地　区	总　计	内　资					
			国　有	集　体	股份合作	国有联营	集体联营
全国总计	**3518586517**	**3070896616**	**336408075**	**20459356**	**8677615**	**2544176**	**210615**
北　京	341265626	290644601	12905721	1429036	88566		
天　津	156857562	145168232	42122647	1992905	454214	93532	3104
河　北	90074353	87648400	1350259	202475	308991		
山　西	37384680	36465875	1777162	63269	32955	132520	
内蒙古	50654956	50510625	1596056	47382	226998		
辽　宁	157220968	123331850	5051680	109920	605949	207798	
吉　林	34300789	32494893	925971	22578	11066		
黑龙江	71072452	69009023	4571531	16817	40527		
上　海	323164216	259905209	67416354	4091864	140368	671530	141905
江　苏	305900130	261489742	42098695	2507385	675677	117412	
浙　江	313609205	285664132	14807242	769963	239056	782428	
安　徽	98837169	92845882	6816734	79104	612533	225174	
福　建	125376742	105130111	17646221	532364	44655	105209	3962
江　西	45176701	41279106	6456120	28366	198044		2550
山　东	181958446	167579492	18287143	3020425	975143	98883	29320
河　南	86412935	79245970	1747819	162556	183135		
湖　北	96588772	89222112	11743901	722016	223738		
湖　南	73156232	68335223	4576074	265620	1190432		
广　东	347253175	258756903	17178516	3018966	804563		22475
广　西	53443643	49578115	4769481	149577	57120	11934	
海　南	44381937	36803840	6878759	2000	337339		
重　庆	131173295	114554254	25625037	78294	23777		
四　川	127947021	112147156	5031121	363941	659103	46697	
贵　州	42288479	40786712	3856508	10468	54055	24637	
云　南	69549291	65501009	3797829	459382	228153	8685	2542
西　藏	488308	488308	43490	24965			
陕　西	52149806	46937032	4225786	143367	212552		4758
甘　肃	16644060	16069128	2092261	75711	13468		
青　海	6068792	6047249	430206		35442	17740	
宁　夏	15614913	14786087	171856	65178			
新　疆	22571865	22470345	409897	3462			

6-2　续表 1　　　　单位：万元

地　区	内资 国有与集体联营	其他联营	国有独资公司	其他有限责任公司	股份有限公司	私营独资	私营合伙
全国总计	**778813**	**608520**	**176086794**	**1441829275**	**176442894**	**37700862**	**6917698**
北　京			14171801	217113293	26498311	15203	21567
天　津			29811657	42477614	6278722	950153	185393
河　北		37413	519299	43457715	6164925	1800950	102513
山　西			407233	8652320	538729	332444	34482
内蒙古	3928		1217229	26140183	2777455	841051	77614
辽　宁			3568252	49372734	14384263	2589157	215484
吉　林	14906		1138224	18766653	1260291	630626	19851
黑龙江			22901081	22410830	2518034	572628	90963
上　海	588277	5105	16042818	91408414	14292437	2744663	139571
江　苏	893	47423	6242754	97402640	11343938	8183565	1169808
浙　江	27054	527	8375164	164217594	9333550	1537437	216133
安　徽	11306	111656	11082051	42804370	2809827	1796588	556957
福　建	8713		7336050	46669650	3493523	723169	178371
江　西		35923	1304715	17766195	2647709	364218	163714
山　东		4682	5987087	78452297	9907952	2530913	363324
河　南		15535	2948267	45163146	4269792	1397277	279424
湖　北	28021	22197	7175108	37110679	6624518	1761446	145733
湖　南	78834	32156	5436675	34775490	2347311	827581	257932
广　东		177001	5446629	127106697	27166950	2326594	374862
广　西		14026	5330010	15060225	2399675	899737	141515
海　南	5982	9828	182798	21067551	1647020	482945	70872
重　庆	3943	1378	8422058	37755374	2693098	309197	113431
四　川		23818	4338754	57598286	7946834	1309309	79737
贵　州	5383	1322	558930	23253831	1772946	178266	175667
云　南	875		2126434	28597142	2931135	626612	295710
西　藏	697	56486		137144	5522	29944	
陕　西		12047	1050528	26379725	1624019	779281	159656
甘　肃			27358	7472163	489423	228599	44078
青　海			406772	1594897	48713	287916	13522
宁　夏			1208680	3134028	95281	403251	16446
新　疆			1322379	8510397	130992	240144	1213371

6-2 续表 2

单位：万元

地 区	内资			港澳台商投资			
	私营有限责任公司	私营股份有限公司	其他内资企业		合资经营	合作经营	独资
全国总计	**766600420**	**53578626**	**42052879**	**292112393**	**97586102**	**34084644**	**153417217**
北 京	17490728	910376		31106907	7093787	9601364	14411756
天 津	16032541	1709406	3056344	5631969	2013437	152578	2698100
河 北	29380431	2458224	1865207	1026730	548580		478149
山 西	23139404	1036275	319085	349658	105066	19433	225158
内蒙古	15029618	1648836	904276	19859	19859		
辽 宁	42682232	2041375	2503007	20193977	7961026	306436	11678309
吉 林	8925552	325836	453339	1433793	521477	3284	897592
黑龙江	14491299	902580	492733	915749	584797		294748
上 海	57454461	3090532	1676910	37783079	15505906	1633224	20519888
江 苏	81612636	5503267	4583649	29679983	11518434	819337	16717044
浙 江	83016036	2268710	73238	16298024	7387779	227449	8200931
安 徽	21587341	1896233	2456009	3656092	1399283	104547	1900429
福 建	25152494	1212064	2023668	16809130	6241123	538717	9764804
江 西	10187810	1525773	597970	2941147	1366414	27122	1547610
山 东	41111750	3591507	3219067	10526317	5485767	1140278	3873600
河 南	19805632	1438642	1834747	5308191	1822952	303817	2948035
湖 北	20442583	1630833	1591342	5126981	2056442	3775	2597050
湖 南	15883466	1992887	670765	3670282	1019328	62698	2586294
广 东	66442699	6545096	2145855	63418322	11390754	18668707	31752479
广 西	19296332	821342	627142	2535319	1108206	290052	1137062
海 南	4990281	254856	873610	6407080	3115998		1781810
重 庆	34468452	3772822	1287397	11977186	5175178		6802007
四 川	31416052	1244231	2089276	7321489	1571547	38505	5348502
贵 州	9547969	1155523	191207	1162473	576751		585723
云 南	18975810	2351146	5099556	3492544	969291		2520267
西 藏	189359	703					
陕 西	10553704	786261	1005347	2586496	377599	143322	2065575
甘 肃	5049900	374449	201718	308423	259984		48440
青 海	2751044	397119	63880	11721	5815		5906
宁 夏	9355026	305653	30689	319186	319186		
新 疆	10137782	386071	115850	94286	64336		29950

6-2　续表 3

单位：万元

地　区	港澳台商投资		外商投资					
	股份有限	其　他		合资经营	合作经营	独　资	股份有限	其　他
全国总计	**6519540**	**504890**	**155577508**	**53054252**	**15879278**	**76798354**	**9423046**	**422579**
北　京			19514118	8089317	4469694	4217076	2738031	
天　津	767854		6057361	2222817	397279	3026584	410680	
河　北			1399223	229738	81716	1087770		
山　西			569147	215096		354051		
内蒙古			124472	60455		64017		
辽　宁	248206		13695141	5583490	1808919	5929918	302082	70732
吉　林	11440		372103	306504	34344	31255		
黑龙江	36186	18	1147681	392123	12080	743479		
上　海	124062		25475927	7430119	1486372	13147889	3411548	
江　苏	552265	72904	14730404	5675250	741585	8219558	94011	
浙　江	481865		11647048	3320228	69633	8243024	14164	
安　徽	251833		2335196	948230	179916	1025767	181283	
福　建	264486		3437500	845091	4995	2360036	227379	
江　西			956448	644821		222097	89530	
山　东	26672		3852637	2099104	646530	1107002		
河　南	150313	83075	1858773	469583		1230546	158644	
湖　北	469714		2239679	932707	322048	908895	76029	
湖　南	1962		1150727	679338		465928	5461	
广　东	1318675	287708	25077951	6353221	2656042	15292785	597138	178764
广　西			1330209	548826	147806	554905	78673	
海　南	1490784	18488	1171017	188236	66458	772964	143359	
重　庆			4641856	1406174	838546	1907747	316305	173084
四　川	323223	39712	8478375	2734744	988193	4568468	186970	
贵　州			339294	165564	122794	50936		
云　南		2986	555738	158208		5770	391760	
西　藏								
陕　西			2626279	976735	804239	845305		
甘　肃			266509	248640	88	17782		
青　海			9822	9822				
宁　夏			509640	112838		396801		
新　疆			7233	7233				

6-3 各地区按资质等级分的房地产开发企业资产总计

单位：万元

地　区	总　计	一　级	二　级	三　级	四　级	暂　定	其　他
全国总计	**3518586517**	**382192331**	**733565741**	**724328739**	**354375165**	**1130206659**	**193917881**
北　京	341265626	73503281	51148483	39071482	93122005	60097094	24323282
天　津	156857562	11660631	46496342	12384281	40938413	43924183	1453712
河　北	90074353	9748976	16365725	18415799	21751240	20802386	2990228
山　西	37384680	1229886	6814199	7964747	15575969	5538714	261165
内蒙古	50654956	5261850	15296954	7362375	14260358	7592796	880624
辽　宁	157220968	7922799	18265281	42811519	965524	78347152	8908693
吉　林	34300789	764393	8069289	8279115	4335055	12563257	289681
黑龙江	71072452	3745712	20124623	37409216	602464	7542818	1647618
上　海	323164216	57548085	55473121	30591458	254300	156270357	23026895
江　苏	305900130	29006350	128463554	31517039	540594	106408654	9963939
浙　江	313609205	32048211	45376054	97603394	11415247	94695679	32470619
安　徽	98837169	2556186	19591126	25532299	2511816	46040442	2605302
福　建	125376742	14895303	18113730	31640747	16322627	39944271	4460064
江　西	45176701	804994	11179201	13355309	2697984	15713216	1425998
山　东	181958446	10628839	25503930	34936366	20340533	81830927	8717851
河　南	86412935	7317282	20560379	11043155	2472066	43253574	1766479
湖　北	96588772	14889683	23144704	18464847	6686690	32012750	1390098
湖　南	73156232	2819916	8191543	35973566	2839727	22159061	1172420
广　东	347253175	51760168	36792940	90010164	45071394	77715436	45903075
广　西	53443643	987523	7960020	11424604	3515476	25282264	4273756
海　南	44381937	143805	10543733	5351445	3764937	21443267	3134749
重　庆	131173295	16435002	53179720	15127181	1071890	45142683	216820
四　川	127947021	8240764	31937484	52803285	1796442	27712342	5456704
贵　州	42288479	1450456	11018136	7890163	8392947	12198088	1338689
云　南	69549291	6287549	17630833	6760645	14792940	21394041	2683283
西　藏	488308	8753	58918	318062	54673	28243	19659
陕　西	52149806	4127790	12266158	15323842	11043730	7205573	2182713
甘　肃	16644060	400883	4059505	5306328	2633428	4101440	142477
青　海	6068792	509913	2688428	1161504	395707	1237671	75570
宁　夏	15614913	2411260	4422896	2921997	1669267	3931918	257575
新　疆	22571865	3076091	2828734	5572806	2539724	8076364	478145

6-4　各地区按登记注册类型分的房地产开发企业负债合计

单位：万元

地　区	总　计	内　资					
			国　有	集　体	股份合作	国有联营	集体联营
全国总计	**2645975533**	**2349224103**	**233740731**	**16862345**	**6365034**	**1951529**	**135046**
北　京	269874921	231296624	9436202	1293469	62376		
天　津	111377801	103040019	31655451	1250713	396809	81096	165
河　北	74539440	72773330	1009516	200417	268204		
山　西	32466691	31735873	1641721	55521	28648	124053	
内蒙古	40728637	40621388	1295807	47264	202383		
辽　宁	121310106	102725634	4052928	101122	510452	215997	
吉　林	27606882	26149349	796322	18123	8664		
黑龙江	43317095	41697439	3724269	10371	33554		
上　海	216128374	180942494	43692688	3415927	57214	519095	89378
江　苏	223981319	198031455	27246401	2084009	558625	113675	
浙　江	235975508	216860920	12511898	650045	222383	470829	
安　徽	74587728	70036174	4597046	56253	268417	197780	
福　建	91593418	77486063	11831432	489317	12707	76596	2965
江　西	32312575	29561226	2927601	19216	126834		1766
山　东	146536922	136320852	14306030	2504647	831445	72409	20707
河　南	66347192	61186709	1365469	125028	108657		
湖　北	73130014	68280029	9278823	591531	158093		
湖　南	55678078	52566394	3468238	173945	783807		
广　东	265879547	201759552	11433158	2580355	548212		15495
广　西	39009651	36178957	3002232	123296	46417	4898	
海　南	33967579	28233750	5085823	1000	205003		
重　庆	91436539	81563825	14620019	63163	21211		
四　川	97873989	88820110	3649952	340440	505813	31151	
贵　州	33795075	32698833	2661972	4886	30350	18907	
云　南	56318675	53657602	2576371	460002	120892	8491	1731
西　藏	371430	371430	27511	9158			
陕　西	41734407	37829830	3379187	80506	208479		2840
甘　肃	12976234	12533234	1673433	54372	7033		
青　海	5080297	5064363	277455		32355	16554	
宁　夏	12723086	11974284	173942	55577			
新　疆	17316323	17226362	341836	2672			

6-4 续表 1

单位：万元

地　　区	内资						
	国有与集体联营	其他联营	国有独资公司	其他有限责任公司	股份有限公司	私营独资	私营合伙
全国总计	**560381**	**461234**	**105006734**	**1136746788**	**127862603**	**29187326**	**5122623**
北　京			10971666	176923789	17233587	15700	12398
天　津			18339346	31711155	4240149	579108	142960
河　北		33094	479863	36394836	4947443	1333436	78246
山　西			361840	7301018	438100	264804	26660
内蒙古	1746		1128883	20623979	2212220	567354	67108
辽　宁			3525919	40691589	12035663	2086233	187024
吉　林	17255		920854	15139801	1049834	480233	15385
黑龙江			6050240	17390260	1884731	460254	40969
上　海	419042	6126	9477787	67231454	8978138	2043751	110092
江　苏	219	47570	4036822	76385390	8635678	6328369	1009046
浙　江	9368	231	6119409	119118380	6093497	1242215	176857
安　徽	5289	81263	5999419	34159316	1981675	1356392	447105
福　建	7249		4704814	36054043	2345530	592705	145111
江　西		1328	651922	13872149	2194223	229823	96431
山　东		4830	3983947	65164198	7784521	2060133	304523
河　南		9728	1005429	36053229	3504356	946874	132284
湖　北	20891	18465	5449884	28204259	5082598	1328849	91052
湖　南	65904	27571	3331014	27783111	1757394	635942	199163
广　东		120044	3588589	103510957	18642269	2063296	300599
广　西		13837	2207972	12023923	1994402	686719	124769
海　南	6635	4837	158395	16292812	1147650	366848	68550
重　庆	2997	568	4636007	27800769	1834395	262932	98751
四　川		19430	2519076	46164183	6491349	1140513	67686
贵　州	3709	176	521749	19014916	1389870	132596	166655
云　南	6		1759835	23627977	2126190	530615	226011
西　藏	72	59701		106076	1911	5266	
陕　西		12437	905973	21521594	1317417	501350	63914
甘　肃			25853	5907746	358715	193280	35555
青　海			397647	1325148	33732	261396	6129
宁　夏			949918	2450883	81811	281181	13728
新　疆			796665	6797849	43555	209159	667865

6-4　续表 2

单位：万元

地区	内资			港澳台商投资			
	私营有限责任公司	私营股份有限公司	其他内资企业		合资经营	合作经营	独资
全国总计	**611206209**	**41439230**	**32576291**	**194001068**	**64403844**	**25641842**	**99534577**
北京	14617139	730300		24317839	5400808	7619666	11297364
天津	11031383	1294055	2317629	4089298	1469567	69533	2107822
河北	24493489	1921212	1613574	704231	411459		292772
山西	20338108	840431	314969	283138	67968	19883	195287
内蒙古	12728134	1083631	662880	5899	5899		
辽宁	35769152	1703890	1845666	11038008	4682224	200692	5995234
吉林	7063776	250029	389074	1186698	413300	2284	759803
黑龙江	11105244	704352	293197	684739	415085		246291
上海	41523120	2522694	855990	21567326	7324980	1015544	13104910
江苏	63858764	4362581	3364307	17344921	7475830	409513	9211893
浙江	68366882	1831132	47794	10619322	5147101	206601	5040495
安徽	17219378	1629478	2037365	2840457	1116650	118964	1424486
福建	18764162	923020	1536415	11881464	4710446	448450	6561120
江西	7921146	1109142	409643	2153275	1058036	17458	1077782
山东	33682941	2974997	2625525	7287361	3994859	923484	2352518
河南	15497859	1128359	1309438	3756167	1181484	227909	2259489
湖北	15633571	1129324	1292689	3183002	1429163	338	1416239
湖南	12483215	1476016	381075	2282203	751231	54608	1475395
广东	52443067	4789823	1723691	45413946	7396799	13943474	22877108
广西	14841675	624771	484045	1803293	735665	234107	833521
海南	3848844	237536	809816	4800054	2662187		1171686
重庆	28189105	3179154	854756	7108389	3540229		3568159
四川	25145307	953898	1791313	3911185	967477	32046	2669103
贵州	7576222	1003707	173120	765687	431053		334634
云南	16655723	1173662	4390098	2265057	782109		1482877
西藏	155170	6565					
陕西	8424045	651333	760754	2111155	294597	97288	1719270
甘肃	3837764	293762	145721	247380	215460		31920
青海	2339882	345286	28781	6888	2691		4197
宁夏	7701837	237060	28347	258459	258459		
新疆	7950105	328034	88623	84230	61028		23201

6-4 续表 3　　　　单位：万元

地　区	港澳台商投资		外商投资					
	股份有限	其　他		合资经营	合作经营	独　资	股份有限	其　他
全国总计	**4129398**	**291408**	**102750363**	**35767149**	**10287015**	**49633381**	**6798867**	**263950**
北　京			14260458	6214323	3351226	2791742	1903167	
天　津	442375		4248485	1358196	323705	2189300	377284	
河　北			1061879	229441	82539	749900		
山　西			447680	231531		216150		
内蒙古			101350	45834		55516		
辽　宁	159858		7546464	3400813	946600	3066855	119415	12782
吉　林	11310		270836	215943	26613	28280		
黑龙江	23333	30	934918	310805	3217	620896		
上　海	121892		13618554	3211225	578594	7427690	2401045	
江　苏	235348	12337	8604943	3678820	475149	4388478	62497	
浙　江	225126		8495265	2533459	28359	5930954	2494	
安　徽	180357		1711098	723419	132644	677733	177302	
福　建	161449		2225890	628844	3691	1466671	126684	
江　西			598074	367997		158646	71431	
山　东	16500		2928709	1606629	499811	822269		
河　南	35872	51413	1404316	386434		869241	148641	
湖　北	337262		1666983	751542	273795	591618	50028	
湖　南	969		829481	550047		277633	1801	
广　东	1001409	195156	18706049	4967228	1893232	11276688	462616	106285
广　西			1027401	416338	104968	448218	57877	
海　南	951615	14567	933776	138713	39340	602220	153502	
重　庆			2764325	810544	449144	1118400	241354	144884
四　川	224725	17834	5142694	1824130	271837	2892887	153841	
贵　州			330555	164483	127054	39018		
云　南		71	396016	106841		1286	287889	
西　藏								
陕　西			1793422	594311	675499	523612		
甘　肃			195621	178914		16707		
青　海			9046	9046				
宁　夏			490343	105569		384774		
新　疆			5732	5732				

6-5　各地区按资质等级分的房地产开发企业负债合计

单位：万元

地　区	总　计	一　级	二　级	三　级	四　级	暂　定	其　他
全国总计	**2645975533**	**278469876**	**554929408**	**536595505**	**281855105**	**853736634**	**140389005**
北　京	269874921	56932938	41020840	31456653	76522169	46944885	16997436
天　津	111377801	7891073	32351284	8484487	29579646	32001755	1069556
河　北	74539440	8268600	13248413	15203993	17818267	17352166	2648001
山　西	32466691	959504	6210128	6800637	13751650	4543302	201471
内蒙古	40728637	3970409	12265568	6046670	11685610	6047865	712516
辽　宁	121310106	6281997	14404857	35415377	867692	57732670	6607514
吉　林	27606882	620475	6562809	6610680	3514913	10071570	226436
黑龙江	43317095	3224972	15269592	17905592	385478	5555320	976142
上　海	216128374	36614844	37128756	21404267	161128	107652362	13167017
江　苏	223981319	20664311	95327086	23768480	420590	76301144	7499708
浙　江	235975508	23937401	35712368	64684752	8869753	75492848	27278386
安　徽	74587728	1960903	14204003	18707757	2016972	35826157	1871937
福　建	91593418	10275252	13806417	23582971	11528313	29881286	2519179
江　西	32312575	591354	7611122	8644626	1960041	12368527	1136906
山　东	146536922	8425796	20952398	28081942	15848048	66503933	6724806
河　南	66347192	5581466	16045891	8626738	1791825	32988223	1313049
湖　北	73130014	11405774	17483723	13668505	4699298	24804506	1068208
湖　南	55678078	1867717	6502053	27405994	2019741	17005902	876672
广　东	265879547	37204869	28783674	69337954	35950773	61547871	33054408
广　西	39009651	703156	5507900	8698688	2744359	19049686	2305863
海　南	33967579	114894	7853189	3602011	3166955	16809393	2421138
重　庆	91436539	10908590	36708112	11339234	935372	31399357	145874
四　川	97873989	6126130	25229108	40578682	1305608	20665151	3969309
贵　州	33795075	1192721	8960902	6483780	7055354	9023626	1078692
云　南	56318675	4765068	14451354	5792771	12792529	16546466	1970487
西　藏	371430	9052	42169	235623	48734	18134	17718
陕　西	41734407	3362265	10269162	12242130	8531385	5562635	1766830
甘　肃	12976234	297723	3111683	4171443	1898223	3398333	98829
青　海	5080297	432314	2237707	941797	331070	1067086	70323
宁　夏	12723086	2005435	3597662	2478648	1429757	2980917	230668
新　疆	17316323	1872875	2069483	4192623	2223853	6593558	363930

6-6 各地区按登记注册类型分的房地产开发企业所有者权益

单位：万元

地　区	总　计	内　资					
			国　有	集　体	股份合作	国有联营	集体联营
全国总计	**872610984**	**721672514**	**102667344**	**3597011**	**2312581**	**592647**	**75569**
北　京	71390705	59347977	3469519	135567	26189		
天　津	45479761	42128214	10467196	742192	57405	12436	2939
河　北	15534913	14875071	340743	2057	40786		
山　西	4917988	4730003	135441	7748	4307	8466	
内蒙古	9926320	9889237	300249	118	24615		
辽　宁	35910862	20606216	998751	8798	95497	-8199	
吉　林	6693907	6345544	129649	4455	2402		
黑龙江	27755357	27311584	847263	6447	6974		
上　海	107035841	78962715	23723665	675937	83154	152435	52527
江　苏	81918811	63458287	14852294	423376	117053	3737	
浙　江	77633696	68803212	2295343	119919	16673	311599	
安　徽	24249441	22809708	2219688	22851	344116	27394	
福　建	33783324	27644048	5814789	43048	31948	28613	997
江　西	12864126	11717881	3528519	9150	71209		784
山　东	35421523	31258640	3981113	515778	143698	26474	8613
河　南	20065743	18059261	382350	37527	74478		
湖　北	23458759	20942083	2465078	130484	65645		
湖　南	17478153	15768829	1107836	91675	406626		
广　东	81373628	56997351	5745359	438611	256351		6980
广　西	14433992	13399158	1767248	26280	10704	7035	
海　南	10414358	8570090	1792937	1000	132335		
重　庆	39736757	32990430	11005018	15131	2566		
四　川	30073031	23327046	1381169	23500	153291	15546	
贵　州	8493404	8087879	1194537	5583	23705	5730	
云　南	13230616	11843407	1221459	-620	107261	195	811
西　藏	116879	116879	15979	15807			
陕　西	10415399	9107202	846599	62862	4073		1918
甘　肃	3667826	3535894	418828	21339	6435		
青　海	988495	982886	152751		3087	1186	
宁　夏	2891828	2811803	-2086	9601			
新　疆	5255542	5243984	68062	790			

6-6　续表 1

单位：万元

地　区	内资						
	国有与集体联营	其他联营	国有独资公司	其他有限责任公司	股份有限公司	私营独资	私营合伙
全国总计	**218432**	**147286**	**71080060**	**305082487**	**48580291**	**8513535**	**1795075**
北　京			3200135	40189505	9264724	-497	9169
天　津			11472312	10766459	2038573	371045	42432
河　北		4319	39436	7062879	1217482	467513	24267
山　西			45393	1351302	100629	67639	7822
内蒙古	2182		88346	5516204	565236	273697	10507
辽　宁			42333	8681145	2348600	502924	28460
吉　林	-2348		217370	3626852	210457	150393	4466
黑龙江			16850841	5020571	633304	112373	49994
上　海	169235	-1021	6565032	24176961	5314299	700913	29479
江　苏	675	-147	2205932	21017250	2708260	1855195	160762
浙　江	17686	296	2255755	45099214	3240053	295222	39276
安　徽	6017	30393	5082633	8645054	828152	440196	109852
福　建	1464		2631236	10615607	1147993	130463	33259
江　西		34594	652793	3894046	453486	134395	67283
山　东		-148	2003140	13288099	2123431	470780	58801
河　南		5806	1942839	9109917	765436	450404	147140
湖　北	7131	3732	1725224	8906419	1541919	432596	54680
湖　南	12930	4585	2105661	6992379	589917	191638	58770
广　东		56957	1858041	23595740	8524681	263299	74264
广　西		189	3122038	3036301	405272	213018	16746
海　南	-653	4991	24403	4774739	499370	116097	2322
重　庆	945	810	3786051	9954605	858702	46265	14681
四　川		4388	1819678	11434103	1455485	168796	12051
贵　州	1674	1146	37181	4238916	383076	45671	9011
云　南	870		366598	4969165	804945	95997	69699
西　藏	625	-3215		31068	3611	24678	
陕　西		-391	144556	4858131	306602	277931	95742
甘　肃			1505	1564417	130708	35319	8524
青　海			9125	269749	14981	26520	7393
宁　夏			258762	683145	13470	122070	2718
新　疆			525715	1712548	87437	30986	545506

6-6 续表 2

单位：万元

地 区	内资 私营有限责任公司	内资 私营股份有限公司	内资 其他内资企业	港澳台商投资	合资经营	合作经营	独 资
全国总计	**155394212**	**12139396**	**9476588**	**98111325**	**33182259**	**8442803**	**53882640**
北 京	2873589	180076		6789069	1692979	1981698	3114392
天 津	5001158	415351	738716	1542671	543870	83045	590277
河 北	4886942	537012	251633	322498	137121		185377
山 西	2801295	195844	4116	66519	37098		29871
内蒙古	2301483	565205	241396	13961	13961		
辽 宁	6913080	337485	657341	9155969	3278803	105744	5683075
吉 林	1861776	75807	64265	247095	108177	1000	137789
黑龙江	3386055	198228	199537	231010	169713		48457
上 海	15931341	567839	820920	16215754	8180925	617680	7414978
江 苏	17753872	1140686	1219342	12335062	4042604	409824	7505151
浙 江	14649154	437578	25445	5678702	2240678	20848	3160436
安 徽	4367963	266755	418644	815635	282633		475943
福 建	6388332	289044	487253	4927666	1530677	90267	3203685
江 西	2266664	416631	188326	787871	308378	9665	469829
山 东	7428808	616510	593542	3238956	1490908	216794	1521082
河 南	4307773	310283	525309	1552025	641468	75908	688545
湖 北	4809012	501509	298653	1943978	627279	3437	1180810
湖 南	3400251	516871	289690	1388079	268097	8090	1110899
广 东	13999632	1755273	422164	18004376	3993954	4725233	8875371
广 西	4454657	196571	143097	732027	372541	55944	303541
海 南	1141437	17320	63794	1607026	453812		610124
重 庆	6279346	593668	432641	4868797	1634949		3233848
四 川	6270745	290333	297963	3410304	604070	6459	2679399
贵 州	1971747	151816	18087	396787	145698		251089
云 南	2320087	1177484	709458	1227487	187183		1037389
西 藏	34189						
陕 西	2129659	134929	244593	475341	83001	46034	346306
甘 肃	1212136	80687	55996	61044	44524		16520
青 海	411161	51834	35099	4833	3124		1709
宁 夏	1653189	68593	2341	60727	60727		
新 疆	2187676	58037	27228	10057	3308		6749

6-6　续表 3

单位：万元

地　区	港澳台商投资		外商投资					
	股份有限	其　他		合资经营	合作经营	独　资	股份有限	其　他
全国总计	**2390142**	**213482**	**52827145**	**17287103**	**5592263**	**27164973**	**2624178**	**158629**
北　京			5253660	1874994	1118469	1425334	834864	
天　津	325479		1808876	864621	73574	837284	33396	
河　北			337344	297		337870		
山　西			121466			137901		
内蒙古			23122	14622		8500		
辽　宁	88348		6148677	2182677	862319	2863063	182667	57950
吉　林	130		101267	90561	7732	2975		
黑龙江	12853		212763	81318	8863	122582		
上　海	2170		11857373	4218893	907777	5720199	1010503	
江　苏	316917	60566	6125461	1996430	266437	3831080	31514	
浙　江	256739		3151783	786769	41273	2312070	11670	
安　徽	71476		624098	224811	47272	348034	3981	
福　建	103038		1211610	216246	1304	893365	100695	
江　西			358374	276824		63451	18099	
山　东	10172		923928	492475	146719	284733		
河　南	114442	31662	454457	83149		361305	10004	
湖　北	132452		572697	181165	48254	317277	26001	
湖　南	993		321246	129292		188295	3659	
广　东	317266	92552	6371902	1385993	762810	4016097	134523	72479
广　西			302808	132488	42838	106687	20796	
海　南	539170	3921	237241	49522	27118	170744		
重　庆			1877530	595630	389402	789347	74951	28200
四　川	98498	21878	3335681	910614	716356	1675582	33129	
贵　州			8739	1080		11918		
云　南		2915	159722	51368		4485	103870	
西　藏								
陕　西			832856	382424	128740	321692		
甘　肃			70889	69726	88	1075		
青　海			776	776				
宁　夏			19297	7270		12028		
新　疆			1502	1502				

6-7 各地区按资质等级分的房地产开发企业所有者权益

单位：万元

地　区	总　计	一　级	二　级	三　级	四　级	暂　定	其　他
全国总计	**872610984**	**103722455**	**178636333**	**187733234**	**72520060**	**276470025**	**53528877**
北　京	71390705	16570343	10127643	7614828	16599837	13152209	7325846
天　津	45479761	3769558	14145058	3899794	11358767	11922428	384156
河　北	15534913	1480376	3117312	3211805	3932973	3450220	342227
山　西	4917988	270382	604071	1164109	1824320	995412	59694
内蒙古	9926320	1291441	3031386	1315705	2574748	1544931	168108
辽　宁	35910862	1640802	3860424	7396143	97832	20614482	2301179
吉　林	6693907	143918	1506480	1668435	820142	2491687	63246
黑龙江	27755357	520740	4855032	19503625	216986	1987498	671477
上　海	107035841	20933241	18344365	9187190	93172	48617996	9859878
江　苏	81918811	8342039	33136468	7748559	120004	30107510	2464231
浙　江	77633696	8110810	9663686	32918642	2545494	19202830	5192234
安　徽	24249441	595283	5387123	6824542	494844	10214284	733365
福　建	33783324	4620051	4307313	8057776	4794314	10062985	1940885
江　西	12864126	213640	3568079	4710683	737943	3344689	289093
山　东	35421523	2203043	4551532	6854424	4492485	15326993	1993046
河　南	20065743	1735816	4514488	2416416	680241	10265351	453431
湖　北	23458759	3483909	5660981	4796342	1987392	7208244	321890
湖　南	17478153	952199	1689491	8567572	819986	5153158	295748
广　东	81373628	14555299	8009266	20672211	9120622	16167565	12848666
广　西	14433992	284368	2452120	2725917	771117	6232578	1967893
海　南	10414358	28911	2690545	1749434	597982	4633875	713611
重　庆	39736757	5526411	16471608	3787947	136518	13743326	70945
四　川	30073031	2114633	6708376	12224603	490833	7047191	1487395
贵　州	8493404	257735	2057234	1406383	1337592	3174463	259998
云　南	13230616	1522481	3179479	967874	2000410	4847575	712796
西　藏	116879	-299	16749	82439	5939	10110	1941
陕　西	10415399	765525	1996996	3081712	2512345	1642938	415883
甘　肃	3667826	103160	947822	1134886	735204	703107	43648
青　海	988495	77599	450721	219707	64637	170584	5247
宁　夏	2891828	405825	825234	443349	239511	951002	26908
新　疆	5255542	1203216	759252	1380183	315871	1482806	114215

6-8 各地区按登记注册类型分的房地产开发企业营业利润

单位：万元

地区	总计	内资	国有	集体	股份合作	国有联营	集体联营
全国总计	**60013265**	**47392612**	**3818850**	**75989**	**54069**	**19247**	**13163**
北京	6469219	4709259	70141	30942	-2527		
天津	1287812	1120954	351137	-16841	6368	5400	38
河北	1213289	1216066	7753	1777	-8231		
山西	61637	61119	3031	237	-627	-930	
内蒙古	409270	414429	26254	-366	5286		
辽宁	2148906	1309181	29084	491	-8668	-3456	
吉林	356468	329717	11726	14	-428		
黑龙江	531278	517418	34228	830	164		
上海	6944455	5609717	1345560	-7563	1933	9350	12030
江苏	5627315	4127438	207542	17736	1511	6090	
浙江	4716971	4379922	-984	5229	916	17	
安徽	1751883	1579302	129453	-246	-6325	-25	
福建	2979109	2279341	299099	-1269	-75	5429	-107
江西	1197456	1044731	14522	1745	6920		192
山东	2586906	2351390	199788	30197	1380	-1436	607
河南	1729605	1334828	44081	-15159	14155		
湖北	2032064	1841481	198469	-103	596		
湖南	771424	676730	28180	-8232	-1198		
广东	8949096	6154459	95595	17617	39328		57
广西	472056	262061	96671	12936	-12849	38	
海南	398112	282862	18007	-2	39443		
重庆	1891103	1156803	219742	-925	-322		
四川	2504673	2063568	143909	1306	-17807	-959	
贵州	239048	236288	93285	46	-2889	-111	
云南	581271	389641	22421	544	-2887	-130	10
西藏	-3056	-3056	4832	-2169			
陕西	1306334	1111321	101297	6065	1050		337
甘肃	87350	70637	12213	-866	-108		
青海	-6445	-10473	-1768		-40	-30	
宁夏	162897	163542	-517	2013			
新疆	615762	611937	14101	2			

6-8 续表 1

单位：万元

地区	内资						
	国有与集体联营	其他联营	国有独资公司	其他有限责任公司	股份有限公司	私营独资	私营合伙
全国总计	**52396**	**5747**	**839112**	**27445587**	**5130331**	**432203**	**145854**
北京			196397	3830563	585069	-15	-3068
天津			-73576	329369	76823	31621	-1450
河北		1005	3603	460382	357233	65472	-2732
山西			-228	57466	-2432	19617	134
内蒙古	1207		-423	347575	-16374	-73114	5583
辽宁			-18258	548045	550583	-19576	32442
吉林	-994		-5319	263196	17265	2383	360
黑龙江			11515	389486	59047	15874	376
上海	52636	-62	249445	2441428	395519	47846	-648
江苏		-2333	5451	2397351	296189	43940	-18405
浙江	-167	-31	32148	3184496	670173	21952	4027
安徽	180	8100	65936	814263	85456	22941	-4634
福建	-147		88132	1210205	182083	-3840	370
江西		2429	7945	636194	122060	5535	13943
山东		-490	48032	1153005	337049	35808	2755
河南		1006	15374	754227	46154	73217	5796
湖北	-24	-562	12456	1135067	240561	6349	-1376
湖南	221	-153	-6816	570232	30934	12507	-1233
广东		-578	130919	3419485	873848	13760	3032
广西		-404	12699	134662	29007	14691	552
海南	-1153	-107	93	131611	43273	14142	-432
重庆	99	9	-73964	719812	38902	-2944	2595
四川			22006	1167930	110623	-439	-211
贵州	-179	6	4696	123117	24255	-2974	-8436
云南	742		-907	94526	-36317	-753	-244
西藏	-25	-2021		2889	810	376	
陕西		-69	18404	773750	6200	92141	-600
甘肃			-2127	35261	8225	10560	415
青海			-1097	-1132	-644	-4820	455
宁夏			47714	19521	-1968	-5228	-372
新疆			48864	301606	724	-4823	116861

6-8　续表 2　　　　单位：万元

地　　区	内资			港澳台商投资			
	私营有限责任公司	私营股份有限公司	其他内资企业		合资经营	合作经营	独资
全国总计	**7704035**	**1209971**	**446058**	**8458195**	**2775226**	**1368516**	**4002639**
北　京	13072	-11315		1162582	93431	641794	427358
天　津	425281	-6929	-6289	41413	56199	-439	-13091
河　北	227436	57070	45299	5557	-7083		12641
山　西	-4764	-2245	-8140	-1856	894	-164	-2586
内蒙古	99296	75016	-55511	982	982		
辽　宁	173667	230	24599	439897	179610	-7732	267102
吉　林	30759	1778	8978	29462	-5924	-43	34524
黑龙江	-7072	-6713	19682	-8650	-5665		-1780
上　海	1039174	-26247	49315	859165	514259	32901	314258
江　苏	977272	146458	48637	908677	295554	31809	533832
浙　江	387646	75352	-851	106749	76401	-6968	37368
安　徽	314855	121367	27981	115311	54784	-4864	51017
福　建	477385	14956	7119	558065	187278	85595	277517
江　西	171135	46624	15488	117005	69736	-249	47518
山　东	473222	73628	-2155	186380	128087	-6644	65590
河　南	295248	16536	84193	301913	138168	7477	129439
湖　北	175427	89528	-14909	129246	49843	36	72977
湖　南	21499	3060	27727	51348	8578	-1524	44283
广　东	1156149	345010	60239	2172304	606924	550666	953459
广　西	-31925	-2251	8234	137125	20395	37027	79703
海　南	37942	-415	460	124839	-987		-24825
重　庆	218591	37906	-2697	468818	211215		257603
四　川	631708	20856	-15356	252065	78377	197	172760
贵　州	-32019	44443	-6952	909	4637		-3728
云　南	152190	88646	71799	193613	-4708		198308
西　藏	-2062	-5686					
陕　西	58913	-3605	57437	94029	22521	9641	61867
甘　肃	16170	-5109	-3997	7259	1152		6106
青　海	-2490	1279	-186	103	101		2
宁　夏	83633	20118	-1371	36	36		
新　疆	126697	622	7285	3849	432		3418

6-8 续表 3　　　　单位：万元

地　区	港澳台商投资		外商投资					
	股份有限	其　他		合资经营	合作经营	独　资	股份有限	其　他
全国总计	**270828**	**40986**	**4162459**	**1381960**	**631542**	**1920254**	**211213**	**17491**
北　京			597377	212156	150422	163484	71316	
天　津	-1256		125445	54666	-7946	56745	21980	
河　北			-8334	-3073	-1991	-3271		
山　西			2374	-6512		8885		
内蒙古			-6141	-4789		-1352		
辽　宁	917		399828	103536	163987	135820	-4729	1214
吉　林	906		-2710	-2396	-105	-209		
黑龙江	-1205	1	22510	7288	11203	4019		
上　海	-2253		475574	189928	-5268	228755	62159	
江　苏	29235	18248	591200	149643	89286	345435	6835	
浙　江	-53		230300	15902	-294	212987	1705	
安　徽	14374		57270	43845	-3071	17788	-1291	
福　建	7675		141703	73104	-123	67920	803	
江　西			35721	27966		197	7557	
山　东	-654		49136	-1156	-4721	55013		
河　南	19283	7545	92864	-5111		96657	1318	
湖　北	6389		61337	26275	8239	17064	9759	
湖　南	11		43346	2512		40811	23	
广　东	46033	15222	622333	148076	78102	380500	9380	6275
广　西			72870	48897	656	26739	-3423	
海　南	150007	644	-9590	10927	-3955	-13107	-3454	
重　庆			265481	146360	113041	-8655	4733	10002
四　川	1418	-687	189040	116611	-8537	54368	26599	
贵　州			1851	-1248	3324	-225		
云　南		13	-1983	-1773		-156	-54	
西　藏								
陕　西			100984	18488	49295	33201		
甘　肃			9454	9168		286		
青　海			3925	3925				
宁　夏			-681	-1232		552		
新　疆			-24	-24				

6-9　各地区按资质等级分的房地产开发企业营业利润

单位：万元

地　区	总　计	一　级	二　级	三　级	四　级	暂　定	其　他
全国总计	**60013265**	**11655703**	**13174646**	**12416294**	**4907941**	**15504356**	**2354326**
北　京	6469219	2475122	1003351	985426	1162243	737643	105434
天　津	1287812	228871	22462	117723	385837	479664	53255
河　北	1213289	191868	419118	259662	296299	44975	1367
山　西	61637	40336	4952	47517	35530	-58035	-8663
内蒙古	409270	83295	264566	9239	-77973	119204	10939
辽　宁	2148906	38686	316821	917392	4179	912605	-40777
吉　林	356468	-10678	85714	98393	43426	137784	1829
黑龙江	531278	61483	170107	214217	15458	28652	41361
上　海	6944455	1231395	1094846	562662	555	3633316	421680
江　苏	5627315	443402	2228113	940791	13323	1829838	171848
浙　江	4716971	1225630	863796	1399137	101475	855828	271104
安　徽	1751883	87941	462333	547250	49459	601940	2962
福　建	2979109	685612	434985	728176	413721	616175	100439
江　西	1197456	12006	347538	398661	51112	385324	2815
山　东	2586906	322102	386252	306729	259329	1046906	265589
河　南	1729605	362896	452686	224979	44446	631097	13501
湖　北	2032064	285244	747024	443326	141622	397932	16915
湖　南	771424	66464	114343	273367	1427	314909	913
广　东	8949096	2360210	1030018	1921001	1519791	1211093	906984
广　西	472056	20696	195808	238286	53108	-48548	12707
海　南	398112	7834	-66957	171192	74742	244343	-33041
重　庆	1891103	558283	1051190	10736	-30856	304553	-2803
四　川	2504673	256603	750263	919906	82724	510834	-15656
贵　州	239048	14708	57248	58863	41632	73004	-6406
云　南	581271	205880	218806	-41389	-17326	187342	27959
西　藏	-3056	-90	3977	-6453	-1002	490	22
陕　西	1306334	77698	288296	533748	211877	167643	27072
甘　肃	87350	10036	50009	14515	29122	-18223	1891
青　海	-6445	3036	1686	-5484	1630	-7713	401
宁　夏	162897	91407	56093	6210	17655	-12609	4142
新　疆	615762	217728	119203	120520	-16622	176391	-1457

6-10 各地区按登记注册类型分的房地产开发企业利润总额

单位：万元

地区	总计	内资					
			国有	集体	股份合作	国有联营	集体联营
全国总计	**63007003**	**50266242**	**4553651**	**81863**	**67097**	**21043**	**13236**
北京	6644167	4876994	89541	31995	-2569		
天津	1704724	1537704	458926	-17028	6617	5402	39
河北	1225255	1227101	7932	1594	-8412		
山西	50811	50380	3474	227	-152	-933	
内蒙古	450540	455459	30052	-568	5270		
辽宁	2336588	1479632	50370	533	-6676	-3438	
吉林	394440	369381	12031	-8	-100		
黑龙江	610619	596709	45606	565	164		
上海	7423635	6034860	1399946	-447	2390	9506	12074
江苏	5869649	4362607	370103	15613	2554	6053	
浙江	5020830	4686593	10511	7065	802	1533	
安徽	1947798	1784223	138672	-294	-6401	-802	
福建	2956616	2269253	348666	-1596	25	5915	-107
江西	1211132	1057444	31999	1745	6810		192
山东	2640653	2381008	207708	28930	1489	-1439	589
河南	1817922	1356070	51307	-14882	19103		
湖北	2107358	1917283	211919	1101	-9		
湖南	834351	739941	36762	-7475	2667		
广东	8941268	6182881	131611	18644	40887		102
广西	514108	305951	116308	12972	-12894	38	
海南	392535	277761	17397	-2	39410		
重庆	2207828	1474004	359552	-884	-322		
四川	2594468	2143834	138876	1370	-17994	-494	
贵州	333045	329157	119676	46	-3296	-111	
云南	584774	392635	26829	-2325	-3096	-133	10
西藏	-2703	-2703	4811	-2088			
陕西	1309723	1116401	108775	5961	976		337
甘肃	89508	73967	12297	-860	-108		
青海	-12235	-16080	-1382		-39	-55	
宁夏	166268	168123	-552	1951			
新疆	641327	637670	13930	6			

6-10 续表 1

单位：万元

地区	内资						
	国有与集体联营	其他联营	国有独资公司	其他有限责任公司	股份有限公司	私营独资	私营合伙
全国总计	**53206**	**8409**	**1339932**	**28461331**	**5432758**	**479453**	**133293**
北京			203782	3919196	621803	-15	-3076
天津			-1894	404812	235527	32261	-14741
河北		994	3418	461543	356590	62970	-2719
山西			-258	47285	-2520	19552	127
内蒙古	1207		-457	384257	-16792	-71448	5579
辽宁			-5837	608779	559020	31183	32425
吉林	-994		-4990	300069	18390	2339	357
黑龙江			64528	398814	60348	15486	376
上海	53486	-62	271010	2704518	416431	47040	-767
江苏	0	-2340	22441	2467338	304796	42449	-12571
浙江	-135	-31	52496	3319858	674273	18863	3979
安徽	138	8088	202331	866008	85905	22159	-5121
福建	-147		86727	1200526	185113	-3940	318
江西		5228	8235	626063	124249	5695	13827
山东		-490	72437	1169725	340370	35131	2653
河南		1006	27522	725789	64752	76120	5753
湖北	-32	-562	22593	1143362	241955	8261	-1433
湖南	219	-153	-3130	606244	35845	10554	-1352
广东		-668	135288	3400900	880522	10482	1297
广西		-404	46352	126239	29025	14529	569
海南	-1153	-135	100	130546	39843	15091	-463
重庆	99	18	-8660	812173	40065	-2849	2645
四川			23209	1243437	117100	-3405	-222
贵州	-199	6	4577	162867	43196	-3037	-8682
云南	742		3085	104978	-36978	-1623	-473
西藏	-25	-2018		3606	810	352	
陕西		-69	18485	764228	6973	99432	-766
甘肃			-1013	36697	8124	10661	704
青海			-1095	-2635	-644	-4877	455
宁夏			49319	24385	-1973	-5081	-379
新疆			49330	299726	642	-4883	114997

6-10 续表 2

单位：万元

地区	内资			港澳台商投资			
	私营有限责任公司	私营股份有限公司	其他内资企业		合资经营	合作经营	独资
全国总计	**7942123**	**1237530**	**441318**	**8456426**	**2805089**	**1353633**	**3997781**
北京	22241	-5904		1159778	98391	637102	424286
天津	441462	-6829	-6850	31434	55513	-405	-22421
河北	238227	57767	47198	5672	-6918		12590
山西	-6361	-2057	-8005	-1922	863	-163	-2621
内蒙古	98830	74836	-55308	982	982		
辽宁	185977	-2184	29481	450535	191894	-8513	266295
吉林	29185	4012	9090	29212	-5939	-43	34289
黑龙江	-1872	-6593	19287	-8760	-5790		-1762
上海	1095783	-25633	49585	884543	527176	33969	325655
江苏	956089	143356	46727	915561	293431	32248	543557
浙江	517226	80709	-556	113241	85905	-4433	31820
安徽	323658	121563	28319	105378	52048	-4937	50360
福建	427879	14773	5099	546981	187102	84735	267492
江西	166365	52295	14742	119324	69572	-255	50007
山东	456310	72143	-4546	210018	140229	-6762	77205
河南	275417	24241	99942	297671	135891	7508	127999
湖北	216298	89327	-15497	115762	37334	36	71988
湖南	29288	2787	27683	52108	9513	-1500	44083
广东	1158635	346044	59137	2147382	604709	538381	944056
广西	-26816	-1806	1841	137211	20770	37034	79407
海南	36166	1057	-96	123523	256		-24749
重庆	238094	36648	-2574	466774	209640		257134
四川	646076	21855	-25975	253883	79943	-15	173211
贵州	-27280	48336	-6942	2045	4574		-2529
云南	141553	89416	70649	194279	-4799		199065
西藏	-2474	-5678					
陕西	57956	-3697	57811	93877	22388	9646	61843
甘肃	17069	-5592	-4012	6202	100		6103
青海	-7094	2065	-780	-40	-42		2
宁夏	82118	19743	-1406	89	89		
新疆	156118	530	7275	3682	264		3418

6-10　续表 3　　　　单位：万元

地　区	港澳台商投资		外商投资					
	股份有限	其　他		合资经营	合作经营	独　资	股份有限	其　他
全国总计	**260143**	**39780**	**4284334**	**1395222**	**636235**	**2018284**	**217470**	**17124**
北　京			607395	216872	151853	166647	72024	
天　津	-1254		135586	51769	-7864	69574	22106	
河　北			-7518	-3812	-1999	-1706		
山　西			2353	-6532		8885		
内蒙古			-5901	-4609		-1293		
辽　宁	859		406421	108595	163923	137397	-4704	1211
吉　林	906		-4153	-3724	-117	-312		
黑龙江	-1205	-3	22670	7189	11203	4279		
上　海	-2257		504232	205243	-5307	241921	62375	
江　苏	29080	17246	591481	151282	89569	344093	6536	
浙　江	-51		220996	7610	-294	212050	1630	
安　徽	7908		58197	45030	-3040	17493	-1286	
福　建	7652		140382	72683	-111	66380	1430	
江　西			34364	26972		-103	7495	
山　东	-654		49627	-382	-4818	54827		
河　南	18728	7545	164181	-5566		168611	1136	
湖　北	6404		74313	31413	16225	16901	9775	
湖　南	11		42303	2293		40247	-237	
广　东	44958	15279	611004	145616	76859	373222	9304	6003
广　西			70946	46528	-2278	26492	204	
海　南	147640	375	-8749	11809	-3955	-13144	-3459	
重　庆			267051	145194	113511	-8162	6598	9910
四　川	1420	-675	196751	117655	-8459	60957	26598	
贵　州			1843	-1288	3330	-199		
云　南		13	-2140	-2080		-6	-54	
西　藏								
陕　西			99445	18082	48005	33358		
甘　肃			9339	9034		304		
青　海			3884	3884				
宁　夏			-1944	-1515		-430		
新　疆			-24	-24				

6-11 各地区按资质等级分的房地产开发企业利润总额

单位：万元

地 区	总 计	一 级	二 级	三 级	四 级	暂 定	其 他
全国总计	**63007003**	**12232766**	**14097379**	**12944542**	**5073027**	**16041718**	**2617570**
北 京	6644167	2511704	1105312	1005616	1154500	748114	118922
天 津	1704724	248884	92123	123219	525025	663497	51977
河 北	1225255	199284	419343	261224	292268	27960	25178
山 西	50811	43307	3289	46999	31567	-58017	-16333
内蒙古	450540	101491	260744	5338	-64370	135077	12260
辽 宁	2336588	73678	342435	968711	4073	915962	31730
吉 林	394440	-10804	91124	110576	59143	142494	1907
黑龙江	610619	65728	213589	239259	15792	32763	43489
上 海	7423635	1347182	1287565	599566	554	3710254	478515
江 苏	5869649	576181	2317908	935658	12444	1854442	173016
浙 江	5020830	1290171	958597	1539302	84453	840081	308227
安 徽	1947798	85564	490707	593779	49340	690560	37849
福 建	2956616	701691	425201	744124	409448	593813	82340
江 西	1211132	14083	347022	402966	57815	386662	2584
山 东	2640653	337940	393844	307952	288100	1047154	265662
河 南	1817922	446835	455822	215353	43275	650362	6274
湖 北	2107358	305654	781673	461808	140484	399923	17817
湖 南	834351	72013	117204	296293	-1266	350126	-17
广 东	8941268	2332993	1020884	1951163	1508509	1212885	914834
广 西	514108	22633	206598	232090	47682	-42656	47761
海 南	392535	7671	-70300	181951	73284	240015	-40088
重 庆	2207828	558656	1225364	76874	-31514	379635	-1185
四 川	2594468	280145	761397	947262	83148	521782	733
贵 州	333045	12457	91274	69722	76756	89667	-6831
云 南	584774	206313	239965	-40979	-18361	168053	29783
西 藏	-2703	-91	3947	-6291	-993	694	32
陕 西	1309723	75741	291833	533688	206163	175496	26802
甘 肃	89508	9866	48675	19627	27776	-18295	1859
青 海	-12235	2951	-544	-5334	-2895	-6814	401
宁 夏	166268	94249	54284	12001	18187	-16136	3684
新 疆	641327	218598	120503	115028	-17358	206168	-1612

6-12　各地区按登记注册类型分的房地产开发企业主营业务收入

单位：万元

地　区	总　计	内　资					
			国　有	集　体	股份合作	国有联营	集体联营
全国总计	**510284104**	**448077346**	**28146511**	**2806162**	**1373226**	**309080**	**119953**
北　京	30674227	25852839	761368	127446	361		
天　津	12948973	11436938	3277389	85561	49167	41237	183
河　北	16876998	16617398	182091	149140	19540		
山　西	4606447	4574410	289120	28851	280		
内蒙古	8705873	8700310	208542	9	39606		
辽　宁	24747923	19012514	1030642	18965	67540	6218	
吉　林	6834718	6567718	282441	6005	1256		
黑龙江	9863946	9635748	664832	25154	16759		
上　海	31825020	26255013	3787511	301749	6250	174654	87288
江　苏	58546888	49710414	3699992	349358	121413	30338	
浙　江	33828622	31352351	430444	128580	32274	16411	
安　徽	17971004	17098710	806310	15127	13346	27884	
福　建	17698952	14393096	1042008	43347	479	4326	48
江　西	8998939	8110003	295927	18944	56230		5231
山　东	30945607	28858380	1967398	521594	127931		8183
河　南	15709431	14405147	380524	26259	120998		
湖　北	17310299	16123151	1441909	54325	42933		
湖　南	13863743	13140365	605698	50170	170653		
广　东	52349209	39706428	1298424	518325	190719		14469
广　西	7757316	6936393	479230	56471	19904	2312	
海　南	5010398	4049134	474676		134968		
重　庆	18036050	14946114	1614954	24604	493		
四　川	25490982	22940999	826688	81239	75667	4700	
贵　州	5499827	5383443	473037	1225	23543		
云　南	8358591	7882841	342146	9461	5585		366
西　藏	104063	104063	18166				
陕　西	13434504	12283405	994240	116189	24420		4185
甘　肃	2977787	2856566	224235	11510	3041		
青　海	1034026	971305	104728		7871	1001	
宁　夏	2776060	2714305	2889	35634			
新　疆	5497683	5457847	138956	924			

6-12 续表 1

单位：万元

地区	内资						
	国有与集体联营	其他联营	国有独资公司	其他有限责任公司	股份有限公司	私营独资	私营合伙
全国总计	**137288**	**131981**	**9009386**	**224375440**	**23939710**	**7627900**	**1281035**
北京			1576258	21037173	1014526		2983
天津			663708	3984873	759190	155443	522
河北		6601	80290	7910857	1566966	558988	15104
山西			12198	1309002	50657	72085	5397
内蒙古	5795		12923	4595217	218400	111743	19600
辽宁			218132	8173288	980278	499394	218141
吉林			57845	4026349	314195	224292	2971
黑龙江			163629	5020375	812376	272481	19903
上海	84802	185	810933	12316656	665680	344408	4401
江苏	22		428294	20740853	2213674	1672952	140383
浙江	2658		427801	17491036	1251379	114980	26473
安徽	6242	38814	541276	9041285	679978	255824	45076
福建	116		531834	7223225	705039	39284	19914
江西		26310	49214	4151056	718024	114807	108196
山东		4633	598442	13688381	2149010	502909	51395
河南		8140	87807	8173291	832176	450667	78230
湖北	321	6493	158540	7924293	1247632	254136	35334
湖南	20576	2994	78131	6874015	724932	216923	96872
广东		21458	954439	20462837	3177422	429411	90608
广西		196	121830	2136863	367966	170269	26917
海南	4159		2843	2350196	256944	94299	432
重庆	5448	100	273714	6188759	343201	27722	41644
四川			378477	11148235	1757742	263641	22822
贵州			53872	2611689	365136	58100	14224
云南	7150		111750	3590453	233398	72252	37855
西藏	1	16059		41477	7437	2949	
陕西			163294	7537209	344551	416782	17157
甘肃			6600	1365498	155152	145642	7355
青海			2995	241992	8602	33291	2075
宁夏			315442	697253	4659	7830	980
新疆			126874	2321756	13390	44398	128071

6-12 续表 2

单位：万元

地 区	内资 私营有限责任公司	内资 私营股份有限公司	内资 其他内资企业	港澳台商投资	合资经营	合作经营	独资
全国总计	**131868545**	**10774044**	**6177087**	**41096350**	**14840413**	**5060552**	**19989944**
北京	1241610	91115		3644466	736771	1874558	1033138
天津	2130018	98053	191595	650568	507887	5821	107755
河北	5191919	555874	380029	155921	65770		90151
山西	2662789	86022	58011	10887	10115		772
内蒙古	2904213	484892	99369	5448	5448		
辽宁	7002381	438669	358867	3467201	1386359	16622	2046289
吉林	1514801	73213	64350	250293	91659		156581
黑龙江	2391159	137706	111375	62764	40456		22217
上海	7246026	202681	221791	3556028	1725271	149779	1679894
江苏	17874700	1628391	810046	5681035	2171234	181345	3078571
浙江	10915936	508814	5566	1507582	817340	13573	673503
安徽	4678756	547436	401356	594460	224502	6125	328945
福建	4392746	149251	241480	2604927	681009	266519	1600704
江西	1991704	446802	127557	641407	375710	2275	263422
山东	7833564	932845	472099	1650100	1029719	45166	575214
河南	3462351	285769	498935	843986	459340	58368	237483
湖北	4295212	472480	189545	827519	369824	354	429742
湖南	3473202	543439	282761	505591	218970	1051	285445
广东	11103773	990744	453801	8403618	1840456	2278846	4079634
广西	3302587	161635	90213	462510	117278	105179	240053
海南	589356	44464	96797	866716	353569		49444
重庆	5732298	447773	245405	2038026	946430		1091596
四川	7808533	316357	256898	1400767	366445	3610	1005127
贵州	1560667	203752	18199	83565	57674		25891
云南	2892999	447036	132390	470246	47932		422264
西藏	10911	7063					
陕西	2208764	147136	309478	581436	111800	51362	418274
甘肃	864203	52518	20812	63046	42222		20824
青海	503011	63698	2041	12573	3060		9513
宁夏	1531518	113297	4804	13828	13828		
新疆	2556840	95122	31516	39836	22336		17500

6-12 续表 3

单位：万元

地　区	港澳台商投资		外商投资					
	股份有限	其　他		合资经营	合作经营	独　资	股份有限	其　他
全国总计	**1073722**	**131720**	**21110407**	**7041631**	**2459665**	**10595241**	**880287**	**133584**
北　京			1176922	390106	397671	255584	133561	
天　津	29106		861467	518438	303	235921	106806	
河　北			103679	3810	6345	93524		
山　西			21150	2691		18459		
内蒙古			115			115		
辽　宁	17930		2268208	861921	506913	881836		17539
吉　林	2052		16708	14570	2036	102		
黑龙江	81	10	165434	47964	48282	69187		
上　海	1086		2013978	673307	37606	1160658	142407	
江　苏	214592	35293	3155439	1049236	375712	1683192	47299	
浙　江	3166		968689	202474		756375	9841	
安　徽	34888		277834	122186		155648		
福　建	56695		700929	271782		425720	3428	
江　西			247529	203520		13197	30813	
山　东			437127	227564	13324	196239		
河　南	71715	17080	460297	50357		402129	7811	
湖　北	27600		359629	149560	35620	138147	36301	
湖　南	125		217787	60067		156884	836	
广　东	136912	67771	4239163	925864	449880	2707017	76816	79586
广　西			358412	215578	18069	124766		
海　南	452188	11516	94548	62398		31852	299	
重　庆			1051910	303747	323570	241372	146762	36459
四　川	25585		1149216	485162	8246	518499	137308	
贵　州			32819	48	32121	650		
云　南		50	5504	5157		347		
西　藏								
陕　西			569663	92430	203967	273266		
甘　肃			58176	51475		6701		
青　海			50149	50149				
宁　夏			47927	73		47854		
新　疆								

6-13 各地区按资质等级分的房地产开发企业主营业务收入

单位：万元

地 区	总 计	一 级	二 级	三 级	四 级	暂 定	其 他
全国总计	**510284104**	**43226568**	**107763708**	**119449195**	**57496902**	**163668107**	**18679625**
北 京	30674227	5949506	4690051	4231640	9276372	5745531	781127
天 津	12948973	1089494	1765483	1086030	4101483	4547532	358951
河 北	16876998	1837329	3288702	3402394	4534262	3357122	457188
山 西	4606447	295642	1003714	1153051	1735690	407732	10618
内蒙古	8705873	624265	1893490	1714428	2707416	1607414	158860
辽 宁	24747923	1008728	2894122	6886717	188599	12947333	822424
吉 林	6834718	32811	1239392	1845902	1052236	2584035	80343
黑龙江	9863946	722915	2651663	4524994	465295	1233714	265364
上 海	31825020	1418002	5022234	3521928	124397	20075086	1663373
江 苏	58546888	3824757	24909805	8250031	112225	19857306	1592765
浙 江	33828622	2584511	6101700	10741099	2003954	9445672	2951686
安 徽	17971004	491122	3470326	4988603	724693	8065241	231019
福 建	17698952	2373954	2110407	5398347	2576642	5123264	116338
江 西	8998939	109720	1868872	2988945	663217	3113677	254508
山 东	30945607	2342077	4817646	5362331	4360720	12789687	1273145
河 南	15709431	1454080	3459391	2326017	632564	7475866	361512
湖 北	17310299	2062695	4519874	3778397	1928209	4762204	258921
湖 南	13863743	617897	1670583	6147923	766850	4451263	209228
广 东	52349209	6199857	5226345	14819004	9838265	11069394	5196344
广 西	7757316	184436	1122311	2344457	753730	3018931	333450
海 南	5010398	40559	309693	1076807	569319	2782498	231522
重 庆	18036050	2584638	8212805	2411732	102438	4693108	31330
四 川	25490982	1760478	7053997	11181443	344205	4870772	280086
贵 州	5499827	233993	992723	1074287	1300620	1856172	42032
云 南	8358591	914621	1762091	969156	1747334	2726408	238980
西 藏	104063		15774	77918	1001	8649	722
陕 西	13434504	950533	2704927	4015282	3270924	2118599	374239
甘 肃	2977787	71841	632812	1080730	690643	452659	49103
青 海	1034026	114994	499198	196106	51676	154936	17116
宁 夏	2776060	608241	835951	442038	337062	531262	21506
新 疆	5497683	722871	1017625	1411459	534861	1795041	15826

第二部分

35 个大中城市篇

第七章　35 个大中城市房地产综合（2012）

7-1 35个大中城市按登记注册类型分的房地产开发企业个数

单位：个

地 区	总 计	内 资					
			国 有	集 体	股份合作	国有联营	集体联营
总 计	**32966**	**29811**	**1725**	**312**	**105**	**24**	**11**
北 京	2981	2709	73	20	2		
天 津	1322	1208	222	18	2	3	1
石家庄	468	451	8	4	3		
太 原	728	715	29	3	2	1	
呼和浩特	260	259	6	1	2		
沈 阳	822	650	17		1		
大 连	1006	891	21	5	7	2	
长 春	534	508	7	1			
哈尔滨	874	847	47	1			
上 海	3132	2663	288	80	6	9	7
南 京	778	672	68	6	2	1	
杭 州	1507	1419	55	6			
宁 波	818	742	26	15			
合 肥	695	647	35	6	2	1	
福 州	556	421	33	13			
厦 门	530	393	54	5	1	2	
南 昌	487	431	34	3	3		
济 南	489	451	46	5	1	1	
青 岛	982	890	39	24	7	1	1
郑 州	1156	1091	22	5	2		
武 汉	1160	1081	83	14	7		
长 沙	803	767	36	1	13		
广 州	1294	922	71	28	3		
深 圳	459	355	17	1	7		
南 宁	722	655	36	2	1		
海 口	405	365	29	1	3		
重 庆	2552	2441	101	8	5		
成 都	1771	1626	58	10	12	1	1
贵 阳	789	748	40	3		1	
昆 明	819	784	32	6	4		
西 安	672	644	43	7	4		
兰 州	556	536	28	10	1		
西 宁	183	180	9		2	1	
银 川	269	266	1				
乌鲁木齐	387	383	11				1

7-1 续表 1

单位：个

地 区	内资						
	国有与集体联营	其他联营	国有独资公司	其他有限责任公司	股份有限公司	私营独资	私营合伙
总 计	**19**	**13**	**424**	**12907**	**932**	**391**	**100**
北 京			54	1852	77	1	1
天 津			22	482	40	21	3
石家庄				146	19	17	4
太 原			8	73	3	6	4
呼和浩特			1	74	7	3	1
沈 阳			5	294	28	14	6
大 连			1	279	23	16	1
长 春			9	278	18	3	
哈尔滨			6	360	32	10	1
上 海	8	1	68	963	41	42	6
南 京	1		10	252	28	17	3
杭 州	3		15	749	29	12	5
宁 波			15	201	16	16	
合 肥		1	8	315	22	12	3
福 州	1		3	178	9	5	7
厦 门		1	10	179	6	2	2
南 昌			9	229	29	6	2
济 南			4	221	28	2	1
青 岛			13	309	39	17	1
郑 州			9	628	49	13	6
武 汉	1	1	8	424	62	33	12
长 沙	2	1	12	465	26	8	2
广 州		2	13	362	17	7	2
深 圳		3	6	138	22	3	1
南 宁			4	127	13	7	1
海 口			4	207	14	4	2
重 庆	1	1	42	787	46	23	8
成 都		1	20	781	119	29	3
贵 阳	1		8	519	9	7	2
昆 明	1		6	261	26	8	2
西 安		1	5	375	15	8	3
兰 州			2	223	14	6	1
西 宁			5	43	4	7	1
银 川			8	57		1	1
乌鲁木齐			11	76	2	5	2

7-1　续表 2　　　　单位：个

地　区	内资			港澳台商投　资			
	私营有限责任公司	私营股份有限公司	其他内资企　业		合资经营	合作经营	独　资
总　计	**11863**	**606**	**379**	**2124**	**782**	**307**	**1005**
北　京	604	25		164	59	67	38
天　津	340	15	39	63	30	4	26
石家庄	224	18	8	9	5		4
太　原	557	26	3	7	3		4
呼和浩特	159		5				
沈　阳	264	8	13	96	33	4	57
大　连	493	25	18	84	42	2	39
长　春	190	2		19	10	1	8
哈尔滨	355	23	12	14	9		4
上　海	1074	52	18	295	119	20	155
南　京	263	16	5	69	34		34
杭　州	526	16	3	63	22	1	35
宁　波	442	11		53	24	1	28
合　肥	217	9	16	27	12	1	13
福　州	160	5	7	108	29	4	73
厦　门	118	5	8	107	17	9	80
南　昌	95	10	11	43	19	1	23
济　南	118	14	10	26	12	2	12
青　岛	412	18	9	55	30	8	17
郑　州	325	12	20	42	25	2	14
武　汉	393	25	18	59	24	1	32
长　沙	168	22	11	27	9	2	16
广　州	400	15	2	312	44	167	99
深　圳	147	5	5	75	25	3	43
南　宁	452	7	5	36	21	2	13
海　口	88	4	9	31	9		22
重　庆	1278	105	36	72	30		42
成　都	522	32	37	77	30	3	42
贵　阳	137	16	5	31	18		13
昆　明	398	22	18	30	19	1	9
西　安	159	7	17	12	4	1	7
兰　州	228	18	5	13	11		2
西　宁	93	10	5	2	1		1
银　川	194	3	1	1	1		
乌鲁木齐	270	5		2	2		

7-1 续表 3

单位：个

地　区	港澳台商投资		外商投资					
	股份有限	其　他		合资经营	合作经营	独　资	股份有限	其　他
总　计	**25**	**5**	**1031**	**418**	**122**	**456**	**32**	**3**
北　京			108	41	42	22	3	
天　津	3		51	25	4	19	3	
石家庄			8	5		3		
太　原			6	4		2		
呼和浩特			1			1		
沈　阳	2		76	29	9	36	1	1
大　连	1		31	21		10		
长　春			7	5	1	1		
哈尔滨		1	13	6	1	6		
上　海	1		174	67	9	92	6	
南　京	1		37	17	2	18		
杭　州	5		25	10	2	13		
宁　波			23	8		15		
合　肥	1		21	6	2	13		
福　州	2		27	9		18		
厦　门	1		30	6	2	19	3	
南　昌			13	7		5	1	
济　南			12	6	2	4		
青　岛			37	20	8	9		
郑　州	1		23	10		12	1	
武　汉	2		20	10	1	8	1	
长　沙			9	5		3	1	
广　州	1	1	60	12	15	28	5	
深　圳	3	1	29	10	8	11		
南　宁			31	16	2	13		
海　口			9	2		5	2	
重　庆			39	14	2	18	3	2
成　都	1	1	68	27	4	36	1	
贵　阳			10	3	2	5		
昆　明		1	5	3	1		1	
西　安			16	5	3	8		
兰　州			7	5		2		
西　宁			1	1				
银　川			2	1		1		
乌鲁木齐			2	2				

7-2　35个大中城市按资质等级分的房地产开发企业个数

单位：个

地　区	总　计	一　级	二　级	三　级	四　级	暂　定	其　他
总　计	**32966**	**687**	**3936**	**8450**	**4719**	**11987**	**3187**
北　京	2981	124	217	297	1167	606	570
天　津	1322	28	111	150	683	319	31
石家庄	468	3	32	66	118	239	10
太　原	728	4	70	120	290	236	8
呼和浩特	260	2	43	46	120	47	2
沈　阳	822	16	63	176	5	493	69
大　连	1006	21	57	327	20	455	126
长　春	534	3	71	115	123	220	2
哈尔滨	874	8	178	508	17	136	27
上　海	3132	51	270	407	9	1863	532
南　京	778	27	204	329	8	131	79
杭　州	1507	54	188	305	99	524	337
宁　波	818	22	69	290	90	264	83
合　肥	695	14	95	221	37	317	11
福　州	556	15	38	139	86	249	29
厦　门	530	13	24	49	168	104	172
南　昌	487	3	86	147	47	188	16
济　南	489	12	43	126	43	210	55
青　岛	982	11	55	179	103	495	139
郑　州	1156	21	152	233	44	649	57
武　汉	1160	39	263	403	29	343	83
长　沙	803	11	78	368	23	303	20
广　州	1294	11	138	621	83	417	24
深　圳	459	45	25	77	27	42	243
南　宁	722	2	37	149	88	383	63
海　口	405		21	49	58	222	55
重　庆	2552	42	578	832	102	977	21
成　都	1771	21	245	866	144	347	148
贵　阳	789	4	51	140	212	314	68
昆　明	819	13	107	114	292	252	41
西　安	672	24	95	166	215	130	42
兰　州	556	2	65	215	47	220	7
西　宁	183	4	75	60	18	24	2
银　川	269	10	49	63	46	98	3
乌鲁木齐	387	7	43	97	58	170	12

7-3 35个大中城市按登记注册类型分的房地产开发企业从业人数

单位：人

地 区	总 计	内 资					
			国 有	集 体	股份合作	国有联营	集体联营
总 计	**953838**	**831481**	**73015**	**5751**	**2896**	**520**	**123**
北 京	91941	77985	3177	476	109		
天 津	34753	31036	7974	614	14	47	30
石家庄	16538	15381	401	302	29		
太 原	16965	16637	996	45	24	69	
呼和浩特	7573	7503	356	35	86		
沈 阳	27802	21048	237		30		
大 连	25260	21190	642	34	138	50	
长 春	14437	13073	189	11			
哈尔滨	18557	18095	1025	3			
上 海	74219	53667	6121	1141	54	230	71
南 京	22645	19273	1909	57	41	18	
杭 州	28619	25956	1227	36			
宁 波	16972	14840	574	191			
合 肥	20491	18527	1239	48	56	3	
福 州	18429	15058	1136	403			
厦 门	12379	9400	2658	28	8	25	
南 昌	12045	9998	1016	18	31		
济 南	17856	16282	2150	57	8	12	
青 岛	23643	20476	1035	459	150	15	22
郑 州	33303	31187	1027	37	26		
武 汉	39560	36048	5375	260	119		
长 沙	25886	24328	1329	19	466		
广 州	44543	29123	4043	761	49		
深 圳	26697	21634	3937	11	379		
南 宁	14675	13001	896	4	22		
海 口	10705	9375	951	4	13		
重 庆	86938	81754	5050	106	50		
成 都	46901	41429	2319	154	751	6	
贵 阳	18775	17642	1124	20		32	
昆 明	19572	18366	1057	158	73		
西 安	44447	42554	9263	137	105		
兰 州	13555	12818	1714	122	15		
西 宁	6088	6016	493		50	13	
银 川	10245	10041	22				
乌鲁木齐	10824	10740	353				

7-3　续表 1　　　　单位：人

地　　区	内					资	
	国有与集体联　　营	其他联营	国有独资公　　司	其他有限责任公司	股份有限公　　司	私营独资	私营合伙
总　　计	**306**	**263**	**23036**	**371896**	**38235**	**9878**	**2082**
北　　京			2658	57756	3717	8	25
天　　津			877	10421	1761	594	24
石 家 庄				5047	670	454	87
太　　原			229	1811	31	85	19
呼和浩特			94	2275	327	117	70
沈　　阳			691	13039	788	273	168
大　　连			17	7258	1488	453	14
长　　春			569	7300	318	88	
哈 尔 滨			384	8465	521	212	10
上　　海	92	5	1884	19934	2079	831	59
南　　京	6		269	8196	891	464	24
杭　　州	85		357	15134	963	180	33
宁　　波			353	4307	1352	189	
合　　肥		40	246	9635	706	314	103
福　　州	10		164	7611	435	117	122
厦　　门			834	3145	168	9	4
南　　昌			212	5167	635	93	8
济　　南			2351	7011	1213	50	15
青　　岛			566	7064	1302	336	12
郑　　州			351	17700	1014	262	13
武　　汉	21	20	2792	13815	2685	628	140
长　　沙	42	30	380	15286	785	188	380
广　　州		66	1188	9411	773	223	32
深　　圳		49	304	6059	3858	243	48
南　　宁			89	2915	358	231	
海　　口			130	5272	496	147	37
重　　庆	35	3	1541	28822	1796	528	155
成　　都		32	855	20354	4236	636	46
贵　　阳	11		172	13155	671	76	7
昆　　明	4		365	6463	966	235	30
西　　安		18	434	20659	814	1280	130
兰　　州			30	5263	271	72	22
西　　宁			181	1364	94	201	36
银　　川			844	2343		24	15
乌鲁木齐			625	2439	53	37	194

7-3 续表 2

单位：人

地　区	内资			港澳台商投资	合资经营	合作经营	独　资
	私营有限责任公司	私营股份有限公司	其他内资企业				
总　计	**277921**	**15410**	**10149**	**74604**	**27160**	**8181**	**38543**
北　京	9572	487		7871	2677	2758	2436
天　津	6789	426	1465	2202	935	85	1077
石家庄	7984	304	103	309	210		99
太　原	12783	509	36	104	44		60
呼和浩特	4094		49				
沈　阳	5495	176	151	3632	1165	62	2401
大　连	9949	481	666	2851	1273	10	1564
长　春	4503	95		1126	390	2	734
哈尔滨	6784	416	275	233	146		84
上　海	19664	1239	263	12198	6465	749	4956
南　京	6825	435	138	1885	947		923
杭　州	7744	166	31	1761	525		1112
宁　波	7662	212		1342	699	16	627
合　肥	5484	287	366	1089	499	33	550
福　州	4809	68	183	2718	809	132	1738
厦　门	2143	95	283	2506	442	188	1866
南　昌	2278	358	182	1204	471	30	703
济　南	2705	396	314	1399	465	6	928
青　岛	9003	355	157	1795	1023	133	639
郑　州	9834	469	454	1430	597	133	700
武　汉	8956	687	550	2548	804	15	1630
长　沙	4570	600	253	1195	324	95	776
广　州	11460	1090	27	8556	1048	3537	3885
深　圳	6423	156	167	3353	928	109	2202
南　宁	8130	102	254	891	414	9	468
海　口	2011	99	215	813	251		562
重　庆	38983	3260	1425	3588	1584		2004
成　都	10899	401	740	2542	384	39	2041
贵　阳	2107	191	76	980	536		444
昆　明	7826	692	497	1047	315	2	726
西　安	8923	160	631	709	202	38	469
兰　州	4831	428	50	487	368		119
西　宁	3164	317	103	42	22		20
银　川	6657	91	45	118	118		
乌鲁木齐	6877	162		80	80		

7-3 续表 3

单位：人

地区	港澳台商投资		外商投资					
	股份有限	其 他		合资经营	合作经营	独 资	股份有限	其 他
总 计	**555**	**165**	**47753**	**16794**	**6729**	**22421**	**1655**	**154**
北 京			6085	1835	2719	1096	435	
天 津	105		1515	489	106	841	79	
石家庄			848	203		645		
太 原			224	163		61		
呼和浩特			70			70		
沈 阳	4		3122	804	450	1778	34	56
大 连	4		1219	752		467		
长 春			238	203	26	9		
哈尔滨		3	229	53	8	168		
上 海	28		8354	2954	746	4171	483	
南 京	15		1487	410	14	1063		
杭 州	124		902	183	15	704		
宁 波			790	300		490		
合 肥	7		875	218	80	577		
福 州	39		653	265		388		
厦 门	10		473	77	3	340	53	
南 昌			843	582		201	60	
济 南			175	76	51	48		
青 岛			1372	677	483	212		
郑 州			686	244		388	54	
武 汉	99		964	295	113	508	48	
长 沙			363	69		291	3	
广 州	10	76	6864	3205	399	3183	77	
深 圳	54	60	1710	284	477	949		
南 宁			783	303	81	399		
海 口			517	54		362	101	
重 庆			1596	506	101	803	88	98
成 都	56	22	2930	859	305	1658	108	
贵 阳			153	42	49	62		
昆 明		4	159	125	2		32	
西 安			1184	258	501	425		
兰 州			250	212		38		
西 宁			30	30				
银 川			86	60		26		
乌鲁木齐			4	4				

7-4　35个大中城市按资质等级分的房地产开发企业从业人数

单位：人

地　区	总　计	一　级	二　级	三　级	四　级	暂　定	其　他
总　计	**953838**	**74294**	**197880**	**227156**	**105900**	**290437**	**58171**
北　京	91941	14211	15742	10763	29270	13500	8455
天　津	34753	2303	5392	4088	13264	9022	684
石家庄	16538	1030	2881	2382	3683	6409	153
太　原	16965	201	4774	3392	5376	3105	117
呼和浩特	7573	162	1769	1455	2975	1138	74
沈　阳	27802	1167	7708	4986	94	12627	1220
大　连	25260	1316	2114	8141	269	10714	2706
长　春	14437	324	3771	3216	2025	5092	9
哈尔滨	18557	807	5146	9073	391	2605	535
上　海	74219	3661	10156	10543	170	38390	11299
南　京	22645	2386	9265	6168	75	3598	1153
杭　州	28619	3047	5280	5346	1062	9618	4266
宁　波	16972	1460	2104	5917	1320	5184	987
合　肥	20491	839	4461	6025	568	8353	245
福　州	18429	1391	2413	5487	1962	6901	275
厦　门	12379	1715	1369	1809	3437	2458	1591
南　昌	12045	403	2896	2767	913	4724	342
济　南	17856	843	2039	5532	717	7479	1246
青　岛	23643	1106	2865	4773	1730	10706	2463
郑　州	33303	1768	7421	5684	810	16684	936
武　汉	39560	3886	12855	9110	380	12585	744
长　沙	25886	626	4696	10923	547	8780	314
广　州	44543	4027	5920	20779	2509	11084	224
深　圳	26697	5658	1941	3395	1411	4240	10052
南　宁	14675	229	1988	3584	1467	6799	608
海　口	10705		915	1474	1873	5363	1080
重　庆	86938	6346	31460	22063	1443	25312	314
成　都	46901	2547	9586	21044	1282	9636	2806
贵　阳	18775	555	5493	3525	3685	4952	565
昆　明	19572	1341	4988	2598	5089	5046	510
西　安	44447	6347	7851	9718	12548	6172	1811
兰　州	13555	297	3239	5402	487	3983	147
西　宁	6088	345	3049	1353	326	995	20
银　川	10245	1262	2407	1964	1596	2977	39
乌鲁木齐	10824	688	1926	2677	1146	4206	181

7-5　35个大中城市房地产开发企业投资规模与完成情况

单位:万元

地　区	计划总投资	本年完成投资	#配套工程投资
总　计	**1918108485**	**357164287**	**5961172**
北　京	207490584	31534419	1161971
天　津	101838195	12599969	480562
石家庄	31203101	8332125	22059
太　原	19786950	3592367	56239
呼和浩特	19335412	4479861	6176
沈　阳	85018091	19429642	155205
大　连	60943498	13965204	292098
长　春	30970603	6496535	46458
哈尔滨	29219040	7890366	111709
上　海	177036307	23813574	446678
南　京	54316615	9719642	141736
杭　州	74991543	15973611	210120
宁　波	36048683	8843514	107389
合　肥	46079133	9138031	86290
福　州	47719910	9722667	70915
厦　门	32481242	5188791	55278
南　昌	20436118	3443607	27061
济　南	35870424	6640112	125195
青　岛	43574375	9320986	87152
郑　州	51232562	10951368	189321
武　汉	71036845	15748605	476436
长　沙	60518447	10343503	118381
广　州	90918609	13704511	156960
深　圳	37550995	7368421	149640
南　宁	24809149	3627301	45318
海　口	12402578	1756639	12950
重　庆	134241334	25083500	415354
成　都	87891960	18892305	268634
贵　阳	35768845	9010264	60646
昆　明	44873911	9190732	150355
西　安	70463786	12699344	107864
兰　州	12184994	2097401	24011
西　宁	8592320	1601412	10966
银　川	11819909	2757023	51131
乌鲁木齐	9442417	2206935	32914

7-6 35个大中城市按用途分的房地产开发企业完成投资

单位:万元

地区	本年完成投资	住宅	#别墅、高档公寓	办公楼	商业营业用房	其他
总计	**357164287**	**231269301**	**17767355**	**25243976**	**43361680**	**57289330**
北京	31534419	16279851	1815421	3848067	2758685	8647816
天津	12599969	8430526	623395	856968	1553063	1759412
石家庄	8332125	5922728	168075	532433	1389144	487820
太原	3592367	2570151	13531	133533	409025	479658
呼和浩特	4479861	3021927	88053	230525	788220	439189
沈阳	19429642	13314308	728136	1000929	3590212	1524193
大连	13965204	10554073	656338	304267	1649340	1457524
长春	6496535	4932189	579188	237233	747237	579876
哈尔滨	7890366	5447880	122459	217212	1218632	1006642
上海	23813574	14519446	3350806	2628502	2937507	3728119
南京	9719642	6609432	345379	646139	953965	1510106
杭州	15973611	10017423	658376	1418346	1377756	3160086
宁波	8843514	5156454	547673	667089	1100395	1919576
合肥	9138031	5785027	222837	733689	1420226	1199089
福州	9722667	6284804	326379	811513	878689	1747661
厦门	5188791	2894887	175841	458412	529327	1306165
南昌	3443607	2213319	178058	519682	392607	317999
济南	6640112	4453780	175763	552686	713677	919969
青岛	9320986	5949960	821152	685944	1404028	1281054
郑州	10951368	6756524	140764	1054159	1200155	1940530
武汉	15748605	9914052	501177	1264736	2015252	2554565
长沙	10343503	7010072	501273	560310	1243384	1529737
广州	13704511	8276060	761824	1536392	1975885	1916174
深圳	7368421	4745981	326350	269991	901108	1451341
南宁	3627301	2539795	221640	110642	303734	673130
海口	1756639	1302142	216746	11409	93809	349279
重庆	25083500	17067687	1656664	1016124	3074966	3924723
成都	18892305	11711629	1018713	1259429	2464160	3457087
贵阳	9010264	5684871	131496	335072	1119673	1870648
昆明	9190732	5859901	203463	745510	979491	1605830
西安	12699344	10038530	284544	373021	1076236	1211557
兰州	2097401	1317222	2569	60078	222647	497454
西宁	1601412	1186910	1319	24296	230735	159471
银川	2757023	1755066	86159	86558	498339	417060
乌鲁木齐	2206935	1744694	115794	53080	150371	258790

7-7　35个大中城市房地产开发企业实际到位资金情况

单位:万元

地　区	本年实际到位资金合计	上年末结余资金	本年实际到位资金小计	国内贷款	#银行贷款
总　计	**655064699**	**147082294**	**507982405**	**93272737**	**83361235**
北　京	83573757	22728212	60845545	14847394	12391611
天　津	29803871	8341083	21462788	5703680	5248406
石家庄	11268403	1294612	9973791	723391	606752
太　原	5062296	1229086	3833210	242772	180519
呼和浩特	4873128	216467	4656661	253305	191675
沈　阳	24431023	3248070	21182953	2469559	2201483
大　连	20448050	3779631	16668419	3037922	2889010
长　春	9482587	1989776	7492811	749877	516903
哈尔滨	11081547	1887390	9194157	753119	684806
上　海	53169349	13484213	39685136	9757750	9274064
南　京	20348903	3713667	16635236	4166804	3833459
杭　州	33210954	11535741	21675213	4955904	4193096
宁　波	9767583	1166418	8601165	2190805	2128672
合　肥	14937583	3407981	11529602	1384859	1205089
福　州	17480380	2264097	15216283	2149219	1950709
厦　门	11568291	2145010	9423281	1395136	1317690
南　昌	7751960	1477220	6274740	1012803	958962
济　南	10373073	1921272	8451801	1197518	961383
青　岛	17685546	5396419	12289127	2443230	2332215
郑　州	16409762	3243871	13165891	1109440	908404
武　汉	26823803	4838634	21985169	3664550	3305366
长　沙	18559827	4513276	14046551	2355149	2108032
广　州	23978346	5298184	18680162	4118511	3637181
深　圳	15771136	3861462	11909674	3028842	2830692
南　宁	8224497	1535983	6688514	974382	907727
海　口	4931426	657057	4274369	876421	830089
重　庆	51017442	12322052	38695390	7207959	6369112
成　都	32769750	7368772	25400978	3344414	3153178
贵　阳	8942112	1476394	7465718	1467834	1268404
昆　明	15695417	4009248	11686169	1583760	1307783
西　安	21688388	4424873	17263515	2224414	1978501
兰　州	3524352	732123	2792229	688358	592603
西　宁	2396365	409938	1986427	363616	333616
银　川	4164149	628742	3535407	365950	357045
乌鲁木齐	3849643	535320	3314323	464090	406998

7-7 续表 1

单位:万元

地　区	#非银行金融机构贷款	利用外资	#外商直接投资	自筹资金	#自有资金
总　计	**9911502**	**2366988**	**2146991**	**182927766**	**82856326**
北　京	2455783	42209	42209	16119093	4833056
天　津	455274	34699	3767	8317073	3530099
石家庄	116639			6748203	4046591
太　原	62253	253	253	1567706	627585
呼和浩特	61630			3248853	1453912
沈　阳	268076	686713	686713	11214271	6629308
大　连	148912	91605	80281	7614861	2775887
长　春	232974	18880	18880	3501317	1963623
哈尔滨	68313	165	165	4846893	1880634
上　海	483686	261165	261165	13859584	6606926
南　京	333345	55075	55075	4281375	1728657
杭　州	762808	38685	38685	4226895	1082990
宁　波	62133	34364	31896	3938384	1798146
合　肥	179770	13860	13860	3425365	1183933
福　州	198510	385	385	5985344	3998835
厦　门	77446	39870	39870	2022235	937449
南　昌	53841	7893	6493	1435881	743891
济　南	236135	61141	61141	3452819	1600385
青　岛	111015	14649	14649	4299284	1554072
郑　州	201036			5925561	2258814
武　汉	359184	12700	12200	8572350	3381015
长　沙	247117	447850	432350	3657416	1179886
广　州	481330	67317	58817	4774148	2497756
深　圳	198150			4732439	2424486
南　宁	66655			2166276	1455316
海　口	46332			2177883	1578440
重　庆	838847	201314	74187	11820589	4562046
成　都	191236	169309	147063	9393406	6242623
贵　阳	199430	42887	42887	1967673	1083478
昆　明	275977			5172034	1978495
西　安	245913	24000	24000	8076423	3157850
兰　州	95755			1245276	636384
西　宁	30000			946258	416378
银　川	8905			1324968	638471
乌鲁木齐	57092			869630	388909

7-7　续表 2

单位:万元

地　区	其他资金来源	#定金及预收款	#个人按揭贷款	本年各项应付款合计	#工程款
总　计	**229414914**	**146098044**	**52592197**	**71543970**	**35947348**
北　京	29836849	20868095	5010395	850095	710572
天　津	7407336	5473276	649252	5124356	2090449
石家庄	2502197	1455931	445086	1181153	605915
太　原	2022479	1486109	498064	651629	372414
呼和浩特	1154503	788782	241440	761424	286071
沈　阳	6812410	4983948	970433	3657981	1370409
大　连	5924031	3681297	1120182	3966419	2032949
长　春	3222737	2176057	635099	908139	361015
哈尔滨	3593980	2431267	628817	991731	588639
上　海	15806637	10646820	2361345	6844489	3937355
南　京	8131982	4998549	2626087	746373	470123
杭　州	12453729	8895458	2909237	1719914	1201822
宁　波	2437612	1627073	723278	1419726	955132
合　肥	6705518	3418733	2089734	1583183	877870
福　州	7081335	3904273	2439430	1137731	454941
厦　门	5966040	2745874	1369637	513396	129591
南　昌	3818163	2134436	997496	730281	397930
济　南	3740323	2453933	890615	1336380	575115
青　岛	5531964	3858084	928422	2800977	1090134
郑　州	6130890	3195507	1858546	2054700	887644
武　汉	9735569	5424063	1827246	2748508	1500315
长　沙	7586136	4854448	2216315	2823631	1528821
广　州	9720186	7255439	1615934	1561947	1096804
深　圳	4148393	2272558	1691972	1208717	706481
南　宁	3547856	1766705	1450816	728304	302868
海　口	1220065	706901	174563	1854238	369063
重　庆	19465528	11450932	5404292	8318875	3527576
成　都	12493849	7605391	3198201	3926487	2081682
贵　阳	3987324	2331740	1413047	2557292	1405993
昆　明	4930375	3268770	1157037	2441362	1420802
西　安	6938678	4650920	1741886	2055721	1239228
兰　州	858595	651295	151164	753662	389508
西　宁	676553	420282	146340	361108	181059
银　川	1844489	1079813	426015	743193	532448
乌鲁木齐	1980603	1135285	584774	480848	268610

7-8 35个大中城市按用途分的房地产开发企业房屋施工面积

单位：平方米

地区	房屋施工面积	住宅	#别墅、高档公寓	办公楼	商业营业用房	其他
总计	**2317975088**	**1631691906**	**86943544**	**132375783**	**245025284**	**308882115**
北京	131224915	75103589	6421998	17118590	12368916	26633820
天津	98642247	69235199	3428667	7923966	10452308	11030774
石家庄	46771814	36635998	1401037	1916463	5338817	2880536
太原	36510523	28541109	436423	945626	3367160	3656628
呼和浩特	44420630	31271829	623997	1702064	7569756	3876981
沈阳	110026346	80398491	4271532	3765457	18435577	7426821
大连	62134291	48334199	2501793	1332108	7073983	5394001
长春	51237176	37988224	3143486	1833339	6858789	4556824
哈尔滨	55770570	41725621	461726	1314192	6385669	6345088
上海	132499656	83156827	14257667	12846833	14499055	21996941
南京	60500590	42290890	2535596	3132811	5902152	9174737
杭州	82889463	50204468	3037443	8319798	6861142	17504055
宁波	60805078	33620766	2278184	5125364	7387441	14671507
合肥	60716386	42358776	1548602	4127308	8170356	6059946
福州	57046842	42756942	1535909	3238584	3921086	7130230
厦门	35797338	21110666	1123950	3495760	2756789	8434123
南昌	31232866	22316232	1226463	2224337	3726919	2965378
济南	38194391	26967174	1148503	2157081	3797523	5272613
青岛	64976895	44818183	2652183	2856675	8139182	9162855
郑州	82539411	56036379	1158421	6499298	8774498	11229236
武汉	68629675	50689697	1153651	4507362	6084906	7347710
长沙	73762562	53309771	3291120	2721464	6867741	10863586
广州	78456170	49175722	3846736	6652722	8819190	13808536
深圳	32166887	21075869	687567	1569276	3392528	6129214
南宁	37470436	27349227	1001826	1282849	3546429	5291931
海口	15914741	12793567	1741574	221808	997916	1901450
重庆	220090320	169978502	7234418	4998528	20289004	24824286
成都	141509820	98551078	5763854	7634808	14745261	20578673
贵阳	56641048	40315432	838680	2195702	5852939	8276975
昆明	58849961	42286208	2940479	3385640	5295069	7883044
西安	98931086	82513782	1869817	2778484	7426706	6212114
兰州	23424938	17400573	79886	738678	2289385	2996302
西宁	14799537	11677234	129305	244528	1608408	1269367
银川	29485300	20494741	553240	938424	4543859	3508276
乌鲁木齐	23905179	19208941	617811	629856	1478825	2587557

7-9　35个大中城市按用途分的房地产开发企业房屋新开工面积

单位：平方米

地　区	房屋新开工面　　积	住　宅	#别　墅、高档公寓	办公楼	商业营业用房	其　他
总　计	**619347994**	**418093678**	**15687888**	**39776947**	**71189254**	**90288115**
北　京	32242095	16275023	884026	5368188	3256129	7342755
天　津	25651881	17647557	584894	2310154	2021598	3672572
石家庄	11388637	8869099	311146	369678	1513478	636382
太　原	8217968	5764103	49036	283826	927140	1242899
呼和浩特	13451035	9041172	15700	579266	2186228	1644369
沈　阳	38221699	28900769	473735	858544	5728967	2733419
大　连	16151154	11904019	681503	374183	2359383	1513569
长　春	15391026	10507507	719992	739877	2301994	1841648
哈尔滨	18279017	12844160	197918	651133	2586523	2197201
上　海	27240509	15633923	2343312	3039087	3651658	4915841
南　京	14623061	9969660	623406	705820	1131845	2815736
杭　州	18160335	10278923	510533	1565857	1646481	4669074
宁　波	14705107	8303184	1058605	903777	1438536	4059610
合　肥	14887521	9580063	277449	1098516	2331537	1877405
福　州	15090523	10977465	136720	805065	964800	2343193
厦　门	8175737	4369962	48927	797465	948025	2060285
南　昌	10155011	6643109	335828	1041338	1473620	996944
济　南	12433844	8505215	288523	625731	1480209	1822689
青　岛	17631505	12342231	968514	880667	1918015	2490592
郑　州	21693449	13635130	197110	2487846	2172628	3397845
武　汉	21232693	15986565	307901	1386056	1658727	2201345
长　沙	18242273	11587969	335611	1307391	2234544	3112369
广　州	15543363	9803587	318681	1287944	2043075	2408757
深　圳	9052374	5618884	276802	506909	1034744	1891837
南　宁	6932069	4848233	340987	556002	664372	863462
海　口	2619672	1990635	243886	89849	207890	331298
重　庆	58134823	43451427	1179303	1606357	5390391	7686648
成　都	35688693	22411940	675141	2868779	4560404	5847570
贵　阳	16158758	10145709	47835	1509531	2065395	2438123
昆　明	24530747	16446391	593040	1780015	2450248	3854093
西　安	27968320	22710697	266309	787994	2568405	1901224
兰　州	6560541	4911386	19886	108811	667880	872464
西　宁	6370864	4946500	75850	54312	804235	565817
银　川	10021338	6302409	246334	262493	2358886	1097550
乌鲁木齐	6500352	4939072	53445	178486	441264	941530

7-10 35个大中城市按用途分的房地产开发企业房屋竣工面积

单位：平方米

地区	房屋竣工面积	住宅	#别墅、高档公寓	办公楼	商业营业用房	其他
总计	**380144853**	**289594257**	**15542040**	**15827402**	**34697480**	**40025714**
北京	23908593	15227151	1350949	2267874	2400582	4012986
天津	25427456	19139656	1107433	1668026	3014184	1605590
石家庄	8709344	6816427	292495	251313	1097442	544162
太原	2309382	2012962		30246	82019	184155
呼和浩特	3579763	2908012	329235	92100	410519	169132
沈阳	20663745	16447614	512182	556613	2467073	1192445
大连	7499976	5881419	267016	185195	620131	813231
长春	9138672	7362906	800345	129134	1219310	427322
哈尔滨	10958161	8989742	1455	70877	832476	1065066
上海	23050586	16091305	2759148	2068703	1776514	3114064
南京	16997251	13622309	701936	379654	1119444	1875844
杭州	10550850	6740122	223294	950029	722972	2137727
宁波	8399073	5306090	420829	452242	956427	1684314
合肥	9210200	7252790	129050	180936	988163	788311
福州	5343298	4024633	101771	261379	415215	642071
厦门	4224084	2155462	247150	735930	451236	881456
南昌	4179192	3254150	239659	284205	502582	138255
济南	4922526	3656477	51337	359121	166392	740536
青岛	12115696	9288535	506322	321580	1051793	1453788
郑州	14498289	10432012	305957	584180	1680068	1802029
武汉	10544510	9008975	261219	170748	862521	502266
长沙	14022678	11310042	620065	94929	1213682	1404025
广州	12907877	8008601	648886	1184041	1510906	2204329
深圳	4257505	2893951	118458	122985	397472	843097
南宁	6645283	5211026	248075	179437	782883	471937
海口	3074168	2284359	295860	38549	356703	394557
重庆	39906286	33863514	1037241	303658	2822316	2916798
成都	21077324	15902348	557331	1084114	1457891	2632971
贵阳	5845038	4438927	94880	94477	589923	721711
昆明	6296342	5192484	833552	145244	439707	518907
西安	10637000	9038219	142915	177091	857712	563978
兰州	1682760	1289143		71389	170820	151408
西宁	3610371	3227129	6139	18922	195388	168932
银川	7443753	5948561	15894	92919	712543	689730
乌鲁木齐	6507821	5367204	313962	219562	352471	568584

7-11 35个大中城市按用途分的房地产开发企业房屋竣工价值

单位：万元

地区	房屋竣工价值	住宅	#别墅、高档公寓	办公楼	商业营业用房	其他
总计	**109639591**	**80423394**	**6532251**	**6505251**	**11689912**	**11021034**
北京	7367720	4203382	547880	985349	1017920	1161069
天津	6440908	4751184	280816	473235	823362	393127
石家庄	2448457	1779826	126233	99024	412829	156778
太原	1009764	929444		7230	30479	42611
呼和浩特	654130	502137	75199	24231	80375	47387
沈阳	5332742	4006410	137703	230283	771390	324659
大连	2331998	1841565	66933	54180	202986	233267
长春	1787524	1387806	179914	30704	281851	87163
哈尔滨	2467857	1979013	175	15668	206422	266754
上海	10600726	6926328	1835237	1354852	1060874	1258672
南京	4698521	3774300	272517	74586	423178	426457
杭州	3170435	1852399	106761	452078	223176	642782
宁波	2660963	1619531	158233	212122	370995	458315
合肥	2185362	1762962	51088	48545	222280	151575
福州	1443424	1142471	19693	63758	97325	139870
厦门	878771	359523	37541	170180	152673	196395
南昌	953181	667380	52715	78244	168254	39303
济南	1184728	853119	13390	102833	44341	184435
青岛	3185557	2375743	191279	174577	277472	357765
郑州	3037592	2109198	70415	165120	397252	366022
武汉	4293707	3527744	180362	73743	522965	169255
长沙	3994077	3235257	199366	42694	371324	344802
广州	4449071	2666215	219871	534440	580341	668075
深圳	2596228	1690099	157650	162089	289527	454513
南宁	1231315	951783	46826	33641	160984	84907
海口	1238903	974377	152554	7889	109757	146880
重庆	11217560	9372166	772148	172598	874175	798621
成都	5870459	4303979	148701	376218	540465	649797
贵阳	1316144	1008044	27034	21095	142760	144245
昆明	1628340	1357750	222933	43849	100585	126156
西安	3105722	2600362	58386	68394	326331	110635
兰州	396639	290860		21201	47446	37132
西宁	973795	855958	1742	5308	67031	45498
银川	1761380	1393117	4362	34197	173117	160949
乌鲁木齐	1725891	1371962	116594	91096	117670	145163

7-12 35个大中城市按用途分的房地产开发企业住宅竣工套数

单位：套

地 区	住 宅	#90平方米及以下住宅	#144平方米以上住宅	#别 墅、高档公寓
总 计	**2922259**	**1521071**	**229935**	**80456**
北 京	156606	103725	13129	5769
天 津	183572	64893	7822	5334
石 家 庄	59881	23505	8843	1615
太 原	14585	5526	3969	
呼和浩特	23447	11129	3040	1686
沈 阳	200567	133423	5857	2756
大 连	67353	49611	1723	1155
长 春	81677	56116	3920	7573
哈 尔 滨	93453	49947	9345	6
上 海	162169	96209	13733	16974
南 京	138725	93512	8022	2823
杭 州	60313	35535	8341	426
宁 波	43486	17548	8032	1130
合 肥	73743	23665	2271	611
福 州	37170	11891	5564	277
厦 门	19216	4785	3226	1053
南 昌	30985	15552	2833	775
济 南	30589	6524	2732	140
青 岛	88687	42104	9176	2276
郑 州	106923	58355	9072	3802
武 汉	88869	45099	5797	1215
长 沙	123008	34154	13530	2583
广 州	68614	26005	11511	2816
深 圳	32652	26640	2150	690
南 宁	50304	22901	4516	958
海 口	20710	7436	2437	1657
重 庆	396319	251096	14173	4970
成 都	143467	66790	11894	1985
贵 阳	40846	15725	5229	436
昆 明	47291	19580	9064	3946
西 安	86946	43231	7347	1107
兰 州	13317	6645	741	
西 宁	27158	2446	1538	22
银 川	53199	19558	5954	39
乌鲁木齐	56412	30210	3404	1851

7-13　35个大中城市按资质等级分的房地产开发企业住宅竣工套数

单位：套

地　区	总　计	一　级	二　级	三　级	四　级	暂　定	其　他
总　计	**2922259**	**328515**	**728010**	**669682**	**240515**	**879965**	**75572**
北　京	156606	36775	25544	19595	44572	29733	387
天　津	183572	24141	40760	24307	57999	29021	7344
石家庄	59881	517	12565	4512	23046	19074	167
太　原	14585		4565	4043	5870	107	
呼和浩特	23447	1286	7297	3411	6996	4127	330
沈　阳	200567	11880	47467	36937		97000	7283
大　连	67353	1232	1962	20958	1182	38841	3178
长　春	81677	1407	18496	16684	15758	29332	
哈尔滨	93453	5073	32391	43921	1119	9173	1776
上　海	162169	5534	30247	14482	761	109232	1913
南　京	138725	34752	69063	24686		9362	862
杭　州	60313	4661	7781	21654	522	17778	7917
宁　波	43486	8029	8699	14753	985	8369	2651
合　肥	73743	211	12309	22348	1202	37553	120
福　州	37170	3679	7452	10769	6228	8940	102
厦　门	19216	7943	3125	1744	3696	2708	
南　昌	30985	486	12213	8366	1819	5081	3020
济　南	30589	1670	8687	8189	1193	10292	558
青　岛	88687	3567	15467	19894	4712	43152	1895
郑　州	106923	21668	22426	17991	569	42548	1721
武　汉	88869	20686	26590	19021		13639	8933
长　沙	123008	30073	12874	53784	198	24331	1748
广　州	68614	10129	8783	34581	6526	8595	
深　圳	32652	9780	2263	7794	208	2072	10535
南　宁	50304	1482	15119	7062	4270	19573	2798
海　口	20710		392	2414	5012	12615	277
重　庆	396319	30796	126062	72140	1697	165624	
成　都	143467	5296	53247	60411	1611	19038	3864
贵　阳	40846		13962	9335	3729	13820	
昆　明	47291	6412	22125	799	5656	12299	
西　安	86946	6870	20711	22638	26212	7950	2565
兰　州	13317		5201	6416	322	1378	
西　宁	27158	2242	6381	6099	765	11671	
银　川	53199	16695	13481	9411	4415	5569	3628
乌鲁木齐	56412	13543	12303	18533	1665	10368	

7-14 35个大中城市按资质等级分的房地产开发企业别墅、高档公寓竣工套数

单位：套

地区	总计	一级	二级	三级	四级	暂定	其他
总计	**80456**	**6548**	**17677**	**22414**	**8593**	**24101**	**1123**
北京	5769	395	183	294	4673	224	
天津	5334	1135	260	379	1727	1833	
石家庄	1615				1176	439	
太原							
呼和浩特	1686		1231		455		
沈阳	2756		134	763		1639	220
大连	1155	164				854	137
长春	7573		2457	3745		1371	
哈尔滨	6			6			
上海	16974	1430	1738	3832	49	9925	
南京	2823	24	1713	895		177	14
杭州	426		116	123	29	95	63
宁波	1130	136	75	575		344	
合肥	611			444		167	
福州	277			160	15	102	
厦门	1053			542	5	506	
南昌	775		79	276	126	294	
济南	140		60	80			
青岛	2276	360	316	300		1300	
郑州	3802	449	2822			531	
武汉	1215		73	692		450	
长沙	2583			2527		56	
广州	2816	7	79	2590	96	44	
深圳	690	53					637
南宁	958	1	370	83	218	286	
海口	1657		34	843		780	
重庆	4970	1390	558	1880		1142	
成都	1985		775	182		976	52
贵阳	436		245		24	167	
昆明	3946	1004	2310	379		253	
西安	1107		932	175			
兰州							
西宁	22		22				
银川	39		5	34			
乌鲁木齐	1851		1090	615		146	

7-15 35个大中城市按用途分的房地产开发企业商品房销售面积

单位：平方米

地区	商品房销售面积	住宅	#别墅、高档公寓	办公楼	商业营业用房	其他
总计	**398189468**	**348558450**	**16358765**	**15988637**	**22290969**	**11351412**
北京	19437367	14833746	1169400	2534960	1139677	928984
天津	16616941	15114032	663234	281741	721681	499487
石家庄	7687331	6970793	746666	174627	367222	174689
太原	3248146	3081279	1227	50195	86891	29781
呼和浩特	4781847	4143054	249800	140528	447823	50442
沈阳	24696526	22014548	1500173	218177	1918102	545699
大连	10763624	9668943	222545	245764	588709	260208
长春	9079951	7751945	731075	129046	991392	207568
哈尔滨	11952816	10316131	149936	105679	1025733	505273
上海	18984590	15926284	2345559	1117263	1200053	740990
南京	9508665	8762538	278271	329284	292286	124557
杭州	10896234	9202569	266818	860382	665714	167569
宁波	5902173	4587421	102134	455251	553096	306405
合肥	12424768	11173264	204712	335145	671916	244443
福州	8414981	7339564	274011	496383	385469	193565
厦门	6153435	4802694	158736	362498	220769	767474
南昌	6898563	5953330	143741	424224	463770	57239
济南	6595628	5599195	168917	293636	220813	481984
青岛	9509187	8424978	491550	422156	505627	156426
郑州	14418690	12261821	126223	1101148	657709	398012
武汉	15761126	13904712	296021	589528	737976	528910
长沙	15269295	13853288	773915	423403	734960	257644
广州	13331259	11285112	718047	1030997	751980	263170
深圳	5258334	4884429	151422	59786	210040	104079
南宁	6290137	5755204	45184	72131	268071	194731
海口	2669509	2514881	281136	2340	92385	59903
重庆	45223997	41051083	1437780	622998	2218883	1331033
成都	28440887	24246051	1147647	1481394	1728187	985255
贵阳	10238370	9484658	139494	121680	547174	84858
昆明	10513532	9177307	649291	723954	333927	278344
西安	15328991	13791281	481209	569230	694703	273777
兰州	1903502	1767479	1599	21820	113960	243
西宁	1770355	1658528	4100	1640	109455	732
银川	4502610	3883346	118590	62615	503625	53024
乌鲁木齐	3716101	3372962	118602	127034	121191	94914

7-16 35个大中城市按用途分的房地产开发企业商品房销售额

单位：万元

地区	商品房销售额	住宅	#别墅、高档公寓	办公楼	商业营业用房	其他
总计	**324304257**	**266621834**	**23564467**	**23362970**	**28734717**	**5584736**
北京	33085572	24555008	3194508	5605857	2333565	591142
天津	13655259	12105706	721408	376097	938729	234727
石家庄	3790574	3285711	353323	146439	265781	92643
太原	2210490	1973480	1588	52556	174539	9915
呼和浩特	2603781	1987906	168484	102118	487664	26093
沈阳	15611316	13185506	1469651	246289	1862936	316585
大连	8614711	7332894	311692	380068	745113	156636
长春	5030451	4087872	632851	111873	726119	104587
哈尔滨	6595145	5274481	168074	87124	974767	258773
上海	26694942	22089570	6613452	2346206	1946240	312926
南京	9609795	8477614	417607	543030	521631	67520
杭州	14652576	12231737	629653	1483816	835432	101591
宁波	6633948	5222892	211444	429654	838365	143037
合肥	7648573	6429446	209089	285768	825626	107733
福州	9414937	7812616	378120	818497	646809	137015
厦门	7556699	6221110	382587	498784	451425	385380
南昌	4428172	3500552	152420	474009	419020	34591
济南	4506420	3723781	227740	296174	277033	209432
青岛	7660684	6388962	679150	494049	717442	60231
郑州	9016159	6919432	130300	1041156	899919	155652
武汉	11575054	9587787	425440	790158	970841	226268
长沙	9315598	7761320	710278	518384	960378	75516
广州	17547500	13543132	971070	2344107	1357944	302317
深圳	10300981	9278424	545431	249819	520239	252499
南宁	3775902	3233650	61355	140416	335174	66662
海口	1820942	1637699	270404	7089	157240	18914
重庆	22973464	19724206	1189537	716121	2124707	408430
成都	20728403	16192639	1200433	1364017	2814095	357652
贵阳	4961655	4242198	181976	114748	571591	33118
昆明	6039691	4960242	286253	611512	351635	116302
西安	10169737	8583729	486989	487949	942777	155282
兰州	1084524	958092	1816	17922	108286	224
西宁	835313	713878	2932	1295	119855	285
银川	2059736	1626057	57237	29897	381874	21908
乌鲁木齐	2095553	1772505	120175	149972	129926	43150

7-17 35个大中城市按用途分的房地产开发企业商品房平均销售价格

单位：元/平方米

地区	商品房平均销售价格	住宅	#别墅、高档公寓	办公楼	商业营业用房	其他
总计	**8144**	**7649**	**14405**	**14612**	**12891**	**4920**
北京	17022	16553	27317	22114	20476	6363
天津	8218	8010	10877	13349	13008	4699
石家庄	4931	4714	4732	8386	7238	5303
太原	6805	6405	12942	10470	20087	3329
呼和浩特	5445	4798	6745	7267	10890	5173
沈阳	6321	5989	9797	11288	9712	5801
大连	8004	7584	14006	15465	12657	6020
长春	5540	5273	8656	8669	7324	5039
哈尔滨	5518	5113	11210	8244	9503	5121
上海	14061	13870	28196	21000	16218	4223
南京	10106	9675	15007	16491	17847	5421
杭州	13447	13292	23599	17246	12549	6063
宁波	11240	11385	20703	9438	15158	4668
合肥	6156	5754	10214	8527	12288	4407
福州	11188	10645	13799	16489	16780	7079
厦门	12280	12953	24102	13760	20448	5021
南昌	6419	5880	10604	11174	9035	6043
济南	6832	6651	13482	10086	12546	4345
青岛	8056	7583	13816	11703	14189	3850
郑州	6253	5643	10323	9455	13683	3911
武汉	7344	6895	14372	13403	13155	4278
长沙	6101	5603	9178	12243	13067	2931
广州	13163	12001	13524	22736	18058	11488
深圳	19590	18996	36021	41786	24769	24260
南宁	6003	5619	13579	19467	12503	3423
海口	6821	6512	9618	30295	17020	3157
重庆	5080	4805	8273	11495	9576	3069
成都	7288	6678	10460	9208	16284	3630
贵阳	4846	4473	13045	9430	10446	3903
昆明	5745	5405	4409	8447	10530	4178
西安	6634	6224	10120	8572	13571	5672
兰州	5698	5421	11357	8214	9502	9218
西宁	4718	4304	7151	7896	10950	3893
银川	4575	4187	4826	4775	7583	4132
乌鲁木齐	5639	5255	10133	11806	10721	4546

7-18 35个大中城市按用途分的房地产开发企业房屋出租面积

单位：平方米

地　区	房屋出租面　积	住　宅	#别　墅、高档公寓	办公楼	商业营业用房	其　他
总　计	**32958084**	**1804629**	**938764**	**11572289**	**15013587**	**4567579**
北　京	8932113	445445	171836	3204409	4217689	1064570
天　津	152420	29490		2913	74406	45611
石家庄						
太　原	3253				3253	
呼和浩特	74108			69802	4306	
沈　阳						
大　连	170852	263		2589	168000	
长　春	304825	301		33718	270806	
哈尔滨	36438	154		18117	16430	1737
上　海	13551994	924317	732551	6438307	3964541	2224829
南　京	197758	8495			187977	1286
杭　州	248411			39563	157168	51680
宁　波	645422	3106		85902	543655	12759
合　肥	249141			34680	214461	
福　州	142946			9151	130001	3794
厦　门	498068	3327		117695	316632	60414
南　昌	77759			8604	69155	
济　南	164528				164528	
青　岛	296857			34274	187261	75322
郑　州	400296	4258			396038	
武　汉	270835	66703		21894	180550	1688
长　沙	107845			13541	94100	204
广　州	2747874	129914	29079	783568	1256385	578007
深　圳	793723	21205		403245	361800	7473
南　宁	66610				65161	1449
海　口	77986				73756	4230
重　庆	1210353	20244		43921	800257	345931
成　都	345281	74758	5066	63800	175566	31157
贵　阳	73839	2748		5445	59272	6374
昆　明	102981	2706	232	45710	53049	1516
西　安	151610	40290		256	104064	7000
兰　州	93400			52096	41304	
西　宁	88847			2151	86696	
银　川	299570	17610		21810	251297	8853
乌鲁木齐	380141	9295		15128	324023	31695

7-19　35个大中城市按用途分的房地产开发企业商品房待售面积

单位：平方米

地　区	待售面积	住宅	#别墅、高档公寓	办公楼	商业营业用房	其他
总　计	**145983607**	**83889647**	**9257530**	**10255573**	**27706905**	**24131482**
北　京	19117915	7894548	1965781	1982135	4420473	4820759
天　津	4989392	3470081	334781	640853	519568	358890
石家庄	1984670	1527291	9242	38106	222164	197109
太　原	471396	398249		23822	43085	6240
呼和浩特	1847402	1224611	4626	81312	449555	91924
沈　阳	7019294	5336881	541096	134533	1293119	254761
大　连	4810789	3539134	125949	34717	733414	503524
长　春	3203133	2159262	148445	103872	657228	282771
哈尔滨	7506921	5528572	81814	49469	1189557	739323
上　海	16634312	7663212	2499916	2230002	3161416	3579682
南　京	6197774	5061442	235513	155486	593173	387673
杭　州	4063471	2392187	192540	429298	922843	319143
宁　波	2399152	774651	60445	313636	733693	577172
合　肥	1906818	1120039	76388	80450	399037	307292
福　州	1295630	661970	84440	44565	394719	194376
厦　门	2489589	723060	17443	304250	396160	1066119
南　昌	763108	511491	100324	35599	166134	49884
济　南	760852	483329	31118	28683	133373	115467
青　岛	3652023	2291774	135595	278144	706033	376072
郑　州	2980195	2103006	54190	84340	613322	179527
武　汉	4641286	2943946	371281	779198	584882	333260
长　沙	6505332	4438099	515301	114172	976170	976891
广　州	6114527	2733629	399278	727445	1272862	1380591
深　圳	3100498	1889388	175991	168877	801378	240855
南　宁	2138646	1049832	49091	23743	475016	590055
海　口	695942	374512	124628	46530	85491	189409
重　庆	10363160	4606570	290592	309019	2838271	2609300
成　都	5563821	2935394	367167	175292	714855	1738280
贵　阳	1735579	1013946	50036	74455	336107	311071
昆　明	2764218	1770563	56909	309435	287571	396649
西　安	1030612	842618	7447	24180	101928	61886
兰　州	721308	459451		76159	152505	33193
西　宁	502427	390408		1876	85831	24312
银　川	4496386	2984820	69431	143453	970111	398002
乌鲁木齐	1516029	591681	80732	208467	275861	440020

7-20 35个大中城市房地产开发企业主要财务指标

单位:万元

地 区	资产总计	负债合计	所有者权益合计	主营业务收入
总 计	**2245471876**	**1667414464**	**578057412**	**266705293**
北 京	341265626	269874921	71390705	30674227
天 津	156857562	111377801	45479761	12948973
石家庄	15741963	13124630	2617334	3088253
太 原	18518557	16039535	2479023	1915688
呼和浩特	12180536	10272023	1908514	1327069
沈 阳	51116990	37213156	13903834	7905312
大 连	56438249	43877318	12560931	6988073
长 春	21044827	17403213	3641614	3007313
哈尔滨	50777298	29888446	20888853	3419886
上 海	323164216	216128374	107035841	31825020
南 京	54973624	40492230	14481394	9738284
杭 州	104118515	81985096	22133419	11065901
宁 波	87612697	55555629	32057068	6351324
合 肥	31766351	24893945	6872406	6379249
福 州	40753406	32154492	8598914	5338791
厦 门	38719198	27032115	11687083	4540071
南 昌	23881699	16659581	7222118	3178608
济 南	32094577	25865804	6228772	4276447
青 岛	47910239	37922064	9988174	6323831
郑 州	39927113	31686408	8240705	5632358
武 汉	66952875	50907093	16045782	9768506
长 沙	41063680	31722037	9341644	6514282
广 州	106227128	83526830	22700298	14052856
深 圳	77278570	55713753	21564816	10213950
南 宁	17562356	13822380	3739976	2730961
海 口	18301018	13235523	5065496	1250816
重 庆	131173295	91436539	39736757	18036050
成 都	89731530	68366448	21365082	14415605
贵 阳	25565546	21280760	4284786	2473121
昆 明	44728543	35204919	9523624	4042544
西 安	39575558	32097246	7478312	10785960
兰 州	9708233	7974530	1733703	1070730
西 宁	5363812	4499331	864480	864762
银 川	11546635	9496604	2050030	2036619
乌鲁木齐	11829855	8683692	3146163	2523854

7-20　续表 1　　　　单位:万元

地　区	土地转让收入	商品房销售收入	房屋出租收入	其他收入
总　计	**5392858**	**241588875**	**9496207**	**10227352**
北　京	2158448	24551200	2179145	1785434
天　津	512567	11026976	191907	1217523
石家庄	4764	2992703	11848	78938
太　原	12278	1853716	29236	20457
呼和浩特	7209	1267396	13904	38560
沈　阳	1927	7683513	72642	147229
大　连	86530	6738432	59657	103453
长　春	24804	2950972	21733	9804
哈尔滨	11104	3212005	26069	170708
上　海	406558	26492791	3488171	1437500
南　京	187649	9041577	99590	409469
杭　州	5491	10672878	129730	257802
宁　波	300078	5666041	143913	241293
合　肥	28081	6216234	45414	89520
福　州	2481	5187137	58027	91147
厦　门	62566	4145241	101946	230318
南　昌	8237	3122473	33405	14493
济　南	7005	3966112	47703	255627
青　岛	9259	6165597	46493	102482
郑　州	1214	5448555	89057	93532
武　汉	147658	8949337	308243	363268
长　沙	285463	5996296	106148	126376
广　州	78804	12543094	691248	739710
深　圳	21720	9197274	609794	385162
南　宁	4358	2514026	70432	142145
海　口	1303	1195095	17711	36706
重　庆	756339	16436532	274834	568345
成　都	167950	13719432	238656	289568
贵　阳	8805	2235431	42134	186750
昆　明	34978	3784838	73776	148953
西　安	39954	10400430	84277	261300
兰　州	5038	977464	26641	61588
西　宁	1633	855387	7143	599
银　川		1941274	20924	74421
乌鲁木齐	606	2441417	34659	47172

7-20 续表 2 单位:万元

地 区	主营业务成本	主营业务税金及附加	其他业务利润	销售费用
总 计	**174461095**	**26147376**	**2114090**	**9722772**
北 京	18145321	3526821	473531	1121140
天 津	9281929	978755	80521	453529
石家庄	2336097	240164	13341	100696
太 原	1357648	160198	850	92756
呼和浩特	989247	110081	2483	47581
沈 阳	5528339	633568	56579	299590
大 连	4930952	692540	129683	253772
长 春	2136940	261216	11249	128813
哈尔滨	2745902	253514	20524	133109
上 海	19224964	3391477	281162	1055461
南 京	6414674	932435	31121	275571
杭 州	6811646	1086977	71829	387155
宁 波	4067742	743019	39456	205778
合 肥	4462141	536378	34368	195983
福 州	3211167	613059	6054	195823
厦 门	2710349	514677	70014	149826
南 昌	2066239	281126	9049	120514
济 南	2966442	377381	15239	130341
青 岛	4456228	560538	85760	241155
郑 州	3504373	556703	45485	214770
武 汉	6452742	933906	51640	362890
长 沙	4664642	509000	30393	293627
广 州	8027850	1765935	60791	574352
深 圳	5222318	1610182	70164	366314
南 宁	1765017	293089	16310	127581
海 口	824146	139775	5467	75150
重 庆	12616813	1523793	68027	637694
成 都	9830039	1190415	56637	679041
贵 阳	1782471	203398	11942	138496
昆 明	3071636	378862	49116	148347
西 安	8063306	702925	53657	309616
兰 州	829597	77737	9262	22292
西 宁	734965	57973	3685	14854
银 川	1573421	127299	17451	55845
乌鲁木齐	1653793	182464	131251	113311

7-20　续表 3　　单位:万元

地　区	管理费用	财务费用	营业利润	营业外收入
总　计	**16617045**	**8818239**	**41949515**	**2752589**
北　京	2531767	1669075	6469219	242655
天　津	706656	528290	1287812	506439
石家庄	149668	82205	201667	4158
太　原	138586	57140	110093	5467
呼和浩特	85613	83682	29391	5707
沈　阳	422012	134803	904931	27202
大　连	497361	278199	964407	161503
长　春	262326	55347	192778	12665
哈尔滨	206193	98478	-5204	27532
上　海	2237785	1403420	6944455	326705
南　京	471378	246228	1492920	82939
杭　州	626839	299005	2623246	62546
宁　波	389796	176165	1010555	90422
合　肥	262873	122130	867883	24389
福　州	253721	74639	969940	53178
厦　门	247582	177847	1113709	-2259
南　昌	143879	43299	547628	28358
济　南	238494	138503	434060	16894
青　岛	401867	156750	760610	36015
郑　州	404887	169549	907098	118840
武　汉	541629	176416	1405022	63806
长　沙	344042	121715	552829	38506
广　州	982178	600944	2477189	86065
深　圳	649438	488119	3120078	51930
南　宁	187537	58748	329014	14880
海　口	148405	54962	21274	4205
重　庆	1007926	546118	1891103	334319
成　都	657068	384572	1717308	134899
贵　阳	161646	49721	202827	90805
昆　明	350859	129754	543232	49431
西　安	445224	90618	1262228	16183
兰　州	106457	36236	-11032	5174
西　宁	49182	18278	-7962	3550
银　川	127792	32424	149797	5439
乌鲁木齐	178378	34860	469412	22044

7-20 续表 4 单位:万元

地 区	营业外支出	利润总额	应交所得税	应付职工薪酬
总 计	**1620753**	**44027701**	**9821525**	**8708521**
北 京	233021	6644167	1574028	1436591
天 津	145546	1704724	381090	352435
石家庄	14389	182447	75137	71288
太 原	16428	99132	63856	79134
呼和浩特	20260	15441	21835	43581
沈 阳	50834	889152	247940	160323
大 连	24701	1121579	180713	177624
长 春	14723	214712	78595	164040
哈尔滨	8262	15397	80405	106557
上 海	111271	7423635	1499572	913381
南 京	67674	1509601	392654	215133
杭 州	74344	2752686	438103	303982
宁 波	51660	1097212	219930	141915
合 肥	45026	861068	169673	114899
福 州	37587	989141	236959	128129
厦 门	24307	1090400	164867	143878
南 昌	27520	553742	148453	71292
济 南	19054	431900	105540	122207
青 岛	23652	790024	207263	159043
郑 州	85129	973850	232844	153166
武 汉	34825	1439438	354312	370139
长 沙	15789	576587	192568	174561
广 州	101409	2473592	546299	454176
深 圳	42218	3129790	540400	422056
南 宁	21482	322502	117084	90366
海 口	8074	17539	35898	58353
重 庆	110579	2207828	584494	645337
成 都	68218	1784405	325765	691983
贵 阳	23226	273547	66695	127787
昆 明	32777	560442	154077	194783
西 安	23567	1256289	216055	202972
兰 州	5515	-10766	15731	53452
西 宁	4700	-9112	5130	24337
银 川	12715	147605	43595	59025
乌鲁木齐	20271	498007	103966	80598

第三部分
省与城市篇

第八章 各省、自治区、直辖市房地产开发投资综合统计（2012）

8-1　北京市房地产开发综合统计

指　　标	2010年	2011年	2012年
一、房地产企业			
1.企业个数合计(个)	**3173**	**3068**	**2981**
#一级企业	120	130	124
#二级企业	247	235	217
#三级企业	319	315	297
2.资产负债(万元)			
资产总计	262210307	298921594	341265626
负债总计	207452186	238536207	269874921
所有者权益	54757725	60387387	71390705
资产负债率(%)	79.1	79.8	79.1
二、本年完成投资额(万元)			
合计	**29010686**	**30363118**	**31534419**
1.按构成分			
建筑安装工程	9108492	12350542	13830645
设备工器具购置	462805	384643	656771
其他费用	19439389	17627933	17047003
#土地购置费	12927472	13012331	11026870
2.按用途分			
住宅	15089501	17783070	16279851
#别墅、高档公寓	2607279	2478279	1815421
#经济适用房屋	489805		
办公楼	2590996	3638232	3848067
商业营业用房	3362915	2967169	2758685
其他	7967274	5974647	8647816
3.商品房屋建设和土地开发			
#商品房建设投资			
#土地开发投资			
商品房建设投资额比重(%)			
4.资金来源及构成			
本年资金来源小计	73343557	72379782	60845545
国内贷款	14390753	11679535	14847394
利用外资	139045	26035	42209
#外商直接投资	134145	26035	42209
自筹资金	17629655	17461530	16119093
其他资金来源	25746625	24413602	29836849
三、本年新增固定资产(万元)	**10477331**	**9096160**	**10537099**
四、土地开发及购置(平方米)			
本年完成开发土地面积			
待开发土地面积	4013328	1998386	1504010
本年购置土地面积	8587483	5070439	3059890

8-1 续表

指　标	2010年	2011年	2012年
五、商品房屋建筑面积(平方米)			
1.施工房屋面积	**103008582**	**120653755**	**131224915**
住宅	61760201	71681235	75103589
#别墅、高档公寓	8299940	7547650	6421998
#经济适用房屋	5726750		
办公楼	10548448	14226636	17118590
商业营业用房	12293264	11874806	12368916
其他	18406669	22871078	26633820
2.新开工房屋面积	**29742441**	**42460522**	**32242095**
住宅	20633978	25964494	16275023
#别墅、高档公寓	1570871	1655182	884026
#经济适用房屋	1562859		
办公楼	2032909	4893992	5368188
商业营业用房	2424152	3064320	3256129
其他	4651402	8537716	7342755
3.竣工房屋面积	**23867096**	**22452369**	**23908593**
住宅	14984755	13161275	15227151
#别墅、高档公寓	1832151	1330081	1350949
#经济适用房屋	1446259		
办公楼	1984164	2451682	2267874
商业营业用房	2719178	2324306	2400582
其他	4178999	4515106	4012986
六、商品房屋销售			
1.销售面积(平方米)	**16395314**	**14392018**	**19437367**
住宅	12013905	10349608	14833746
#别墅、高档公寓	1759232	932703	1169400
#经济适用房屋	494613		
办公楼	2081455	2112354	2534960
商业营业用房	1420719	1086908	1139677
其他	879235	843148	928984
2.销售额(万元)	**29153635**	**24253361**	**33085572**
住宅	20605172	16060417	24555008
#别墅、高档公寓	5045563	2662231	3194508
#经济适用房屋	223559		
办公楼	4873249	5006626	5605857
商业营业用房	3189855	2708526	2333565
其他	485359	477792	591142
3.销售价格(元/平方米)	**17782**	**16852**	**17022**
住宅	17151	15518	16553
办公楼	23413	23702	22114
商业营业用房	22452	24920	20476

8-2　天津市房地产开发投资综合统计

指　　标	2010年	2011年	2012年
一、房地产企业			
1.企业个数合计(个)	**1279**	**1247**	**1322**
#一级企业	20	27	28
#二级企业	105	108	111
#三级企业	143	148	150
2.资产负债(万元)			
资产总计	102014313	112043622	156857562
负债总计	73238406	82791067	111377801
所有者权益	28780248	29252555	45479761
资产负债率(%)	71.8	73.9	71.0
二、本年完成投资额(万元)			
合计	**8666424**	**10802492**	**12599969**
1.按构成分			
建筑安装工程	5780240	8073873	8820207
设备工器具购置	34761	100843	90326
其他费用	2851423	2627776	3689436
#土地购置费	1340768	828415	1383927
2.按用途分			
住宅	5653883	6892818	8430526
#别墅、高档公寓	688989	596685	623395
#经济适用房屋	1267679		
办公楼	771783	1098389	856968
商业营业用房	1273543	1767896	1553063
其他	967215	1043389	1759412
3.商品房屋建设和土地开发			
#商品房建设投资			
#土地开发投资			
商品房建设投资额比重(%)			
4.资金来源及构成			
本年资金来源小计	21765785	29652438	21462788
国内贷款	5395902	5856720	5703680
利用外资	83370	101425	34699
#外商直接投资	57922	78485	3767
自筹资金	4577400	7197753	8317073
其他资金来源	6598756	8454387	7407336
三、本年新增固定资产(万元)	**7360631**	**12262494**	**10664898**
四、土地开发及购置(平方米)			
本年完成开发土地面积			
待开发土地面积	6171560	7508916	9951793
本年购置土地面积	6524601	7568912	2997546

8-2 续表

指　　标	2010年	2011年	2012年
五、商品房屋建筑面积(平方米)			
1.施工房屋面积	**71608389**	**92339821**	**98642247**
住宅	51176931	66239545	69235199
#别墅、高档公寓	3326229	3523567	3428667
#经济适用房屋	15369238		
办公楼	3966058	7228611	7923966
商业营业用房	10044712	10727693	10452308
其他	6420688	8143972	11030774
2.新开工房屋面积	**29116685**	**32955578**	**25651881**
住宅	20268934	24024253	17647557
#别墅、高档公寓	1083067	1413962	584894
#经济适用房屋	8153440		
办公楼	2067338	2402900	2310154
商业营业用房	4078286	3730924	2021598
其他	2702127	2797501	3672572
3.竣工房屋面积	**20985492**	**21027954**	**25427456**
住宅	16036455	16451031	19139656
#别墅、高档公寓	1184801	1161309	1107433
#经济适用房屋	4888966		
办公楼	1024153	1434928	1668026
商业营业用房	2352940	1483540	3014184
其他	1571944	1658455	1605590
六、商品房屋销售			
1.销售面积(平方米)	**15145226**	**15945695**	**16616941**
住宅	13026093	13657081	15114032
#别墅、高档公寓	1109725	935419	663234
#经济适用房屋	1661283		
办公楼	352926	671400	281741
商业营业用房	1036447	1262885	721681
其他	729760	354329	499487
2.销售额(万元)	**12464775**	**13944146**	**13655259**
住宅	10343174	11673576	12105706
#别墅、高档公寓	1105557	1043343	721408
#经济适用房屋	789768		
办公楼	488963	598009	376097
商业营业用房	1093065	1417210	938729
其他	539573	255351	234727
3.销售价格(元/平方米)	**8230**	**8745**	**8218**
住宅	7940	8548	8010
办公楼	13855	8907	13349
商业营业用房	10546	11222	13008

8-3 河北省房地产开发综合统计

指　　标	2010年	2011年	2012年
一、房地产企业			
1.企业个数合计(个)	**2997**	**3226**	**3178**
#一级企业	25	30	35
#二级企业	190	232	235
#三级企业	557	588	580
2.资产负债(万元)			
资产总计	48112569	72813140	90074353
负债总计	39429000	59098156	74539440
所有者权益	8683569	13714985	15534913
资产负债率(%)	82.0	81.2	82.8
二、本年完成投资额(万元)			
合计	**22649354**	**30545897**	**30865214**
1.按构成分			
建筑安装工程	16969874	24019526	25015360
设备工器具购置	272486	421725	586288
其他费用	5406994	6104646	5263566
#土地购置费	3682745	4089845	3326008
2.按用途分			
住宅	17857596	22825658	23171251
#别墅、高档公寓	395758	734527	561855
#经济适用房屋	273753		
办公楼	512738	865631	1146671
商业营业用房	2760060	4355168	4075683
其他	1518960	2499440	2471609
3.商品房屋建设和土地开发			
#商品房建设投资			
#土地开发投资			
商品房建设投资额比重(%)			
4.资金来源及构成			
本年资金来源小计	31219509	41227598	37129885
国内贷款	2888903	2895517	2955653
利用外资	29980	145178	109307
#外商直接投资	4980	145178	109307
自筹资金	14625782	20286933	21954764
其他资金来源	9564255	11664209	12110161
三、本年新增固定资产(万元)	**10645853**	**17534484**	**13851234**
四、土地开发及购置(平方米)			
本年完成开发土地面积			
待开发土地面积	6303619	7902040	7732378
本年购置土地面积	30241508	27995870	17609888

8-3 续表

指 标	2010年	2011年	2012年
五、商品房屋建筑面积(平方米)			
1.施工房屋面积	**207000348**	**266708108**	**275778302**
住宅	171596032	213201706	218959526
#别墅、高档公寓	3053162	3722177	3970742
#经济适用房屋	3529880		
办公楼	3843947	5701251	5987863
商业营业用房	19700759	28795051	27982527
其他	11859610	19010100	22848386
2.新开工房屋面积	**96291645**	**111827952**	**76418020**
住宅	78663957	89252406	59837758
#别墅、高档公寓	1133454	1729787	832667
#经济适用房屋	1309033		
办公楼	1474332	2461223	1876132
商业营业用房	9931353	11772749	8313368
其他	6222003	8341574	6390762
3.竣工房屋面积	**36146565**	**51805091**	**48945621**
住宅	31300870	42736869	39780950
#别墅、高档公寓	587806	629635	701604
#经济适用房屋	645535		
办公楼	363011	1109485	945294
商业营业用房	2981448	4727749	5037959
其他	1501236	3230988	3181418
六、商品房屋销售			
1.销售面积(平方米)	**46620995**	**58883274**	**51449160**
住宅	43251179	52931776	46224637
#别墅、高档公寓	525653	691327	1140835
#经济适用房屋	769244		
办公楼	391983	592375	747798
商业营业用房	2090930	3660063	3167009
其他	886903	1699060	1309716
2.销售额(万元)	**16500035**	**23452299**	**23039044**
住宅	14887836	19938101	19146060
#别墅、高档公寓	369432	575143	614631
#经济适用房屋	178680		
办公楼	183437	408765	503385
商业营业用房	1182904	2583719	2974852
其他	245858	521714	414747
3.销售价格(元/平方米)	**3539**	**3983**	**4478**
住宅	3442	3767	4142
办公楼	4680	6900	6732
商业营业用房	5657	7059	9393

8-4　山西省房地产开发投资综合统计

指　　标	2010年	2011年	2012年
一、房地产企业			
1.企业个数合计(个)	**1990**	**2156**	**2221**
#一级企业	9	10	14
#二级企业	113	115	139
#三级企业	359	354	369
2.资产负债(万元)			
资产总计	19437490	28748645	37384680
负债总计	16060453	24509777	32466691
所有者权益	3377037	4238868	4917988
资产负债率(%)	82.6	85.3	86.8
二、本年完成投资额(万元)			
合计	**5922376**	**7901982**	**10104513**
1.按构成分			
建筑安装工程	4467206	6364928	8089569
设备工器具购置	47251	55026	123489
其他费用	1407919	1482028	1891455
#土地购置费	924680	942873	1176101
2.按用途分			
住宅	4574340	6153199	7356137
#别墅、高档公寓	14579	126743	63861
#经济适用房屋	224824		
办公楼	125367	172888	227958
商业营业用房	604588	736434	1392518
其他	618081	839461	1127900
3.商品房屋建设和土地开发			
#商品房建设投资			
#土地开发投资			
商品房建设投资额比重(%)			
4.资金来源及构成			
本年资金来源小计	9651279	11237272	10336916
国内贷款	883267	687749	608744
利用外资			253
#外商直接投资			253
自筹资金	2917034	3859366	5507027
其他资金来源	4161196	3956375	4220892
三、本年新增固定资产(万元)	**2400863**	**4377931**	**4242793**
四、土地开发及购置(平方米)			
本年完成开发土地面积			
待开发土地面积	5887831	5286930	6188455
本年购置土地面积	8743529	6976911	7183623

8-4 续表

指　　标	2010年	2011年	2012年
五、商品房屋建筑面积(平方米)			
1.施工房屋面积	**75998460**	**93079577**	**117142849**
住宅	62544066	77143314	92996204
#别墅、高档公寓	467799	801245	793789
#经济适用房屋	3785691		
办公楼	1813359	1660449	2166689
商业营业用房	7693594	8273950	12529954
其他	3947441	6001864	9450002
2.新开工房屋面积	**27820539**	**28494371**	**41663385**
住宅	22705185	24295409	32711068
#别墅、高档公寓	77240	94154	193822
#经济适用房屋	1409956		
办公楼	581001	295031	666218
商业营业用房	2897581	1997642	4424366
其他	1636772	1906289	3861733
3.竣工房屋面积	**12037309**	**21104271**	**17329943**
住宅	9913062	18882010	14356940
#别墅、高档公寓	65050	24062	87774
#经济适用房屋	672972		
办公楼	207908	236649	149002
商业营业用房	1368606	1098870	1825385
其他	547733	886742	998616
六、商品房屋销售			
1.销售面积(平方米)	**11805872**	**12847788**	**14978843**
住宅	10705378	11708832	13904422
#别墅、高档公寓	20263	16126	53834
#经济适用房屋	287688		
办公楼	107626	142786	95353
商业营业用房	843667	821369	794999
其他	149201	174801	184069
2.销售额(万元)	**4117112**	**4410271**	**5798872**
住宅	3573679	3783642	5131950
#别墅、高档公寓	5998	5241	29378
#经济适用房屋	44471		
办公楼	59072	101263	74705
商业营业用房	455317	475336	545762
其他	29044	50030	46455
3.销售价格(元/平方米)	**3487**	**3433**	**3871**
住宅	3338	3231	3691
办公楼	5489	7092	7835
商业营业用房	5397	5787	6865

8-5　内蒙古自治区房地产开发投资综合统计

指　　标	2010年	2011年	2012年
一、房地产企业			
1.企业个数合计(个)	**2119**	**2322**	**2250**
#一级企业	17	26	28
#二级企业	151	174	183
#三级企业	396	432	400
2.资产负债(万元)			
资产总计	39951121	36327339	50654956
负债总计	33790127	29206997	40728637
所有者权益	6160994	7120342	9926320
资产负债率(%)	84.6	80.4	80.4
二、本年完成投资额(万元)			
合计	**11199875**	**15911567**	**12914397**
1.按构成分			
建筑安装工程	9348928	13322910	10447767
设备工器具购置	70278	138756	197230
其他费用	1780669	2449901	2269400
#土地购置费	1298632	1851536	1353175
2.按用途分			
住宅	7828029	10695409	8456280
#别墅、高档公寓	295353	421549	234266
#经济适用房屋	390935		
办公楼	534421	735151	594469
商业营业用房	2024633	3113933	2602685
其他	812792	1367074	1260963
3.商品房屋建设和土地开发			
#商品房建设投资			
#土地开发投资			
商品房建设投资额比重(%)			
4.资金来源及构成			
本年资金来源小计	11949714	18937453	14090842
国内贷款	459350	715241	795999
利用外资	1600		
#外商直接投资	1600		
自筹资金	9398468	14619849	10310743
其他资金来源	1806019	2859160	2984100
三、本年新增固定资产(万元)	**5125639**	**6412503**	**6363992**
四、土地开发及购置(平方米)			
本年完成开发土地面积			
待开发土地面积	6139554	5161183	5385174
本年购置土地面积	19930041	16346616	9027554

8-5 续表

指 标	2010年	2011年	2012年
五、商品房屋建筑面积(平方米)			
1.施工房屋面积	**115353460**	**158952844**	**165073986**
住宅	82728606	109005845	111816609
#别墅、高档公寓	2691005	2768838	2331531
#经济适用房屋	4171831		
办公楼	4855415	7048320	6430957
商业营业用房	20278171	29778308	30830456
其他	7491268	13120371	15995964
2.新开工房屋面积	**62703423**	**82362647**	**54234249**
住宅	44733862	57333959	36701776
#别墅、高档公寓	892121	1144668	591986
#经济适用房屋	1622356		
办公楼	2858344	3056400	1605452
商业营业用房	10950418	15055181	9776305
其他	4160799	6917107	6150716
3.竣工房屋面积	**22976513**	**25193797**	**24491300**
住宅	18684510	19843057	18161022
#别墅、高档公寓	462656	358279	586507
#经济适用房屋	962872		
办公楼	290714	288127	672301
商业营业用房	3071162	3941616	4036758
其他	930127	1120997	1621219
六、商品房屋销售			
1.销售面积(平方米)	**30573828**	**35090853**	**25235214**
住宅	25698409	29111551	21042187
#别墅、高档公寓	461975	776250	546607
#经济适用房屋	702116		
办公楼	298755	385034	365557
商业营业用房	3533007	3843873	2701681
其他	1043657	1750395	1125789
2.销售额(万元)	**10765543**	**13274625**	**10227971**
住宅	7664741	9725214	7693888
#别墅、高档公寓	284961	552880	344125
#经济适用房屋	128960		
办公楼	186109	256935	220722
商业营业用房	2530058	2577069	1876003
其他	384635	715407	437358
3.销售价格(元/平方米)	**3521**	**3783**	**4053**
住宅	2983	3341	3656
办公楼	6229	6673	6038
商业营业用房	7161	6704	6944

8-6　辽宁省房地产开发投资综合统计

指　　标	2010年	2011年	2012年
一、房地产企业			
1.企业个数合计(个)	**4181**	**3648**	**3961**
#一级企业	55	48	55
#二级企业	246	219	226
#三级企业	1245	1104	1117
2.资产负债(万元)			
资产总计	99361714	137328847	157220968
负债总计	75265531	107150615	121310106
所有者权益	24096183	30178233	35910862
资产负债率(%)	75.7	78.0	77.2
二、本年完成投资额(万元)			
合计	**34657562**	**44875610**	**54558196**
1.按构成分			
建筑安装工程	26754213	36067442	42611906
设备工器具购置	543356	1199549	1127517
其他费用	7359993	7608619	10818773
#土地购置费	5080384	5225988	7405576
2.按用途分			
住宅	24813478	34104876	39619482
#别墅、高档公寓	1915220	2067588	1811848
#经济适用房屋	503756		
办公楼	1029344	929622	1633776
商业营业用房	5886469	6753253	8627741
其他	2928271	3087859	4677197
3.商品房屋建设和土地开发			
#商品房建设投资			
#土地开发投资			
商品房建设投资额比重(%)			
4.资金来源及构成			
本年资金来源小计	56566283	63085656	63287555
国内贷款	6483457	7671009	8507560
利用外资	1742831	1920617	1178814
#外商直接投资	1406882	1572263	1050300
自筹资金	27857536	27758717	33105096
其他资金来源	14624279	18300505	20496085
三、本年新增固定资产(万元)	**12692617**	**21388327**	**23154604**
四、土地开发及购置(平方米)			
本年完成开发土地面积			
待开发土地面积	14152972	18056793	17209875
本年购置土地面积	31345866	34462683	31995220

8-6 续表

指　标	2010年	2011年	2012年
五、商品房屋建筑面积(平方米)			
1.施工房屋面积	**268310750**	**343642598**	**385020220**
住宅	206773310	266449415	292848810
#别墅、高档公寓	7997981	11328878	9356850
#经济适用房屋	6878527		
办公楼	5829506	6086490	7789947
商业营业用房	39541371	49771548	56985773
其他	16166563	21335145	27395690
2.新开工房屋面积	**126478983**	**124442844**	**138289201**
住宅	98703698	99100057	106440294
#别墅、高档公寓	3105512	3402973	2183567
#经济适用房屋	2528444		
办公楼	2153628	1126829	2346134
商业营业用房	18348457	15815283	19226289
其他	7273200	8400675	10276484
3.竣工房屋面积	**44973796**	**63227810**	**64381534**
住宅	36913681	52252025	51322876
#别墅、高档公寓	1269882	1591710	1202719
#经济适用房屋	1983941		
办公楼	752925	724170	997425
商业营业用房	5385606	7213868	7620691
其他	1921584	3037747	4440542
六、商品房屋销售			
1.销售面积(平方米)	**68004530**	**75414794**	**88279494**
住宅	60135018	66240534	76553988
#别墅、高档公寓	930553	1478496	2437912
#经济适用房屋	670883		
办公楼	647059	524160	791473
商业营业用房	5100338	5835494	7759254
其他	2122115	2814606	3174779
2.销售额(万元)	**30633172**	**35691155**	**43627815**
住宅	25876571	30092300	36112089
#别墅、高档公寓	990832	1264275	2112351
#经济适用房屋	205561		
办公楼	524527	307547	763539
商业营业用房	3328874	4078586	5464026
其他	903200	1212722	1288161
3.销售价格(元/平方米)	**4505**	**4733**	**4942**
住宅	4303	4543	4717
办公楼	8106	5867	9647
商业营业用房	6527	6989	7042

8-7 吉林省房地产开发投资综合统计

指 标	2010年	2011年	2012年
一、房地产企业			
1.企业个数合计(个)	**1352**	**1563**	**1709**
#一级企业	7	8	5
#二级企业	111	126	152
#三级企业	374	370	386
2.资产负债(万元)			
资产总计	20202121	26208304	34300789
负债总计	15702694	20753996	27606882
所有者权益	4499427	5454308	6693907
资产负债率(%)	77.7	79.2	80.5
二、本年完成投资额(万元)			
合计	**9210117**	**11953911**	**13100259**
1.按构成分			
建筑安装工程	7434156	9245197	9902288
设备工器具购置	14156	40122	107268
其他费用	1761805	2668592	3090703
#土地购置费	1252993	1868331	2255877
2.按用途分			
住宅	7317269	9208055	9877438
#别墅、高档公寓	907080	710191	623608
#经济适用房屋	362228		
办公楼	138718	201628	313270
商业营业用房	1160245	1600637	1789054
其他	593885	943591	1120497
3.商品房屋建设和土地开发			
#商品房建设投资			
#土地开发投资			
商品房建设投资额比重(%)			
4.资金来源及构成			
本年资金来源小计	10143735	13992340	14316776
国内贷款	681586	556977	1096958
利用外资	400	50385	18880
#外商直接投资	400	47685	18880
自筹资金	5916347	7430406	8783841
其他资金来源	2973378	4563408	4417097
三、本年新增固定资产(万元)	**5865131**	**5907332**	**5655047**
四、土地开发及购置(平方米)			
本年完成开发土地面积			
待开发土地面积	978424	2726161	2456110
本年购置土地面积	8612512	15164039	15390069

8-7 续表

指　　标	2010年	2011年	2012年
五、商品房屋建筑面积（平方米）			
1.施工房屋面积	**70694709**	**91234149**	**109357999**
住宅	57588659	72651099	85125959
#别墅、高档公寓	2529970	2890148	3473898
#经济适用房屋	2767427		
办公楼	1046684	1661309	2072196
商业营业用房	8104733	11318643	14708706
其他	3954633	5603098	7451138
2.新开工房屋面积	**35253007**	**49914466**	**48267557**
住宅	28935171	39868797	36833938
#别墅、高档公寓	1318122	771339	899486
#经济适用房屋	844702		
办公楼	243800	727398	885038
商业营业用房	4207704	6450139	6993527
其他	1866332	2868132	3555054
3.竣工房屋面积	**20305160**	**18789327**	**19278702**
住宅	16949615	15482168	16135936
#别墅、高档公寓	438199	462786	818156
#经济适用房屋	1063835		
办公楼	127446	194511	164300
商业营业用房	2245284	2072842	2230670
其他	982815	1039806	747796
六、商品房屋销售			
1.销售面积（平方米）	**23821025**	**24326055**	**24524245**
住宅	21053282	21223889	21594307
#别墅、高档公寓	679177	1147569	795556
#经济适用房屋	100370		
办公楼	77461	99698	147547
商业营业用房	2203046	2390368	2194900
其他	487236	612100	587491
2.销售额（万元）	**8688026**	**10615628**	**10169480**
住宅	7359079	8831622	8368014
#别墅、高档公寓	681260	1214629	663985
#经济适用房屋	19839		
办公楼	25393	83211	117895
商业营业用房	1113287	1421575	1413060
其他	190267	279220	270511
3.销售价格（元/平方米）	**3647**	**4364**	**4147**
住宅	3495	4161	3875
办公楼	3278	8346	7990
商业营业用房	5053	5947	6438

8-8 黑龙江省房地产开发投资综合统计

指　　标	2010年	2011年	2012年
一、房地产企业			
1.企业个数合计(个)	**1890**	**2157**	**2134**
#一级企业	14	17	19
#二级企业	269	313	331
#三级企业	1055	1196	1179
2.资产负债(万元)			
资产总计	25874201	43470000	71072452
负债总计	18398317	31489751	43317095
所有者权益	7475884	11980249	27755357
资产负债率(%)	71.1	72.4	60.9
二、本年完成投资额(万元)			
合计	**8431198**	**12275672**	**15358438**
1.按构成分			
建筑安装工程	6752877	10060375	12635375
设备工器具购置	88864	106728	124052
其他费用	1589457	2108569	2599011
#土地购置费	906816	1530448	1509508
2.按用途分			
住宅	6575367	9478981	11225245
#别墅、高档公寓	99469	133555	221446
#经济适用房屋	122816		
办公楼	109197	166726	269161
商业营业用房	1053409	1446218	2183563
其他	693225	1183747	1680469
3.商品房屋建设和土地开发			
#商品房建设投资			
#土地开发投资			
商品房建设投资额比重(%)			
4.资金来源及构成			
本年资金来源小计	11430442	17685735	17111768
国内贷款	488956	619884	876365
利用外资	15000	33500	165
#外商直接投资	15000	26500	165
自筹资金	6513529	10870814	11042025
其他资金来源	3486141	4486478	5193213
三、本年新增固定资产(万元)	**5517655**	**6769528**	**8246658**
四、土地开发及购置(平方米)			
本年完成开发土地面积			
待开发土地面积	1724407	5052481	3476368
本年购置土地面积	11743040	18606548	9299142

8-8 续表

指　　标	2010年	2011年	2012年
五、商品房屋建筑面积(平方米)			
1.施工房屋面积	**75328812**	**121229416**	**134849706**
住宅	61074452	96628625	104719594
#别墅、高档公寓	683025	746112	967821
#经济适用房屋	1451231		
办公楼	752647	1220343	1776618
商业营业用房	8622671	13710366	15699880
其他	4879042	9670082	12653614
2.新开工房屋面积	**50214326**	**72742236**	**50743456**
住宅	40835219	58196017	37855484
#别墅、高档公寓	346895	453000	494716
#经济适用房屋	1105054		
办公楼	411633	740956	927862
商业营业用房	5770266	8263792	7284628
其他	3197208	5541471	4675482
3.竣工房屋面积	**26458267**	**32313443**	**32457265**
住宅	21989911	25979788	26462053
#别墅、高档公寓	279339	240148	73676
#经济适用房屋	670085		
办公楼	242769	219545	285203
商业营业用房	3032968	4344276	3402487
其他	1192619	1769834	2307522
六、商品房屋销售			
1.销售面积(平方米)	**27209459**	**34328444**	**38068231**
住宅	23856799	29478359	32262165
#别墅、高档公寓	518243	198249	229540
#经济适用房屋	517057		
办公楼	83786	79085	242575
商业营业用房	2347388	3603816	4108684
其他	921486	1167184	1454807
2.销售额(万元)	**10119482**	**13616041**	**15482979**
住宅	8330469	10856224	12019303
#别墅、高档公寓	318940	162007	214318
#经济适用房屋	100942		
办公楼	35809	38358	138229
商业营业用房	1367963	2238139	2645351
其他	385241	483320	680096
3.销售价格(元/平方米)	**3719**	**3966**	**4067**
住宅	3492	3683	3726
办公楼	4274	4850	5698
商业营业用房	5828	6210	6438

8-9　上海市房地产开发投资综合统计

指　　标	2010年	2011年	2012年
一、房地产企业			
1.企业个数合计(个)	**3247**	**3300**	**3132**
#一级企业	44	46	51
#二级企业	275	275	270
#三级企业	416	428	407
2.资产负债(万元)			
资产总计	261218258	289860701	323164216
负债总计	176487924	195094713	216128374
所有者权益	84730335	94765988	107035841
资产负债率(%)	67.6	67.3	66.9
二、本年完成投资额(万元)			
合计	**19806787**	**22538314**	**23813574**
1.按构成分			
建筑安装工程	13044850	15260795	17017827
设备工器具购置	220433	171938	145754
其他费用	6541504	7105581	6649993
#土地购置费	4492749	4219724	3905305
2.按用途分			
住宅	12298294	14655238	14519446
#别墅、高档公寓	3736666	4106748	3350806
#经济适用房屋	1175728		
办公楼	2244608	2279028	2628502
商业营业用房	2447030	2515516	2937507
其他	2816855	3088532	3728119
3.商品房屋建设和土地开发			
#商品房建设投资			
#土地开发投资			
商品房建设投资额比重(%)			
4.资金来源及构成			
本年资金来源小计	44438490	49850992	39685136
国内贷款	8195726	8516827	9757750
利用外资	960514	377238	261165
#外商直接投资	655161	339220	261165
自筹资金	10708799	12796255	13859584
其他资金来源	12427811	12745282	15806637
三、本年新增固定资产(万元)	**9642739**	**14012006**	**13884487**
四、土地开发及购置(平方米)			
本年完成开发土地面积			
待开发土地面积	3153959	3179885	3502341
本年购置土地面积	4324365	6363461	3006176

8-9 续表

指　　标	2010年	2011年	2012年
五、商品房屋建筑面积(平方米)			
1.施工房屋面积	**112950262**	**130331656**	**132499656**
住宅	73138469	84499016	83156827
#别墅、高档公寓	15841099	16614684	14257667
#经济适用房屋	6504511		
办公楼	11031807	11481048	12846833
商业营业用房	12929623	13729003	14499055
其他	15850363	20622589	21996941
2.新开工房屋面积	**30305902**	**37261412**	**27240509**
住宅	21111142	25143345	15633923
#别墅、高档公寓	3898374	4304054	2343312
#经济适用房屋	2292253		
办公楼	1473859	2551896	3039087
商业营业用房	2980971	2538044	3651658
其他	4739930	7028127	4915841
3.竣工房屋面积	**19412468**	**23843341**	**23050586**
住宅	13960521	16454689	16091305
#别墅、高档公寓	3280049	3906453	2759148
#经济适用房屋	130670		
办公楼	1506927	1747912	2068703
商业营业用房	1764144	2577421	1776514
其他	2180876	3063319	3114064
六、商品房屋销售			
1.销售面积(平方米)	**20609647**	**17908598**	**18984590**
住宅	16908229	14999998	15926284
#别墅、高档公寓	3417055	2542431	2345559
#经济适用房屋			
办公楼	1628914	1411054	1117263
商业营业用房	1257410	902599	1200053
其他	815094	594947	740990
2.销售额(万元)	**29810074**	**26152347**	**26694942**
住宅	24162390	20348748	22089570
#别墅、高档公寓	8526157	6711034	6613452
#经济适用房屋			
办公楼	3076748	3668289	2346206
商业营业用房	1984033	1762491	1946240
其他	586903	372819	312926
3.销售价格(元/平方米)	**14464**	**14603**	**14061**
住宅	14290	13566	13870
办公楼	18888	25997	21000
商业营业用房	15779	19527	16218

8-10　江苏省房地产开发投资综合统计

指　标	2010年	2011年	2012年
一、房地产企业			
1.企业个数合计（个）	**6070**	**6404**	**6357**
#一级企业	95	102	106
#二级企业	1596	1920	1989
#三级企业	1966	1806	1526
2.资产负债（万元）			
资产总计	197913237	253001905	305900130
负债总计	142338146	185291613	223981319
所有者权益	55575092	67710292	81918811
资产负债率(%)	71.9	73.2	73.2
二、本年完成投资额（万元）			
合计	**42993786**	**55679439**	**62060953**
1.按构成分			
建筑安装工程	28972068	37485961	44020652
设备工器具购置	410852	1753239	1404209
其他费用	13610866	16440239	16636092
#土地购置费	9604406	12574113	11404552
2.按用途分			
住宅	31584588	40940332	43546260
#别墅、高档公寓	3485066	5366710	4701613
#经济适用房屋	989379		
办公楼	1546111	2045687	2600955
商业营业用房	6110763	7372610	9760837
其他	3752324	5320810	6152901
3.商品房屋建设和土地开发			
#商品房建设投资			
#土地开发投资			
商品房建设投资额比重(%)			
4.资金来源及构成			
本年资金来源小计	98392388	107191135	98568929
国内贷款	15156571	16299574	18907148
利用外资	927647	846941	615723
#外商直接投资	866032	802240	547923
自筹资金	20313757	26350174	30875317
其他资金来源	43825352	39608688	48170741
三、本年新增固定资产（万元）	**27591540**	**28525546**	**37340508**
四、土地开发及购置（平方米）			
本年完成开发土地面积			
待开发土地面积	37987935	45048060	48873275
本年购置土地面积	20557117	26936689	30709986

8-10 续表

指　　标	2010年	2011年	2012年
五、商品房屋建筑面积(平方米)			
1.施工房屋面积	**351069042**	**405002655**	**450975382**
住宅	263471270	302603655	334121657
#别墅、高档公寓	20128107	24130749	25556268
#经济适用房屋	10125720		
办公楼	11697951	13460736	15398391
商业营业用房	48675555	54727611	60710684
其他	27224266	34210653	40744650
2.新开工房屋面积	**137454238**	**147207611**	**139084434**
住宅	105863949	110930921	102854909
#别墅、高档公寓	6886454	8456509	6835122
#经济适用房屋	4515023		
办公楼	3615734	5181894	4025308
商业营业用房	17422215	18826888	19282741
其他	10552340	12267908	12921476
3.竣工房屋面积	**86962784**	**84482383**	**98484031**
住宅	65535308	64767535	76871276
#别墅、高档公寓	4641520	5077772	4478908
#经济适用房屋	3019412		
办公楼	3189106	2493640	2371807
商业营业用房	12177838	11070425	11687357
其他	6060532	6150783	7553591
六、商品房屋销售			
1.销售面积(平方米)	**94854729**	**79704907**	**90191799**
住宅	81123681	67672538	79233670
#别墅、高档公寓	5237482	4097744	4117368
#经济适用房屋	3151983		
办公楼	2098847	2198682	2008261
商业营业用房	9882286	8516597	7639475
其他	1749915	1317090	1310393
2.销售额(万元)	**55403189**	**52241903**	**60670069**
住宅	45366278	41586124	50890578
#别墅、高档公寓	5337511	4771151	4777823
#经济适用房屋	771831		
办公楼	1671073	2118354	1817335
商业营业用房	7799022	7984212	7466905
其他	566816	553213	495251
3.销售价格(元/平方米)	**5841**	**6554**	**6727**
住宅	5592	6145	6423
办公楼	7962	9635	9049
商业营业用房	7892	9375	9774

8-11　浙江省房地产开发投资综合统计

指　　标	2010年	2011年	2012年
一、房地产企业			
1.企业个数合计(个)	**5577**	**6080**	**6221**
#一级企业	128	130	133
#二级企业	570	605	631
#三级企业	1648	1648	1665
2.资产负债(万元)			
资产总计	188183323	241897342	313609205
负债总计	147402267	189466683	235975508
所有者权益	40781056	52430659	77633696
资产负债率(%)	78.3	78.3	75.2
二、本年完成投资额(万元)			
合计	**30254250**	**41372525**	**52262667**
1.按构成分			
建筑安装工程	16434616	23258701	27447650
设备工器具购置	302807	327366	415805
其他费用	13516827	17786458	24399212
#土地购置费	11380203	13796939	19487536
2.按用途分			
住宅	20581894	27237072	34367379
#别墅、高档公寓	1864013	2262220	3055888
#经济适用房屋	334342		
办公楼	1929927	2768337	3058512
商业营业用房	3563613	4947968	5849933
其他	4178816	6419148	8986843
3.商品房屋建设和土地开发			
#商品房建设投资			
#土地开发投资			
商品房建设投资额比重(%)			
4.资金来源及构成			
本年资金来源小计	69727920	103655603	65308631
国内贷款	10236013	11316229	11254805
利用外资	239592	395626	160046
#外商直接投资	191272	395326	155984
自筹资金	12888867	19638284	21785574
其他资金来源	31151562	30284178	32108206
三、本年新增固定资产(万元)	**13246205**	**15264439**	**16529603**
四、土地开发及购置(平方米)			
本年完成开发土地面积			
待开发土地面积	14888834	26140482	19086942
本年购置土地面积	19599138	21888002	12561137

8-11 续表

指　　标	2010年	2011年	2012年
五、商品房屋建筑面积(平方米)			
1.施工房屋面积	**237818597**	**299273917**	**334229728**
住宅	161383510	196927713	216563846
#别墅、高档公寓	11790189	12994657	15398083
#经济适用房屋	5217263		
办公楼	14776538	19479791	20991694
商业营业用房	26195127	31859296	36422768
其他	35463422	51007117	60251420
2.新开工房屋面积	**78412744**	**102105980**	**78167951**
住宅	52239361	66521335	49468346
#别墅、高档公寓	3787924	3601385	3591467
#经济适用房屋	1104646		
办公楼	4755395	5959302	4138818
商业营业用房	8569461	10481621	9117577
其他	12848527	19143722	15443210
3.竣工房屋面积	**41158344**	**45285858**	**42929350**
住宅	27984311	30536125	29172640
#别墅、高档公寓	2193779	1888935	1925409
#经济适用房屋	997580		
办公楼	1997015	3033021	2183543
商业营业用房	5653505	4867250	4531061
其他	5523513	6849462	7042106
六、商品房屋销售			
1.销售面积(平方米)	**48165283**	**35313567**	**40052939**
住宅	38337391	27571846	33162270
#别墅、高档公寓	2726354	1665244	1684006
#经济适用房屋	863591		
办公楼	2721145	2164949	1887546
商业营业用房	4592928	3682743	3326371
其他	2513819	1894029	1676752
2.销售额(万元)	**44590429**	**34741706**	**42626643**
住宅	35774857	27023587	35416262
#别墅、高档公寓	3409722	2484874	2371266
#经济适用房屋	291834		
办公楼	3002171	2576987	2405250
商业营业用房	4880875	4333012	4053591
其他	932526	808120	751540
3.销售价格(元/平方米)	**9258**	**9838**	**10643**
住宅	9332	9801	10680
办公楼	11033	11903	12743
商业营业用房	10627	11766	12186

8-12　安徽省房地产开发投资综合统计

指　　标	2010年	2011年	2012年
一、房地产企业			
1.企业个数合计(个)	**3281**	**3209**	**3402**
#一级企业	29	34	39
#二级企业	265	289	336
#三级企业	935	898	913
2.资产负债(万元)			
资产总计	54306465	75629439	98837169
负债总计	40794981	57739187	74587728
所有者权益	13511484	17890252	24249441
资产负债率(%)	75.1	76.3	75.5
二、本年完成投资额(万元)			
合计	**22518045**	**26115374**	**31516065**
1.按构成分			
建筑安装工程	15610189	18219346	23870094
设备工器具购置	249742	276420	395858
其他费用	6658114	7619608	7250113
#土地购置费	5171920	5673485	5252699
2.按用途分			
住宅	15954705	18696348	20592945
#别墅、高档公寓	765822	912580	629049
#经济适用房屋	280169		
办公楼	656106	671647	1319806
商业营业用房	2921646	3864350	5649370
其他	2985588	2883029	3953944
3.商品房屋建设和土地开发			
#商品房建设投资			
#土地开发投资			
商品房建设投资额比重(%)			
4.资金来源及构成			
本年资金来源小计	32926163	48472532	38344224
国内贷款	3232498	3424010	4062323
利用外资	61827	34360	13860
#外商直接投资	55527	19970	13860
自筹资金	11965866	15786078	16859424
其他资金来源	13241093	14753607	17408617
三、本年新增固定资产(万元)	**8567022**	**10737874**	**12531622**
四、土地开发及购置(平方米)			
本年完成开发土地面积			
待开发土地面积	12351357	23697037	25584055
本年购置土地面积	24510223	32949901	26187806

8-12 续表

指　　标	2010年	2011年	2012年
五、商品房屋建筑面积(平方米)			
1.施工房屋面积	**176200083**	**207858045**	**248360596**
住宅	138385429	160366858	181825819
#别墅、高档公寓	4523534	4396841	4172057
#经济适用房屋	4869598		
办公楼	5218255	5339559	7894578
商业营业用房	23072201	28236302	38400941
其他	9524198	13915326	20239258
2.新开工房屋面积	**73539529**	**86586705**	**78742199**
住宅	57975783	67487972	54683862
#别墅、高档公寓	939749	1297897	1215908
#经济适用房屋	2195196		
办公楼	1633935	1501790	2337528
商业营业用房	9662980	11389253	14405472
其他	4266831	6207690	7315337
3.竣工房屋面积	**30266512**	**36287297**	**39653918**
住宅	24083232	28863347	31231480
#别墅、高档公寓	849520	964586	462565
#经济适用房屋	1026065		
办公楼	498942	862574	499757
商业营业用房	4293683	5187794	5771938
其他	1390655	1373582	2150743
六、商品房屋销售			
1.销售面积(平方米)	**41542579**	**46055788**	**48288149**
住宅	36418827	39919945	42754287
#别墅、高档公寓	827266	550137	717689
#经济适用房屋	376864		
办公楼	872828	936855	619992
商业营业用房	3895971	4783165	4284155
其他	354953	415823	629715
2.销售额(万元)	**17469179**	**21996724**	**23298812**
住宅	14200561	17449951	19218573
#别墅、高档公寓	492209	433924	531586
#经济适用房屋	67135		
办公楼	541871	635162	460060
商业营业用房	2609759	3784979	3364761
其他	116988	126632	255418
3.销售价格(元/平方米)	**4205**	**4776**	**4825**
住宅	3899	4371	4495
办公楼	6208	6780	7420
商业营业用房	6699	7913	7854

8-13　福建省房地产开发投资综合统计

指　　标	2010年	2011年	2012年
一、房地产企业			
1.企业个数合计(个)	**3634**	**3576**	**3140**
#一级企业	40	31	33
#二级企业	157	150	137
#三级企业	882	826	770
2.资产负债(万元)			
资产总计	77949275	108852110	125376742
负债总计	55337283	78230425	91593418
所有者权益	22611992	30621685	33783324
资产负债率(%)	71.0	71.9	73.1
二、本年完成投资额(万元)			
合计	**18188570**	**24063370**	**28241249**
1.按构成分			
建筑安装工程	9316160	14581117	19259003
设备工器具购置	93941	92295	233141
其他费用	8778469	9389958	8749105
#土地购置费	7651682	7946240	6881569
2.按用途分			
住宅	9751349	15721093	17519814
#别墅、高档公寓	552610	763443	1021325
#经济适用房屋	165019		
办公楼	496714	1157541	1892202
商业营业用房	1623334	2682149	3703798
其他	6317173	4502587	5125435
3.商品房屋建设和土地开发			
#商品房建设投资			
#土地开发投资			
商品房建设投资额比重(%)			
4.资金来源及构成			
本年资金来源小计	30936927	41930160	41207269
国内贷款	4324562	3916155	5236284
利用外资	181737	276762	78394
#外商直接投资	152290	152316	74124
自筹资金	10996403	14286824	14267925
其他资金来源	10810410	16318288	21624666
三、本年新增固定资产(万元)	**4808613**	**6687247**	**6288034**
四、土地开发及购置(平方米)			
本年完成开发土地面积			
待开发土地面积	15773748	12570441	9129916
本年购置土地面积	15404226	15402594	9256419

8-13 续表

指　　标	2010年	2011年	2012年
五、商品房屋建筑面积(平方米)			
1.施工房屋面积	**141897314**	**189379769**	**211214992**
住宅	105725306	135786927	147311896
#别墅、高档公寓	5495187	5142336	5600473
#经济适用房屋	3564059		
办公楼	4528860	7738757	9873666
商业营业用房	12736561	19334558	22461114
其他	18906587	26519527	31568316
2.新开工房屋面积	**46795621**	**70694677**	**53429663**
住宅	33995342	48800894	35651137
#别墅、高档公寓	1985034	1646640	868958
#经济适用房屋	340391		
办公楼	1834633	3008360	2523784
商业营业用房	4545504	8399101	6409553
其他	6420142	10486322	8845189
3.竣工房屋面积	**22424724**	**26517102**	**22327799**
住宅	17158715	20073422	15646197
#别墅、高档公寓	582240	779999	595664
#经济适用房屋	587329		
办公楼	352016	547452	1192013
商业营业用房	1653889	2860684	2388270
其他	3260104	3035544	3101319
六、商品房屋销售			
1.销售面积(平方米)	**25756234**	**27067244**	**32589398**
住宅	21392617	22133025	27419567
#别墅、高档公寓	830093	784575	845794
#经济适用房屋	524854		
办公楼	822045	1091676	1508294
商业营业用房	1763501	1838556	2098796
其他	1778071	2003987	1562741
2.销售额(万元)	**16113242**	**21015791**	**28176959**
住宅	13001297	16493429	22938978
#别墅、高档公寓	936136	1120862	1223675
#经济适用房屋	128055		
办公楼	717772	1130354	1827658
商业营业用房	1805651	2637849	2620053
其他	588522	754159	790270
3.销售价格(元/平方米)	**6256**	**7764**	**8646**
住宅	6077	7452	8366
办公楼	8732	10354	12117
商业营业用房	10239	14347	12484

8-14　江西省房地产开发投资综合统计

指　　标	2010年	2011年	2012年
一、房地产企业			
1.企业个数合计(个)	**2141**	**2099**	**2005**
#一级企业	6	6	6
#二级企业	245	230	232
#三级企业	815	752	685
2.资产负债(万元)			
资产总计	22717358	37841131	45176701
负债总计	15776362	25781653	32312575
所有者权益	6940996	12059478	12864126
资产负债率(%)	69.4	68.1	71.5
二、本年完成投资额(万元)			
合计	**7068222**	**8670285**	**9696176**
1.按构成分			
建筑安装工程	5342927	6449856	7773342
设备工器具购置	135226	85147	119087
其他费用	1590069	2135282	1803747
#土地购置费	1098952	1609430	1075870
2.按用途分			
住宅	5447742	6611398	6842114
#别墅、高档公寓	181581	323442	296939
#经济适用房屋	113973		
办公楼	110064	203243	621001
商业营业用房	781411	955386	1176446
其他	729005	900258	1056615
3.商品房屋建设和土地开发			
#商品房建设投资			
#土地开发投资			
商品房建设投资额比重(%)			
4.资金来源及构成			
本年资金来源小计	13065368	15347468	14772167
国内贷款	1464036	1486163	1648995
利用外资	28979	64601	7893
#外商直接投资	28979	64601	6493
自筹资金	3912925	4820400	5047928
其他资金来源	4675666	5792344	8067351
三、本年新增固定资产(万元)	**3898732**	**4254697**	**5832322**
四、土地开发及购置(平方米)			
本年完成开发土地面积			
待开发土地面积	9833892	9322550	6620178
本年购置土地面积	7771503	10678014	7331710

8-14 续表

指　　标	2010年	2011年	2012年
五、商品房屋建筑面积(平方米)			
1.施工房屋面积	**72299393**	**84613832**	**94656342**
住宅	60646175	69997555	73198469
#别墅、高档公寓	1825017	2762059	2674736
#经济适用房屋	1957105		
办公楼	1142464	1310322	2801901
商业营业用房	7340913	8856053	11889365
其他	3169841	4449902	6766607
2.新开工房屋面积	**23449792**	**34866674**	**32610254**
住宅	19564677	28240119	24000924
#别墅、高档公寓	549548	1295024	762646
#经济适用房屋	383316		
办公楼	418222	611117	1370194
商业营业用房	2501321	3916035	4804201
其他	965572	2099403	2434935
3.竣工房屋面积	**18177356**	**19060642**	**17474817**
住宅	15504625	16226856	14404841
#别墅、高档公寓	303108	417593	448420
#经济适用房屋	865708		
办公楼	234134	71176	318908
商业营业用房	1739742	2155875	2055924
其他	698855	606735	695144
六、商品房屋销售			
1.销售面积(平方米)	**24697318**	**24168530**	**23971035**
住宅	22657204	21567717	21258981
#别墅、高档公寓	295038	550795	320620
#经济适用房屋	1025621		
办公楼	190164	212779	475595
商业营业用房	1508452	1922428	1894565
其他	341498	465606	341894
2.销售额(万元)	**7764058**	**10024387**	**11373453**
住宅	6703400	8243172	9313940
#别墅、高档公寓	154965	370697	247271
#经济适用房屋	163526		
办公楼	157001	194448	506207
商业营业用房	805870	1440368	1402281
其他	97787	146399	151025
3.销售价格(元/平方米)	**3144**	**4148**	**4745**
住宅	2959	3822	4381
办公楼	8256	9138	10644
商业营业用房	5342	7492	7402

8-15 山东省房地产开发投资综合统计

指 标	2010年	2011年	2012年
一、房地产企业			
1.企业个数合计(个)	**5798**	**5589**	**5841**
#一级企业	68	75	86
#二级企业	281	285	343
#三级企业	1095	1024	1033
2.资产负债(万元)			
资产总计	111112788	152425627	181958446
负债总计	85668959	120843523	146536922
所有者权益	25443830	31582103	35421523
资产负债率(%)	77.1	79.3	80.5
二、本年完成投资额(万元)			
合计	**32493686**	**41067530**	**47083068**
1.按构成分			
建筑安装工程	23450571	32269198	35515435
设备工器具购置	327597	366054	525177
其他费用	8715518	8432278	11042456
#土地购置费	6004114	6953788	8522848
2.按用途分			
住宅	25111721	31987841	34732267
#别墅、高档公寓	756982	1610692	2145903
#经济适用房屋	492080		
办公楼	733963	993383	1906559
商业营业用房	3788058	4769337	5763110
其他	2859944	3316969	4681132
3.商品房屋建设和土地开发			
#商品房建设投资			
#土地开发投资			
商品房建设投资额比重(%)			
4.资金来源及构成			
本年资金来源小计	53140461	66009152	57550918
国内贷款	7548032	8133541	6775106
利用外资	188707	246870	159111
#外商直接投资	161784	207153	159111
自筹资金	17948789	24195032	26758554
其他资金来源	18834757	21769131	23858147
三、本年新增固定资产(万元)	**13454879**	**17743195**	**20984393**
四、土地开发及购置(平方米)			
本年完成开发土地面积			
待开发土地面积	22067652	34293334	34395600
本年购置土地面积	28500889	36911136	26100287

8-15 续表

指　　标	2010年	2011年	2012年
五、商品房屋建筑面积(平方米)			
1.施工房屋面积	**280811680**	**363394924**	**429589083**
住宅	227280889	290473193	337152452
#别墅、高档公寓	5730117	7693957	9241598
#经济适用房屋	6333283		
办公楼	4781379	7872747	10518161
商业营业用房	32802474	40735075	48871176
其他	15946938	24313909	33047294
2.新开工房屋面积	**123302145**	**140653386**	**139027241**
住宅	102415467	113565181	108379656
#别墅、高档公寓	2353012	2940885	2800860
#经济适用房屋	2407544		
办公楼	1616223	3660057	3782691
商业营业用房	12654731	13510999	15907985
其他	6615724	9917149	10956909
3.竣工房屋面积	**50743435**	**63567572**	**73249656**
住宅	42707978	53117740	60867092
#别墅、高档公寓	1034792	1398055	1559245
#经济适用房屋	1662336		
办公楼	875489	1165419	1302882
商业营业用房	5099931	6133918	6826002
其他	2060037	3150495	4253680
六、商品房屋销售			
1.销售面积(平方米)	**92938813**	**95760078**	**86327614**
住宅	84482551	87411567	77458724
#别墅、高档公寓	1390984	1605249	1659602
#经济适用房屋	2450886		
办公楼	824689	713988	1353808
商业营业用房	6075904	6040170	5537524
其他	1555669	1594353	1977558
2.销售额(万元)	**36651206**	**42591498**	**41117964**
住宅	32180220	37576321	35295110
#别墅、高档公寓	1290838	1309334	1666120
#经济适用房屋	662307		
办公楼	544782	549553	1177315
商业营业用房	3465120	3892907	3922038
其他	461084	572717	723501
3.销售价格(元/平方米)	**3944**	**4448**	**4763**
住宅	3809	4299	4557
办公楼	6606	7697	8696
商业营业用房	5703	6445	7083

8-16　河南省房地产开发投资综合统计

指　标	2010年	2011年	2012年
一、房地产企业			
1.企业个数合计(个)	**4176**	**4963**	**5316**
#一级企业	36	48	59
#二级企业	362	409	496
#三级企业	869	931	976
2.资产负债(万元)			
资产总计	45243820	65168658	86412935
负债总计	32685619	48594182	66347192
所有者权益	12558201	16574476	20065743
资产负债率(%)	72.2	74.6	76.8
二、本年完成投资额(万元)			
合计	**21140831**	**26265442**	**30352884**
1.按构成分			
建筑安装工程	16570626	21182529	23974113
设备工器具购置	253376	243243	442678
其他费用	4316829	4839670	5936093
#土地购置费	2932283	2926828	3073637
2.按用途分			
住宅	16852092	20211850	22030619
#别墅、高档公寓	190282	222441	215814
#经济适用房屋	618736		
办公楼	567409	1154366	1363478
商业营业用房	1927733	2393488	3193898
其他	1793597	2505738	3764889
3.商品房屋建设和土地开发			
#商品房建设投资			
#土地开发投资			
商品房建设投资额比重(%)			
4.资金来源及构成			
本年资金来源小计	27617798	28908983	34550379
国内贷款	2444995	2787661	3210906
利用外资	17608	66855	11303
#外商直接投资	17108	66855	10300
自筹资金	13365693	16591274	19207213
其他资金来源	8859634	9463193	12120957
三、本年新增固定资产(万元)	**8616343**	**12264156**	**16024540**
四、土地开发及购置(平方米)			
本年完成开发土地面积			
待开发土地面积	12221264	9642951	13187178
本年购置土地面积	28643227	15659172	17426286

8-16 续表

指　标	2010年	2011年	2012年
五、商品房屋建筑面积(平方米)			
1.施工房屋面积	**203939775**	**253433169**	**295593645**
住宅	169019893	206207038	234669870
#别墅、高档公寓	2032745	2098373	2273119
#经济适用房屋	8771016		
办公楼	5108440	7701064	9764858
商业营业用房	19520760	23442070	29418083
其他	10290682	16082997	21740834
2.新开工房屋面积	**86105696**	**98908255**	**105151091**
住宅	72999440	82014208	84244450
#别墅、高档公寓	403938	439532	684062
#经济适用房屋	3783953		
办公楼	1710209	2655884	3600840
商业营业用房	7592897	8516652	9853052
其他	3803150	5721511	7452749
3.竣工房屋面积	**44269404**	**55274238**	**58705430**
住宅	38525991	48067924	48881710
#别墅、高档公寓	417250	189675	667295
#经济适用房屋	1438813		
办公楼	561672	857632	820110
商业营业用房	3696306	4503206	5619981
其他	1485435	1845476	3383629
六、商品房屋销售			
1.销售面积(平方米)	**54522299**	**62751633**	**59684858**
住宅	50924903	57251212	54555010
#别墅、高档公寓	411363	471597	336893
#经济适用房屋	2127666		
办公楼	607926	1491837	1264867
商业营业用房	2464383	3264863	2979604
其他	525087	743721	885377
2.销售额(万元)	**16587868**	**21968077**	**22866650**
住宅	14545695	17880436	19155695
#别墅、高档公寓	205540	292087	221804
#经济适用房屋	423665		
办公楼	503130	1387868	1115658
商业营业用房	1370866	2456528	2281545
其他	168177	243245	313752
3.销售价格(元/平方米)	**3042**	**3501**	**3831**
住宅	2856	3123	3511
办公楼	8276	9303	8820
商业营业用房	5563	7524	7657

8-17　湖北省房地产开发投资综合统计

指　　标	2010年	2011年	2012年
一、房地产企业			
1.企业个数合计(个)	**3558**	**3648**	**3785**
#一级企业	44	44	50
#二级企业	421	439	426
#三级企业	996	964	944
2.资产负债(万元)			
资产总计	54650015	75788791	96588772
负债总计	37217507	54681390	73130014
所有者权益	17432509	21107401	23458759
资产负债率(%)	68.1	72.1	75.7
二、本年完成投资额(万元)			
合计	**16182357**	**20664808**	**25394649**
1.按构成分			
建筑安装工程	10592645	14071727	19026534
设备工器具购置	290666	362902	561614
其他费用	5299046	6230179	5806501
#土地购置费	2909857	3789898	3484886
2.按用途分			
住宅	10402450	13344189	16983811
#别墅、高档公寓	393853	411877	679868
#经济适用房屋	403312		
办公楼	324359	599045	1365480
商业营业用房	1870824	2723288	3372324
其他	3584724	3998286	3673034
3.商品房屋建设和土地开发			
#商品房建设投资			
#土地开发投资			
商品房建设投资额比重(%)			
4.资金来源及构成			
本年资金来源小计	25601396	28640741	33638304
国内贷款	4154258	4622484	5120460
利用外资	972875	390259	12700
#外商直接投资	929155	362470	12200
自筹资金	7843897	11952808	14253079
其他资金来源	9223950	11675190	14252065
三、本年新增固定资产(万元)	**8103265**	**13454074**	**12970544**
四、土地开发及购置(平方米)			
本年完成开发土地面积			
待开发土地面积	12832392	13670568	15881947
本年购置土地面积	14220606	15822655	13031946

8-17 续表

指　　标	2010年	2011年	2012年
五、商品房屋建筑面积(平方米)			
1.施工房屋面积	**115894410**	**139220719**	**168197102**
住宅	91724313	110132961	130130082
#别墅、高档公寓	3461564	2454014	2415422
#经济适用房屋	3998617		
办公楼	2395527	3300806	5765189
商业营业用房	12683496	16394442	17604372
其他	9091074	9392510	14697459
2.新开工房屋面积	**57257689**	**55771057**	**59760628**
住宅	44543586	44320758	46507876
#别墅、高档公寓	1119220	613675	639704
#经济适用房屋	1414394		
办公楼	1006234	1082529	2183816
商业营业用房	6569843	6973399	6153454
其他	5138026	3394371	4915482
3.竣工房屋面积	**25412068**	**32210454**	**32737099**
住宅	21293288	27283899	27952078
#别墅、高档公寓	833109	677378	674152
#经济适用房屋	901562		
办公楼	508554	468257	273692
商业营业用房	2715720	2942580	3001854
其他	894506	1515718	1509475
六、商品房屋销售			
1.销售面积(平方米)	**35086148**	**41876189**	**40378459**
住宅	32368844	37886831	36200951
#别墅、高档公寓	961178	623628	590584
#经济适用房屋	994811		
办公楼	241886	356848	697490
商业营业用房	1844119	2815074	2568692
其他	631299	817436	911326
2.销售额(万元)	**13131957**	**18787306**	**20362024**
住宅	11349409	15693207	16898602
#别墅、高档公寓	640003	533038	582649
#经济适用房屋	238604		
办公楼	133870	288640	856659
商业营业用房	1422152	2393573	2246183
其他	226526	411886	360580
3.销售价格(元/平方米)	**3743**	**4486**	**5043**
住宅	3506	4142	4668
办公楼	5534	8089	12282
商业营业用房	7712	8503	8744

8-18 湖南省房地产开发综合统计

指　　标	2010年	2011年	2012年
一、房地产企业			
1.企业个数合计(个)	**3437**	**3524**	**3564**
#一级企业	15	22	22
#二级企业	150	176	200
#三级企业	1672	1606	1650
2.资产负债(万元)			
资产总计	43290186	59025953	73156232
负债总计	31345812	43683261	55678078
所有者权益	11944374	15342691	17478153
资产负债率(%)	72.4	74.0	76.1
二、本年完成投资额(万元)			
合计	**14690734**	**19438231**	**22105229**
1.按构成分			
建筑安装工程	11185440	14161833	16699339
设备工器具购置	219642	315743	347531
其他费用	3285652	4960655	5058359
#土地购置费	1765612	3182426	2498001
2.按用途分			
住宅	11345626	14879038	15726652
#别墅、高档公寓	558213	674678	735655
#经济适用房屋	329915		
办公楼	178057	512794	720581
商业营业用房	1297368	2001325	2728813
其他	1869683	2045074	2929183
3.商品房屋建设和土地开发			
#商品房建设投资			
#土地开发投资			
商品房建设投资额比重(%)			
4.资金来源及构成			
本年资金来源小计	23650849	27210690	29026563
国内贷款	3140590	3590833	3745230
利用外资	43478	672226	511215
#外商直接投资	14333	648939	491526
自筹资金	6988716	9727559	10362341
其他资金来源	9851532	13220072	14407777
三、本年新增固定资产(万元)	**8203887**	**11286280**	**13777767**
四、土地开发及购置(平方米)			
本年完成开发土地面积			
待开发土地面积	13181239	23380131	25349677
本年购置土地面积	10959666	12924496	11062894

8-18 续表

指　　标	2010年	2011年	2012年
五、商品房屋建筑面积(平方米)			
1.施工房屋面积	**168018632**	**203418428**	**213568869**
住宅	137725640	164099187	167736828
#别墅、高档公寓	4503798	6656631	5630578
#经济适用房屋	5083223		
办公楼	2104342	2792178	4412545
商业营业用房	15500985	18942271	20799140
其他	12687665	17584792	20620356
2.新开工房屋面积	**64432968**	**73186402**	**66316182**
住宅	53659623	58721362	50535244
#别墅、高档公寓	1359361	3195773	885076
#经济适用房屋	2035681		
办公楼	623630	1116894	1844416
商业营业用房	5575446	7136509	7126838
其他	4574269	6211637	6809684
3.竣工房屋面积	**33479081**	**41463141**	**44579657**
住宅	28288068	34364221	36885478
#别墅、高档公寓	969472	1128015	1205239
#经济适用房屋	1364111		
办公楼	347124	423108	393882
商业营业用房	2849469	3895382	4438815
其他	1994420	2780430	2861482
六、商品房屋销售			
1.销售面积(平方米)	**44699775**	**49003274**	**51504767**
住宅	41400681	44555912	46640816
#别墅、高档公寓	1263296	1643582	1435845
#经济适用房屋	1094550		
办公楼	292690	516231	642463
商业营业用房	2478693	3039395	3299657
其他	527711	891736	921831
2.销售额(万元)	**14063870**	**18573516**	**20852339**
住宅	12476480	15699939	17115454
#别墅、高档公寓	765860	1220331	1023818
#经济适用房屋	177920		
办公楼	109533	441373	622986
商业营业用房	1307889	2148790	2830768
其他	169968	283414	283131
3.销售价格(元/平方米)	**3146**	**3790**	**4049**
住宅	3014	3524	3670
办公楼	3742	8550	9697
商业营业用房	5277	7070	8579

注：2004年以前的商品房销售为实际销售口径，2005年起商品房销售包括期房和现房，下表同。

8-19 广东省房地产开发投资综合统计

指标	2010年	2011年	2012年
一、房地产企业			
1.企业个数合计(个)	**6527**	**6219**	**6492**
#一级企业	94	91	93
#二级企业	306	281	283
#三级企业	1348	1382	1432
2.资产负债(万元)			
资产总计	250531555	282327914	347253175
负债总计	190439825	218231175	265879547
所有者权益	60091731	64096739	81373628
资产负债率(%)	76.0	77.3	76.6
二、本年完成投资额(万元)			
合计	**36596946**	**48099096**	**53527853**
1.按构成分			
建筑安装工程	25829859	34419081	38211017
设备工器具购置	403438	466528	482828
其他费用	10363649	13213487	14834008
#土地购置费	6339904	7921960	7872684
2.按用途分			
住宅	25390280	34530401	37049832
#别墅、高档公寓	3466041	4054170	4444984
#经济适用房屋	246572		
办公楼	1445373	2086261	2348321
商业营业用房	3893136	4476277	5474535
其他	5868157	7006157	8655165
3.商品房屋建设和土地开发			
#商品房建设投资			
#土地开发投资			
商品房建设投资额比重(%)			
4.资金来源及构成			
本年资金来源小计	74239976	68778162	79182703
国内贷款	12561143	12242152	15075297
利用外资	908533	733751	290633
#外商直接投资	727662	595002	265863
自筹资金	15808090	21534561	24146361
其他资金来源	28546814	34267698	39670412
三、本年新增固定资产(万元)	**19034687**	**22507927**	**26966773**
四、土地开发及购置(平方米)			
本年完成开发土地面积			
待开发土地面积	46438218	41358125	41228236
本年购置土地面积	17263149	24366399	18054392

8-19 续表

指　　标	2010年	2011年	2012年
五、商品房屋建筑面积(平方米)			
1.施工房屋面积	**293013601**	**361370737**	**392962669**
住宅	222537649	273778817	292532363
#别墅、高档公寓	25447828	27243251	25007004
#经济适用房屋	1511536		
办公楼	9463316	11713034	11763752
商业营业用房	26219171	29795187	33555290
其他	34793465	46083699	55111264
2.新开工房屋面积	**99043789**	**120139904**	**106157258**
住宅	78268024	92734022	78402574
#别墅、高档公寓	7755813	7844109	5268822
#经济适用房屋	370123		
办公楼	1604703	3048266	2889425
商业营业用房	6886942	8978927	9981789
其他	12284120	15378689	14883470
3.竣工房屋面积	**56590972**	**61405634**	**63561201**
住宅	45892244	48841797	49181619
#别墅、高档公寓	5587309	5397873	4274329
#经济适用房屋	507428		
办公楼	1200738	1751260	1596337
商业营业用房	4747940	4317872	4735764
其他	4750050	6494705	8047481
六、商品房屋销售			
1.销售面积(平方米)	**73217555**	**74278702**	**78989915**
住宅	65528075	67065967	71576276
#别墅、高档公寓	7254325	6466036	5402138
#经济适用房屋	693374		
办公楼	1630273	1407304	1414679
商业营业用房	3719114	3205535	3605725
其他	2340093	2599896	2393235
2.销售额(万元)	**54807670**	**58525415**	**64078111**
住宅	45898236	50707558	54883925
#别墅、高档公寓	6279567	6246959	5540562
#经济适用房屋	257814		
办公楼	2484289	2422399	2899756
商业营业用房	4829974	3807347	4685105
其他	1595171	1588111	1609325
3.销售价格(元/平方米)	**7486**	**7879**	**8112**
住宅	7004	7561	7668
办公楼	15238	17213	20498
商业营业用房	12987	11877	12994

8-20　广西壮族自治区房地产开发投资综合统计

指　　标	2010年	2011年	2012年
一、房地产企业			
1.企业个数合计(个)	**3212**	**3154**	**2934**
#一级企业	9	6	9
#二级企业	87	86	96
#三级企业	665	672	630
2.资产负债(万元)			
资产总计	31506531	43635888	53443643
负债总计	22726862	31942023	39009651
所有者权益	8779668	11694387	14433992
资产负债率(%)	72.1	73.2	73.0
二、本年完成投资额(万元)			
合计	**12062211**	**15174656**	**15549388**
1.按构成分			
建筑安装工程	9214844	11247637	11550143
设备工器具购置	124219	182064	198138
其他费用	2723148	3744955	3801107
#土地购置费	1505985	2349001	1917438
2.按用途分			
住宅	8788924	10789954	10696420
#别墅、高档公寓	312651	286316	459919
#经济适用房屋	218072		
办公楼	151375	333535	404730
商业营业用房	928467	1284406	1616637
其他	2193445	2766761	2831601
3.商品房屋建设和土地开发			
#商品房建设投资			
#土地开发投资			
商品房建设投资额比重(%)			
4.资金来源及构成			
本年资金来源小计	17616323	17835008	20073616
国内贷款	2485995	2557343	2638371
利用外资	85861	70124	3294
#外商直接投资	72441	31824	
自筹资金	5474152	7117514	7884479
其他资金来源	7339602	8090027	9547472
三、本年新增固定资产(万元)	**3164161**	**5410764**	**6923890**
四、土地开发及购置(平方米)			
本年完成开发土地面积			
待开发土地面积	8233239	8558334	8862464
本年购置土地面积	11986621	9788550	5417056

8-20 续表

指　　标	2010年	2011年	2012年
五、商品房屋建筑面积(平方米)			
1.施工房屋面积	**120487273**	**142640152**	**150184579**
住宅	97676352	114078602	118468560
#别墅、高档公寓	2070984	2172818	2422353
#经济适用房屋	4026445		
办公楼	1830427	2396432	2797602
商业营业用房	11100162	12915768	14065234
其他	9880332	13249350	14853183
2.新开工房屋面积	**47505675**	**39916538**	**37418818**
住宅	39058355	31430634	29101120
#别墅、高档公寓	595066	313443	723007
#经济适用房屋	1873530		
办公楼	597498	997237	1030254
商业营业用房	3948533	3385622	3763243
其他	3901289	4103045	3524201
3.竣工房屋面积	**15643065**	**23033514**	**23335803**
住宅	13428699	19369400	19565731
#别墅、高档公寓	162332	322158	379950
#经济适用房屋	463024		
办公楼	130105	218344	253329
商业营业用房	1218905	1978840	2050180
其他	865356	1466930	1466563
六、商品房屋销售			
1.销售面积(平方米)	**27939228**	**29641463**	**27592573**
住宅	26071472	27493326	25469557
#别墅、高档公寓	458163	363552	248055
#经济适用房屋	923573		
办公楼	185762	175018	95955
商业营业用房	1082109	1226580	1498338
其他	599885	746539	528723
2.销售额(万元)	**9951860**	**11182159**	**11598322**
住宅	8817021	9771009	9958158
#别墅、高档公寓	297480	268773	166420
#经济适用房屋	166859		
办公楼	145408	140144	150247
商业营业用房	755394	1027346	1290728
其他	234037	243660	199189
3.销售价格(元/平方米)	**3562**	**3772**	**4203**
住宅	3382	3554	3910
办公楼	7828	8007	15658
商业营业用房	6981	8376	8614

8-21 海南省房地产开发投资综合统计

指　　标	2010年	2011年	2012年
一、房地产企业			
1.企业个数合计(个)	**545**	**859**	**971**
#一级企业	2	5	4
#二级企业	20	30	33
#三级企业	63	94	99
2.资产负债(万元)			
资产总计	20174758	31361678	44381937
负债总计	16269851	25212235	33967579
所有者权益	3904907	6149444	10414358
资产负债率(%)	80.6	80.4	76.5
二、本年完成投资额(万元)			
合计	**4678659**	**6507800**	**8866440**
1.按构成分			
建筑安装工程	3735389	5274674	6915205
设备工器具购置	195336	100453	213587
其他费用	747934	1132673	1737648
#土地购置费	488601	669788	769110
2.按用途分			
住宅	4171143	5622933	7253209
#别墅、高档公寓	1887126	1851727	1996708
#经济适用房屋	40266		
办公楼	70346	168210	56538
商业营业用房	205420	304582	506034
其他	231750	412075	1050659
3.商品房屋建设和土地开发			
#商品房建设投资			
#土地开发投资			
商品房建设投资额比重(%)			
4.资金来源及构成			
本年资金来源小计	9805265	9103875	13404236
国内贷款	1363482	1419214	2720209
利用外资	7100	62548	73677
#外商直接投资	7100	47095	73677
自筹资金	1635756	3151670	5978145
其他资金来源	5066483	4470443	4632205
三、本年新增固定资产(万元)	**1919456**	**1931469**	**4639559**
四、土地开发及购置(平方米)			
本年完成开发土地面积			
待开发土地面积	1162911	5591898	7622053
本年购置土地面积	5164587	3995744	3336197

8-21 续表

指 标	2010年	2011年	2012年
五、商品房屋建筑面积(平方米)			
1.施工房屋面积	**26994597**	**36097687**	**51094929**
住宅	23234007	31409664	44113778
#别墅、高档公寓	6395037	7385041	7726690
#经济适用房屋	401901		
办公楼	359350	429229	373446
商业营业用房	1809673	1983276	3220588
其他	1591567	2275518	3387117
2.新开工房屋面积	**11361165**	**16290628**	**16612856**
住宅	9806298	14163163	14028520
#别墅、高档公寓	1882895	1729459	1707398
#经济适用房屋	277697		
办公楼	140814	218923	177809
商业营业用房	666290	913542	1372536
其他	747763	995000	1033991
3.竣工房屋面积	**6091271**	**4492529**	**8564139**
住宅	5150738	4040909	7349920
#别墅、高档公寓	1273462	692854	1147454
#经济适用房屋			
办公楼	192825	13156	39911
商业营业用房	443619	287129	601455
其他	304089	151335	572853
六、商品房屋销售			
1.销售面积(平方米)	**8547255**	**8657412**	**9318373**
住宅	8341872	8190183	8983484
#别墅、高档公寓	2172879	1135219	1139391
#经济适用房屋	418537		
办公楼	54731	61028	40382
商业营业用房	139152	257557	202321
其他	11500	148644	92186
2.销售额(万元)	**7466120**	**7742716**	**7355740**
住宅	7340966	7439256	7017234
#别墅、高档公寓	3919843	2675155	2232028
#经济适用房屋	145013		
办公楼	35281	58480	20073
商业营业用房	85223	181708	257370
其他	4650	63272	61063
3.销售价格(元/平方米)	**8735**	**8943**	**7894**
住宅	8800	9083	7811
办公楼	6446	9582	4971
商业营业用房	6124	7055	12721

8-22　重庆市房地产开发投资综合统计

指　　标	2010年	2011年	2012年
一、房地产企业			
1.企业个数合计(个)	**2391**	**2453**	**2552**
#一级企业	41	39	42
#二级企业	477	555	578
#三级企业	892	823	832
2.资产负债(万元)			
资产总计	69379522	99326860	131173295
负债总计	47600719	68733446	91436539
所有者权益	21778803	30593414	39736757
资产负债率(%)	68.6	69.2	69.7
二、本年完成投资额(万元)			
合计	**16202571**	**20150883**	**25083500**
1.按构成分			
建筑安装工程	10470871	14092973	17891417
设备工器具购置	138201	179547	334832
其他费用	5593499	5878363	6857251
#土地购置费	3714362	3747598	3841572
2.按用途分			
住宅	10914854	14384457	17067687
#别墅、高档公寓	1044474	1199848	1656664
#经济适用房屋	589870		
办公楼	315305	526701	1016124
商业营业用房	1344039	2180277	3074966
其他	3628373	3059448	3924723
3.商品房屋建设和土地开发			
#商品房建设投资			
#土地开发投资			
商品房建设投资额比重(%)			
4.资金来源及构成			
本年资金来源小计	34393672	32956914	38695390
国内贷款	5847160	6950754	7207959
利用外资	839265	599183	201314
#外商直接投资	835719	556833	74187
自筹资金	6849966	8537163	11820589
其他资金来源	15058873	16869814	19465528
三、本年新增固定资产(万元)	**7720489**	**10649385**	**14800553**
四、土地开发及购置(平方米)			
本年完成开发土地面积			
待开发土地面积	20257472	31661979	33687113
本年购置土地面积	13549272	16645458	21830685

8-22 续表

指　　标	2010年	2011年	2012年
五、商品房屋建筑面积(平方米)			
1.施工房屋面积	**171384954**	**203972397**	**220090320**
住宅	137447848	159238406	169978502
#别墅、高档公寓	8343597	8776557	7234418
#经济适用房屋	10310299		
办公楼	2475637	3868418	4998528
商业营业用房	15497663	19562538	20289004
其他	15963806	21303035	24824286
2.新开工房屋面积	**63126419**	**68243606**	**58134823**
住宅	52687570	52144185	43451427
#别墅、高档公寓	1602800	1795577	1179303
#经济适用房屋	2415609		
办公楼	571951	1544422	1606357
商业营业用房	4336765	7081229	5390391
其他	5530133	7473770	7686648
3.竣工房屋面积	**26265897**	**34243331**	**39906286**
住宅	21798062	28267842	33863514
#别墅、高档公寓	936416	1210529	1037241
#经济适用房屋	2441806		
办公楼	300340	447696	303658
商业营业用房	2294436	2987930	2822316
其他	1873059	2539863	2916798
六、商品房屋销售			
1.销售面积(平方米)	**43143929**	**45335019**	**45223997**
住宅	39863119	40634236	41051083
#别墅、高档公寓	2229570	1421885	1437780
#经济适用房屋	2526003		
办公楼	626042	438754	622998
商业营业用房	1942485	2663152	2218883
其他	712283	1598877	1331033
2.销售额(万元)	**18469396**	**21460860**	**22973464**
住宅	16106444	18254119	19724206
#别墅、高档公寓	1635927	1250499	1189537
#经济适用房屋	619126		
办公楼	597039	512786	716121
商业营业用房	1554610	2165765	2124707
其他	211303	528190	408430
3.销售价格(元/平方米)	**4281**	**4734**	**5080**
住宅	4040	4492	4805
办公楼	9537	11687	11495
商业营业用房	8003	8132	9576

8-23　四川省房地产开发投资综合统计

指　　标	2010年	2011年	2012年
一、房地产企业			
1.企业个数合计(个)	**3915**	**4314**	**4221**
#一级企业	46	51	48
#二级企业	619	624	615
#三级企业	2284	2471	2415
2.资产负债(万元)			
资产总计	77325223	106345943	127947021
负债总计	56869467	77670085	97873989
所有者权益	20455756	28675858	30073031
资产负债率(%)	73.5	73.0	76.5
二、本年完成投资额(万元)			
合计	**21946294**	**28191654**	**32663970**
1.按构成分			
建筑安装工程	15931732	21807984	25031837
设备工器具购置	179352	245546	554117
其他费用	5835210	6138124	7078016
#土地购置费	3689425	4152481	4742327
2.按用途分			
住宅	15352814	19893934	21977450
#别墅、高档公寓	887828	1349159	1266629
#经济适用房屋	60419		
办公楼	553104	912123	1371163
商业营业用房	1858770	3167574	4333247
其他	4181606	4218023	4982110
3.商品房屋建设和土地开发			
#商品房建设投资			
#土地开发投资			
商品房建设投资额比重(%)			
4.资金来源及构成			
本年资金来源小计	38062472	41795419	42226657
国内贷款	4368266	4813042	4592355
利用外资	333267	664182	169309
#外商直接投资	309887	645086	147063
自筹资金	12082591	17413189	17289653
其他资金来源	14696176	18905006	20175340
三、本年新增固定资产(万元)	**10066966**	**11613200**	**17943850**
四、土地开发及购置(平方米)			
本年完成开发土地面积			
待开发土地面积	11910123	16646539	15675727
本年购置土地面积	10430469	10547322	8922185

8-23 续表

指　　标	2010年	2011年	2012年
五、商品房屋建筑面积(平方米)			
1.施工房屋面积	**211584737**	**271217696**	**298655040**
住宅	172897351	214377333	225901636
#别墅、高档公寓	4935657	6505407	7218295
#经济适用房屋	1708834		
办公楼	4132637	5982252	8346454
商业营业用房	15934732	23776269	31362522
其他	18620017	27081842	33044428
2.新开工房屋面积	**77316621**	**84358178**	**83672082**
住宅	62707948	65381385	59625076
#别墅、高档公寓	1355954	1070812	1220311
#经济适用房屋	177358		
办公楼	1285293	1407240	3144632
商业营业用房	6346583	8255666	10893699
其他	6976797	9313887	10008675
3.竣工房屋面积	**39667659**	**42325339**	**58665790**
住宅	33900092	34556726	47136101
#别墅、高档公寓	365903	1024628	700415
#经济适用房屋	386215		
办公楼	351621	617073	1193482
商业营业用房	2839358	3714650	5189320
其他	2576588	3436890	5146887
六、商品房屋销售			
1.销售面积(平方米)	**63969219**	**65435450**	**64559339**
住宅	58493425	58265159	56793338
#别墅、高档公寓	1339868	1108766	1346414
#经济适用房屋	734005		
办公楼	838440	854345	1573714
商业营业用房	2942490	4009271	4385296
其他	1694864	2306675	1806991
2.销售额(万元)	**26473396**	**32180378**	**35177222**
住宅	23308457	26773585	28164868
#别墅、高档公寓	1172434	1112968	1351519
#经济适用房屋	136865		
办公楼	741605	830699	1409265
商业营业用房	1830451	3634131	4883977
其他	592883	941963	719112
3.销售价格(元/平方米)	**4138**	**4918**	**5449**
住宅	3985	4595	4959
办公楼	8845	9723	8955
商业营业用房	6221	9064	11137

8-24　贵州省房地产开发投资综合统计

指　　标	2010年	2011年	2012年
一、房地产企业			
1.企业个数合计(个)	**1876**	**1946**	**2133**
#一级企业	3	5	6
#二级企业	83	104	117
#三级企业	372	378	404
2.资产负债(万元)			
资产总计	27917638	30235986	42288479
负债总计	21797315	24252738	33795075
所有者权益	6120323	5983248	8493404
资产负债率(%)	78.1	80.2	79.9
二、本年完成投资额(万元)			
合计	**5566872**	**8734768**	**14675960**
1.按构成分			
建筑安装工程	3886704	7078713	11215829
设备工器具购置	75224	117169	192798
其他费用	1604944	1538886	3267333
#土地购置费	609229	656083	1194959
2.按用途分			
住宅	3286322	5764391	9303118
#别墅、高档公寓	45696	49194	155974
#经济适用房屋	201574		
办公楼	87805	191132	422301
商业营业用房	570608	1234267	2125621
其他	1622137	1544978	2824920
3.商品房屋建设和土地开发			
#商品房建设投资			
#土地开发投资			
商品房建设投资额比重(%)			
4.资金来源及构成			
本年资金来源小计	11345968	12454760	14181680
国内贷款	1600977	1727849	2306113
利用外资	7186	44670	42887
#外商直接投资	7186	44365	42887
自筹资金	2677402	5260934	5184444
其他资金来源	4969384	5421307	6648236
三、本年新增固定资产(万元)	**2147922**	**3709648**	**3324788**
四、土地开发及购置(平方米)			
本年完成开发土地面积			
待开发土地面积	10580393	11711768	10051844
本年购置土地面积	10045826	8827809	7075134

8-24 续表

指　　标	2010年	2011年	2012年
五、商品房屋建筑面积(平方米)			
1.施工房屋面积	**79055339**	**102605809**	**132453147**
住宅	59708072	76892558	96540267
#别墅、高档公寓	641891	638571	1118849
#经济适用房屋	5073976		
办公楼	1493231	1627642	3004955
商业营业用房	9090402	12802100	17299361
其他	8763634	11283509	15608564
2.新开工房屋面积	**28711460**	**28850733**	**37876722**
住宅	22502934	21706595	25784145
#别墅、高档公寓	90038	214911	76181
#经济适用房屋	1456490		
办公楼	292221	136125	1762364
商业营业用房	3045855	4072013	5679055
其他	2870450	2936000	4651158
3.竣工房屋面积	**10479695**	**14552413**	**14167671**
住宅	8261264	11021408	11201719
#别墅、高档公寓	219975	97870	102512
#经济适用房屋	1090186		
办公楼	183596	304497	161648
商业营业用房	1285852	1949609	1623577
其他	748983	1276899	1180727
六、商品房屋销售			
1.销售面积(平方米)	**17306871**	**18820980**	**21869485**
住宅	15963032	16985156	20023965
#别墅、高档公寓	182602	236038	158696
#经济适用房屋	1371629		
办公楼	262685	270278	148825
商业营业用房	809144	1248328	1445571
其他	272010	317218	251124
2.销售额(万元)	**5810088**	**7319072**	**9000765**
住宅	5016283	5927327	7399576
#别墅、高档公寓	126674	164664	190125
#经济适用房屋	355306		
办公楼	137327	163281	121414
商业营业用房	567582	1077843	1392054
其他	88896	150621	87721
3.销售价格(元/平方米)	**3357**	**3889**	**4116**
住宅	3142	3490	3695
办公楼	5228	6041	8158
商业营业用房	7015	8634	9630

8-25　云南省房地产开发投资综合统计

指　标	2010年	2011年	2012年
一、房地产企业			
1.企业个数合计(个)	**2344**	**2675**	**2707**
#一级企业	16	23	25
#二级企业	155	170	191
#三级企业	319	340	313
2.资产负债(万元)			
资产总计	32174639	51081021	69549291
负债总计	25819988	40660123	56318675
所有者权益	6354651	10420898	13230616
资产负债率(%)	80.2	79.6	81.0
二、本年完成投资额(万元)			
合计	**9004408**	**12801263**	**17821351**
1.按构成分			
建筑安装工程	6729093	10172199	13527533
设备工器具购置	101244	146109	178578
其他费用	2174071	2482955	4115240
#土地购置费	1212651	1427133	2510812
2.按用途分			
住宅	6546742	8848156	11525012
#别墅、高档公寓	767064	775198	863434
#经济适用房屋	124725		
办公楼	222129	459911	864149
商业营业用房	978839	1654585	2562885
其他	1256698	1838611	2869305
3.商品房屋建设和土地开发			
#商品房建设投资			
#土地开发投资			
商品房建设投资额比重(%)			
4.资金来源及构成			
本年资金来源小计	16685916	17018171	21340222
国内贷款	1608168	1465737	2161200
利用外资	8486	8696	
#外商直接投资		2696	
自筹资金	4612184	7750183	9750300
其他资金来源	6777791	7793555	9428722
三、本年新增固定资产(万元)	**5063499**	**4592584**	**6160800**
四、土地开发及购置(平方米)			
本年完成开发土地面积			
待开发土地面积	4074755	12649324	9647216
本年购置土地面积	10313903	16232748	16023917

8-25 续表

指　标	2010年	2011年	2012年
五、商品房屋建筑面积(平方米)			
1.施工房屋面积	**87849739**	**110104295**	**143620001**
住宅	70463749	83549401	104321134
#别墅、高档公寓	8616152	9049546	9783722
#经济适用房屋	1926879		
办公楼	1547721	3045668	4271603
商业营业用房	9347942	12915228	18695138
其他	6490327	10593998	16332126
2.新开工房屋面积	**37027593**	**49070685**	**60375257**
住宅	29608079	36149509	41668813
#别墅、高档公寓	3119293	2896590	2593954
#经济适用房屋	633288		
办公楼	558737	1547242	2223653
商业营业用房	3916762	6281143	8827737
其他	2944015	5092791	7655054
3.竣工房屋面积	**15359892**	**15720738**	**18515742**
住宅	12584374	12627490	14922756
#别墅、高档公寓	1961023	969908	2044570
#经济适用房屋	435648		
办公楼	167251	276406	265432
商业营业用房	1577153	1664640	1830635
其他	1031114	1152202	1496919
六、商品房屋销售			
1.销售面积(平方米)	**29594290**	**32228865**	**32377457**
住宅	26589872	28295846	27896760
#别墅、高档公寓	3649814	4050433	2652834
#经济适用房屋	142514		
办公楼	214985	419324	908665
商业营业用房	1825646	2523333	2775364
其他	963787	990362	796668
2.销售额(万元)	**9345979**	**11716428**	**13628282**
住宅	7693186	9587785	10770956
#别墅、高档公寓	1294652	1496026	1110279
#经济适用房屋	25036		
办公楼	144723	220544	715677
商业营业用房	1184756	1606902	1822605
其他	323314	301197	319044
3.销售价格(元/平方米)	**3158**	**3635**	**4209**
住宅	2893	3388	3861
办公楼	6732	5260	7876
商业营业用房	6490	6368	6567

8-26　西藏自治区房地产开发投资综合统计

指　标	2010年	2011年	2012年
一、房地产企业			
1.企业个数合计(个)	**61**	**49**	**45**
#一级企业	2	1	1
#二级企业	11	6	5
#三级企业	24	19	17
2.资产负债(万元)			
资产总计	763183	439757	488308
负债总计	398490	311378	371430
所有者权益	364693	128380	116879
资产负债率(%)	52.2	70.8	76.1
二、本年完成投资额(万元)			
合计	**89634**	**51342**	**68719**
1.按构成分			
建筑安装工程	65872	43240	65068
设备工器具购置	1889	1131	1782
其他费用	21873	6971	1869
#土地购置费	17233	4774	726
2.按用途分			
住宅	69870	37363	42509
#别墅、高档公寓	10403	18162	15711
#经济适用房屋	574		
办公楼	650	785	3169
商业营业用房	18604	11446	23001
其他	510	1748	40
3.商品房屋建设和土地开发			
#商品房建设投资			
#土地开发投资			
商品房建设投资额比重(%)			
4.资金来源及构成			
本年资金来源小计	162692	97340	80533
国内贷款	783	24000	
利用外资			
#外商直接投资			
自筹资金	107545	28843	21319
其他资金来源	41883	44497	59214
三、本年新增固定资产(万元)	**53755**	**53436**	**39081**
四、土地开发及购置(平方米)			
本年完成开发土地面积			
待开发土地面积	269909	117516	3678
本年购置土地面积	29144	57667	13447

8-26 续表

指　标	2010年	2011年	2012年
五、商品房屋建筑面积(平方米)			
1.施工房屋面积	**752580**	**487323**	**473319**
住宅	684041	362772	310053
#别墅、高档公寓	82810	114454	73327
#经济适用房屋	5186		
办公楼	13117	7623	16789
商业营业用房	46122	116928	146477
其他	9300		
2.新开工房屋面积	**169220**	**45343**	**226763**
住宅	152963	383	170714
#别墅、高档公寓	24830	383	64600
#经济适用房屋	1686		
办公楼	5717		15688
商业营业用房	10540	44960	40361
其他			
3.竣工房屋面积	**121793**	**216918**	**92259**
住宅	115050	192838	64561
#别墅、高档公寓	2830	47000	8344
#经济适用房屋			
办公楼		2022	1101
商业营业用房	6743	22058	26597
其他			
六、商品房屋销售			
1.销售面积(平方米)	**192808**	**182538**	**225003**
住宅	187591	172928	206486
#别墅、高档公寓	24055	34756	29375
#经济适用房屋			
办公楼			4343
商业营业用房	5217	9541	14174
其他		69	
2.销售额(万元)	**55839**	**63423**	**73545**
住宅	51801	57266	61578
#别墅、高档公寓	9469	9030	10826
#经济适用房屋			
办公楼			2314
商业营业用房	4038	6080	9653
其他		77	
3.销售价格(元/平方米)	**2896**	**3475**	**3269**
住宅	2761	3312	2982
办公楼			5328
商业营业用房	7740	6372	6810

8-27　陕西省房地产开发投资综合统计

指　标	2010年	2011年	2012年
一、房地产企业			
1.企业个数合计(个)	**1274**	**1430**	**1646**
#一级企业	48	31	35
#二级企业	156	187	232
#三级企业	370	422	452
2.资产负债(万元)			
资产总计	27991029	37589366	52149806
负债总计	21040486	29370811	41734407
所有者权益	6950544	8218555	10415399
资产负债率(%)	75.2	78.1	80.0
二、本年完成投资额(万元)			
合计	**11594683**	**14109037**	**18359321**
1.按构成分			
建筑安装工程	9498916	12127367	15223978
设备工器具购置	241881	188336	239267
其他费用	1853886	1793334	2896076
#土地购置费	1074455	1019877	1402692
2.按用途分			
住宅	9381543	11769311	14775700
#别墅、高档公寓	231964	393676	339606
#经济适用房屋	336796		
办公楼	365708	367589	438731
商业营业用房	1064058	1196979	1554941
其他	783374	775158	1589949
3.商品房屋建设和土地开发			
#商品房建设投资			
#土地开发投资			
商品房建设投资额比重(%)			
4.资金来源及构成			
本年资金来源小计	19783068	19377179	23174048
国内贷款	2151693	2337005	2803565
利用外资	56173	2428	24000
#外商直接投资	56162	2000	24000
自筹资金	6428028	7076245	11204400
其他资金来源	8201575	9961501	9142083
三、本年新增固定资产(万元)	**2694613**	**3612272**	**5067280**
四、土地开发及购置(平方米)			
本年完成开发土地面积			
待开发土地面积	3877630	3822268	5628062
本年购置土地面积	5524125	5284808	4730279

8-27 续表

指 标	2010年	2011年	2012年
五、商品房屋建筑面积(平方米)			
1.施工房屋面积	**99478897**	**122219493**	**154105712**
住宅	85805492	105300827	130301606
#别墅、高档公寓	1880613	2348805	2362906
#经济适用房屋	3789608		
办公楼	2296311	2405542	3385716
商业营业用房	7074483	8902516	11866372
其他	4302611	5610608	8552018
2.新开工房屋面积	**32703239**	**40274390**	**47383153**
住宅	28595078	35107517	39289066
#别墅、高档公寓	757756	348830	330296
#经济适用房屋	1089060		
办公楼	380800	781483	990284
商业营业用房	2293409	2671286	4197011
其他	1433952	1714104	2906792
3.竣工房屋面积	**9001212**	**11282601**	**16539444**
住宅	7991496	10025242	14137517
#别墅、高档公寓	184973	8685	197538
#经济适用房屋	584617		
办公楼	117890	126504	194751
商业营业用房	616495	859212	1455949
其他	275331	271643	751227
六、商品房屋销售			
1.销售面积(平方米)	**25901796**	**30517668**	**27555907**
住宅	24719492	28745105	25308411
#别墅、高档公寓	468627	602365	529810
#经济适用房屋	1290553		
办公楼	400443	375324	659666
商业营业用房	633601	1083602	1243366
其他	148260	313637	344464
2.销售额(万元)	**9736852**	**15103812**	**14207497**
住宅	9066825	13525380	12155745
#别墅、高档公寓	366069	543576	508782
#经济适用房屋	289898		
办公楼	220904	325473	533837
商业营业用房	396624	1097056	1323773
其他	52499	155903	194142
3.销售价格(元/平方米)	**3759**	**4949**	**5156**
住宅	3668	4705	4803
办公楼	5516	8672	8093
商业营业用房	6260	10124	10647

8-28　甘肃省房地产开发综合统计

指　　标	2010年	2011年	2012年
一、房地产企业			
1.企业个数合计(个)	**1185**	**1284**	**1359**
#一级企业	2	4	6
#二级企业	83	89	104
#三级企业	382	412	415
2.资产负债(万元)			
资产总计	8668444	11740537	16644060
负债总计	6392939	8827768	12976234
所有者权益	2275505	2912769	3667826
资产负债率(%)	73.7	75.2	78.0
二、本年完成投资额(万元)			
合计	**2664105**	**3669672**	**5610185**
1.按构成分			
建筑安装工程	2080626	2903811	4646869
设备工器具购置	18607	19503	66779
其他费用	564872	746358	896537
#土地购置费	292833	385280	523848
2.按用途分			
住宅	1879296	2667317	4125139
#别墅、高档公寓	968	1006	11506
#经济适用房屋	173720		
办公楼	56079	68003	110565
商业营业用房	270195	402951	654094
其他	458535	531401	720387
3.商品房屋建设和土地开发			
#商品房建设投资			
#土地开发投资			
商品房建设投资额比重(%)			
4.资金来源及构成			
本年资金来源小计	3807853	4242235	6512429
国内贷款	565959	832364	1290787
利用外资		55	
#外商直接投资			
自筹资金	1327955	1837740	3049698
其他资金来源	1281689	1572076	2171944
三、本年新增固定资产(万元)	**1433456**	**1945768**	**2154183**
四、土地开发及购置(平方米)			
本年完成开发土地面积			
待开发土地面积	1199019	2091900	3292583
本年购置土地面积	2867149	3042768	4193277

8-28 续表

指　　标	2010年	2011年	2012年
五、商品房屋建筑面积（平方米）			
1.施工房屋面积	**31303958**	**40994314**	**56349533**
住宅	25576988	33704341	44312076
#别墅、高档公寓	56240	23490	229980
#经济适用房屋	2873814		
办公楼	509589	685723	998487
商业营业用房	3321526	4046330	6328247
其他	1895855	2557920	4710723
2.新开工房屋面积	**13959754**	**17775558**	**24045119**
住宅	11690978	14644440	19335232
#别墅、高档公寓	23240	250	79980
#经济适用房屋	671852		
办公楼	115276	252234	232231
商业营业用房	1605169	1791564	2516790
其他	548331	1087320	1960866
3.竣工房屋面积	**5986587**	**7437731**	**8445017**
住宅	5010491	6289577	7100332
#别墅、高档公寓	3240		
#经济适用房屋	393774		
办公楼	79398	106119	85618
商业营业用房	604178	875814	938514
其他	292520	166221	320553
六、商品房屋销售			
1.销售面积（平方米）	**7565122**	**8388157**	**9784417**
住宅	6920685	7581476	8933551
#别墅、高档公寓	7433	4950	3780
#经济适用房屋	328471		
办公楼	56704	80462	29674
商业营业用房	534444	622892	639872
其他	53289	103327	181320
2.销售额（万元）	**2301388**	**2783393**	**3493180**
住宅	2033212	2373035	3016035
#别墅、高档公寓	2695	2515	2785
#经济适用房屋	60428		
办公楼	21519	62534	20643
商业营业用房	234171	320904	415674
其他	12486	26920	40828
3.销售价格（元/平方米）	**3042**	**3318**	**3570**
住宅	2938	3130	3376
办公楼	3795	7772	6957
商业营业用房	4382	5152	6496

8-29 青海省房地产开发投资综合统计

指　　标	2010年	2011年	2012年
一、房地产企业			
1.企业个数合计(个)	**395**	**400**	**291**
#一级企业	5	6	5
#二级企业	79	90	86
#三级企业	123	134	89
2.资产负债(万元)			
资产总计	3527813	4794644	6068792
负债总计	2950036	3937891	5080297
所有者权益	577778	856753	988495
资产负债率(%)	83.6	82.1	83.7
二、本年完成投资额(万元)			
合计	**1081887**	**1446936**	**1896795**
1.按构成分			
建筑安装工程	962998	1217770	1385281
设备工器具购置	755	3970	11434
其他费用	118134	225196	500080
#土地购置费	98749	188270	388135
2.按用途分			
住宅	752005	901224	1411006
#别墅、高档公寓	1460	1970	1329
#经济适用房屋	19540		
办公楼	21522	39733	33642
商业营业用房	158326	290551	268742
其他	150034	215428	183405
3.商品房屋建设和土地开发			
#商品房建设投资			
#土地开发投资			
商品房建设投资额比重(%)			
4.资金来源及构成			
本年资金来源小计	1402830	1508673	2284477
国内贷款	269021	171135	373912
利用外资	23248	15276	
#外商直接投资	23248	15276	
自筹资金	567846	813267	1133544
其他资金来源	388259	508995	777021
三、本年新增固定资产(万元)	**502932**	**1293350**	**1289870**
四、土地开发及购置(平方米)			
本年完成开发土地面积			
待开发土地面积	387309	276776	894720
本年购置土地面积	1072190	1400963	1970293

8-29 续表

指　　标	2010年	2011年	2012年
五、商品房屋建筑面积(平方米)			
1.施工房屋面积	**14242268**	**16660494**	**18912259**
住宅	11794106	13655800	15135060
#别墅、高档公寓	81403	82683	129305
#经济适用房屋	223811		
办公楼	236411	271879	292265
商业营业用房	1420806	1644811	2076680
其他	790945	1088004	1408254
2.新开工房屋面积	**7006673**	**5323273**	**7729029**
住宅	5689076	4477719	6053276
#别墅、高档公寓		2880	75850
#经济适用房屋	135937		
办公楼	172561	65111	77886
商业营业用房	694781	437288	973811
其他	450255	343155	624056
3.竣工房屋面积	**2676734**	**5204578**	**4162028**
住宅	2421214	4482953	3710646
#别墅、高档公寓	1600	4748	6139
#经济适用房屋	193648		
办公楼	38633	54859	34143
商业营业用房	181185	418226	238820
其他	35702	248540	178419
六、商品房屋销售			
1.销售面积(平方米)	**2810435**	**3595594**	**2629567**
住宅	2664287	3425623	2468539
#别墅、高档公寓	3012	2561	4100
#经济适用房屋	2871		
办公楼	9954	14730	2140
商业营业用房	132114	148135	154763
其他	4080	7106	4125
2.销售额(万元)	**844416**	**1167878**	**1064592**
住宅	770999	1058522	911437
#别墅、高档公寓	1736	1348	2932
#经济适用房屋	300		
办公楼	2183	2578	1395
商业营业用房	69964	103981	150192
其他	1270	2797	1568
3.销售价格(元/平方米)	**3005**	**3248**	**4049**
住宅	2894	3090	3692
办公楼	2193	1750	6519
商业营业用房	5296	7019	9705

8-30　宁夏回族自治区房地产开发投资综合统计

指　　标	2010年	2011年	2012年
一、房地产企业			
1.企业个数合计(个)	**360**	**436**	**480**
#一级企业	9	10	10
#二级企业	67	71	79
#三级企业	85	89	101
2.资产负债(万元)			
资产总计	8370883	11783394	15614913
负债总计	6854150	9489851	12723086
所有者权益	1516732	2293543	2891828
资产负债率(%)	81.9	80.5	81.5
二、本年完成投资额(万元)			
合计	**2543715**	**3362289**	**4291529**
1.按构成分			
建筑安装工程	2207961	2913084	3563893
设备工器具购置	10342	14932	26735
其他费用	325412	434273	700901
#土地购置费	215897	302403	430339
2.按用途分			
住宅	1872939	2395186	2794871
#别墅、高档公寓	39470	78395	114599
#经济适用房屋	41779		
办公楼	81655	85213	108440
商业营业用房	355621	497829	830146
其他	233500	384061	558072
3.商品房屋建设和土地开发			
#商品房建设投资			
#土地开发投资			
商品房建设投资额比重(%)			
4.资金来源及构成			
本年资金来源小计	3898917	4493133	4998029
国内贷款	560709	519711	593984
利用外资	2500		
#外商直接投资	2500		
自筹资金	1033182	1580144	1963181
其他资金来源	1994963	2393278	2440864
三、本年新增固定资产(万元)	**1963689**	**2897823**	**2893938**
四、土地开发及购置(平方米)			
本年完成开发土地面积			
待开发土地面积	1540066	7692011	4090067
本年购置土地面积	5488116	5547356	4256860

8-30 续表

指　　标	2010年	2011年	2012年
五、商品房屋建筑面积(平方米)			
1.施工房屋面积	**29405345**	**40802601**	**50332607**
住宅	22855638	30869207	36226338
#别墅、高档公寓	455956	660302	819311
#经济适用房屋	759772		
办公楼	741687	1065019	1191375
商业营业用房	3609924	5096722	8186705
其他	2198096	3771653	4728189
2.新开工房屋面积	**18087265**	**19891968**	**18427796**
住宅	14448589	14803317	12287413
#别墅、高档公寓	106127	261067	385834
#经济适用房屋	279119		
办公楼	212513	550608	385969
商业营业用房	2145499	2511409	4210154
其他	1280664	2026634	1544260
3.竣工房屋面积	**9368600**	**9673224**	**11519733**
住宅	7463150	7850111	9222591
#别墅、高档公寓	72825	285051	66529
#经济适用房屋	493945		
办公楼	173370	231485	98478
商业营业用房	1225035	1152252	1310419
其他	507045	439376	888245
六、商品房屋销售			
1.销售面积(平方米)	**9359844**	**8464567**	**8044266**
住宅	8167870	7051284	7075675
#别墅、高档公寓	174087	186391	143289
#经济适用房屋	473947		
办公楼	153953	92708	68168
商业营业用房	899445	1147070	829177
其他	138576	173505	71246
2.销售额(万元)	**3092169**	**3159137**	**3175781**
住宅	2537646	2390002	2561936
#别墅、高档公寓	92628	89588	69475
#经济适用房屋	65791		
办公楼	81253	67252	34530
商业营业用房	439656	646957	554355
其他	33614	54926	24960
3.销售价格(元/平方米)	**3304**	**3732**	**3948**
住宅	3107	3389	3621
办公楼	5278	7254	5065
商业营业用房	4888	5640	6686

8-31　新疆维吾尔自治区房地产开发投资综合统计

指　　标	2010年	2011年	2012年
一、房地产企业			
1.企业个数合计(个)	**1233**	**1421**	**1509**
#一级企业	19	24	24
#二级企业	88	93	98
#三级企业	320	348	334
2.资产负债(万元)			
资产总计	12591584	17578302	22571865
负债总计	9422446	13116923	17316323
所有者权益	3169138	4461378	5255542
资产负债率(%)	74.8	74.6	76.7
二、本年完成投资额(万元)			
合计	**3477185**	**5163895**	**6060939**
1.按构成分			
建筑安装工程	2904194	4309058	5177425
设备工器具购置	51777	53225	89271
其他费用	521214	801612	794243
#土地购置费	313568	425236	382920
2.按用途分			
住宅	2815620	4163926	4442667
#别墅、高档公寓	194136	258846	368122
#经济适用房屋	99339		
办公楼	102895	155400	120840
商业营业用房	380275	572602	976135
其他	178395	271967	521297
3.商品房屋建设和土地开发			
#商品房建设投资			
#土地开发投资			
商品房建设投资额比重(%)			
4.资金来源及构成			
本年资金来源小计	6193430	6843313	7979461
国内贷款	684191	731550	908749
利用外资		1666	
#外商直接投资			
自筹资金	1397982	2314233	2976896
其他资金来源	3298566	3795864	4093816
三、本年新增固定资产(万元)	**1800214**	**2321411**	**4329468**
四、土地开发及购置(平方米)			
本年完成开发土地面积			
待开发土地面积	4984520	5390881	5760891
本年购置土地面积	5576895	9808690	7606663

8-31 续表

指 标	2010年	2011年	2012年
五、商品房屋建筑面积(平方米)			
1.施工房屋面积	**39807970**	**54814422**	**68965459**
住宅	33176752	45747177	54825900
#别墅、高档公寓	2406525	3518650	3708329
#经济适用房屋	1680220		
办公楼	902917	1101178	1366079
商业营业用房	4109618	5431205	8412217
其他	1618683	2534862	4361263
2.新开工房屋面积	**21772439**	**29745103**	**28236502**
住宅	18528791	25106771	21493594
#别墅、高档公寓	676815	1595367	1285320
#经济适用房屋	705451		
办公楼	231584	408699	496344
商业营业用房	2145048	3044617	4213191
其他	867016	1185016	2033373
3.竣工房屋面积	**10129038**	**12704801**	**17361714**
住宅	8599228	11080237	14384339
#别墅、高档公寓	667100	1064911	1009198
#经济适用房屋	700464		
办公楼	158689	189213	351000
商业营业用房	983981	1096645	1774528
其他	387140	338706	851847
六、商品房屋销售			
1.销售面积(平方米)	**15649040**	**17282320**	**14303062**
住宅	14500246	15705619	12747965
#别墅、高档公寓	861678	975224	573475
#经济适用房屋	769144		
办公楼	123514	158618	184713
商业营业用房	944214	1231178	1163140
其他	81066	186905	207244
2.销售额(万元)	**4830392**	**6133128**	**5604508**
住宅	4164140	5162366	4581386
#别墅、高档公寓	370453	418385	306194
#经济适用房屋	120451		
办公楼	111022	117904	173314
商业营业用房	523153	779898	759812
其他	32077	72960	89996
3.销售价格(元/平方米)	**3087**	**3549**	**3918**
住宅	2872	3287	3594
办公楼	8989	7433	9383
商业营业用房	5541	6335	6532

第九章

35 个大中城市分城市房地产开发投资综合统计（2012）

9-1 北京市房地产开发投资综合统计

指 标	2010年	2011年	2012年
一、本年完成投资额(万元)	**29010686**	**30363118**	**31534419**
1.按用途分			
住宅	15089501	17783070	16279851
#别墅、高档公寓	2607279	2478279	1815421
#经济适用房屋	489805		
办公楼	2590996	3638232	3848067
商业营业用房	3362915	2967169	2758685
其他	7967274	5974647	8647816
2.资金状况			
本年资金来源合计	73343557	72379782	83573757
#上年末节余资金	15437479	18799080	22728212
#本年资金来源小计	57906078	53580702	60845545
本年各项应付款合计	596780	921799	850095
3.资金来源及构成			
本年资金来源小计	57906078	53580702	60845545
国内贷款	14390753	11679535	14847394
利用外资	139045	26035	42209
#外商直接投资	134145	26035	42209
自筹资金	17629655	17461530	16119093
其他资金来源	25746625	24413602	29836849
二、房地产开发企业(单位)情况			
1.企业个数合计(个)	**3173**	**3068**	**2981**
#一级企业	120	130	124
#二级企业	247	235	217
#三级企业	319	315	297
2.从业人数合计(人)	**89173**	**90050**	**91941**
#一级企业	12912	14297	14211
#二级企业	16281	16898	15742
#三级企业	9864	10780	10763
3.资产合计(万元)	**262210307.4**	**298921594.4**	**341265626.3**
4.负债合计(万元)	**207452185.6**	**238536207.3**	**269874921**
5.资产负债率(%)	**79.1**	**79.8**	**79.1**
三、土地开发及购置			
本年完成土地开发投资(万元)		30363118	31534419
四、商品房屋开发面积(平方米)			
1.施工房屋面积	**103008582**	**120653755**	**131224915**
住宅	61760201	71681235	75103589
#别墅、高档公寓	8299940	7547650	6421998
#经济适用房屋	5726750		
办公楼	10548448	14226636	17118590
商业营业用房	12293264	11874806	12368916
其他	18406669	22871078	26633820

9-1 续表

指　　标	2010年	2011年	2012年
2.新开工房屋面积	**29742441**	**42460522**	**32242095**
住宅	20633978	25964494	16275023
#别墅、高档公寓	1570871	1655182	884026
#经济适用房屋	1562859		
办公楼	2032909	4893992	5368188
商业营业用房	2424152	3064320	3256129
其他	4651402	8537716	7342755
3.竣工房屋面积	**23867096**	**22452369**	**23908593**
住宅	14984755	13161275	15227151
#别墅、高档公寓	1832151	1330081	1350949
#经济适用房屋	1446259		
办公楼	1984164	2451682	2267874
商业营业用房	2719178	2324306	2400582
其他	4178999	4515106	4012986
4.待售房屋面积	**14826517**	**17762213**	**19117915**
住宅	5118680	6996502	7894548
#别墅、高档公寓	1386363	1525447	1965781
#经济适用房屋	602312		
办公楼	2239048	2401087	1982135
商业营业用房	3875550	4192118	4420473
其他	3593239	4172506	4820759
五、商品房屋销售			
1.销售面积(平方米)	**16395314**	**14392018**	**19437367**
住宅	12013905	10349608	14833746
#别墅、高档公寓	1759232	932703	1169400
#经济适用房屋	494613		
办公楼	2081455	2112354	2534960
商业营业用房	1420719	1086908	1139677
其他	879235	843148	928984
2.销售额(万元)	**29153635**	**24253361**	**33085572**
住宅	20605172	16060417	24555008
#别墅、高档公寓	5045563	2662231	3194508
#经济适用房屋	223559		
办公楼	4873249	5006626	5605857
商业营业用房	3189855	2708526	2333565
其他	485359	477792	591142
3.销售价格(元/平方米)	**17782**	**16852**	**17022**
住宅	17151	15518	16553
办公楼	23413	23702	22114
商业营业用房	22452	24920	20476
4.出租面积(平方米)	**9707192**	**8123847**	**8932113**
住宅	424838	356324	445445
#别墅、高档公寓	289883	180769	171836
#经济适用房屋			
办公楼	3648636	2860283	3204409
商业营业用房	4701486	4041022	4217689
其他	932232	866218	1064570

9-2 天津市房地产开发投资综合统计

指　　标	2010年	2011年	2012年
一、本年完成投资额(万元)	**8666424**	**10802492**	**12599969**
1.按用途分			
住宅	5653883	6892818	8430526
#别墅、高档公寓	688989	596685	623395
#经济适用房屋	1267679		
办公楼	771783	1098389	856968
商业营业用房	1273543	1767896	1553063
其他	967215	1043389	1759412
2.资金状况			
本年资金来源合计	21765785	29652438	29803871
#上年末节余资金	5110357	8042153	8341083
#本年资金来源小计	16655428	21610285	21462788
本年各项应付款合计	3321481	6931649	5124356
3.资金来源及构成			
本年资金来源小计	16655428	21610285	21462788
国内贷款	5395902	5856720	5703680
利用外资	83370	101425	34699
#外商直接投资	57922	78485	3767
自筹资金	4577400	7197753	8317073
其他资金来源	6598756	8454387	7407336
二、房地产开发企业(单位)情况			
1.企业个数合计(个)	**1279**	**1247**	**1322**
#一级企业	20	27	28
#二级企业	105	108	111
#三级企业	143	148	150
2.从业人数合计(人)	**36717**	**29009**	**34753**
#一级企业	2242	2164	2303
#二级企业	6354	4671	5392
#三级企业	4394	3587	4088
3.资产合计(万元)	**102014313.2**	**112043621.9**	**156857562.2**
4.负债合计(万元)	**73238405.7**	**82791066.9**	**111377801.2**
5.资产负债率(%)	**71.8**	**73.9**	**71.0**
三、土地开发及购置			
本年完成土地开发投资(万元)		10802492	12599969
四、商品房屋开发面积(平方米)			
1.施工房屋面积	**71608389**	**92339821**	**98642247**
住宅	51176931	66239545	69235199
#别墅、高档公寓	3326229	3523567	3428667
#经济适用房屋	15369238		
办公楼	3966058	7228611	7923966
商业营业用房	10044712	10727693	10452308
其他	6420688	8143972	11030774

9-2 续表

指　　标	2010年	2011年	2012年
2.新开工房屋面积	**29116685**	**32955578**	**25651881**
住宅	20268934	24024253	17647557
#别墅、高档公寓	1083067	1413962	584894
#经济适用房屋	8153440		
办公楼	2067338	2402900	2310154
商业营业用房	4078286	3730924	2021598
其他	2702127	2797501	3672572
3.竣工房屋面积	**20985492**	**21027954**	**25427456**
住宅	16036455	16451031	19139656
#别墅、高档公寓	1184801	1161309	1107433
#经济适用房屋	4888966		
办公楼	1024153	1434928	1668026
商业营业用房	2352940	1483540	3014184
其他	1571944	1658455	1605590
4.待售房屋面积	**1662942**	**2765768**	**4989392**
住宅	915584	1795046	3470081
#别墅、高档公寓	250337	238166	334781
#经济适用房屋	80032		
办公楼	174730	288142	640853
商业营业用房	393706	504789	519568
其他	178922	177791	358890
五、商品房屋销售			
1.销售面积(平方米)	**15145226**	**15945695**	**16616941**
住宅	13026093	13657081	15114032
#别墅、高档公寓	1109725	935419	663234
#经济适用房屋	1661283		
办公楼	352926	671400	281741
商业营业用房	1036447	1262885	721681
其他	729760	354329	499487
2.销售额(万元)	**12464775**	**13944146**	**13655259**
住宅	10343174	11673576	12105706
#别墅、高档公寓	1105557	1043343	721408
#经济适用房屋	789768		
办公楼	488963	598009	376097
商业营业用房	1093065	1417210	938729
其他	539573	255351	234727
3.销售价格(元/平方米)	**8230**	**8745**	**8218**
住宅	7940	8548	8010
办公楼	13855	8907	13349
商业营业用房	10546	11222	13008
4.出租面积(平方米)	**799525**	**258505**	**152420**
住宅	72502	29197	29490
#别墅、高档公寓	59020		
#经济适用房屋	1414		
办公楼	27357	10552	2913
商业营业用房	535092	185952	74406
其他	164574	32804	45611

9-3 石家庄市房地产开发投资综合统计

指　　标	2010年	2011年	2012年
一、本年完成投资额(万元)	**5379994**	**7891413**	**8332125**
1.按用途分			
住宅	4122540	5486650	5922728
#别墅、高档公寓	211562	198427	168075
#经济适用房屋	55492		
办公楼	229234	386247	532433
商业营业用房	816212	1434085	1389144
其他	212008	584431	487820
2.资金状况			
本年资金来源合计	6690378	9780064	11268403
#上年末节余资金	675713	1575491	1294612
#本年资金来源小计	6014665	8204573	9973791
本年各项应付款合计	660297	1050306	1181153
3.资金来源及构成			
本年资金来源小计	6014665	8204573	9973791
国内贷款	539122	878247	723391
利用外资	25000		
#外商直接投资			
自筹资金	3681612	4682272	6748203
其他资金来源	1768931	2644054	2502197
二、房地产开发企业(单位)情况			
1.企业个数合计(个)	**526**	**515**	**468**
#一级企业	3	3	3
#二级企业	31	33	32
#三级企业	70	70	66
2.从业人数合计(人)	**13891**	**15498**	**16538**
#一级企业	1158	478	1030
#二级企业	3422	2858	2881
#三级企业	2279	2525	2382
3.资产合计(万元)	**9396982.9**	**13508154.6**	**15741963.2**
4.负债合计(万元)	**8357456.5**	**11615608.9**	**13124629.7**
5.资产负债率(%)	**88.9**	**85.9**	**83.4**
三、土地开发及购置			
本年完成土地开发投资(万元)		7891413	8332125
四、商品房屋开发面积(平方米)			
1.施工房屋面积	**42514832**	**49644639**	**46771814**
住宅	34733328	38952225	36635998
#别墅、高档公寓	886596	1143789	1401037
#经济适用房屋	271047		
办公楼	1296580	2029285	1916463
商业营业用房	4747679	5894703	5338817
其他	1737245	2768426	2880536

9-3 续表

指　　标	2010年	2011年	2012年
2.新开工房屋面积	**13080480**	**18253233**	**11388637**
住宅	10724361	14055685	8869099
#别墅、高档公寓	450849	566854	311146
#经济适用房屋	12000		
办公楼	262187	1012131	369678
商业营业用房	1573118	2075746	1513478
其他	520814	1109671	636382
3.竣工房屋面积	**5512196**	**10964990**	**8709344**
住宅	4659533	8892216	6816427
#别墅、高档公寓	269700	42320	292495
#经济适用房屋			
办公楼	185037	230912	251313
商业营业用房	423900	1163811	1097442
其他	243726	678051	544162
4.待售房屋面积	**470820**	**2288974**	**1984670**
住宅	442768	1763532	1527291
#别墅、高档公寓	1008	24542	9242
#经济适用房屋			
办公楼	20995	33923	38106
商业营业用房	6487	317596	222164
其他	570	173923	197109
五、商品房屋销售			
1.销售面积(平方米)	**4693070**	**9222363**	**7687331**
住宅	4464262	7832013	6970793
#别墅、高档公寓	186896	146348	746666
#经济适用房屋	36114		
办公楼	81492	121027	174627
商业营业用房	76397	885373	367222
其他	70919	383950	174689
2.销售额(万元)	**1821596**	**4371858**	**3790574**
住宅	1699674	3408610	3285711
#别墅、高档公寓	112053	112535	353323
#经济适用房屋	5406		
办公楼	40262	114425	146439
商业营业用房	55790	717216	265781
其他	25870	131607	92643
3.销售价格(元/平方米)	**3881**	**4740**	**4931**
住宅	3807	4352	4714
办公楼	4941	9455	8386
商业营业用房	7303	8101	7238
4.出租面积(平方米)		**1000**	
住宅			
#别墅、高档公寓			
#经济适用房屋			
办公楼			
商业营业用房		1000	
其他			

9-4　太原市房地产开发投资综合统计

指　　标	2010年	2011年	2012年
一、本年完成投资额(万元)	**2410946**	**3105476**	**3592367**
1.按用途分			
住宅	1851642	2457958	2570151
#别墅、高档公寓	714	81957	13531
#经济适用房屋	139923		
办公楼	69499	64713	133533
商业营业用房	201930	223989	409025
其他	287875	358816	479658
2.资金状况			
本年资金来源合计	4331238	4854997	5062296
#上年末节余资金	707296	988669	1229086
#本年资金来源小计	3623942	3866328	3833210
本年各项应付款合计	591446	598661	651629
3.资金来源及构成			
本年资金来源小计	3623942	3866328	3833210
国内贷款	496979	401257	242772
利用外资			253
#外商直接投资			253
自筹资金	985488	1652447	1567706
其他资金来源	2141475	1812624	2022479
二、房地产开发企业(单位)情况			
1.企业个数合计(个)	**661**	**724**	**728**
#一级企业	4	4	4
#二级企业	61	65	70
#三级企业	121	121	120
2.从业人数合计(人)	**11931**	**15275**	**16965**
#一级企业	335	416	201
#二级企业	2039	3581	4774
#三级企业	2969	2925	3392
3.资产合计(万元)	**9121378.2**	**14578218.8**	**18518557.4**
4.负债合计(万元)	**7631874.7**	**12619798**	**16039534.5**
5.资产负债率(%)	**83.7**	**86.6**	**86.6**
三、土地开发及购置			
本年完成土地开发投资(万元)		3105476	3592367
四、商品房屋开发面积(平方米)			
1.施工房屋面积	**23665160**	**28123683**	**36510523**
住宅	19222118	23555748	28541109
#别墅、高档公寓	94078	422347	436423
#经济适用房屋	1892839		
办公楼	871539	639705	945626
商业营业用房	2086580	1907152	3367160
其他	1484923	2021078	3656628

9-4 续表

指　　标	2010年	2011年	2012年
2.新开工房屋面积	**6948331**	**6996900**	**8217968**
住宅	5612955	6056667	5764103
#别墅、高档公寓		86207	49036
#经济适用房屋	658035		
办公楼	297906	43714	283826
商业营业用房	608918	287794	927140
其他	428552	608725	1242899
3.竣工房屋面积	**1376317**	**2292756**	**2309382**
住宅	1090658	2093215	2012962
#别墅、高档公寓	31872		
#经济适用房屋	259795		
办公楼	53000	10000	30246
商业营业用房	191426	115860	82019
其他	41233	73681	184155
4.待售房屋面积	**532174**	**649664**	**471396**
住宅	390709	586705	398249
#别墅、高档公寓	27964	3952	
#经济适用房屋	54579		
办公楼	52159	16116	23822
商业营业用房	54663	33785	43085
其他	34643	13058	6240
五、商品房屋销售			
1.销售面积(平方米)	**2588212**	**2161778**	**3248146**
住宅	2354865	1918873	3081279
#别墅、高档公寓	728	136	1227
#经济适用房屋	33164		
办公楼	40415	74364	50195
商业营业用房	145538	146966	86891
其他	47394	21575	29781
2.销售额(万元)	**1874939**	**1473475**	**2210490**
住宅	1669221	1250619	1973480
#别墅、高档公寓	804	216	1588
#经济适用房屋	6307		
办公楼	27876	72816	52556
商业营业用房	164127	132723	174539
其他	13715	17317	9915
3.销售价格(元/平方米)	**7244**	**6816**	**6805**
住宅	7088	6517	6405
办公楼	6897	9792	10470
商业营业用房	11277	9031	20087
4.出租面积(平方米)	**158150**	**24479**	**3253**
住宅		500	
#别墅、高档公寓			
#经济适用房屋			
办公楼			
商业营业用房	148150	11557	3253
其他	10000	12422	

9-5　呼和浩特市房地产开发投资综合统计

指　　标	2010年	2011年	2012年
一、本年完成投资额(万元)	**2543537**	**3300329**	**4479861**
1.按用途分			
住宅	1926340	2441653	3021927
#别墅、高档公寓	89958	147092	88053
#经济适用房屋	108084		
办公楼	152317	161676	230525
商业营业用房	379684	543884	788220
其他	85196	153116	439189
2.资金状况			
本年资金来源合计	2494335	4144483	4873128
#上年末节余资金	102843	304788	216467
#本年资金来源小计	2391492	3839695	4656661
本年各项应付款合计	416132	448143	761424
3.资金来源及构成			
本年资金来源小计	2391492	3839695	4656661
国内贷款	102073	206557	253305
利用外资			
#外商直接投资			
自筹资金	1640108	2349680	3248853
其他资金来源	649311	1283458	1154503
二、房地产开发企业(单位)情况			
1.企业个数合计(个)	**238**	**241**	**260**
#一级企业	1	1	2
#二级企业	34	36	43
#三级企业	51	53	46
2.从业人数合计(人)	**6050**	**6771**	**7573**
#一级企业	156	120	162
#二级企业	1135	1397	1769
#三级企业	1295	1620	1455
3.资产合计(万元)	**6728871.4**	**8985983.5**	**12180536.2**
4.负债合计(万元)	**5511243**	**7457392**	**10272022.7**
5.资产负债率(%)	**81.9**	**82.9**	**84.3**
三、土地开发及购置			
本年完成土地开发投资(万元)		3300329	4479861
四、商品房屋开发面积(平方米)			
1.施工房屋面积	**24611263**	**34179985**	**44420630**
住宅	19011634	24460498	31271829
#别墅、高档公寓	827673	695946	623997
#经济适用房屋	1614172		
办公楼	992401	1480153	1702064
商业营业用房	3353328	5534355	7569756
其他	1253900	2704979	3876981

9-5 续表

指　　标	2010年	2011年	2012年
2.新开工房屋面积	**12630021**	**18319192**	**13451035**
住宅	9549750	12916017	9041172
#别墅、高档公寓	85632	319665	15700
#经济适用房屋	692933		
办公楼	607071	891458	579266
商业营业用房	1821435	3227269	2186228
其他	651765	1284448	1644369
3.竣工房屋面积	**4627792**	**3199429**	**3579763**
住宅	3490882	2648721	2908012
#别墅、高档公寓	359194	62959	329235
#经济适用房屋	612959		
办公楼	165800	6859	92100
商业营业用房	728364	421421	410519
其他	242746	122428	169132
4.待售房屋面积	**3352574**	**2398194**	**1847402**
住宅	2487525	1673592	1224611
#别墅、高档公寓	327477	262550	4626
#经济适用房屋	579504		
办公楼	234194	203521	81312
商业营业用房	457813	460550	449555
其他	173042	60531	91924
五、商品房屋销售			
1.销售面积(平方米)	**4718846**	**4497116**	**4781847**
住宅	3947527	4083908	4143054
#别墅、高档公寓	279190	265584	249800
#经济适用房屋	198674		
办公楼	87646	52585	140528
商业营业用房	518047	300608	447823
其他	165626	60015	50442
2.销售额(万元)	**1937134**	**1964099**	**2603781**
住宅	1440770	1663506	1987906
#别墅、高档公寓	199463	241368	168484
#经济适用房屋	42257		
办公楼	50627	34472	102118
商业营业用房	370047	237319	487664
其他	75690	28802	26093
3.销售价格(元/平方米)	**4105**	**4367**	**5445**
住宅	3650	4073	4798
办公楼	5776	6555	7267
商业营业用房	7143	7895	10890
4.出租面积(平方米)	**43635**	**11622**	**74108**
住宅	1276		
#别墅、高档公寓	1275		
#经济适用房屋			
办公楼	25559	7512	69802
商业营业用房	16800	4110	4306
其他			

9-6　沈阳市房地产开发投资综合统计

指　　标	2010年	2011年	2012年
一、本年完成投资额(万元)	**14500794**	**16847242**	**19429642**
1.按用途分			
住宅	10043386	12609589	13314308
#别墅、高档公寓	1093510	1169092	728136
#经济适用房屋	278498		
办公楼	638972	507643	1000929
商业营业用房	2905312	2727908	3590212
其他	913124	1002102	1524193
2.资金状况			
本年资金来源合计	22248478	22973502	24431023
#上年末节余资金	2450646	2294866	3248070
#本年资金来源小计	19797832	20678636	21182953
本年各项应付款合计	1841251	2426323	3657981
3.资金来源及构成			
本年资金来源小计	19797832	20678636	21182953
国内贷款	2563449	1801369	2469559
利用外资	1015031	1191566	686713
#外商直接投资	903721	1140466	686713
自筹资金	10913103	10960108	11214271
其他资金来源	5306249	6725593	6812410
二、房地产开发企业(单位)情况			
1.企业个数合计(个)	**1384**	**797**	**822**
#一级企业	17	12	16
#二级企业	86	61	63
#三级企业	260	168	176
2.从业人数合计(人)	**18572**	**29019**	**27802**
#一级企业	509	509	1167
#二级企业	2050	11255	7708
#三级企业	4208	4114	4986
3.资产合计(万元)	**35526924**	**45379821.1**	**51116990**
4.负债合计(万元)	**25220125.4**	**32678012.3**	**37213156.1**
5.资产负债率(%)	**71.0**	**72.0**	**72.8**
三、土地开发及购置			
本年完成土地开发投资(万元)		16847242	19429642
四、商品房屋开发面积(平方米)			
1.施工房屋面积	**88514480**	**102012770**	**110026346**
住宅	66341859	76541246	80398491
#别墅、高档公寓	4719893	6288904	4271532
#经济适用房屋	1969816		
办公楼	3292224	3175901	3765457
商业营业用房	14623334	16840120	18435577
其他	4257063	5455503	7426821

9-6 续表

指　　标	2010年	2011年	2012年
2.新开工房屋面积	**36554412**	**29726511**	**38221699**
住宅	29166554	23123472	28900769
#别墅、高档公寓	2293973	2045011	473735
#经济适用房屋	932426		
办公楼	975025	511277	858544
商业营业用房	4959398	4661521	5728967
其他	1453435	1430241	2733419
3.竣工房屋面积	**13932240**	**19832813**	**20663745**
住宅	11077008	16055553	16447614
#别墅、高档公寓	732821	798125	512182
#经济适用房屋	260300		
办公楼	211244	248013	556613
商业营业用房	2028619	2616354	2467073
其他	615369	912893	1192445
4.待售房屋面积	**5725900**	**6310110**	**7019294**
住宅	4046034	4733714	5336881
#别墅、高档公寓	610763	733308	541096
#经济适用房屋	48056		
办公楼	184382	199489	134533
商业营业用房	1293320	1203266	1293119
其他	202164	173641	254761
五、商品房屋销售			
1.销售面积(平方米)	**17465157**	**21651650**	**24696526**
住宅	15160598	19477841	22014548
#别墅、高档公寓	484974	787200	1500173
#经济适用房屋	110700		
办公楼	250667	105253	218177
商业营业用房	1673116	1647178	1918102
其他	380776	421378	545699
2.销售额(万元)	**9450487**	**12740225**	**15611316**
住宅	7745478	10932828	13185506
#别墅、高档公寓	426524	688741	1469651
#经济适用房屋	30524		
办公楼	173940	75524	246289
商业营业用房	1303007	1482336	1862936
其他	228062	249537	316585
3.销售价格(元/平方米)	**5411**	**5884**	**6321**
住宅	5109	5613	5989
办公楼	6939	7175	11288
商业营业用房	7788	8999	9712
4.出租面积(平方米)	**148560**	**8927**	
住宅	4600	4816	
#别墅、高档公寓			
#经济适用房屋			
办公楼	33125		
商业营业用房	110835	4111	
其他			

9-7　长春市房地产开发投资综合统计

指　　标	2010年	2011年	2012年
一、本年完成投资额(万元)	**5427566**	**6664177**	**6496535**
1.按用途分			
住宅	4274573	5025311	4932189
#别墅、高档公寓	899280	693817	579188
#经济适用房屋	355759		
办公楼	116789	155799	237233
商业营业用房	621581	889737	747237
其他	414623	593330	579876
2.资金状况			
本年资金来源合计	6219077	8149908	9482587
#上年末节余资金	530126	1202513	1989776
#本年资金来源小计	5688951	6947395	7492811
本年各项应付款合计	493161	709944	908139
3.资金来源及构成			
本年资金来源小计	5688951	6947395	7492811
国内贷款	473609	429216	749877
利用外资	400	47685	18880
#外商直接投资	400	47685	18880
自筹资金	2614509	2890230	3501317
其他资金来源	2600433	3580264	3222737
二、房地产开发企业(单位)情况			
1.企业个数合计(个)	**458**	**482**	**534**
#一级企业	3	3	3
#二级企业	54	61	71
#三级企业	111	112	115
2.从业人数合计(人)	**10411**	**13168**	**14437**
#一级企业	208	316	324
#二级企业	2241	3657	3771
#三级企业	2825	3056	3216
3.资产合计(万元)	**12228183.6**	**16639455.8**	**21044826.9**
4.负债合计(万元)	**10004517**	**13506045.6**	**17403213.3**
5.资产负债率(%)	**81.8**	**81.2**	**82.7**
三、土地开发及购置			
本年完成土地开发投资(万元)		6664177	6496535
四、商品房屋开发面积(平方米)			
1.施工房屋面积	**30894201**	**40758427**	**51237176**
住宅	24541139	31338404	37988224
#别墅、高档公寓	2467977	2746397	3143486
#经济适用房屋	2575118		
办公楼	834200	1234392	1833339
商业营业用房	3303026	5010481	6858789
其他	2215836	3175150	4556824

9-7 续表

指　标	2010年	2011年	2012年
2.新开工房屋面积	**12838916**	**19688009**	**15391026**
住宅	10593624	14966221	10507507
#别墅、高档公寓	1301794	700791	719992
#经济适用房屋	828640		
办公楼	110183	416743	739877
商业营业用房	1253691	2759001	2301994
其他	881418	1546044	1841648
3.竣工房屋面积	**9637298**	**7480598**	**9138672**
住宅	7985357	6228988	7362906
#别墅、高档公寓	429738	438053	800345
#经济适用房屋	1052419		
办公楼	76252	87878	129134
商业营业用房	994332	610854	1219310
其他	581357	552878	427322
4.待售房屋面积	**2796076**	**2356382**	**3203133**
住宅	1803215	1608225	2159262
#别墅、高档公寓	242882	269443	148445
#经济适用房屋	155724		
办公楼	84672	45306	103872
商业营业用房	704850	505465	657228
其他	203339	197386	282771
五、商品房屋销售			
1.销售面积(平方米)	**8630779**	**8791395**	**9079951**
住宅	7861859	7859371	7751945
#别墅、高档公寓	666944	1126897	731075
#经济适用房屋	2619		
办公楼	40438	78802	129046
商业营业用房	595485	623487	991392
其他	132997	229735	207568
2.销售额(万元)	**4469071**	**5390194**	**5030451**
住宅	4007210	4691778	4087872
#别墅、高档公寓	676464	1200070	632851
#经济适用房屋	794		
办公楼	18409	77319	111873
商业营业用房	387068	487481	726119
其他	56384	133616	104587
3.销售价格(元/平方米)	**5178**	**6131**	**5540**
住宅	5097	5970	5273
办公楼	4552	9812	8669
商业营业用房	6500	7819	7324
4.出租面积(平方米)	**365708**	**318709**	**304825**
住宅	301	301	301
#别墅、高档公寓			
#经济适用房屋			
办公楼	35483	31871	33718
商业营业用房	328724	285337	270806
其他	1200	1200	

9-8　哈尔滨市房地产开发投资综合统计

指　　标	2010年	2011年	2012年
一、本年完成投资额(万元)	**3607358**	**5704558**	**7890366**
1.按用途分			
住宅	2884105	4281326	5447880
#别墅、高档公寓	72353	59009	122459
#经济适用房屋	12329		
办公楼	38250	124906	217212
商业营业用房	369904	533129	1218632
其他	315099	765197	1006642
2.资金状况			
本年资金来源合计	5413447	9030881	11081547
#上年末节余资金	745644	1201033	1887390
#本年资金来源小计	4667803	7829848	9194157
本年各项应付款合计	522325	988173	991731
3.资金来源及构成			
本年资金来源小计	4667803	7829848	9194157
国内贷款	355793	486261	753119
利用外资		27000	165
#外商直接投资		20000	165
自筹资金	2364445	4369411	4846893
其他资金来源	1947565	2947176	3593980
二、房地产开发企业(单位)情况			
1.企业个数合计(个)	**803**	**874**	**874**
#一级企业	3	5	8
#二级企业	151	172	178
#三级企业	443	499	508
2.从业人数合计(人)	**15594**	**17492**	**18557**
#一级企业	182	328	807
#二级企业	3974	5380	5146
#三级企业	7107	8216	9073
3.资产合计(万元)	**16501509.5**	**26651970.8**	**50777298**
4.负债合计(万元)	**12296474.2**	**21079399.5**	**29888445.5**
5.资产负债率(%)	**74.5**	**79.1**	**58.9**
三、土地开发及购置			
本年完成土地开发投资(万元)		5704558	7890366
四、商品房屋开发面积(平方米)			
1.施工房屋面积	**29390427**	**45992878**	**55770570**
住宅	24359373	35949154	41725621
#别墅、高档公寓	388230	376359	461726
#经济适用房屋	305463		
办公楼	283719	780045	1314192
商业营业用房	2590350	4628243	6385669
其他	2156985	4635436	6345088

9-8 续表

指　标	2010年	2011年	2012年
2.新开工房屋面积	**16012106**	**25282982**	**18279017**
住宅	13102157	19321250	12844160
#别墅、高档公寓	184363	226592	197918
#经济适用房屋	272455		
办公楼	183645	585462	651133
商业营业用房	1487986	2750313	2586523
其他	1238318	2625957	2197201
3.竣工房屋面积	**7498883**	**7385248**	**10958161**
住宅	6420184	6228481	8989742
#别墅、高档公寓	227517	113799	1455
#经济适用房屋	15782		
办公楼	52566	59899	70877
商业营业用房	656279	504076	832476
其他	369854	592792	1065066
4.待售房屋面积	**4476128**	**7189204**	**7506921**
住宅	2758039	5003790	5528572
#别墅、高档公寓	221945	264587	81814
#经济适用房屋	87970		
办公楼	41459	74195	49469
商业营业用房	1190336	1309790	1189557
其他	486294	801429	739323
五、商品房屋销售			
1.销售面积(平方米)	**8817489**	**9985876**	**11952816**
住宅	8099117	9200171	10316131
#别墅、高档公寓	476940	109814	149936
#经济适用房屋	187741		
办公楼	25425	21183	105679
商业营业用房	494676	505136	1025733
其他	198271	259386	505273
2.销售额(万元)	**4701947**	**5390566**	**6595145**
住宅	4208234	4799420	5274481
#别墅、高档公寓	298271	108852	168074
#经济适用房屋	51044		
办公楼	16520	14659	87124
商业营业用房	364228	476530	974767
其他	112965	99957	258773
3.销售价格(元/平方米)	**5333**	**5398**	**5518**
住宅	5196	5217	5113
办公楼	6498	6920	8244
商业营业用房	7363	9434	9503
4.出租面积(平方米)	**25385**	**6908**	**36438**
住宅	10431	5488	154
#别墅、高档公寓			
#经济适用房屋			
办公楼			18117
商业营业用房	14954	244	16430
其他		1176	1737

9-9　上海市房地产开发投资综合统计

指　　标	2010年	2011年	2012年
一、本年完成投资额(万元)	**19806787**	**22538314**	**23813574**
1.按用途分			
住宅	12298294	14655238	14519446
#别墅、高档公寓	3736666	4106748	3350806
#经济适用房屋	1175728		
办公楼	2244608	2279028	2628502
商业营业用房	2447030	2515516	2937507
其他	2816855	3088532	3728119
2.资金状况			
本年资金来源合计	44438490	49850992	53169349
#上年末节余资金	12145640	15415390	13484213
#本年资金来源小计	32292850	34435602	39685136
本年各项应付款合计	4201046	7905336	6844489
3.资金来源及构成			
本年资金来源小计	32292850	34435602	39685136
国内贷款	8195726	8516827	9757750
利用外资	960514	377238	261165
#外商直接投资	655161	339220	261165
自筹资金	10708799	12796255	13859584
其他资金来源	12427811	12745282	15806637
二、房地产开发企业(单位)情况			
1.企业个数合计(个)	**3247**	**3300**	**3132**
#一级企业	44	46	51
#二级企业	275	275	270
#三级企业	416	428	407
2.从业人数合计(人)	**91372**	**76489**	**74219**
#一级企业	3201	3404	3661
#二级企业	17361	11769	10156
#三级企业	13329	12767	10543
3.资产合计(万元)	**261218258.4**	**289860700.6**	**323164215.6**
4.负债合计(万元)	**176487923.7**	**195094712.7**	**216128374.2**
5.资产负债率(%)	**67.6**	**67.3**	**66.9**
三、土地开发及购置			
本年完成土地开发投资(万元)		22538314	23813574
四、商品房屋开发面积(平方米)			
1.施工房屋面积	**112950262**	**130331656**	**132499656**
住宅	73138469	84499016	83156827
#别墅、高档公寓	15841099	16614684	14257667
#经济适用房屋	6504511		
办公楼	11031807	11481048	12846833
商业营业用房	12929623	13729003	14499055
其他	15850363	20622589	21996941

9-9 续表

指　　标	2010年	2011年	2012年
2.新开工房屋面积	**30305902**	**37261412**	**27240509**
住宅	21111142	25143345	15633923
#别墅、高档公寓	3898374	4304054	2343312
#经济适用房屋	2292253		
办公楼	1473859	2551896	3039087
商业营业用房	2980971	2538044	3651658
其他	4739930	7028127	4915841
3.竣工房屋面积	**19412468**	**23843341**	**23050586**
住宅	13960521	16454689	16091305
#别墅、高档公寓	3280049	3906453	2759148
#经济适用房屋	130670		
办公楼	1506927	1747912	2068703
商业营业用房	1764144	2577421	1776514
其他	2180876	3063319	3114064
4.待售房屋面积	**11625986**	**13587505**	**16634312**
住宅	4496067	6557045	7663212
#别墅、高档公寓	1297606	2427725	2499916
#经济适用房屋			
办公楼	2069357	1509253	2230002
商业营业用房	2282239	2899244	3161416
其他	2778323	2621963	3579682
五、商品房屋销售			
1.销售面积(平方米)	**20609647**	**17908598**	**18984590**
住宅	16908229	14999998	15926284
#别墅、高档公寓	3417055	2542431	2345559
#经济适用房屋			
办公楼	1628914	1411054	1117263
商业营业用房	1257410	902599	1200053
其他	815094	594947	740990
2.销售额(万元)	**29810074**	**26152347**	**26694942**
住宅	24162390	20348748	22089570
#别墅、高档公寓	8526157	6711034	6613452
#经济适用房屋			
办公楼	3076748	3668289	2346206
商业营业用房	1984033	1762491	1946240
其他	586903	372819	312926
3.销售价格(元/平方米)	**14464**	**14603**	**14061**
住宅	14290	13566	13870
办公楼	18888	25997	21000
商业营业用房	15779	19527	16218
4.出租面积(平方米)	**12624734**	**12782899**	**13551994**
住宅	857203	746377	924317
#别墅、高档公寓	761847	621294	732551
#经济适用房屋			
办公楼	5161809	5895370	6438307
商业营业用房	3733393	3673075	3964541
其他	2872329	2468077	2224829

9-10 南京市房地产开发投资综合统计

指 标	2010年	2011年	2012年
一、本年完成投资额(万元)	**7483481**	**8717601**	**9719642**
1.按用途分			**9719642**
住宅	5703132	6375220	6609432
#别墅、高档公寓	400600	465361	345379
#经济适用房屋	465262		
办公楼	272386	427112	646139
商业营业用房	795877	757445	953965
其他	712086	1157824	1510106
2.资金状况			
本年资金来源合计	16924360	17278492	20348903
#上年末节余资金	3982594	4316115	3713667
#本年资金来源小计	12941766	12962377	16635236
本年各项应付款合计	1059779	880686	746373
3.资金来源及构成			
本年资金来源小计	12941766	12962377	16635236
国内贷款	3138128	3550992	4166804
利用外资	196204	156602	55075
#外商直接投资	196204	156602	55075
自筹资金	2887647	3136928	4281375
其他资金来源	6719787	6117855	8131982
二、房地产开发企业(单位)情况			
1.企业个数合计(个)	**744**	**804**	**778**
#一级企业	28	27	27
#二级企业	177	198	204
#三级企业	353	359	329
2.从业人数合计(人)	**19141**	**20492**	**22645**
#一级企业	3237	2025	2386
#二级企业	6460	7417	9265
#三级企业	6641	6564	6168
3.资产合计(万元)	**36685006.9**	**40316443.2**	**54973624.2**
4.负债合计(万元)	**27652810.8**	**30640973**	**40492230**
5.资产负债率(%)	**75.4**	**76.0**	**73.7**
三、土地开发及购置			
本年完成土地开发投资(万元)		8717601	9719642
四、商品房屋开发面积(平方米)			
1.施工房屋面积	**45704853**	**56444277**	**60500590**
住宅	32078385	40356429	42290890
#别墅、高档公寓	2255872	2925822	2535596
#经济适用房屋	4402696		
办公楼	1945644	2639187	3132811
商业营业用房	5517984	5681790	5902152
其他	6162840	7766871	9174737

9-10 续表

指　　标	2010年	2011年	2012年
2.新开工房屋面积	**17406781**	**20820509**	**14623061**
住宅	12638503	15302311	9969660
#别墅、高档公寓	521631	1101379	623406
#经济适用房屋	2036224		
办公楼	689445	1086267	705820
商业营业用房	1495131	1708180	1131845
其他	2583702	2723751	2815736
3.竣工房屋面积	**10395666**	**11690859**	**16997251**
住宅	7374315	8641496	13622309
#别墅、高档公寓	473573	1161631	701936
#经济适用房屋	903401		
办公楼	543631	516411	379654
商业营业用房	1162014	1059515	1119444
其他	1315706	1473437	1875844
4.待售房屋面积	**1319085**	**2427515**	**6197774**
住宅	652500	1617783	5061442
#别墅、高档公寓	91798	113669	235513
#经济适用房屋	136294		
办公楼	28641	129936	155486
商业营业用房	441403	460753	593173
其他	196541	219043	387673
五、商品房屋销售			
1.销售面积(平方米)	**8231696**	**7677073**	**9508665**
住宅	7548150	6808947	8762538
#别墅、高档公寓	615869	267448	278271
#经济适用房屋	1019053		
办公楼	147810	382813	329284
商业营业用房	435313	350293	292286
其他	100423	135020	124557
2.销售额(万元)	**7873760**	**7147911**	**9609795**
住宅	6964459	5729467	8477614
#别墅、高档公寓	735153	435708	417607
#经济适用房屋	270352		
办公楼	190239	740073	543030
商业营业用房	657336	585078	521631
其他	61726	93293	67520
3.销售价格(元/平方米)	**9565**	**9311**	**10106**
住宅	9227	8415	9675
办公楼	12871	19332	16491
商业营业用房	15100	16703	17847
4.出租面积(平方米)	**96896**	**96230**	**197758**
住宅	3858	13420	8495
#别墅、高档公寓			
#经济适用房屋			
办公楼	302	7415	
商业营业用房	85225	72302	187977
其他	7511	3093	1286

9-11　杭州市房地产开发投资综合统计

指　　标	2010年	2011年	2012年
一、本年完成投资额(万元)	**9561970**	**12015116**	**15973611**
1.按用途分			
住宅	6762737	7510171	10017423
#别墅、高档公寓	553448	569715	658376
#经济适用房屋	150922		
办公楼	808391	1191364	1418346
商业营业用房	692440	1312113	1377756
其他	1298402	2001468	3160086
2.资金状况			
本年资金来源合计	27919333	30559820	33210954
#上年末节余资金	6735283	11049692	11535741
#本年资金来源小计	21184050	19510128	21675213
本年各项应付款合计	1688132	2142864	1719914
3.资金来源及构成			
本年资金来源小计	21184050	19510128	21675213
国内贷款	4654324	4999619	4955904
利用外资	105000	173715	38685
#外商直接投资	72500	173715	38685
自筹资金	3801706	4239612	4226895
其他资金来源	12623020	10097182	12453729
二、房地产开发企业(单位)情况			
1.企业个数合计(个)	**1398**	**1471**	**1507**
#一级企业	51	56	54
#二级企业	180	179	188
#三级企业	349	320	305
2.从业人数合计(人)	**25802**	**28204**	**28619**
#一级企业	3216	3515	3047
#二级企业	5360	5157	5280
#三级企业	6716	6560	5346
3.资产合计(万元)	**72372416.3**	**87740081.3**	**104118515.4**
4.负债合计(万元)	**56811234.8**	**68260448.8**	**81985096**
5.资产负债率(%)	**78.5**	**77.8**	**78.7**
三、土地开发及购置			
本年完成土地开发投资(万元)		12015116	15973611
四、商品房屋开发面积(平方米)			
1.施工房屋面积	**62270454**	**77091519**	**82889463**
住宅	42491758	48753020	50204468
#别墅、高档公寓	2175288	2453377	3037443
#经济适用房屋	2686190		
办公楼	5636274	7828376	8319798
商业营业用房	4645837	6040591	6861142
其他	9496585	14469532	17504055

9-11 续表

指　　标	2010年	2011年	2012年
2.新开工房屋面积	**19290832**	**24948947**	**18160335**
住宅	12674260	14445778	10278923
#别墅、高档公寓	688152	544447	510533
#经济适用房屋	480331		
办公楼	1520744	2730526	1565857
商业营业用房	1617255	2339979	1646481
其他	3478573	5432664	4669074
3.竣工房屋面积	**11001808**	**12238577**	**10550850**
住宅	8022910	8408929	6740122
#别墅、高档公寓	445040	276191	223294
#经济适用房屋	600613		
办公楼	613358	1049401	950029
商业营业用房	965852	966662	722972
其他	1399688	1813585	2137727
4.待售房屋面积	**1575503**	**3564671**	**4063471**
住宅	684377	2030586	2392187
#别墅、高档公寓	54389	110037	192540
#经济适用房屋	117401		
办公楼	71323	403033	429298
商业营业用房	650631	825568	922843
其他	169172	305484	319143
五、商品房屋销售			
1.销售面积(平方米)	**9883402**	**7380378**	**10896234**
住宅	7975874	6002035	9202569
#别墅、高档公寓	450317	362204	266818
#经济适用房屋	288875		
办公楼	1023342	668629	860382
商业营业用房	701927	535009	665714
其他	182259	174705	167569
2.销售额(万元)	**13967706**	**9805548**	**14652576**
住宅	11372940	7651768	12231737
#别墅、高档公寓	1215165	847862	629653
#经济适用房屋	95123		
办公楼	1549113	1144742	1483816
商业营业用房	942025	888003	835432
其他	103628	121035	101591
3.销售价格(元/平方米)	**14132**	**13286**	**13447**
住宅	14259	12749	13292
办公楼	15138	17121	17246
商业营业用房	13421	16598	12549
4.出租面积(平方米)	**252226**	**271942**	**248411**
住宅	302	818	
#别墅、高档公寓			
#经济适用房屋			
办公楼	7239	17591	39563
商业营业用房	192491	201339	157168
其他	52194	52194	51680

9-12　合肥市房地产开发投资综合统计

指　　标	2010年	2011年	2012年
一、本年完成投资额(万元)	**8190320**	**8896017**	**9138031**
1.按用途分			
住宅	5616247	6255761	5785027
#别墅、高档公寓	328775	474852	222837
#经济适用房屋	20		
办公楼	491166	374675	733689
商业营业用房	804731	1422619	1420226
其他	1278176	842962	1199089
2.资金状况			
本年资金来源合计	12938041	13661190	14937583
#上年末节余资金	2236062	2577950	3407981
#本年资金来源小计	10701979	11083240	11529602
本年各项应付款合计	1051826	1577411	1583183
3.资金来源及构成			
本年资金来源小计	10701979	11083240	11529602
国内贷款	1423036	1562390	1384859
利用外资	30154	12147	13860
#外商直接投资	25054	12000	13860
自筹资金	3956046	4212468	3425365
其他资金来源	5292743	5296235	6705518
二、房地产开发企业(单位)情况			
1.企业个数合计(个)	**666**	**702**	**695**
#一级企业	8	10	14
#二级企业	75	81	95
#三级企业	162	223	221
2.从业人数合计(人)	**17988**	**19820**	**20491**
#一级企业	514	598	839
#二级企业	3058	3826	4461
#三级企业	4014	5702	6025
3.资产合计(万元)	**19908292.1**	**28206092.6**	**31766350.8**
4.负债合计(万元)	**15163135.1**	**21809988.1**	**24893944.7**
5.资产负债率(%)	**76.2**	**77.3**	**78.4**
三、土地开发及购置			
本年完成土地开发投资(万元)		8896017	9138031
四、商品房屋开发面积(平方米)			
1.施工房屋面积	**53386264**	**56995349**	**60716386**
住宅	40058039	41198914	42358776
#别墅、高档公寓	2016791	1183537	1548602
#经济适用房屋	27181		
办公楼	3658081	3388287	4127308
商业营业用房	5784782	7120365	8170356
其他	3885362	5287783	6059946

9-12 续表

指　　标	2010年	2011年	2012年
2.新开工房屋面积	**17507019**	**19337731**	**14887521**
住宅	13273448	14063204	9580063
#别墅、高档公寓	199787	404620	277449
#经济适用房屋	1000		
办公楼	1020006	897443	1098516
商业营业用房	1769955	2421694	2331537
其他	1443610	1955390	1877405
3.竣工房屋面积	**7946071**	**8929156**	**9210200**
住宅	5793751	6642277	7252790
#别墅、高档公寓	237322	89686	129050
#经济适用房屋			
办公楼	353544	615363	180936
商业营业用房	1207735	1148623	988163
其他	591041	522893	788311
4.待售房屋面积	**1247749**	**1711469**	**1906818**
住宅	643160	1052051	1120039
#别墅、高档公寓	67010	68708	76388
#经济适用房屋			
办公楼	89710	144073	80450
商业营业用房	307928	272835	399037
其他	206951	242510	307292
五、商品房屋销售			
1.销售面积(平方米)	**10047024**	**12459761**	**12424768**
住宅	8636454	10583953	11173264
#别墅、高档公寓	160809	157357	204712
#经济适用房屋			
办公楼	653026	582597	335145
商业营业用房	632848	1149827	671916
其他	124696	143384	244443
2.销售额(万元)	**5933121**	**7881720**	**7648573**
住宅	4751432	5935002	6429446
#别墅、高档公寓	152171	165487	209089
#经济适用房屋			
办公楼	445946	461114	285768
商业营业用房	693795	1446623	825626
其他	41948	38981	107733
3.销售价格(元/平方米)	**5905**	**6326**	**6156**
住宅	5502	5608	5754
办公楼	6829	7915	8527
商业营业用房	10963	12581	12288
4.出租面积(平方米)	**479650**	**428421**	**249141**
住宅			
#别墅、高档公寓			
#经济适用房屋			
办公楼			34680
商业营业用房	441278	428421	214461
其他	38372		

9-13　福州市房地产开发投资综合统计

指　　标	2010年	2011年	2012年
一、本年完成投资额(万元)	**6706940**	**9634087**	**9722667**
1.按用途分			
住宅	3842829	6800822	6284804
#别墅、高档公寓	286904	327291	326379
#经济适用房屋	76230		
办公楼	249356	532640	811513
商业营业用房	482384	864472	878689
其他	2132371	1436153	1747661
2.资金状况			
本年资金来源合计	10359880	14923771	17480380
#上年末节余资金	1276385	2171016	2264097
#本年资金来源小计	9083495	12752755	15216283
本年各项应付款合计	462677	684088	1137731
3.资金来源及构成			
本年资金来源小计	9083495	12752755	15216283
国内贷款	1471637	1280838	2149219
利用外资	15161	136947	385
#外商直接投资		33622	385
自筹资金	3878462	5912935	5985344
其他资金来源	3718235	5422035	7081335
二、房地产开发企业(单位)情况			
1.企业个数合计(个)	**662**	**676**	**556**
#一级企业	19	14	15
#二级企业	42	43	38
#三级企业	179	170	139
2.从业人数合计(人)	**14860**	**17338**	**18429**
#一级企业	1161	1212	1391
#二级企业	2081	2399	2413
#三级企业	5073	5239	5487
3.资产合计(万元)	**23157191.2**	**34036332.4**	**40753405.7**
4.负债合计(万元)	**17855668.3**	**25856650**	**32154492.1**
5.资产负债率(%)	**77.1**	**76.0**	**78.9**
三、土地开发及购置			
本年完成土地开发投资(万元)		9634087	9722667
四、商品房屋开发面积(平方米)			
1.施工房屋面积	**35994583**	**49389960**	**57046842**
住宅	29085524	38195415	42756942
#别墅、高档公寓	1578444	1497872	1535909
#经济适用房屋	979483		
办公楼	954804	2191638	3238584
商业营业用房	2276424	3397347	3921086
其他	3677831	5605560	7130230

9-13 续表

指　标	2010年	2011年	2012年
2.新开工房屋面积	**14514797**	**16425556**	**15090523**
住宅	11195424	11984622	10977465
#别墅、高档公寓	652645	363059	136720
#经济适用房屋	137677		
办公楼	543539	924048	805065
商业营业用房	914225	1510238	964800
其他	1861609	2006648	2343193
3.竣工房屋面积	**3458081**	**5414256**	**5343298**
住宅	2945671	4578680	4024633
#别墅、高档公寓	247272	137640	101771
#经济适用房屋	76969		
办公楼	13815	39950	261379
商业营业用房	233714	350620	415215
其他	264881	445006	642071
4.待售房屋面积	**733932**	**875239**	**1295630**
住宅	318537	489842	661970
#别墅、高档公寓	84919	63999	84440
#经济适用房屋	56729		
办公楼	39871	33826	44565
商业营业用房	172756	152068	394719
其他	202768	199503	194376
五、商品房屋销售			
1.销售面积(平方米)	**5977981**	**6210430**	**8414981**
住宅	5310986	5320029	7339564
#别墅、高档公寓	203137	161571	274011
#经济适用房屋	132386		
办公楼	179972	306162	496383
商业营业用房	283593	228515	385469
其他	203430	355724	193565
2.销售额(万元)	**5029944**	**6321066**	**9414937**
住宅	4183336	5082318	7812616
#别墅、高档公寓	233347	221314	378120
#经济适用房屋	41304		
办公楼	296256	484512	818497
商业营业用房	434322	528121	646809
其他	116030	226115	137015
3.销售价格(元/平方米)	**8414**	**10178**	**11188**
住宅	7877	9553	10645
办公楼	16461	15825	16489
商业营业用房	15315	23111	16780
4.出租面积(平方米)	**342627**	**289241**	**142946**
住宅	2110	2110	
#别墅、高档公寓			
#经济适用房屋			
办公楼	33457	61526	9151
商业营业用房	280336	201136	130001
其他	26724	24469	3794

9-14　南昌市房地产开发投资综合统计

指　　标	2010年	2011年	2012年
一、本年完成投资额(万元)	**2301463**	**2798933**	**3443607**
1.按用途分			
住宅	1712677	2065066	2213319
#别墅、高档公寓	88258	138096	178058
#经济适用房屋	34000		
办公楼	74651	163509	519682
商业营业用房	250587	319211	392607
其他	263548	251147	317999
2.资金状况			
本年资金来源合计	5577180	5975014	7751960
#上年末节余资金	1925536	1560842	1477220
#本年资金来源小计	3651644	4414172	6274740
本年各项应付款合计	473119	627934	730281
3.资金来源及构成			
本年资金来源小计	3651644	4414172	6274740
国内贷款	799246	858222	1012803
利用外资		36741	7893
#外商直接投资		36741	6493
自筹资金	958333	1396878	1435881
其他资金来源	1894065	2122331	3818163
二、房地产开发企业(单位)情况			
1.企业个数合计(个)	**524**	**504**	**487**
#一级企业	4	3	3
#二级企业	95	85	86
#三级企业	200	162	147
2.从业人数合计(人)	**13551**	**12676**	**12045**
#一级企业	644	592	403
#二级企业	3211	3153	2896
#三级企业	5906	3173	2767
3.资产合计(万元)	**11250529.7**	**19631394.9**	**23881698.6**
4.负债合计(万元)	**8252208.4**	**12874130.4**	**16659580.6**
5.资产负债率(%)	**73.3**	**65.6**	**69.8**
三、土地开发及购置			
本年完成土地开发投资(万元)		2798933	3443607
四、商品房屋开发面积(平方米)			
1.施工房屋面积	**21461797**	**26103430**	**31232866**
住宅	17433310	21122899	22316232
#别墅、高档公寓	694441	1078298	1226463
#经济适用房屋	812574		
办公楼	804014	998162	2224337
商业营业用房	2050018	2329592	3726919
其他	1174455	1652777	2965378

9-14 续表

指　　标	2010年	2011年	2012年
2.新开工房屋面积	**5090995**	**8642363**	**10155011**
住宅	4166924	6639305	6643109
#别墅、高档公寓	401521	519341	335828
#经济适用房屋	350		
办公楼	315772	476636	1041338
商业营业用房	387335	992668	1473620
其他	220964	533754	996944
3.竣工房屋面积	**3991231**	**4461808**	**4179192**
住宅	3140425	3892006	3254150
#别墅、高档公寓	34190	190589	239659
#经济适用房屋	196999		
办公楼	155347	39075	284205
商业营业用房	514270	416797	502582
其他	181189	113930	138255
4.待售房屋面积	**609931**	**606825**	**763108**
住宅	481353	427723	511491
#别墅、高档公寓	25509	56519	100324
#经济适用房屋	6328		
办公楼	17881	42594	35599
商业营业用房	68429	93221	166134
其他	42268	43287	49884
五、商品房屋销售			
1.销售面积(平方米)	**5208441**	**4991348**	**6898563**
住宅	4893017	4360131	5953330
#别墅、高档公寓	47718	186360	143741
#经济适用房屋	515483		
办公楼	125720	163596	424224
商业营业用房	162283	450501	463770
其他	27421	17120	57239
2.销售额(万元)	**2378018**	**2964512**	**4428172**
住宅	2118999	2320749	3500552
#别墅、高档公寓	67032	191978	152420
#经济适用房屋	94288		
办公楼	121320	157596	474009
商业营业用房	123317	473467	419020
其他	14382	12700	34591
3.销售价格(元/平方米)	**4566**	**5939**	**6419**
住宅	4331	5323	5880
办公楼	9650	9633	11174
商业营业用房	7599	10510	9035
4.出租面积(平方米)	**92692**	**119361**	**77759**
住宅		8530	
#别墅、高档公寓			
#经济适用房屋			
办公楼	8604	8604	8604
商业营业用房	84088	102227	69155
其他			

9-15 济南市房地产开发投资综合统计

指　　标	2010年	2011年	2012年
一、本年完成投资额(万元)	**4845029**	**5289193**	**6640112**
1.按用途分			
住宅	3645583	4040156	4453780
#别墅、高档公寓	64294	127645	175763
#经济适用房屋	100		
办公楼	199630	258259	552686
商业营业用房	568475	564753	713677
其他	431341	426025	919969
2.资金状况			
本年资金来源合计	7074516	8808392	10373073
#上年末节余资金	948402	1680517	1921272
#本年资金来源小计	6126114	7127875	8451801
本年各项应付款合计	254929	656569	1336380
3.资金来源及构成			
本年资金来源小计	6126114	7127875	8451801
国内贷款	753209	1221804	1197518
利用外资	72832	4949	61141
#外商直接投资	61909	4949	61141
自筹资金	2546095	2600198	3452819
其他资金来源	2753978	3300924	3740323
二、房地产开发企业(单位)情况			
1.企业个数合计(个)	**582**	**468**	**489**
#一级企业	13	10	12
#二级企业	40	40	43
#三级企业	167	132	126
2.从业人数合计(人)	**18338**	**15031**	**17856**
#一级企业	927	720	843
#二级企业	3414	2068	2039
#三级企业	5575	3714	5532
3.资产合计(万元)	**19182580.2**	**28066120.6**	**32094576.5**
4.负债合计(万元)	**15000223.3**	**22131969.1**	**25865804.1**
5.资产负债率(%)	**78.2**	**78.9**	**80.6**
三、土地开发及购置			
本年完成土地开发投资(万元)		5289193	6640112
四、商品房屋开发面积(平方米)			
1.施工房屋面积	**23635330**	**35063419**	**38194391**
住宅	18683703	25999371	26967174
#别墅、高档公寓	591607	929054	1148503
#经济适用房屋	28011		
办公楼	723337	2090529	2157081
商业营业用房	2686637	3291919	3797523
其他	1541653	3681600	5272613

9-15 续表

指　　标	2010年	2011年	2012年
2.新开工房屋面积	**9723581**	**12262944**	**12433844**
住宅	7594245	8221714	8505215
#别墅、高档公寓	249161	313714	288523
#经济适用房屋			
办公楼	292038	1284983	625731
商业营业用房	1259949	682534	1480209
其他	577349	2073713	1822689
3.竣工房屋面积	**2457508**	**5535109**	**4922526**
住宅	2041034	4150677	3656477
#别墅、高档公寓	38491	144657	51337
#经济适用房屋			
办公楼	42101	464940	359121
商业营业用房	179752	391443	166392
其他	194621	528049	740536
4.待售房屋面积	**503730**	**674094**	**760852**
住宅	272161	364737	483329
#别墅、高档公寓		47548	31118
#经济适用房屋			
办公楼	108431	112701	28683
商业营业用房	84421	87853	133373
其他	38717	108803	115467
五、商品房屋销售			
1.销售面积(平方米)	**5314886**	**5961735**	**6595628**
住宅	4773087	5388986	5599195
#别墅、高档公寓	72218	34784	168917
#经济适用房屋			
办公楼	233759	160468	293636
商业营业用房	137293	141123	220813
其他	170747	271158	481984
2.销售额(万元)	**3326418**	**3993383**	**4506420**
住宅	2911373	3591159	3723781
#别墅、高档公寓	48072	58442	227740
#经济适用房屋			
办公楼	174274	139339	296174
商业营业用房	183265	162617	277033
其他	57506	100268	209432
3.销售价格(元/平方米)	**6259**	**6698**	**6832**
住宅	6100	6664	6651
办公楼	7455	8683	10086
商业营业用房	13348	11523	12546
4.出租面积(平方米)	**31204**	**87450**	**164528**
住宅			
#别墅、高档公寓			
#经济适用房屋			
办公楼		6580	
商业营业用房	31204	80870	164528
其他			

9-16　郑州市房地产开发投资综合统计

指　　标	2010年	2011年	2012年
一、本年完成投资额(万元)	**7751597**	**9263083**	**10951368**
1.按用途分			
住宅	5557442	6243077	6756524
#别墅、高档公寓	98718	134196	140764
#经济适用房屋	273311		
办公楼	495677	937370	1054159
商业营业用房	802908	863394	1200155
其他	895570	1219242	1940530
2.资金状况			
本年资金来源合计	11616722	12738809	16409762
#上年末节余资金	1862919	2371595	3243871
#本年资金来源小计	9753803	10367214	13165891
本年各项应付款合计	967726	1075551	2054700
3.资金来源及构成			
本年资金来源小计	9753803	10367214	13165891
国内贷款	1164116	1017670	1109440
利用外资		50001	
#外商直接投资		50001	
自筹资金	3835436	5180214	5925561
其他资金来源	4754251	4119329	6130890
二、房地产开发企业(单位)情况			
1.企业个数合计(个)	**1049**	**1116**	**1156**
#一级企业	13	17	21
#二级企业	102	122	152
#三级企业	214	221	233
2.从业人数合计(人)	**24690**	**29725**	**33303**
#一级企业	960	1417	1768
#二级企业	4570	5560	7421
#三级企业	4982	5043	5684
3.资产合计(万元)	**22984163.9**	**32144105.2**	**39927113.1**
4.负债合计(万元)	**17729511.8**	**24507513.9**	**31686407.8**
5.资产负债率(%)	**77.1**	**76.2**	**79.4**
三、土地开发及购置			
本年完成土地开发投资(万元)		9263083	10951368
四、商品房屋开发面积(平方米)			
1.施工房屋面积	**62552873**	**74721883**	**82539411**
住宅	45825918	53682762	56036379
#别墅、高档公寓	783891	883941	1158421
#经济适用房屋	3432885		
办公楼	4094508	5304247	6499298
商业营业用房	6583347	7281504	8774498
其他	6049100	8453370	11229236

9-16 续表

指　　标	2010年	2011年	2012年
2.新开工房屋面积	**18117745**	**18583663**	**21693449**
住宅	13151048	13548187	13635130
#别墅、高档公寓	47188	106763	197110
#经济适用房屋	1317086		
办公楼	1449253	1324367	2487846
商业营业用房	1575942	1447988	2172628
其他	1941502	2263121	3397845
3.竣工房屋面积	**9444167**	**15794775**	**14498289**
住宅	7516649	13047600	10432012
#别墅、高档公寓	32179	7143	305957
#经济适用房屋	286584		
办公楼	358878	611836	584180
商业营业用房	791980	1310898	1680068
其他	776660	824441	1802029
4.待售房屋面积	**1562646**	**2206184**	**2980195**
住宅	1173189	1701517	2103006
#别墅、高档公寓	13206	21888	54190
#经济适用房屋	221		
办公楼	27588	87204	84340
商业营业用房	289919	355111	613322
其他	71950	62352	179527
五、商品房屋销售			
1.销售面积(平方米)	**15587160**	**15632188**	**14418690**
住宅	14286149	13063772	12261821
#别墅、高档公寓	143051	171762	126223
#经济适用房屋	788479		
办公楼	509364	1318006	1101148
商业营业用房	596965	969252	657709
其他	194682	281158	398012
2.销售额(万元)	**7727032**	**8904352**	**9016159**
住宅	6565471	6129900	6919432
#别墅、高档公寓	94943	146567	130300
#经济适用房屋	201095		
办公楼	475335	1324079	1041156
商业营业用房	598778	1341572	899919
其他	87448	108801	155652
3.销售价格(元/平方米)	**4957**	**5696**	**6253**
住宅	4596	4692	5643
办公楼	9332	10046	9455
商业营业用房	10030	13841	13683
4.出租面积(平方米)	**61531**	**11162**	**400296**
住宅			4258
#别墅、高档公寓			
#经济适用房屋			
办公楼	14411		
商业营业用房	47120	11162	396038
其他			

9-17 武汉市房地产开发投资综合统计

指　标	2010年	2011年	2012年
一、本年完成投资额(万元)	**10174008**	**12822494**	**15748605**
1.按用途分			
住宅	5953250	7474397	9914052
#别墅、高档公寓	310416	250591	501177
#经济适用房屋	305048		
办公楼	264567	528625	1264736
商业营业用房	1024581	1666621	2015252
其他	2931610	3152851	2554565
2.资金状况			
本年资金来源合计	16988715	21200773	26823803
#上年末节余资金	2492120	3226409	4838634
#本年资金来源小计	14496595	17974364	21985169
本年各项应付款合计	2830104	3342991	2748508
3.资金来源及构成			
本年资金来源小计	14496595	17974364	21985169
国内贷款	2928811	3222646	3664550
利用外资	967477	389219	12700
#外商直接投资	925497	362470	12200
自筹资金	4903480	7566871	8572350
其他资金来源	5696827	6795628	9735569
二、房地产开发企业(单位)情况			
1.企业个数合计(个)	**1423**	**1254**	**1160**
#一级企业	36	34	39
#二级企业	299	293	263
#三级企业	522	456	403
2.从业人数合计(人)	**37019**	**36278**	**39560**
#一级企业	2428	5406	3886
#二级企业	12217	12292	12855
#三级企业	14237	10356	9110
3.资产合计(万元)	**38320176.6**	**53684143.9**	**66952874.5**
4.负债合计(万元)	**26419688.9**	**38863028.1**	**50907092.7**
5.资产负债率(%)	**68.9**	**72.4**	**76.0**
三、土地开发及购置			
本年完成土地开发投资(万元)		12822494	15748605
四、商品房屋开发面积(平方米)			
1.施工房屋面积	**50558615**	**59941119**	**68629675**
住宅	38307975	44895208	50689697
#别墅、高档公寓	2240548	1142199	1153651
#经济适用房屋	2779132		
办公楼	1681892	2678993	4507362
商业营业用房	4543795	7167335	6084906
其他	6024953	5199583	7347710

9-17 续表

指　　标	2010年	2011年	2012年
2.新开工房屋面积	**25398890**	**20535685**	**21232693**
住宅	18665983	15238995	15986565
#别墅、高档公寓	661979	314595	307901
#经济适用房屋	1005860		
办公楼	586527	776491	1386056
商业营业用房	2635796	3159147	1658727
其他	3510584	1361052	2201345
3.竣工房屋面积	**9047926**	**11704007**	**10544510**
住宅	7286439	9692281	9008975
#别墅、高档公寓	555716	251390	261219
#经济适用房屋	367600		
办公楼	303610	254170	170748
商业营业用房	964404	1025374	862521
其他	493473	732182	502266
4.待售房屋面积	**2862590**	**4436567**	**4641286**
住宅	1999241	3138234	2943946
#别墅、高档公寓	120860	372286	371281
#经济适用房屋	19094		
办公楼	132388	190752	779198
商业营业用房	254772	730496	584882
其他	476189	377085	333260
五、商品房屋销售			
1.销售面积(平方米)	**12117060**	**13293366**	**15761126**
住宅	10952249	11822070	13904712
#别墅、高档公寓	600092	254919	296021
#经济适用房屋	567354		
办公楼	208808	262224	589528
商业营业用房	505691	795621	737976
其他	450312	413451	528910
2.销售额(万元)	**6962900**	**9561785**	**11575054**
住宅	6078919	7892402	9587787
#别墅、高档公寓	488706	344629	425440
#经济适用房屋	176226		
办公楼	119752	255846	790158
商业营业用房	585382	1123130	970841
其他	178847	290407	226268
3.销售价格(元/平方米)	**5746**	**7193**	**7344**
住宅	5550	6676	6895
办公楼	5735	9757	13403
商业营业用房	11576	14116	13155
4.出租面积(平方米)	**421420**	**180803**	**270835**
住宅	66458		66703
#别墅、高档公寓			
#经济适用房屋			
办公楼	34118	35391	21894
商业营业用房	304131	125156	180550
其他	16713	20256	1688

9-18　长沙市房地产开发投资综合统计

指　　标	2010年	2011年	2012年
一、本年完成投资额(万元)	**6841031**	**9260095**	**10343503**
1.按用途分			
住宅	5162153	6927811	7010072
#别墅、高档公寓	436497	434437	501273
#经济适用房屋	188954		
办公楼	71650	410849	560310
商业营业用房	377893	862554	1243384
其他	1229335	1058881	1529737
2.资金状况			
本年资金来源合计	13518728	18985643	18559827
#上年末节余资金	2633368	4582664	4513276
#本年资金来源小计	10885360	14402979	14046551
本年各项应付款合计	2027241	2403198	2823631
3.资金来源及构成			
本年资金来源小计	10885360	14402979	14046551
国内贷款	2082931	2264875	2355149
利用外资	9356	607412	447850
#外商直接投资		587125	432350
自筹资金	2977576	3819039	3657416
其他资金来源	5815497	7711653	7586136
二、房地产开发企业(单位)情况			
1.企业个数合计(个)	**910**	**858**	**803**
#一级企业	9	13	11
#二级企业	54	66	78
#三级企业	465	387	368
2.从业人数合计(人)	**23708**	**25593**	**25886**
#一级企业	451	648	626
#二级企业	1619	3542	4696
#三级企业	11956	10707	10923
3.资产合计(万元)	**27087869.7**	**33966529.6**	**41063680.4**
4.负债合计(万元)	**20520590.2**	**26164377.7**	**31722036.8**
5.资产负债率(%)	**75.8**	**77.0**	**77.3**
三、土地开发及购置			
本年完成土地开发投资(万元)		9260095	10343503
四、商品房屋开发面积(平方米)			
1.施工房屋面积	**66888669**	**75784350**	**73762562**
住宅	54465909	59607626	53309771
#别墅、高档公寓	2996372	3721419	3291120
#经济适用房屋	2557171		
办公楼	936395	1468629	2721464
商业营业用房	3899479	5392858	6867741
其他	7586886	9315237	10863586

9-18 续表

指 标	2010年	2011年	2012年
2.新开工房屋面积	**23024098**	**23964405**	**18242273**
住宅	18990171	18165228	11587969
#别墅、高档公寓	999733	1565308	335611
#经济适用房屋	1052904		
办公楼	280611	613020	1307391
商业营业用房	1304345	2204788	2234544
其他	2448971	2981369	3112369
3.竣工房屋面积	**13941287**	**14291103**	**14022678**
住宅	11613433	11637093	11310042
#别墅、高档公寓	763209	631572	620065
#经济适用房屋	763302		
办公楼	175860	179389	94929
商业营业用房	686650	964927	1213682
其他	1465344	1509694	1404025
4.待售房屋面积	**3201030**	**5521866**	**6505332**
住宅	2078298	3829868	4438099
#别墅、高档公寓	442389	503504	515301
#经济适用房屋	97905		
办公楼	93607	95913	114172
商业营业用房	458542	763171	976170
其他	570583	832914	976891
五、商品房屋销售			
1.销售面积(平方米)	**16802053**	**15081806**	**15269295**
住宅	16240413	13941771	13853288
#别墅、高档公寓	962982	1169252	773915
#经济适用房屋	419814		
办公楼	113852	378997	423403
商业营业用房	326574	508952	734960
其他	121214	252086	257644
2.销售额(万元)	**7423313**	**8841543**	**9315598**
住宅	7019177	7642169	7761320
#别墅、高档公寓	660850	1027017	710278
#经济适用房屋	91047		
办公楼	51346	377555	518384
商业营业用房	312462	713900	960378
其他	40328	107919	75516
3.销售价格(元/平方米)	**4418**	**5862**	**6101**
住宅	4322	5481	5603
办公楼	4510	9962	12243
商业营业用房	9568	14027	13067
4.出租面积(平方米)	**138778**	**275189**	**107845**
住宅	25000	85440	
#别墅、高档公寓			
#经济适用房屋			
办公楼		29996	13541
商业营业用房	108445	94790	94100
其他	5333	64963	204

9-19 广州市房地产开发投资综合统计

指　标	2010年	2011年	2012年
一、本年完成投资额(万元)	**9836582**	**13055605**	**13704511**
1.按用途分			
住宅	5484464	7895068	8276060
#别墅、高档公寓	518163	494203	761824
#经济适用房屋	176900		
办公楼	815523	1252429	1536392
商业营业用房	1790562	1780097	1975885
其他	1746033	2128011	1916174
2.资金状况			
本年资金来源合计	20646105	21777455	23978346
#上年末节余资金	5617474	5479538	5298184
#本年资金来源小计	15028631	16297917	18680162
本年各项应付款合计	646827	1473364	1561947
3.资金来源及构成			
本年资金来源小计	15028631	16297917	18680162
国内贷款	3750024	3231164	4118511
利用外资	467230	465137	67317
#外商直接投资	433985	435543	58817
自筹资金	3149228	3461608	4774148
其他资金来源	7662149	9140008	9720186
二、房地产开发企业(单位)情况			
1.企业个数合计(个)	**1261**	**1252**	**1294**
#一级企业	10	10	11
#二级企业	155	139	138
#三级企业	631	627	621
2.从业人数合计(人)	**35639**	**61955**	**44543**
#一级企业	2863	2823	4027
#二级企业	6501	6959	5920
#三级企业	18473	40115	20779
3.资产合计(万元)	**85336821**	**90749256.4**	**106227127.8**
4.负债合计(万元)	**65320058**	**71573122.3**	**83526829.7**
5.资产负债率(%)	**76.5**	**78.9**	**78.6**
三、土地开发及购置			
本年完成土地开发投资(万元)		13055605	13704511
四、商品房屋开发面积(平方米)			
1.施工房屋面积	**64641230**	**76925947**	**78456170**
住宅	39838384	48383845	49175722
#别墅、高档公寓	3244857	3414772	3846736
#经济适用房屋	525012		
办公楼	5251016	6564442	6652722
商业营业用房	8661996	8294689	8819190
其他	10889834	13682971	13808536

9-19 续表

指　标	2010年	2011年	2012年
2.新开工房屋面积	**19554944**	**21209931**	**15543363**
住宅	13137621	14534278	9803587
#别墅、高档公寓	1047803	784039	318681
#经济适用房屋	138702		
办公楼	891059	1638267	1287944
商业营业用房	1923751	1301124	2043075
其他	3602513	3736262	2408757
3.竣工房屋面积	**10945891**	**12924722**	**12907877**
住宅	7746888	8440861	8008601
#别墅、高档公寓	558536	524441	648886
#经济适用房屋	279330		
办公楼	648283	1235323	1184041
商业营业用房	1314642	1184067	1510906
其他	1236078	2064471	2204329
4.待售房屋面积	**3425799**	**4946440**	**6114527**
住宅	1356460	2304605	2733629
#别墅、高档公寓	303202	396578	399278
#经济适用房屋			
办公楼	317076	411598	727445
商业营业用房	1000024	1081779	1272862
其他	752239	1148458	1380591
五、商品房屋销售			
1.销售面积(平方米)	**14051327**	**11940755**	**13331259**
住宅	11116560	9916709	11285112
#别墅、高档公寓	838191	637713	718047
#经济适用房屋	525269		
办公楼	1122758	1085313	1030997
商业营业用房	1193287	607525	751980
其他	618722	331208	263170
2.销售额(万元)	**16749899**	**14452518**	**17547500**
住宅	11800332	10834838	13543132
#别墅、高档公寓	1063134	990876	971070
#经济适用房屋	231249		
办公楼	1895486	2017013	2344107
商业营业用房	2357569	1202357	1357944
其他	696512	398310	302317
3.销售价格(元/平方米)	**11921**	**12104**	**13163**
住宅	10615	10926	12001
办公楼	16882	18585	22736
商业营业用房	19757	19791	18058
4.出租面积(平方米)	**3041852**	**2956564**	**2747874**
住宅	146375	120434	129914
#别墅、高档公寓	3247	27715	29079
#经济适用房屋			
办公楼	706834	655123	783568
商业营业用房	1665675	1455650	1256385
其他	522968	725357	578007

9-20　南宁市房地产开发投资综合统计

指　　标	2010年	2011年	2012年
一、本年完成投资额(万元)	**3228232**	**3924234**	**3627301**
1.按用途分			
住宅	2317067	2691814	2539795
#别墅、高档公寓	125922	152012	221640
#经济适用房屋	56021		
办公楼	68283	128805	110642
商业营业用房	258704	330273	303734
其他	584178	773342	673130
2.资金状况			
本年资金来源合计	5759647	7219378	8224497
#上年末节余资金	781779	1366030	1535983
#本年资金来源小计	4977868	5853348	6688514
本年各项应付款合计	541799	868318	728304
3.资金来源及构成			
本年资金来源小计	4977868	5853348	6688514
国内贷款	773401	1032789	974382
利用外资	45448	600	
#外商直接投资	45448	600	
自筹资金	1378281	1923021	2166276
其他资金来源	2780738	2896938	3547856
二、房地产开发企业(单位)情况			
1.企业个数合计(个)	**750**	**724**	**722**
#一级企业	2	2	2
#二级企业	36	37	37
#三级企业	147	153	149
2.从业人数合计(人)	**16479**	**14763**	**14675**
#一级企业	227	239	229
#二级企业	2193	1962	1988
#三级企业	3667	3376	3584
3.资产合计(万元)	**12944432.6**	**15993022.1**	**17562356.4**
4.负债合计(万元)	**9459525.6**	**11967780.2**	**13822380.4**
5.资产负债率(%)	**73.1**	**74.8**	**78.7**
三、土地开发及购置			
本年完成土地开发投资(万元)		3924234	3627301
四、商品房屋开发面积(平方米)			
1.施工房屋面积	**31831197**	**35630539**	**37470436**
住宅	24081384	26395642	27349227
#别墅、高档公寓	1053305	1237291	1001826
#经济适用房屋	1348612		
办公楼	756726	901056	1282849
商业营业用房	2952181	3308470	3546429
其他	4040906	5025371	5291931

9-20 续表

指 标	2010年	2011年	2012年
2.新开工房屋面积	**9887173**	**8730179**	**6932069**
住宅	7851621	6281779	4848233
#别墅、高档公寓	230601	99470	340987
#经济适用房屋	352935		
办公楼	60606	272847	556002
商业营业用房	614964	799487	664372
其他	1359982	1376066	863462
3.竣工房屋面积	**5192470**	**5646906**	**6645283**
住宅	4331839	4519640	5211026
#别墅、高档公寓	79965	148029	248075
#经济适用房屋	140535		
办公楼	100663	31428	179437
商业营业用房	259316	536802	782883
其他	500652	559036	471937
4.待售房屋面积	**660597**	**1771638**	**2138646**
住宅	163770	1070233	1049832
#别墅、高档公寓	9847	8061	49091
#经济适用房屋	80		
办公楼	18534	2164	23743
商业营业用房	223329	298162	475016
其他	254964	401079	590055
五、商品房屋销售			
1.销售面积(平方米)	**6694009**	**7117298**	**6290137**
住宅	6047548	6122416	5755204
#别墅、高档公寓	107761	137115	45184
#经济适用房屋	277010		
办公楼	110639	108744	72131
商业营业用房	174001	381513	268071
其他	361821	504625	194731
2.销售额(万元)	**3437165**	**3698146**	**3775902**
住宅	2988882	3058691	3233650
#别墅、高档公寓	117571	162097	61355
#经济适用房屋	56438		
办公楼	90899	92630	140416
商业营业用房	190378	384146	335174
其他	167006	162679	66662
3.销售价格(元/平方米)	**5135**	**5196**	**6003**
住宅	4942	4996	5619
办公楼	8216	8518	19467
商业营业用房	10941	10069	12503
4.出租面积(平方米)	**148374**	**143876**	**66610**
住宅	861	1871	
#别墅、高档公寓			
#经济适用房屋			
办公楼	52122	48373	
商业营业用房	67391	69457	65161
其他	28000	24175	1449

9-21　海口市房地产开发投资综合统计

指　　标	2010年	2011年	2012年
一、本年完成投资额(万元)	**1037915**	**1446436**	**1756639**
1.按用途分			
住宅	825674	1161118	1302142
#别墅、高档公寓	340028	258108	216746
#经济适用房屋	5582		
办公楼	59749	106627	11409
商业营业用房	47357	82014	93809
其他	105135	96677	349279
2.资金状况			
本年资金来源合计	2767874	2851150	4931426
#上年末节余资金	516440	768176	657057
#本年资金来源小计	2251434	2082974	4274369
本年各项应付款合计	257013	725802	1854238
3.资金来源及构成			
本年资金来源小计	2251434	2082974	4274369
国内贷款	408736	603241	876421
利用外资		30213	
#外商直接投资		30213	
自筹资金	303783	501201	2177883
其他资金来源	1538915	948319	1220065
二、房地产开发企业(单位)情况			
1.企业个数合计(个)	**189**	**359**	**405**
#一级企业			
#二级企业	6	18	21
#三级企业	27	44	49
2.从业人数合计(人)	**5894**	**9178**	**10705**
#一级企业			
#二级企业	300	564	915
#三级企业	1311	1770	1474
3.资产合计(万元)	**7893047.2**	**12201923.9**	**18301018.2**
4.负债合计(万元)	**6407945**	**9469105.8**	**13235522.5**
5.资产负债率(%)	**81.2**	**77.6**	**72.3**
三、土地开发及购置			
本年完成土地开发投资(万元)		1446436	1756639
四、商品房屋开发面积(平方米)			
1.施工房屋面积	**8742434**	**11805124**	**15914741**
住宅	6749147	9480721	12793567
#别墅、高档公寓	2227462	2132990	1741574
#经济适用房屋	124204		
办公楼	296701	330508	221808
商业营业用房	642472	759720	997916
其他	1054114	1234175	1901450

9-21 续表

指　　标	2010年	2011年	2012年
2.新开工房屋面积	**2406766**	**4337674**	**2619672**
住宅	1674345	3556841	1990635
#别墅、高档公寓	428320	358041	243886
#经济适用房屋			
办公楼	102114	147943	89849
商业营业用房	103927	269260	207890
其他	526380	363630	331298
3.竣工房屋面积	**1288480**	**609496**	**3074168**
住宅	839353	455697	2284359
#别墅、高档公寓	283891	222223	295860
#经济适用房屋			
办公楼	181706	1874	38549
商业营业用房	140144	93819	356703
其他	127277	58106	394557
4.待售房屋面积	**347219**	**438194**	**695942**
住宅	181471	260822	374512
#别墅、高档公寓	35649	95263	124628
#经济适用房屋	489		
办公楼	51457		46530
商业营业用房	51093	94070	85491
其他	63198	83302	189409
五、商品房屋销售			
1.销售面积(平方米)	**2097607**	**2218046**	**2669509**
住宅	1997000	1931647	2514881
#别墅、高档公寓	727799	248735	281136
#经济适用房屋	92495		
办公楼	54416	18084	2340
商业营业用房	39304	131459	92385
其他	6887	136856	59903
2.销售额(万元)	**1681226**	**1471576**	**1820942**
住宅	1611380	1282859	1637699
#别墅、高档公寓	738798	299156	270404
#经济适用房屋	30921		
办公楼	35168	44721	7089
商业营业用房	32045	92115	157240
其他	2633	51881	18914
3.销售价格(元/平方米)	**8015**	**6635**	**6821**
住宅	8069	6641	6512
办公楼	6463	24730	30295
商业营业用房	8153	7007	17020
4.出租面积(平方米)	**93013**	**84790**	**77986**
住宅			
#别墅、高档公寓			
#经济适用房屋			
办公楼	20000	27000	
商业营业用房	58783	53560	73756
其他	14230	4230	4230

9-22 重庆市房地产开发投资综合统计

指 标	2010年	2011年	2012年
一、本年完成投资额(万元)	**16202571**	**20150883**	**25083500**
1.按用途分			
住宅	10914854	14384457	17067687
#别墅、高档公寓	1044474	1199848	1656664
#经济适用房屋	589870		
办公楼	315305	526701	1016124
商业营业用房	1344039	2180277	3074966
其他	3628373	3059448	3924723
2.资金状况			
本年资金来源合计	34393672	44332807	51017442
#上年末节余资金	5798408	11375893	12322052
#本年资金来源小计	28595264	32956914	38695390
本年各项应付款合计	4088261	6892581	8318875
3.资金来源及构成			
本年资金来源小计	28595264	32956914	38695390
国内贷款	5847160	6950754	7207959
利用外资	839265	599183	201314
#外商直接投资	835719	556833	74187
自筹资金	6849966	8537163	11820589
其他资金来源	15058873	16869814	19465528
二、房地产开发企业(单位)情况			
1.企业个数合计(个)	**2391**	**2453**	**2552**
#一级企业	41	39	42
#二级企业	477	555	578
#三级企业	892	823	832
2.从业人数合计(人)	**91757**	**90260**	**86938**
#一级企业	5675	5495	6346
#二级企业	40936	33645	31460
#三级企业	23218	24767	22063
3.资产合计(万元)	**69379521.6**	**99326859.7**	**131173295.4**
4.负债合计(万元)	**47600718.5**	**68733446**	**91436538.7**
5.资产负债率(%)	**68.6**	**69.1**	**69.7**
三、土地开发及购置			
本年完成土地开发投资(万元)		20150883	25083500
四、商品房屋开发面积(平方米)			
1.施工房屋面积	**171384954**	**203972397**	**220090320**
住宅	137447848	159238406	169978502
#别墅、高档公寓	8343597	8776557	7234418
#经济适用房屋	10310299		
办公楼	2475637	3868418	4998528
商业营业用房	15497663	19562538	20289004
其他	15963806	21303035	24824286

9-22 续表

指　　标	2010年	2011年	2012年
2.新开工房屋面积	**63126419**	**68243606**	**58134823**
住宅	52687570	52144185	43451427
#别墅、高档公寓	1602800	1795577	1179303
#经济适用房屋	2415609		
办公楼	571951	1544422	1606357
商业营业用房	4336765	7081229	5390391
其他	5530133	7473770	7686648
3.竣工房屋面积	**26265897**	**34243331**	**39906286**
住宅	21798062	28267842	33863514
#别墅、高档公寓	936416	1210529	1037241
#经济适用房屋	2441806		
办公楼	300340	447696	303658
商业营业用房	2294436	2987930	2822316
其他	1873059	2539863	2916798
4.待售房屋面积	**8032155**	**8578290**	**10363160**
住宅	2269905	3156385	4606570
#别墅、高档公寓	122671	215933	290592
#经济适用房屋	191063		
办公楼	346568	327373	309019
商业营业用房	3103007	2749739	2838271
其他	2312675	2344793	2609300
五、商品房屋销售			
1.销售面积(平方米)	**43143929**	**45335019**	**45223997**
住宅	39863119	40634236	41051083
#别墅、高档公寓	2229570	1421885	1437780
#经济适用房屋	2526003		
办公楼	626042	438754	622998
商业营业用房	1942485	2663152	2218883
其他	712283	1598877	1331033
2.销售额(万元)	**18469396**	**21460860**	**22973464**
住宅	16106444	18254119	19724206
#别墅、高档公寓	1635927	1250499	1189537
#经济适用房屋	619126		
办公楼	597039	512786	716121
商业营业用房	1554610	2165765	2124707
其他	211303	528190	408430
3.销售价格(元/平方米)	**4281**	**4734**	**5080**
住宅	4040	4492	4805
办公楼	9537	11687	11495
商业营业用房	8003	8132	9576
4.出租面积(平方米)	**2687269**	**2445765**	**1210353**
住宅	40727	426896	20244
#别墅、高档公寓			
#经济适用房屋	309		
办公楼	86062	51305	43921
商业营业用房	2187801	1773462	800257
其他	372679	194102	345931

9-23　成都市房地产开发投资综合统计

指　　标	2010年	2011年	2012年
一、本年完成投资额(万元)	**12783390**	**15882175**	**18892305**
1.按用途分			
住宅	8042936	10358390	11711629
#别墅、高档公寓	724970	1146278	1018713
#经济适用房屋	4163		
办公楼	504919	834296	1259429
商业营业用房	1003528	1781562	2464160
其他	3232007	2907927	3457087
2.资金状况			
本年资金来源合计	25226376	40752428	32769750
#上年末节余资金	5489299	15280202	7368772
#本年资金来源小计	19737077	25472226	25400978
本年各项应付款合计	2005195	3036166	3926487
3.资金来源及构成			
本年资金来源小计	19737077	25472226	25400978
国内贷款	3141389	3422206	3344414
利用外资	331378	664182	169309
#外商直接投资	308678	645086	147063
自筹资金	7305073	9979048	9393406
其他资金来源	8959237	11406790	12493849
二、房地产开发企业(单位)情况			
1.企业个数合计(个)	**1559**	**1757**	**1771**
#一级企业	18	20	21
#二级企业	232	240	245
#三级企业	762	834	866
2.从业人数合计(人)	**44507**	**30856**	**46901**
#一级企业	1655	2153	2547
#二级企业	12646	7754	9586
#三级企业	19392	13610	21044
3.资产合计(万元)	**55874207**	**76364885.7**	**89731529.8**
4.负债合计(万元)	**41224411.3**	**55332292**	**68366447.9**
5.资产负债率(%)	**73.8**	**72.5**	**76.2**
三、土地开发及购置			
本年完成土地开发投资(万元)		15882175	18892305
四、商品房屋开发面积(平方米)			
1.施工房屋面积	**97789010**	**126203859**	**141509820**
住宅	75503212	93396660	98551078
#别墅、高档公寓	4047308	5456468	5763854
#经济适用房屋	76587		
办公楼	3702918	5417189	7634808
商业营业用房	6349844	10108606	14745261
其他	12233036	17281404	20578673

9-23 续表

指　　标	2010年	2011年	2012年
2.新开工房屋面积	**26982336**	**31940396**	**35688693**
住宅	19800646	22634238	22411940
#别墅、高档公寓	1221988	881361	675141
#经济适用房屋			
办公楼	1195681	1221435	2868779
商业营业用房	2148000	2853230	4560404
其他	3838009	5231493	5847570
3.竣工房屋面积	**15778647**	**15557365**	**21077324**
住宅	13012102	11782104	15902348
#别墅、高档公寓	340210	939837	557331
#经济适用房屋	76587		
办公楼	261045	481533	1084114
商业营业用房	808415	1085885	1457891
其他	1697085	2207843	2632971
4.待售房屋面积	**3412125**	**4583359**	**5563821**
住宅	1617470	2328167	2935394
#别墅、高档公寓	115547	416575	367167
#经济适用房屋			
办公楼	212220	149385	175292
商业营业用房	559375	671340	714855
其他	1023060	1434467	1738280
五、商品房屋销售			
1.销售面积(平方米)	**25592806**	**26760384**	**28440887**
住宅	22899170	22849102	24246051
#别墅、高档公寓	1146369	924657	1147647
#经济适用房屋	76587		
办公楼	778989	798934	1481394
商业营业用房	717681	1599529	1728187
其他	1196966	1512819	985255
2.销售额(万元)	**15193289**	**17974182**	**20728403**
住宅	13343841	14534055	16192639
#别墅、高档公寓	1057824	998728	1200433
#经济适用房屋	12000		
办公楼	722922	804529	1364017
商业营业用房	666974	1988789	2814095
其他	459552	646809	357652
3.销售价格(元/平方米)	**5937**	**6717**	**7288**
住宅	5827	6361	6678
办公楼	9280	10070	9208
商业营业用房	9293	12434	16284
4.出租面积(平方米)	**240946**	**603590**	**345281**
住宅		41681	74758
#别墅、高档公寓		3142	5066
#经济适用房屋			
办公楼	50759	162380	63800
商业营业用房	153690	313677	175566
其他	36497	85852	31157

9-24　贵阳市房地产开发投资综合统计

指　　标	2010年	2011年	2012年
一、本年完成投资额(万元)	**3104665**	**4604941**	**9010264**
1.按用途分			
住宅	1650222	3027702	5684871
#别墅、高档公寓	38593	32761	131496
#经济适用房屋	162915		
办公楼	58402	136470	335072
商业营业用房	210378	573853	1119673
其他	1185663	866916	1870648
2.资金状况			
本年资金来源合计	7143452	9124755	8942112
#上年末节余资金	1510364	2127748	1476394
#本年资金来源小计	5633088	6997007	7465718
本年各项应付款合计	371613	661201	2557292
3.资金来源及构成			
本年资金来源小计	5633088	6997007	7465718
国内贷款	963213	1013430	1467834
利用外资	7004	44065	42887
#外商直接投资	7004	44065	42887
自筹资金	1446464	2754916	1967673
其他资金来源	3216407	3184596	3987324
二、房地产开发企业(单位)情况			
1.企业个数合计(个)	**879**	**801**	**789**
#一级企业	2	3	4
#二级企业	38	48	51
#三级企业	133	132	140
2.从业人数合计(人)	**16543**	**16827**	**18775**
#一级企业	504	521	555
#二级企业	1949	2900	5493
#三级企业	3115	3385	3525
3.资产合计(万元)	**15203343.3**	**19378063.2**	**25565546.4**
4.负债合计(万元)	**12674678.1**	**15644668.4**	**21280760.1**
5.资产负债率(%)	**83.4**	**80.7**	**83.2**
三、土地开发及购置			
本年完成土地开发投资(万元)		4604941	9010264
四、商品房屋开发面积(平方米)			
1.施工房屋面积	**39859876**	**45962011**	**56641048**
住宅	29698824	34151443	40315432
#别墅、高档公寓	541003	358236	838680
#经济适用房屋	4260134		
办公楼	978106	1066792	2195702
商业营业用房	3187033	4183655	5852939
其他	5995913	6560121	8276975

9-24 续表

指　　标	2010年	2011年	2012年
2.新开工房屋面积	**13503063**	**10325152**	**16158758**
住宅	11061123	7954659	10145709
#别墅、高档公寓	56395	44478	47835
#经济适用房屋	1162688		
办公楼	153744	30862	1509531
商业营业用房	780194	1326156	2065395
其他	1508002	1013475	2438123
3.竣工房屋面积	**5518429**	**6065432**	**5845038**
住宅	4279525	4455735	4438927
#别墅、高档公寓	219345	54395	94880
#经济适用房屋	931604		
办公楼	89797	254855	94477
商业营业用房	599972	626559	589923
其他	549135	728283	721711
4.待售房屋面积	**860074**	**1003907**	**1735579**
住宅	441851	547608	1013946
#别墅、高档公寓	107514	65253	50036
#经济适用房屋	7082		
办公楼	57866	30883	74455
商业营业用房	272740	273728	336107
其他	87617	151688	311071
五、商品房屋销售	**8015581**	**8075339**	**10238370**
1.销售面积(平方米)	**7335503**	**7146542**	**9484658**
住宅	169372	200401	139494
#别墅、高档公寓	1091647		
#经济适用房屋	230544	227026	121680
办公楼	281740	528276	547174
商业营业用房	167794	173495	84858
其他			
	3534587	**4093809**	**4961655**
2.销售额(万元)	**3104804**	**3278822**	**4242198**
住宅	122975	150027	181976
#别墅、高档公寓	309336		
#经济适用房屋	125160	147726	114748
办公楼	251483	572147	571591
商业营业用房	53140	95114	33118
其他			
	4410	**5070**	**4846**
3.销售价格(元/平方米)	**4233**	**4588**	**4473**
住宅	5429	6507	9430
办公楼	8926	10830	10446
商业营业用房			
	316582	**201298**	**73839**
4.出租面积(平方米)	**6139**	**5097**	**2748**
住宅			
#别墅、高档公寓	3499		
#经济适用房屋	28238	20924	5445
办公楼	194991	127926	59272
商业营业用房	87214	47351	6374
其他			

9-25　昆明市房地产开发投资综合统计

指　　标	2010年	2011年	2012年
一、本年完成投资额(万元)	**4371365**	**6330343**	**9190732**
1.按用途分			
住宅	3237167	4276097	5859901
#别墅、高档公寓	322279	263684	203463
#经济适用房屋	94933		
办公楼	180483	410660	745510
商业营业用房	463481	750857	979491
其他	490234	892729	1605830
2.资金状况			
本年资金来源合计	10270706	11893185	15695417
#上年末节余资金	2634476	3286865	4009248
#本年资金来源小计	7636230	8606320	11686169
本年各项应付款合计	1244882	2077864	2441362
3.资金来源及构成			
本年资金来源小计	7636230	8606320	11686169
国内贷款	1033426	851694	1583760
利用外资	4986	2696	
#外商直接投资		2696	
自筹资金	2714370	4453131	5172034
其他资金来源	3883448	3298799	4930375
二、房地产开发企业(单位)情况			
1.企业个数合计(个)	**883**	**813**	**819**
#一级企业	13	13	13
#二级企业	88	90	107
#三级企业	134	128	114
2.从业人数合计(人)	**18110**	**17047**	**19572**
#一级企业	1509	1000	1341
#二级企业	3970	4198	4988
#三级企业	3277	2774	2598
3.资产合计(万元)	**21036674.7**	**31067469.7**	**44728543.3**
4.负债合计(万元)	**16623179.9**	**25250286.6**	**35204919**
5.资产负债率(%)	**79.0**	**81.3**	**78.7**
三、土地开发及购置			
本年完成土地开发投资(万元)		6330343	9190732
四、商品房屋开发面积(平方米)			
1.施工房屋面积	**35137367**	**44436022**	**58849961**
住宅	28100536	31848239	42286208
#别墅、高档公寓	2981578	3164830	2940479
#经济适用房屋	977346		
办公楼	1177228	2613563	3385640
商业营业用房	2782458	4433709	5295069
其他	3077145	5540511	7883044

9-25 续表

指　　标	2010年	2011年	2012年
2.新开工房屋面积	**12900416**	**17800494**	**24530747**
住宅	10089988	11572766	16446391
#别墅、高档公寓	1327682	500448	593040
#经济适用房屋	318028		
办公楼	426756	1318341	1780015
商业营业用房	1054735	2271543	2450248
其他	1328937	2637844	3854093
3.竣工房屋面积	**5907785**	**5656162**	**6296342**
住宅	4551892	4488726	5192484
#别墅、高档公寓	337505	226493	833552
#经济适用房屋	293114		
办公楼	88540	243390	145244
商业营业用房	556865	393835	439707
其他	710488	530211	518907
4.待售房屋面积	**690487**	**1441958**	**2764218**
住宅	241436	797740	1770563
#别墅、高档公寓	47244	80115	56909
#经济适用房屋	50		
办公楼	15951	93480	309435
商业营业用房	129804	253120	287571
其他	303296	297618	396649
五、商品房屋销售			
1.销售面积(平方米)	**12410065**	**11212957**	**10513532**
住宅	10959543	9348861	9177307
#别墅、高档公寓	1614213	1442038	649291
#经济适用房屋	34185		
办公楼	183125	397563	723954
商业营业用房	535972	871667	333927
其他	731425	594866	278344
2.销售额(万元)	**4542191**	**5287165**	**6039691**
住宅	3731511	4253845	4960242
#别墅、高档公寓	664499	563593	286253
#经济适用房屋	7362		
办公楼	138643	214125	611512
商业营业用房	419446	625888	351635
其他	252591	193307	116302
3.销售价格(元/平方米)	**3660**	**4715**	**5745**
住宅	3405	4550	5405
办公楼	7571	5386	8447
商业营业用房	7826	7180	10530
4.出租面积(平方米)	**230876**	**117017**	**102981**
住宅	1993	2474	2706
#别墅、高档公寓			232
#经济适用房屋			
办公楼	43517	50804	45710
商业营业用房	181950	60323	53049
其他	3416	3416	1516

9-26　西安市房地产开发投资综合统计

指　　标	2010年	2011年	2012年
一、本年完成投资额(万元)	**8423447**	**9961201**	**12699344**
1.按用途分			
住宅	6704066	8360515	10038530
#别墅、高档公寓	215263	368130	284544
#经济适用房屋	226086		
办公楼	337207	318641	373021
商业营业用房	809745	825256	1076236
其他	572429	456789	1211557
2.资金状况			
本年资金来源合计	15435198	18048367	21688388
#上年末节余资金	2538734	3392728	4424873
#本年资金来源小计	12896464	14655639	17263515
本年各项应付款合计	837605	1303213	2055721
3.资金来源及构成			
本年资金来源小计	12896464	14655639	17263515
国内贷款	1861610	1871437	2224414
利用外资	55561	18	24000
#外商直接投资	55550		24000
自筹资金	4261600	4750053	8076423
其他资金来源	6717693	8034131	6938678
二、房地产开发企业(单位)情况			
1.企业个数合计(个)	**522**	**579**	**672**
#一级企业	39	22	24
#二级企业	78	79	95
#三级企业	144	159	166
2.从业人数合计(人)	**25506**	**33474**	**44447**
#一级企业	5380	5274	6347
#二级企业	4813	4799	7851
#三级企业	6417	9915	9718
3.资产合计(万元)	**22619691.4**	**28782283.6**	**39575557.9**
4.负债合计(万元)	**17359704.8**	**22834846.1**	**32097245.9**
5.资产负债率(%)	**76.7**	**79.3**	**81.1**
三、土地开发及购置			
本年完成土地开发投资(万元)		9961201	12699344
四、商品房屋开发面积(平方米)			
1.施工房屋面积	**66973869**	**82388807**	**98931086**
住宅	57777112	70943211	82513782
#别墅、高档公寓	1720180	2088804	1869817
#经济适用房屋	2158822		
办公楼	2054202	1968629	2778484
商业营业用房	4272299	5481322	7426706
其他	2870256	3995645	6212114

9-26 续表

指　标	2010年	2011年	2012年
2.新开工房屋面积	**19840200**	**24204310**	**27968320**
住宅	17436732	21121899	22710697
#别墅、高档公寓	629013	216824	266309
#经济适用房屋	594636		
办公楼	328968	531796	787994
商业营业用房	1200564	1384227	2568405
其他	873936	1166388	1901224
3.竣工房屋面积	**4636472**	**6339613**	**10637000**
住宅	4124392	5661294	9038219
#别墅、高档公寓	166250		142915
#经济适用房屋	393970		
办公楼	76296	94206	177091
商业营业用房	238187	403322	857712
其他	197597	180791	563978
4.待售房屋面积	**343153**	**597645**	**1030612**
住宅	262250	454064	842618
#别墅、高档公寓	48160		7447
#经济适用房屋	10707		
办公楼	9605	2901	24180
商业营业用房	42390	72719	101928
其他	28908	67961	61886
五、商品房屋销售			
1.销售面积(平方米)	**15878076**	**17685175**	**15328991**
住宅	15232412	16639672	13791281
#别墅、高档公寓	330782	511865	481209
#经济适用房屋	798510		
办公楼	354554	303375	569230
商业营业用房	227959	545112	694703
其他	63151	197016	273777
2.销售额(万元)	**7070016**	**10886283**	**10169737**
住宅	6612683	9700587	8583729
#别墅、高档公寓	303092	505147	486989
#经济适用房屋	203228		
办公楼	212919	298510	487949
商业营业用房	214649	767832	942777
其他	29765	119354	155282
3.销售价格(元/平方米)	**4453**	**6156**	**6634**
住宅	4341	5830	6224
办公楼	6005	9840	8572
商业营业用房	9416	14086	13571
4.出租面积(平方米)	**286016**	**80075**	**151610**
住宅	7013	32533	40290
#别墅、高档公寓			
#经济适用房屋			
办公楼	227781	256	256
商业营业用房	51222	47286	104064
其他			7000

9-27　兰州市房地产开发投资综合统计

指　　标	2010年	2011年	2012年
一、本年完成投资额(万元)	**1182813**	**1548444**	**2097401**
1.按用途分			
住宅	669976	913233	1317222
#别墅、高档公寓	710	94	2569
#经济适用房屋	88949		
办公楼	43574	58156	60078
商业营业用房	95441	132912	222647
其他	373822	444143	497454
2.资金状况			
本年资金来源合计	2017606	2508164	3524352
#上年末节余资金	371629	664227	732123
#本年资金来源小计	1645977	1843937	2792229
本年各项应付款合计	372219	678054	753662
3.资金来源及构成			
本年资金来源小计	1645977	1843937	2792229
国内贷款	358622	480052	688358
利用外资		55	
#外商直接投资			
自筹资金	662964	709855	1245276
其他资金来源	624391	653975	858595
二、房地产开发企业(单位)情况			
1.企业个数合计(个)	**527**	**585**	**556**
#一级企业	2	2	2
#二级企业	47	56	65
#三级企业	209	229	215
2.从业人数合计(人)	**11075**	**11669**	**13555**
#一级企业	188	286	297
#二级企业	1845	2242	3239
#三级企业	5239	5126	5402
3.资产合计(万元)	**5480089.1**	**7096641**	**9708233.1**
4.负债合计(万元)	**4192905.4**	**5530128.8**	**7974530.2**
5.资产负债率(%)	**76.5**	**77.9**	**82.1**
三、土地开发及购置			
本年完成土地开发投资(万元)		1548444	2097401
四、商品房屋开发面积(平方米)			
1.施工房屋面积	**14672124**	**17240361**	**23424938**
住宅	11194368	13367855	17400573
#别墅、高档公寓	53000	20250	79886
#经济适用房屋	1859505		
办公楼	402471	529291	738678
商业营业用房	1571667	1460162	2289385
其他	1503618	1883053	2996302

9-27 续表

指　　标	2010年	2011年	2012年
2.新开工房屋面积	**4061859**	**5354395**	**6560541**
住宅	3183786	3988815	4911386
#别墅、高档公寓	20000	250	19886
#经济适用房屋	282484		
办公楼	56101	152259	108811
商业营业用房	488749	523671	667880
其他	333223	689650	872464
3.竣工房屋面积	**2069675**	**1770841**	**1682760**
住宅	1558991	1400416	1289143
#别墅、高档公寓			
#经济适用房屋	154313		
办公楼	40691	96663	71389
商业营业用房	313684	168667	170820
其他	156309	105095	151408
4.待售房屋面积	**775667**	**612545**	**721308**
住宅	441321	415165	459451
#别墅、高档公寓			
#经济适用房屋	433		
办公楼	52186	46639	76159
商业营业用房	223301	113071	152505
其他	58859	37670	33193
五、商品房屋销售			
1.销售面积(平方米)	**2282139**	**1310912**	**1903502**
住宅	2068056	1181286	1767479
#别墅、高档公寓	4193	1710	1599
#经济适用房屋	72541		
办公楼	37122	50740	21820
商业营业用房	167219	77924	113960
其他	9742	962	243
2.销售额(万元)	**965917**	**622344**	**1084524**
住宅	840760	499577	958092
#别墅、高档公寓	1529	1251	1816
#经济适用房屋	19965		
办公楼	16740	50919	17922
商业营业用房	106108	71638	108286
其他	2309	210	224
3.销售价格(元/平方米)	**4233**	**4747**	**5698**
住宅	4065	4229	5421
办公楼	4509	10035	8214
商业营业用房	6345	9193	9502
4.出租面积(平方米)	**189179**	**164121**	**93400**
住宅	205		
#别墅、高档公寓			
#经济适用房屋			
办公楼	52907	58194	52096
商业营业用房	136027	103527	41304
其他	40	2400	

9-28　西宁市房地产开发投资综合统计

指　　标	2010年	2011年	2012年
一、本年完成投资额(万元)	**954048**	**1185454**	**1601412**
1.按用途分			
住宅	641092	690996	1186910
#别墅、高档公寓	1460	1170	1319
#经济适用房屋	19340		
办公楼	21472	35542	24296
商业营业用房	147569	255792	230735
其他	143915	203124	159471
2.资金状况			
本年资金来源合计	1239088	1391005	2396365
#上年末节余资金	151771	162474	409938
#本年资金来源小计	1087317	1228531	1986427
本年各项应付款合计	25402	100940	361108
3.资金来源及构成			
本年资金来源小计	1087317	1228531	1986427
国内贷款	268136	164062	363616
利用外资	23248	15276	
#外商直接投资	23248	15276	
自筹资金	432093	633241	946258
其他资金来源	363840	415952	676553
二、房地产开发企业(单位)情况			
1.企业个数合计(个)	**305**	**290**	**183**
#一级企业	5	5	4
#二级企业	71	79	75
#三级企业	96	99	60
2.从业人数合计(人)	**2880**	**6163**	**6088**
#一级企业	132	258	345
#二级企业	1161	2827	3049
#三级企业	878	1655	1353
3.资产合计(万元)	**3252946.4**	**4323777.2**	**5363811.6**
4.负债合计(万元)	**2733753.9**	**3579864.1**	**4499331.2**
5.资产负债率(%)	**84.0**	**82.8**	**83.9**
三、土地开发及购置			
本年完成土地开发投资(万元)		1185454	1601412
四、商品房屋开发面积(平方米)			
1.施工房屋面积	**11460015**	**12842730**	**14799537**
住宅	9340107	10341617	11677234
#别墅、高档公寓	81403	79803	129305
#经济适用房屋	223811		
办公楼	236071	241601	244528
商业营业用房	1127037	1226065	1608408
其他	756800	1033447	1269367

9-28 续表

指　　标	2010年	2011年	2012年
2.新开工房屋面积	**5520569**	**3500077**	**6370864**
住宅	4412625	2873607	4946500
#别墅、高档公寓			75850
#经济适用房屋	135937		
办公楼	172221	44163	54312
商业营业用房	491278	260097	804235
其他	444445	322210	565817
3.竣工房屋面积	**1957475**	**4316417**	**3610371**
住宅	1729917	3685981	3227129
#别墅、高档公寓	1600	4748	6139
#经济适用房屋	193648		
办公楼	38633	42147	18922
商业营业用房	153223	345248	195388
其他	35702	243041	168932
4.待售房屋面积	**662582**	**798635**	**502427**
住宅	434476	608063	390408
#别墅、高档公寓	2010	2010	
#经济适用房屋			
办公楼	16476	12719	1876
商业营业用房	157741	131070	85831
其他	53889	46783	24312
五、商品房屋销售			
1.销售面积(平方米)	**2171039**	**2656097**	**1770355**
住宅	2067794	2550522	1658528
#别墅、高档公寓	3012	2561	4100
#经济适用房屋	2871		
办公楼	9954	3757	1640
商业营业用房	89211	94712	109455
其他	4080	7106	732
2.销售额(万元)	**722465**	**968504**	**835313**
住宅	660954	877023	713878
#别墅、高档公寓	1736	1348	2932
#经济适用房屋	300		
办公楼	2183	732	1295
商业营业用房	58058	87952	119855
其他	1270	2797	285
3.销售价格(元/平方米)	**3328**	**3646**	**4718**
住宅	3196	3439	4304
办公楼	2193	1948	7896
商业营业用房	6508	9286	10950
4.出租面积(平方米)	**56648**	**108531**	**88847**
住宅			
#别墅、高档公寓			
#经济适用房屋			
办公楼	10470	10470	2151
商业营业用房	46178	98061	86696
其他			

9-29　银川市房地产开发投资综合统计

指　　标	2010年	2011年	2012年
一、本年完成投资额(万元)	**1721281**	**2147834**	**2757023**
1.按用途分			
住宅	1227212	1486993	1755066
#别墅、高档公寓	29288	63103	86159
#经济适用房屋	11283		
办公楼	74473	71643	86558
商业营业用房	244980	297272	498339
其他	174616	291926	417060
2.资金状况			
本年资金来源合计	2861724	3493007	4164149
#上年末节余资金	235809	388389	628742
#本年资金来源小计	2625915	3104618	3535407
本年各项应付款合计	276844	730339	743193
3.资金来源及构成			
本年资金来源小计	2625915	3104618	3535407
国内贷款	450597	374010	365950
利用外资			
#外商直接投资			
自筹资金	651797	976080	1324968
其他资金来源	1523521	1754528	1844489
二、房地产开发企业(单位)情况			
1.企业个数合计(个)	**206**	**250**	**269**
#一级企业	9	10	10
#二级企业	45	47	49
#三级企业	53	56	63
2.从业人数合计(人)	**6933**	**9718**	**10245**
#一级企业	924	1221	1262
#二级企业	2172	2294	2407
#三级企业	1454	1722	1964
3.资产合计(万元)	**6479594.1**	**8956654.4**	**11546634.5**
4.负债合计(万元)	**5393303.8**	**7366564**	**9496604.1**
5.资产负债率(%)	**83.2**	**82.2**	**82.2**
三、土地开发及购置			
本年完成土地开发投资(万元)		2147834	2757023
四、商品房屋开发面积(平方米)			
1.施工房屋面积	**18867776**	**24601446**	**29485300**
住宅	14182457	17817171	20494741
#别墅、高档公寓	383029	500961	553240
#经济适用房屋	187247		
办公楼	653648	887656	938424
商业营业用房	2325502	3003191	4543859
其他	1706169	2893428	3508276

9-29 续表

指　　标	2010年	2011年	2012年
2.新开工房屋面积	**11275757**	**12038836**	**10021338**
住宅	8787622	8498469	6302409
#别墅、高档公寓	76910	170455	246334
#经济适用房屋	105107		
办公楼	169941	452421	262493
商业营业用房	1334135	1513531	2358886
其他	984059	1574415	1097550
3.竣工房屋面积	**5948184**	**5782016**	**7443753**
住宅	4427886	4458639	5948561
#别墅、高档公寓	68627	248413	15894
#经济适用房屋	146525		
办公楼	157882	194805	92919
商业营业用房	910520	775807	712543
其他	451896	352765	689730
4.待售房屋面积	**2325481**	**3346427**	**4496386**
住宅	1171075	2108185	2984820
#别墅、高档公寓	41544	145267	69431
#经济适用房屋	70773		
办公楼	51773	102139	143453
商业营业用房	975095	921163	970111
其他	127538	214940	398002
五、商品房屋销售			
1.销售面积(平方米)	**5900424**	**4890287**	**4502610**
住宅	4979774	3840193	3883346
#别墅、高档公寓	168082	183761	118590
#经济适用房屋	99880		
办公楼	146047	81674	62615
商业营业用房	657626	854242	503625
其他	116977	114178	53024
2.销售额(万元)	**2237168**	**2139903**	**2059736**
住宅	1797734	1528250	1626057
#别墅、高档公寓	90197	88525	57237
#经济适用房屋	22140		
办公楼	79329	61324	29897
商业营业用房	329478	510416	381874
其他	30627	39913	21908
3.销售价格(元/平方米)	**3792**	**4376**	**4575**
住宅	3610	3980	4187
办公楼	5432	7508	4775
商业营业用房	5010	5975	7583
4.出租面积(平方米)	**335254**	**280213**	**299570**
住宅	14909	4059	17610
#别墅、高档公寓			
#经济适用房屋			
办公楼	32912	63756	21810
商业营业用房	274490	189122	251297
其他	12943	23276	8853

9-30　乌鲁木齐市房地产开发投资综合统计

指　　标	2010年	2011年	2012年
一、本年完成投资额(万元)	**1430280**	**1942920**	**2206935**
1.按用途分			
住宅	1140086	1582460	1744694
#别墅、高档公寓	62000	84747	115794
#经济适用房屋	18304		
办公楼	77641	72130	53080
商业营业用房	114694	135446	150371
其他	97859	152884	258790
2.资金状况			
本年资金来源合计	3338278	3722791	3849643
#上年末节余资金	546548	605035	535320
#本年资金来源小计	2791730	3117756	3314323
本年各项应付款合计	149017	378117	480848
3.资金来源及构成			
本年资金来源小计	2791730	3117756	3314323
国内贷款	415623	475294	464090
利用外资			
#外商直接投资			
自筹资金	559843	756325	869630
其他资金来源	1816264	1886137	1980603
二、房地产开发企业(单位)情况			
1.企业个数合计(个)	**347**	**364**	**387**
#一级企业	6	6	7
#二级企业	36	43	43
#三级企业	87	101	97
2.从业人数合计(人)	**8969**	**9835**	**10824**
#一级企业	585	547	688
#二级企业	1676	1881	1926
#三级企业	2558	2913	2677
3.资产合计(万元)	**6624559.1**	**9221901.9**	**11829854.7**
4.负债合计(万元)	**4653349.7**	**6590487.6**	**8683691.9**
5.资产负债率(%)	**70.2**	**71.5**	**73.4**
三、土地开发及购置			
本年完成土地开发投资(万元)		1942920	2206935
四、商品房屋开发面积(平方米)			
1.施工房屋面积	**15093595**	**18517246**	**23905179**
住宅	12326516	15218267	19208941
#别墅、高档公寓	558827	930866	617811
#经济适用房屋	298866		
办公楼	546541	560511	629856
商业营业用房	1204236	1082736	1478825
其他	1016302	1655732	2587557

9-30 续表

指　　标	2010年	2011年	2012年
2.新开工房屋面积	**7294529**	**5712740**	**6500352**
住宅	6200741	4787888	4939072
#别墅、高档公寓	88313	289633	53445
#经济适用房屋	123103		
办公楼	100386	89104	178486
商业营业用房	534350	227121	441264
其他	459052	608627	941530
3.竣工房屋面积	**2620812**	**3216854**	**6507821**
住宅	2033596	2743094	5367204
#别墅、高档公寓	45667	200170	313962
#经济适用房屋	79639		
办公楼	117425	83222	219562
商业营业用房	280128	177892	352471
其他	189663	212646	568584
4.待售房屋面积	**1379200**	**1209896**	**1516029**
住宅	576033	487353	591681
#别墅、高档公寓	56051	73755	80732
#经济适用房屋	94561		
办公楼	167036	142557	208467
商业营业用房	409415	334899	275861
其他	226716	245087	440020
五、商品房屋销售			
1.销售面积(平方米)	**4446081**	**4658373**	**3716101**
住宅	4053012	4215070	3372962
#别墅、高档公寓	183472	163383	118602
#经济适用房屋	53886		
办公楼	113061	110190	127034
商业营业用房	227505	191087	121191
其他	52503	142026	94914
2.销售额(万元)	**2011338**	**2447408**	**2095553**
住宅	1728732	2094798	1772505
#别墅、高档公寓	172595	165805	120175
#经济适用房屋	12216		
办公楼	106871	97365	149972
商业营业用房	155690	202930	129926
其他	20045	52315	43150
3.销售价格(元/平方米)	**4524**	**5254**	**5639**
住宅	4265	4970	5255
办公楼	9453	8836	11806
商业营业用房	6843	10620	10721
4.出租面积(平方米)	**393274**	**386324**	**380141**
住宅	6041	5669	9295
#别墅、高档公寓			
#经济适用房屋			
办公楼	50370	19440	15128
商业营业用房	311053	341023	324023
其他	25810	20192	31695

9-31　大连市房地产开发投资综合统计

指　标	2010年	2011年	2012年
一、本年完成投资额(万元)	**7680202**	**11074630**	**13965204**
1.按用途分			
住宅	5756548	8696887	10554073
#别墅、高档公寓	665519	628995	656338
#经济适用房屋	94446		
办公楼	184125	179658	304267
商业营业用房	943475	1301199	1649340
其他	796054	896886	1457524
2.资金状况			
本年资金来源合计	15333805	17770302	20448050
#上年末节余资金	2501943	3268896	3779631
#本年资金来源小计	12831862	14501406	16668419
本年各项应付款合计	2245364	1612800	3966419
3.资金来源及构成			
本年资金来源小计	12831862	14501406	16668419
国内贷款	2100344	3703160	3037922
利用外资	324559	187225	91605
#外商直接投资	285471	183225	80281
自筹资金	5052181	4468057	7614861
其他资金来源	5354778	6142964	5924031
二、房地产开发企业(单位)情况			
1.企业个数合计(个)	**981**	**966**	**1006**
#一级企业	19	20	21
#二级企业	59	58	57
#三级企业	361	338	327
2.从业人数合计(人)	**22404**	**21712**	**25260**
#一级企业	1870	1513	1316
#二级企业	2172	2182	2114
#三级企业	8784	6542	8141
3.资产合计(万元)	**35891829**	**55214664.2**	**56438249.2**
4.负债合计(万元)	**28036775.1**	**44846204.1**	**43877318.2**
5.资产负债率(%)	**78.1**	**81.2**	**77.7**
三、土地开发及购置			
本年完成土地开发投资(万元)		11074630	13965204
四、商品房屋开发面积(平方米)			
1.施工房屋面积	**50605434**	**61933797**	**62134291**
住宅	40102392	49185819	48334199
#别墅、高档公寓	1940045	2875189	2501793
#经济适用房屋	1566999		
办公楼	1065245	1203111	1332108
商业营业用房	5258167	6438091	7073983
其他	4179630	5106776	5394001

9-31 续表

指　　标	2010年	2011年	2012年
2.新开工房屋面积	**18373030**	**14646367**	**16151154**
住宅	14164619	11751608	11904019
#别墅、高档公寓	296786	492195	681503
#经济适用房屋			
办公楼	319128	65629	374183
商业营业用房	2049918	1546643	2359383
其他	1839365	1282487	1513569
3.竣工房屋面积	**5709735**	**9428724**	**7499976**
住宅	4612895	7977370	5881419
#别墅、高档公寓	266992	494290	267016
#经济适用房屋	381320		
办公楼	232500	289328	185195
商业营业用房	553104	723839	620131
其他	311236	438187	813231
4.待售房屋面积	**2354037**	**3570202**	**4810789**
住宅	1324968	2276193	3539134
#别墅、高档公寓	53851	44416	125949
#经济适用房屋	129875		
办公楼	49821	31501	34717
商业营业用房	598878	876198	733414
其他	380370	386310	503524
五、商品房屋销售			
1.销售面积(平方米)	**12153259**	**9099105**	**10763624**
住宅	11266844	8334237	9668943
#别墅、高档公寓	244596	203876	222545
#经济适用房屋	259646		
办公楼	199638	57044	245764
商业营业用房	506494	474158	588709
其他	180283	233666	260208
2.销售额(万元)	**8560369**	**7326603**	**8614711**
住宅	7615516	6608200	7332894
#别墅、高档公寓	434055	356040	311692
#经济适用房屋	109688		
办公楼	284213	74233	380068
商业营业用房	504471	523539	745113
其他	156169	120631	156636
3.销售价格(元/平方米)	**7044**	**8052**	**8004**
住宅	6759	7929	7584
办公楼	14236	13013	15465
商业营业用房	9960	11041	12657
4.出租面积(平方米)	**412435**	**351230**	**170852**
住宅	96152		263
#别墅、高档公寓	26712		
#经济适用房屋			
办公楼	17332	3583	2589
商业营业用房	298951	347647	168000
其他			

9-32　青岛市房地产开发投资综合统计

指　标	2010年	2011年	2012年
一、本年完成投资额(万元)	**6024387**	**7858221**	**9320986**
1.按用途分			
住宅	4509890	5725974	5949960
#别墅、高档公寓	255882	626656	821152
#经济适用房屋	143162		
办公楼	203426	287152	685944
商业营业用房	734368	1010125	1404028
其他	576703	834970	1281054
2.资金状况			
本年资金来源合计	14415871	17287988	17685546
#上年末节余资金	3293563	4374079	5396419
#本年资金来源小计	11122308	12913909	12289127
本年各项应付款合计	1802551	1768297	2800977
3.资金来源及构成			
本年资金来源小计	11122308	12913909	12289127
国内贷款	3207753	3216291	2443230
利用外资	76302	151704	14649
#外商直接投资	70302	136498	14649
自筹资金	2588307	4376665	4299284
其他资金来源	5249946	5169249	5531964
二、房地产开发企业(单位)情况			
1.企业个数合计(个)	**1074**	**967**	**982**
#一级企业	10	10	11
#二级企业	48	51	55
#三级企业	170	166	179
2.从业人数合计(人)	**24707**	**23912**	**23643**
#一级企业	2126	1134	1106
#二级企业	2494	2521	2865
#三级企业	4682	4495	4773
3.资产合计(万元)	**33307180.6**	**42365852.4**	**47910238.5**
4.负债合计(万元)	**26642349.2**	**33992089.6**	**37922064.1**
5.资产负债率(%)	**80.0**	**80.2**	**79.2**
三、土地开发及购置			
本年完成土地开发投资(万元)		7858221	9320986
四、商品房屋开发面积(平方米)			
1.施工房屋面积	**50583992**	**56988377**	**64976895**
住宅	36027701	40055966	44818183
#别墅、高档公寓	1503767	2128690	2652183
#经济适用房屋	2205279		
办公楼	1669254	1856340	2856675
商业营业用房	6616307	7553870	8139182
其他	6270730	7522201	9162855

9-32 续表

指　　标	2010年	2011年	2012年
2.新开工房屋面积	**17123905**	**18170118**	**17631505**
住宅	13190263	13175416	12342231
#别墅、高档公寓	355491	793234	968514
#经济适用房屋	517639		
办公楼	194334	542220	880667
商业营业用房	1723136	2201372	1918015
其他	2016172	2251110	2490592
3.竣工房屋面积	**10205087**	**9247634**	**12115696**
住宅	7327218	6715676	9288535
#别墅、高档公寓	379504	392060	506322
#经济适用房屋	485585		
办公楼	364120	213081	321580
商业营业用房	1544981	1246530	1051793
其他	968768	1072347	1453788
4.待售房屋面积	**1901544**	**2357081**	**3652023**
住宅	985221	1259363	2291774
#别墅、高档公寓	56251	83751	135595
#经济适用房屋	5025		
办公楼	203530	163414	278144
商业营业用房	468586	746402	706033
其他	244207	187902	376072
五、商品房屋销售			
1.销售面积(平方米)	**13606919**	**10299105**	**9509187**
住宅	12098694	9194949	8424978
#别墅、高档公寓	476033	386774	491550
#经济适用房屋	658389		
办公楼	277962	158192	422156
商业营业用房	895606	675982	505627
其他	334657	269982	156426
2.销售额(万元)	**8948417**	**7719636**	**7660684**
住宅	7768273	6589271	6388962
#别墅、高档公寓	695758	564352	679150
#经济适用房屋	312118		
办公楼	230805	186500	494049
商业营业用房	823167	800521	717442
其他	126172	143344	60231
3.销售价格(元/平方米)	**6576**	**7495**	**8056**
住宅	6421	7166	7583
办公楼	8303	11789	11703
商业营业用房	9191	11842	14189
4.出租面积(平方米)	**257849**	**397875**	**296857**
住宅	3908		
#别墅、高档公寓			
#经济适用房屋			
办公楼	43885	69840	34274
商业营业用房	109348	182798	187261
其他	100708	145237	75322

9-33 宁波市房地产开发投资综合统计

指　标	2010年	2011年	2012年
一、本年完成投资额(万元)	**5572683**	**7114644**	**8843514**
1.按用途分			
住宅	3231195	3923437	5156454
#别墅、高档公寓	154868	329023	547673
#经济适用房屋	50009		
办公楼	513873	710574	667089
商业营业用房	678590	960833	1100395
其他	1149025	1519800	1919576
2.资金状况			
本年资金来源合计	6460907	9114053	9767583
#上年末节余资金	1176613	1243907	1166418
#本年资金来源小计	5284294	7870146	8601165
本年各项应付款合计	662665	1011887	1419726
3.资金来源及构成			
本年资金来源小计	5284294	7870146	8601165
国内贷款	1571939	1774443	2190805
利用外资	38512	92460	34364
#外商直接投资	38512	92460	31896
自筹资金	1474158	3864062	3938384
其他资金来源	2199685	2139181	2437612
二、房地产开发企业(单位)情况			
1.企业个数合计(个)	**737**	**802**	**818**
#一级企业	20	20	22
#二级企业	66	66	69
#三级企业	261	273	290
2.从业人数合计(人)	**13685**	**17245**	**16972**
#一级企业	878	1282	1460
#二级企业	2186	2244	2104
#三级企业	5089	5538	5917
3.资产合计(万元)	**33072618.1**	**45067827.9**	**87612697**
4.负债合计(万元)	**25354322.6**	**33866035.3**	**55555628.6**
5.资产负债率(%)	**76.7**	**75.1**	**63.4**
三、土地开发及购置			
本年完成土地开发投资(万元)		7114644	8843514
四、商品房屋开发面积(平方米)			
1.施工房屋面积	**38207036**	**52098082**	**60805078**
住宅	22357830	28936213	33620766
#别墅、高档公寓	597896	1233860	2278184
#经济适用房屋	532029		
办公楼	3343851	4733556	5125364
商业营业用房	4176380	6192632	7387441
其他	8328975	12235681	14671507

9-33 续表

指　标	2010年	2011年	2012年
2.新开工房屋面积	**14060200**	**18995808**	**14705107**
住宅	7769943	10712992	8303184
#别墅、高档公寓	182828	527838	1058605
#经济适用房屋	51303		
办公楼	1652896	1220929	903777
商业营业用房	1356570	2248636	1438536
其他	3280791	4813251	4059610
3.竣工房屋面积	**6490448**	**8427924**	**8399073**
住宅	3763076	4845779	5306090
#别墅、高档公寓	134803	238425	420829
#经济适用房屋	19705		
办公楼	612781	801863	452242
商业营业用房	737382	812203	956427
其他	1377209	1968079	1684314
4.待售房屋面积	**1419873**	**1604150**	**2399152**
住宅	278575	386410	774651
#别墅、高档公寓	5415	11450	60445
#经济适用房屋	15704		
办公楼	224024	273356	313636
商业营业用房	475068	452204	733693
其他	442206	492180	577172
五、商品房屋销售			
1.销售面积(平方米)	**6935602**	**5265287**	**5902173**
住宅	4978089	3426513	4587421
#别墅、高档公寓	132680	119747	102134
#经济适用房屋	285926		
办公楼	673875	666398	455251
商业营业用房	730693	851055	553096
其他	552945	321321	306405
2.销售额(万元)	**7784651**	**5808521**	**6633948**
住宅	5808984	3867039	5222892
#别墅、高档公寓	163100	156426	211444
#经济适用房屋	129788		
办公楼	743797	725155	429654
商业营业用房	919273	1034435	838365
其他	312597	181892	143037
3.销售价格(元/平方米)	**11224**	**11032**	**11240**
住宅	11669	11286	11385
办公楼	11038	10882	9438
商业营业用房	12581	12155	15158
4.出租面积(平方米)	**535465**	**569341**	**645422**
住宅	3106	3106	3106
#别墅、高档公寓			
#经济适用房屋			
办公楼	43721	58697	85902
商业营业用房	475723	493822	543655
其他	12915	13716	12759

9-34　厦门市房地产开发投资综合统计

指　　标	2010年	2011年	2012年
一、本年完成投资额(万元)	**3961254**	**4381217**	**5188791**
1.按用途分			
住宅	2074276	2485162	2894887
#别墅、高档公寓	57799	127444	175841
#经济适用房屋	13036		
办公楼	168819	342444	458412
商业营业用房	362439	401887	529327
其他	1355720	1151724	1306165
2.资金状况			
本年资金来源合计	7878660	9947769	11568291
#上年末节余资金	1675704	2263183	2145010
#本年资金来源小计	6202956	7684586	9423281
本年各项应付款合计	15392	556399	513396
3.资金来源及构成			
本年资金来源小计	6202956	7684586	9423281
国内贷款	1428025	1128127	1395136
利用外资	87865	72822	39870
#外商直接投资	87865	72822	39870
自筹资金	2714835	2640187	2022235
其他资金来源	1972231	3843450	5966040
二、房地产开发企业(单位)情况			
1.企业个数合计(个)	**629**	**647**	**530**
#一级企业	17	12	13
#二级企业	31	27	24
#三级企业	77	56	49
2.从业人数合计(人)	**11585**	**12368**	**12379**
#一级企业	1148	1183	1715
#二级企业	1082	1233	1369
#三级企业	2663	1924	1809
3.资产合计(万元)	**28109931.9**	**35350197.6**	**38719197.9**
4.负债合计(万元)	**19598398.9**	**25076130.8**	**27032115.1**
5.资产负债率(%)	**69.7**	**70.9**	**69.8**
三、土地开发及购置			
本年完成土地开发投资(万元)		4381217	5188791
四、商品房屋开发面积(平方米)			
1.施工房屋面积	**30891226**	**35131693**	**35797338**
住宅	18907871	21608453	21110666
#别墅、高档公寓	620315	734454	1123950
#经济适用房屋	1081779		
办公楼	2625953	3212492	3495760
商业营业用房	2091396	2330508	2756789
其他	7266006	7980240	8434123

9-34 续表

指　　标	2010年	2011年	2012年
2.新开工房屋面积	**7224454**	**10573846**	**8175737**
住宅	4215608	6570460	4369962
#别墅、高档公寓	109087	266880	48927
#经济适用房屋			
办公楼	945114	847099	797465
商业营业用房	449811	650376	948025
其他	1613921	2505911	2060285
3.竣工房屋面积	**6804085**	**6029305**	**4224084**
住宅	4336252	3768337	2155462
#别墅、高档公寓	4200	100226	247150
#经济适用房屋	217972		
办公楼	251416	417899	735930
商业营业用房	318784	571298	451236
其他	1897633	1271771	881456
4.待售房屋面积	**1978188**	**2490467**	**2489589**
住宅	449259	897755	723060
#别墅、高档公寓	21424	63431	17443
#经济适用房屋	1562		
办公楼	444379	303302	304250
商业营业用房	346625	400016	396160
其他	737925	889394	1066119
五、商品房屋销售			
1.销售面积(平方米)	**4267681**	**4453899**	**6153435**
住宅	2386830	2721301	4802694
#别墅、高档公寓	111413	129648	158736
#经济适用房屋	4677		
办公楼	547499	491162	362498
商业营业用房	189131	154520	220769
其他	1144221	1086916	767474
2.销售额(万元)	**3791176**	**4701383**	**7556699**
住宅	2766253	3652692	6221110
#别墅、高档公寓	212288	288698	382587
#经济适用房屋	1267		
办公楼	380010	404380	498784
商业营业用房	330358	317620	451425
其他	314555	326691	385380
3.销售价格(元/平方米)	**8883**	**10556**	**12280**
住宅	11590	13423	12953
办公楼	6941	8233	13760
商业营业用房	17467	20555	20448
4.出租面积(平方米)	**661920**	**283023**	**498068**
住宅	187588		3327
#别墅、高档公寓			
#经济适用房屋	185022		
办公楼	76855	51048	117695
商业营业用房	188475	57245	316632
其他	209002	174730	60414

9-35　深圳市房地产开发投资综合统计

指　　标	2010年	2011年	2012年
一、本年完成投资额(万元)	**4584693**	**5147362**	**7368421**
1.按用途分			
住宅	3048878	3532118	4745981
#别墅、高档公寓	88749	120337	326350
#经济适用房屋	27786		
办公楼	378961	367792	269991
商业营业用房	593593	646077	901108
其他	563261	601375	1451341
2.资金状况			
本年资金来源合计	10447242	11308682	15771136
#上年末节余资金	2716345	3120577	3861462
#本年资金来源小计	7730897	8188105	11909674
本年各项应付款合计	655834	1223060	1208717
3.资金来源及构成			
本年资金来源小计	7730897	8188105	11909674
国内贷款	1998853	1998457	3028842
利用外资	103348	20615	
#外商直接投资	80795	20615	
自筹资金	2039742	2940339	4732439
其他资金来源	3588954	3228694	4148393
二、房地产开发企业(单位)情况			
1.企业个数合计(个)	**618**	**400**	**459**
#一级企业	55	47	45
#二级企业	41	27	25
#三级企业	56	60	77
2.从业人数合计(人)	**38598**	**21814**	**26697**
#一级企业	16164	3997	5658
#二级企业	3694	1953	1941
#三级企业	2058	2693	3395
3.资产合计(万元)	**65073408.9**	**62802034.8**	**77278569.6**
4.负债合计(万元)	**47600772.4**	**46201228.5**	**55713753.4**
5.资产负债率(%)	**73.1**	**73.5**	**72.1**
三、土地开发及购置			
本年完成土地开发投资(万元)		5147362	7368421
四、商品房屋开发面积(平方米)			
1.施工房屋面积	**29399422**	**28759757**	**32166887**
住宅	20251362	19656256	21075869
#别墅、高档公寓	333986	349812	687567
#经济适用房屋	66411		
办公楼	1823607	1714566	1569276
商业营业用房	2986246	2984700	3392528
其他	4338207	4404235	6129214

9-35 续表

指　　标	2010年	2011年	2012年
2.新开工房屋面积	**4709622**	**5379871**	**9052374**
住宅	3551680	3673169	5618884
#别墅、高档公寓	175668	129077	276802
#经济适用房屋	25664		
办公楼	152555	185394	506909
商业营业用房	386925	547571	1034744
其他	618462	973737	1891837
3.竣工房屋面积	**3444341**	**3249957**	**4257505**
住宅	2511058	2326564	2893951
#别墅、高档公寓	60428	24416	118458
#经济适用房屋			
办公楼	320502	209732	122985
商业营业用房	252697	358901	397472
其他	360084	354760	843097
4.待售房屋面积	**1343617**	**2576877**	**3100498**
住宅	531511	1481256	1889388
#别墅、高档公寓	27325	73266	175991
#经济适用房屋			
办公楼	90041	51484	168877
商业营业用房	518259	844871	801378
其他	203806	199266	240855
五、商品房屋销售			
1.销售面积(平方米)	**4655909**	**4968890**	**5258334**
住宅	4138036	4694316	4884429
#别墅、高档公寓	41548	18523	151422
#经济适用房屋			
办公楼	150014	99045	59786
商业营业用房	218876	169528	210040
其他	148983	6001	104079
2.销售额(万元)	**8925533**	**10608646**	**10300981**
住宅	7842987	9875457	9278424
#别墅、高档公寓	182285	132081	545431
#经济适用房屋			
办公楼	342807	250277	249819
商业营业用房	550793	473602	520239
其他	188946	9310	252499
3.销售价格(元/平方米)	**19170**	**21350**	**19590**
住宅	18953	21037	18996
办公楼	22852	25269	41786
商业营业用房	25165	27937	24769
4.出租面积(平方米)	**2137636**	**1677995**	**793723**
住宅	153579	196667	21205
#别墅、高档公寓	64812	64775	
#经济适用房屋			
办公楼	726824	583756	403245
商业营业用房	934401	597209	361800
其他	322832	300363	7473

第四部分

附　录

附录一　2013 中国房地产百强企业研究报告

1　研究背景与目的

由国务院发展研究中心企业研究所、清华大学房地产研究所和中国指数研究院三家研究机构共同组成的“中国房地产 TOP10 研究组”，自 2004 年以来开展中国房地产百强企业研究，已连续进行了十年。十年来，研究组紧随行业发展脉搏，深入研究房地产企业经营规律，为促进行业良性运行、企业快速成长发挥了重要作用，相关研究成果已成为评判房地产企业经营实力及行业地位的重要标准。

中央经济工作会议强调要“积极稳妥推进城镇化，着力提高城镇化质量”，城镇化将成为未来中国经济增长的持续动力，并为房地产行业带来更大的市场空间，优秀房地产企业要紧紧把握这一历史机遇做强做大，实现新一轮的跨越。2013 年，房地产政策调控仍将持续，市场集中度会进一步提高，房地产企业将不断分化。在此背景下，中国房地产 TOP10 研究组启动“2013 中国房地产百强企业研究”，以“优化经营、稳步进取”为主题，发掘行业中综合实力强、成长潜力大、经营稳健的优秀房地产企业群体，鼓励企业在积极优化布局、优化产品、优化管理的基础上，实现业绩与效益的稳步提升，持续引领行业发展的新格局。

在分析总结历年研究经验及房地产企业发展现状的基础上，研究组进一步完善了研究方法和评价指标体系，继续从规模性、盈利性、成长性、稳健性、融资能力、运营效率和社会责任感等七个方面全面、客观地评价企业的综合实力，引导企业科学决策、稳健经营，促进行业的可持续发展。

中国房地产百强企业研究目的

（1）通过企业规模性、盈利性、成长性、稳健性、融资能力、运营效率和社会责任等指标的量化研究，发掘综合实力强、经营稳健以及具备较强社会责任感的优秀企业群体；

（2）通过系统研究，打造“中国房地产百强企业”品牌，提升企业知名度和影响力，发挥百强企业的行业示范效应，推动房地产企业做强做好做大；

（3）通过企业评价，鼓励企业为社会多做贡献，以营造行业重视社会责任的氛围，发挥房地产业作为国民经济重要支柱产业和重要民生行业的作用。

2　研究方法体系

2.1　标准和门槛值

中国房地产百强企业研究坚持以数据为依据，秉承客观、公正、准确、全面的研究原则。TOP10 研究组依照国际惯例，对中国房地产百强企业设立如下筛选标准和门槛值：

（1）依法设立并登记注册的房地产开发经营企业作为本次的研究对象；

（2）按照国际惯例，对进入研究的企业给予一个门槛指标，TOP10 研究组根据近 5 年百强企业实际状况，确定近三年每年的房地产业务销售额均须达到 10 亿元或销售面积 10 万平方米为入选标准；

（3）为了引导房地产开发企业做强做好做大，TOP10 研究组鼓励以集团的名义参与；

（4）符合上述 1～3 条，但是有严重拖欠工程款，或有重大偷漏税等违规行为问题的企业，取消评审资格。

2.2 评价指标体系

2.2.1 评价指标体系设立原则

2013 中国房地产百强企业研究以 2010-2012 年度为研究时间段，涵盖规模性、盈利性、成长性、稳健性、融资能力、运营效率、社会责任在内的七个二级指标，全面考量企业的综合实力。

评价指标体系的设计主要把握以下几个基本原则：

（1）企业规模与运营效率相结合。规模与效率是企业向前发展的双驱动力，规模经济的获取离不开高效率的经营管理，基于资金密集型特性，房地产企业只有在不断提高经营管理的运转效率，更好地实现资本的良性增值循环的基础上，才能稳健扩张规模；在市场波动明显的情况下，较高周转率对于企业的稳健经营更是具有重要意义。TOP10 研究组在此采用净资产、房地产业务收入、总资产周转率等指标，综合反映企业规模化发展与运营效率的情况。

（2）成长潜力与经营稳健相结合。房地产是资金密集型行业，也是一个容易受政策影响的行业。企业的高杠杆运营，在市场调整期往往带来资金链断裂的巨大压力；而一旦市场向好，企业为补偿资本所承受的风险，又容易诱发提高房价、盲目囤地，进一步推高了行业的不确定性风险，增加了企业的经营难度。此次研究继续强调企业成长潜力的培育必须建立在稳健经营的前提下，注重短期财务风险的控制，处理好稳健经营与快速成长之间的关系，以维护整个行业的平稳健康发展。

（3）盈利能力与社会责任相结合。企业必须稳步盈利才能实现永续经营，研究组对房地产企业盈利能力的评价，将从净利润、净资产收益率、营业利润率、成本费用利润率等角度来进行，更全面地衡量企业在不同市场形势下的盈利状况及成本控制水平。同时从纳税、政策性住房新开工面积、慈善捐赠三个基本层面引导企业重视社会责任，积极构建和谐社会，并将其作为企业综合实力评价的重要内容。

（4）融资能力与综合实力相结合。融资能力对于房地产企业有着极其重要的意义，项目的获取、运营等环节都离不开强大的融资能力支持，这一点在市场调整期作用尤其明显。本次研究继续通过筹资活动现金流入、本年新增银行授信额度及自筹资金增长率三个指标来分析企业的融资实力，表现突出的企业其综合实力指数相应提高。

2.2.2 评价指标体系

在 2013 中国房地产百强企业研究中，中国房地产 TOP10 研究组根据企业规模与运营效率相结合、成长潜力与经营稳健相结合、盈利能力与社会责任相结合、融资能力与综合实力相结合的原则，全面客观地评价企业的综合实力。

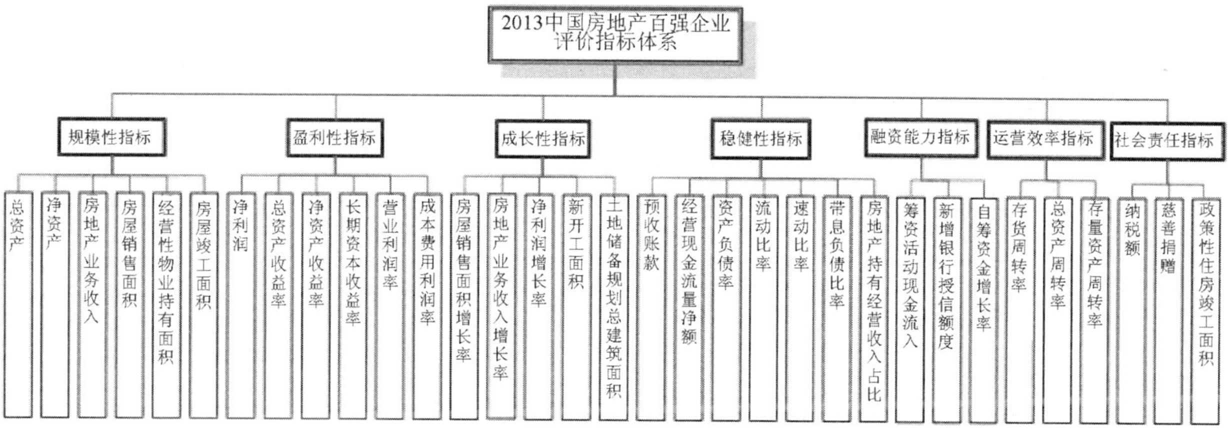

2.3　数据来源和复核

2.3.1　数据来源

（1）房地产开发企业填报数据；

（2）中国房地产指数系统（CREIS）数据库；

（3）房地产企业对外公布的信息（包括公司年报、企业网站公布的信息和对外派发的宣传资料）；

（4）有关政府部门（包括建委、房管局和统计局等）的公开数据；

（5）2010、2011、2012 中国房地产百强企业研究收集企业数据资料；

（6）2010、2011、2012 中国房地产上市公司研究收集企业数据资料；

（7）2010、2011、2012 中国房地产品牌价值研究收集企业数据资料。

2.3.2　数据复核

企业填报的数据须如实客观，同时研究组将对填报数据进行复核。

（1）企业财务数据通过会计师事务所出具的报表进行复核；

（2）通过税单复核企业经营收入及利润；

（3）对收集的数据坚持交叉复核：通过各地房地产交易中心公开的项目交易情况复核企业提供的销售数据；通过统计局的企业直报数据进行交叉复核；对有疑问的数据研究组可要求进行现场复核。

2.4　计量评价方法

（1）在研究方法上，为增加研究的严谨性，采用因子分析（Factor Analysis）的方法。因子分析是一种从变量方差——协方差结构入手，在尽可能多地保留原始信息的基础上，用少数新变量解释原始变量方差的多元统计分析方法。它将原始变量分解为公共因子和特殊因子之和，并通过因子旋转，得到符合现实意义的公共因子，然后用这些公共因子去解释原始变量的方差。计算中国房地产百强综合实力时，主要是计算各构成要素的相关矩阵，通过相关矩阵得到特征值、累计特征值及因子载荷。根据最初几个特征值在全部特征值的累计百分率大于或等于某百分比的原则，确定公共因子的具体个数。然后再根据因子载荷矩阵确定各个因子的现实意义并进行重新命名，最后根据不同企业各个因子的得分及载荷矩阵，通过加权累加构成 2013 中国房地产百强综合实力指数。

（2）企业按评价指标体系排序出现相同时，依照慈善捐赠数据确定排序；当上述累加计算又基本相同时，按西部、中部、东部排序确定。

3 主要研究成果

3.1 2013 中国房地产百强企业

表 1 “2013 中国房地产百强企业”名单

万科企业股份有限公司	上海爱家集团
保利房地产（集团）股份有限公司	联发集团有限公司
恒大地产集团有限公司	花样年集团（中国）有限公司
中国海外发展有限公司	上置集团有限公司
绿地控股集团有限公司	重庆东原房地产开发有限公司
龙湖地产有限公司	河南正商置业有限公司
绿城房地产集团有限公司	宁波奥克斯置业有限公司
华润置地有限公司	俊发地产有限责任公司
世茂房地产控股有限公司	上海实业城市开发集团有限公司
北京首都开发控股（集团）有限公司	深圳香江控股股份有限公司
金地（集团）股份有限公司	百步亭集团有限公司
招商局地产控股股份有限公司	杭州开元房地产集团有限公司
融创中国控股有限公司	深圳市富通房地产集团有限公司
中信房地产股份有限公司	美的地产集团
远洋地产控股有限公司	武汉三江航天房地产开发有限公司
金科地产集团股份有限公司	杭州宋都房地产集团有限公司
佳兆业集团控股有限公司	广西东方航洋实业集团有限公司
华夏幸福基业股份有限公司	朗诗集团股份有限公司
新城控股集团有限公司	名流置业集团股份有限公司
荣盛房地产发展股份有限公司	厦门国贸地产集团有限公司
合生创展集团有限公司	东方银座集团中国有限公司
金融街控股股份有限公司	浙江金龙房地产投资集团有限公司
广东珠江投资股份有限公司	光耀集团
卓越置业集团有限公司	上海城建置业发展有限公司
北京金隅股份有限公司	新鸥鹏地产集团
首创置业股份有限公司	三湘股份有限公司
深业集团有限公司	星河控股集团有限公司
四川蓝光和骏实业股份有限公司	福晟集团有限公司
天津市房地产开发经营集团有限公司	上海保集(集团)有限公司
杭州滨江房产集团股份有限公司	深圳市合正房地产集团有限公司
方兴地产（中国）有限公司	浙江祥生房地产开发有限公司
中国铁建房地产集团有限公司	翠屏国际控股有限公司

续表

建业地产股份有限公司	安徽蓝鼎控股集团有限公司
越秀地产股份有限公司	保亿置业集团有限公司
福星惠誉房地产有限公司	奥宸地产（集团）有限公司
银亿房地产股份有限公司	重庆市兴茂产业发展（集团）有限公司
宝龙地产控股有限公司	金都房产集团有限公司
旭辉控股（集团）有限公司	君华集团有限公司
鑫苑（中国）置业有限公司	上海亿丰企业（集团）有限公司
沿海绿色家园集团	云南实力房地产开发经营集团有限公司
广州市敏捷投资有限公司	奥山置业有限公司
禹洲地产股份有限公司	浙江华都控股集团股份有限公司
武汉地产开发投资集团有限公司	重庆同景置业有限公司
中国奥园地产集团股份有限公司	众安房产有限公司
上海红星美凯龙房地产有限公司	重庆光华控股（集团）有限公司
龙光地产股份有限公司	洪客隆投资集团
协信地产控股有限公司	广州尚东地产集团有限公司
景瑞地产（集团）股份有限公司	重庆长安房地产开发有限公司
方圆地产控股有限公司	力高（中国）地产有限公司
上海三盛宏业投资（集团）有限责任公司	象屿建设集团有限责任公司

3.2 百强企业整体发展特点分析

3.2.1 成功践行以价促量举措，销售业绩持续领先

（1）百强企业[1]销售额增速高于全国 6.7 个百分点，市场份额提升至 29.6%

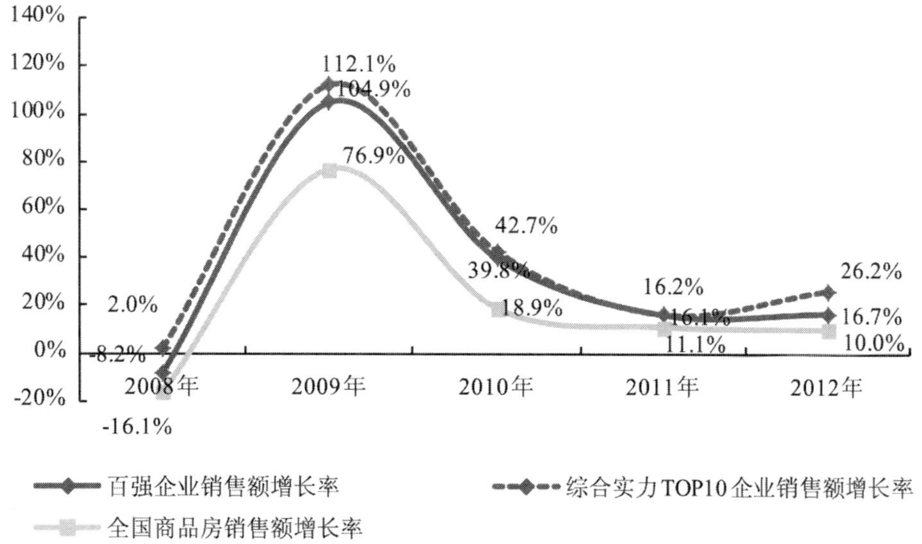

图 1　百强企业 2008-2012 年销售增长情况

[1] 如无特别说明，本报告中的“百强企业”均指“2013 中国房地产百强企业”；数据为“2013 中国房地产百强企业”的历年数据。

2012 年，房地产调控政策延续从紧态势，行业整体发展速度继续向理性回归，全年商品房销售额与销售面积分别同比增长 10.0%、1.8%，增幅有所降低。随着 2012 下半年房地产市场逐渐回暖，中国房地产百强企业再度先于全国市场呈现显著的业绩上行态势，全年实现销售总额 19079 亿元，销售面积 19010 万平方米，分别同比增长 16.7%和 23.8%，高于全国平均水平 6.7 个和 22 个百分点。

在增长速度持续提升的同时，百强企业业绩增长显现出两个鲜明特点：**一是百强企业整体实力显著增强，百亿规模以上企业持续增加。**2011 年具有 700 亿以上销售规模的 5 家百强企业销售业绩在 2012 年已全部提升至 900 亿元以上，500 亿-600 亿规模的企业较上年增加了 2 个，百亿规模以上企业持续增加。**二是综合实力 TOP10 企业的领先优势进一步扩大，强者恒强态势持续彰显。**百强综合实力 TOP10 企业 2012 年销售额均值同比增长 26.2%，分别为全国、百强企业平均增速的 2.6、1.6 倍，百强企业的分化态势更加显著。

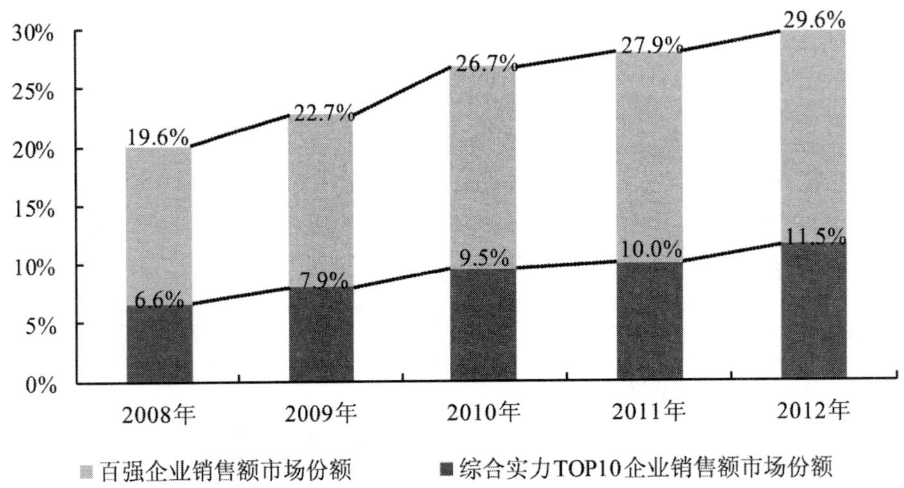

图 2　百强企业及综合实力 TOP10 企业 2008-2012 年市场份额及变化

百强企业在全国及重点城市全面领先，行业集中度持续提升。以销售额计算，百强企业 2012 年的市场份额达到 29.6%，较上年增加了 1.7 个百分点；百强综合实力 TOP10 企业的市场份额亦同比增长 1.5 个百分点，占百强企业总销售额的 38.7%，优势进一步彰显。此外，深耕重点城市、巩固区域市场地位成为百强企业市场份额提升的重要支撑点。可见，在房地产市场格局日新月异的变化中，未来的市场份额将愈来愈集中于领先梯队，百强企业更需牢牢巩固行业地位、提升业绩与稳健经营并行，引领行业的理性、快速发展。

（2）“随行就市”及时调整销售策略，带动业绩稳定增长

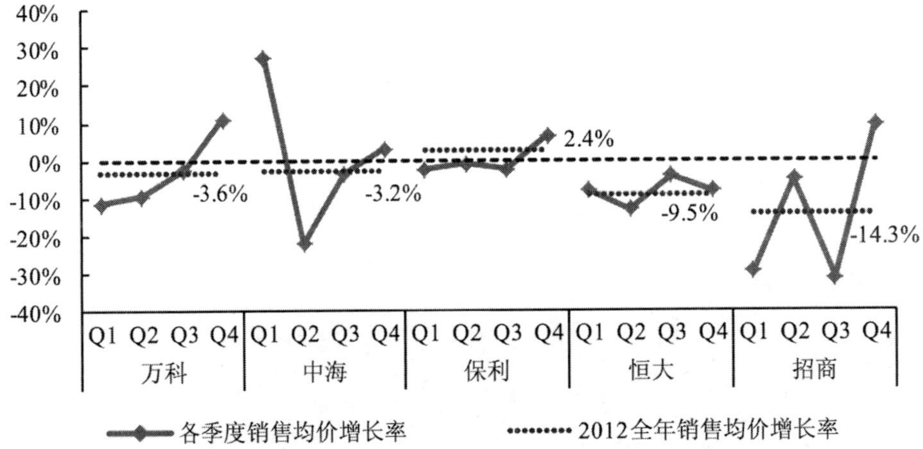

图 3　部分百强标杆企业 2012 年 1-4 季度销售均价同比增长率

面对 2012 年极其复杂多变的市场形势，百强企业积极把握发展机遇、紧跟市场需求"随行就市"，在不同阶段采取差异化的营销策略，在全国各地取得积极的市场反响。

百强企业灵活推盘、以价促量，成功把握市场机遇。百强企业 2012 年销售均价同比降低 5.7 个百分点，迎合市场形势进而采取差异化的销售策略使百强企业牢牢抢占市场先机，促进了业绩的稳步提升。

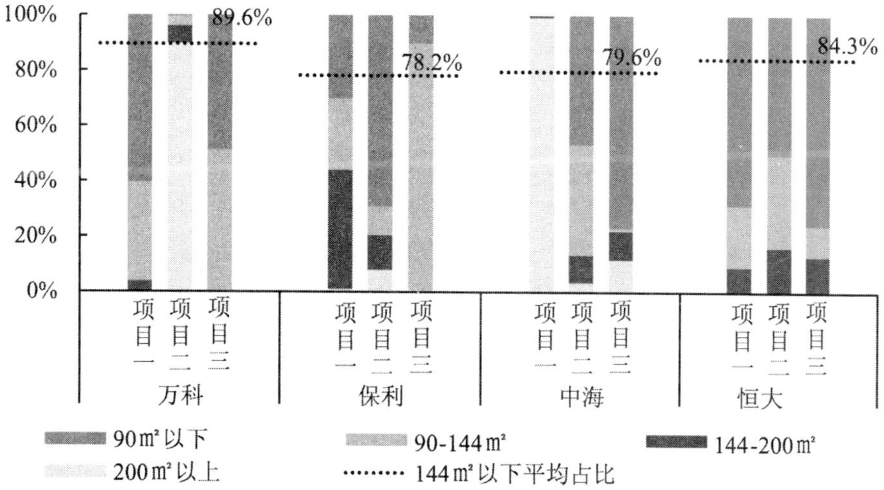

图 4　部分百强标杆企业 2012 年前三热销项目不同面积段商品房成交套数占比

百强企业紧抓市场主流需求，以刚需户型为推盘主体，"跑量"与"走价"相结合，有力保障全年业绩。百强企业 2012 年主动调整产品结构，以产品定位合理，性价比优势突出的"首置"和"首改"类刚需项目作为推盘主体，收获了良好业绩。

3.2.2　有效实施快速周转策略，资产规模质量齐升

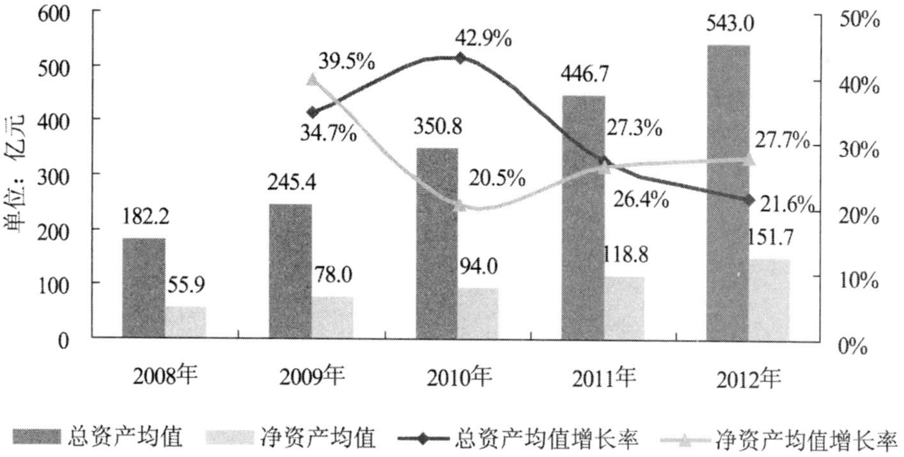

图 5　百强企业 2008-2012 年资产状况及变化

百强企业 2012 年资产规模持续增长，总资产均值为 543.0 亿元，同比增长 21.6%，净资产均值为 151.7 亿元，同比增长 27.7%，增幅高于总资产 6.1 个百分点，继 2009 年之后净资产增长速度又一次超过总资产，资产增长质量明显提升。

规模与效率是企业向前发展的双驱动力，规模经济的获取离不开高效率的经营管理。百强企业 2012 年的周转速度提升明显，总资产周转率、存量资产周转率均值分别为 0.39、0.52，较上年升高了 0.03 和 0.05，资金使用效率获得明显提升；百强企业 2012 年年末库存余额同比增长 20.4%，增幅低于 2011 年的一半，存货周转率均值为 0.47，存货转化速度加快，在一定程度上缓解了 2011 年末存货高企的压力。

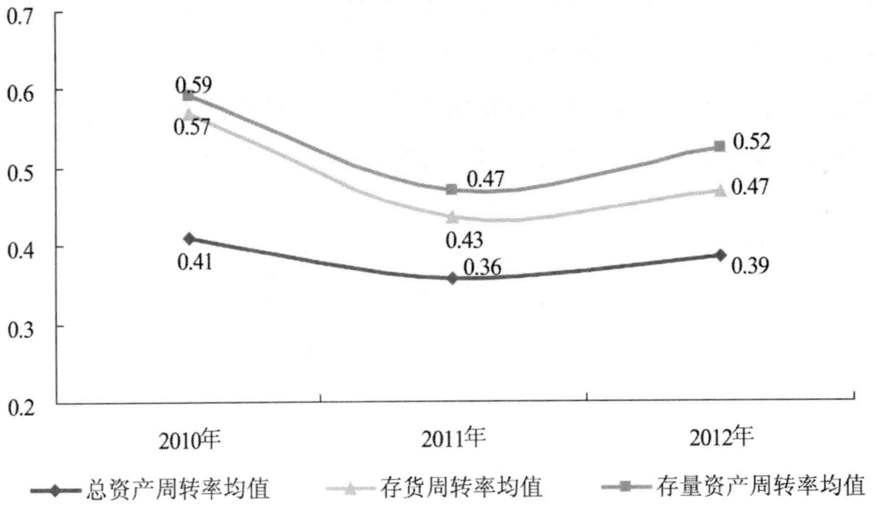

图 6 百强企业 2010-2012 年运营效率指标分析

3.2.3 强化管控降低成本费用，有效保障利润空间

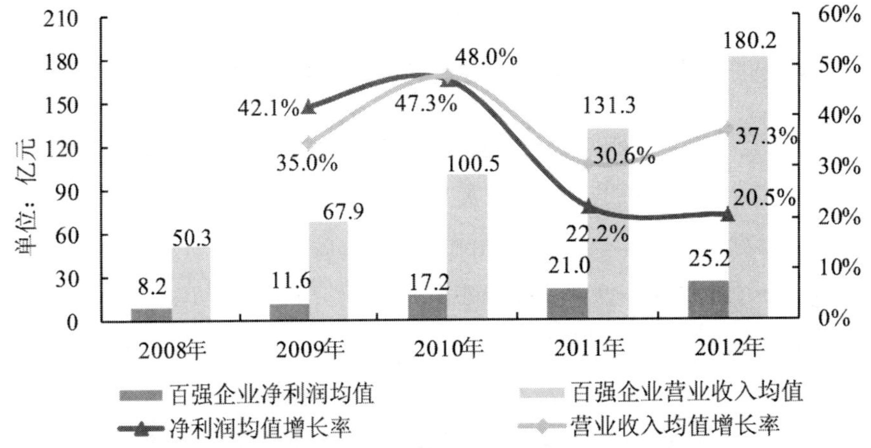

图 7 百强企业 2008-2012 年营业收入与净利润均值及变化

在销售回暖和结算规模扩大的带动下，百强企业盈利规模持续提升，营业收入与净利润均值保持稳定增长。2012 年，百强企业的营业收入均值为 180.2 亿元，同比增长 37.3%，增速较上年提升了 6.7 个百分点；净利润均值为 25.2 亿元，同比增长 20.5%，增速较上年小幅回落 1.7 个百分点。

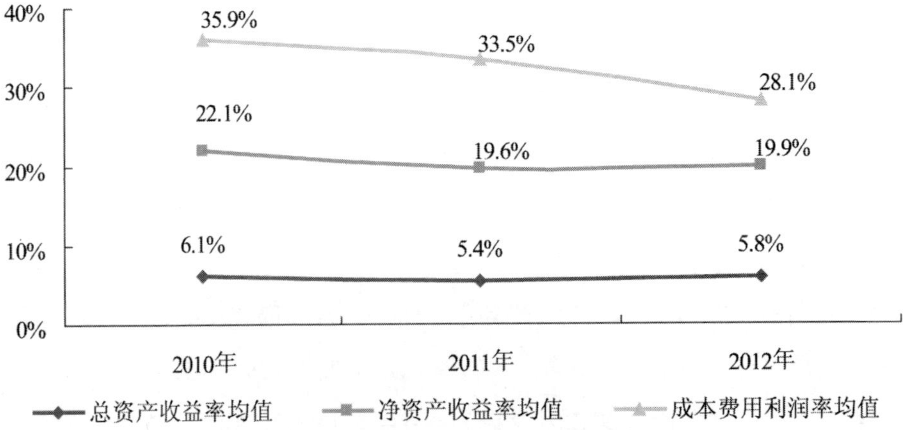

图 8 百强企业 2010-2012 年盈利及费用指标均值

百强企业 2012 年的总资产收益率（ROA）均值与净资产收益率（ROE）均值分别为 5.8%和 19.9%，较上年增加了 0.4 和 0.3 个百分点。这主要得益于同期百强企业运营效率的提升，百强企业 2012 年存货周转率均值较上年增长 0.04 至 0.47，有效保障了企业的盈利质量。与此同时，百强企业 2012 年成本费用利润率均值却同比下降 5.4 个百分点至 28.1%，整体经营效益面临下行压力。

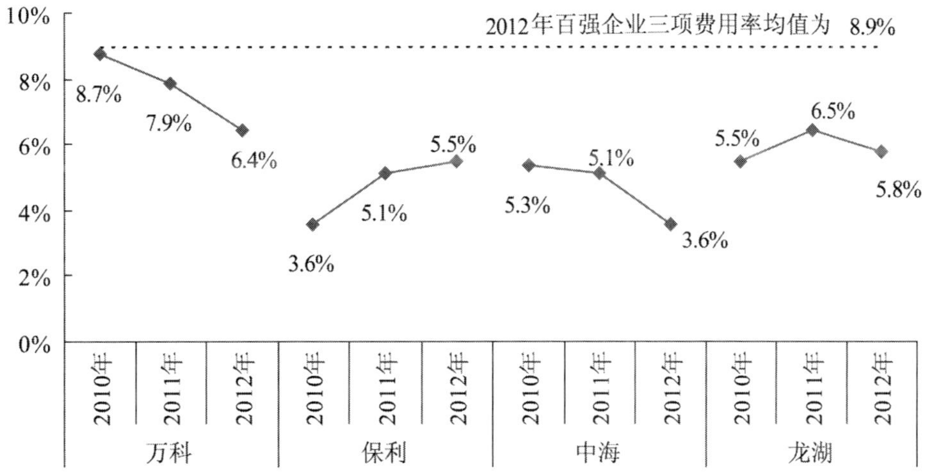

图 9　部分百强标杆企业 2010-2012 年销售、管理、财务三项费用率及变化

为应对利润率的大幅下降，百强企业积极加强融资成本控制，实施标准化、规范化的开发方式以实现开源节流，保障了盈利质量。其中，综合实力 TOP10 企业 2012 年的成本费用利润率均值仍维持在 30%以上。2012 年，万科、保利、中海、龙湖四家企业的销售、管理与财务三项费用率均值为 5.4%，较上年回落了 0.5 个百分点，远低于同期百强企业三项期间费用率的均值。百强标杆企业还持续加大精装修房屋的交付比例、完善标准化流程以弥补收益率下降的损失。

3.2.4　土地投资聚焦核心城市，新开工量略有缩减

（1）销售面积增速领先行业 22 个百分点，新开工面积同比下降 0.7%

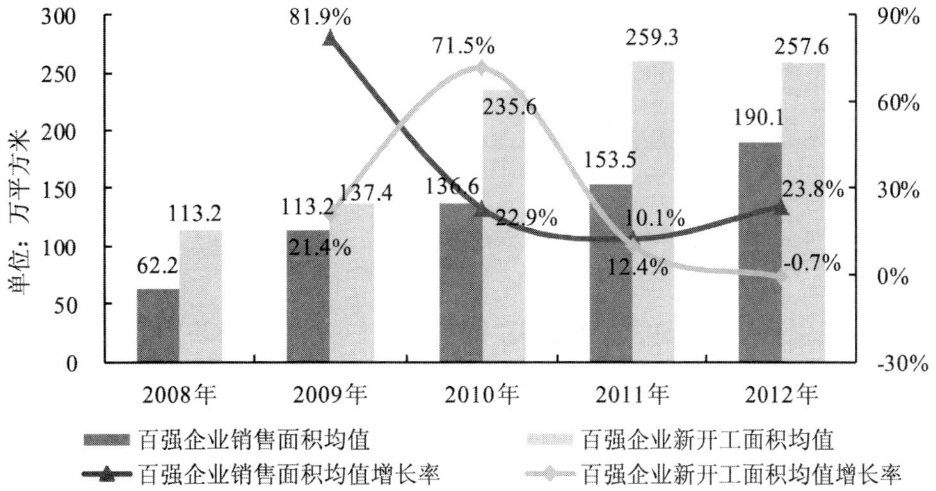

图 10　百强企业 2008-2012 年成长性指标分析

百强企业 2012 年销售面积增长速度显著高于行业水平，但新开工规模缩减将对未来业绩增长产生一定影响。2012 年，百强企业房屋销售面积均值达到 190.1 万平方米，同比增长 23.8%，领先全国商品房销售面

积增长率 22 个百分点。百强企业全年新开工面积均值为 257.6 万平方米，同比下降 0.7%，但仍明显高于全国的平均水平。

（2）土地储备规模增速略有下降，但更加注重土地储备质量，重点布局核心城市

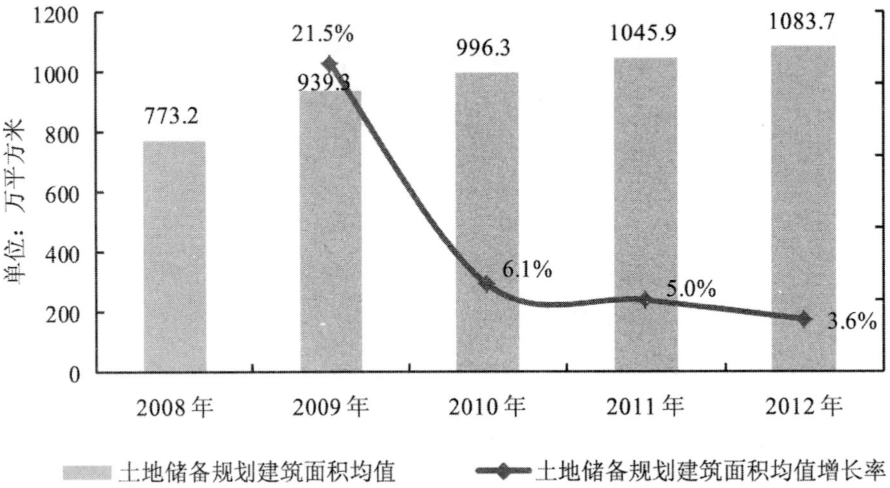

图 11　百强企业 2008-2012 年土地储备规划建筑面积均值及变化

百强企业 2012 年上半年谨慎拿地，下半年加快拿地节奏，有效补充优质土地资源。土地储备规模是衡量房地产开发企业成长潜力的关键指标，百强企业 2012 年土地储备规划总建筑面积均值为 1083.7 万平方米，同比小幅增长 3.6%，基本满足其未来三年的开发需求，土地储备总量维持稳定。

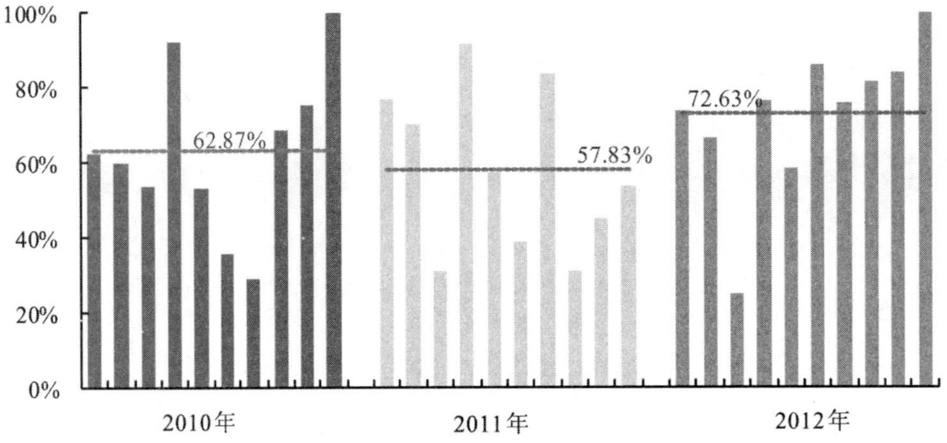

图 12　综合实力 TOP10 企业 2010-2012 年一、二线城市新增土地占比

百强企业 2012 年优化调整布局结构，重点深耕核心城市。综合实力 TOP10 企业 2012 年在一、二线城市的新增土地储备占比均值高达 72.63%，较 2010、2011 年提升明显。另外，区域性百强企业则以深耕区域内核心城市为主。整体来看，2012 年百强企业以在现有基础上的优化调整为主，更加侧重新增土地储备质量的提升，重点挖掘核心城市的增长空间。

3.2.5　资产负债水平呈现回落，现金流收支趋平衡

（1）资产负债率五年来首度回落，财务安全性有效提升

百强企业 2012 年资产负债率均值较上年下降 2.1 个百分点，出现五年来的首次回落，剔除预收账款后

的有效负债率均值为 47.3%，较上年降低 1.9 个百分点，整体运营更趋稳健。此外，百强企业 2012 年带息负债比率均值为 34.9%，较上年降低 1.5 个百分点，负债结构更为均衡，实际偿还债务与利息的压力得到了缓解。

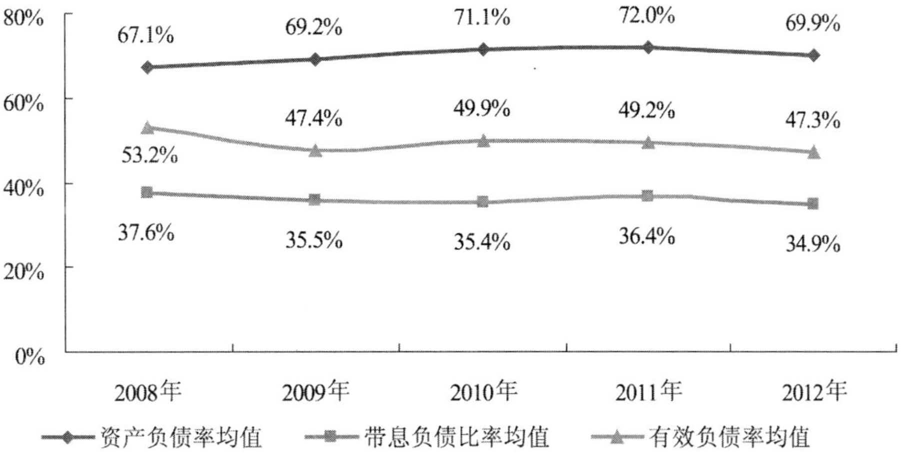

图 13 百强企业 2008-2012 年资产负债率、带息负债率和有效负债率[1]

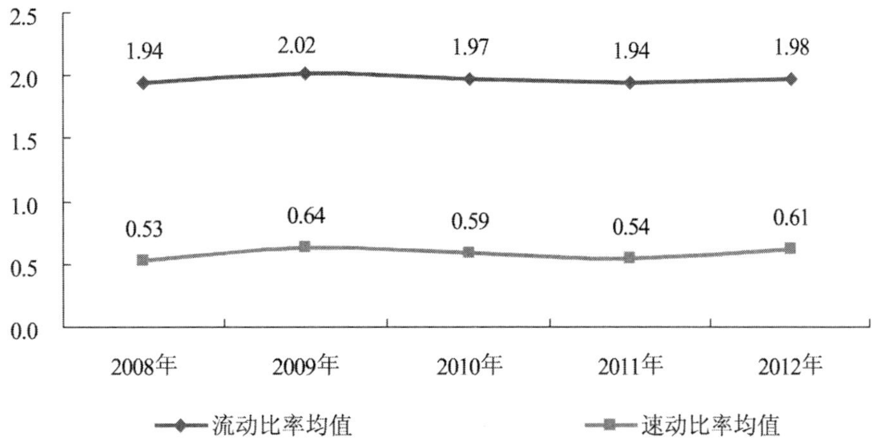

图 14 百强企业 2008-2012 年流动比率与速动比率

百强企业的短期偿债水平在 2012 上下半年呈现了明显的变化。百强企业 2012 上半年的短期偿债压力凸显。但随着下半年市场回暖，百强企业抓住窗口期快速销售，同时依托多元融资渠道获得充足的资金支持，使全年的债务结构得以及时改观，2012 年流动比率均值达到 1.98，较上年提升 0.04。与此同时，百强企业通过积极去库存，速动比率增长至 0.61，增幅超过流动比率，短期偿债能力有所提高。

（2）投资节奏适时而动，经营现金流由负转正

百强企业 2012 年采取多种举措有效缓解现金流压力，经营性现金流净额均值由负转正，达到 6.2 亿元，其中经营性现金净流入的企业超过 70%，整体现金流较为充足。

百强企业通过合理把控投资节奏，保障了全年现金流收支平衡。在上半年资金面较紧的情况下，百强企业开源节流。综合实力 TOP10 企业 2012 上半年拿地支出与销售额比值降至 0.13，远低于前三年水平；不少企业通过战略合作和项目出售，也获得了充足的资金注入。随着下半年市场的升温，百强企业在资金状

[1] 有效负债率能较客观反映房地产企业的真实负债情况，其计算公式为：（总负债-预售帐款）/总资产

况趋好后，投资积极性明显增强。在土地投资方面，综合实力 TOP10 企业拿地支出与销售额比值升至 0.45。

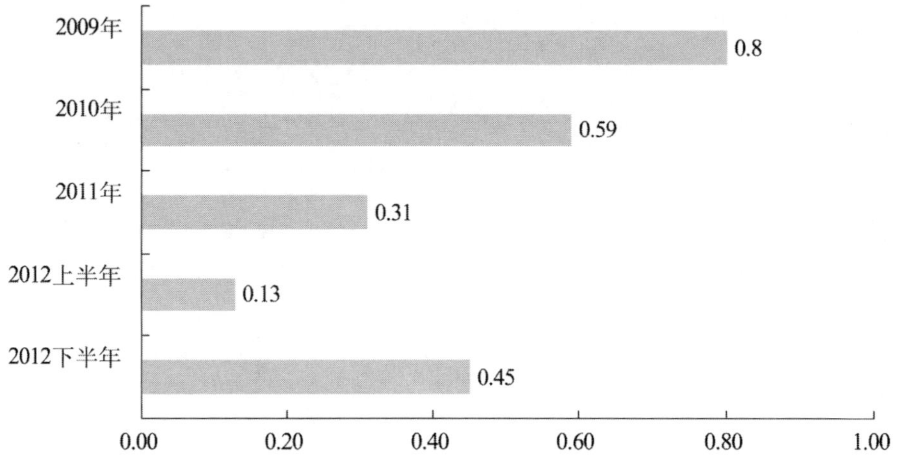

图 15　综合实力 TOP10 企业 2009-2012 年拿地支出与销售额比值

3.2.6　多元融资充实资金实力，融资成本优势明显

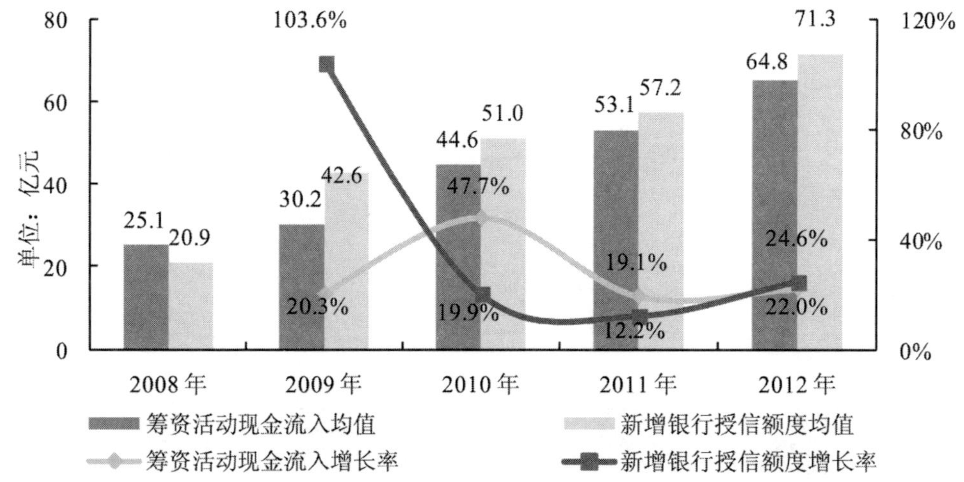

图 16　百强企业 2008-2012 年筹资活动现金流入和新增银行授信额度

2012 年，百强企业融资优势持续显现，2012 年筹资活动现金流入均值为 64.8 亿元，同比增长 22.0%，其中自筹资金均值较上年增长 38.4%，内源性融资实力快速提升。此外，百强企业平均获得银行授信额度达到 71.3 亿元，同比增长 24.6%。中国指数研究院与各大金融机构的年度交流会显示，银行业对房地产市场普遍持“谨慎乐观”态度，已有超过 90%的银行严格执行房地产信贷“名单制”管理。另外，中海、远洋、华润、龙湖等百强房企凭借多年累积的良好信誉，均取得香港银团高额低息资金支持，充实了发展资金。

部分百强企业充分利用在港上市平台，发行品种多样的债券、票据，2012 年共有 11 家百强房企获得超过 300 亿元资金注入，发行规模与频次再创新高，在资本市场的议价能力不断增强，融资成本优势凸显(下页图 17)。此外，招商、万科、金地已通过并购香港壳公司搭建“A+H”双平台，而旭辉、新城等主动把握资本市场窗口期，在 2012 年顺利实现了赴港上市。

3.2.7　参建保障房设立公益金，全面履行社会责任

作为践行社会责任的行业典范，百强企业 2012 年不仅继续在政策性住房建设、慈善捐赠及依法纳税等方面表现突出，而且逐步构建了专业化、规划化的社会责任管理平台，为推动社会和谐发展做出了表率。

2012 年，百强企业全年缴纳营业税金及附加值均值同比增长 30.8%，同时搭建并完善“公益基金”平台，通过系统化、规范化的管理模式推进慈善公益事业。从长远看，规范化管理平台的构建、先进运作机制的完善，将推动百强企业在社会公益事业中取得更大的成就。

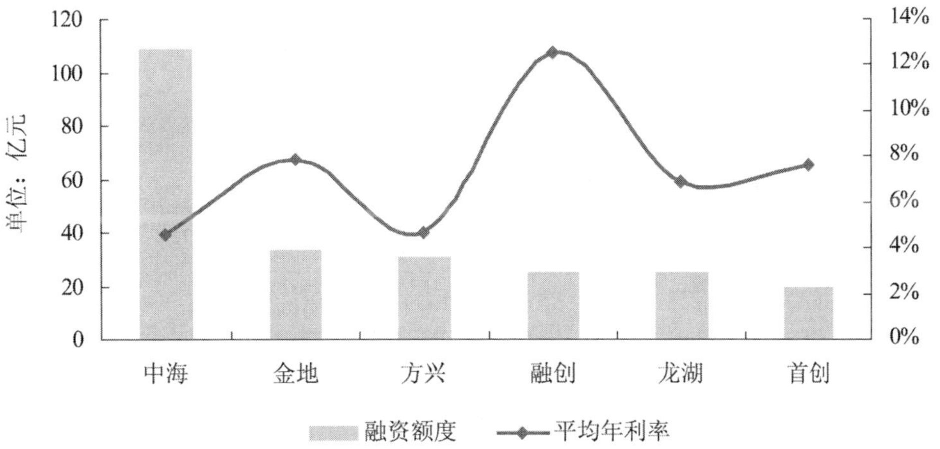

图 17 百强企业 2012 年部分海外发债额度及平均年利率[1]

3.3 2013 中国房地产百强企业 TOP10 研究

中国房地产 TOP10 研究组在百强企业研究的基础上，基于对企业规模性、盈利性、成长性等方面的深入研究。

表 2 2013 中国房地产百强企业“综合实力 TOP10”

排名	公司名称
1	万科企业股份有限公司
2	保利房地产（集团）股份有限公司
2	恒大地产集团有限公司
4	中国海外发展有限公司
5	绿地控股集团有限公司
6	龙湖地产有限公司
7	绿城房地产集团有限公司
8	华润置地有限公司
9	世茂房地产控股有限公司
10	北京首都开发控股（集团）有限公司

2012 年，综合实力 TOP10 企业在规模、经营绩效、财务安全等方面表现出良好的均好性，全面引领行业的发展。综合实力 TOP10 企业 2012 年业绩规模增长迅速，销售额均值达百强企业的 3.9 倍，增长率则高出 10.3 个百分点，市场份额提升至 11.5%，行业领先优势进一步扩大。同时，总资产周转率均值为 0.41，

[1] 平均年利率：多笔债券的年利率按融资金额进行加权所得

高于百强企业均值 0.02，资金使用效率与资金规模实现了协同增长。综合实力 TOP10 企业盈利规模与融资实力在 2012 年均获提升，2012 年营业收入与净利润均值分别同比增长 41.1%和 22.2%，分别高出百强企业 3.8 和 1.7 个百分点。综合实力 TOP10 企业在实现各项业绩指标全面领先的同时，资金运营更趋稳健，其 2012 年的资产负债率均值下降 2.5 个百分点，企业财务安全水平明显提升。

表 3　2013 中国房地产百强企业“规模性 TOP10”

排名	公司名称
1	恒大地产集团有限公司
2	万科企业股份有限公司
3	保利房地产（集团）股份有限公司
4	中国海外发展有限公司
5	绿地控股集团有限公司
6	绿城房地产集团有限公司
7	龙湖地产有限公司
8	华润置地有限公司
9	北京首都开发控股（集团）有限公司
10	金地（集团）股份有限公司

2012 年，规模性 TOP10 企业资产规模更上一个台阶,总资产和净资产均值约为百强企业均值的 4 倍。与此同时，规模性 TOP10 企业 2012 年总资产、净资产增长率分别为 25.7%、35.0%，高出同期百强企业 4.1、7.3 个百分点，规模集中效应持续显现。

表 4　2013 中国房地产百强企业“盈利性 TOP10”

排名	公司名称
1	中国海外发展有限公司
2	恒大地产集团有限公司
3	万科企业股份有限公司
4	保利房地产（集团）股份有限公司
5	杭州滨江房产集团股份有限公司
6	上海三盛宏业投资（集团）有限责任公司
7	新城控股集团有限公司
8	卓越置业集团有限公司
9	旭辉控股（集团）有限公司
10	龙光地产股份有限公司

2012 年，盈利性 TOP10 企业利润规模实现平稳增长，净利润均值达 64.1 亿元，较去年增长 26.2%，为百强企业净利润均值的 2.5 倍。与此同时，盈利性 TOP10 企业盈利质量继续保持稳步提升，净资产收益率均值达到 25.0%，高出同期百强企业均值 5.1 个百分点。

表 5 2013 中国房地产百强企业“成长性 TOP10”

排名	公司名称
1	世茂房地产控股有限公司
2	融创中国控股有限公司
3	华夏幸福基业股份有限公司
4	新城控股集团有限公司
5	佳兆业集团控股有限公司
6	协信地产控股有限公司
7	宁波奥克斯置业有限公司
8	俊发地产有限责任公司
9	上海实业城市开发集团有限公司
10	上海红星美凯龙房地产有限公司

成长性 TOP10 企业 2012 年营业收入增长率均值达 65.2%，高于同期百强企业 27.9 个百分点，而销售面积的增长率均值为 56.2%，接近百强企业同期水平的 2.4 倍，继续保持了良好的发展态势。

表 6 2013 中国房地产百强企业“稳健性 TOP10”

排名	公司名称
1	中国海外发展有限公司
2	万科企业股份有限公司
3	保利房地产（集团）股份有限公司
4	上海爱家集团
5	龙湖地产有限公司
6	福星惠誉房地产有限公司
7	北京首都开发控股（集团）有限公司
8	重庆东原房地产开发有限公司
9	杭州宋都房地产集团有限公司
10	鑫苑（中国）置业有限公司

2012 年，稳健性 TOP10 企业资产负债率均值为 68.3%，低于同期百强企业平均水平 1.6 个百分点，负债结构更加合理；稳健性 TOP10 企业预收账款与当年营业收入比值的均值达到 1.4，未来业绩的锁定性强，

经营更趋稳健。

表 7 2013 中国房地产百强企业“融资能力 TOP10”

排名	公司名称
1	万科企业股份有限公司
2	恒大地产集团有限公司
3	保利房地产（集团）股份有限公司
4	中国海外发展有限公司
5	龙湖地产有限公司
6	天津市房地产开发经营集团有限公司
7	华夏幸福基业股份有限公司
8	鑫苑（中国）置业有限公司
9	金科地产集团股份有限公司
10	光耀集团

融资能力 TOP10 企业 2012 年筹资活动现金流入均值达到 171.65 亿元，是百强企业平均水平的 2 倍多，同时这些企业继续拓展多元融资渠道，为快速发展筹措了充足的资金，融资实力不断提升。

表 8 2013 中国房地产百强企业“运营效率 TOP10”

排名	公司名称
1	恒大地产集团有限公司
2	万科企业股份有限公司
3	金科地产集团股份有限公司
4	新城控股集团有限公司
5	佳兆业集团控股有限公司
6	旭辉控股（集团）有限公司
7	联发集团有限公司
8	朗诗集团股份有限公司
9	中国奥园地产集团股份有限公司
10	景瑞地产（集团）股份有限公司

运营效率 TOP10 企业 2012 年相关运营指标普遍领先于百强企业整体水平：总资产周转率与存货周转率均值分别为 0.41、0.50，分别较百强企业均值高出 0.02 和 0.03；另外，随着销售速度的加快，运营效率 TOP10 企业存量资产周转率均值达 0.59，较百强企业均值高出 0.07，经营绩效优势显著。

表 9 2012-2013 中国房地产年度社会责任感企业

公司名称
保利房地产（集团）股份有限公司
天津市房地产开发经营集团有限公司
北京首都开发控股（集团）有限公司
绿城房地产集团有限公司
宝龙地产控股有限公司
武汉地产开发投资集团有限公司
新鸥鹏地产集团
方圆地产控股有限公司
百步亭集团有限公司
深业集团有限公司

年度社会责任感企业 2012 年继续把履行社会责任、回馈社会作为重要的使命，从改善民生、社会贡献、公益慈善等多个方面为行业做出榜样。

表 10 2013 中国房地产百强之星

荣盛房地产发展股份有限公司	东方银座集团中国有限公司
广东珠江投资股份有限公司	浙江金龙房地产投资集团有限公司
杭州滨江房产集团股份有限公司	新鸥鹏地产集团
越秀地产股份有限公司	三湘股份有限公司
银亿房地产股份有限公司	福晟集团有限公司
宝龙地产控股有限公司	上海保集（集团）有限公司
广州市敏捷投资有限公司	浙江祥生房地产开发有限公司
禹洲地产股份有限公司	翠屏国际控股有限公司
方圆地产控股有限公司	安徽蓝鼎控股集团有限公司
联发集团有限公司	保亿置业集团有限公司
河南正商置业有限公司	奥宸地产（集团）有限公司
宁波奥克斯置业有限公司	金都房产集团有限公司
深圳香江控股股份有限公司	上海亿丰企业（集团）有限公司
杭州开元房地产集团有限公司	奥山置业有限公司
美的地产集团	浙江华都控股集团股份有限公司
武汉三江航天房地产开发有限公司	重庆同景置业有限公司
杭州宋都房地产集团有限公司	众安房产有限公司
广西东方航洋实业集团有限公司	广州尚东地产集团有限公司
朗诗集团股份有限公司	重庆长安房地产开发有限公司
名流置业集团股份有限公司	力高（中国）地产有限公司
厦门国贸地产集团有限公司	象屿建设集团有限责任公司

在 2013 中国房地产百强企业研究中，再次挖掘出一批明星企业，他们在行业调整的大背景下，顺势而为、积极调整发展策略，或把握城镇化机遇、聚焦潜力市场，或打造特色业务，或依托核心项目，引领了行业发展的方向。

副报告：把握新型城镇化机遇，开拓发展新格局——新形势下房地产企业业务拓展与优化布局策略探讨

无论是城市建设、城镇配套服务还是产业发展，都面临着新一轮的发展契机，这也为房地产企业带来了更广泛的市场空间和盈利增长点。在此机遇下，能否率先捕捉并圈定中国房地产市场中的蓝海，将成为中国房地产企业未来成长的关键。

1 商业地产运营：全面整合资源，满足城市服务多元需求

1.1 商业地产成为房地产企业挖掘业务增长潜力的重要选择

（1）商业地产迎来新一轮战略机遇期

2012 年经济增速中，最终消费对 GDP 的贡献达 51.8%，已成为推动我国经济发展的核心动力。全年社会消费品零售总额 207167 亿元，实际增长 12.1%。近年来，随着国内消费规模的扩大，商业地产市场迅速发展。

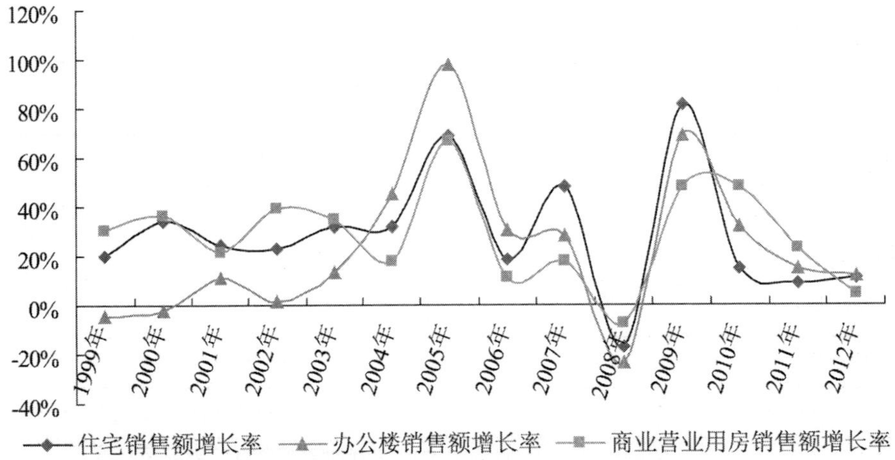

图 18 1999-2012 年全国住宅、办公楼、商业营业用房销售增长率情况

2012 年，全国商业营业用房销售面积为 7759 万平方米，较 2009 年增长了近 46%，全国商业营业用房销售金额 7000 亿元，是 2009 年的 2 倍左右。

（2）标杆房企强化商业地产战略地位，收益结构趋于优化

目前，已有 80%以上的百强企业涉足商业地产领域并逐步健全了商业项目的开发运营体系。2012 年，在住宅市场调控继续深化的背景下，更多的标杆企业加大了对商业地产项目的投入，以此拓宽收入渠道，更好的平衡市场波动风险。

随着投资力度的加大，华润、万达、宝龙等企业的商业地产板块收入快速增加。另外，许多企业的商业地产运营正逐步由整体出售向持有型经营或租售并举转变，企业的持有业务收入快速增加，整体收入结构进一步优化。

1.2 资源整合能力已成为提升商业地产运营水平的关键

将品牌、资金、管理、服务等各种不同的资源组合到一起进行价值最大化的资源整合过程，是商业地产企业成功开展商业地产运营的关键所在。

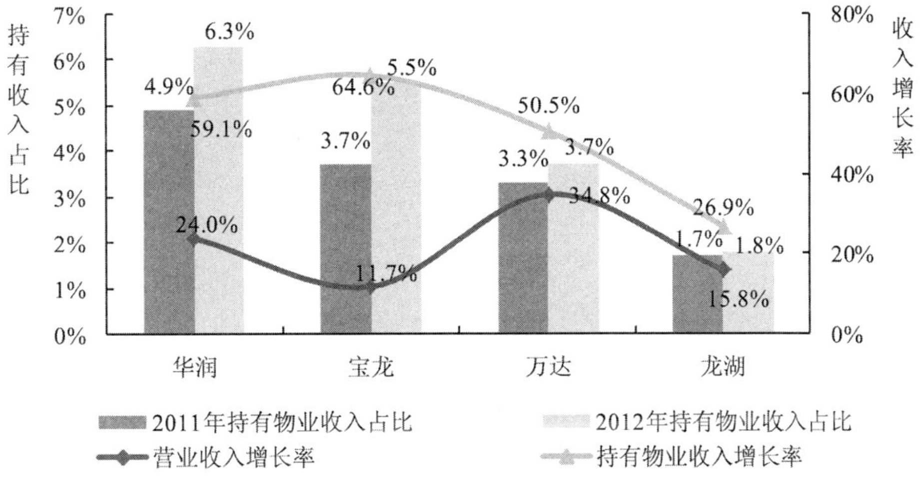

图 19 部分企业持有物业收入占营业收入比重及其增长情况

表 11 商业地产主要优秀企业

企业名称	企业名称
大连万达商业地产股份有限公司	上海证大房地产有限公司
上海红星美凯龙房地产有限公司	上海亿丰企业（集团）有限公司
宝龙地产控股有限公司	上海世茂股份有限公司
华润置地有限公司	首创置业股份有限公司
中粮置业投资有限公司	阳光 100 置业集团有限公司
龙湖地产有限公司	世纪金源集团
宁波奥克斯置业有限公司	光耀东方集团
银泰置地（集团）有限公司	广西东方航洋实业集团有限公司
阳光新业地产股份有限公司	明发集团（国际）有限公司
金融街控股股份有限公司	湖南华创地产集团有限公司

这些企业在新的市场形势下，通过积极整合产品、资本、管理、服务等资源要素，形成了较强的综合经营实力，市场表现优异：（1）**整合多元产品线，挖掘细分市场**：领先企业更加注重打造不同定位的产品线，推出特色鲜明的项目品牌，并通过品牌复制战略，快速实现跨区域拓展，占据主流商业地产市场。在商业地产快速发展的背景下，拥有系统化、专业化的产品线，更能精准锁定不同需求层次的目标群体，并通过规模效应获得更大收益。（2）**资金整合更趋多样化，筹建基金管理平台**：在调控持续、信贷渠道收紧的形势下，房地产业传统的融资渠道受到抑制，大多数企业开始构建"商业地产+金融"的模式，通过企业内部成立或与机构合作的方式来发展房地产基金，为旗下项目提供资金支持。（3）**全面升级服务，提升商业运营整体效益**：越来越多的企业已开始组建并强化专业的商业管理团队，针对不同的开发项目制定针对性的管理策略，并通过持续的服务升级，提升客户的满意度，有力保障了企业物业资产的持续稳定增值。

2 产业园区运营：创新经营模式，促进产城融合发展

产业地产作为以产业为依托、地产为载体的高端资源整合型开发形式，不仅承载着实体经济的发展与革新，也发挥着推动区域经济快速增长的重要作用，将在未来面临着更大的市场空间。

2.1 产业地产作为支撑城镇化发展的动力，未来前景广阔

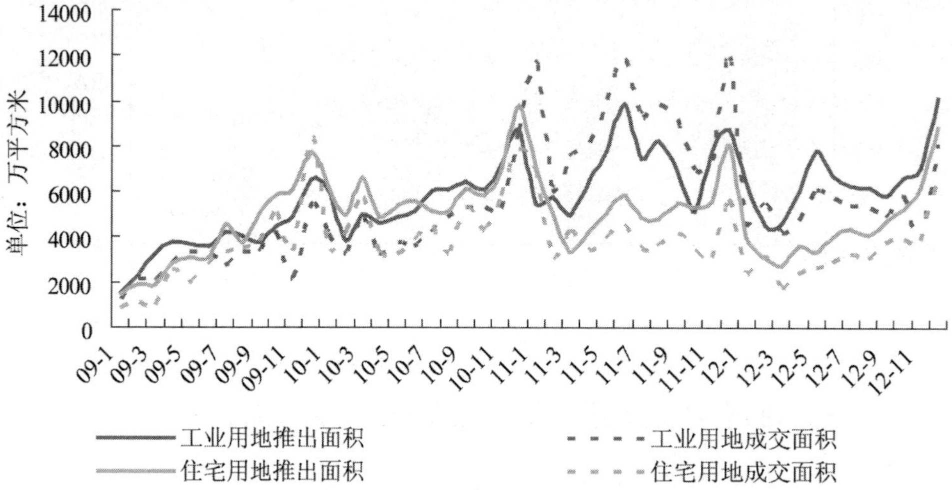

图 20　2009 年 1 月-2012 年 12 月 302 个大中城市工业用地、住宅用地的供求情况

中国指数研究院对全国 302 个大中城市工业用地的推出面积、成交面积及土地均价进行了统计，数据表明 2011、2012 年产业地产用地的推出与成交量均超过了住宅用地，特别在 2011 年，工业用地成交面积共 11 个月超过推出面积，成交面积与成交均价达到历史高点。

2.2　三大主流园区运营类型

新型城镇化的发展依靠产业化的发展为基础。随着房地产市场的发展和全国产业升级的加快，产业园区作为产业集群的集中表现与区域经济发展的平台，成为推进新型城镇化进程的直接动力，产业园区开发与运营领域也成为地产企业争夺的新市场。

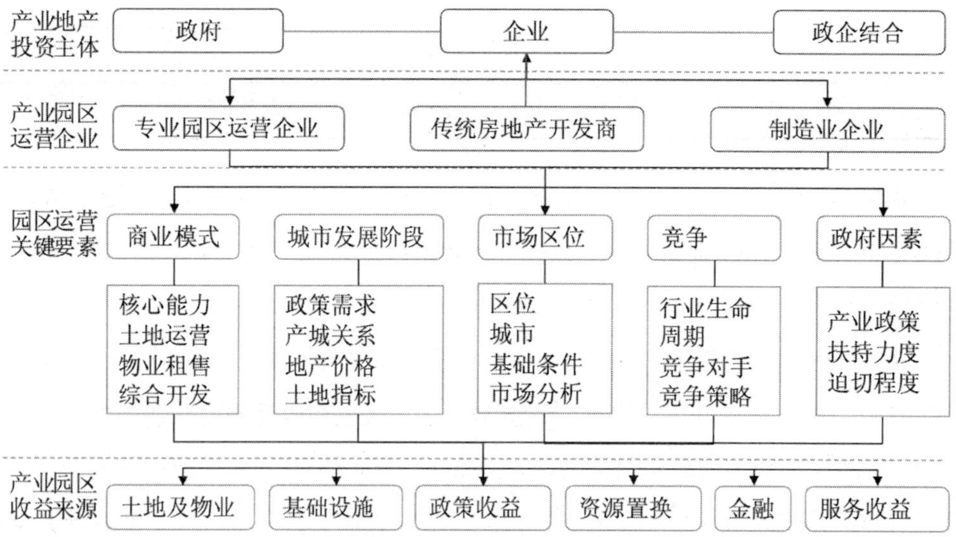

图 21　产业园区运营要素图析

（1）园区运营样板企业。较早进入园区运营领域，经历了由工业厂房到工贸园，再到科技园，以及城市产业综合体的不同阶段，运营经验丰富，深得政府青睐，容易获得较好地块、优惠政策和资金扶持。**（2）传统房地产企业转型园区运营**。以住宅开发为传统业务的房企，在房地产市场变化过程中瞄准了产业地产的发展潜力，因而步入该领域；相比专业的产业园区运营企业，其缺乏园区运营经验，导致拿地、招商难

度较大，但在产品设计、工程管理、成本管理方面的优势突出。**（3）制造业龙头向产业园区运营的延伸。**主要服务于制造业的工业地产企业拥有强势的产业整合力、号召力，受政府的支持力度也较大，具有更易拿地以及了解工业企业客户核心需求的优势，在近年来实现了长足的发展。

2.3 创新、升级经营模式促进产城融合发展

产业园区运营需要有良好的土地和资金实力、后期运营管理的专业能力以及丰富的市场经验，才能在日益激烈的竞争中脱颖而出。同时，如何在新型城镇化的机遇下促进产业与城镇融合发展，对产业园区运营企业也提出了更高的要求。

表12 产业园区运营优秀企业

企业名称
北京联东投资（集团）有限公司
天安数码城集团
华夏幸福基业股份有限公司
上海张江高科技园区开发股份有限公司
中新苏州工业园区开发集团股份有限公司
重庆高科集团有限公司
武汉银湖科技发展有限公司
华南城控股有限公司
四川长虹置业有限公司
百世金谷实业有限公司

这些优秀的产业地产运营企业积极创新商业模式、丰富产品业态，打造了较为成熟的盈利模式，引领了行业发展的方向：**（1）创新商业运营模式，通过专业化、规范化运营获取超额利润。**园区运营企业形成了较强的招商、开发和运营管理能力，逐步走向专业化、规范化，形成了“服务运作、产业运作、土地盈利”等更加专业的运营模式，不仅节省了投资成本，也增加了企业的获利来源。**（2）打造丰富的产品形态，向多功能、复合型发展。**目前产业地产的发展正在由单纯的园区向更为丰富的产品形态演变。一方面表现在优秀园区运营企业已经形成了丰富的产品线；另一方面表现在园区的产品形态与城市化的结合更为密切，；此外，开发园区也积极创新发展理念来丰富产品形态，如融合高新科技、生态、环保、智慧、低碳、可持续发展等理念，引导企业迅速融入到产业园区的发展当中。**（3）不断升级产品、服务体系，增加附加值，提升核心竞争力。**随着产业升级的推进，持续提升产品、配套设施以及运营服务体系上的附加值，也成为园区运营企业的核心竞争要素。

3 优化布局：聚焦市场主流区域，拓展新兴城市群

在十二五规划中，中央继续强化“城市群”的概念，要求“以大城市为依托，以中小城市为重点，逐步形成辐射作用大的城市群，促进大中小城市和小城镇协调发展”。而从国家政策规划和国际经验来看，城市群的发展符合国家长期导向，有其经济的合理性。

3.1 成熟城市群在城镇化进程中进一步发挥出规模聚集效应，仍是房地产企业发展的主流市场

长三角、珠三角和环渤海地区这三大城市群是我国较发达的地区，从房地产市场发展情况来看，近年

来三大城市群的发展速度有所放缓，但绝对规模优势仍然存在，2012 年，三大城市群的商品房销售面积和开发投资额占全国的比重分别达到 39%和 41%。

表 13 环渤海、长三角及珠三角重点城市优秀房地产开发企业

北京 TOP10	上海 TOP10	广州 TOP10	扬州 TOP10
中海地产	绿地集团	保利地产	首开股份
首开股份	万科	富力地产	和昌置业
保利地产	上海大华	万科	万科
北京城建	保利地产	越秀地产	华润置地
万科	新城控股	雅居乐地产	天俊置业
远洋地产	中海地产	敏捷地产	华利地产
龙湖地产	金地集团	碧桂园	新能源置业
方兴地产	旭辉集团	中海地产	中信泰富
金融街	绿城集团	香江控股	万豪房地产
金隅嘉业	仁恒置地	中信地产	北辰置业

从房地产企业的进入门槛来看，三大城市圈的房地产市场较为成熟。截止 2012 年末，百强企业在环渤海、长三角、珠三角三大经济区布局城市数的占比分别为 25%、29%和 19%。

3.2 新兴城市群的中心城市快速发展，成为带动全国经济和房地产市场发展的新增长极，也是房地产百强企业未来业绩增长的重要贡献区域

伴随成都和重庆两大中心城市的迅速发展，成渝地区成为最受瞩目的新兴城市群。此外外，产业基础雄厚的武汉都市圈和长株潭城市群同样值得期待，其房地产市场发展前景可期。

表 14 成渝经济区及武汉都市圈重点城市优秀房地产开发企业

重庆 TOP10	成都 TOP10	武汉 TOP10
龙湖地产	保利地产	福星惠誉
金科股份	蓝光和骏	万科
融创中国	万科	保利地产
万科	华润置地	武汉地产集团
保利地产	中海地产	万达
中海地产	佳兆业	百步亭集团
恒大地产	绿地集团	恒大地产
协信地产	龙湖地产	新世界地产
复地集团	置信实业	保利置业
金融街	中德世纪	奥山置业

随着成渝经济区及武汉都市圈房地产市场的发展，这些区域已经涌现出一批综合实力较强的本地企业，这些企业充分发挥本土资源优势与地缘优势，在当地形成了较高的品牌知名度，市场地位持续提升；优秀企业也已经充分认识到该区域房地产市场所蕴藏的良好机遇，强势入驻并持续深耕，以强大的资金实力和良好的产品品质，迅速占据当地市场的领先地位。

4 结语

2012 年，中央政府继续坚持宏观调控不动摇，受"稳增长"的总体基调与"稳健"的货币政策促进，房地产整体市场表现好于预期，行业继续向理性发展回归。在此背景下，百强企业顺应市场形势，紧抓主流需求，以刚需及首次改善户型为推盘主体，上半年有节奏地实施以价促量销售策略，业绩增长提前锁定，在下半年的市场回暖中又率先把握市场机会，加推高端改善型产品，使全年业绩增长速度领先全国 6.7 个百分点，市场份额提升至 29.6%。靓丽的业绩伴随着企业综合经营管理实力的协同增长：一方面百强企业继续强化成本管控体系建设、改善盈利表现，净利润均值同比增长 20.5%；另一方面大多数百强企业在调控环境下更加注重高效运营策略，存货周转率均值提升至 0.47，有效保障了经营的稳健和规模的有质量增长。此外，通过适度增加优质土地、多渠道融资等举措，百强企业为下一步发展储备了充足的资源，持续发展前景可期。

中国房地产百强企业经历了十多年的快速增长，但其规模的极限式增长受到越来越多外部环境的影响与资源条件的制约，大多数企业积极采取各种有效措施应对市场考验。部分百强企业持续优化市场布局结构、深耕核心城市圈，以追求发展的质量与可持续性；部分企业聚集于主流产品，并以标准化运作方式加快全国业务拓展；部分企业稳步推进精细化、产业化的运作管理，通过运营效率的提升来实现更佳的业绩。可以说，优化布局、优化产品、优化管理，正成为主流百强房企破解资源瓶颈、实现高质量增长的重要突破口。十年百强研究发现，百强企业的成长与成功，虽有机遇因素的影响，但抓住机遇、利用机遇、转危为机的能力发挥了更重要的作用。纵观十年来百强企业综合实力的发展变化过程，我们有充足的理由期待其步入一个更精彩的十年。

附录二 2013 中国房地产策划代理百强企业研究报告

1 研究背景与目的

由国务院发展研究中心企业研究所、清华大学房地产研究所和中国指数研究院三家研究机构共同组成的“中国房地产 TOP10 研究组”，自 2005 年以来开展中国房地产策划代理百强企业研究，已连续进行了九年。九年来，研究组紧随行业发展脉搏，深入研究房地产策划代理企业经营规律，为促进行业良性运行、企业快速成长发挥了重要作用，相关研究成果已成为评判房地产策划代理企业经营实力及行业地位的重要标准。

中央经济工作会议强调要“积极稳妥推进城镇化，着力提高城镇化质量”，城镇化将成为未来中国经济增长的持续动力，并为房地产行业带来更大的市场空间，优秀房地产策划代理企业要紧紧把握这一历史机遇做强做大，实现新一轮的跨越。2013 年，房地产政策调控仍将持续，市场集中度会进一步提高，房地产策划代理企业将不断分化。在此背景下，中国房地产 TOP10 研究组启动“2013 中国房地产策划代理百强企业研究”，以“优化经营、稳步进取”为主题，发掘行业中综合实力强、发展速度快、成长潜力大的优秀房地产策划代理企业群体，鼓励企业在积极优化布局、优化管理、优化业务结构的基础上，实现业绩与效益的稳步提升，持续引领行业发展的新格局。

在总结历年研究经验的基础上，研究组进一步完善了研究方法体系，从规模性、盈利性、成长性、策划能力、一手物业代理能力等方面入手，更加全面、客观地评价企业的综合实力，引导企业持续健康的发展，促进行业的良性、平稳运行。

2013 中国房地产策划代理百强企业研究目的:

（1）通过企业规模性、盈利性、成长性、策划能力、一手物业代理能力等指标的量化研究，发掘综合实力强、经营稳健并具有成长潜力的优秀企业群体;

（2）通过系统研究，分析企业自身的营运状况及优劣势，帮助企业了解当前形势下策划代理企业的最新发展状况，加强策划代理企业与房地产开发百强企业的深度合作;

（3）通过百强企业研究成果发布，树立房地产策划代理标杆企业，全面提升房地产策划代理行业运作水平和服务质量，促进行业健康发展，实现房地产行业资源的优化组合。

2 研究方法体系

2.1 研究方法概述

基本原则:

坚持以数据为依据，坚持客观、公正、准确、全面的研究原则。

门槛值:

（1）依据《公司法》建立、经过省级（含副省级省辖市）以上有关部门批准并登记注册的房地产策划代理企业作为本次的研究对象；

（2）按照国际惯例，对进入研究的企业给予一个门槛指标，TOP10 研究组确定近三年平均一手物业代理总建筑面积 10 万平方米为入选门槛值；

（3）为了引导房地产策划代理企业做强做大，TOP10 研究组鼓励以集团的名义参与。

计量评价方法：

（1）在研究方法上，为增加研究的严谨性，采用因子分析（Factor Analysis）的方法。因子分析是一种从变量方差——协方差结构入手，在尽可能多地保留原始信息的基础上，用少数新变量解释原始变量方差的多元统计分析方法。它将原始变量分解为公共因子和特殊因子之和，并通过因子旋转，得到符合现实意义的公共因子，然后用这些公共因子去解释原始变量的方差。计算中国房地产策划代理百强综合实力时，主要是计算各构成要素的相关矩阵，通过相关矩阵得到特征值、累计特征值及因子载荷。根据最初几个特征值在全部特征值的累计百分率大于或等于某百分比的原则，确定公共因子的具体个数。然后再根据因子载荷矩阵确定各个因子的现实意义并进行重新命名，最后根据不同企业各个因子的得分及载荷矩阵，通过加权累加构成 2013 中国房地产策划代理百强综合实力指数。

（2）企业按评价指标体系排序出现相同时，依照慈善捐赠数据确定排序；当上述累加计算又基本相同时，按西部、中部、东部排序确定。

数据来源：

（1）由房地产策划代理企业填报的数据；

（2）房地产策划代理企业对外公布的信息（包括公司年报、企业网站公布的信息和对外派发的宣传资料）；

（3）中国房地产指数系统（CREIS）数据库；

（4）有关政府部门（包括建委、房管局和统计局等）的公开数据；

（5）2010、2011、2012 中国房地产策划代理百强企业研究收集的企业数据资料；

（6）2010、2011、2012 中国房地产策划代理品牌价值研究收集的企业数据资料。

2.2 评价指标体系

评价指标体系设计原则：

在保持评价方法的科学性、系统性、连续性与稳定性的同时，2013 中国房地产策划代理百强企业研究的评价指标体系强化了对人才这一策划代理企业核心资源的全面考核，从人才规模和人才质量以及对人才培养的多维角度，分析策划代理企业的人才竞争力，引导企业积极储备人才、培养人才，构建高质量的人才队伍，以提升企业的专业性，更好地为客户提供服务，确保企业把握住城镇化进程带来的有利机遇，实现快速健康发展。

2013 中国房地产策划代理百强企业研究以 2010-2012 年度为研究时间段，涵盖规模性、盈利性、成长性、策划能力、一手物业代理能力等五个二级指标，全面考量企业的综合实力。

评价指标体系的设计主要把握以下几个基本原则：

（1）企业规模与盈利能力相结合。规模反映了房地产策划代理企业的业务发展现状，而盈利能力是企业持续健康发展的重要基础，因此，TOP10 研究组采用营业收入、进入城市个数、员工数量等指标来反映企业的规模性，采用净利润、毛利率、净资产收益率、人均绩效来反映企业的盈利能力，将企业经营规模与盈利能力相结合进行评价。

（2）企业现状与成长能力相结合。成长能力决定企业的未来发展，只有将业务能力、盈利能力与成长能力三者结合才能对房地产策划代理企业做出全面的评价。TOP10 研究组采用合同储备代理总建筑面积、营业收入增长速度反映企业成长潜力；采用员工培训投入和本科及以上员工人数占比反映企业的成长质量，全面衡量企业的未来发展能力。

（3）一手物业代理销售能力与策划能力相结合。成功的房地产营销取决于企业的策划和销售能力，二者密不可分。策划的好与坏直接关系到项目销售进程的顺利与否；代理规模以及代理销售速度全面体现了房地产策划代理企业的销售能力。TOP10 研究组采用一手物业代理收入、一手物业代理项目个数、一手物业代理总建筑面积、一手物业代理实现销售额、一手物业代理实现销售面积及一手物业代理新增签约面积全面反映策划代理企业的一手物业代理销售能力；同时采用策划顾问收入、策划顾问项目个案数和策划顾问项目总建筑面积来反映策划代理企业的策划能力。

评价指标体系：

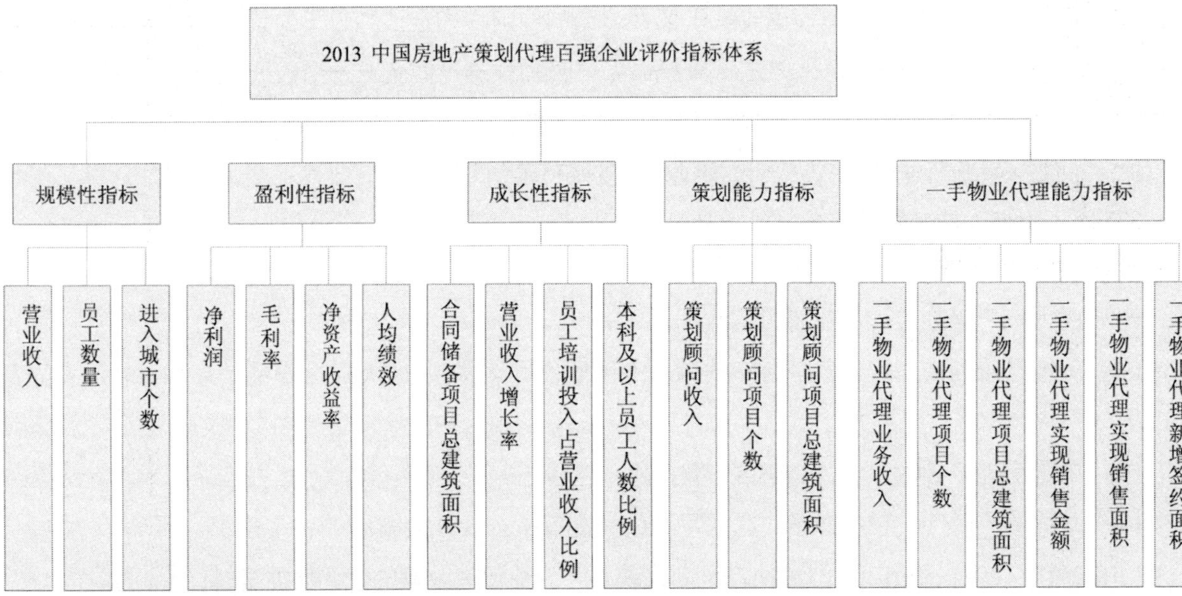

3 研究成果及分析

3.1 2013 中国房地产策划代理百强企业

表 1 "2013 中国房地产策划代理百强企业"前 50 强

深圳世联地产顾问股份有限公司	瑞尔特控股集团
易居（中国）控股有限公司	沈阳联祥地产营销策划有限公司
同策房产咨询股份有限公司	北京华远房地产经纪有限公司
合富辉煌集团控股有限公司	广州凌峻房地产咨询有限公司
北京思源兴业房地产经纪有限公司	金达利筑地集团
上海策源置业顾问有限公司	上海汉宇房地产策划营销有限公司
上海新聚仁物业咨询有限公司	广州中地行房产代理有限公司
广州保利地产代理有限公司	上海杰星投资（集团）有限公司
新景祥投资控股有限公司	成都正合地产顾问有限公司
北京金网络投资管理有限公司	北京同创联行房地产经纪有限公司
上海金丰易居房地产顾问有限公司	上海开启房地产投资咨询有限公司

续表

中原地产代理（上海）有限公司	重庆尚峰企业营销策划有限公司
新联康（中国）有限公司	上海天地行房地产营销有限公司
上海华燕置业发展有限公司	北京协成房地产经纪有限责任公司
中原地产代理（深圳）有限公司	中广信地产服务机构
北京华润房地产经纪有限公司	深圳黑马房地产顾问有限公司
北京远洋嘉业房地产经纪有限公司	江苏蓝风国际投资发展有限公司
厦门同舟济置业顾问有限公司	精诚（中国）有限公司
博思堂地产综合服务股份有限公司	珠海百脑会房地产策划有限公司
深圳世方商业地产顾问机构	华厦伟业(中国)控股集团有限公司
高策地产服务机构	深圳市尊地地产咨询有限公司
深圳市同致行物业顾问有限公司	沈阳信达行房地产经纪有限公司
北京中铁新业投资顾问有限公司	厦门有巢氏房地产代理有限公司
北京亚豪房地产经纪有限公司	深圳市新峰地产顾问有限公司
北京金融街房地产顾问有限公司	深圳市众厦实业发展有限公司

3.2　2013 中国房地产策划代理百强企业发展状况分析

3.2.1　顺势而为提升经营业绩，强者更强分化加剧

（1）百强企业[1]营收上涨明显，市场占有率提升至 16.73%

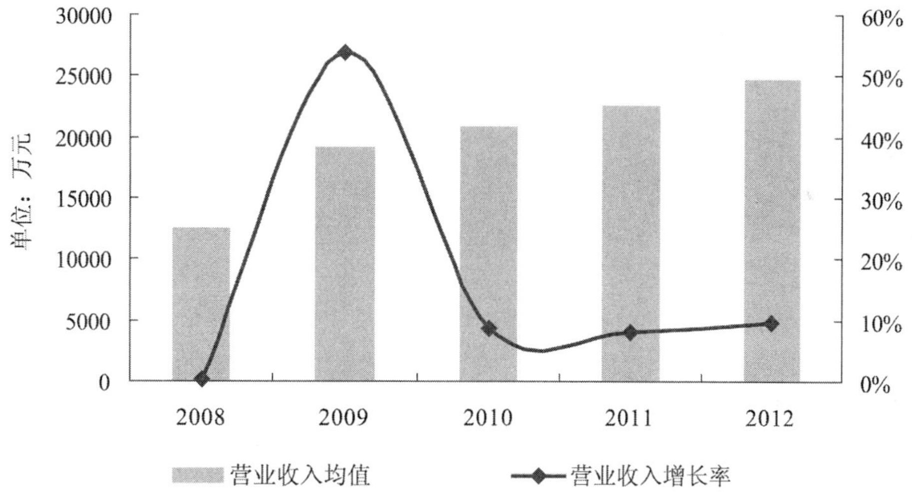

图 1　2008-2012 年百强企业收入规模及变化

2012 年，策划代理百强企业的营业收入均值为 24734.28 万元，同比上涨 9.63%，增长幅度同比扩大 1.63 个百分点，在 2010 年与 2011 年连续两年增速下滑后重新实现增速上涨。一方面是在宏观调控的大环境下，百强企业凭借专业性及丰富的行业经验受开发企业的重视度不断提升，代理与策划业务得以快速发展；另一方面随着 2012 年下半年房地产市场转好，百强企业顺势而为，加速代理项目的销售，促进了项目佣金结算，在第四季度最终锁定业绩。

[1]除有特殊说明，本报告中“百强企业”指“2013 中国房地产策划代理百强企业”。

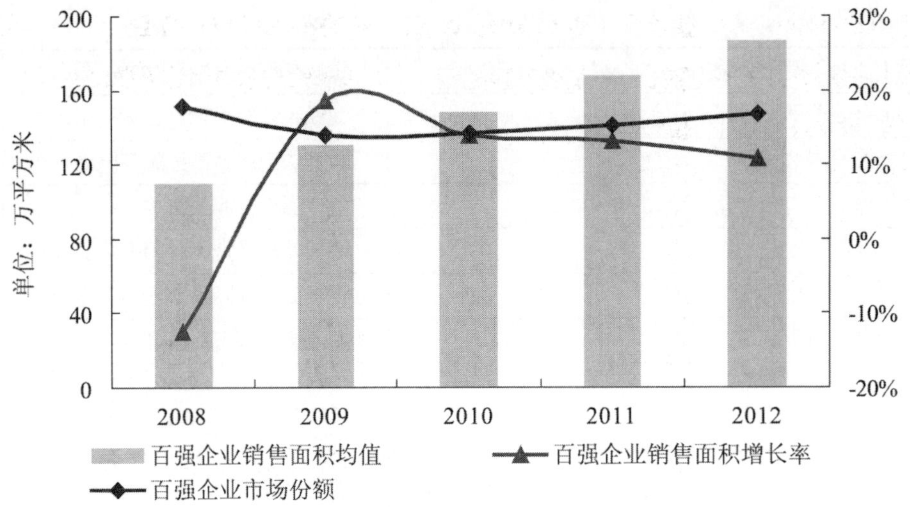

图 2　2008-2012 年百强企业一手物业代理销售面积变化情况

随着宏观调控的深化，中国房地产市场的发展速度有所放缓。2012 年全国商品房销售面积仅增长 1.8%，而百强企业的业务规模仍然保持较快的增长速度，一手物业代理实现销售面积均值 186.22 万平方米，同比增长 10.78%，虽然增幅连续下滑三年，但明显超过全国商品房销售面积增速。这主要是百强企业通过深耕原有市场以及延续全国化布局策略，逆势提升了市场份额：2012 年百强企业的市场份额[1]提升至 16.73%，连续三年保持了增长。

（2）深化全国性布局，市场资源向优势企业聚集

持续深化全国布局是百强企业发展的特点之一，百强企业仍处于加速布局时期。2012 年，百强企业进入城市个数均值为 28.39 个，新进入城市个数为 4.29 个，百强企业注重对进入城市的深耕发展，强化企业对资源的集约化管理，实现资源的最大化利用；同时百强企业合理调整全国化布局策略，加强分公司层面对新进入城市的业务控制力度和控制半径，以分公司为点带动区域内新开城市的发展，2012 年百强企业分公司个数均值为 14.09 个，新成立分公司个数为 1.51 个，仅相当于新进入城市个数的三分之一。

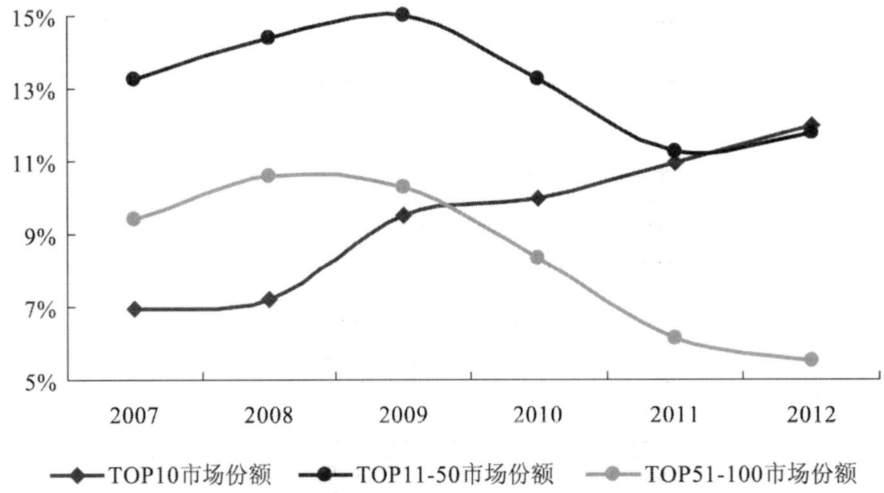

图 3　2007-2012 年百强企业市场份额情况

随着房地产市场的不断发展，策划代理行业的集中度不断提升，主要是百强企业市场占有率拓展的同时，其内部发展呈现出不同的趋势：以企业规模进行划分，百强企业可分为三个级别，TOP10 企业的市场

[1] 策划代理百强企业市场份额=百强企业一手物业代理实现销售面积/全国商品房销售面积

份额[1]自 2007 年以来呈现快速增长态势；排名 11 至 50 名的企业市场份额自 2007 年快速增长两年后，2010 年与 2011 年出现了下滑，在 2012 年小幅回升；排名 51-100 名的企业市场份额自 2009 年以后持续下滑。这表明，策划代理行业集中趋势明显，市场资源不断向优势企业聚集。

3.2.2 核心业务收入增长显著，围绕主业多元发展

（1）策划与代理业务收入持续增长，综合服务能力认可度提升

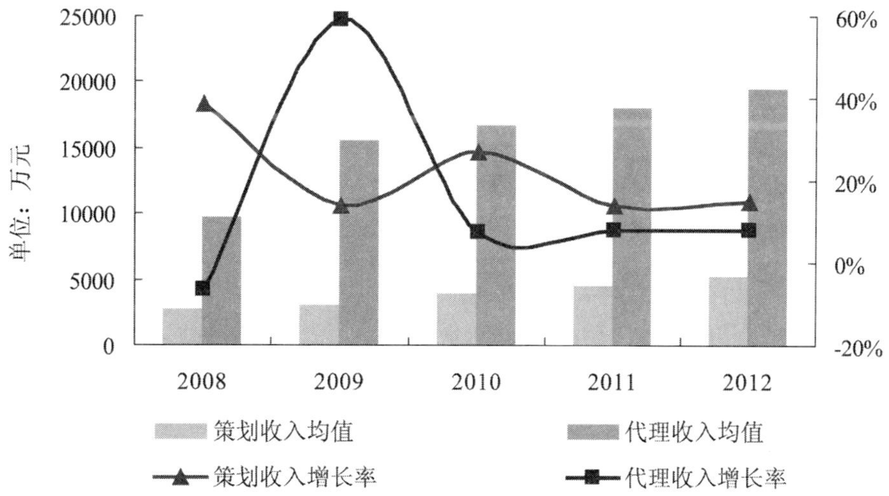

图 4 2008-2012 年百强企业收入规模及变化

策划代理作为房地产相关行业，百强企业凭借市场影响力的不断扩大，两大核心业务——代理与策划业务收入不断提升：一手物业代理收入均值为 19429.16 万元，同比增长 8.12%，为百强企业贡献了 78.55% 的收入，成为支撑 2012 年百强企业快速发展的重要基础；策划收入均值为 5160.55 万元，同比增长 14.71%，连续三年超过营业收入及代理收入的增速，百强企业通过提升策划专业水平，拓展策划业务范围，促使策划收入得到快速增长，其专业策划能力越来越受到开发企业的认可。

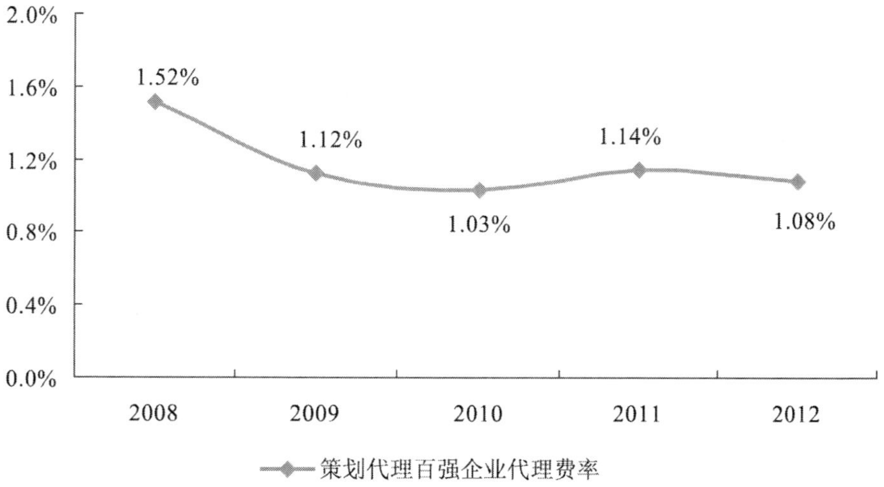

图 5 2008-2012 年百强企业平均一手物业代理费率变化

随着策划代理行业竞争加剧，行业的代理费率呈现下行趋势。2012 年，百强企业的代理费率均值为 1.08%，较 2011 年下滑 0.06 个百分点，但比 2010 年仍高 0.05 个百分点。首先，由于开发企业快速扩张，为了降低开发成本，多采用联合代理，加剧了代理企业之间的竞争，导致代理费率被不断压缩；其次，部

[1] 按规模划分百强企业时，市场份额是以销售额进行测算，计算公式为：市场份额=企业一手物业代理实现销售额/全国商品房销售额

分境内外上市的百强企业随着管理的规范化，逐渐放弃了溢价分成收入，采取了低风险的固定代理费率方式，降低了总体代理费率水平；另外，政府大力推进保障房的建设力度，保障房配建比例大幅增长，开发企业常常把一般商品房与保障房打包，交给策划代理公司销售，而保障房代理费率较低，这些因素都拉低了整体的代理费率水平。

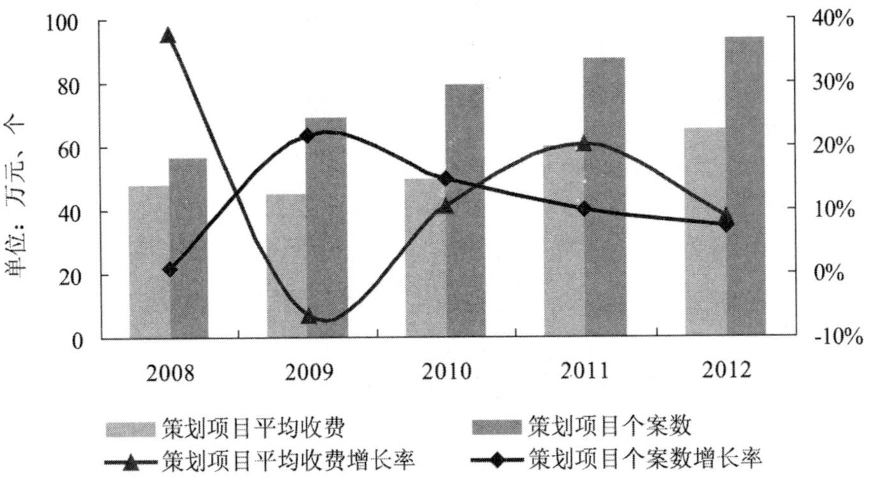

图 6　2008-2012 年百强企业策划项目平均收费[1]及个案数状况

高度专业化分工是现代经济活动的基础，对于房地产行业来说，这一点更加突出。百强企业丰富的策划经验和专业水平，受到开发企业的青睐，2012 年百强企业策划项目个案数均值为 93.74 个，同比上涨 7.38%；策划项目平均收费为 65.28 万元，同比上涨 8.98%，百强企业专业策划能力受市场认可度提升明显。

（2）百强企业积极拓展房地产相关业务，多元化发展渐成定式

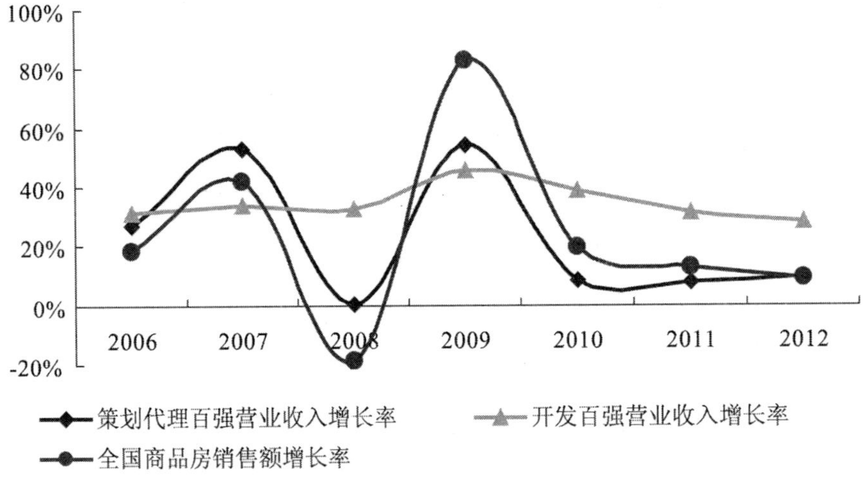

图 7　2006-2012 年策划代理百强、开发百强收入与全国商品房销售额增长率情况

从行业发展的波动情况来看，相比房地产开发企业，策划代理百强企业与房地产市场的相关性更大，受房地产市场波动的影响也更大。对比分析 2006-2012 年全国商品房销售额、策划代理百强企业营业收入以及开发百强企业营业收入变化的相关性[2]，策划代理百强企业营业收入增长率与全国商品房销售额增长率的 R^2 为 0.74，开发百强企业营业收入增长率与全国商品房销售额增长率的 R^2 为 0.51。在不断调控的房地产市

---

[1] 由于部分全案项目中的策划费用不单独计费，此处为合理体现百强企业策划顾问业务的取费水平，研究组在计算过程中剔除了部分全案项目，同时对数据进行了修正。

[2] 相关性是以全国商品房销售额增长率分别与策划代理百强企业营业收入增长率、开发百强企业营业收入增长率为因子进行相关性分析，测算出 R^2 对相关性进行描述。

场中，策划代理企业受到的影响明显超过开发企业。为稳定并不断提升企业的经营业绩，百强企业加强服务品质的提升，通过业务链的不断拓展，持续推进业务的多元化，平抑房地产行业风险。

百强企业进行业务多元化发展的方向主要是围绕与策划代理两大主要业务的相关领域进行扩展，包括咨询顾问、物业服务、房产经纪、房地产信息服务、投资管理、金融服务等。从业务相关性角度来看，业务间的相关程度越高，业务发展所处的市场环境及对企业的资源能力要求越相似，企业越容易进入相关业务领域。同时，百强企业的多元化发展也充分考虑到与目前业务的互补性。如二手房经纪业务作为百强企业进行拓展的重要业务，一方面通过对自身的客户及房产资源的深度挖掘，满足二手房经纪业务的发展；另一方面，通过二手房经纪业务，也支撑了新房代理业务的快速发展。2012 年百强企业中开展经纪业务的企业个数为 35 个，较去年增加 5 个，经纪业务获得较大发展。

3.2.3 节支增效提高盈利水平，净资产收益率大幅上升

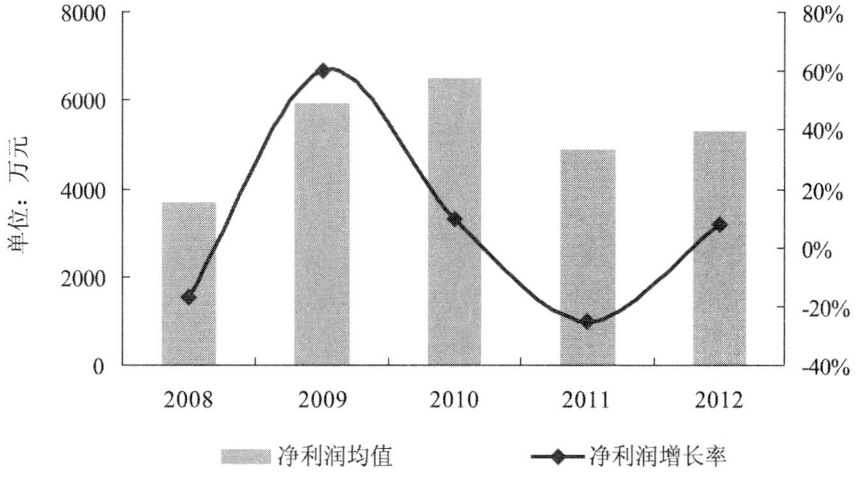

图 8 2008-2012 年百强企业净利润均值及变化

2012 年，百强企业净利润均值为 5290.10 万元，同比上涨 8.12%，扭转了 2011 年大幅下滑的趋势。2012 年房地产市场呈现前低后高的走势：下半年全国商品房的销售面积是上半年的 1.79 倍，受此影响，百强企业虽然上半年经营状况较差，但下半年打了个漂亮的翻身仗，特别是四季度代理项目的回款情况明显要好于前期，且往年新进入的城市开始贡献收入；同时，大部分百强企业加强了对企业规模扩张的控制：在减缓人员增长速度的基础上谨慎布局，对新进入战略城市实施区域深耕策略，降低区域开拓的成本。

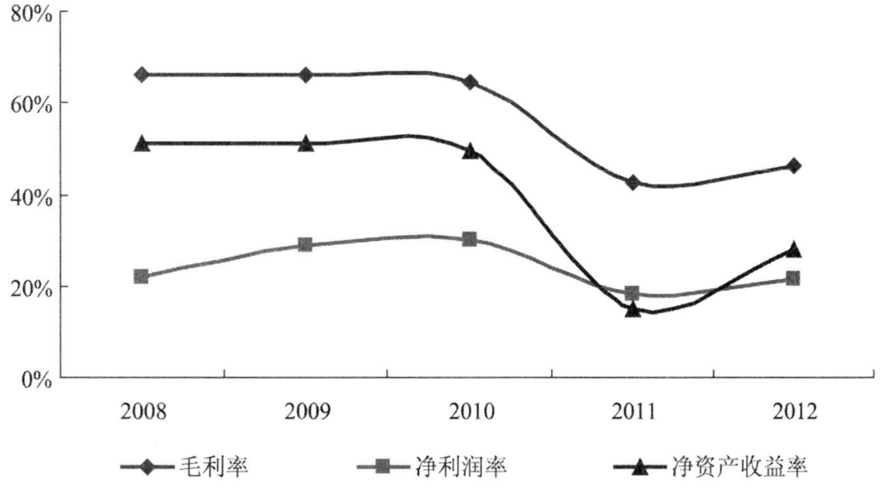

图 9 2008-2012 年百强企业盈利能力及变化

伴随净利润的回升，百强企业的盈利能力进一步凸显：2012 年，毛利率、净利润率和净资产收益率同比分别上升 3.00、2.29 和 13.00 个百分点，其中净资产收益率回升最为明显，主要是百强企业通过压缩日常费用、调整人力资源结构等措施，有效降低了经营成本，进一步优化了企业的资源配置和财务结构，从而提升了百强企业的总体盈利能力。

3.2.4 加强人才培养和项目储备，保障企业未来均衡发展

（1）人才培训与储备并进，提升核心竞争力

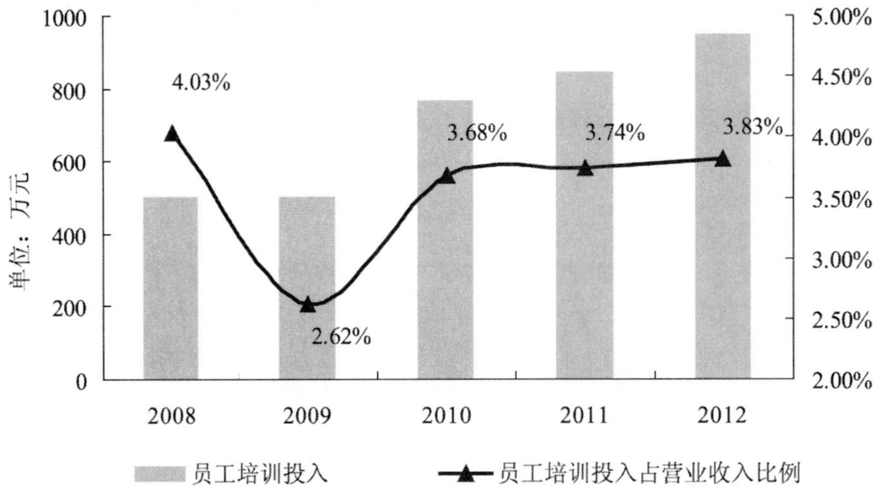

图 10 2008-2012 年百强企业员工培训投入情况

策划代理企业属于智力型企业，人才是企业发展最为重要的资源。伴随房地产行业多业态的创新和发展，主题地产开发逐渐增多，例如养老养生、产业、创意以及商业地产等多主题化的地产开发对策划代理企业的项目策划与销售能力的要求更高，人员的综合素质和能力对项目的运营起到了决定性的作用。2012 年，百强企业的员工培训投入均值为 946.30 万元，同比上涨 12.00%，保持了连续的快速增长态势，提升员工培训投入占营业收入的比例至 3.83%。一方面百强企业为强化自身的发展，对员工进行系统化的房地产专业知识培训，提高企业整体推广和全程策划的能力，如沈阳联祥地产自成立之初就一直关注对人员的培养，自 2009 年至今每年都组织员工参加“联祥黄埔军校”学院培训；另一方面，百强企业通过培养归属感以及激励机制稳固核心团队，保障企业的长效发展，如成都正合积极推行“正合家”计划，为员工打造温暖和谐的工作环境和充满挑战的发展平台，为企业长期稳定发展奠定了良好的基础。

（2）项目储备充足，保障企业未来发展

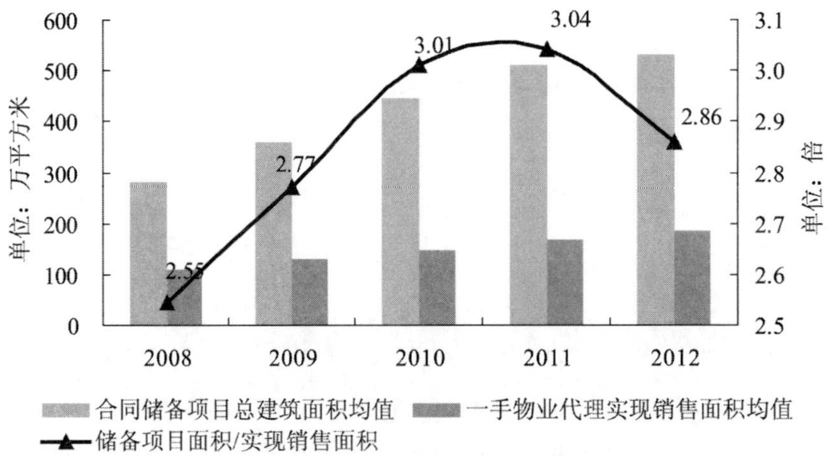

图 11 2008-2012 年百强企业合同储备情况

2012 年，百强企业合同储备项目总建筑面积均值为 532.75 万平方米，同比增长 4.24%，增速下滑 10.04 个百分点。主要由于受房地产市场调控影响，开发商项目开盘速度放缓，致使全国房屋新开工面积下滑 7.3%，进而导致策划代理企业获取代理项目的难度加大。

百强企业注重企业的销售能力与储备项目的协调发展，在合同储备项目规模增幅减小的情况下，加强对代理销售人员的引进及培养，企业的专业能力得到增强，合同储备项目总建筑面积与一手物业代理实现销售面积的比值自 2008 年连续三年增长以来，首次出现回调，2012 年下滑至 2.86 倍，在百强企业合同储备项目增长放缓的情况下，加大力度做精手中的项目成为企业的必然选择。

3.3　2013 中国房地产策划代理百强企业综合实力 TOP10 分析

随着中国房地产行业的发展，策划代理行业的市场集中度不断提高，中国房地产策划代理综合实力 TOP10 企业凭借在专业能力、经营特色等方面的优势，逐渐拉开与其他百强企业的距离，强者更强在房地产策划代理行业体现得更为明显。

表 2　2013 中国房地产策划代理综合实力 TOP10

排名	公司名称
1	深圳世联地产顾问股份有限公司
2	易居（中国）控股有限公司
3	同策房产咨询股份有限公司
4	合富辉煌集团控股有限公司
5	北京思源兴业房地产经纪有限公司
6	上海策源置业顾问有限公司
7	上海新聚仁物业咨询有限公司
8	广州保利地产代理有限公司
9	新景祥投资控股有限公司
10	北京金网络投资管理有限公司

2012 年，中国房地产策划代理综合实力 TOP10 企业借助房地产市场回暖态势，通过加强企业自身经营管理，改善企业结构，促进业务范围多元化，企业规模、盈利能力、专业性等方面持续提升，行业地位进一步巩固。其中世联地产、易居中国、同策咨询、合富辉煌连续九年蝉联综合实力 TOP10，并位列前茅；思源经纪、策源地产、新聚仁、新景祥、金网络也凭借出色的经营、稳健的发展再次跻身中国房地产策划代理综合实力 TOP10；保利代理则凭借母公司的雄厚实力和自身的专业能力，继 2010 年后再次跻身中国房地产策划代理综合实力 TOP10。

4　结语

2012 年，中国政府促进经济稳定发展的同时，坚持房地产调控政策不放松，通过差别化信贷等手段，支持合理自住需求，抑制投资投机需求，加强保障房建设力度，房地产市场呈现前低后高的发展态势。房地产策划代理百强企业跟随开发企业的步伐，顺应市场的发展，在策划与代理业务提升的同时，注重业务多元化发展，持续推进全国布局，经营业绩提升明显，市场占有率不断扩大；在控制成本支出的同时，加强对人才的培养及储备，促进人员与项目储备的协调发展，保障了企业未来的发展。

凭借专业的能力、丰富的市场经验以及优质的客户资源，百强企业保持了快速的发展势头，进入 2013 年，调控政策仍将持续实施，市场竞争更加激烈。为应对市场变化，策划代理百强企业应制定明确的企业发展战略，选择适于自己的发展路径，加强专业人才的培养，稳步推进区域扩张及业务多元化发展，为企业未来发展创造更为有利的环境。

专题：策划代理百强企业发展路径分析

2003 年 8 月，国务院出台《关于促进房地产市场持续健康发展的通知》，明确房地产业为国民经济支柱产业。房地产业在此后的相当一段时期里获得了政策鼓励与信贷支持，尽管多次调控，仍然保持了较快的发展速度。在此形势下，中国房地产策划代理百强企业也步入了“黄金十年”，不断发展壮大。未来十到二十年时间里，中国仍将积极稳妥推进城镇化进程，房地产市场迈入平稳增长期，市场规模继续扩大，策划代理行业仍有很大的发展空间。但不容置疑的是，随着我国城市化率继续提升并最终达到平稳水平，新房市场的比例将不断缩小，而存量房规模将不断扩大，在欧美等成熟房地产市场，存量房交易在房地产交易总量中的占比达到 80%，而新房市场仅有 20%左右的份额。

策划代理百强企业一方面需要清醒地认识到目前的发展现状和更加激烈的竞争态势，审慎选择发展路径，促进企业可持续发展；另一方面，应该对未来存量房占主导的局面未雨绸缪，积极培养企业核心能力，实现企业自身的升级换代。

1　谨慎选择发展路径，促进企业可持续发展

未来十到二十年，住宅市场规模仍将继续扩大，但增速将明显放缓，行业“分化”将成为未来发展的关键词：大企业领先优势将不断扩大，中型企业不进则退，小企业则可能面临边缘化的命运。在机遇与挑战并存的市场环境下，如何选择发展路径，成为众多策划代理企业必须深入考虑的问题。

1.1　围绕主业稳扎稳打，做强做大

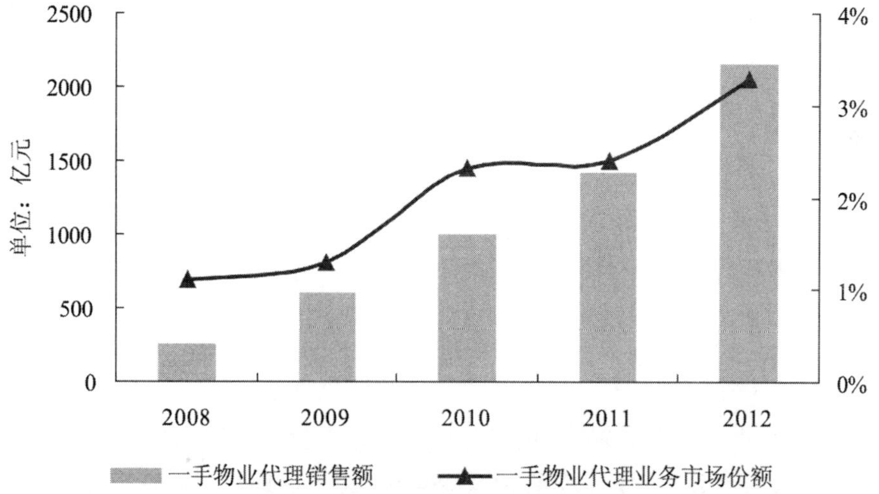

图 1　2008-2012 年世联地产代理销售额及市场份额

这一发展模式的精髓在于专注主业，对已进入区域进行深耕，以提高市场占有率为主要目标，可以说

是综合实力 TOP10 企业的最佳发展路径，世联地产是该模式的典型代表。世联地产把自己定位为一个追求长跑的企业，不做激进的部署，更多关注长远利益，从专业的角度提升服务能力。公司 2012 年全年代理销售额 2111 亿，全国市场份额由 2.41%升至 3.28%，主要得益于企业实施紧密围绕主业，审慎发展多元业务，布局全国、深耕区域的发展策略。

1.2 多元化与跨区域扩张，快速发展

长期来看，随着房地产市场的发展，新房市场规模必然逐渐缩小，而领先企业在策划代理市场中占有率将越来越大，市场竞争将更加激烈。如果百强企业能够根据自身情况，选择合理的多元化、跨区域发展路径，占领利润蓝海，也可以取得良好的效果。

通过对海外主要策划代理企业的研究，我们发现，这些企业基于成熟市场和专业能力，已形成多业务、跨区域平衡发展的局面，多业务涉及物业服务、物业租赁、物业销售、物业评估、投资管理、开发策划、资本市场服务、专业咨询等多个领域；跨区域则不仅全国化发展，同时也进行跨国界的国际化发展。海外的经验值得百强企业借鉴，百强企业可以通过合理布局，不同程度的多样化发展。但是多元化、跨区域发展必须从市场和企业的具体情况出发，充分认知当前状况和企业能力，切忌无限制扩大企业战场，平均发力，四面受敌。如易居中国在发展过程中，注重短期利益、涉猎领域过广、扩张节奏太快，导致企业陷入亏损泥潭，教训值得反思。

1.3 发掘专业特色，培养核心竞争力

企业在深耕主业、兼顾多元化的同时，致力于专业特色的发掘，培养自己的核心竞争力，成为目前竞争激烈的市场环境下独辟蹊径的选择。企业的专业特色一方面可以彰显其发展实力，证明企业在某一领域精耕细作，已做到行业领先；另一方面，企业可以在以后的发展中，以点带面，促进其他相关业务领域的进步，实现企业的良性发展。

表 1 2013 中国房地产策划代理特色服务企业

公司名称	特色领域
北京金融街房地产顾问有限公司	商务地产综合服务
北京金网络投资管理有限公司	整合型服务
深圳世方商业地产顾问机构	商业地产综合服务

北京金融街房地产顾问有限公司以“商务地产综合服务”为特色，提供城市经营、区域开发和商务地产项目开发运营的全程咨询服务，是业内业绩最为突出的商务地产服务机构。目前在北京、天津、南昌、重庆、惠州等城市成功运作服务商务地产项目已达到四十多个。

金网络以“整合型服务”为特色，将企业发展目标定位于“全客户主体、整合型服务、区域性布局、国际化标准”，致力成为中国房地产领先发展的综合顾问机构。目前拥有经纪公司、投资顾问公司、商业管理公司、物业服务公司、资产管理公司等多家专业公司。各专业公司以国际化作业标准，提供整合型服务，进行全国化布局。

世方地产以“商业地产策划代理”为特色，凭借近二十年的商业地产策划运营经验及行业资源，以商业产品研发为核心，切实提升规划能力，通过培养和引入商业规划与经营管理人才，成功代理了佛山义乌小商品城、鸿基万尚城、深圳南海大道商业街、淮北国购汽车文化园等项目，逐步从商业地产代理商向商业项目的策划定位、概念规划设计、广告推广、招商代理、销售代理、经营管理综合服务提供商转变。

2 顺应“一二手融合”大趋势，转型升级迎接挑战

在房地产市场调控下，开发企业选择楼盘销售代理越来越青睐“一二手联动”这一营销模式，而房地产策划代理公司和经纪公司通过向下和向上整合营销服务，自觉或不自觉地顺应了“一二手融合”的大趋势，这对百强企业也提出了更高的要求，百强企业必须清楚认识短期和长期的辩证关系，着眼未来，做好当前，逐步转型升级，才能在未来的市场竞争中取得主动地位。

2.1 百强企业积极布局二手房业务，“以质换量”微调扩张模式

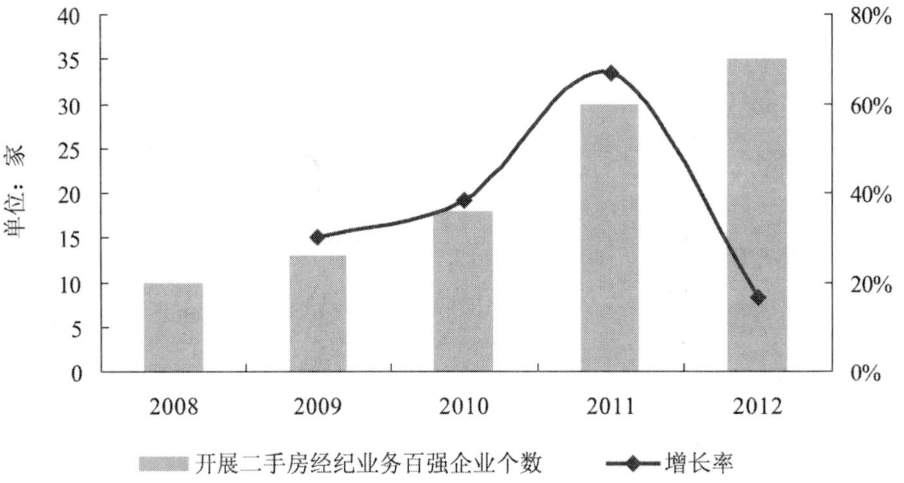

图 2 2008-2012 年开展二手房经纪业务的百强企业数量

2012 年，百强企业注重将二手房经纪业务纳入自己统筹策划的领域，实现渠道整合与快速扩张，在新房和存量房市场中取得主动地位。百强企业中开展二手房经纪业务的企业数量达到 35 家，比 2011 年增加 16.7%。特别是 2012 年第二季度，房地产市场开始逐步回暖，全年存量房市场处于上行通道，主要城市存量房成交量出现反弹，存量房市场的巨大潜力得以显现，多家百强企业将其作为重要的战略业务进行开拓。

2.2 房地产经纪领先企业适时推进新房代理业务，完善“一二手联动”体系

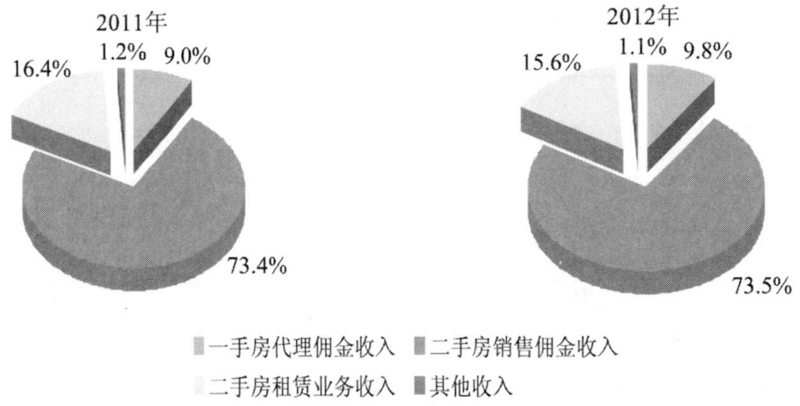

图 3 2011 年与 2012 年优秀经纪企业业务营收结构对比

2012 年，中国二手房经纪优秀企业一手物业代理业务继续发展，收入持续增长，在企业营收结构的占比由 9.0%上升到 9.8%。房地产经纪公司的业务结构趋于稳定，形成以二手房销售佣金为主，二手房租赁收入与一手房代理佣金为辅，金融业务收入为补充的营收结构。

针对房地产开发企业对二手房经纪企业参与一手物业销售的需求状况，2012 年研究组继续在全国范围

内针对主要房地产开发企业进行了调查，结果显示近 75%的开发企业有较强的意愿通过二手房经纪企业的渠道进行一手物业的销售，虽然比 2011 年的调查数据有所下降，但调查结果显示中原地产、链家地产、我爱我家和满堂红在调查中比 2011 年更加受到青睐。

表 2 优秀房地产经纪公司及其"一二手联动"开展模式

优秀企业	"一二手联动"开展模式
中原地产	自身拥有策划代理公司，一二手业务联合开展
链家地产	入股策划代理公司，实现优势互补
伟业我爱我家	二手房经纪公司与策划代理公司合并
满堂红	凭借区域优势，拓展新房代理业务

中原地产自身拥有策划代理公司，利用"一二手联动"优势，通过深耕区域市场，坚持规模和效益协调发展，实现了经营业绩的稳定增长；链家地产注资高策地产服务机构，取得 20%股份，扩大一手房业务布局，实现有序扩张；我爱我家早在 2009 年就与伟业顾问合并，筹谋一手房业务；满堂红主要在华南地区开展"一二手联动"，包括广州、深圳、佛山和东莞等地，坚持"一地一策、一区一策，精耕细作"的发展方针，依托华南地区，积极布局全国。

2.3 "一二手融合趋势"不可逆转，提升业务能力，迎接挑战

近年来，随着调控的深化，"一二手联动"这一阶段性产物越来越受到开发商的青睐，特别是对于一些特定房源，尤其是位置较为偏远和定位较为低端的楼盘，开发企业希望拥有更多的销售渠道；策划代理公司对于上述房源，也希望与拥有丰富客户资源和门店渠道的二手经纪企业合作；或者在进入新的区域市场时，可以通过与二手经纪公司的合作，达到快速融入的目的。与此同时，二手房经纪公司也可以通过一手物业销售，充分利用所掌握的客户资源，提升综合价值创造能力。代理商与开发商、二手房经纪公司结成联盟，策划代理公司对二手经纪公司销售人员进行培训，开发商给策划代理公司颁发授权书，代理公司可以选择自己认可的经纪公司来共同销售。二者形成的互补，为房地产销售市场做出了贡献。

附录三 2013 中国房地产上市公司 TOP10 研究报告

1 研究背景与目的

由国务院发展研究中心企业研究所、清华大学房地产研究所和中国指数研究院三家研究机构共同组成的“中国房地产 TOP10 研究组”，自 2003 年开展中国房地产上市公司 TOP10 研究以来，已连续进行了十一年，其研究成果引起了社会各界特别是机构投资者的广泛关注，中国房地产上市公司 TOP10 研究的相关成果已成为投资者评判上市公司综合实力、发掘证券市场投资机会的重要标准。

在“稳中求进”总体基调与“稳健”货币政策的双重影响下，中国房地产市场整体表现好于预期。受益于房地产市场逐步复苏，房地产行业也成为资本市场的明星板块。其中，优秀房地产上市公司准确把握市场形势，主动进行销售、投资策略调整，凭借其强劲的综合实力和稳健的经营举措，获得业绩突破，彰显了投资价值。在 2013 中国房地产上市公司研究中，中国房地产 TOP10 研究组在总结历年研究经验的基础上，进一步完善了研究方法和指标体系，本着“客观、公正、准确、全面”的原则，发掘成长质量佳、投资价值潜力大的优秀房地产上市公司，为投资者提供科学全面的参考依据。

2 研究结果及分析

2.1 整体发展状况分析

“2013 中国房地产上市公司 TOP10 研究”的研究对象主要包括 130 家沪深上市房地产公司和 38 家大陆在港上市房地产公司。研究结果显示：2012 年，房地产上市公司的运营状况表现出经营业绩增速较上年显著回升、盈利空间受到挤压、财富创造能力分化进一步加大、资金面明显改善的态势，同时上市公司的市值也在年末大幅攀升。2013 年 1-5 月份，受国家最新政策调控及地方实施细则出台的影响，房地产市场的成交量在经历一季度的火热后逐渐趋于平稳，多数房地产上市公司一季度销售表现优异，为全年业绩奠定了良好基础。

2.1.1 经营状况：收入与利润增速显著回升，成本管控能力持续强化

（1）营业收入同比增长 25.61%，业绩分化加剧

2012 年，房地产上市公司的业绩增速显著回升，全年沪深及大陆在港上市房地产公司的营业收入均值为 67.20 亿元，同比增长 25.61%，增速较上年扩大了 11.24 个百分点。其中，沪深上市房地产公司营业收入均值为 43.16 亿元，同比增长 27.32%；大陆在港上市房地产公司营业收入均值为 149.43 亿元，同比增长 20.97%。尽管规模差距显著，沪深上市房地产公司营业收入增长率近四年来首次反超大陆在港上市公司 6.35 个百分点，收入差距呈缩小态势。2013 年一季度，随着结算规模的提升，沪深上市房地产公司营业收入均值同比增长 39.63%，达到 7.62 亿元，为全年业绩增长打下良好基础。

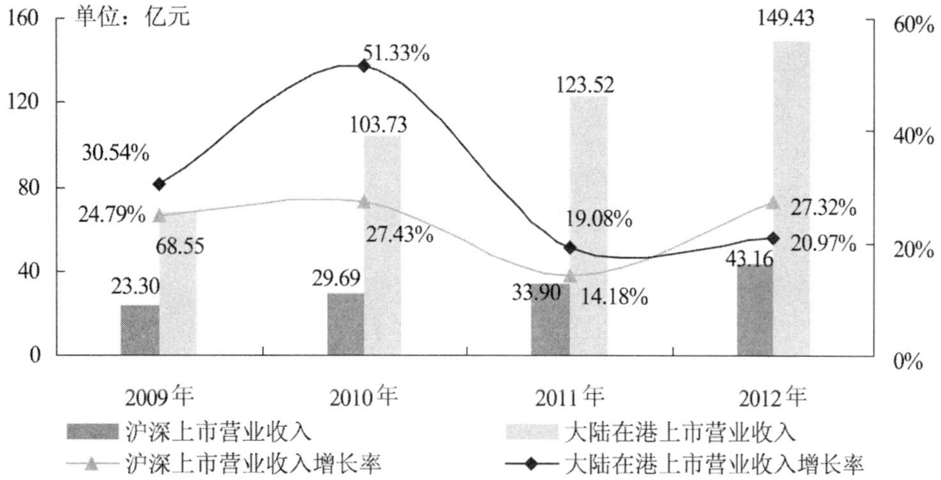

图 1　2009-2012 年沪深及大陆在港上市房地产公司平均营业收入及增长率

2012 年，沪深及大陆在港上市房地产公司的净利润均值为 12.08 亿元，同比增长 20.44%，增速提升 5.67 个百分点。受始于 2011 年的房地产企业“以价换量”策略、以及 2010 年高价地王项目进入结算期的影响，房地产上市公司的利润增速明显低于营业收入。其中，沪深上市房地产公司净利润均值为 6.73 亿元，同比增长 21.33%，大陆在港上市房地产公司净利润均值为 30.09 亿元，同比增长 15.65%，增速分别比营业收入低 5.99、5.32 个百分点。随着 2012 年四季度部分高价项目入市提升盈利空间，沪深上市房地产公司 2013 年一季度净利润均值为 1.08 亿元，同比增长率为 34.40%，利润增速开始出现较快回升。

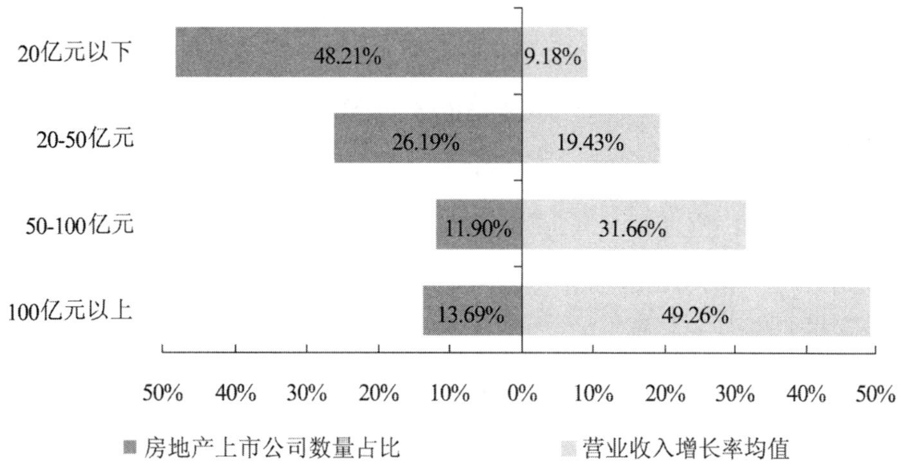

图 2　2012 年不同营业收入区间内房地产上市公司数量占比及营业收入增长率情况

2012 年，房地产上市公司的业绩分化进一步加剧，“强者恒强”态势持续。在沪深及大陆在港上市房地产公司中，营业收入在 100 亿元以上的企业从 2011 年的 18 家增加至 23 家，其营业收入增速均值为 49.26%；收入在 50-100 亿元的企业为 20 家，较上年增加了 1 家，该区间企业的营业收入增速均值为 31.66%；20-50 亿元及 20 亿元以下企业数量分别占 26.19%和 48.21%，其营业收入增长率均值仅为 19.43%和 9.18%。

（2）盈利水平面临挑战，上市房企持续强化成本管控

随着房地产调控的持续深入，房地产上市公司的盈利空间受到挤压。2012 年，沪深、大陆在港上市房地产公司的毛利率均值分别为 36.17%、36.73%，较上年下降了 3.77、4.62 个百分点；净利润率均值分别为 13.57%和 21.93%，较上年下降了 0.66、2.03 个百分点。随着 2012 年下半年房价企稳回升，以及房地产上市

公司为平滑业绩而主动控制结算节奏带来的影响，销售利润率已有改善趋势，沪深上市房地产公司 2013 年一季度的毛利率、净利率均值分别为 37.95%和 14.13%，预计全年整体利润水平将在此基础上逐步企稳回升。

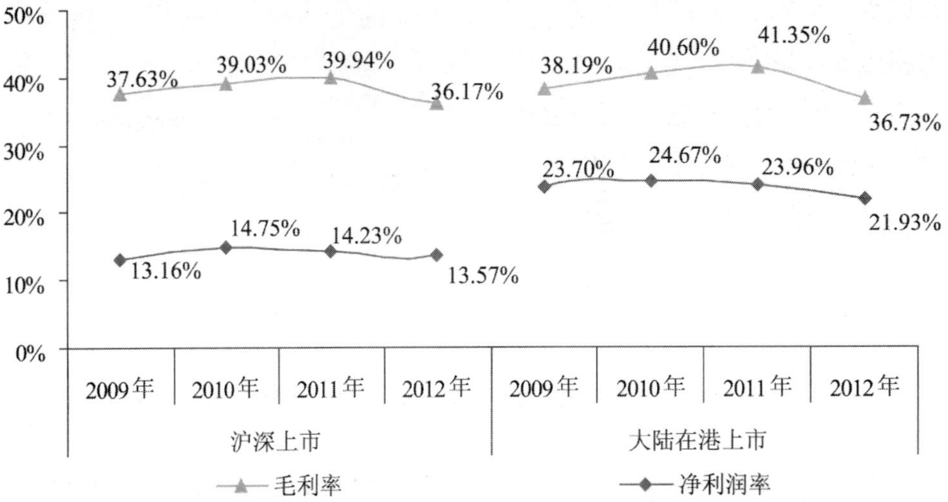

图 3　2009-2012 年沪深及大陆在港上市房地产公司毛利率与净利润率均值

在利润率持续下行的压力下，房地产上市公司更多地通过强化内部管控与运转速度来保持盈利水平。其中，房地产上市公司 2012 年净利润率下降幅度明显小于毛利率，主要得益于其加强了对成本费用的控制。2012 年，沪深及大陆在港上市房地产公司的销售管理财务三项费用率分别较上年下降了 0.91、0.03 个百分点。具体来看，沪深上市房地产公司的销售、管理费用率较上年同期分别下降了 0.38、0.71 个百分点，企业内部管控措施成效显著。

同时，房地产上市公司通过调整投资开发与销售节奏来保持合理的运营效率：在年初存货高企的压力下，企业通过价格调整加快周转，并在土地市场保持谨慎，控制投资节奏；随着 2012 年下半年去化速度提升，以万科、保利、龙湖等为代表的大型上市房企，加强库存补充力度，实现了全年运转效率的稳定。沪深、大陆在港上市房地产公司 2012 年总资产周转率分别为 0.27、0.23，存货周转率分别为 0.41、0.33，基本与上年持平。2013 年一季度，沪深上市房地产公司存货周转率已较上年同期增加了 0.04，越来越多的房地产上市公司持续加快项目结算、储备营运资金，以满足未来扩大投资所需。

2.1.2　股东回报：资产收益水平稳步提高，财富创造能力更趋分化

（1）净资产收益率持续提升，股东收益水平稳步提高

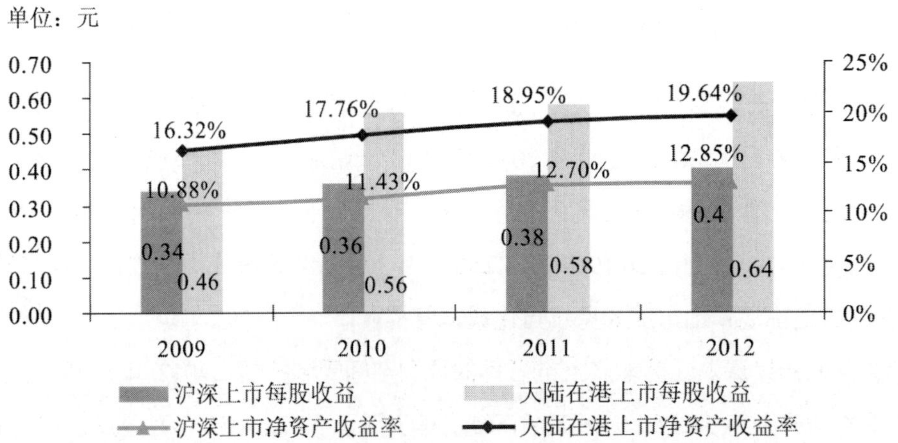

图 4　2009-2012 年沪深及大陆在港上市房地产公司每股收益与净资产收益率均值

2012 年，沪深及大陆在港上市房地产公司的收益表现仍呈上升态势。其中，大陆在港上市房地产公司的净资产收益率均值达到 19.64%，较 2011 年提高 0.69 个百分点，每股收益达到 0.64 元，提升了 0.06 元；同期，沪深上市房地产公司资产收益水平也进一步提升，其每股收益均值为 0.40 元，较 2011 年上升了 0.02 元，净资产收益率均值为 12.85%，同比提高 0.15 个百分点。在整体资产收益水平提升的过程中，一线龙头企业的表现更为突出，如中海、招商的每股收益分别达到 1.86 元与 1.93 元，同比分别增长 24.8%与 27.8%，继续以稳健高效的经营为股东创造较高收益。

（2）资本成本差异扩大，财富创造能力加速分化

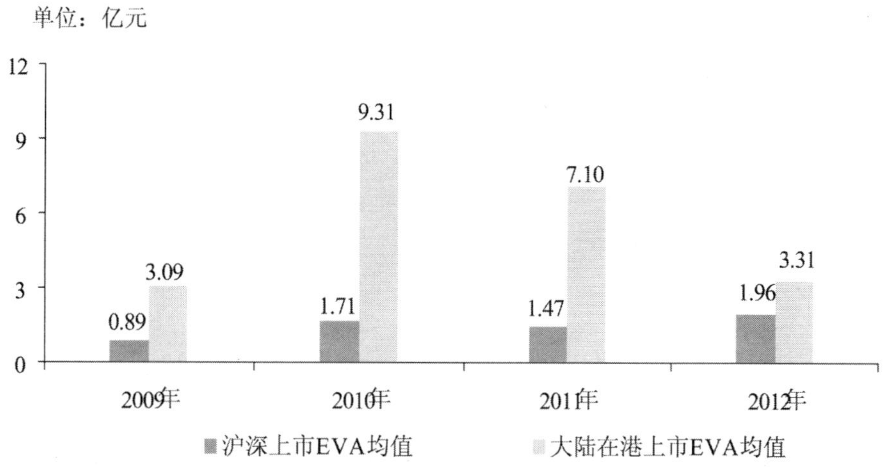

图 5　2009-2012 年沪深及大陆在港上市房地产公司 EVA 均值

2012 年，房地产上市公司的财富创造能力呈现明显分化：沪深上市房地产公司的 EVA 均值为 1.96 亿元，同比增长 33.33%，其绝对值也达到了近 5 年的最高水平；其中，EVA 为正值的企业约占 50%，与上年基本持平，这些企业投入资本创造经济价值的能力继续得以彰显；而大陆在港上市房地产公司创造“经济利润”的能力再度受到削弱，其 2012 年 EVA 均值为 3.31 亿元，较上一年下降显著，其中 EVA 为正值的企业占比为 47%，下降近 20 个百分点。

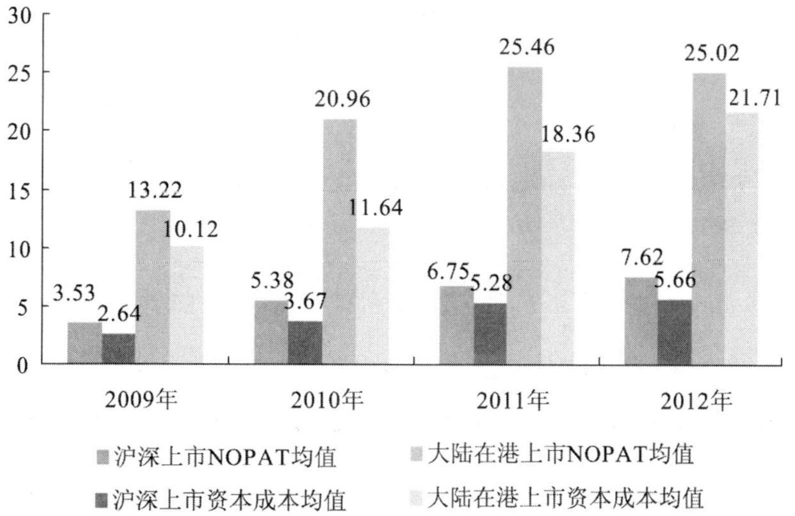

图 6　2009-2012 年沪深及大陆在港上市房地产公司 NOPAT 与资本成本均值

EVA 为税后净营业利润和资本成本的差值。从 2012 年的实际经营情况看，沪深、大陆在港上市房地产

公司的税后净营业利润均值分别为 7.62 亿元和 25.02 亿元，与上年相比基本保持稳定。另外，沪深上市房地产公司的资本成本均值达到 5.66 亿元，增幅为 7.2%，同期大陆在港上市房地产公司资本成本为 21.71 亿元，增幅达 18.25%，远远超过了沪深上市房地产公司的增长速度，这也是导致两个群体 EVA 水平呈现明显分化的重要原因。

2.1.3　财务稳健性：债务压力有所缓解，企业资金面明显改善

（1）资产负债率开始回落，短期债务压力得到缓解

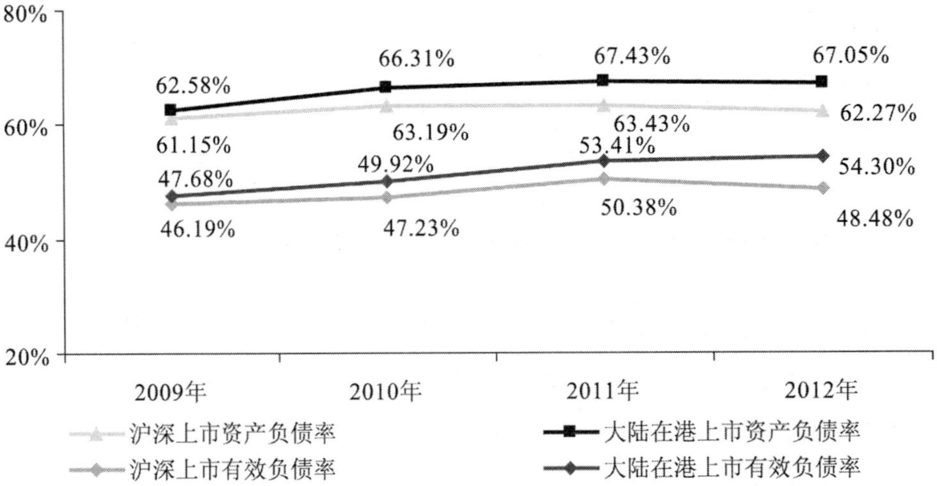

图 7　2009-2012 年沪深及大陆在港上市房地产公司资产负债率与有效负债率均值

截至 2012 年末，沪深上市房地产公司的资产负债率均值为 62.27%，大陆在港上市房地产公司的资产负债率均值为 67.05%，较 2011 年分别下降 1.16 和 0.38 个百分点，是 2009 年以来的首次回落。此外，剔除预收账款后，沪深上市房地产公司 2012 年末的有效负债率均值为 48.48%，同比下降了 1.90 个百分点，而大陆在港上市房地产公司的有效负债率为 54.30%，与上年基本持平。

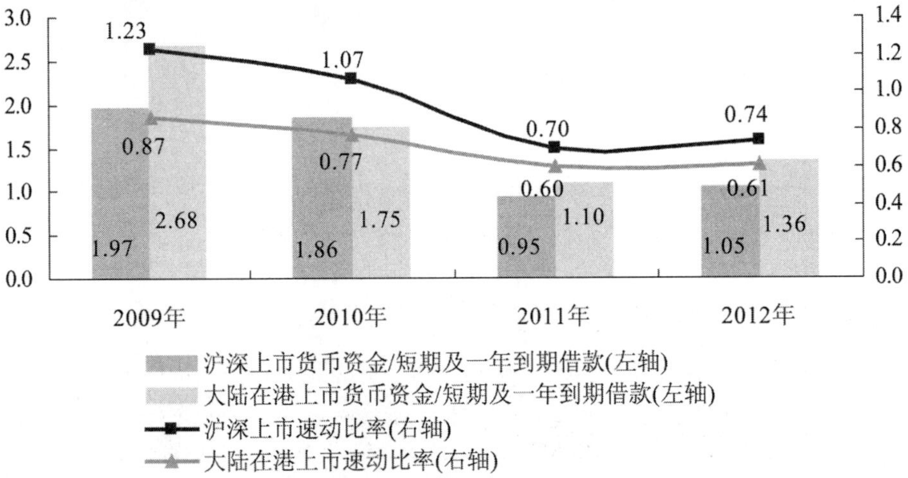

图 8　2009-2012 年沪深及大陆在港上市房地产公司速动比率与货币资金/短期及一年到期借款

在负债水平回落的同时，房地产上市公司的短期偿债能力也进一步加强。2012 年，沪深上市房地产公司的速动比率均值为 0.74，大陆在港上市房地产公司的速动比率均值为 0.61，均高于 2011 年的水平。同期，沪深、大陆在港上市房地产公司货币资金比短期及一年到期借款的均值分别达到 1.05 与 1.36，较 2011 年分

别提升了 0.10 和 0.26，货币资金整体上较为充裕。

（2）现金流状况改善，仍需警惕流动性风险

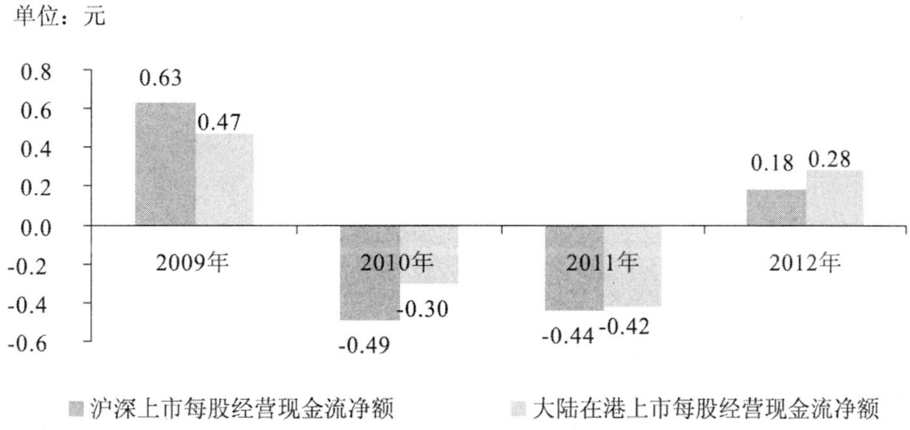

图 9 2009-2012 年沪深及大陆在港上市房地产公司每股经营现金流净额均值

随着销售市场的回暖，沪深、大陆在港上市房地产公司 2012 年每股经营现金流净额均值三年来首次转正，分别达 0.18 元和 0.28 元，一定程度上缓解了近年来现金流持续趋紧的状况。其中，沪深上市房地产公司中，每股经营现金流净额为负的有 60 家，较 2011 年减少 24 家；大陆在港上市房地产公司中，每股经营现金流净额为负值的有 19 家，较 2011 年减少 10 家。

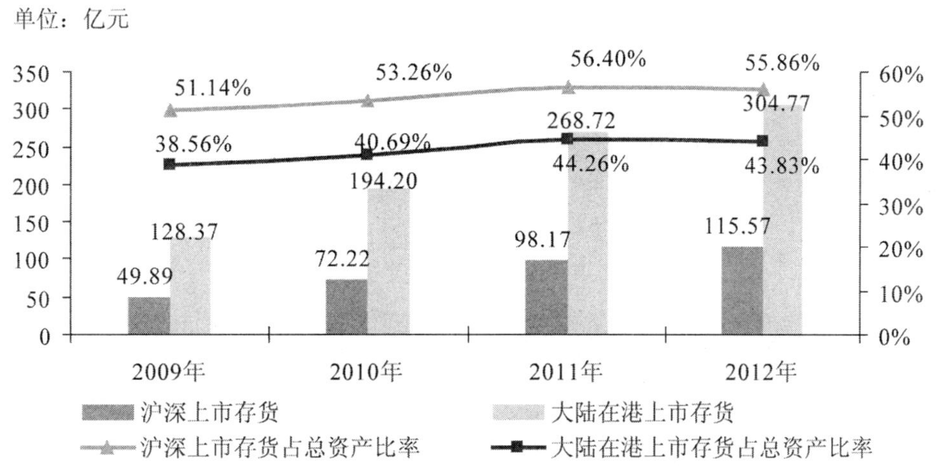

图 10 2009-2012 年沪深及大陆在港上市房地产公司存货及存货占总资产比率情况

从存货状况看，房地产上市公司 2012 年末的存货规模虽然继续攀升，但随着企业去库存策略的强化，其增速已大幅回落。其中，沪深上市房地产公司的存货均值为 115.57 亿元，同比增长了 17.72%，增幅较上年下降了 18.21 个百分点；大陆在港上市房地产公司的存货均值为 304.77 亿元，同比增长 13.42%，增幅下降了 24.95 个百分点。尽管房地产上市公司的财务状况在 2012 年已有明显改善，但其资产负债率、短期偿债能力较 2009 年及 2010 年仍有一定差距。

2.1.4 *投资价值：房地产板块跑赢大市，估值水平有望进一步修复*

（1）房地产板块跑赢大市，市值大幅上扬

在市场回暖及“新型城镇化建设”推进的影响下，投资者持续看好房地产板块。同时，内地房企在香

港资本市场表现同样亮眼，多家公司的股价翻倍，跑赢市场大势。截至 2012 年底，沪深上市房地产公司的平均市值为 83.85 亿元，同比增长 30.18%；大陆在港上市房地产公司平均市值为 208.80 亿元，同比大幅增长 60.99%。未来，随着政策效应及行业基本面的明朗，房地产板块估值修复前景值得期待，尤其是房地产龙头企业万科、中海、保利等，仍有较大的投资潜力。

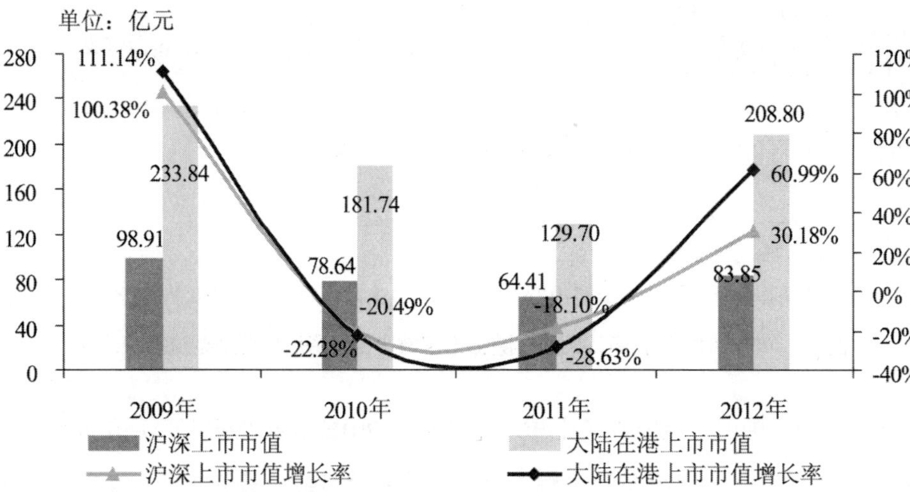

图 11　2009-2012 年沪深及大陆在港房地产上市公司市值均值及其增长率

（2）房地产上市公司估值水平有待进一步修复

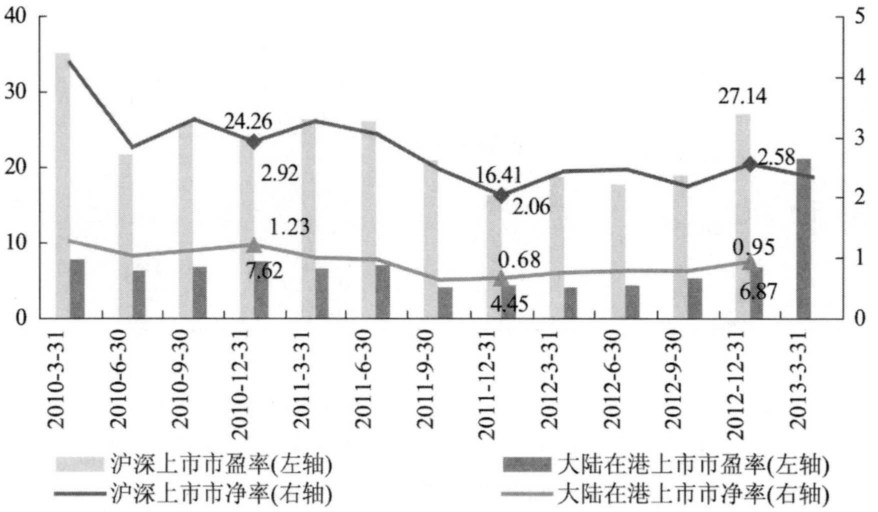

图 12　2010-2013 年一季度沪深及大陆在港上市房地产公司市盈率及市净率变化情况

2012 年，沪深上市房地产公司的市盈率均值由上年的 16.41 上升至 27.14，大陆在港上市房地产公司的市盈率均值也从上年的 4.45 上升至 6.87；同期，沪深、大陆在港上市房地产公司的市净率也分别上升至 2.58 和 0.95。2012 年四季度，在实体经济开始好转，房地产市场回暖及基建投资上升等一系列因素的带动下，多数房地产上市公司股价快速上升，估值水平逐步恢复。

2.2　2013 中国房地产上市公司 TOP10 研究结果

2.2.1　综合实力 TOP10

沪深上市综合实力 TOP10 在 2012 年末总资产均值为 1175.24 亿元，每股收益（EPS）均值为 1.10 元，为同期沪深上市房地产公司均值的 2.75 倍；而大陆在港上市综合实力 TOP10 总资产均值则为 1314.08 亿元，每股收益（EPS）均值为 1.12 元，资产与盈利规模也稳居行业前列。此外，沪深、大陆在港上市综合实力 TOP10 企业的营业收入增长率均值分别高出同类上市公司 16.38、21.00 个百分点，领先优势持续扩大。

2013 沪深上市房地产公司综合实力 TOP10

2013 排名	股票代码	股票简称
1	000002.SZ	万科 A
2	600048.SH	保利地产
3	600383.SH	金地集团
4	000024.SZ	招商地产
5	000402.SZ	金融街
6	600376.SH	首开股份
7	000069.SZ	华侨城 A
8	600340.SH	华夏幸福
9	600208.SH	新湖中宝
10	600266.SH	北京城建

2013 中国大陆在港上市房地产公司综合实力 TOP10

2013 排名	股票代码	股票简称
1	3333.HK	恒大地产
2	0688.HK	中国海外发展
3	0960.HK	龙湖地产
4	1109.HK	华润置地
5	3900.HK	绿城中国
6	2007.HK	碧桂园
7	2777.HK	富力地产
8	3377.HK	远洋地产
9	0817.HK	方兴地产
10	1238.HK	宝龙地产

2.2.2 财富创造能力 TOP10

2013 沪深上市房地产公司财富创造能力 TOP10

2013 排名	股票代码	股票简称
1	000002.SZ	万科 A
2	600048.SH	保利地产
3	000024.SZ	招商地产
4	000069.SZ	华侨城 A
5	600383.SH	金地集团
6	600340.SH	华夏幸福
7	002146.SZ	荣盛发展
8	600266.SH	北京城建
9	002244.SZ	滨江集团
10	000031.SZ	中粮地产

2013 中国大陆在港上市房地产公司财富创造能力 TOP10

2013 排名	股票代码	股票简称
1	0688.HK	中国海外发展
2	0960.HK	龙湖地产
3	1109.HK	华润置地
4	0410.HK	SOHO 中国
5	1638.HK	佳兆业集团
6	3900.HK	绿城中国
7	3377.HK	远洋地产
8	1813.HK	合景泰富
9	1030.HK	新城发展控股
10	2868.HK	首创置业

沪深上市房地产公司财富创造能力 TOP10 在 2012 年的 EVA（经济增加值）均值达到 25.14 亿元，为同期沪深上市房地产公司 EVA 均值的 12.83 倍；中国大陆在港上市房地产公司财富创造能力 TOP10 的 EVA 均值为 36.41 亿元，达同期大陆在港上市房地产公司 EVA 均值的 11 倍，继续保持领先优势。

2.2.3 财务稳健性 TOP10

2013 沪深、大陆在港上市房地产公司财务稳健性 TOP10 有效负债率均值分别为 47.39%和 49.55%，低于同期沪深、大陆在港上市房地产公司均值，企业实际偿债压力较小；其每股经营现金流净额均值分别为

0.98 元和 0.68 元，也明显领先同类上市公司。可见，合理的负债水平、充裕的现金流基本保证了这些企业财务状况的安全与稳定，持续经营优势值得资本市场关注。

2013 沪深上市房地产公司财务稳健性 TOP10

2013 排名	股票代码	股票简称
1	000002.SZ	万科 A
2	600383.SH	金地集团
3	000024.SZ	招商地产
4	600048.SH	保利地产
5	000402.SZ	金融街
6	600266.SH	北京城建
7	000069.SZ	华侨城 A
8	600340.SH	华夏幸福
9	600376.SH	首开股份
10	000926.SZ	福星股份

2013 中国大陆在港上市房地产公司财务稳健性 TOP10

2013 排名	股票代码	股票简称
1	0688.HK	中国海外发展
2	1109.HK	华润置地
3	3333.HK	恒大地产
4	0960.HK	龙湖地产
5	0410.HK	SOHO 中国
6	3377.HK	远洋地产
7	2007.HK	碧桂园
8	0817.HK	方兴地产
9	1238.HK	宝龙地产
10	1628.HK	禹洲地产

2.2.4 投资价值 TOP10

2013 沪深上市房地产公司投资价值 TOP10

2013 排名	股票代码	股票简称
1	000002.SZ	万科 A
2	600048.SH	保利地产
3	600383.SH	金地集团
4	000402.SZ	金融街
5	600340.SH	华夏幸福
6	000024.SZ	招商地产
7	000656.SZ	金科股份
8	000926.SZ	福星股份
9	000981.SZ	银亿股份
10	000732.SZ	泰禾集团

2013 中国大陆在港上市房地产公司投资价值 TOP10

2013 排名	股票代码	股票简称
1	3333.HK	恒大地产
2	0688.HK	中国海外发展
3	0960.HK	龙湖地产
4	1109.HK	华润置地
5	1638.HK	佳兆业集团
6	3900.HK	绿城中国
7	2777.HK	富力地产
8	0817.HK	方兴地产
9	1628.HK	禹洲地产
10	0884.HK	旭辉控股集团

2013 沪深、大陆在港上市房地产公司投资价值 TOP10 每股收益均值分别达到 1.09 元、1.08 元，是同期沪深、大陆在港上市房地产公司均值的 2.73 倍和 1.69 倍；其净利润均值则分别达 41.67 亿元、57.05 亿元，是同期沪深、大陆在港上市房地产公司均值的 6.19 倍、1.90 倍，投资价值持续显现。

2.3　2013 园区开发上市公司竞争力 TOP10 研究结果

在加快中国新型城镇化发展的过程中，产业园区作为产业调整和升级的重要平台，持续聚焦创新资源、培育新型产业，正发挥着越来越重要的作用。2013 园区开发上市公司竞争力 TOP10 把握行业发展机遇，积极优化园区运营模式、强化多元服务体系建设，在园区吸引投资额、园区进驻企业数目、园区产值等指标上不断突破，实现了较好的经营绩效，持续引领行业发展方向。

2013 园区开发上市公司竞争力 TOP10

2013 排名	股票代码	股票简称
1	600663.SH	陆家嘴
2	600064.SH	南京高科
3	600895.SH	张江高科
4	600736.SH	苏州高新
5	600639.SH	浦东金桥
6	600133.SH	东湖高新
7	000573.SZ	粤宏远 A
8	600463.SH	空港股份
9	600082.SH	海泰发展
10	000628.SZ	高新发展

3 结语

随着房地产调控步入常态化，房地产企业将持续面临利润率逐步下降、融资趋紧的行业环境。在此背景下，房地产上市公司在 2012 年积极应对，持续优化市场战略布局与产品结构，并主动采取灵活销售策略，实现业绩的明显好转。此外，房地产上市公司更加“强管理、重实效”，积极提升成本管控水平、创新多元融资体系以降低资本成本，经营更趋稳健。其中，龙头上市房企的竞争优势日益显现，表现出更快的成长速度与更高的经营绩效，在高速扩张的过程中引领行业集中度稳步提升。

在新型城镇化建设推进的背景下，庞大住房需求仍将继续支撑房地产市场平稳快速发展，房地产上市公司迎来新一轮的发展契机。2013 年，随着行业基本面的明朗和政策的稳定，房地产板块估值修复值得期待。其中，布局完善、产品多元、模式成熟的龙头上市公司投资潜力更为凸显，财务状况良好、具有区域竞争优势的区域龙头房企也将面临广阔的成长空间，值得投资者重点关注。而对于更多房地产上市企业来说，如何紧跟市场导向把握发展机遇，并不断提升管理效率、创建多元融资体系，将是实现可持续成长的关键。

附录四 2013 中国房地产品牌价值研究报告

1 研究背景与目的

2013 年上半年房地产市场保持了较快发展，品牌房企在激烈的市场竞争中取得了良好业绩，引领行业步入品牌竞争的新时代。品牌凝聚客户心智，助力企业强势占领细分市场；品牌提高产品溢价能力，保障企业不断拓展盈利空间；品牌铸就行业领跑者！持续强化品牌战略、合理经营品牌资产、精心塑造品牌形象，将成为优秀品牌房地产企业打造常青基业的重要保障。

2013 中国房地产品牌价值研究全面启动以来，由国务院发展研究中心企业研究所、清华大学房地产研究所和中国指数研究院三家研究机构共同组成的“中国房地产 TOP10 研究组”，在深入理解国家政策的基础上，针对中国房地产企业的整体发展状况，进一步完善了 2013 中国房地产品牌价值研究的方法体系，为更加客观地评价企业品牌实力提供了理论与实践依据，通过品牌价值的客观评价彰显优秀企业的品牌发展成就、促进企业有效提升品牌建设水平，推动中国房地产行业健康有序发展。2013 中国房地产品牌价值研究也是继 2004 以来中国房地产 TOP10 研究组连续第十年对中国房地产企业的品牌价值开展研究。

2 2013 中国房地产品牌价值研究成果

2.1 2013 中国房地产公司品牌价值 TOP10

表 1 2013 中国房地产行业领导公司品牌

领导属性	品牌	企业名称	品牌价值（亿元）
价值创造	中海地产	中国海外发展有限公司	297.74
规模效益	万科	万科企业股份有限公司	296.03
成长速度	保利地产	保利房地产（集团）股份有限公司	260.92

2013 中海地产品牌价值达 297.74 亿元，同比增长 20.31%。中海地产秉承“诚信卓越、精品永恒”的品牌理念并体现于企业运营的各个环节，坚定不移的“选择主流城市，甄选主流地段，建筑主流作品，传播主流价值”，2012 年销售额和净利润分别达到 1115.2 亿港元和 188.32 亿港元，盈利能力高居行业之首。2013 万科品牌价值达 296.03 亿元，同比增长 19.97%。万科以市场、客户、股东为导向，持续提升效率、优化管

理，推进住宅产业化战略，2012年销售额达1412.3亿元，再度领跑国内房地产市场。2013保利地产品牌价值达260.92亿元，同比增长23.43%。保利地产凭借敏锐的市场嗅觉、专业的开发能力和领先的品牌优势，提前3年完成了企业“总资产过2500亿、年销售额过千亿、年利润过百亿”的目标，2012年总资产为2512亿元，销售额达1017亿元，同比增长率为38.9%，成功跻身千亿俱乐部。

表2 2013中国房地产公司品牌价值TOP10（混合所有）

品牌	企业名称	品牌价值（亿元）
恒大地产	恒大地产集团有限公司	194.10
绿城	绿城集团	190.09
合生创展	合生创展集团有限公司	98.97
龙湖地产	龙湖地产有限公司	90.04
融创中国	融创中国控股有限公司	69.12
世茂	上海世茂股份有限公司	68.81
金科股份	金科地产集团股份有限公司	67.03
佳兆业	佳兆业集团控股有限公司	60.58
沿海绿色家园	沿海绿色家园集团	51.25
华夏幸福基业	华夏幸福基业股份有限公司	49.28

2013混合所有品牌企业调整产品策略，以合理、多元化的产品结构和不断提升的产品口碑契合市场主流需求，实现品牌影响力的稳步提升；均衡布局与深耕重点区域相结合，持续强化品牌辐射力。绿城严格要求产品开发的各个环节，在业内外获得较高的品牌美誉度和忠诚度，荣膺“2013中国房地产顾客满意度领先品牌”；世茂以客户需求为导向，因地制宜打造满足不同城市市场需求的商业综合体；恒大地产继续强化二、三线城市的均衡布局，发展成为中国销售面积最多、城市布局最广的全国房企；金科股份紧跟新型城镇化步伐，推动城市协调发展和区域价值的全方位提升；佳兆业坚持区域深耕和多元化、规模化开发的策略。

表3 2013中国房地产公司品牌价值TOP10（国有）

品牌	企业名称	品牌价值（亿元）
绿地	绿地集团	105.87
首开	北京首都开发控股（集团）有限公司	95.23
远洋地产	远洋地产控股有限公司	94.60
中信地产	中信房地产股份有限公司	92.73
招商地产	招商局地产控股股份有限公司	91.87
金地集团	金地（集团）股份有限公司	82.49
金融街控股	金融街控股股份有限公司	74.69
北京城建地产	北京城建投资发展股份有限公司	65.91
首创置业	首创置业股份有限公司	63.21
天房集团	天津市房地产开发经营集团有限公司	48.25

2013 国有品牌企业积极开展多元业务转型，愈发注重对城市可持续发展价值的挖掘，实现更深远的品牌影响，其发展表现出如下特点：抓住城镇化发展机遇，积极拓展多元化业务，进一步丰富企业品牌内涵；坚持履行社会责任，提升城市价值。中信地产打造“一站式生态度假新生活”理念加速布局旅游地产；首创置业提出“城市综合营运模式”，通过各产业之间的连横整合实现了良好的品牌协同效应；招商地产形成四大核心价值体系，被誉为中国地产界“城市运营”、“可持续发展”最早的实践者和成功典范；金融街控股通过房地产开发平台，实现区域产业功能重组，带动产业发展，以模式创新成就品牌价值。

表 4　2013 中国华东房地产公司品牌价值 TOP10

品牌	企业名称
新城	新城控股集团有限公司
滨江集团	杭州滨江房产集团股份有限公司
嘉凯城	嘉凯城集团股份有限公司
仁恒置地	仁恒置地集团有限公司
景瑞地产	景瑞地产（集团）股份有限公司
大华集团	上海大华（集团）有限公司
金龙集团	浙江金龙房地产投资集团有限公司
象屿地产	厦门象屿建设集团有限责任公司
翠屏集团	翠屏国际控股有限公司
浙江广厦	浙江广厦股份有限公司

2013 华东品牌企业的品牌价值均值为 26.55 亿元，同比增长 22.19%。华东区域品牌企业从对住宅建筑产品的关注上升至人文关怀。新城、景瑞地产、滨江集团、翠屏集团注重品质、品位和文化内涵等品牌价值理念的建设，不断满足现代人心理层次的需求。

表 5　2013 中国华南房地产公司品牌价值 TOP10

品牌	企业名称
碧桂园	碧桂园控股有限公司
卓越集团	卓越置业集团有限公司
深业	深业集团有限公司
禹洲	禹洲地产股份有限公司
奥园	中国奥园地产集团股份有限公司
花样年	花样年集团（中国）有限公司
方圆	方圆地产控股有限公司
福晟	福晟集团有限公司
奥宸地产	奥宸地产（集团）有限公司
力高（中国）地产	力高（中国）地产有限公司

2013 华南品牌企业的品牌价值均值为 32.87 亿元，同比增长 20.97%。华南区域品牌企业经营稳健性与成长潜力不断提升。卓越集团、奥园、深业、力高（中国）地产在房地产市场转型的过程中，凭借对市场

的准确判断，不断拓展和完善业务结构，品牌价值快速提升。

表 6 2013 中国华北房地产公司品牌价值 TOP10

品牌	企业名称
中粮地产	中粮地产（集团）股份有限公司
方兴地产	方兴地产（中国）有限公司
SOHO中国	SOHO中国有限公司
金隅嘉业	北京金隅嘉业房地产开发有限公司
鑫苑（中国）置业	鑫苑（中国）置业有限公司
泰达建设	天津泰达建设集团有限公司
融科智地	融科智地房地产开发有限公司
京汉置业	京汉置业集团股份有限公司
万通地产	北京万通地产股份有限公司
华远地产	华远地产股份有限公司

2013 华北品牌企业的品牌价值均值为 22.93 亿元，同比增长 18.58%。华北区域的品牌企业注重在发展中回馈社会，积极彰显企业公民情怀，有效提升了企业品牌的社会认知。SOHO 中国、金隅嘉业、万通地产等在致力于建设高品质物业的同时，关注民生、积极践行社会公民理念，品牌美誉度和忠诚度不断提升。

表 7 2013 中国中部房地产公司品牌价值 TOP10

品牌	企业名称
建业地产	建业地产股份有限公司
福星惠誉	福星惠誉房地产有限公司
百步亭	百步亭集团有限公司
武汉地产集团	武汉地产开发投资集团有限公司
正商	河南正商置业有限公司
三江航天地产	武汉三江航天房地产开发有限公司
名流置业	名流置业集团股份有限公司
奥山集团	奥山集团
高速地产	安徽高速地产集团有限公司
楷林	河南楷林置业有限公司

2013 中部品牌企业的品牌价值均值为 19.79 亿元，同比增长 20.87%。中部区域品牌房企在实现规模化发展的同时，更加注重产品品质和服务质量的提升。建业地产、百步亭、三江航天地产等企业为客户提供高品质产品、提升一流服务，品牌影响力持续扩散。

表 8 2013 中国西部房地产公司品牌价值 TOP10

品牌	企业名称
蓝光BRC	四川蓝光和骏实业股份有限公司
俊发地产	俊发地产有限责任公司
东原地产	重庆东原房地产开发有限公司
新鸥鹏集团	NEWOPEN（中国）企业集团有限公司
同景地产	重庆同景置业有限公司
实力集团	云南实力房地产开发经营集团有限公司
长安地产	重庆长安房地产开发有限公司
成都置信	成都置信实业（集团）有限公司
同德集团	云南同德实业集团有限公司
紫薇地产	西安紫薇房地产开发有限公司

2013 西部品牌企业的品牌价值均值为 12.45 亿元，同比增长 23.77%。西部区域品牌企业不断挖掘品牌潜力，在稳健中求创新，树立差异化的品牌形象。蓝光地产、俊发地产、东原地产、新鸥鹏集团倡导和引领绿色生活的居住理念，推动开发项目成为人居新标杆。

2.2 2013 中国房地产产品品牌价值 TOP10

表 9 2013 中国房地产专业领先品牌价值 TOP10

品牌	企业名称	专业领域
北辰实业	北京北辰实业股份有限公司	复合地产
沿海绿色家园	沿海绿色家园集团	健康住宅
卓越集团	卓越置业集团有限公司	CBD商务地产
三盛宏业	上海三盛宏业投资（集团）有限责任公司	园林地产
福星惠誉	福星惠誉房地产有限公司	城中村旧城改造
上实城开	上海实业城市开发集团有限公司	核心区域运营
联发集团	联发集团有限公司	多元聚合
佳兆业	佳兆业集团控股有限公司	城市更新
朗诗地产	朗诗地产股份有限公司	绿色科技地产
融汇地产	融汇地产（集团）有限公司	温泉旅游地产

专业领先品牌企业在产品方面精雕细琢，业务经营日益精进。北辰实业、融汇地产依托专业领域，铸造专业特色，深度挖掘品牌价值，构建品牌专业优势；卓越集团、三盛宏业、沿海绿色家园为品牌价值注入人文情怀，构建和谐人居理念。

表 10　2013 中国房地产住宅项目品牌价值 TOP10

项目品牌	企业名称
孔雀城	华夏幸福基业股份有限公司
中海1号系列	中国海外发展有限公司
绿城·金华御园	绿城房产建设管理有限公司
珠海中信红树湾	中信房地产股份有限公司
保利·天悦	保利房地产（集团）股份有限公司
金科大社区	金科地产集团股份有限公司
广厦天都城	浙江天都实业有限公司
龙湖·两江新宸	龙湖地产有限公司
蓝光COCO系	四川蓝光和骏实业股份有限公司
嘉凯城·徐汇中凯城市之光	嘉凯城集团股份有限公司

住宅品牌项目均为品牌房企精雕细琢的成熟产品，并在全国多个地域成功复制，与企业品牌实现了协同发展。中海 1 号系列、中信红树湾等项目品牌通过不断提升项目品质，积累良好的口碑以获得更高的认知度；孔雀城、绿城•金华御园等项目品牌承载浓厚的人文理念，通过产品品牌内涵展示企业文化价值观。

表 11　2013 中国房地产地方项目品牌价值 TOP10

项目品牌	企业名称
瑞仕系列	上海城建置业发展有限公司
云系列	中粮地产（集团）股份有限公司
福晟钱隆系列	福晟集团有限公司
保集·澜湾	上海保集（集团）有限公司
东原1891时光道	重庆东原房地产开发有限公司
兴茂·悠然南山	重庆市兴茂产业发展（集团）有限公司
奥山世纪城	奥山集团
庭瑞集团「大观澜系」	庭瑞集团股份有限公司
十里方圆	方圆地产控股有限公司
团泊湖·光耀城	光耀集团

地方项目品牌深度挖掘所在地的人居理念，将自身的产品作为当地建筑文化的载体。上海城建瑞仕系列、中粮地产云系列、福晟钱隆系列、保集•澜湾、东原 1891 时光道、兴茂•悠然南山、奥山世纪城等项目均成为极富本土文化韵味的高品质项目。

2.3 2013 中国特色地产品牌价值 TOP10

表 12 2013 中国商业地产公司品牌价值 TOP10

品牌	企业名称
万达	大连万达集团股份有限公司
宝龙	宝龙地产控股有限公司
华润置地	华润置地有限公司
圆融集团	苏州圆融发展集团有限公司
隆基泰和	隆基泰和实业有限公司
五洲国际	五洲国际控股有限公司
东方银座集团	东方银座集团中国有限公司
钰龙集团	钰龙集团有限公司
步步高置业	步步高置业有限责任公司
银泰置地	银泰置地（集团）有限公司

随着宏观调控的持续深入，中国房地产市场进入行业转型期，商业地产、产业地产、旅游地产等特色地产领域成为房地产企业转型的重要选择。宝龙、隆基泰和、钰龙集团等商业地产商加强细分市场定位，产品组合日益丰富；东方银座、步步高置业等企业创新业务运营模式，进行全国化复制，扩大品牌影响力。

表 13 2013 中国商业地产项目品牌价值 TOP10

项目品牌	企业名称
万达广场	大连万达商业地产股份有限公司
宝龙城市广场	宝龙地产控股有限公司
华润万象城	华润置地有限公司
圆融（时代）广场	苏州圆融发展集团有限公司
泰禾广场	泰禾集团股份有限公司
和道国际	隆基泰和实业有限公司
昆明广场	云南同德实业集团有限公司
东方银座中心城	东方银座集团中国有限公司
重庆高科·重庆涉外商务区	重庆高科集团有限公司
丰隆城市中心	苏州豪城建屋置业有限公司

优秀商业地产品牌项目把握商业地产发展趋势，充分整合内外部资源，通过不断契合消费者需求、增强产品差异化竞争优势，形成了鲜明的品牌特色。万达广场、重庆高科•重庆涉外商务区等项目品牌继续强化多业态运营，成为城市功能高效整合的重要载体；华润万象城、泰禾广场等项目品牌持续向精细化、体验化发展。

表 14 2013 中国产业地产品牌价值 TOP10

品牌	企业名称
联东U谷	联东集团
张江高科	上海张江高科技园区开发股份有限公司
光谷联合	武汉光谷联合集团有限公司
天安数码城	天安数码城集团
重庆高科	重庆高科集团有限公司
华南城	华南城控股有限公司
中新集团	中新苏州工业园区开发集团股份有限公司
东湖高新	武汉东湖高新集团股份有限公司
海泰发展	天津海泰科技发展股份有限公司
百世金谷	百世金谷实业有限公司

产业地产品牌企业以产业为依托、地产为载体，强力整合土地、资金、管理、政府、入园企业等众多资源，不断积累丰富的运营经验，确立行业领先品牌竞争优势。联东 U 谷、百世金谷不断开展业务产品创新，大力发展跨业态产业综合体以契合市场需求；光谷联合等品牌企业完善园区增值服务，持续提升园区核心竞争力，园区品牌满意度明显增强。

表 15 2013 中国旅游地产项目品牌价值 TOP10

项目品牌	企业名称
欢乐谷	华侨城集团公司
万达长白山国际度假区	大连万达集团股份有限公司
龙湖“山·海·湖”	龙湖地产有限公司
保利·石象湖	保利房地产（集团）股份有限公司
恒大海上威尼斯	恒大地产集团有限公司
华润石梅湾	华润置地有限公司
金融街·巽寮湾	金融街控股股份有限公司
海南清水湾	雅居乐地产控股有限公司
实力·沧海一墅	云南实力房地产开发经营集团有限公司
梦云南	云南省城市建设投资集团有限公司

旅游地产已成为品牌房企转型的热点领域，独具特色的品牌项目不断涌现，引领旅游度假地产市场的发展。实力•沧海一墅、云南城投“梦云南”等旅游项目品牌注重整合多方资源，配套设施不断完善；华侨城集团的欢乐谷项目、恒大的海上威尼斯项目强调品牌个性，重视产品质量和产品功能，满足客户差异化、个性化需求。

3 2013 中国房地产品牌价值研究成果分析

3.1 品牌价值持续快速增长，全方位提升市场竞争力

中国房地产市场调控持续深化，行业发展速度趋于理性，房地产将逐步回归其基本的居住属性。品牌作为提供优质产品、履行服务承诺的重要保证，在激烈的市场竞争中，成为驱动企业快速发展的重要引擎，而品牌企业凭借良好的市场表现、强大的品牌影响力和资源整合力，进一步巩固优势品牌地位，促进了品牌价值的快速累积：

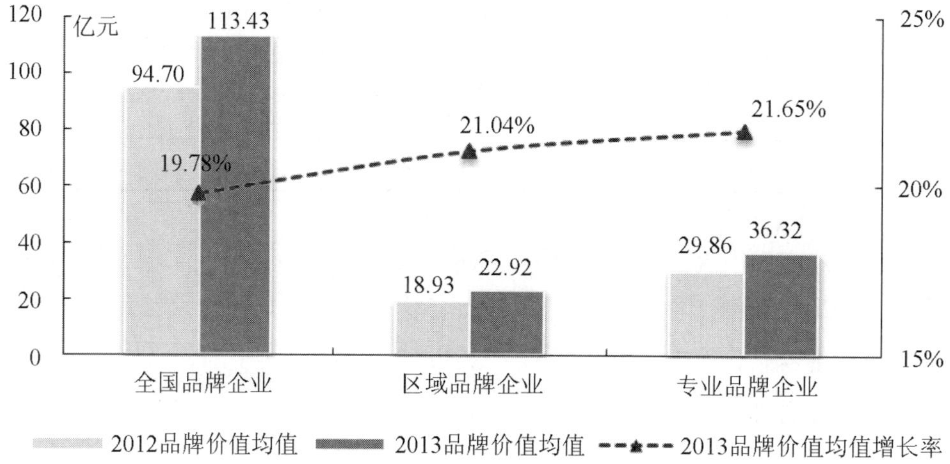

图 1 2013 全国、区域、专业品牌企业近两年品牌价值均值及其变化

2013 全国品牌企业品牌价值均值为 113.43 亿元，同比增长 19.78%。其中，行业领导公司品牌中海地产、万科与保利地产的品牌价值分别达 297.74 亿元、296.03 亿元和 260.92 亿元，超过全国品牌企业品牌价值均值的 2.3 倍，强势品牌的领先优势持续彰显。

2013 区域品牌企业品牌价值均值为 22.92 亿元，同比增长 21.04%。其中，华南、华东、华北、中部四大区域品牌企业的品牌价值均值分别为 32.87 亿元、26.55 亿元、22.93 亿元和 19.79 亿元，西部地区受益于地方经济与区域地产市场的快速发展，品牌价值均值为 12.45 亿元，同比增长率达到 23.77%，增长速度高于其他地区。

2013 专业领先品牌企业持续深耕专业细分市场，在各自领域建立了稳固的市场优势地位，实现了经营业绩的稳定增长及品牌价值的有效积累，品牌价值均值为 36.32 亿元，同比增长 21.65%，增长潜力突出。

（1）品牌成为企业在市场调整中的量价驱动器，保障业绩稳定增长

房地产市场的调整态势仍在持续，品牌作为与消费者长期联系的纽带，已成为企业在市场竞争中重要的量价驱动器，不仅在市场低潮期推动品牌房企成功实施“以价换量”策略，也在市场高潮期显著提升企业的创利能力，成为品牌房企稳定市场业绩和提升盈利能力的重要保障。

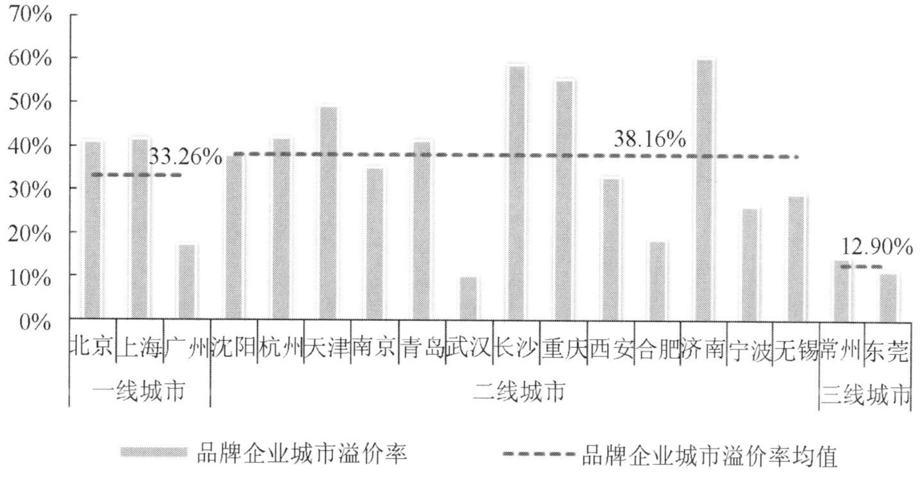

图 2　十家全国品牌企业 2012 年在各区域及重点城市的销售溢价率情况[1]

研究组选取了十家全国品牌企业，计算其分别在 2012 年共同进入城市的销售均价，并对比该城市商品房成交均价计算品牌企业的城市溢价率，研究发现，十家全国品牌企业的城市溢价率均值为 34.54%，其中品牌企业的溢价率在重点布局且需求旺盛、消费能力强的一、二线城市中更高，分别为 33.26%和 38.16%，品牌形象得到消费者的深度认可；而三线城市则受 2012 年市场需求放缓的影响，溢价率均值低于一、二线城市。

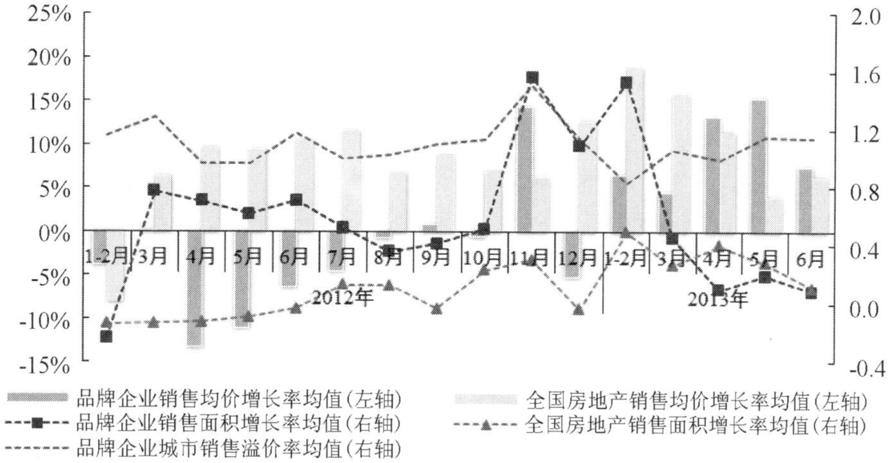

图 3　十家全国品牌企业 2012 年-2013 年 6 月与全国房地产的销售均价及销售面积增长率情况

除了取得更高的销售溢价外，品牌的市场竞争力也可改变产品的价格弹性。十家全国品牌企业的销售均价与全国相比始终保持了 1 倍上下的销售溢价率，在此基础上随着“以价换量”策略的实施，品牌企业在 2012 年至 2013 年一季度每月的销售面积增长率高出全国同期 20-125 个百分点，品牌优势显著驱动了业绩的快速增长；而 2013 年二季度的销售均价明显提高，其单月销售均价增长率已显著超过全国，但普遍放缓了销售节奏，在保持稳定销售增长速度的同时获得了更高的溢价。

（2）品牌助推企业进一步完善产品与区域布局，全面覆盖市场

[1]选取的十家全国品牌企业分别为中海、万科、保利、恒大、绿城、世茂、融创、龙湖、金地和远洋；18 个城市的选取标准为十家全国品牌企业中至少有五家进入的城市。

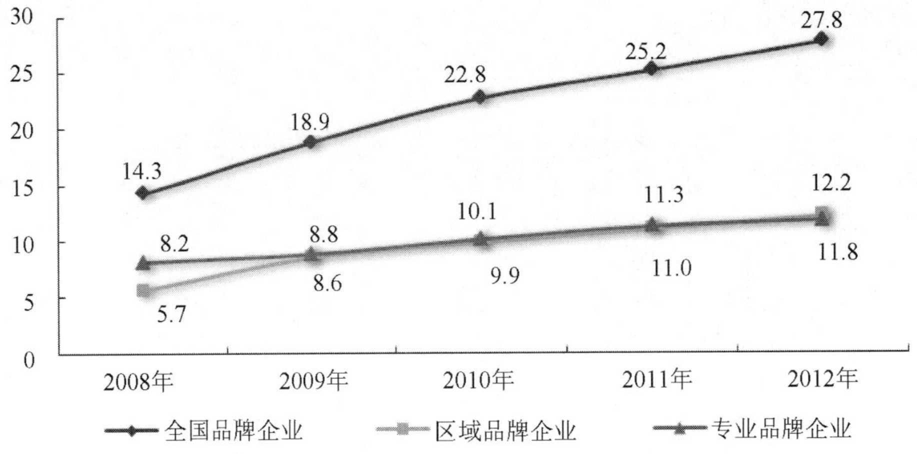

图 4　2008-2012 年全国、区域、专业品牌企业进入城市数量情况

2012 年，品牌企业凭借更丰富的产品线与更广泛的市场布局完善市场覆盖，有效增强了品牌的市场竞争力。一方面，品牌企业针对不同层次的消费群体实现多元化的产品覆盖，另一方面，品牌企业凭借其品牌影响的全国联动效应，保持向外拓展与巩固市场并行，品牌区域延伸能力得到持续强化，表现在以下方面：①品牌企业的区域布局更为广泛。2012 年，全国品牌企业平均进入城市数量达到 27.8 个，较上年增加了 2.6 个。区域品牌企业与专业品牌企业以拓展二线新城市为主，进入城市数量均值分别为 12.2 个和 11.8 个，分别较上年增加约 1 个城市；②品牌企业向外拓展时被新市场接受的速度也在增强；③品牌企业在重点城市的品牌地位更加巩固。

（3）依托品牌竞争优势，全国品牌企业 2013 上半年市场份额达到 20.35%

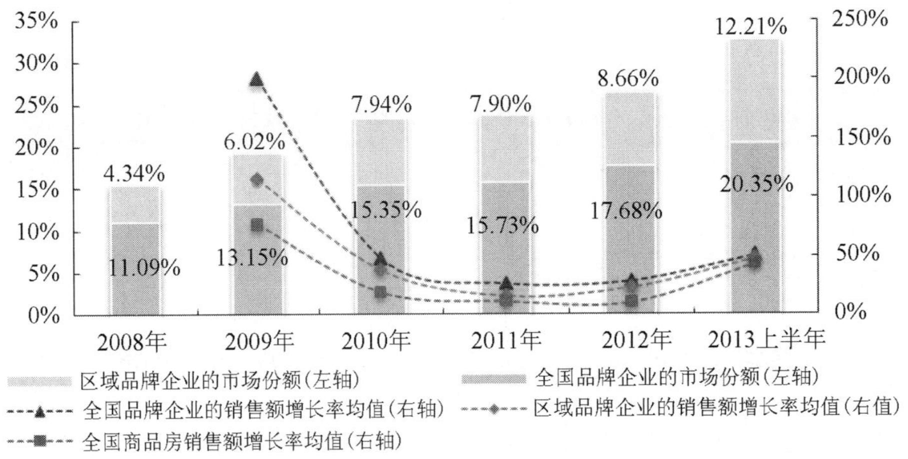

图 5　2013 全国、区域品牌企业近 6 年市场份额与销售额增长率分析

全国品牌企业和区域品牌企业 2012 年销售额增长率均值为 28.63%和 22.99%，2013 上半年的销售额增长率分别高达 50.54%和 47.78%，品牌领先优势明显；23 家全国品牌企业截止 2013 年上半年的市场份额已超过 20%，较 2012 年底提升了 2.67 个百分点，区域品牌企业的市场份额则提升了 3.55 个百分点，行业集中度持续提升。

3.2　围绕客户深化品牌管理，多元组合助推业务延伸

品牌管理是培育和提升品牌价值的重要途径，2012 年品牌企业通过进一步强化品牌组合的协同作用、完善品牌管理职能体系、强化客户关系管理，使企业在多业务领域、多区域的延伸中实现品牌效益的最大

化，树立了品牌的长期竞争优势。

（1）构建多元品牌组合体系，有效促进企业业务延伸

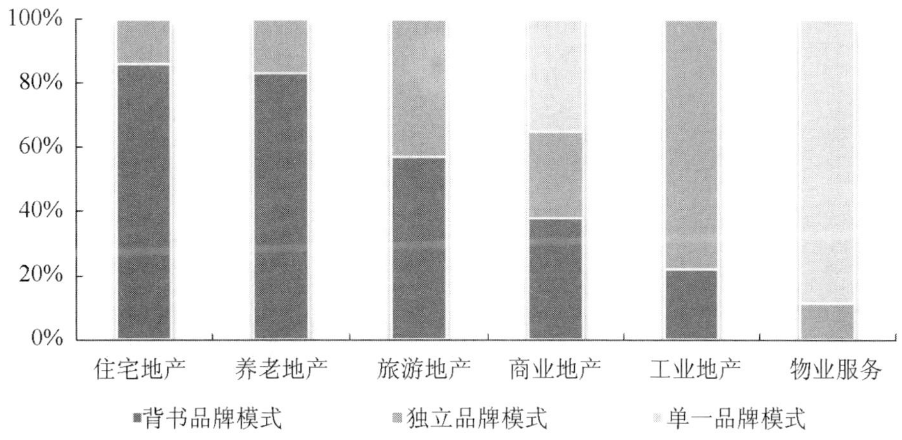

图 6　2013 品牌企业不同业务类型的品牌组合模式

从不同业务的品牌组合模式来看，品牌企业在住宅地产领域和养老地产领域主要采用“企业品牌+项目品牌”的背书模式，占比分别为 86.30%和 83.33%，这两项业务均具有显著的居住功能属性，与企业主品牌价值诉求较为一致，采用“背书品牌模式”可以在很大程度上借助企业品牌的知名度和影响力，同时在主品牌与差异化的项目品牌之间进行有效互动，实现公司品牌价值内涵的完善和品牌效应的最大化；在旅游地产方面，品牌企业对“背书品牌模式”和“独立品牌模式”的应用较多，占比分别为 57.14%和 42.86%，采用“背书品牌模式”主要是由于旅游地产业务尚处于初步发展阶段，可以借助公司品牌更好地实现企业跨业务、跨区域的项目经营。

品牌企业在商业地产领域的发展已逐步进入更为成熟的阶段，产品线更趋于多元化、精细化，“背书品牌模式”、“单一品牌模式”和“独立品牌模式”的品牌组合相对均衡，分别占比 38.03%、35.21%和 26.76%。其中，“背书品牌模式”比上年增长 7.59 个百分点，“单一品牌模式”则下降了 6.09 个百分点。

2012 年，品牌企业的海外扩张也在加速，采用科学的品牌组合模式可以有效提升企业品牌在海外市场的影响力。在海外市场拓展较快的企业，凭借其已形成的品牌影响力，主要选择与企业品牌关联度较高的“背书品牌模式”和“单一品牌模式”进军海外市场，以减少市场进入的阻力。

此外，品牌企业以合作方式进行项目开发的情况逐渐增多，品牌合作作为越来越重要的一种品牌经营策略，为企业获取更大的竞争优势提供了保障。而品牌组合模式的科学选择也助推企业合作达到共赢局面：第一种是“品牌联合模式”，二种是“独立品牌模式”；第三种则是品牌企业输出品牌影响力的“单一品牌模式”。

（2）以客户为导向完善品牌管理，稳步推进品牌监控考核管理体系建设

品牌企业对于品牌管理体系的建设更加科学、规范，且更为注重以市场和客户为导向，从以产品营造为中心向以客户服务为中心进行角色转变：

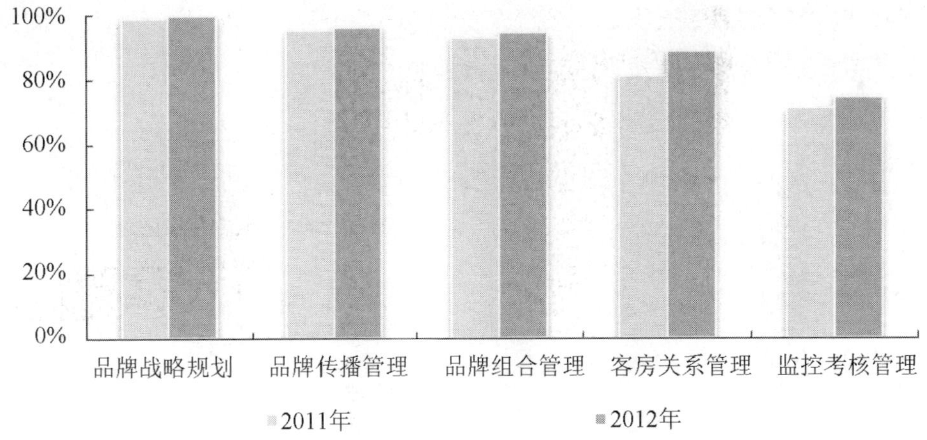

图7　品牌企业 2011-2012 年品牌管理部门职能分析

从品牌部门的建设情况来看，设置专门、独立品牌管理部门的品牌企业占比达到 75.34%，比上年提高 4.11 个百分点，品牌管理的战略地位明显提升。在设有独立品牌管理部门的品牌企业中，品牌战略规划、品牌传播管理和品牌组合管理作为贯穿企业品牌建设、传播和经营整个过程的三大基础职能，设置比例分别高达 100%、96.36%和 94.54%。而作为直接与客户关联的客户关系管理职能和监控考核职能则得到明显强化：首先，品牌企业更为重视完善客户关系管理职能，2012 年该职能的设置比例为 89.09%，较上年提高 7.87 个百分点；其次在于客户管理的组织形式更为规范化，2012 年分别有 78.26%的全国品牌企业和 62.00%的区域品牌企业均已建立系统、规范的客户会系统，通过对客户关系管理的专业化、精细化运作持续深化客户沟通与服务，并积极创新、升级客户会系统以扩大增值效应。

表 16　2013 中国房地产顾客满意度领先品牌

品牌	企业名称	品牌价值（亿元）
绿城	绿城集团	190.09

此外，品牌企业通过积极推进基于客户导向的品牌监控考核管理体系建设，来有效完善品牌管理职能，全面提升品牌管理水平。2012 年品牌监控考核职能的设置比例为 74.55%，较上年增加了 3.49 个百分点。绿城通过满意度调查机制持续跟进、把握客户的需求和期望，及时改进并提高产品和服务品质，企业在 2013 年进入的 15 个重点城市的满意度调研中，其满意度水平均位列第一，在物业服务、工程质量、规划设计、销售服务、企业形象等方面领先优势明显。

3.3　多媒体、跨区域联动推广，品牌传播边际效益扩大

品牌企业通过广告、公共关系等多种方式将产品信息、品牌形象及品牌核心价值等内容传播给社会，塑造特色鲜明的企业品牌形象，有效培育和提升品牌顾客价值，是品牌影响力提升的主要途径。2012 年，品牌企业通过系统化、全国化的品牌整合传播，促进企业品牌形象与市场表现实现协同提升。

（1）新媒体与传统媒体优势互补，有效辐射目标客群

进行科学、合理的品牌整合传播，关键在于了解目标消费者的渠道选择行为，包括传播媒介、传播渠道接触习惯、对传播媒介的态度等。

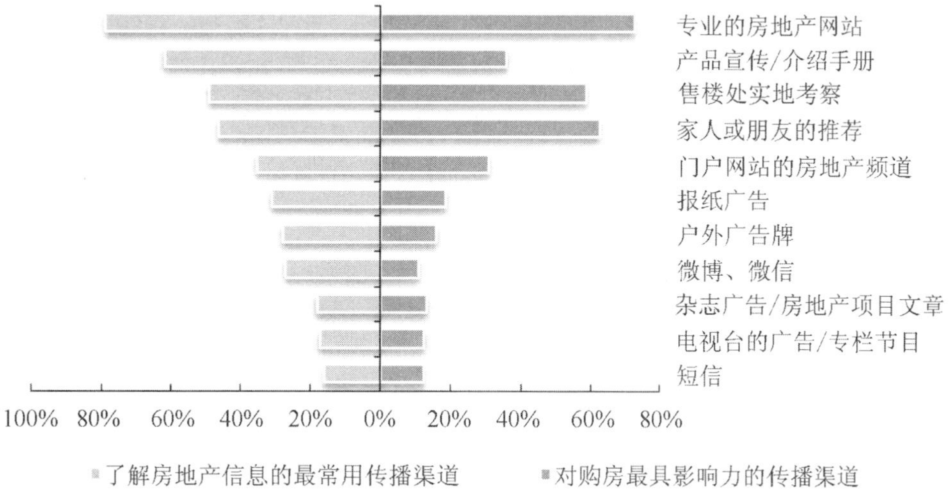

图 8 消费者了解房地产信息最常用、对购房最具影响力的传播渠道分析

消费者了解房地产信息的最常用传播渠道主要来自于专业的房地产网站和产品宣传/介绍手册，而对其购房最具影响力的传播渠道则分别为专业的房地产网站和家人或朋友的推荐，票数占比均达到 60%以上；而在消费者最常用的房地产信息来源渠道中，门户网站的房地产频道、微博/微信等新媒体渠道的票数占比均在 25%以上。

对于房地产企业来说，传统的媒体渠道通常是单向的传播行为，品牌企业根据自身的市场调查与判断来制定销售与推广策略，导致与消费者间缺乏直接的、有效的沟通，并造成潜在客户资源的流失；而新媒体传播方式则由于互动性强、传播受众群广、传播效率较高、传播效果易量化等优势，可以有效帮助品牌房企与消费者之间搭建长期交流的平台，获得传统媒体难以达到的传播效果。因此，品牌企业可有针对性地开拓新兴传播渠道，深入挖掘和满足客户需求，可以突破传统品牌传播方式面临的诸多瓶颈，有效扩大品牌传播的边际效益。

（2）“全国联动”强化品牌合力，有效促进业绩表现

2012 年，品牌企业广泛采用全国多盘、多产品线联动的模式，通过不同城市不同项目的协同运作，形成规模效益，进而实现品牌资源效应最大化、客户资源价值最大化，全面促进市场销售表现。

表 17 部分品牌房企 2012 年品牌全国联动传播情况

企业	主题	时间	范围	推盘主体	效果
保利地产	喜春行动	2-3 月	包括北京、广州、上海、杭州、武汉等 40 余座城市 横跨珠三角、长三角、环渤海及中西部四大经济区域	包括林语系、香槟系、罗兰香谷系、公馆系等几大产品线 针对差异化置业需求推出 90 ㎡以下、90-140 ㎡、复式及精装大户型等多层次产品线	2 月、3 月销售额分别同比增长 46.28%及 47.26%
	幸福扬帆计划	5 月			5 月销售额达 107.68 亿元，同比增长 45.4%
	金牌置业计划	7-8 月			三季度销售额达 253.32 亿元，同比增长 42.17%
	20 周年感恩回馈	10 月			10 月份销售额 77.01 亿元，同比增长 42.08%
招商地产	春惠大地利在龙年	春节	包括深圳、北京、上海、广州等 10 余座城市 覆盖珠三角、长三角、环渤海及中西部区域	包括招商果岭、招商雍景湾、招商江湾城、招商嘉铭•珑原等 20 多个项目 产品涵盖两房、三房、复式及别墅等多种类别	2012 上半年销售额达到 161.31 亿元，同比增长 136%
	全心服务夏日梦享	5 月			
	好礼跨年幸福倍增	12 月			全年实现销售金额 363.86 亿元，同比增长 73%

品牌企业 2012 年全国联动的品牌传播模式呈现出两大特点：（1）传播范围的全国化：品牌传播活动的范围通常涵盖企业已入驻的主要经济发展区域，并以其深耕的核心城市为中心，形成以点带面的全国化品牌传播格局；（2）产品层次的全面化：即品牌企业通常推出针对消费者的首置、首改及高端需求等不同层次的全系列产品，多产品线齐发，实现目标市场的全面覆盖。

（3）全国、区域品牌企业持续加大品牌投入，带动品牌“三度”显著提升

为了建立与消费者之间长期、牢固的合作交流关系，品牌企业持续加大品牌传播投入力度，增进品牌资产的积累及效益转换。

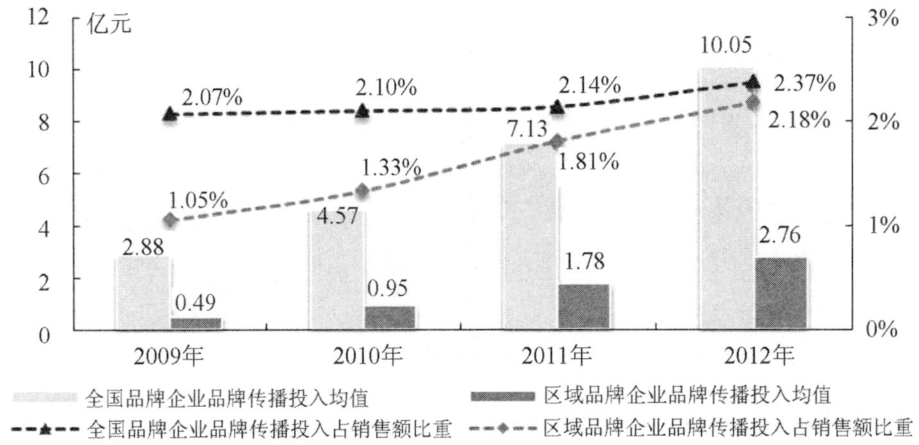

图 9　全国及区域品牌企业 2009-2012 年品牌传播投入均值及占销售额比重

随着 2012 年房地产整体市场持续回升，品牌企业的品牌传播投入力度也在不断加强，全国及区域品牌企业在 2012 年品牌传播投入均值分别达到 10.05 亿元和 2.76 亿元，同比增长 40.95%和 55.06%，品牌传播投入占销售额比重也分别较往年上升 0.23 及 0.37 个百分点，表明其对品牌投入的重视程度在不断提高。尽管区域品牌企业的品牌传播投入均值仍显著低于全国品牌企业，但其投入增长率高于全国 14.11 个百分点，奠定了未来品牌价值持续增长的基础。

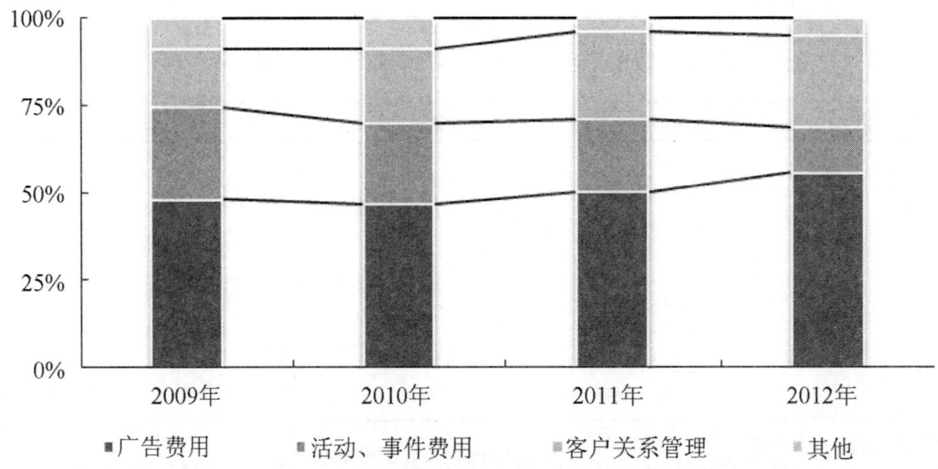

图 10　品牌企业 2009-2012 年的品牌建设方式比例及变化

2012 年，品牌企业整合各类品牌传播渠道时，采取“以市场为导向，根据市场环境变化对投入方式进行即时性动态修正”的策略。面对 2012 年房地产市场“先抑后扬”的市场环境，品牌企业下半年以来迅速

加大营销与推盘力度，抢占市场先机，品牌建设方式投入的占比也随之与往年呈现出不同的变化趋势：2012年品牌企业在广告费用方面投入显著增加，占比较上一年增加了 5.71 个百分点；品牌企业在客户关系管理的投入占比增速尽管较往年有所回调，但也较上年增加了 1.41 个百分点。

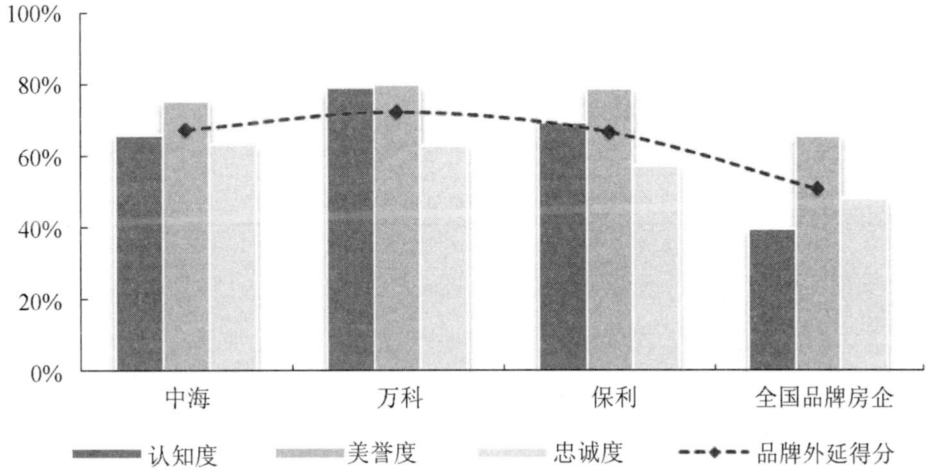

图 11 全国房地产品牌企业 2012 年品牌三度分析[1]

中国房地产行业领导公司品牌的三度优势明显，认知度、美誉度和忠诚度均值分别为 71.28%、77.80%和60.84%，品牌理念和产品质量等得到消费者的广泛认可；全国品牌企业也凭借其良好的产品与服务品质，认知度、美誉度与忠诚度均值分别达到 39.21%、65.30%及 48.10%，进一步巩固了企业在消费者心目中的品牌形象。

3.4 品牌效应整合战略资源，品质、服务加强客户集聚

（1）品牌企业加速整合战略资源，竞争优势持续彰显

2012 年，品牌企业凭借强大的综合实力和良好的品牌形象，通过多渠道低成本融资，储备大量优质土地资源，并获得政府或品牌企业的项目合作支持，实现资源优化整合，为企业进一步扩张和可持续发展提供源源动力。

品牌企业由于信誉良好、综合实力强的特点，更易获得各类金融机构的青睐，从而顺利打通多元化的融资渠道，获得充足的资金支持。2012 年下半年境外融资环境相对宽松，品牌企业依托品牌信誉和稳定的财务状况获得评级机构较高的信用评级，在海外资本市场继续显现出融资规模大、资金成本低等明显优势。

表 18 部分品牌企业 2012 年-2013 年 7 月多渠道融资案例

企业	时间	融资渠道	融资金额
万科	2012 年 3 月	信托融资	30 亿元
	2012 年 4 月	银行贷款	10 亿元
	2013 年 1 月	B 转 H 股	13.15 亿元
	2013 年 7 月	债券融资	20 亿美元
中海地产	2012 年 2 月	债券融资	7.5 亿美元
	2012 年 4 月	银团贷款	76 亿港元
	2012 年 11 月	债券融资	10 亿美元

[1]2013年5-8月，TOP10研究组在全国主要大中城市对开发企业的品牌“认知度”、“美誉度”和“忠诚度”及购房者关注要素等问题进行了广泛的问卷调查。此次调查共回收调查问卷12650份，其中有效问卷数量达11316份，有效率达到了89.45%。

续表

恒大地产	2012 年 1 月	股权增发	43.5 亿港元
	2013 年 7 月	银行授信	50 亿元
龙湖地产	2012 年 9 月	配股融资	30.89 亿港元
	2013 年 1 月	优先票据	5 亿美元
	2013 年 7 月	银团贷款	76.72 亿港元
金地集团	2012 年 9 月	银行贷款	25 亿港元
	2013 年 1 月	银团贷款	10 亿港元
	2013 年 3 月	债券融资	20 亿元

品牌企业在多渠道融资的同时，也表现出较强的资本市场议价能力，容易获得较高的信用评级，以低利率获取资金。2012 年，中海地产、龙湖地产、远洋地产等全国品牌企业保持了较低的融资成本，平均借贷成本均在 8%以下。研究组选取了 2012 年-2013 年 7 月品牌企业海外发债的案例，以其发债平均利率与品牌价值进行相关性分析，结果显示，随着企业品牌价值的提升，企业发债平均利率快速下降，两者相关系数高达 0.9191。

品牌企业在土地市场也表现出较强的竞争优势。2012 年下半年房地产市场销售回暖，品牌企业在热点城市拿地规模迅速攀升。政府在土地出让过程中，不仅关注土地成交价格，更加注重土地开发后对城市土地价值的提升作用以及对城市经济的贡献。品牌企业多年形成的较高经营水平使其具备有效降低土地利用风险、提高土地资源整体使用效率等的综合优势，在土地市场的竞争优势也日益显著。2013 年上半年，全国品牌企业新增土地规划建筑面积均值为 361.21 万平方米，同比增长率均值高达 255.96%，远高于全国 302 个大中城市成交土地规划建筑面积的增长率。其中万科上半年新增规划建筑面积 1261.7 万平方米，拿地规模位列品牌企业首位，行业地位得到进一步巩固。

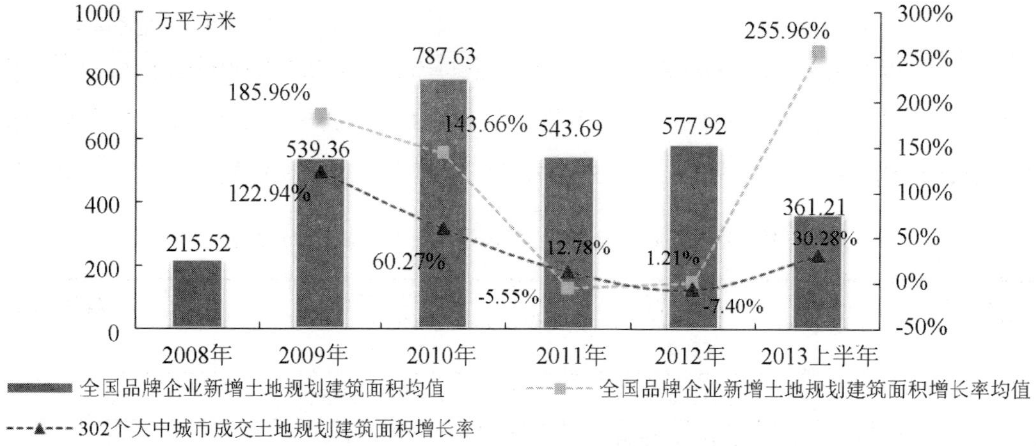

图 12 全国品牌企业 2012 年-2013 年上半年新增土地规模分析

市场对热点城市优质地块的日渐青睐，使土地资源竞争更加激烈，品牌企业趋于寻找合作伙伴联合拿地，是其既能实现品牌房企之间的优势互补，也为了灵活应对市场变化，达到资源优化、整合的双赢选择。

表 19 部分品牌企业 2012 年-2013 年 6 月与政府合作项目

时间	企业	合作政府	投资金额	规划建筑面积	合作项目
2012 年 2 月	万通地产	陕西西咸新区	300 亿元	379 万平方米	西咸新区立体城市投资
2012 年 3 月	融创中国	天津北塘经济区管委会	60 亿元	60 万平方米	企业总部基地和总部配套项目等项目建设
2012 年 9 月	绿地	济南市政府	200 亿元	858 万平方米	济南绿地新都会、绿地中央广场、旧城改造项目
2012 年 11 月	金地集团	郑州市政府	——	100 万平方米	郑州市中心城区建设高端商业综合体项目"金地广场"
2013 年 5 月	招商地产	西安曲江新区	1050 亿元	——	文化商务、生态科技、旅游度假、休闲养生等六大项目
2013 年 6 月	万达集团	南昌市政府	400 亿元	475 万平方米	南昌九龙湖新区建设文化旅游城市项目

此外，品牌企业也更易获得政府大型合作项目，以较低成本获取土地，以及享受税费减免等政策优惠和其他方面的项目支持。城市化进程的逐步推进使城市综合体及城市改造项目成为城市建设的主流开发模式，这些项目规划面积、投资额度较大，对企业的综合运作能力要求较高，政府在选择合作对象时也更加注重企业的综合实力及项目的品牌形象。

（2）品质与服务全面提升，聚集优质客户资源

发挥品牌叠加效应，吸引优秀家居企业，促进项目品质提升。为提升市场竞争力和维持品牌影响力，品牌房企不断丰富精装修产品线，为消费者提供更广泛的选择空间。同时，品牌房企在精装修配套产品领域不断与优质品牌家居企业合作，为客户带来产品质量保证，共同推进精装修楼盘整体品质提升。

表 20 2013 中国家居产业优秀品牌企业

品牌	企业名称	品牌	企业名称
广田	深圳广田装饰集团股份有限公司	老板	杭州老板电器股份有限公司
方太	方太集团	科勒	科勒（中国）投资有限公司
巴菲克	沈阳巴菲克实业有限公司	特普丽	北京特普丽装饰装帧材料有限公司

品牌房企与品牌家居企业从消费者角度出发，在管理模式创新、产品结构优化和售后服务等方面精益求精，提供给消费者更优质的产品和物超所值的体验，提升客户美誉度与房企品牌溢价能力。精装修工程工厂化管理模式创新深化客户项目体验。万科•金色领域与方太厨电强强联合，打造最具时尚感与品质感的精装房；恒大地产与特普丽墙纸合作，力争给消费者带来极佳的产品体验；巴菲克在生产制造环节上进行了模块式设计和标准流程加工，为顾客提供系列精装修地板产品。

品牌房企嫁接优秀物业服务企业，不断提升客户满意度。品牌房企十分注重提升项目的后续服务水平，首先表现在物业服务企业的引入方面，尽可能选择知名的服务提供商；其次表现在物业服务企业的介入时机方面，部分项目在前期规划阶段就引入合适的物业服务合作伙伴，听取其在绿化、停车管理等方面的建设性意见。品牌房企与优秀物业服务企业强强联合，直接提升客户满意度，树立开发企业良好的品牌形象，促使企业品牌保值、增值，成功吸引客户资源。

表 21　2013 中国物业服务领先品牌企业

万科物业发展有限公司	深圳市金地物业管理有限公司
绿城物业服务集团有限公司	保利物业管理有限公司
北京凯莱物业管理有限公司	佳兆业物业管理（深圳）有限公司
深圳市彩生活服务集团有限公司	重庆市金科物业服务有限公司
北京东光物业管理有限公司	上海世茂南京物业服务有限公司
厦门联发（集团）物业服务有限公司	杭州佰全物业管理有限公司
重庆隆鑫物业管理有限公司	北京市圣瑞物业服务有限公司
苏州市会议中心物业管理有限公司	广州市美林基业物业管理有限公司

随着品牌房企对物业服务要求的逐步提高，品牌物业服务企业也在不断加强自身的综合实力建设。品牌房企注重提升项目的后续服务水平，与优秀物业服务企业强强联合，直接提升客户满意度，树立开发企业良好的品牌形象，促使企业品牌保值、增值。东光物业、绿城服务开拓新模式，提出新理念，不断刷新服务高度；苏州市会议中心物业等品牌企业多元服务深入人心，全面拓宽服务广度；彩生活等企业专业化与智能化齐头并进，努力挖掘服务深度；佳兆业物业等品牌企业注重社区文化建设，全面丰富服务体验。

4　结语

2012 年以来，国家房地产调控方向不变，坚持保护合理自住需求和抑制投资投机需求两手抓。在此背景下，房地产市场从去年下半年开始企稳回升并不断向好发展。面对自住性需求不断释放，房地产逐步回归居住消费属性，行业集中度不断提升，房地产企业之间的竞争已从质量竞争、价格竞争阶段过渡到了品牌竞争阶段。品牌竞争已成为企业占领市场，提高利润率的重要手段。

品牌蕴含的巨大价值在行业的深度调整中愈加清晰，已成为企业在发展中经营效益获得持续突破的重要保障。与此同时，随着品牌企业规模、布局的不断扩大，对品牌管理的要求也在进一步提升，品牌组合管理、品牌传播等管理职能的规范化发展亟需与企业增长双轨并行。未来，品牌企业需要在规模增长的同时持续提升品牌管理效率，强化品牌传播的渗透力，在激烈的市场竞争中真正做到“品牌制胜”，实现自身业绩的持续、稳定增长。

附录五 2013 中国房地产策划代理品牌价值研究报告

1 研究背景

2013 年上半年房地产市场保持了较快发展，策划代理品牌企业的市场地位进一步凸显。品牌凝聚客户心智，助力企业市场占有率提升；品牌提高产品溢价能力，保障企业不断拓展盈利空间；品牌铸就行业领跑者！持续强化品牌战略、合理经营品牌资产、精心塑造品牌形象，将成为优秀品牌策划代理企业打造常青基业的重要保障。

由国务院发展研究中心企业研究所、清华大学房地产研究所和中国指数研究院三家研究机构共同组成的“中国房地产 TOP10 研究组”，自 2005 年开展中国房地产策划代理品牌价值研究以来，已持续进行了九年，研究成果引起了社会各界的广泛关注，对品牌企业提升品牌形象、沉淀品牌资产、强化行业地位发挥了重要作用。中国房地产 TOP10 研究组深入理解国家政策与市场形势，坚持以品牌价值的客观评价促进企业强化品牌建设，推动中国房地产行业健康有序发展。

2 2013 中国房地产策划代理品牌价值研究成果

2.1 2013 中国房地产策划代理公司品牌价值 TOP10

表 1 2013 中国房地产策划代理公司品牌价值 TOP10

品牌名称	企业名称
世联地产	深圳世联地产顾问股份有限公司
合富辉煌	合富辉煌集团控股有限公司
同策咨询	同策房产咨询股份有限公司
易居中国	易居（中国）控股有限公司
思源经纪	北京思源兴业房地产经纪有限公司
策源地产	上海策源置业顾问有限公司
博思堂	博思堂地产综合服务股份有限公司
新景祥	新景祥投资控股有限公司
保利地产代理	广州保利地产代理有限公司
新聚仁	上海新聚仁物业咨询有限公司

自 2005 年以来，中国房地产 TOP10 研究组已连续九年开展中国房地产策划代理品牌价值研究，2013 中国房地产策划代理品牌价值研究成果显示：伴随房地产市场平稳向上发展，策划代理品牌企业凭借专业能力不断获得开发企业认可；同时，品牌企业市场份额逐步增加，市场集中度持续提升，品牌影响力不断扩大。

一方面，品牌企业通过整合自身资源，提升企业竞争力，实现企业效益最大化：世联地产2012年一手物业代理实现销售额2111亿元，成为首家突破2000亿规模的代理商，市场份额提升至3.28%，主要得益于企业实施“大客户拓展、大区域裂变和核心成熟城市领先”三大策略，各分公司升级迅速，共同促进世联地产的快速发展；思源经纪在2012年6月份成立南方大区，通过优化区域公司合理分配企业资源，进一步推进全国化布局；同策咨询依托完善的服务体系、专业的技术人才、丰富的社会资源先后成立20多家控股子公司，截止2012年底已经覆盖了全国56个城市，持续推进全国化布局，借助布局城市的升级，企业在2012年一手物业代理实现销售额630亿；博思堂积极建立全新模块化的房地产服务体系，有效进行品牌升级服务：为精准渠道定位，成立苏州首家专业渠道服务和终端传媒——博客多，与同济新媒体团队联合打造九诗新媒体，全面引领房地产代理步入新媒体时代，全新打造墨博品牌机构，以“九型品牌”理论掀起房地产品牌顾问的新风向；在致力于成为房地产全程行销策划代理服务机构的使命下，新景祥经过16年的发展，业务遍布上海、北京、天津、福建、浙江、江苏等17个省市自治区，市场份额稳固。

另一方面，品牌企业充分依托母公司资源优势，发挥自身专业能力，有效提升品牌的市场影响力：策源地产依托母公司复星集团的全方位优势资源平台，凭借差异化的资源整合能力，自2004年启动全国化布局战略，先后进入了杭州、苏州、南京、武汉、长沙等十几个核心城市，2010年启动大客户策略，先后与万科、保利等全国50强知名品牌开发商建立战略合作关系，业务涉足房地产服务的多元化产业领域，向“地产资源整合服务商”迈进；保利地产代理依托保利地产的雄厚实力，本着“团结、敬业、创新、服务”的企业精神，快速稳定扩张，业务遍布长三角、环渤海、中西部、东北、海西等区域，最大化发挥自身以及母公司的资源优势，市场地位稳固提升。

2.2 2013中国房地产策划代理区域公司品牌

表2 2013中国房地产策划代理区域公司品牌

区域	品牌名称	企业名称
华北	金网络	北京金网络联行地产顾问有限公司
	远洋嘉业	北京远洋嘉业房地产经纪有限公司
	沈阳信达行	沈阳信达行房地产经纪有限公司
华东	上海中原	中原地产代理（上海）有限公司
	金丰易居·普润地产	上海金丰易居房地产顾问有限公司
	华燕	上海华燕置业发展有限公司
华南	同致行	深圳市同致行物业顾问有限公司
	凌峻地产	广州凌峻房地产咨询有限公司
中西部	正合地产	成都正合地产顾问有限公司

策划代理品牌企业在进行全国市场布局的同时，实施区域深耕策略有效提升企业在本地的市场份额，中国房地产TOP10研究组针对华北、华东、华南和中西部等区域的策划代理企业进行深入研究，评价产生“2013中国房地产策划代理区域公司品牌”。

华北地区策划代理行业依托良好市场基础和优质客户资源，规模不断扩大，铸就了一批专业性强、品牌影响力大的策划代理品牌企业。金网络以“全客户主体、整合型服务、区域性布局、国际化标准”为现阶段企业发展定位，围绕投资主体，提供包括投资顾问、商业管理、营销代理、物业管理、资产管理在内的五项专业服务；远洋嘉业坚持专业化、市场化和规模化发展，成功搭建发展商与购房者之间的桥梁，将房地产附加价值扩大延伸，为开发商创造价值最大化，为购房客户提供优质服务，实现多方共赢；沈阳信达行以销售代理为核心业务，在商业地产领域独树一帜，凭借极具竞争力的专业能力，与万科、华润、金地等品牌企业建立了稳定的合作关系，促进了企业品牌价值快速提升。

华东地区房地产策划代理品牌企业凭借较强的资源整合能力和项目运营能力，持续打造成熟、特色鲜明的综合服务链条，实现与房地产开发企业的共同发展。上海中原依托强大的研究能力和操作经验，深入为客户挖掘价值，提供一站式服务，节省交易成本；金丰易居·普润地产坚持“房地产投资加服务”的战略定位，以房地产领域的投资为龙头，以房地产服务为重点，形成了强大、完善的产业链互动发展模式，朝着“全过程全方位房地产综合服务供应商”的目标不断迈进；华燕秉持了“你赢我才赢”的经营理念，让利于人，诚信共赢，在房地产业界及合作企业间有口皆碑。

华南地区策划代理品牌企业坚持为客户提供全方位、专业化的服务，服务房地产开发企业的同时也显著提升了自身品牌价值。同致行提供房地产开发全过程全方位的、统一的、标准化的服务，致力于探索房地产中介服务模式，为客户提供长期的全程有效的专业化服务；凌峻地产致力于为各类房地产项目提供专业化服务，为房地产企业提供全系统集成化服务。

随着中西部地区房地产市场的崛起，策划代理行业通过提升内部管理、完善运营，服务水平稳步提升，以专业性的服务、良好的经营业绩获得了房地产开发企业的信赖和肯定。正合地产秉承“正行致远，合智为道”的企业精神，以“地产价值推动者”为自身定位，以“构筑优质生活”为己任，逐步实现立足西南，布局中西部地区的战略目标。

3 2013 中国房地产策划代理品牌价值研究成果分析

3.1 区域扩张与业务延伸并进，带动品牌价值增长

（1）品牌企业市场占有率稳步提升，品牌价值增幅明显

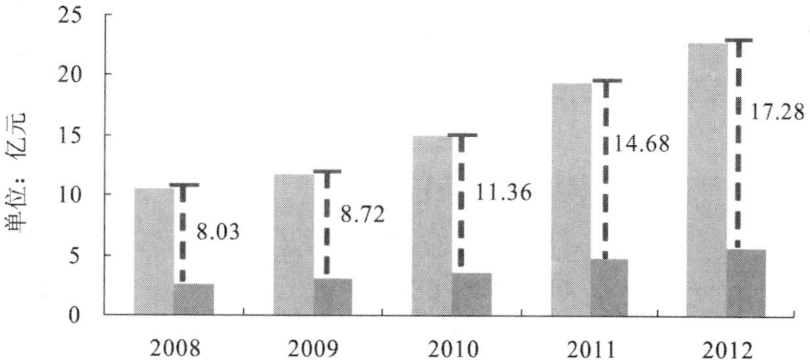

图 1 2008-2012 年全国性、区域性策划代理品牌企业品牌价值

2012 年，全国商品房销售额为 6.45 万亿元，同比增长 10.02%，房地产市场保持平稳运行的态势，策划代理品牌企业通过扩大市场布局以及完善业务链有效拓展市场占有率，品牌价值持续提升：全国性品牌企业 2012 年品牌价值均值为 22.82 亿元，同比上涨 17.55%；区域性品牌企业品牌价值均值为 5.53 亿元，同比上涨 16.98%。相比较来看，自 2008 年至 2012 年，全国性品牌企业与区域性品牌企业品牌价值的差距持续扩大，2012 年差距为 17.28 亿元，全国性品牌企业更具竞争力，主要是伴随全国化布局的持续推进，其品牌影响力不断扩大。

（2）品牌企业积极推动区域扩张以及业务拓展，有效稳固市场地位

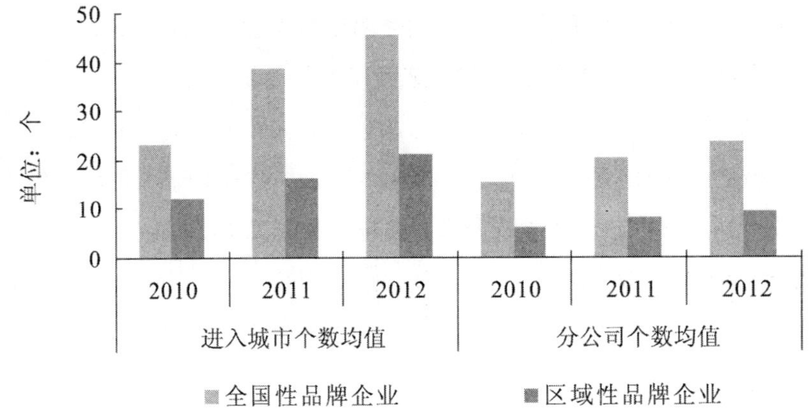

图2　2010-2012年全国性、区域性品牌企业进入城市以及分公司数量

一方面，策划代理品牌企业加快区域扩张，进入城市与分公司数量显著增长，提升市场占有率。2012年，全国性品牌企业进入城市个数均值为45.7个，同比上涨18.86%，分公司个数均值为23.7个；区域性品牌企业进入城市个数均值为21.1个，不足全国性品牌企业的一半，分公司个数均值为9.5个，也与全国性品牌企业具有较大差距，主要是全国性品牌企业坚持全国扩张策略，在布局相应区域成立分公司，以点带面，有效辐射周边城市，促进了市场布局的拓展。整体来看，全国性与区域性品牌企业进入城市数量与分公司数量都呈现出扩张的态势，专业能力受到开发企业的认可，市场份额不断提升，确保了品牌价值的持续增长。

另一方面，品牌企业积极推动业务链的延伸，为企业提升服务品质奠定基础。随着房地产市场的不断发展，行业细分化成为发展趋势，策划代理品牌企业不断拓展业务链，为客户提供更为完善的服务。如世联地产2012年通过收购三家金融公司，构建房地产金融服务体系，增补其服务类型，进一步扩充产业服务链；合富辉煌2012年8月宣布发行2.18亿港元可转债，用于扩展包括集团按揭转介及相关业务、房地产网上营销服务等业务，为企业提升服务品质打下良好基础。

3.2　品牌建设更加系统完善，成就品牌价值与企业效益

（1）品牌企业重视品牌建设，助推品牌建设全方位发展

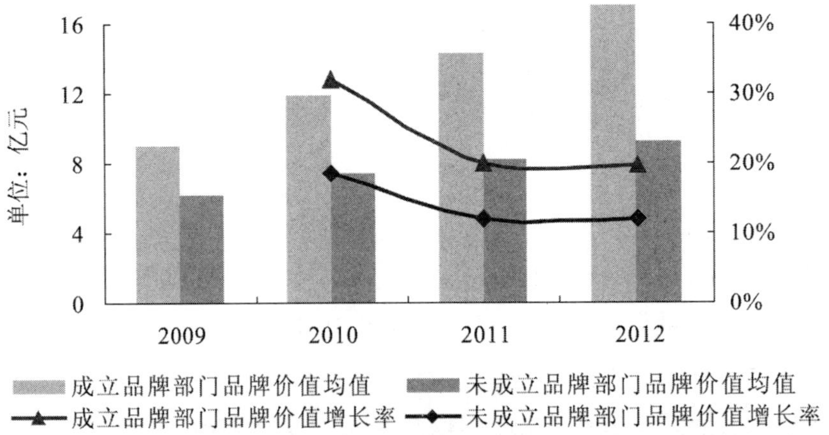

图3　2009-2012年成立与未成立品牌管理部门企业品牌价值情况

品牌作为企业的无形资产是企业与消费者沟通的纽带，对业务延伸起到了重要的推动作用，品牌建设则是企业培育核心竞争力的重要方式，规范化的品牌管理能有效提升品牌价值。伴随策划代理品牌企业规模的扩张，以及对品牌建设重视程度的不断提升，2012年成立品牌管理部门的品牌企业占比为85%，同比

上涨了 5 个百分点。2012 年，成立品牌管理部门的品牌企业的品牌价值均值为 17.03 亿元，较未成立品牌管理部门的品牌企业高出 7.77 亿元，相比较来看，成立品牌管理部门对企业品牌价值的提升发挥了较强的推动作用。

品牌建设是企业塑造品牌形象、积累品牌资产进而有效提升市场占有率的关键手段。2012 年策划代理品牌企业的品牌建设投入更具针对性，其中，媒体广告作为品牌传播最为直接的方式，在品牌投入中的占比也最大，2012 年占比为 38.25%，有效推动了品牌企业的品牌影响力；活动事件费用与客户关系费用投入有利于提升策划代理品牌企业在开发企业中的知名度和美誉度，2012 年两者在品牌建设投入中的占比为 47.48%，占比接近一半，由于策划代理进行区域拓展时主要采用跟随策略，两项费用的投入有效维系了与开发企业的关系，提高了购房客户的忠诚度，对提升品牌企业的市场占有率具有积极的推动作用；值得一提的是，品牌企业在履行企业的社会责任方面当仁不让，在 2013 年雅安发生 7.0 级地震时，世联地产、思源经纪、金网络等品牌企业纷纷伸出援手，通过捐款捐物、当地分公司开放应急避难设施等方式为抢险提供帮助，展现了品牌企业的人文风貌，凸显了企业良好的品牌形象。

（2）品牌建设投入持续增长，品牌管理职能有效发挥

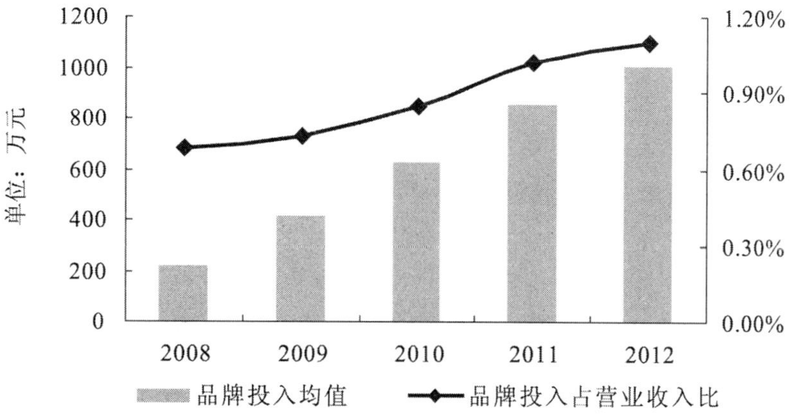

图 4 2008-2012 年品牌投入均值及其占营业收入比情况

随着策划代理品牌企业对品牌重视程度的提升以及品牌效应的凸显，品牌投入逐年增长，2012 年品牌企业品牌建设投入均值为 1006.97 万元，同比上涨 17.32%，连续四年保持了增长的态势，品牌建设投入占营业收入的比例上涨至 1.10%，同比增加 0.08 个百分点，品牌投入对业绩增长的贡献度稳固提升。策划代理品牌企业紧密围绕客户需求，建立独立的品牌管理部门，完善品牌管理职能，是品牌形象深化强有力的组织保证。

3.3 品牌传播策略趋向整合，全方位塑造品牌形象

品牌作为企业优质产品或服务的最直接体现，已成为企业开拓市场以及业务拓展的踏跳板。在进行区域拓展时，优秀的策划代理品牌企业通过“品牌先行”的方式，有效降低企业进入目标区域的难度，同时有助于企业对区域拓展的成本支出进行有效控制；品牌企业在开展新业务时，主要方向是房地产相关行业，由于客户资源的交叉性，品牌对新业务推广具有很强的推动作用。2012 年，策划代理品牌企业在品牌宣传过程中通过整合型宣传策略，对品牌传播的力度进一步加深。

品牌价值内涵体现在产品服务、客户服务、品牌文化和社会责任等方面，针对不同的品牌价值体现途径，同时基于品牌形象一致性原则，品牌企业通过选择不同营销传播方式，对企业品牌进行全方位的宣传：通过网络媒体宣传和发布行业研究报告，对产品或服务进行品牌宣传；通过服务体系化与专业化不断稳固

客户群体，品牌忠诚度不断提升；通过不断挖掘企业文化与社会责任两个品牌价值要素，逐步深化品牌在客户中的形象。

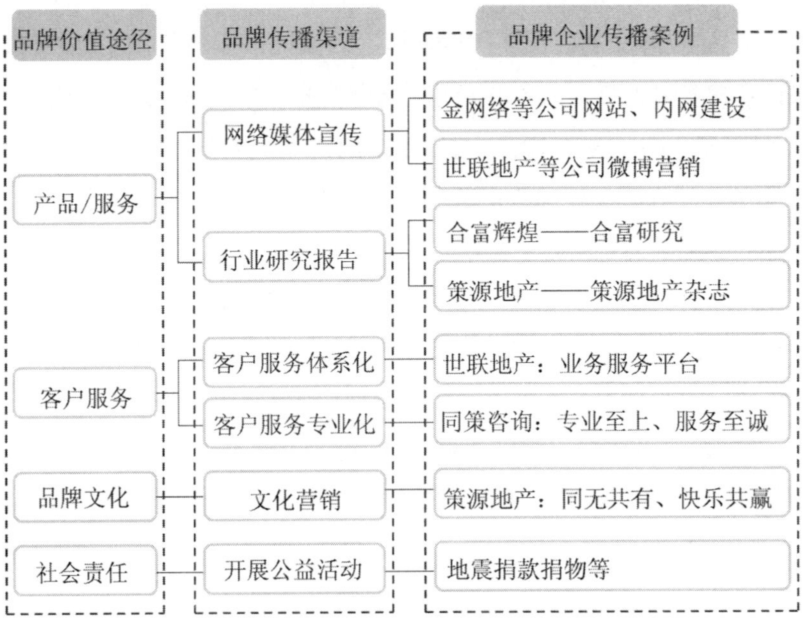

图 5 品牌企业宣传渠道及品牌企业案例情况

3.4 品牌效应聚合客户资源，构筑品牌影响力

（1）“品牌三度”持续提升，助力品牌企业有效累积客户资源

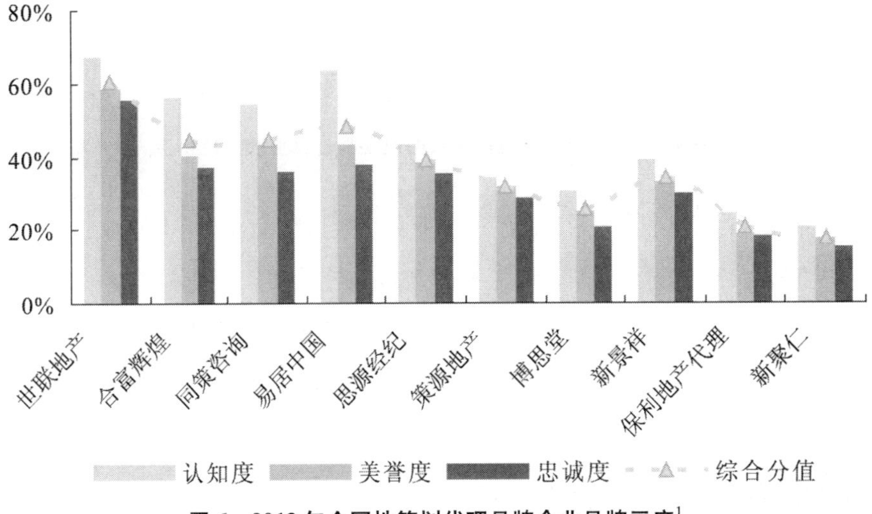

图 6 2013 年全国性策划代理品牌企业品牌三度[1]

“品牌三度”作为品牌价值最为直接的体现，成为校验品牌企业品牌建设成效的标准。2013 年 7 月至 9 月，研究组就策划代理品牌企业的“认知度”、“美誉度”和“忠诚度”在房地产开发企业和消费者中进行全面调查，结果显示全国性策划代理品牌企业的品牌三度均持续提高，综合得分为 36.62%，较去年提高了 1.83 个百分点，市场影响力以及竞争力优势凸显。忠诚度作为品牌顾客价值的核心，有利于企业通过降低成本增加利润，帮助企业拓宽项目获取渠道，从而提高企业的竞争力。调查结果显示全国性品牌企业的忠诚度得

---

[1] 2013 年 7-9 月，TOP10 研究组在全国 35 个主要大中城市对策划代理企业的品牌“认知度”、“美誉度”和“忠诚度”进行了广泛的问卷调查。此次调查共回收 13056 份，其中有效问卷数量达 10958 份，有效率达到了 83.93%。

分均值为 31.49%，首次超过了 30%，在房地产策划代理行业竞争日趋激烈的情况下，较高的忠诚度更有利于企业获取项目资源以及客户资源。

品牌企业忠诚度的提升，一方面是品牌企业通过提升自身的专业策划及代理能力，为房地产开发企业提供更为优质的服务，另一方面品牌企业提升对消费者的服务质量，在细微处为消费者考虑，赢得了消费者对品牌企业的青睐。从调查结果来看，2013 年置业者“非常可能”与“比较可能”选择品牌企业的比例分别为 21.28%、32.02%，两者合计 53.30%，较 2012 年高出 1.72 个百分点，品牌企业对消费者置业的影响力进一步提升，值得关注的是在置业者中再次置业者选择策划代理品牌企业的比例最高，主要是品牌企业凭借专业以及周到的服务，在房产销售时给客户留下了深刻的印象，当客户再次置业时，往往会选择这些品牌企业。

（2）充足的客户资源为楼盘销售提供保障，品牌企业受开发企业认可度提升

随着房地产行业的发展，开发企业在深入挖掘自身潜力、提高产品质量的同时，客户成为企业越来越关注的重要资源。策划代理品牌企业经过长期累积，形成了一定规模的客户资源，通过深入挖掘客户需求，有效助推了品牌企业代理楼盘的销售，同时策划代理品牌企业也进一步获得了开发企业的认可：作为行业发展的领军企业，世联地产自 2003 年开始使用明源销售管理系统，对历年代理销售楼盘的销售数据和置业者信息进行统计，截至 2012 年底，世联地产累计记录超过 510 万条客户信息，充足的客户资源为促进楼盘销售起到了不可忽视的推动作用，2012 年企业市场占有率成功突破 3%；策源地产拥有 10 万组客户资源，覆盖全国各大业务关联城市，建立了详细完备的客户资料数据库，通过运用数据库资源，策源地产准确定位目标客户，成功渗透了项目品牌，助推项目热销，如 2012 年策源地产代理的上海万科城花新园三期开盘，开盘当天销售金额逾 1.6 亿元，策源地产通过老客户上门拜访及外出拓客，销售额占项目成交额的七成，远超竞争对手的表现，上海万科房地产有限公司发函对此给予赞扬，而在瑞安房地产翠湖天地嘉园项目中介答谢酒会上，策源地产也获得了“优质代理”的锦旗；2012 年，金网络的业务已经进入 29 个城市，凭借广泛的客户群体覆盖，金网络一次次助推代理楼盘的热销，如中铁地产的成都中铁逸都与果壳里的城项目在金网络的努力下销售火爆，同时凭借其一贯严谨务实的工作作风和优异的销售业绩，受到了中铁地产的认可，在中铁地产（成都）召开的 2012 年度供应商大会中，夺得“2012 年度优秀供应商”的称号。

4　结语

2012 年，伴随房地产行业的稳步发展，策划代理品牌企业顺势而为，市场影响力提升明显，品牌价值不断凸显。首先，品牌企业通过实施“品牌先行”的策略，品牌影响力提升的同时，有效带动品牌企业的区域扩张以及业务产业链的深度拓展；同时，策划代理品牌企业不断加大对品牌建设的投入，为企业快速发展奠定了坚实的基础；品牌企业通过不同途径对品牌进行宣传，品牌营销向整合型方向发展；伴随品牌企业服务水平的提升，置业者在购房时更倾向于选择品牌企业，品牌忠诚度提高，在促进交易完成的同时，品牌企业丰富的客户资源起到了重要的推动作用，在竞争愈加激烈的市场背景下，专业的策划能力以及丰富的客户资源成为开发企业选择代理商的重要标准，品牌企业突出的优势资源受到开发企业的不断认可。

伴随房地产行业的发展，策划代理行业将呈现出市场集中度不断提升的发展趋势，凭借专业的策划代理能力和突出的市场影响力，品牌企业的市场优势将不断凸显，市场份额将进一步扩大，在紧抓发展机遇的同时，品牌企业不断提升服务品质以及完善服务链条，为其跨越式发展奠定了坚实的基础。

专题：中国策划代理行业品牌发展路径分析

随着房地产市场的快速发展和竞争加剧，房地产策划代理行业逐步进入品牌锻造资源整合阶段，优秀的品牌企业成为行业内的经典标杆。当前我国房地产市场总体仍处于快速发展阶段，新房仍为市场主体，为策划代理行业提供了较强的业绩支撑，但策划代理的跨界竞争逐步升级加剧，行业内业务整合升级和企业兼并已成大势所趋。在此背景下，策划代理品牌企业只有不断提升企业的品牌价值，建立品牌长效发展机制，才能在竞争中立于不败之地。

1 品牌全国化布局扩张，业务结构趋向专业化和集成化

自1993年以来，策划代理企业在房地产市场的震荡发展中不断前行，面对持续变化的市场行情，策划代理行业不断变革和阶段性洗牌，行业管理逐渐规范化和系统化，优秀策划代理企业不断打造专业品牌形象，业务从单一服务转向综合集成服务。

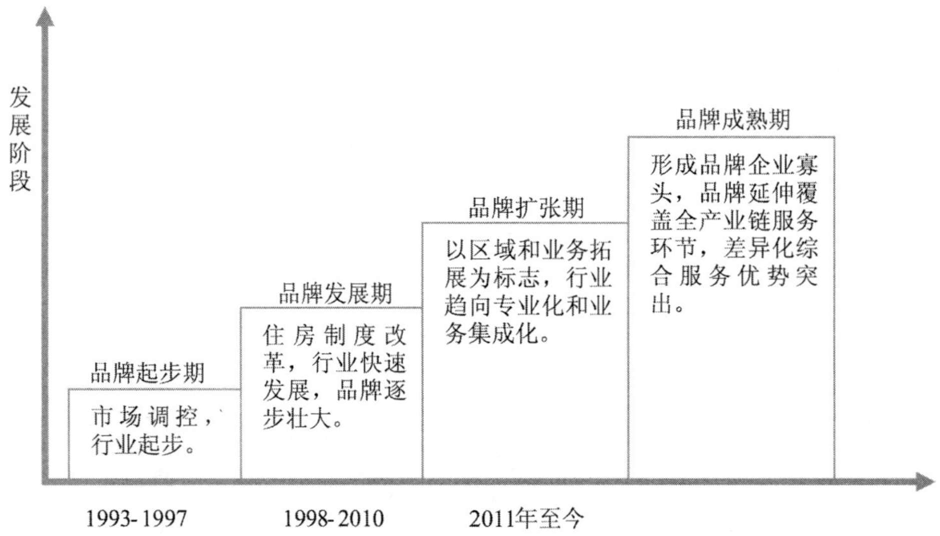

图1 策划代理行业品牌发展路径

从过去二十几年的发展历程来看，策划代理企业品牌发展大致经历了三个阶段：

1）品牌起步期：伴随商品房的出现和市场调控措施的实施，在香港、台湾同行的带动下，我国策划代理行业开始起步、发展，这一阶段主要以营销策划代理业务为主，品牌形象对个人经验的依赖程度较大。这一时期的代表企业主要有利达行、九鼎轩等港台知名企业，利达行凭借成熟的港式营销模式，以代理销售万通新世界广场为起点，在当时的房地产市场中建立起品牌形象；国内企业则以世联地产为代表，行业内陆品牌尚处于创立阶段，如世联地产从评估业务起步进而发展代理业务，成功代理南山华联花园，继而以代理景桦花园为标志，实施策划领先和前期介入，成为快速营销的代表。

2）品牌发展期：以房地产市场的快速发展和竞争加剧为背景，策划代理品牌企业逐步向全国化布局扩张，这一阶段业务模式仍然以代理销售和顾问业务为主。随着品牌企业专业能力的增强和规模的不断扩大，品牌锻造开始受到规模效应的推动，其中代表性企业为世联地产、思源经纪等。如世联地产2001年开始实施全国化战略，在深耕大本营的同时不断扩张布局，形成了以总部为中心的华南、华北、华东、山东四大业务区域；与此同时，合富辉煌、易居中国、世联地产、思源经纪等企业均在这一时期完成了上市融资，

为全国化扩张打下了资金基础。

3）品牌扩张期：策划代理品牌企业的市场份额持续快速提升，品牌核心业务仍以策划代理为主，但开始注重向房地产服务链条的各个环节渗透，以国际品牌企业为标杆，通过科学的经营理念和系统化的服务平台提升品牌的核心竞争力。例如，合富辉煌以一手物业策划代理为品牌核心业务，逐渐拓展物业管理、信息服务、投资理财、经纪等业务，形成港联物业、房王、保来理财、合富置业等子品牌。

长期来看，随着房地产市场的成熟，策划代理行业也将逐渐进入品牌成熟阶段，策划代理业务缩减而经纪、金融、咨询等业务成为主要服务内容，业务范畴覆盖全产业服务链条，综合服务水平相对较高，各具核心优势的特色品牌形成。以国际上知名的房地产服务商为例：第一太平戴维斯品牌核心优势在高端物业管理和住宅物业管理上，世邦魏理仕在高端物业管理上，高力国际品牌核心优势在商业地产中的零售招商以及投资管理方面，三家企业均在品牌核心优势的基础上广泛开展多元综合性服务业务。

2 一二手联动顺势发展，策划代理品牌加速与经纪品牌融合

随着我国城市化率快速提升，一二线城市存量房数量不断增长，存量房交易呈现快速上升态势，策划代理企业拓展二手房业务势在必行。从城市一般发展规律来看，房地产服务行业将呈现出三个阶段性特点：

1）初级阶段：城市化初级阶段，市场交易以新房为主，房地产服务行业以策划代理业务为主。由于我国商品房市场发展和城市化进程时间较短，快速发展的新房市场为策划代理业务带来良好的发展机遇，因此，策划代理品牌企业较少涉及经纪业务，仍以策划代理业务为主。

2）中期阶段：随着城市化推进和人均收入的不断提高，成熟区域存量房业务比例将逐步提高，存量房市场将成为主导。一二线核心城市将率先扭转新房与二手房成交比例，策划代理业务也将呈现区域性结构变化，品牌企业将加大经纪业务的战略比例，凭借跨行业收购兼并，综合性服务品牌逐步形成。

3）成熟阶段：城市化进程基本完结，新房市场持续萎缩，存量房交易及综合服务成为业务主流，经纪业务以及物业管理等将成为策划代理企业转型的重要方向。例如，在英美等国家存量房市场交易额约占总交易额的 70%以上，因此诸如五大行等国际房地产服务及投资公司不仅仅局限于策划与代理业务，而是通过提供全产业链综合服务提升企业竞争优势。

现阶段我国部分城市率先进入中期阶段，存量房交易比例逐渐提高，尝试涉足二手房经纪业务的策划代理企业逐渐增多，房地产一二手联动加速发展。为了应对市场和区域的变化，策划代理企业开始注重将房地产经纪在客户资源和门店分布方面的突出优势进行整合，通过品牌联合、自我打造等多种形式将经纪业务嫁接入服务体系。世联地产、思源经纪、合富辉煌等品牌旗下也同时拥有存量房经纪品牌，推动“一二手联动”持续发展。中原地产依靠全方位多元化服务，涉足物业管理、测量估价、按揭代理、资产管理等多个业务领域，树立良好的品牌形象，不断延展市场布局和业务范围，在 39 个城市完成布局，门店数逾 1700 家。伟业与我爱我家合并，充分利用门店网络协同销售，强强联合实现业务升级。

3 品牌价值增长模式各有特色，行业持续探索品牌长效发展机制

伴随品牌企业多元化业务的拓展，策划代理品牌企业积极探索未来品牌发展路径，合理化品牌组合体系，使业务组合与品牌组合获得较强的协同效应。数据研究表明，品牌投入与品牌价值在品牌发展早期阶段呈较强的正相关关系，而后伴随投入的不断增加出现边际递减现象，同时不同业务和品牌组合策略导致的品牌价值投入产出效率存在较大差异：

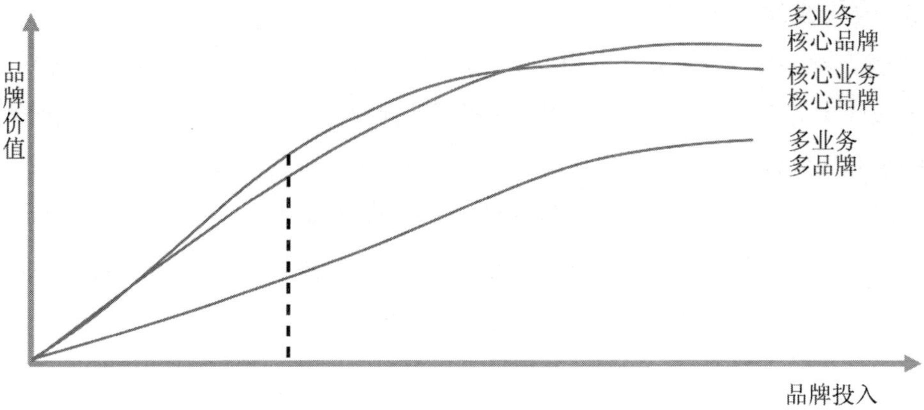

图 2　业务和品牌的不同组合模式对品牌建设投入效益的影响

1）核心业务核心品牌：在业务拓展策略上，始终围绕核心业务进行业务拓展，关联业务作为核心业务的有益补充，形成众星拱月的业务格局；在品牌组合策略上，利用核心品牌的影响力，向相关业务领域进行延伸形成副品牌体系，从而强化核心品牌形象。现阶段该模式品牌投入产出效率最高，主要因为核心业务核心品牌的配置策略有利于企业集中核心资源进行核心业务和品牌的打造，快速覆盖相关业务细分市场，降低新业务和副品牌拓展成本，提高品牌的总体市场占有率。世联地产是采用核心业务核心品牌组合策略的代表性企业，以构建“世联房地产集成服务商”为品牌战略目标，以策划代理业务为核心业务和核心品牌特征，经纪业务、物业管理、金融和资产管理等非核心业务领域采用“世联行”、“世联雅园”、“世联金融”等副品牌。

2）多业务核心品牌：在业务拓展上凭借雄厚的资金实力打造多个优势业务，各业务间有较强的关联，形成强大的整合平台优势；在品牌组合策略上，各优势业务使用相同的核心品牌，非优势业务品牌则进行有效区隔，促进核心品牌价值有效积累。现阶段该模式因集中资源打造核心品牌，故品牌投入产出效率相对较高，当品牌投入积累到一定阶段，其品牌产出效率可能超过核心业务核心品牌策略模式。例如，中原地产以策划代理、二手房经纪为核心业务，同时涉足物业管理、测量估价、按揭代理、资产管理等多个领域，旗下拥有旗舰品牌中原地产，及利嘉阁地产、宝原地产、信誉家、森拓普、利尊等多家子公司及附属品牌；从业务和品牌的配置组合来看，中原地产涉及业务较多，其品牌组合仍以“中原”为核心，收购品牌仍然保持其自身品牌的影响力，使核心品牌与子品牌发挥协同作用，增加区域市场的竞争力。

3）多业务多品牌：企业通过构建多个品牌扩大业务市场覆盖面，加强细分市场的竞争优势，提高企业盈利能力和抵抗风险的能力。多业务多品牌的组合策略一般为国际成熟品牌的大型集团采用，品牌推广和整合的成本较低，同时也会避免原品牌侵蚀其他业务导致的竞争对手对抗效应，但现阶段对我国策划代理企业而言，此种模式效率相对较低，品牌过多不但增加品牌积累的成本，而且增强了品牌投入的稀释作用，造成品牌整合难度加大，品牌边界与形象混乱，削弱核心品牌影响力，而且房地产服务行业链条业务相关性较高，多品牌不利于企业核心品牌在全产业链中的品牌影响力。如易居中国业务覆盖房地产上下游的全产业链条，采用多品牌策略，各品牌之间相互独立，大多尚未形成各自的核心竞争力，尽管易居中国的品牌投入总额较大，但多品牌策略稀释了单个品牌投入额，导致品牌投入产出效益也相应降低，延缓了品牌价值进入快速增长通道的时间，原核心品牌的竞争优势下降，对其经营业绩也造成了一定的影响。

目前，我国房地产服务行业仍处于品牌积累和内涵提升阶段，采用核心品牌组合的世联地产、思源经纪等策划代理品牌企业处于优势地位，合富辉煌与中原地产在收购和兼并优势品牌时保持采用原品牌，在进入尝试性业务时利用品牌区隔进行探索，有效降低核心品牌的系统风险，提高了企业的市场占有率。多业务多品牌的发展模式虽然目前面临着困境和较大的经营风险，但此发展模式如果经过有效整合品牌和业务，品牌联动的效用就能得到高效发挥，企业全产业链服务水平将得到切实提高。

附录六　2013 中国物业服务百强企业研究报告

1　研究背景与目的

由中国指数研究院、中国房地产 TOP10 研究组开展的“中国物业服务百强企业研究”，自 2008 年以来已连续进行六年，引起了社会各界的广泛关注，同时也得到了行业内优秀企业的认可，相关研究成果已经成为评判物业服务企业经营实力及行业地位的重要标准，对促进市场资源向物业服务百强企业聚集、推动房地产开发百强企业与物业服务百强企业强强联合起到了重要作用。

2012 年 12 月，国务院印发《服务业发展“十二五”规划》，“进一步明确物业管理行业的责任边界，健全符合行业特征和市场规律的价格机制，规范物业管理行业市场秩序”，物业服务行业收费将进一步市场化；同时要求“提高旧住宅区物业服务覆盖率，城镇新建居住物业全部实施市场化、专业化的物业管理模式”，这些都为物业服务企业的持续快速发展提供了更大的空间。另外，随着消费者对居住环境、服务质量日益重视，提升服务品质与转型升级已成为企业未来可持续发展的核心竞争力。在此背景下，中国房地产 TOP10 研究组以“优化服务，转型升级”为主题，全面启动“2013 中国物业服务百强企业研究”，发掘一批规模大、实力强、服务品质高的物业服务企业，发挥示范带头作用，引领行业健康、快速发展。在总结历年研究经验的基础上，研究组进一步完善了“2013 中国物业服务百强企业研究”方法体系，更加全面、客观地评价企业的综合实力。

2013 中国物业服务百强企业研究的目的：

（1）以客观的数据和研究结果，反映行业最新状况和主流企业的发展态势，为政府部门研究制定行业政策、有关部门加强行业指导提供参考和依据；

（2）科学评价企业的真实实力，发掘一批综合实力强、服务水平高、业主满意度高的优秀物业服务企业；

（3）系统总结优秀企业的服务理念和经营模式，供广大物业服务企业学习借鉴，促进物业服务企业提升运作水平和服务质量。

2　研究方法体系

2.1　标准和门槛值

中国房地产 TOP10 研究组坚持以客观数据和社会评价为依据，坚持客观、公正、准确、全面、自愿的研究原则。确定现阶段纳入研究范围企业的门槛标准：

（1）依法设立、具有独立法人资格；

（2）按照国际惯例和《物业服务企业资质管理办法》，研究组确定现阶段入选门槛值为：近三年平均在管项目数量不低于 5 个或平均在管项目总建筑面积不低于 10 万平方米；

（3）为了引导物业服务企业做强做大，TOP10 研究组鼓励企业以集团的名义参与。

2.2 评价指标体系

2.2.1 评价指标体系设计原则

“2013 中国物业服务百强企业研究”以“优化服务，转型升级”为主题，以客观数据和社会评价为依据，坚持客观、公正、准确、全面、自愿的研究原则，遵循以下三个准则进行指标体系的设计：

（1）服务规模与服务质量相结合。经营规模的持续扩大是物业服务企业提升市场占有率、获得稳定业绩的主要方式，而良好的服务质量是企业绩效提升的有力支撑，只有实现经营绩效与服务质量的结合，才能实现企业的持续健康发展。研究组继续采用总资产、物业管理项目总数、总建筑面积评价企业的服务规模，采用业主满意度、物业服务费收缴率及物业管理项目续约率评价企业的服务质量，进入城市数量、员工总数两项指标，更加全面地反映企业的规模化发展状况。

（2）经营绩效与发展潜力相结合。经营绩效不仅是关注企业盈利能力和运营能力的重要指标，也是企业市场拓展和发展速度的重要保障，而是否具有丰富的储备项目、较为完善的人才结构和规范化的管理体系则决定了企业未来的发展潜力。其中，三项费用率指标以客观评估企业运营管理水平，新增企业智能化投入指标评价企业发展潜力。

（3）经营业绩与社会责任相结合。作为与业主日常生活密切相关的行业，物业服务企业在构建和谐社会方面发挥了重要的作用。企业对社会的贡献度有利于提升社会对物业服务企业的认知度，树立企业品牌形象，促进企业快速发展。研究组采用年度纳税总额、就业岗位个数和保障性住房管理面积三个指标评价企业的社会责任贡献，引导行业重视社会责任。

2.2.2 评价指标体系

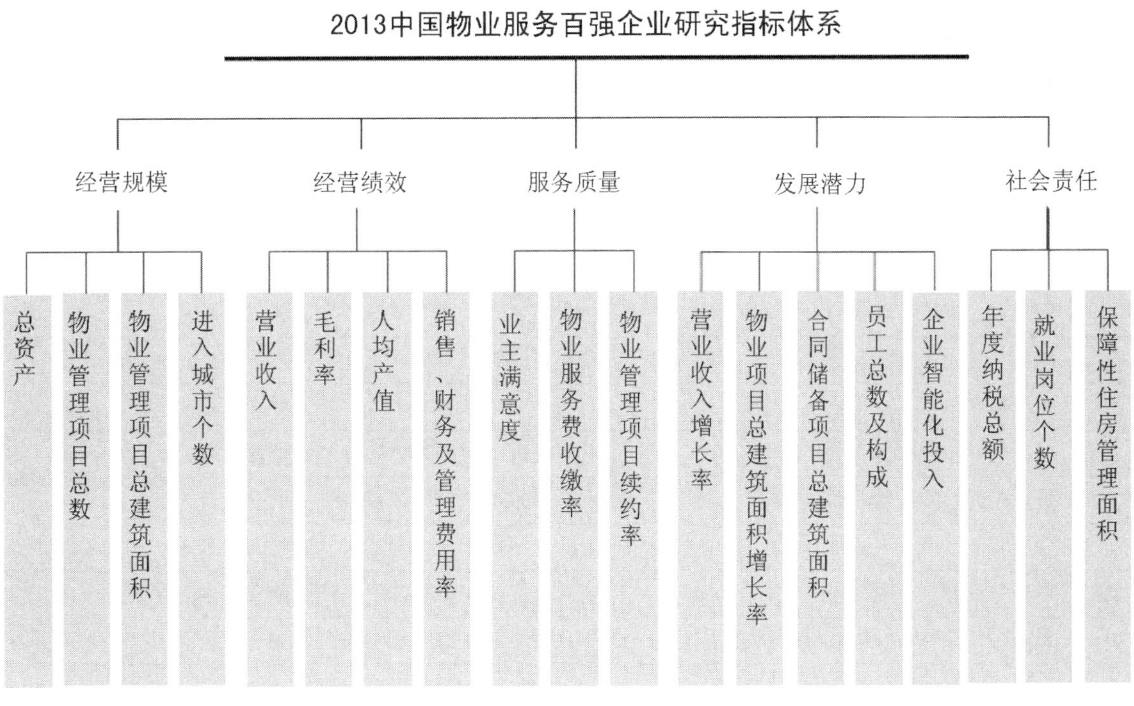

2.3 数据来源及复核

2.3.1 数据来源

（1）物业服务企业填报的数据；

（2）中国房地产 TOP10 研究组对业主进行的满意度调查（网上调查与网下调查相结合）数据；

（3）中国房地产指数系统（CREIS）数据库及中国房地产统计年鉴；

（4）物业服务企业对外公布的信息（包括企业网站信息和对外派发的宣传资料）；

（5）有关政府部门（包括建委、房管局和统计局等）的公开数据；

（6）2010、2011、2012 中国物业服务百强企业研究收集的企业数据资料；

（7）2011、2012 中国物业服务品牌价值研究收集的企业数据资料。

2.3.2 数据复核

企业填报的数据须如实客观，同时研究组将对填报数据进行复核。

（1）企业财务数据通过会计师事务所出具的报表进行复核；

（2）通过税单复核企业经营收入及利润；

（3）对收集的数据坚持交叉复核：通过各地物业管理协会的公开信息及统计局经济普查数据对企业填报数据交叉复核；对有疑问的数据研究组将进入社区进行业主一对一访谈现场复核。

2.4 计量评价方法

（1）在研究方法上，为增加研究的严谨性，采用因子分析（Factor Analysis）的方法。因子分析是一种从变量方差——协方差结构入手，在尽可能多地保留原始信息的基础上，用少数新变量解释原始变量方差的多元统计分析方法。它将原始变量分解为公共因子和特殊因子之和，并通过因子旋转，得到符合现实意义的公共因子，然后用这些公共因子去解释原始变量的方差。计算中国物业服务百强综合实力时，主要是计算各构成要素的相关矩阵，通过相关矩阵得到特征值、累计特征值及因子载荷。根据最初几个特征值在全部特征值的累计百分率大于或等于某百分比的原则，确定公共因子的具体个数。然后再根据因子载荷矩阵确定各个因子的现实意义并进行重新命名，最后根据不同企业各个因子的得分及载荷矩阵，通过加权累加构成 2013 中国物业服务百强综合实力指数。

（2）企业按评价指标体系排序出现相同时，依照社会效益实现情况数据确定排序；当上述累加计算又基本相同时，按西部、中部、东部排序确定。

3 2013 中国物业服务百强企业发展特点分析

2013 中国物业服务百强企业

1	万科物业发展有限公司	51	深圳市莲花物业管理有限公司
2	绿城物业服务集团有限公司	52	北京市北宇物业服务公司
3	北京首开鸿城实业有限公司	53	深圳市明喆物业管理有限公司
3	长城物业集团股份有限公司	54	深圳市鹏基物业管理有限公司
5	深圳市金地物业管理有限公司	55	重庆鸥鹏物业管理有限公司
6	保利物业管理有限公司	56	上海紫泰物业管理有限公司
7	中航物业管理有限公司	57	深圳市开元国际物业管理有限公司
8	北京市均豪物业管理股份有限公司	58	北京科住物业管理有限公司
9	中海物业管理有限公司	59	廊坊荣盛物业服务有限公司
10	广州广电物业管理有限公司	60	重庆新东原物业管理有限公司
11	招商局物业管理有限公司	61	广州珠江物业酒店管理有限公司
12	北京凯莱物业管理有限公司	62	上海上实物业管理有限公司

续表

13	重庆新龙湖物业服务有限公司	63	长江三峡实业有限公司
14	广东中奥物业管理有限公司	64	山东省诚信行物业管理有限公司
15	佳兆业物业管理（深圳）有限公司	65	昆明银海物业服务有限公司
16	深圳市卓越物业管理有限公司	66	上海明华物业公司
17	融创物业管理有限公司	67	云南俊发物业服务有限公司
18	北京网信物业管理有限公司	68	天津津滨联合物业服务有限公司
19	北京金融街物业管理有限责任公司	69	北京市圣瑞物业服务有限公司
20	上海银湾物业管理连锁集团	70	上海申大物业有限公司
21	广东碧桂园物业管理有限公司	71	深圳熊谷物业管理有限公司
22	深圳市彩生活服务集团有限公司	72	深圳市之平物业发展有限公司
23	北京金隅物业管理有限责任公司	73	北京远洋基业物业管理有限公司
24	重庆市金科物业服务有限公司	74	上海景瑞物业管理有限公司
25	深业集团（深圳）物业管理有限公司	75	深圳市科技工业园物业管理有限公司
26	上海陆家嘴物业管理有限公司	76	上海证大物业管理有限公司
27	上海东湖物业管理公司	77	正荣物业管理有限公司
28	上海科瑞物业管理发展有限公司	78	深圳中旅联合物业管理有限公司
29	阳光城物业服务有限公司	79	重庆晋愉物业管理有限公司
30	上海复瑞物业管理有限公司	80	中新苏州和乔物业服务有限公司
31	北京首欣物业管理有限责任公司	81	浙江金都物业管理有限公司
32	深圳市赛格物业管理有限公司	82	苏州市东吴物业管理有限公司
33	成都置信物业	83	浙江大管家物业管理服务有限公司
34	北京万通鼎安国际物业服务有限公司	84	苏州市会议中心物业管理有限公司
35	港联物业（中国）有限公司	85	广州城建开发物业有限公司
36	宁波银亿物业管理有限公司	86	河南正弘物业管理有限公司
37	嘉凯城服务	87	北京联东国际物业管理有限公司
38	北京东光物业管理有限公司	88	浙江颐景园物业服务有限公司
39	成都嘉宝管理顾问有限公司	89	深圳市东方银座物业管理有限公司
40	北京新世界物业管理有限公司	90	重庆市长安物业管理有限公司
41	浙江开元物业服务有限公司	91	天津市天房物业管理有限公司
42	厦门联发（集团）物业服务有限公司	92	云南实力物业服务有限公司
43	杭州佰全物业管理有限公司	93	南京新鸿运物业管理有限公司
44	中化金茂物业管理(北京)有限公司	94	重庆同景物业管理有限公司
45	上海世茂南京物业服务有限公司	95	杭州怡华物业管理有限公司
46	新疆广汇物业管理有限公司	96	深圳市福田物业发展有限公司
47	重庆隆鑫物业管理有限公司	97	辽宁百特物业管理有限公司
48	浙江佳源物业管理有限公司	98	泛海物业管理有限公司
49	廊坊市幸福基业物业服务有限公司	99	重庆市光华物业管理有限公司
50	鑫苑物业服务有限公司	100	河北卓达物业服务有限公司

3.1 经营规模：二三线城市拓展与区域深耕同步，助推在管面积持续提升

（1）在管面积同比上涨 27.6%，百强企业优势明显

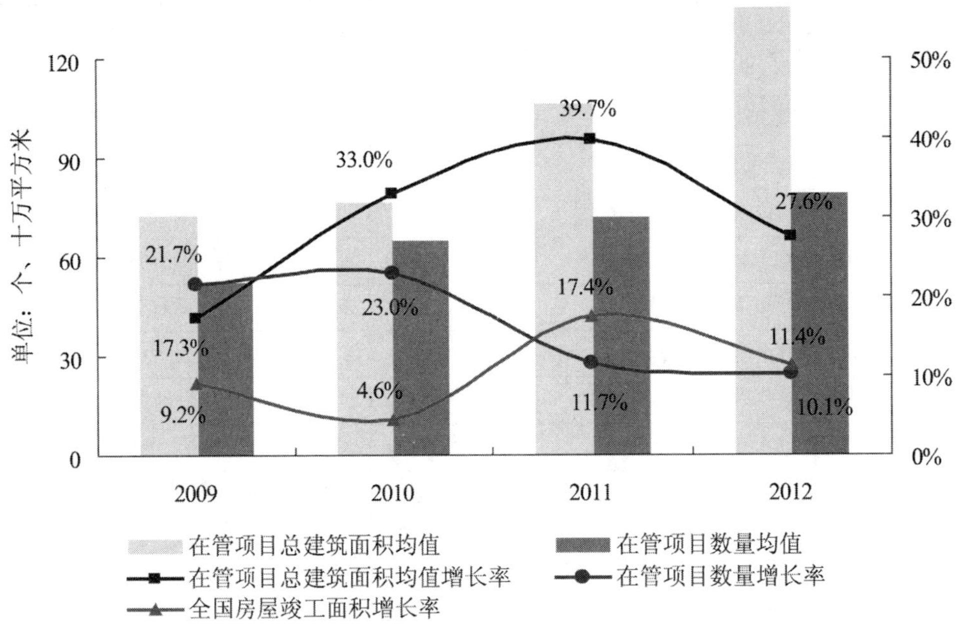

图 1 2009-2012 年百强企业服务规模变化趋势

2012 年，随着宏观调控的深入，房地产市场各项指标快速增长的势头得到遏制，全国房屋竣工面积增长 11.4%，同比下降了 6 个百分点，导致物业服务行业新签约项目数量增幅有所放缓。但物业服务百强企业凭借良好的品牌效应、优质的服务、合理的产业结构，在市场竞争中依旧处于优势地位，2012 年百强企业在管项目建筑面积均值达到1354.3万平方米，同比增长27.6%，在管项目数量均值为79.3个，同比增长10.1%，尽管增速较 2011 年有所放缓，但仍高出全国房屋竣工面积增幅 16 个百分点，表明百强企业规模不断扩大，市场优势进一步集聚。

（2）百强企业加速扩张，二三线城市成为主要拓展区域

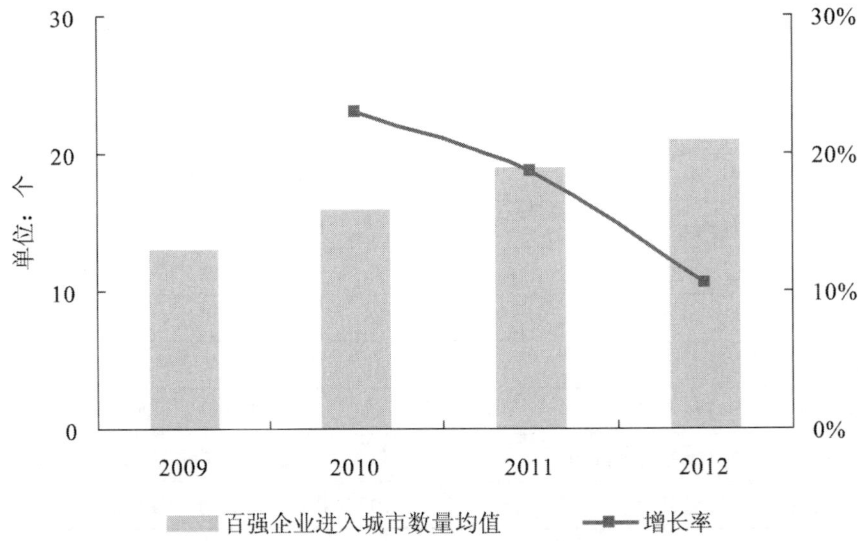

图 2 2009-2012 年百强企业进入城市数量均值及增长率

2009 年以来，百强企业进入城市数量持续增加，2012 年均值达到 21 个，从区域分布来看，2012 年百强企业新进入的城市多为二三线城市，主要原因是前几年一些大型房企加强了二三线城市拓展力度，如恒大、万科、保利、龙湖等百强企业 2011 年二三线城市销售面积占比都达到 80%以上。这些项目入住后，为保证质量，大型企业更倾向于引入优秀的物业服务企业进行管理，对于他们下属的物业服务企业来说，被动的向二三线城市拓展；对于市场化运营的企业来说，选择主动跟随开发企业向二三线城市拓展的步伐。

（3）项目深耕与城市深耕相辅相成，规模效益优势明显

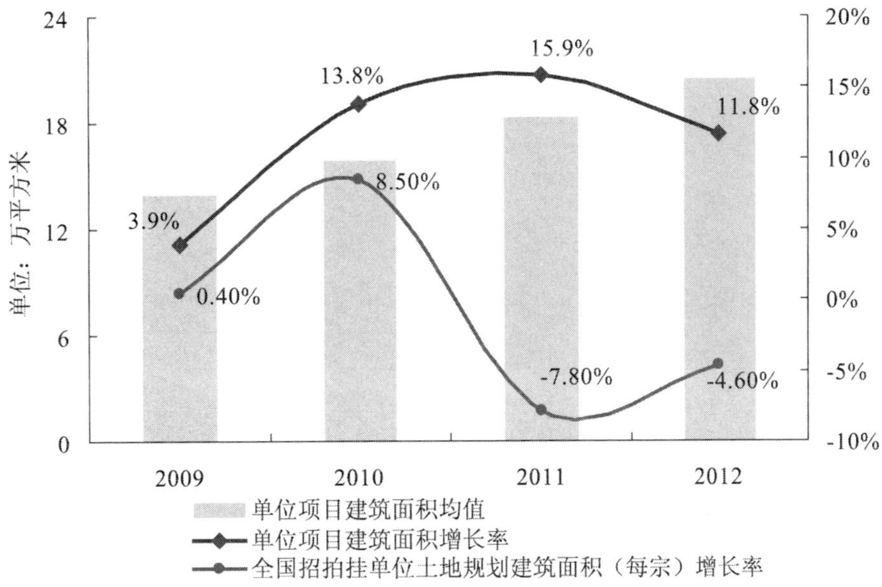

图 3 2009-2012 年百强企业单个项目建筑面积变化趋势

受国土资源部"限地令"逐渐落实和显效的影响，全国招拍挂单位土地规划建筑面积连续两年负增长，2012 年同比下降了 4.6%；面对严峻的房地产市场，物业服务百强企业通过对项目实施深耕策略，在管单个项目建筑面积均值连续增长，且大于在管项目数量增速，2012 年达到 20.5 万平方米，同比增长 11.8%。除项目深耕外，城市深耕也成为 2012 年物业百强企业的发展特点，在已布局的城市，稳妥推进在管项目数量，积极扩大经营规模。

3.2 经营绩效：规模效益缓解成本压力，集约化发展助力业绩增长

（1）向规模要效益，保障企业营收持续增长

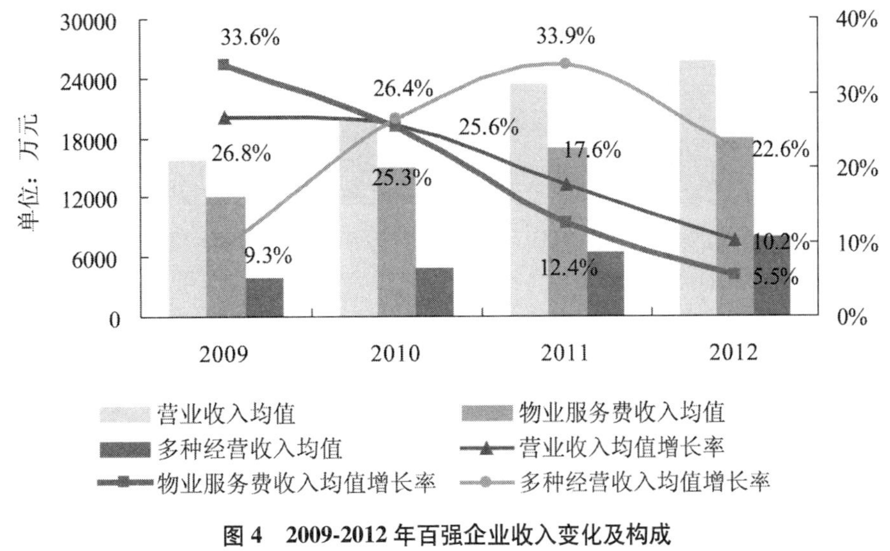

图 4 2009-2012 年百强企业收入变化及构成

2012 年中国物业服务百强企业营收均值达到 25734.8 万元，同比增长 10.2%。一方面，由于百强企业不断深耕已布局城市，积极开拓潜力市场，由过去服务单一的住宅类型逐步扩展为涵盖商业物业、公共物业、工业物业等多种类型，百强企业服务项目数量增多，物业服务费收入稳步增长；另一方面，经过四年快速发展，2012 年百强企业多种经营收入均值达到 7899.4 万元，同比增长 22.6%，占营业收入的 30.7%，比 2011 年提高了 3.1 个百分点,逐步成为百强企业营业收入的持续增长点。

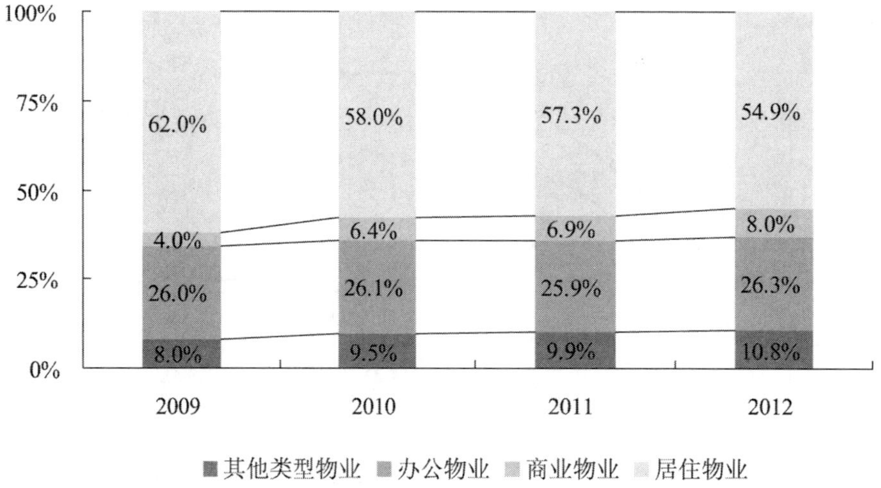

图 5　2009-2012 年百强企业各类型项目物业费收入比例

从不同类型物业的物业服务费收入情况来看，2012 年，百强企业居住物业服务费收入占物业服务费总收入的 54.9%，同比降低 2.4 个百分点；商业物业、办公物业和其他类型物业在物业服务费收入的占比均有小幅提升，同比分别增加 1.1、0.4、0.9 个百分点。居住物业收入占比连续 5 年小幅减少，中央房地产调控政策的持续，导致房地产开发企业新增项目重点有所改变，逐渐从居住物业向商业物业等类型转移，百强企业紧跟市场趋势，积极拓展在管物业类型，提升企业规模，以获得更高的边际收益。

（2）向服务要效益，保障企业持续盈利

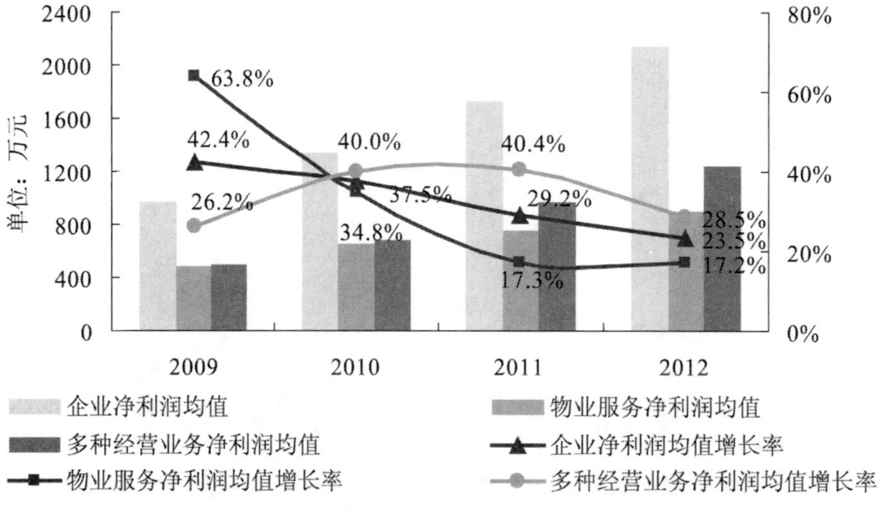

图 6　2009-2012 年百强企业净利润及变化情况

物业服务百强企业及时调整经营结构，以物业服务业务为基础，大力发展附加值较高的衍生服务，在有效控制企业运营成本的情况下保证企业净利润持续增长。2012 年百强企业净利润均值达到 2141.7 万元，同比增长 23.5%。其中，百强企业物业服务净利润均值达到 894.6 万元，同比增长 17.2%，连续两年增速均有所下滑，这是由于人力等运营成本增加，物业服务费上涨困难，导致百强企业主营业务增长速度持续放缓；与此同时，衍生服务业务发展迅速，连续三年均保持高增长，2012 年百强企业衍生业务净利润均值达到 1247.1 万元，同比增长 28.5%，占企业净利润总额的 58.2%，向服务要效益成为百强企业持续盈利的根本动力。

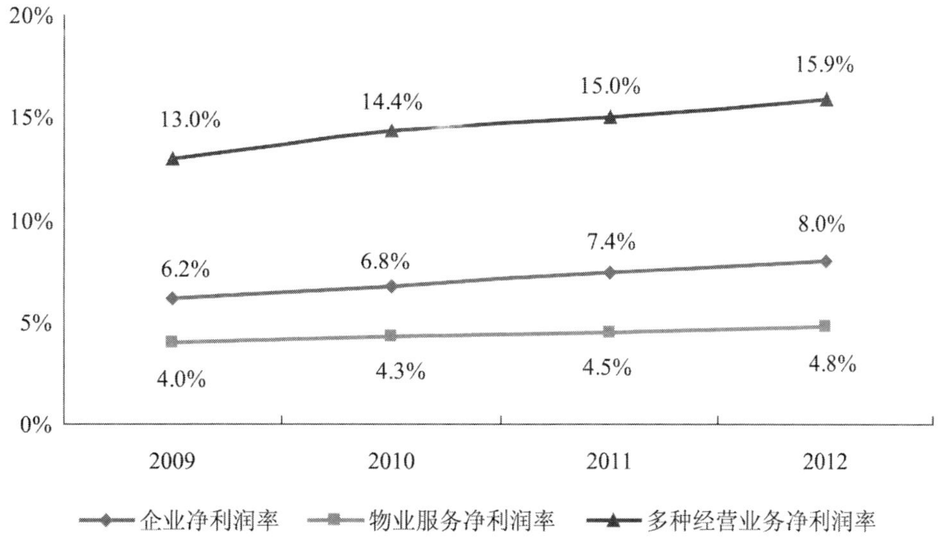

图 7　2009-2012 年百强企业盈利能力变化趋势

物业百强企业通过经营结构调整和业务种类拓展，逐步形成了物业服务与多种经营相辅相成的盈利模式，实现了盈利水平的稳中有升。2012 年企业净利润率为 8.0%，较上年提高 0.6 个百分点。物业服务净利润率 2012 年为 4.8%，增长 0.3 个百分点，多种经营业务净利润率 2012 年为 15.9%，增加 0.9 个百分点。在调整业务结构的同时，百强企业优化整合内部资源，积极控制运营成本，扩大了企业盈利空间。

（3）向集约要效益，严控成本，提升人均产值

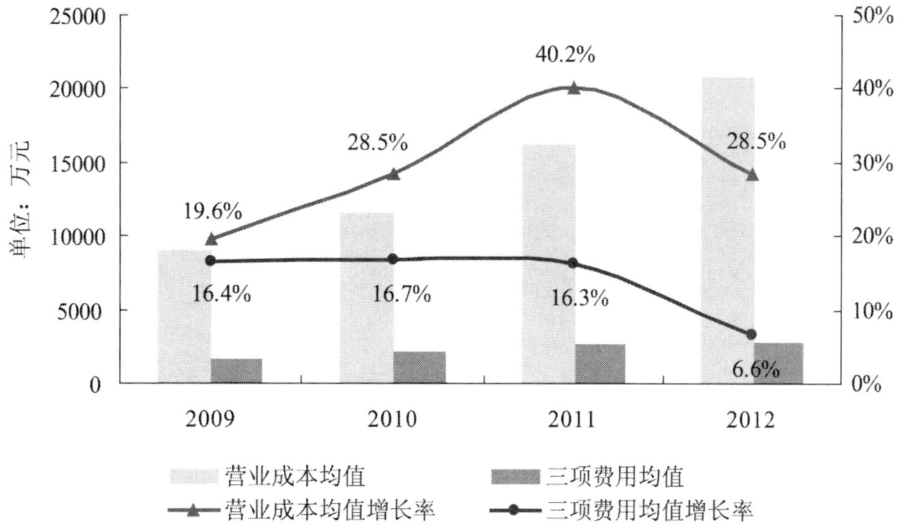

图 8　2009-2012 年营业成本均值及三项费用均值变化趋势

随着物价持续上涨，物业服务成本也在不断攀升。2012 年百强企业营业成本均值为 20801.2 万元，同

比增长 28.5%，三项费用同比增长 6.6%，百强企业积极开源节流，降本增效，取得一定效果，2012 年营业成本增速有所放缓，较 2011 年下降 9.7 个百分点。近年来通货膨胀加剧，能耗和物料成本持续上涨，人力成本不断提高，导致物业服务刚性成本持续走高，而物业服务费标准多年基本不变，双面夹击，导致物业服务企业传统业务利润空间受到挤压，以集约化经营降低物业服务成本已成为当务之急。

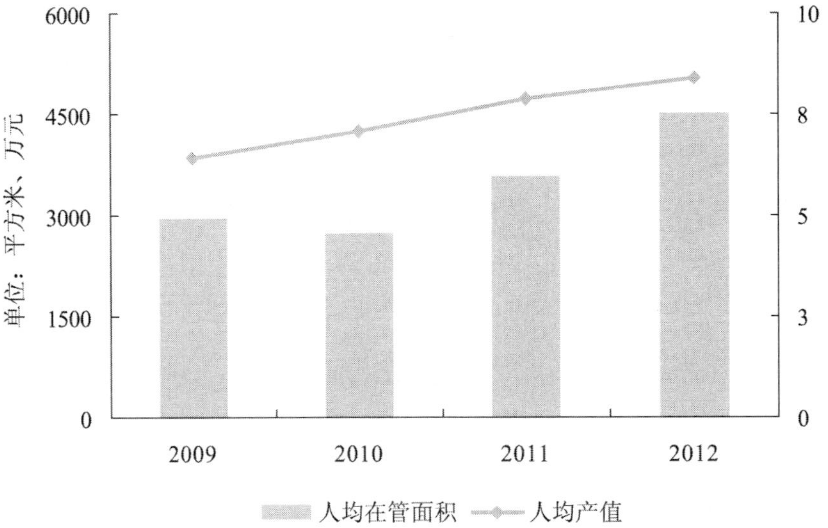

图 9　2009-2012 年百强企业人均在管面积和人均产值变化情况

2012 年百强企业人均产值达到 8.4 万元，人均在管面积达到 4503.9 平方米，同比增长 26.2%。人均产值的增长说明企业集约化程度的提高，在管面积增加有效缓解百强企业人力成本上涨过快压力。对于整个物业服务行业讲，仅有项目数量上的发展已经不能说明物业服务企业管理水平的提高，物业百强企业逐步由简单维护型、劳动密集型向技术维护型、知识密集型过渡，并通过不断扩大企业人均在管面积，提高人均产值，物业服务企业效益持续提升。

3.3　服务品质：行业规范和专业化分工提升服务水平，收缴率与续约率齐创新高

（1）行业标准密集出台，百强企业服务水平持续提高

2012 年，各地方政府共颁布 16 条地方性物业管理条例，涉及范围广、明确内容细，对于物业行业规章制度的健全和完善起到了积极作用，保证了物业服务市场的良性竞争。条例的颁布实施一方面规范了物业百强企业服务品质，维护业主权益，理清物业服务企业、业主和房地产开发商的权利和义务，使得物业服务管理活动可操作性进一步加强，满足业主对物业服务日益增长的要求；另一方面对于物业百强企业也是一种利益保护手段。2012 年各地方物业管理条例引入了市场调节机制，制定了新的物业服务标准，加强了对物业服务收费管理的力度和精细度，使之更吻合当时的物价水平和企业的营运成本，从而提高了企业的抗风险能力、专业管理和技术水平。中国指数研究院也做了这方面的工作，推出了《中国物业服务星级评价标准体系》和“中国物业服务价格指数系统”，前者对物业服务标准进行了细化、量化；后者为物业服务价格提供参照指标，掌握物业服务市场发展规律并预测未来走势，为物业服务企业、研究咨询机构、政府部门以及消费者提供信息服务和决策指导。这些政府条例以及标准体系的出台，将大大提升百强企业的服务水平，也为行业的健康发展打下坚实的基础。

（2）专项业务外包管理，提升服务专业化水平

物业百强企业通过业务外包的形式实施专业化管理，通过专业化、集约式经营提高服务水平，降低管理成本，2012 年保安、保洁、绿化、维修四项外包业务项目数量均同比增加，增加幅度分别为 13.9%、0.8%、

10.3%和 3.5%。城市发展水平越来越高，城市功能划分将越来越细，业主对于物业服务的要求也越来越高，物业公司将更多地起到组织、调度、整合与分配资源的作用。业务外包是百强企业近几年的发展趋势，将部分业务外包给专业公司可以使各项服务内容趋于极致，并使成本费用降至最低，从而让消费者、物业公司、专业公司达到“三赢”。同时物业公司通过业务外包而抽出身来，站在专业公司和消费者之间，对服务作出客观评价，良性的互动和评价机制会使服务更加完美，而使消费者成为最大的受益者。

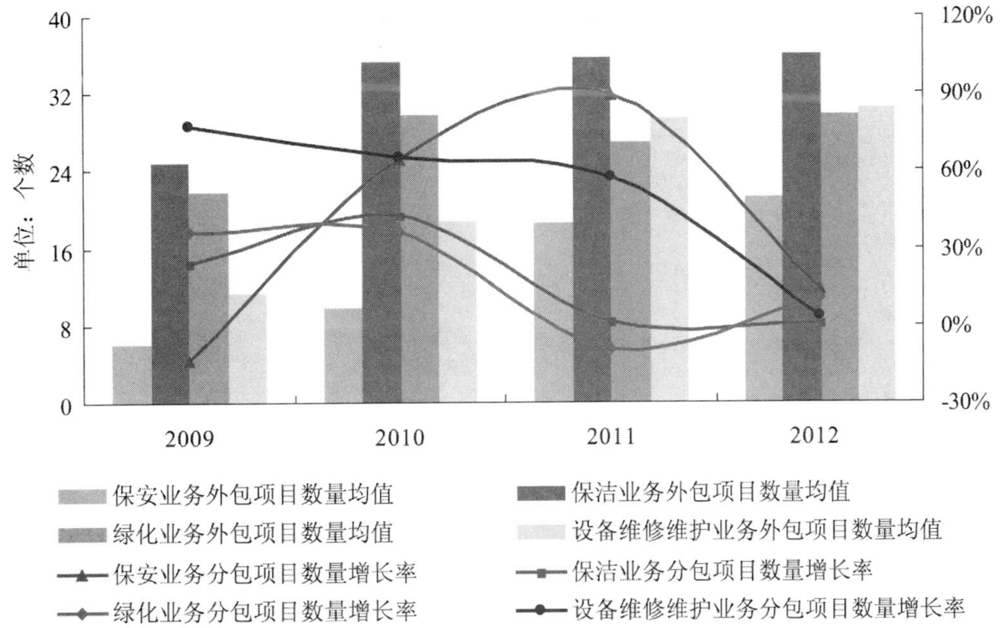

图 10 2009-2012 年百强企业业务外包项目数量均值

（3）物业费收缴率与项目续约率再创新高

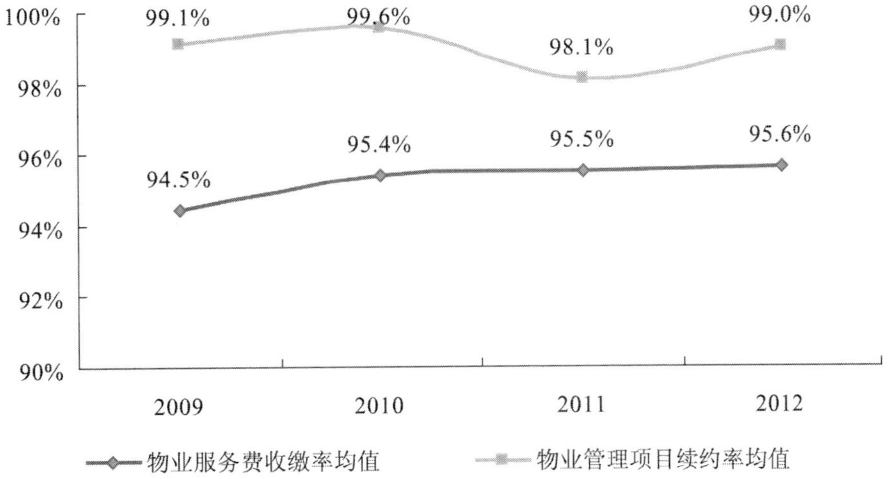

图 11 2009-2012 年百强企业物业费收缴率及续约率

2012 年百强企业物业服务费收缴率均值为 95.6%，比 2011 年增加 0.1 个百分点,较高的物业费收缴率是以较高的业主满意度为基础的，只有不断提升服务质量、竭诚为业主服务，才能提高业主满意度，从而提升物业费收缴率，达到业主与物业公司双赢的目的。2012 年，百强企业物业管理项目续约率较 2011 年提高了 0.9 个百分点，达到 99%，一方面说明业主对百强企业的认可，另一方面，在部分亏损项目中，百强企业面对较大的经营压力采取了一系列的措施，尽量避免从在管项目退出，以促进社会和谐稳定，同时也维护了企业品牌形象，保持了市场占有率。

3.4 发展潜力：合同储备项目进一步增长，管理水平提升助力企业长远发展

（1）合同储备项目数量及总建筑面积持续快速攀升，行业发展前景良好

2009 年以来，百强企业合同储备项目数量和面积持续快速攀升，储备项目愈加充足，行业发展前景良好。2012 年百强企业合同储备项目数量均值大幅上涨 45.4%，达到 35.65 个；合同储备项目总建筑面积同比增长 54.5%，达到 898 万平方米。2012 年百强企业合同储备项目总建筑面积均值增长率远高于在管项目总建筑面积均值增长率（27.6%），表明未来百强企业在管项目面积仍有较大增长潜力。充足的项目储备显示出百强企业强大的市场拓展能力和积极的规模扩张意愿，为企业的发展壮大提供了有力保障，也显示出物业管理行业快速发展的强劲动力。

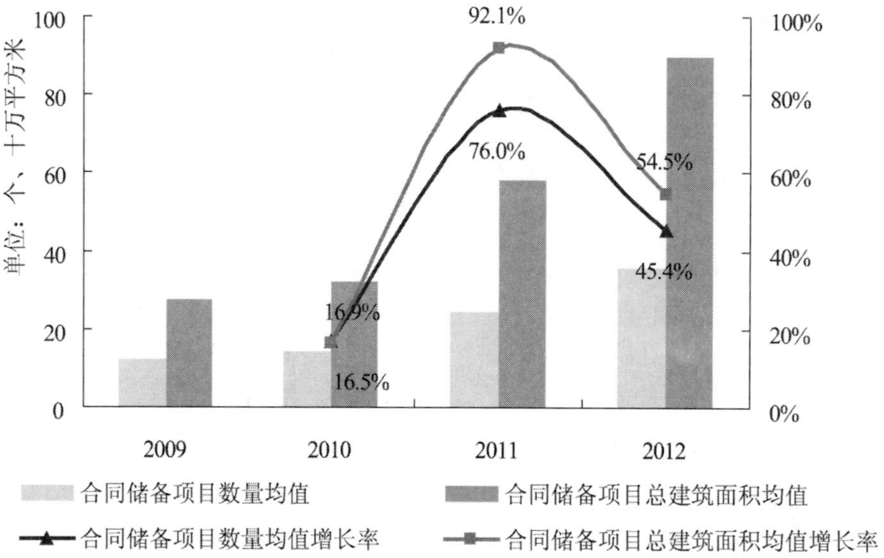

图 12 2009-2012 年百强企业合同储备项目规模变化

（2）加大智能化投入、优化人员结构、制定管理规范，积极提升企业管理水平

国家科技部发布的《现代服务业科技发展"十二五"专项规划》，对物业管理向现代服务业转型形成了十分具体的指导意见，模式创新、技术支撑是国家科技部提出的加快现代服务业发展的基本原则之一，运用智能化技术对物业服务企业的改造和提升恰好与此相契合。2010-2012 年，百强企业在智能化方面的投入呈持续增长的态势，由 2009 年的 65.1 万元增长到了 2012 年的 92.2 万元，同时增长率也在不断上升，2012 年百强企业智能化投入同比增长 14.53%。百强企业智能化投入包含企业自身智能化投入和在管物业智能化投入，其中在管物业智能化投入占据了较大的比例，2012 年百强企业在管物业智能化系统的应用比例高达 72%，平均投入资金 76.32 万元。智能化的物业管理可以大幅降低劳动密集程度、提升企业管理水平、有效节约人力成本、推动物业管理的标准化运作、提升服务品质和业主满意度。

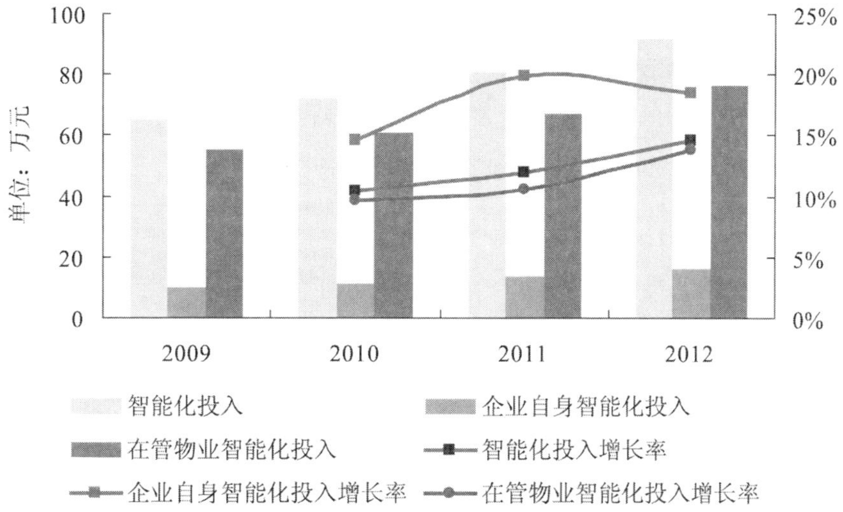

图 13 2009-2012 年百强企业智能化投入情况

物业服务企业智能化程度不一，有的是引入闭路电视、电脑等硬件设施的较为初级的智能化，有的购入成型的软件系统进行应用，还有的自主研发智能化系统。长城物业早在 1999 年便开发了长城物业信息管理系统，通过系统平台的应用实现了集团总部对全国项目的直接管控，促进了组织结构、信息、业务流程等管理的扁平化，大幅节约了人力成本，提升了业主和员工的满意度。企业自主研发的智能化系统具有针对性强的特点，更能满足企业独特化、个性化的需求，能够更有效的发挥智能化的功效。但自主研发的成本较高，研发成果可控性不强，对物业服务企业来说具有一定的风险，企业应根据自身情况理性选择。

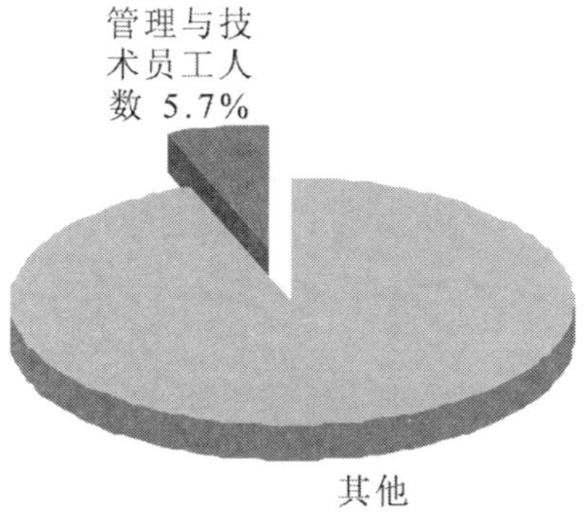

管理与技术类员工人数	所占比例
管理类	48.1%
工程师	13.6%
机械机电类	11.7%
外语及计算机类	26.6%

图 14 2012 年百强企业员工构成比例

2012 年百强企业管理与技术类员工人数占百强企业员工总数的约 5.7%，其中管理类员工人数比例最大，达到 48.1%，包括物业管理和经济管理人员；机械机电师所占比例为 11.7%。百强企业重视人才储备，一方面有利于企业提高业务水平，提高服务效率；另一方面，也为企业长足发展做好了充分准备。另外，企业还通过为自身制定管理规范来促进管理水平的提高，2012 年 8 月，龙湖物业向社会公开发布了 2578 条管理和服务标准，涵盖了人力资源、服务流程设计、安全防护、园区环境等七个专业领域。这些管理规范既是企业内部对工作质量的评判标准，也是对业主的一种承诺，既提高了企业自身的管理水平，也为业界做出了表率。

3.5 社会贡献：大力促进就业，积极维护社会和谐

（1）百强企业提供岗位连续增长，大力促进就业率提升

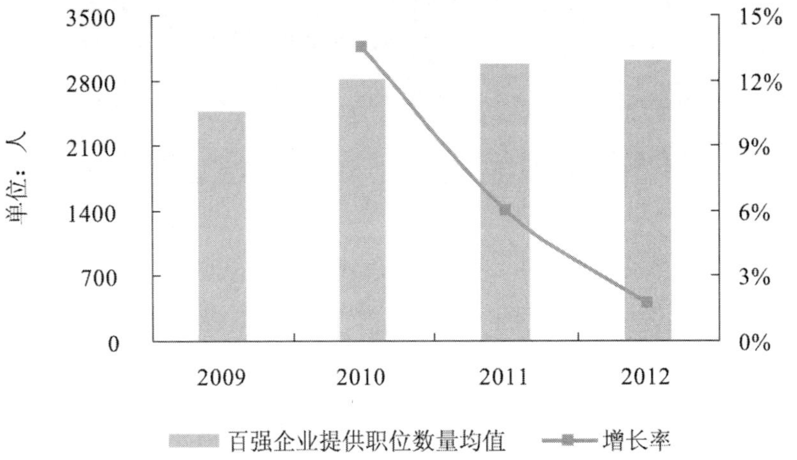

图 15　2009-2012 年百强企业员工总数均值及变化趋势

2012 年，随着百强企业服务规模的扩大，员工总数均值进一步增长，达到 3024 人，有效促进了就业率提升。物业服务是劳动密集型行业，在扩大就业方面具有一定的优势，物业服务企业提供的保洁、保安等岗位技术含量较低，对人员的要求较为宽松，可以为城市下岗职工和进城农民工提供比较适宜的就业岗位，在促进就业方面做出了积极贡献。近年来，物业企业外包的业务持续增多，有助于延伸行业产业链，间接促进就业率提升。

（2）百强企业重点专项服务满意度水平较高，为维护社会和谐做出贡献

物业服务行业是涉及千家万户、与人民群众生活息息相关的行业。物业服务水平的高低直接影响每位居民的生活品质和幸福指数，物业服务满意度水平的提高对社会和谐功不可没，物业服务企业专项服务中社区安保秩序、社区文化活动等都是影响社会和谐的重要因素。

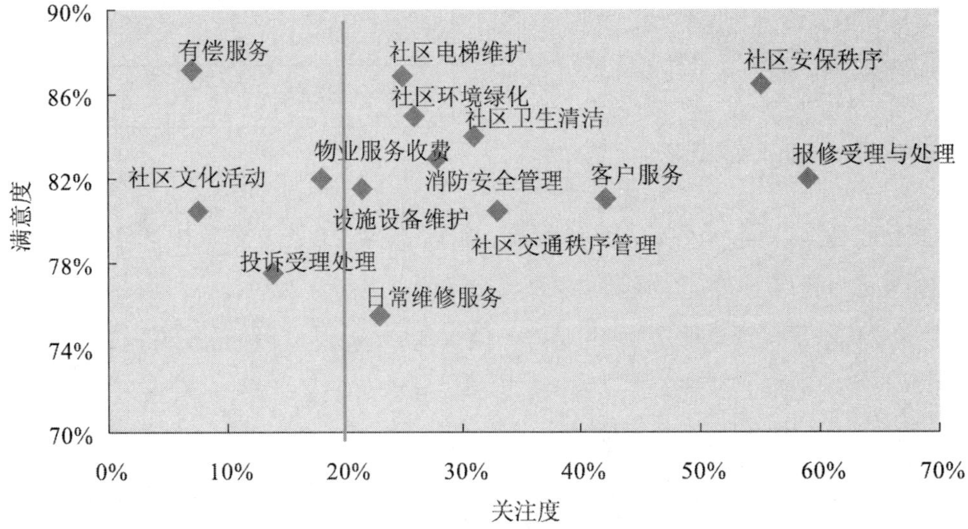

图 16　2012 年百强企业业主满意度

2013 年 3-5 月，研究组选取全国 100 多个城市进行了网上调研，调研结果显示，各项服务满意度均超过 75%，在受业主关注度较高的专项服务中，报修受理与处理、社区安保秩序、社区卫生清洁、社区环境

绿化、消防安全管理、社区交通秩序管理等满意度均在 80%以上。社区安保秩序是受业主关注度较高的专项服务，对业主人身和财产安全至关重要，更是维护社会和谐稳定的重要因素，2012 年百强企业社区安保秩序满意度水平达到 86.5%，在所有专项服务中位居第三。社区文化活动的展开与业主文化生活息息相关，直接影响业主生活的丰富度，社区文化活动满意度的提升可有效提高业主的生活幸福感，创造温馨、幸福、和谐的生活氛围，2012 年百强企业社区文化活动满意度为 80.5%，处于较高水平。另外，为了帮助政府和居民解决保障性住房的后期服务问题，尽管保障房项目存在管理难度大、收费水平低等问题而直接导致了物业服务企业盈利困难，但百强企业仍然积极接手保障性住房的物业管理，2012 年百强企业保障性住房管理面积均值同比增长 44.4%。

4 结语

2012 年，房地产整体市场表现好于预期，百强物业服务企业紧抓历史机遇，顺应市场形势，努力扩大传统住宅市场的份额，同时积极开拓商业物业、办公物业等增长强劲的市场,在管面积、营业收入、盈利水平均有较大幅度的提高。百强企业未雨绸缪，在紧抓主流需求的同时，积极稳妥推进多元化发展，多种经营收入占企业总体营业收入的比例不断提升。百强企业加速扩张，二三线城市成为主要拓展区域，合同储备项目不断增加，智能化投入持续增长，这些都为企业的后续发展提供了强劲动力。服务品质建设仍然是企业关注的焦点，企业通过专业化人才的引进和培养，部分业务选择专业化公司运作等手段，在提高服务品质方面下足功夫，使企业满意度持续提升；与此同时百强企业在解决就业、保障性住房管理等方面积极践行企业的社会责任。

同时我们也应该看到，物业服务企业虽然发展势头良好，但行进中的困难不容小觑，其中，物业服务收费价格的市场化问题十分突出，越来越多的企业面对日益上涨的成本压力与停滞不前的收费水平时不堪重负，惨淡经营。在面对资源与政策制约时，大多数企业不得不面对提升绩效的考验。在新的市场环境下，百强企业必须强调服务的细化、分工的深化与业务的优化：部分企业采取加快全国业务拓展的步伐；部分企业在稳步推进精细化的运作管理，通过运营效率的提升来实现更佳的业绩；部分企业通过多种经营开拓思路。可以说，优化服务、优化项目、优化管理，正成为百强企业实现增长的重要突破口。

中国指数研究院、中国房地产 TOP10 研究组连续六年开展中国物业服务百强企业研究，与百强企业一同见证了行业的发展。《服务业发展“十二五”规划》要求“提高旧住宅区物业服务覆盖率，城镇新建居住物业全部实施市场化、专业化的物业管理模式”，为物业服务企业的持续快速发展提供了更大的空间。我们有理由期待物业百强企业可以开创行业新格局，取得新发展。

附录七 2013中国家居产业百强企业研究报告

1 研究背景与目的

随着我国房地产市场的快速发展与住宅整体品质的日益提升，住宅产业化逐渐成为房地产行业的发展趋势。在住宅产业化进程中，其重要组成部分的精装修领域已成为衡量房地产开发企业整体实力的重要标识。1999年和2002年，中央出台《关于推进住宅产业现代化提高住宅质量的若干意见》和《商品住宅装修一次到位实施导则》，引导和鼓励新建商品住宅一次装修到位或菜单式装修模式；2008年，住房和城乡建设部发布《关于进一步加强住宅装饰装修管理的通知》，指出要完善扶持政策，推广全装修房，而随后各地也陆续出台了相关政策，将精装修房屋入市作为房地产市场的重要工作。

精装修在政府的大力推行之下，北京、上海、广州等一线城市的精装修普及率稳步上升；万科等龙头开发企业也表示将逐步实现全部产品精装修。精装修不仅能够提高房屋产品品质，还能获得更高的产品整体溢价；而家居行业通过精装修合作，能够获得长期、稳定的销售客户，并且每单订货规模更大大高于零售市场。在精装修时代下，家居企业与房地产开发企业成为重要的优势互补群体，双方合作紧密程度再次加强、联合发展意向进一步强化；同时，家居企业与房地产开发企业在精装修项目合作取得的闪亮业绩和丰厚利润，也使得双方的强强联合成为家居行业与房地产行业未来发展的重要方向。面对精装修之下的住宅产业化大势，作为与其重要相关的家居行业，应顺应潮流、密切合作、抓住机遇、取得双赢。利用住宅产业化推进的有利时机，实现飞跃式发展，进一步促进企业在产业发展中的地位和作用。

由中国指数研究院主办的“中国家居产业百强企业研究”已连续进行了六年，其相关研究成果已成为评判家居企业经营实力及行业地位的重要标准，为房地产开发企业、政府机构和各投融资机构等了解行业动态、选择合作伙伴提供重要依据。中国家居产业研究组不断地引导业内企业持续健康的发展，发掘综合实力强、成长速度快的优秀企业群体，鼓励企业在把握当前形势的基础上，抓住机遇做强做大，为行业树立发展榜样；进而促进整个家居行业良性、平稳、健康地运行。

中国家居产业百强企业研究目的：

（1）通过深入研究，促进住宅产业化发展，培育和发展一批符合住宅产业化要求的产业关联度大、带动能力强的龙头家居企业作为样本，探索住宅产业化发展道路，进一步促进住宅生产、建设和消费方式的根本性转变；

（2）通过量化研究，发掘精装修领域中综合实力强、成长速度快的优秀领先企业群体，树立产业化样本企业，为相关政府部门进行政策决策提供科学依据。同时，为房地产开发企业甄选精装修合作伙伴提供重要的参考依据，为精装修领域领先的优秀企业进行行业地位的客观认证，并向开发企业进行重点推荐；

（3）通过系统研究，打造“中国家居产业百强企业”品牌，鼓励企业为社会多做贡献，以营造行业重视社会责任的氛围，发挥家居作为重要民生产业在国民经济中的作用。

2　研究对象与方法

2.1　研究对象及门槛值

中国家居产业 TOP10 研究组坚持以数据为依据，坚持客观、公正、准确、全面的研究原则，依照国际惯例，确定现阶段纳入研究范围企业的标准及门槛值如下：

（1）依法在中国境内设立并登记注册的，从事家居流通、家居制造和家居装饰的企业。

（2）家居制造企业营业收入不低于 1 亿元人民币；

家居装饰企业营业收入不低于 1 亿元人民币；

家居流通企业营业收入不低于 5 亿元人民币。

（3）精装修业务占总体营业额比重不低于 10%。

（4）为了引导家居企业做强、做大，鼓励以集团名义参与。

（5）符合上述 1-4 条，但是有重大偷漏税，有严重拖欠款，被国家工商、税务、质监、安全、环保等执法部门通报或处罚的企业，取消评审资格。

2.2　评价指标体系

（1）　家居制造业类指标体系

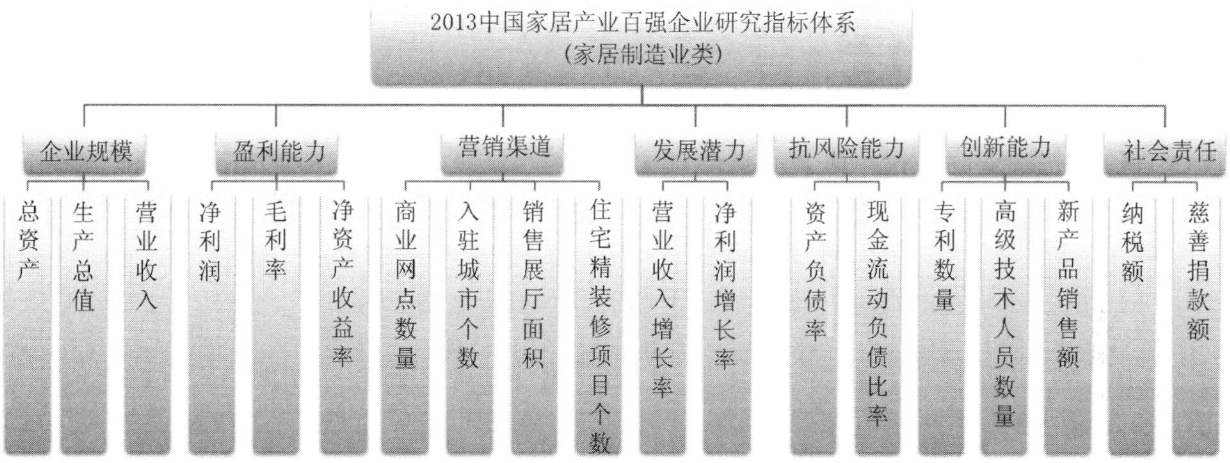

（2）　家居装饰业类指标体系

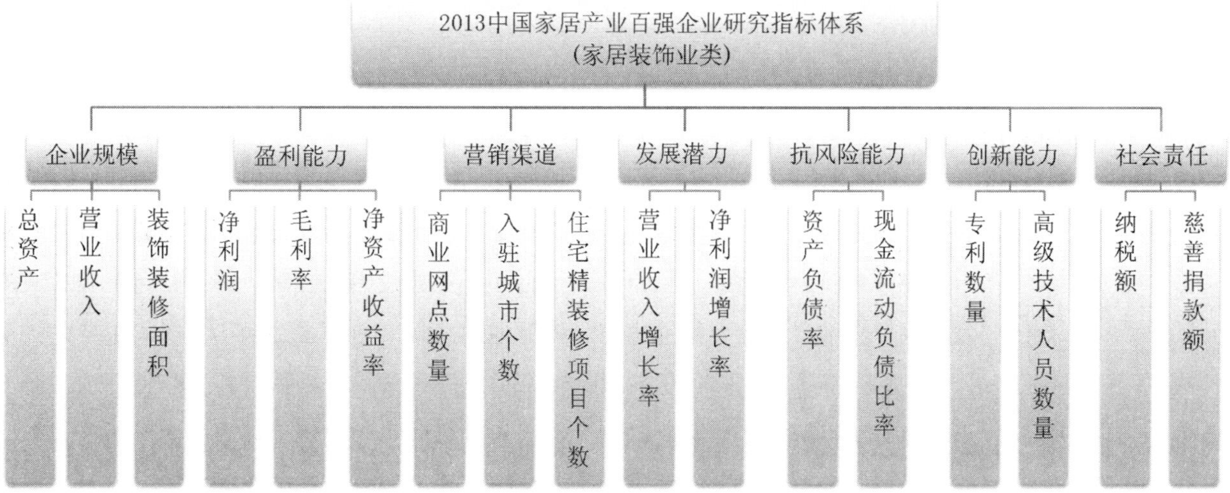

（3） 家居流通业类指标体系

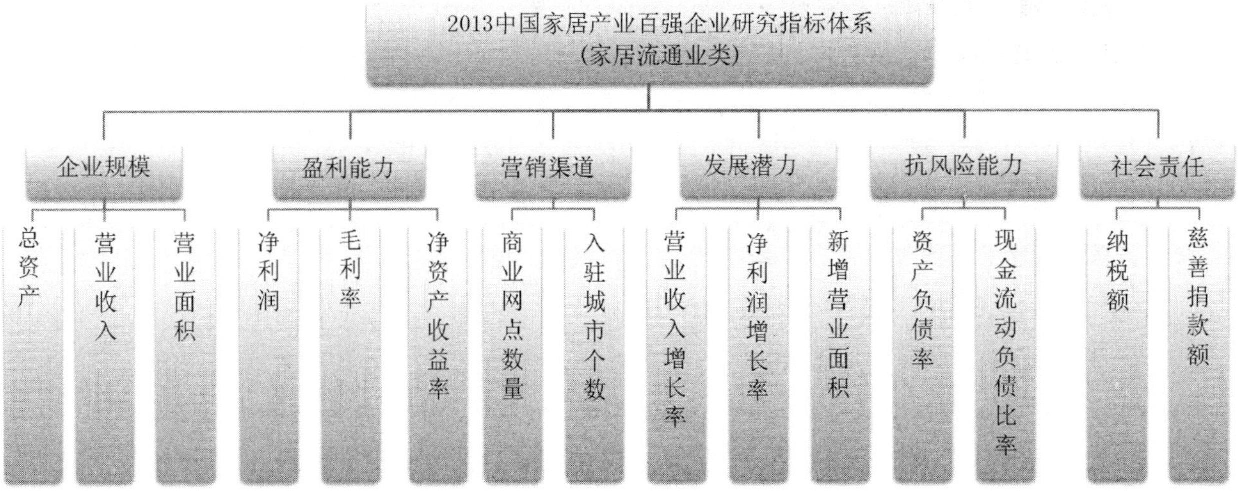

2.3 数据来源及复核

2.3.1 数据来源

（1）家居企业填报的数据；

（2）中国装饰装修及材料指数系统数据库；

（3）中国房地产指数系统百城样本楼盘精装修数据；

（4）中国建筑装饰协会、中国室内装饰协会、中国林产工业协会、中国橱柜协会、中国家具协会等行业机构的统计数据；

（5）家居企业对外公布的信息（包括公司年报、企业网站公布的信息和对外派发的宣传资料）；

（6）相关政府部门的公开数据；

（7）2010、2011、2012 中国家居产业百强企业研究收集企业数据资料；

（8）中国装饰装修及材料指数系统回收之问卷信息；

（9）房地产开发企业之调查问卷。

2.3.2 数据复核

企业填报的数据须如实客观，同时研究组将对填报数据进行复核。

（1）企业财务数据通过会计师事务所出具的报表进行复核；

（2）通过税单复核企业营业收入及利润；

（3）对收集的数据坚持交叉复核。

2.4 计量评价方法

在研究方法上，为增加研究的严谨性，采用因子分析（Factor Analysis）的方法。因子分析是一种从变量方差——协方差结构入手，在尽可能多地保留原始信息的基础上，用少数新变量解释原始变量方差的多元统计分析方法。它将原始变量分解为公共因子和特殊因子之和，并通过因子旋转，得到符合现实意义的公共因子，然后用这些公共因子去解释原始变量的方差。计算中国家居产业百强综合实力时，主要是计算各构成要素的相关矩阵，通过相关矩阵得到特征值、累计特征值及因子载荷。根据最初几个特征值在全部特征值的累计百分率大于或等于某百分比的原则，确定公共因子的具体个数。然后再根据因子载荷矩阵确定各个因子的现实意义并进行重新命名，最后根据不同企业各个因子的得分及载荷矩阵，通过加权累加构成 2013 中国家居产业百强企业综合实力值。

3　2013 中国家居产业百强企业发展特点分析

3.1　经营规模：借助精装修市场的机遇与加快企业并购，实现收入与规模双增长

（1）营收持续增长，加速抢占市场份额

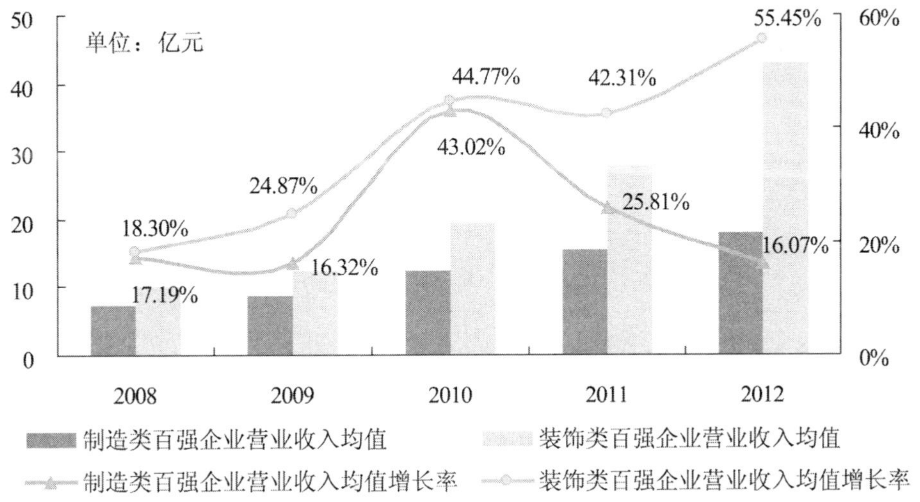

图 1　2008-2012 年家居百强企业营业收入均值及增长率

2012 年，百强企业进一步加大市场开拓力度，营业收入大幅增长。装饰类百强企业营业收入增长达到了 55.45%，增幅同比上升 13.14 个百分点；制造类百强企业营业收入增长为 16.07%，增速同比回落了 9.74 个百分点。受国际金融危机影响，欧美等传统出口市场需求下降，导致制造类百强企业营业收入增速有所放缓；而装饰类百强企业紧扣精装修市场节奏，与房地产开发企业深度合作，大力涉足精装修业务，有力拉动营业收入，增速突破了 50%。

百强企业专注自身业务发展，进一步从业务开拓、客户维护、管理架构优化、项目管控、研发创新、信息化建设、人才战略等方向全面提升公司核心竞争力，有效拉动企业营业收入的增长；并在品牌、营销、产品、供应链等多个核心经营要素方面实现了突破，在激烈的市场竞争中获取竞争优势，抢占市场份额，保证了营业收入的稳步增长。

（2）参与精装修，加快并购重组，扩大企业规模

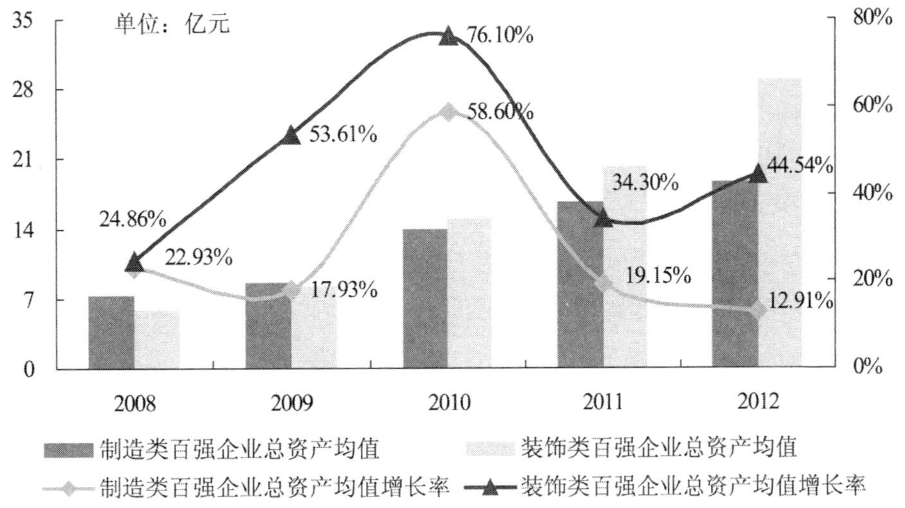

图 2　2008-2012 年家居百强企业总资产均值及增长率

在中央政府宏观调控与外贸市场复杂多变的情况之下，百强企业积极适应新形势下市场的变化，实现了总资产规模的继续扩张。装饰类百强企业紧抓精装修机遇，与房地产开发企业大力合作精装修项目，总资产同比增长44.54%，上升了10.24个百分点；总资产规模突破了29亿大关，达到了29.04亿元。尽管受到国内房地产市场与欧美等外贸市场影响， 2012年，制造类百强企业总资产规模仍达到18.77亿元，同比增长12.91%。

（3）装饰类百强企业资产负债率大幅提高，快速扩张过程中仍需警惕经营风险

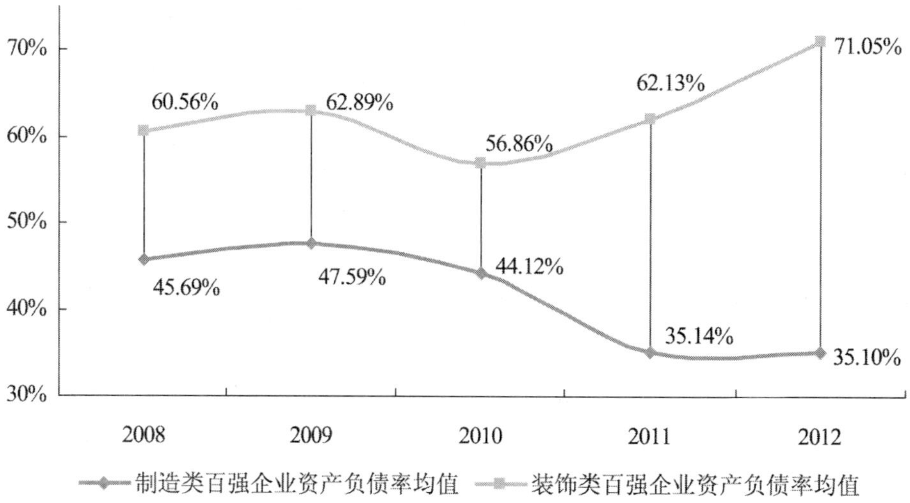

图3 2008-2012年家居百强企业资产负债率均值

2012年，制造类百强企业与装饰类百强企业在资产负债率方面表现分化。2012年，制造类百强企业资产负债率为35.10%，保持了自2009年以来的回落态势，表明制造类百强企业呈现出平均财务成本较低、风险较小、偿债能力强、经营较为稳健的发展特点，对投资行为的态度相对比较慎重，也直接反映在制造类百强企业总资产规模增速出现回落方面。而装饰类百强企业在2012年资产负债率达到了71.05%，表明装饰类百强企业在总资产规模保持高速扩张之时，企业债务与财务压力较大，具有一定的投资风险。近年来，装饰类百强企业与房地产开发企业保持深度合作，大幅参与精装修项目，在保证了企业行业地位与市场份额提升的同时，也造成了装饰类百强企业资产负债率指标不断攀升。尽管精装修给装饰类企业带来了巨大的经济效益，但因此提高的资产负债率仍需引起企业重点关注。

3.2 经营绩效：规模效应与技术研发保证利润增长，市场细分与压缩费用提升盈利空间

2012年，国内经济发展与房地产行业均处于调整时期，家居行业发展亦受到其相应的影响。一方面，百强企业抓住机遇与挑战，与房地产开发企业积极开展合作，深入精装修领域，有效提升自身市场占有率，增强了品牌认知度，实现了企业规模的快速扩张；另一方面，百强企业加速细分市场，针对未来主流消费群体，提前研发具有针对性的产品，带动行业发展。

（1）依靠规模效应与技术能力，拉动利润的进一步增长

2012年，装饰类百强企业净利润增长达到了62.55%，同比增长9.95个百分点；制造类百强企业净利润增长达到了15.93%，同比回落了8.43个百分点。装饰类与制造类百强企业在2012都保持了高位增长态势，为企业的下一步发展奠定了良好的基础。

装饰类百强企业依托精装修业务的加大开拓，有效提升自身市场占有率、增强品牌认知度，在业务规模的快速扩张同时，利用规模效应，实现了利润增长。

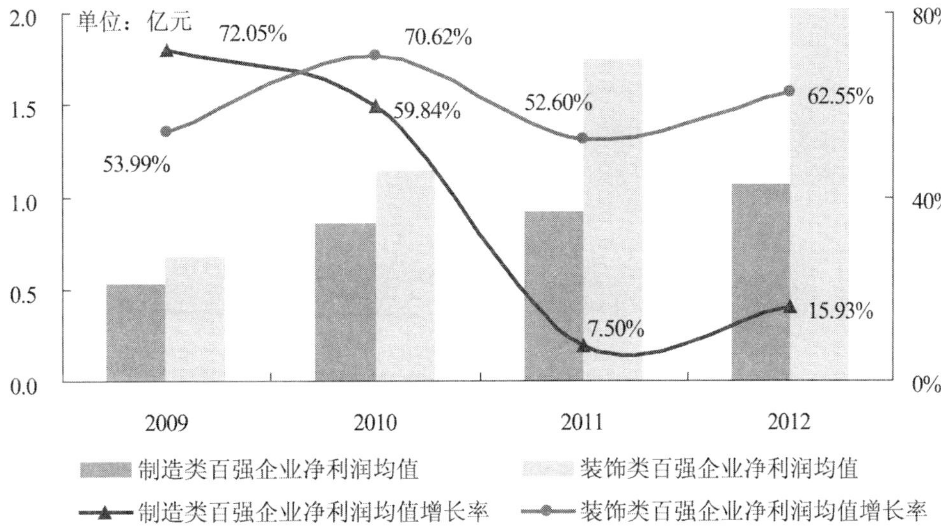

图 4　2009-2012 年家居百强企业净利润均值及增长率

制造类百强企业净利润增长率大幅回升主要是通过研发投入下技术水平的不断提升。在当前市场同质化现象明显的情况下，研发能有效提升产品的附加值，实现与其他产品的差异，受到市场的追捧。

（2）百强企业针对细分市场，提供系列品牌产品形成利润增长点

随着家居产业的不断发展与市场需求的不断变化，家居产业已逐步过渡到基于市场细分之后对专业、技艺要求更高的阶段。百强企业作为家居企业中的优秀精英群体，以前瞻性、开创性的眼光重新思考市场定位、细分目标群体，赢得目标客户的青睐。

针对 80、90 后新兴消费群体打造个性化的定制家具市场。随着 80、90 后等新兴消费群体成为家居市场的消费主力，定制家居市场需求亦逐年递增。同时，由于定制类家居产品具备定制化、个性化设计的特点，以及 100%的高空间利用率，随着 70-90 平米商品房数量的增多，以及未来城镇化进程的加快，预期定制类家居产品未来发展前景将更为广阔。百强企业正是抓住这一需求，强化产品创新获得利润增长。

面对老龄化趋势加速，百强企业打造适老化产品。目前，我国老龄人口已经超过 2 亿，预计 2015 年我国老龄人口占比将达 30%以上。百强企业顺应市场发展趋势，针对老龄化特点进行产品设计与市场开拓，依据老年消费群体在安全性和便利性方面的需求，开发“适老化”系列产品得到市场广泛好评。适老化设计依据人体工程学原理，结合老年人的生活习惯、身体特征、心理诉求等展开设计，产品更注重舒适性、安全性和和便利性。如，洗漱区产品边角设计圆润且设置扶手，面盆下的管道采用墙面内置式腾出了更多空间，给老年人的座椅或轮椅提供便捷，浴室柜高度满足老年人可坐可站两用，卫浴盆采用加宽设计，便于自由伸展胳膊肘部，全方位为老年人提供最佳的卫浴享受。

（3）进一步压缩费用支出，有效提升盈利能力

2012 年，装饰类百强企业与制造类百强企业在成本快速增长的情况下，通过降低费用支出，尽管毛利率均值出现了回落，但净利率均值仍保持了增长。装饰类百强企业毛利率均值为 15.75%，下降了 3.49 个百分点；净利率均值为 6.70%，上升了 0.39 个百分点。制造类百强企业毛利率均值为 24.74%，下降了 1.85 个百分点；净利率均值为 6.20%，上升了 0.23 个百分点。毛利率下降是由于营业成本上升较快，造成企业营业成本增速超过营业收入增长速度；而净利率上升主要由于企业较为注重控制支出，如财务费用、销售费用等；同时，部分企业非主营业务增长较快，一定程度上提升了企业的净利率均值。

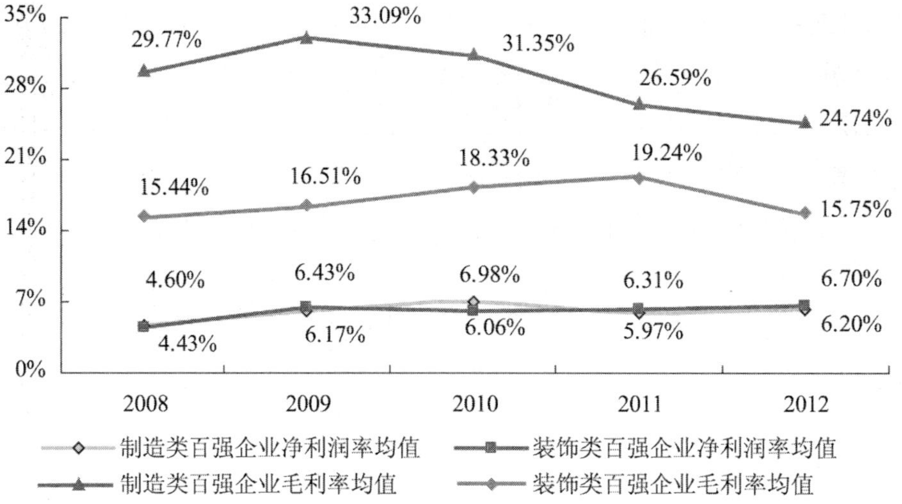

图 5 2008-2012 年家居百强企业利润率均值变化

营业成本上升较快，百强企业整体毛利率小幅下调。2012 年百强企业加大规模扩张的速度和提升销售力度：一方面，虽然增加了产品销售力度，但其中的价格折扣因素直接降低了利润的空间；另一方面，快速扩张中增加的网点效益显现速度慢，新增收益增长慢而成本增长较快，使得百强企业整体毛利率出现了下滑。

有效增强企业的盈利能力，开启精细化管理新时代。百强企业通过加强管理、提高新技术应用水平、降低费用率，有效提高企业净利率，增强自身盈利能力。2012 年，百强企业进一步优化企业组织架构、加强制度建设，健全和完善各项管理体系、整合核心职能部门，加强内部管理和协同效应；实现公司精细化管理，最大程度降低决策、经营风险，完善内控机制，提高资金使用效率和安全。

3.3 营销渠道：推陈出新、优势互补，多种方式并存开拓企业发展空间

(1) 推陈出新，打造多渠道营销网络

百强企业针对新兴消费群体，通过电子商务的方式形成有效互动，成功突破时间、空间的限制，最大程度利用网络途径吸引青年消费群体，并对自身营销渠道的拓展形成了有效的补充。

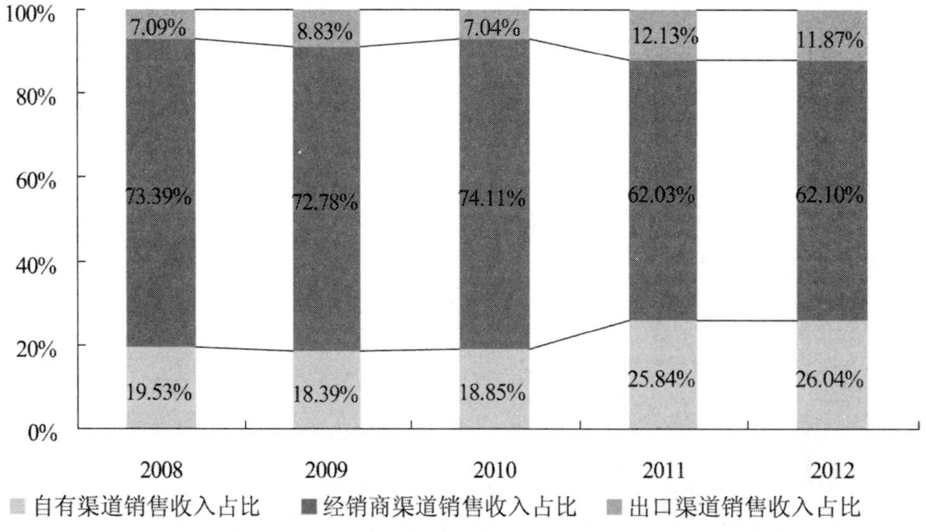

图 6 2008-2012 年家居制造类百强企业各营销渠道收入占比

2012 年，家居制造类百强企业各营销渠道收入占比与 2011 年相比，基本保持稳定。其中，自有渠道销

售收入占比仍保持上升态势，达到 26.04%，同比上升 0.2 个百分点；经销商渠道销售收入占比稳中略增，达到 62.10%，同比增幅 0.07 个百分点；出口销售渠道主要受传统出口地区经济复苏乏力影响，收入占比与 2011 年相比有所回落，为 11.87%，同比下降 0.26 个百分点。百强企业为不断适应消费者购买方式的变化，不断尝试创新与拓宽营销渠道，“线下体验、线上支付”的互动模式已成为当前百强企业营销新思路；与传统渠道相比，电子商务的价格与时间优势能够更有效地吸引消费者的目光并实现交易。随着众多大型家居企业开展线上业务，尽快找到与自身经营模式相匹配的营销渠道战略规划是企业发展壮大的关键因素。百强企业不断加大营销网络投入、优化终端渠道结构、对销售区域进行细化，在巩固现有渠道的基础上，大力提升渠道覆盖率、优化市场结构，为企业产品销售规模带来较大的增长空间。

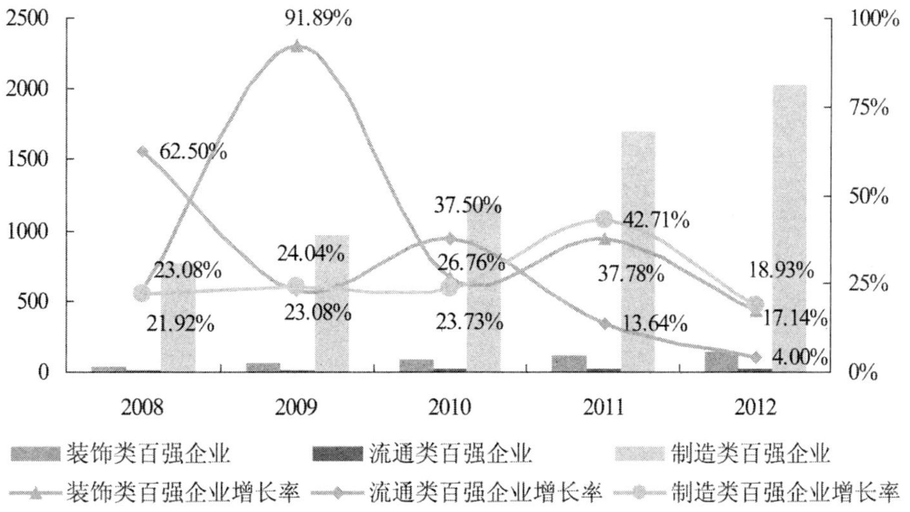

图 7 2008-2012 年家居百强企业商业网点数量及增长率

装饰类百强企业与制造类百强企业在 2012 年商业网点增速都出现了不同程度的回落。其中，家居装饰类企业商业网点增长率为 17.14%，同比回落 20.64 个百分点；家居制造类企业商业网点增长率为 18.93%，同比回落 23.78 个百分点；流通类百强企业商业网点增长率为 4.00%，同比回落 9.64 个百分点，主要由于本土卖场同质化现象严重的情况下，百强企业大力推广电子商务。同时，对线下实体销售渠道进行升级，通过体验式购物、一站式体验等方式为消费者提供良好的产品和体验服务。在全球化格局日益明朗之下，本土家居企业应如何更好地立足国内市场、迎接市场变化与外资市场的挑战，其关键点即如何将新兴线上营销与线下体验式消费有机结合，不断吸引消费群体的关注、迅速构建行业领导地位。

（2）合作互补，优势叠加开启共赢局面

面对日趋复杂的市场形势，家居业内企业纷纷广泛开展行业内外的战略合作，通过优势互补积极应对市场困局，谋求更大的发展。2012 年，家居企业通过在领先技术、资源互补、品牌建设、市场分额等方面的战略合作，取长补短、资源共享，助推双方的竞争实力和市场份额快速提升，实现了“1+1＞2”的协同效应。

表 1 2012 家居百强企业部分合作统计

合作方	合作领域	合作内容
圣象 大自然	地板	双方在管理经验、资源共享、客户服务等领域达成合作协议，提升彼此对外竞争力。
老板电器 法格集团	家电	老板电器此次与西班牙法格合作，意在引入"帝泽"品牌，进军豪华家电领域；同时双方通过合作，整合生产资源，有利于全方位开拓全球市场。
美的照明 佛山照明等	灯具	共同联合发布"LED 灯具产品包装表示佛山联盟标准"，对包装标识进行统一规定。
东鹏 意大利 REX	瓷砖	共同举办"设计西安暨设计师意大利摄影之旅"，将顶级的意大利瓷砖和东鹏系统的服务体系注入西安，带来全新的瓷砖设计与生产理念。
海尔集团 中国航天员科研训练中心	冰箱	海尔集团与中国航天员科研训练中心签署技术合作协议，共同为航天冰箱研发指路。

3.4 创新能力：百强企业科研潜力进一步发掘，专业能力获得稳步提升

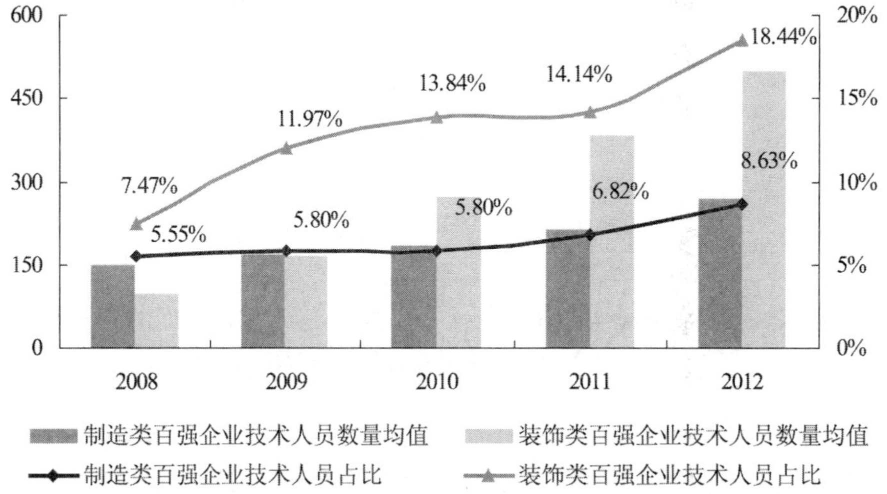

图 8 2008-2012 年家居百强企业技术人员变化

技术人员作为企业发展的中坚力量，对企业发展的稳定性、前瞻性与创新性有着重要的推动和引领作用。2012 年，家居百强企业技术人员数量占比进一步提高，企业对于技术人员的重视程度继续加强。其中，装饰类百强企业技术人员占比达到了 18.44%，提高了 4.3 个百分点；制造类百强企业技术人员占比达到了 8.63%，提高了 1.81 个百分点。技术人员是企业专业技术或核心技术的载体，拥有专业知识和核心技术的人才，其比例的提高是企业核心竞争力的体现。同时，技术人员在企业中属于技术层次较为突出或学历层次较高的群体，对企业基层员工群体有无形领导力的作用，对一线员工的工作积极性具有较大的拉动作用。

2012 年，制造类百强企业专利数量与均值得到大幅提升，专利数量同比增长 42.61%，达到了 251 个；装饰类百强企业专利数量均值同比增长也达到了 30%，专利数量达到了 17 个。2012 年，家居百强企业专利数量增速触底反弹、大幅回升，与 2012 年市场大环境密不可分。由于中央政府坚持房地产调控政策不放松，百强企业在强大的市场压力之下，针对市场需求进行技术革新，不断提高自身技术研发实力，开拓具有市场针对性的专利产品；同时，随着欧美等传统出口地区对于产品标准的提高与知识产权相关层面的重视，传统粗加工、贴牌生产等增长方式已不能适应当今的外贸形势，通过专利技术的深层研究与核心技术的不断开发、通过专利技术掌握核心技术资源与品牌优势，正成为家居百强企业发展的重要方向。

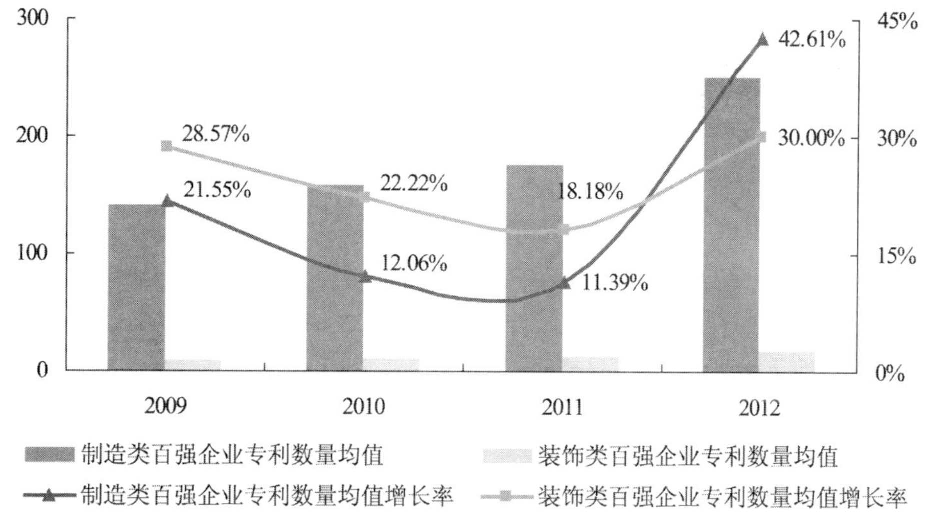

图 9　2009-2012 年家居百强企业专利数量变化

3.5　社会责任：百强企业积极践行公益事业，赢得社会广泛关注

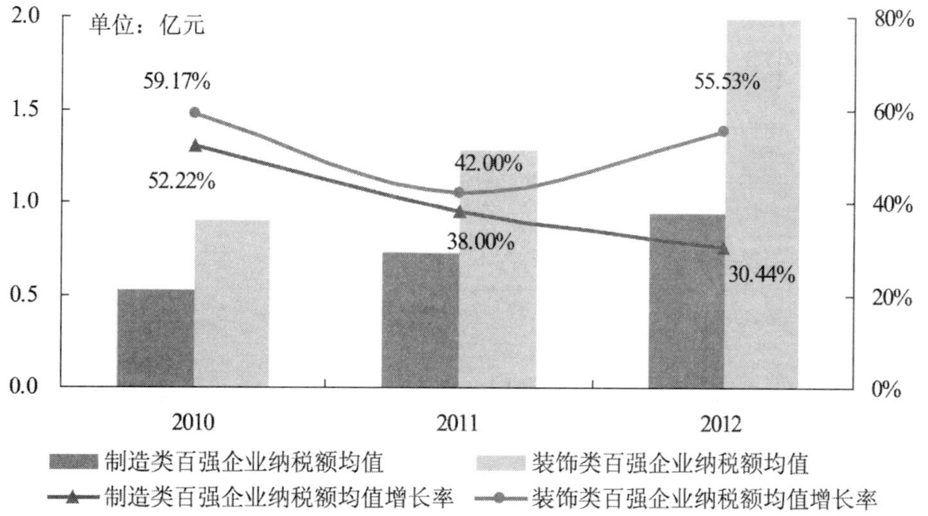

图 10　2010-2012 年家居百强企业纳税额均值及增长率

随着市场的不断发展与社会的不断进步，追求利润已不再是企业追求的唯一目标，百强企业作为家居企业中的佼佼者，对于自身的社会责任更加重视，更加强调对消费者、对社会、对国家的贡献。2012 年，家居百强企业在纳税额均值上实现了持续增长。装饰类百强企业纳税额均值首次逼近 2 亿元，达到 1.99 亿元，同比增长 55.53%；制造类百强企业纳税额均值也逼近亿元，达到 0.94 亿元，增速虽有所放缓，但同比增长仍达到 30.44%。2012 年，受中央政府宏观调控以及外贸影响，制造类企业总资产及营业收入增速放缓，直接体现在其纳税额度同比增长回落之上；而装饰类企业抓住市场精装修机遇，积极适应市场变化，实现了总资产与营业收入的同比大幅递增，在纳税额均值及同比增长上也实现了大幅飞跃。

4　结语

2012 年，家居百强企业在中央政府坚持房地产调控政策不放松的外部环境之下，坚持积极适应市场变化，与房地产开发企业深度合作，开展精装修项目合作，在外部环境不利的情况下实现了稳步增长。同时，百强企业积极进行营销渠道的拓展，开展电子商务的探索，降低对传统方式的依赖；加大人才与研发的投入，走可持续发展的道路。

随着城镇化大潮在2013年全面开展，家居行业面临空前的机遇与挑战，市场不确定性进一步加大，家居企业面临行业洗牌与跨越式发展的双重变化。面对外部环境的变化，家居企业应积极进行自身的调整，加大人才储备与技术研发的投入，不断开拓新兴渠道，针对市场需求进行产品设计与投入，挖掘新的增长点。国内外市场的复杂变化之际，也是优秀企业难得的发展契机，能够凭借自身品牌优势、规模优势、技术优势、资本优势、渠道优势等方面的积累，实现业绩大幅提升，并推动行业向前发展。同时，抓住市场转性的难得机遇，实现企业的顺利转型升级，依托住宅产业化带来的巨大市场需求，实现企业的长期、稳定、高速的发展。

表2　2013中国家居产业百强企业

家居装饰企业-精装修	家居卖场
深圳广田装饰集团股份有限公司（广田）	北京居然之家投资控股集团有限公司（居然之家）
苏州金螳螂住宅集成装饰有限公司（金螳螂）	红星美凯龙国际家居连锁集团（红星美凯龙）
浙江亚厦装饰股份有限公司（亚厦）	百安居（中国）投资有限公司（百安居）
深圳市中天装饰工程有限公司（中天）	北京集美家居市场集团有限公司（集美家居）
全筑建设企业集团（全筑）	欧亚达集团（欧亚达）
东易日盛家居装饰集团股份有限公司（东易日盛）	北京建材经贸大厦（建贸）
广东星艺装饰集团有限公司（星艺）	**地板**
武汉嘉禾装饰集团有限公司（嘉禾）	圣象集团有限公司（圣象）
深圳名雕装饰股份有限公司（名雕）	广东盈然木业有限公司（大自然）
九鼎装饰股份有限公司（九鼎）	德尔国际家居股份有限公司（德尔）
瓷砖	安信伟光（上海）木材有限公司（安信）
广东新明珠陶瓷集团有限公司（冠珠）	久盛地板有限公司（久盛）
东莞市唯美陶瓷工业园有限公司（马可波罗）	巴洛克木业（中山）有限公司（生活家）
杭州诺贝尔集团有限公司（诺贝尔）	**空调**
广东东鹏陶瓷股份有限公司（东鹏）	珠海格力电器股份有限公司（格力）
信益陶瓷（中国）有限公司（冠军）	广东美的电器股份有限公司（美的）
广东新中源陶瓷有限公司（新中源）	青岛海尔空调电子有限公司（海尔）
意大利伊莫拉陶瓷集团（蜜蜂）	海信科龙电器股份有限公司（海信科龙）
广东蒙娜丽莎陶瓷有限公司（蒙娜丽莎）	大金（中国）投资有限公司（大金）
广东宏宇陶瓷有限公司（宏宇）	**家具**
广东欧雅陶瓷有限公司（欧美）	全友家私有限公司（全友家居）
橱柜	美克美家家具连锁有限公司（美克美家）
广东欧派家居集团有限公司（欧派）	香港红苹果家具有限公司（红苹果）
博洛尼家居用品（北京）有限公司（科宝·博洛尼）	香港顾家控股集团有限公司（顾家工艺）
厦门市建潘卫厨有限公司（金牌）	北京曲美家具集团有限公司（曲美）

续表

志邦厨饰有限公司（志邦）	香港皇朝傢俬集团有限公司（皇朝傢俬）
中山市新山川实业有限公司（皮阿诺）	北京世纪百强家具有限责任公司（百强）
宁波欧琳厨具有限公司（欧琳）	北京利丰家具制造有限公司（意风）
广丰月兔橱柜有限公司（月兔）	**墙纸**
能基家居用品有限公司（能基）	广东玉兰装饰材料有限公司（玉兰）
厨卫电器	北京特普丽装饰装帧材料有限公司（特普丽）
博西家用电器（中国）有限公司（西门子）	上海欣旺壁纸有限公司
杭州老板电器股份有限公司（老板）	尚美世家（北京）贸易有限公司（ROEN 柔然）
宁波方太厨具有限公司（方太）	北京东方格莱美墙纸有限公司（格莱美）
浙江帅康集团有限公司（帅康）	**电气照明**
德意控股集团有限公司（德意）	施耐德电气(中国)有限公司 （施耐德）
广东万家乐股份有限公司（万家乐）	佛山电器照明股份有限公司（佛山照明）
中山华帝燃具股份有限公司（华帝）	广东钜豪照明电器有限公司（钜豪照明）
樱花卫厨(中国)股份有限公司（樱花）	雷士照明控股有限公司（雷士）
卫浴洁具	天基电气集团（天基）
科勒（中国）投资有限公司（科勒）	**涂料**
东陶（中国）有限公司（TOTO）	阿克苏诺贝尔太古漆油（上海）有限公司（多乐士）
唐山惠达陶瓷（集团）股份有限公司（惠达）	立邦涂料（中国）有限公司（立邦）
佛山市顺德区乐华陶瓷洁具有限公司（箭牌）	广东华润涂料有限公司（华润）
九牧厨卫股份有限公司（九牧）	三棵树涂料股份有限公司（三棵树）
美标（中国）有限公司（美标）	梅菲特（北京）涂料有限公司（德国都芳漆）
佛山市法恩洁具有限公司（法恩莎）	**其他**
乐家（中国）有限公司（乐家）	北新集团建材股份有限公司（龙牌）
和成（中国）有限公司（和成）	高仪（上海）卫生洁具有限公司（高仪）
雅鼎卫浴股份有限公司（雅鼎）	霍尼韦尔（中国）有限公司（霍尼韦尔）
门	芜湖海螺型材科技股份有限公司（海螺型材）
浙江梦天木业有限公司（梦天）	中宇建材集团有限公司（中宇卫浴）
华鹤集团有限公司（华鹤）	摩恩（中国）公司（摩恩）
TATA 木门（TATA）	中山市顶固金属制品有限公司（顶固）
广东润成创展木业有限公司（润成创展）	美巢集团股份公司（美巢）
吉林森林工业股份有限公司（霍尔茨）	北京中讯威易科技有限公司（中讯威易）

附录八 2013中国重要城市部分典型地产指数系统样本楼盘

城市	典型楼盘	LOGO	项目简介
杭州	绿城·金华御园	MAJESTIC MANSION 绿城·金华御园	绿城·金华御园，413 亩金华主城区首席人居大盘，正处城市龙脉之首尖峰山南，直面3300亩百年学府浙师大，萃集绿城19年殿堂级别墅营造之大成，精工锤炼法式别墅、法式合院、法式排屋、观景高层四类臻品，鼎成金华首席别墅区。
	广厦·天都城	广厦房产 广厦天都城 SKY CITY	广厦·天都城，浙江广厦旗下大盘品牌项目，规划占地面积7000余亩，总建筑面积480万平方米，居住人口未来将达10万，是广厦“企业参与经营城市”理念的重要战略实施。开发十余年来，天都城已成功地实现了房产、旅游、休闲度假三大板块的完美组合，目前交通、教育、景观休闲、商业等各方面配套都已日趋完善，截止目前已有十多个园区建成交付，几万人居住于此。近年来，广厦·天都城凭借其优越的大盘优势已然成为了杭州城东北成熟大盘，宜居之城的标杆。
	中海·寰宇天下	寰宇天下 LA CITÉ	中海·寰宇天下，位于杭州钱江新城 CBD、奥体中心 CBD 和滨江新城 CBD 三大城市核心的黄金交叉点上，是目前杭州前所未见的80万方钱塘江一线江景城市综合体。聚集有两座跨江大桥、两条地铁线路、一条机场高速；在配套方面，中海·寰宇天下项目靠近滨江区政府，周边有星光大道综合体、星耀城综合体等诸多商业配套，与杭州目前最大的SHOPPING MALL万象城也仅一江之隔，无论出行和购物都十分便捷。
	西湖国际科技大厦	中国节能 CHINA ENERGY CONSERVATION AND ENVIRONMENTAL PROTECTION GROUP	西湖国际科技大厦，位于杭州国家高新技术产业开发区核心区域的文二路上，杭州西湖国际科技园内。大厦根据科技时代的现代商务需求和城市风景而设计，由27层A楼、13层B楼、9层C楼三幢主楼、3层裙房及地下建筑组成。项目采用先进节能建筑技术和甲级智能化楼宇技术建造，为高速扩张中的现代企业提供国际化和身份化绝对标识的工作环境，是杭州城西最高建筑品质的第一高楼、全新商务时代的品质型写字楼。
上海	徐汇·中凯城市之光	TOP OF CITY 徐汇·中凯城市之光	徐汇·中凯城市之光，是嘉凯城“都市高端住宅系列”的旗舰力作，立足徐家汇镶钻版图，与未来浦西最高王座“徐家汇中心”相视而立。项目的四栋高层建筑以弧线围合中央水景若“鱼”形布局，形成鱼水交融的优美意境；五重迎宾大堂阔绰尊贵，一梯一户规划，主仆双流线，确保私密从容；188-409平方米纯粹大宅规划，全套房、中西双厨设计，5大主流内饰风格，匹配5种不同的私享品位；辅以全屋地暖、中央吸尘等高档配备，品味极致精装之奢享的生活。

续表 1

城市	典型楼盘	LOGO	项目简介
上海	保集・澜湾		项目位于上海浦东新区上丰路与华东路交汇口，距离龙东大道仅约 1 公里，出行便捷。东接恒生商业广场，西临卡园商业街，宋庆龄国际幼儿园、师大附小、复旦附中等重点学校紧邻项目，繁华近享。项目总建筑面积约 22 万平米，容积率仅 1.2，项目定位为板块内标杆性高端楼盘，规划为纯正英式风格的花园洋房、联排别墅、叠加别墅，130-250 平米三房以上房型，附加值高，部分带私家电梯。项目两面环水，拥有 800 米清澈天然河道，英国著名设计公司阿特金斯担纲景观设计，私享下沉式广场和近 3000 平米会所，足不出户亦可尊享生活。
	复地万科活力城		复地、万科地产联手打造的国际都市新中心，位于上海市浦东新区政府重点打造的八大区域之一的御桥板块，是前滩与自贸区双核辐射的第一极。整个项目总建筑面积约 30 万平方米，集购物、美食、商务办公、娱乐休闲为一体，由 5A 级办公、商业 MALL、风情商业街、酒店式公寓等产品形态组成。宜家、红星美凯龙等环伺周边，北蔡、新希望、康桥产业园的有力支撑，区域商办氛围渐浓。项目紧邻上海城市环线——中环线，“四隧、三桥、三轨、两环一路”的立体交通网络使得出行通畅四方。
	象屿鼎城		项目位于上海浦东迪斯尼国际旅游板块，毗邻华夏东路高架，快速连通中环，未来升值潜力无限。步行可直达轨道交通 2 号线快速接驳达张江、陆家嘴、南京西路等商圈。项目规划总建筑面积约 12 万平方米，包括南部的宽庭美墅与北部的精装公寓两大部分，打造融新古典主义与 ARTDECO 风格为一体的建筑精品，辅以“一横两纵”的三大主轴景观布局，缔造出建筑与园林的完美结合。
苏州	圆融(时代)广场		圆融（时代）广场是圆融集团重点打造的一个注重自然生态与休闲体验的绿色都市综合体品牌。它以生态型、宜人性的设计理念，打破了传统综合体中封闭式购物中心的概念，通过建筑、景观、氛围及商业业态的精心设计，以休闲为导向，提供舒适性和人性化的互动消费模式，从而形成一个开放、生态的绿色都市综合体。目前，圆融已拥有苏州、南通、无锡等五个圆融广场，未来该品牌还将更广范围创新拓展。
	丰隆城市中心		丰隆城市中心，作为城市发展（中国）有限公司在中国投资的重量级项目，扎根千年古城苏州，延续母公司——城市发展有限公司（CDL）的全球化品牌基因，秉持设计创新，品质卓越的理念，致力于在苏州工业园区金鸡湖畔，打造一个具有真正绿色建筑理念的 40 万平方米绿色城市综合体。
文昌	现代文昌之都		现代文昌之都是海南省政府 2013 年重点商业项目。总规划占地面积约 1680 亩。地处文城、清澜中央，毗邻高铁站、汽车站，另有滨海旅游快速干线、海文高速双轴交汇，交通便捷决定核心财富宝地。项目建设包含“1 个商务综合体、2 个酒店综合体、3 大综合性商场、4 条中央圆街、6 大特色风情街”，拥有全海南罕见的近 2000 个地上、地下机动车位。现代文昌之都未来将是海南国际旅游岛现代化大型购物、休闲生活、旅游消费的商业旗舰，成为文昌标志性的城市新名片。

续表 2

天津	天津大都会	天津大都會	大都会项目位于和平区南市金街河畔，由央企保利和金融街控股联手打造，是天津市城市核心高端地标建筑群，规划总建筑面积 86 万平方米，旨在打造高品质的宜居大盘。总的来说，天津大都会是天津市唯一汇聚 360-650 平米平层豪宅、万平米中央公园、高级私人会所、万全小学、金融街购物中心、都会金街、摩天双塔写字楼、金融总部基地、酒店式公寓、民政服务中心十大综合业态为一体的天津首席 86 万平米成熟综合体。
南昌	滨江壹号	濱江壹號 THE KING OF GAN RIVER	滨江壹号位于南昌市中心，沿江路与中山西路交汇处。集万千繁华宠于一身，东与中心商圈紧密相依，距中山路-胜利路步行街仅 3 分钟车程，缤纷时尚俯拾皆是。项目占据城市 68 亩绝版江岸，建筑面积 28 万平米，由 7 栋点式超高层围合而成，ARTDECO 新古典建筑气势超拔，系融合顶级豪宅、5A 级写字楼、品牌 MALL 于一体的顶级配制型居住综合体；滨江壹号以顶级的品牌，顶级的配备，加之顶级的区位和高度，专为赣江巨子打造一幕举世皇廷，其恢弘格局足以令世界豪宅为之喟叹。
武汉	奥山世纪城	奥山世纪城	奥山世纪城，以"武汉滨江商业区・150 万方滨江枢纽综合体"的定位，屹立在武昌滨江区二七大桥南岸桥头，总建筑面积约 150 万平方米，涵盖 35 万平方大型商业购物中心、高档住宅区、商务办公区、娱乐休闲区、商务酒店等业态，建成后将成为武汉城市核心区封面级地标综合体。
	保利・蓝海郡	保利・蓝海郡	保利・蓝海郡坐拥城心 3 公里优势资源，真正达到出则繁华，入则宁静。保利・蓝海郡总建筑面积约 32 万平方米，位于武昌中心区南湖北岸，一线临湖，尽享 760 公顷浩淼南湖，眺望对岸秀美的狮子山，依山傍水环境优美。项目东邻武汉地铁二号线，南面俯瞰南湖，西接二环线珞狮路段，北邻雄楚大街，以雄楚大街为沿线，20 条市政公交通达武汉三镇，10 分钟即可畅享街道口、光谷、中南三大商圈。华师、武大、理工大等众多高校林立周边，深厚的人文土壤，造就了项目与生俱来的人文气息。
	庭瑞集团「大观澜系」	庭瑞集团 TEAMRISE GROUP 大观澜系	庭瑞集团「大观澜系」——以"优越城市资源、优雅城市生活"为核心理念，2013 年于武汉地区布局"大观澜系"6 大核心项目：观澜国际、观澜御苑、观澜高尔夫、观澜外校城、观澜太子湖、观澜天地。2013 年上半年，庭瑞集团已建项目近 200 万平方米，优质储备项目 300 万平方米，已开发建成及在建项目达 10 个。2013 年进驻安徽蚌埠，摘取蚌埠地王项目观澜御湖世家。目前集团旗下不仅有观澜系多个项目在售及储备，更逐步涉足二、三线城市及省外地产开发与资本运营等。
北京	中海九号公馆	中海九號公館 RESIDENCE NINE 西四环 城市别墅 领袖人生	北京中海九号公馆总建筑面积近 40 万平米，以稀缺城市别墅及平层官邸成就北京最后的城市低密生活。项目紧邻西四环，金融街商圈、丽泽商务区、南站商圈、中关村科技园丰台园、首都第二机场矗立四周；三大公园、高尔夫环抱，毗邻地铁九号线、万寿路南延线，让中海九号公馆既能隐逸山水间，亦能顷刻回归红尘。北京中海九号公馆，依循 16 世纪英国伊利莎白皇家规制营造建筑，从富丽堂皇的立面细节中彰显尊贵魄力，以恢弘大气为基调缔造纯正英式皇家园林，由外而内打造饱含隆重而沉厚的绅贵气息，全力铸成北京仅有的终极城市豪宅。
	孔雀城	孔雀城 京郊生态小镇连锁品牌	孔雀城——一个培育亲情的地方。09 年开始，四个孔雀城全面亮相北京，无论你住在北京的东南西北，都有适合自己的孔雀城，可以"让你提前 10 年享受低密宜居生活"。孔雀城专注于京郊小镇的开发，以百万的价格，铸就千万的品质，让您享受低密宜居生活，不离都市繁华。孔雀城连续三年位居京郊市场开发量和销量的前列，成就了"京郊生态小镇连锁品牌"的美名。永定河、大运河、潮白河、八达岭，四个孔雀城以京城主体水系和龙脉山岭为依托，成就京城极具稀缺价值的精品。

续表 3

广州	保利·天悦	GRAND MANSION 保利·天悦	保利·天悦地处广州琶洲核心商务区，交通便捷，配套完善，景观环境优越。得益于广州建设中心城市的发展战略以及广交会的利好辐射，琶洲将是广州新 CBD 建设的重要组成部分，也将成为未来代表广州经济、文化发展水平的城市名片。保利·天悦是目前广州市区最大综合体保利琶洲综合体的住宅部分，总建筑规模达 60 万平方米，远高于广州典型样本项目的平均水平。项目定位高端江景豪宅，依托稀缺江岸线与大面积公园绿植，规划建设了集舒适性、实用性、景观性于一身的生态居住区。
保定	和道国际	泰隆和基 和道国际 HEDAO INTERNATIONAL	和道国际项目总占地 7 平方公里，总建筑规模 500 万平米，总投资 500 亿元。建成后将形成集产品研发、生产、交易、展示、信息交流、电子商务、仓储物流、金融结算、人才流通、休闲购物等于一体的商贸新区。和道国际项目是中国最具有新商业模式特征的第五代专业市场，突出特征是功能创新和组织创新。功能创新表现在现代物流、会展服务、电子商务、产业服务等高端配套功能；组织创新表现在业态多元化、管理现代化、利益主体多元化、人才队伍高端化等特征。目前箱包交易中心已有 2 万余家商户签约入驻，体现了强大的产业聚集效应，必将拉动区域经济发展和加快新型城镇化建设。
重庆	龙湖·两江新宸	LONGFOR IDEAL CITY 龙湖·两江新宸	龙湖·两江新宸位于两江新区商贸核心区——礼嘉，项目总开发体量 300 万方，涵盖别墅、洋房、高层、SOHO 等多业态、全明星系商业组合开发，是龙湖 20 年重庆最大项目。代表城市最为先进下一代城市居住模本，是集生态总部城、核心商贸区、滨江高档居住区完美集合的城市级项目。
	重庆涉外商务区	CHONGQING FOREIGN BUSINESS DISTRICT 重庆涉外商务区 高科国际中心	重庆涉外商务区位于北部新区人和组团，是重庆市政府确定的重点建设项目之一。项目占地面积 112 亩，总建筑面积 31 万平方米，由 A、B 两区构成。以外事、外企、外资“三外”为核心，为重庆涉外经济打造高标准的外事服务、商务办公、文化交流和特色消费平台，推进重庆外向型经济的发展。
	江北嘴·金融城	江北嘴置业 金融城 FINANCIAL TOWN	江北嘴·金融城地处江北嘴 CBD 核心区域，总用地面积约 242 亩，总建筑面积约 168 万平方米，规划有国际甲级写字楼、商业、国际豪华五星级酒店、公寓等多种物业类型。项目将成为金融机构、保险机构、证券基金公司和世界 500 强企业在西南地区设立总部的首选之地。
六安	兴茂·悠然南山	兴茂·悠然南山 Leisure In Southern Hills · Xingmao	兴茂·悠然南山是安徽省各级政府高度重视的招商引资项目，是“安徽省 861 重点工程”，由中国百强房企兴茂集团斥巨资 20 亿打造。兴茂·悠然南山位于六安市国际生态旅游度假区内，距六安市区仅 6 公里，距合肥新桥国际机场 30 分钟车程，交通便利，环境优美，森林植被茂盛，自然风貌卓越，大别山余脉与江淮分水岭构成天然绿肺氧吧，空气负离子含量是市区 50 倍以上，上风上水，是休闲度假和居家置业的圣地。
昆明	昆明广场	tkp 昆明广场	同德昆明广场，总用地 219 亩，净用地 155.45 亩，总建筑面积近 90 万平米。规划有：近 9 万平米的集中式商业，269 米的摩天写字楼，昆明唯一纯粹的豪宅集群，灵动多变的 MINI 公馆成为昆明首席城市综合体。昆明 269 米、31 部高速电梯、5A 智能确保写字楼全球领先。云南唯一的精致时尚的购物中心。13 个西南地区旗舰豪华影厅，全新高科技理念。二梯二户独立入户的豪宅体验无可替代的地段优势和便利的交通优势。地铁不但直接接入写字楼，更加直接连接住宅区。

续表 4

大理	实力・苍海一墅		苍海一墅位于大理古城与下关新城之间的七里桥感通寺区域，距大理古城和下关主城，驱车均只需 7 分钟。苍海一墅总规划 1200 亩，一期占地 671 亩，总建筑面积约 44.72 万平方米。苍海一墅是囊括院落别墅，五星级希尔顿酒店，商业街，高级会所；融合居住、投资、商务、度假、休闲、餐饮于一体的大型高端旅游地产。将住宅品质、休闲度假、山水风情附加在居所中，带来的是一种全新的高端体验，营造真正的度假休闲生活。
惠州	光耀・全球候鸟度假地		项目位于惠州高尔夫球场内，自然资源丰富，高尔夫配套设施齐全。2000 多亩土地的高尔夫，有 18 洞标准高尔夫球洞，6 个原生湖、一条清溪、大片原生竹林，并有原生白鹭的栖息地。光耀・候鸟球场规划建设为超豪华别墅，并配备五星级酒店、顶级 SPA 会所，并加建 18 洞高尔夫景观球场，将成为中国又一个高端、特色旅游度假目的地。超私密的舒适空间，超大的前厅后院花园，优享各种资源景观，在与自然相融的体验中，全球候鸟度假地将成为新的度假豪宅典范标杆项目。
	卓越・东部蔚蓝海岸		项目传承“蔚蓝品牌”高端品质，是卓越集团在惠州重点打造的大亚湾地区的第一科学人文大盘。项目占地约 77 万平米，建筑面积约 219 万平米，以类别墅及高层为主，可谓是一座超级大城。社区整体规划以卓越人居为本，在建筑及户型上进行科学研究，包含建筑朝向、户型尺度等，均充分考虑人体健康学，打造令人身心愉悦的美学建筑。此外在社区园林环境上亦是精雕细琢，不但设置大量公共空间、休闲娱乐设施，还引入环保的树木、花草等，让邻里之间的关系在健康中和谐共融。
沈阳	国王湖・城堡 1867		项目地处于国家 4A 级棋盘山风景区内，是富通地产联合多家世界顶级设计公司倾力打造的东北首例德国城堡式湖居顶级豪宅。项目整体占地 94 万平米，其规划中拥有一片约 20 万平米的大湖。项目一期“城堡 1867”，则源于德国城堡建筑史中最为传奇、浪漫、恢弘的传世经典“新天鹅堡”。“梦幻与浪漫”是新天鹅堡的建筑主题，无上的王权彰显则是它的灵魂表征。一期产品以新天鹅堡为建筑依照，完美传诵这历经数百年而不衰的绝美与壮丽。
成都	蓝光 COCO 系		蓝光地产以“突破、创新、亮剑”精神，聚焦民生地产，迅速回归到蓝光引以为傲的“快速度”上。蓝光地产洞察城市脉络和生活方式，理解都市精英不断更新的居住偏好与需求，成功打造了“蓝光 COCO 系”。9 大标准 100 项细节，旨在让精英阶层回归到城市核心区域。

附录九　主要统计指标解释

一、房地产开发企业财务指标

1.资产总计：指企业过去的交易或者事项形成的、由企业拥有或者控制的、预期会给企业带来经济利益的资源。资产一般按流动性分为流动资产和非流动资产。其中流动资产可分为货币资金、交易性金融资产、应收票据、应收账款、预付款项、其他应收款、存货等；非流动资产可分为长期股权投资、固定资产、无形资产及其他非流动资产等。根据会计“资产负债表”中“资产总计”项目的期末余额数填报。

执行 2006 年《企业会计准则》的企业：资产合计=流动资产合计+非流动资产合计；未执行 2006 年《企业会计准则》的企业：资产合计=流动资产合计+长期投资+固定资产合计+无形及递延资产小计+其他资产。

2.负债合计：指企业过去的交易或者事项形成的，预期会导致经济利益流出企业的现时义务。负债一般按偿还期长短分为流动负债和非流动负债。根据会计“资产负债表”中“负债合计”项目的期末余额数填报。

执行 2006 年《企业会计准则》的企业：负债合计=流动负债合计+非流动负债合计；未执行 2006 年《企业会计准则》的企业：负债合计=流动负债合计+长期负债合计。

3.所有者权益合计：指企业资产扣除负债后由所有者享有的剩余权益。公司的所有者权益又称股东权益。包括实收资本、资本公积、盈余公积、未分配利润等。根据会计“资产负债表”中“所有者权益合计”项目的期末余额数填报。

4.主营业务收入：指企业确认的销售商品、提供劳务等主营业务的收入。根据会计“主营业务收入”科目的期末贷方余额填报。执行 2006 年《企业会计准则》的企业，如未设置该科目，以“营业收入”代替填报。

（1）土地转让收入：指房地产开发企业（单位）按国家规定在报告期转让已经开发的土地和未经开发的土地所得到的收入。根据会计“利润表”和相关核算资料计算填报。

（2）商品房屋销售收入：指房地产开发企业（单位）在报告期售出商品房屋的收入，一次收款的，一次性全部计入销售收入，按合同规定分期收款的，可按合同规定的时间分次计入收入。根据会计“利润表”和相关核算资料计算填报。

（3）房屋出租收入：指房地产开发企业（单位）在报告期内，在不改变现有财产所有权关系的条件下，将企业的全部或部分房屋出租给其他单位或个人使用所得到的租金收入。根据会计“利润表”和相关核算资料计算填报。

（4）其他收入：指房地产开发企业（单位）在报告期内从事除以上收入外的其他业务活动所得到的收入，包括配套设施销售收入、代建工程结算收入等。根据会计“利润表”和相关核算资料计算填报。

5.主营业务成本：指企业经营主要业务所发生的成本总额。根据会计“主营业务成本”科目的期末借方余额填报。执行 2006 年《企业会计准则》的企业，如未设置该科目，以“营业成本”代替填报。

6.销售费用：指企业在销售商品过程中发生的包装费、广告费等费用和为销售本企业商品而专设的销售机构的职工薪酬、业务费等经营费用。建筑业企业销售费用指企业从事施工生产活动过程中发生的各项费用，包括应由企业负担的运输费、装卸费、包装费、保险费、维修费、展览费、差旅费、广告费和其他经费。房地产企业销售费用指企业在从事主要经营业务过程中所发生的各项销售费用，包括转让、销售、结算和出租开发产品等。根据会计“利润表”中“销售费用”项目的本期金额数填报。

7.主营业务税金及附加：指企业经营主要业务应负担的营业税、消费税、城市维护建设税、教育费附加等。根据会计“主营业务税金及附加”科目的期末借方余额填报。执行 2006 年《企业会计准则》的企业，如未设置该科目，以“营业税金及附加”代替填报。

8.管理费用：指企业为组织和管理企业生产经营所发生的费用，包括企业在筹建期间内发生的开办费、董事会和行政管理部门在企业经营管理中发生的，或者应当由企业统一负担的公司经费等。根据会计“利润表”中“管理费用”项目的本期金额数填报。

9.财务费用：指企业为筹集生产经营所需资金等而发生的筹资费用，包括企业生产经营期间发生的利息支出（减利息收入）、汇兑损失（减汇兑收益）以及相关的手续费等。根据会计“利润表”中“财务费用”项目的本期金额数填报。

10.营业利润：指企业从事生产经营活动所取得的利润。执行 2006 年《企业会计准则》的企业，营业利润为营业收入减去营业成本、营业税金及附加、销售费用、管理费用、财务费用、资产减值损失，再加上公允价值变动收益和投资收益。未执行 2006 年《企业会计准则》的企业，营业利润为主营业务收入减去主营业务成本、主营业务税金及附加，加上其他业务利润后，再减去销售费用、管理费用、财务费用后的金额。根据会计“利润表”中“营业利润”项目的本期金额数填报。

11.营业外收入：指企业发生的与经营业务无直接关系的各项收入，包括非流动资产处置利得、非货币性资产交换利得、债务重组利得、政府补助、盘盈利得、捐赠利得等。根据会计“利润表”中“营业外收入”项目的本期金额数填报；未执行 2006 年《企业会计准则》的企业，“营业外收入”中不含“补贴收入”。

12.营业外支出：指企业发生的与经营业务无直接关系的各项支出，包括非流动资产处置损失、非货币性资产交换损失、债务重组损失、公益性捐赠支出、非常损失、盘亏损失等。根据会计“利润表”中“营业外支出”项目的本期金额数填报。

13.利润总额：指企业在一定会计期间的经营成果，是生产经营过程中各种收入扣除各种耗费后的盈余，反映企业在报告期内实现的亏盈总额。根据会计“利润表”中“利润总额”项目的本期金额数填报。执行 2006 年《企业会计准则》的企业，利润总额为营业利润加上营业外收入，减去营业外支出后的金额；未执行 2006 年《企业会计准则》的企业，利润总额为营业利润加上投资收益、补贴收入、营业外收入，再减去营业外支出后的金额。

14.应交所得税：指企业按税法规定，应从生产经营等活动的所得中缴纳的税金。根据会计“利润表”中 “所得税”项目的本期金额数填报。

二、房地产开发投资指标

1.计划总投资：指房地产开发企业（单位）在建的房屋建设工程或正在开发的土地开发工程，按照总体设计规定的内容全部建成计划（或按设计概算或预算）需要的总投资。

没有总体设计的房地产开发企业（单位），按报告期施工工程的计划总投资合计数填报。

2.自开始建设累计完成投资：指房地产开发企业（单位）在建的房屋建设工程或正在开发的土地开发工程从开始建设到本期止累计完成的全部投资。其计算范围原则上应与“计划总投资”指标包括的工程内容相一致。

报告期以前已建成投产或停、缓建工程完成的投资以及拆除、报废工程的投资，仍应包括在内。但转出的“在建工程”累计投资应予以扣除，转入的“在建工程”以前年度完成的投资应当包括。

3.本年完成投资：指报告期内完成的全部用于房屋建设工程、土地开发工程的投资额以及公益性建筑和土地购置费等的投资。

4.建筑工程：指各种房屋、建筑物的建造工程，又称建筑工作量。这部分投资额必须兴工动料，通过施工活动才能实现。

5.安装工程：指各种设备、装置的安装工程，又称安装工作量。

6.设备、工器具购置：指工业企业生产的产品转化为固定资产的购置活动，包括建设单位或企、事业单位购置或自制的，达到固定资产标准的设备、工具、器具的价值。

7.其他费用：指在固定资产建造和购置过程中发生的，除建筑安装工程和设备、工器具购置投资完成额以外的费用，不指经营中财务上的其他费用。包括土地出让金、大市政费、四源费（煤、热、自来水、污水）、不可预见费、旧房屋购置，基本畜禽支出，林木支出，退耕退牧还林还草、土壤改良、城市绿化，办公生活用家具、器具购置，建设单位管理费，土地征用、购置及迁移补偿费，政府收费，勘察设计费，研究实验费，可行性研究费，临时设施费，施工机械转移费，设备检验费，负荷联合试车费，土地占用、使用费，建设期应付利息，包干结余，企业债券发行费，合同公证费及工程质量监测费，国外借款手续费及承诺费，汇兑损益，调整器材调拨价格折价，坏账损失，固定资产亏损及损失等。

8.土地购置费：指房地产开发企业通过各种方式取得土地使用权而支付的费用。土地购置费包括：（1）通过划拨方式取得的土地使用权所支付的土地补偿费、附着物和青苗补偿费、安置补偿费及土地征收管理费等；（2）通过出让方式取得土地使用权所支付的出让金；（3）通过“招、拍、挂”方式取得土地使用权所支付的资金。以划拨和“招拍挂”方式取得土地所支付的资金在房地产项目竣工后计入新增固定资产，以出让方式取得土地所有权所支付的出让金不计入新增固定资产。土地购置费按当期实际发生额计入投资。土地购置费为分期付款的，应分期计入房地产开发投资。

9.投资额按工程用途分组：

（1）住宅：指专供居住的房屋，包括别墅、公寓、职工家属宿舍和集体宿舍（包括职工单身宿舍和学生宿舍）等。但不包括住宅楼中作为人防用、不住人的地下室等。住宅按照用途可以划分为经济适用住房和别墅、高档公寓等。按照户型结构可以划分为90平方米以下住房，144平方米以上住房等。

①90平方米及以下住房：指在房地产开发企业（单位）投资建设的商品住宅中，套型建筑面积不超过90平方米（包括90平方米）的住房。套型建筑面积是指单套住房的建筑面积，由套内建筑面积和分摊的共有建筑面积组成。现房应以商品房销售合同中实际测绘的建筑面积为统计标准，期房根据商品房预售合同中规划设计面积进行统计，待住宅竣工交付使用后，应根据实际测绘面积进行相应调整。

②144平方米以上住房：指在房地产开发企业（单位）投资建设的商品住宅中，套型建筑面积超过144平方米（不包括144平方米）的住房。现房应以商品房销售合同中实际测绘的建筑面积为统计标准，期房根据商品房预售合同中规划设计面积进行统计，待住宅竣工交付使用后，应根据实际测绘面积进行相应调

整。

③别墅、高档公寓：指建筑造价和销售价格明显高于一般商品住宅的商品住宅。别墅一般指地处郊区，独立成栋的商品住宅；高档公寓一般指地处市内高尚社区，高层或多层的商品住宅。别墅、高档公寓的确定标准：一是经有房地产投资计划审批权的主管部门审批建设的别墅、高档公寓开发项目；二是销售价格高于当地同等地段商品住宅平均销售价格一倍以上的别墅、公寓开发项目。该指标可以分析房地产投资结构，反映高收入家庭商品住宅的供求平衡情况。

（2）办公楼：指企业、事业、机关、团体、学校、医院等单位使用的各类办公用房（又称写字楼）。

（3）商业营业用房：指商业、粮食、供销、饮食服务业等部门对外营业的用房，如度假村、饭店、商店、门市部、粮店、书店、供销店、饮食店、菜店、加油站、日杂等房屋。

（4）其他：凡不属于上述各项用途的房屋建筑物，如中小学教学用房、托儿所、幼儿园、图书馆、体育馆等。

10.本年新增固定资产：指在报告期已经完成建造和开发过程并交付使用的房屋和土地开发面积的价值。指房地产开发公司进行开发经营活动的最终成果，即为社会提供的固定资产，而且是在报告期内新增加的。不是反映房地产开发企业本身固定资产的增加。

11.待开发土地面积：指经有关部门批准，通过各种方式获得土地使用权，但尚未开工建设的土地面积。

12.本年土地购置面积：指在本年内通过各种方式获得土地使用权的土地面积。

13.本年土地成交价款：指进行土地使用权交易活动的最终金额。在土地一级市场，是指土地最后的划拨款、“招拍挂”价格和出让价；在土地二级市场是指土地转让、出租、抵押等最后确定的合同价格。土地成交价款与土地购置面积同口径，可以计算土地的平均购置价格。

14.资金来源

（1）本年资金来源合计：指房地产开发企业（单位）在本年内收到的可用于房地产开发和经营的各种资金来源数之和，包括上年末结余资金、本年度内拨入、借入或以各种方式筹集的资金。

（2）上年末结余资金：指上年资金来源中没有形成投资额而结余的资金。包括尚未用到工程上去的材料价值、未开始安装的需要安装设备价值及结存的现金和银行存款等。可根据有关财务数字填报。上年末结余资金不能出现负数，即不能把上年应付工程、材料款作为上年末结余资金的负数来处理。

（3）本年资金来源小计：指房地产开发企业（单位）实际拨入的，用于房地产开发的各种货币资金。包括国内贷款、利用外资、自筹资金和其他资金。

①国内贷款：报告期房地产开发企业（单位）向银行及非银行金融机构借入的用于房地产开发与经营的各种国内借款，包括银行利用自有资金及吸收的存款发放的贷款、上级主管部门拨入的国内贷款、国家专项贷款（包括煤代油贷款、劳改煤矿专项贷款等），地方财政专项资金安排的贷款、国内储备贷款、周转贷款等。

银行贷款：指向各商业银行、政策性银行借入的用于房地产开发与经营的各项贷款。

非银行金融机构贷款：指向除上述银行之外从事金融业务的机构借入的用于房地产开发与经营的各项贷款。非银行金融机构包括城市信用社、农村信用社、保险公司、金融信托投资公司、证券公司、财务公司、金融租赁公司、融资公司（中心）等。

②利用外资：指报告期收到的用于房地产开发与经营的境外资金（包括外国及港澳台地区），包括外商直接投资、对外借款（外国政府贷款、国际金融组织贷款、出口信贷、外国银行商业贷款、对外发行债券和股票）及外商其他投资（包括补偿贸易和加工装配由外商提供的设备价款、国际租赁）。不包括我国自有

外汇资金（包括国家外汇、地方外汇、留成外汇、调剂外汇和中国银行自有资金发行的外汇贷款等）。各类外资按报告期的外汇牌价（中间价）折成人民币“万元”计算。

外商直接投资：指外国投资商在与中国企业（政府）合资、合作或独资中以外汇现金、设备（或实物）、技术、专利或其他方式投入的资金总量。

③**自筹资金**：指各地区、各部门及企事业单位筹集用于房地产开发与经营的预算外资金。

自有资金：指凡属于房地产企业（单位）所有者权益范围内所包括的资金，是按财务制度规定归企业支配的各种自有资金。包括企业折旧资金、资本金、资本公积金、企业盈余公积金及其他自有资金，也包括通过发行股票筹集的资金。

④**其他资金来源**：指在报告期收到的除以上各种资金之外其他用于房地产开发与经营的资金。包括国家预算内资金、债券、社会集资、个人资金、无偿捐赠的资金及用征地迁移补偿费、移民费等进行房地产开发的资金。

定金及预收款：定金是为使甲乙双方按约定签订正式经济合同，实现房屋交易，根据有关规定由购房者或单位在报告期交纳的押金。预收款是甲乙双方签订购销房屋合同后，在报告期由购房者或单位交付的首付款及各种手续费（包括其中的外汇）。

个人按揭贷款：又称“个人住房商业性贷款”。是指按照中国人民银行（《个人住房贷款管理办法》，银发[1998]190号）中规定，贷款人（商业银行）向借款人发放的采用分期偿还方式用于购买自用普通住房的贷款。它是银行用其信贷资金所发放的自营性贷款。具体指具有完全民事行为能力的自然人，购买商品房时以其购买的产权住房（或银行认可的其他担保方式）为抵押，作为偿还贷款的保证而向银行申请的住房商业性贷款。从1999年2月开始，个人住房贷款可扩大到借款人自用的各类型住房贷款（《关于开展个人消费信贷的指导意见》，银发[1999]73号）。

15.**本年各项应付款合计**：指在房地产开发过程中应付未付的投资款。包括应付工程款、应付器材款、应付工资、应付有偿调入器材及工程款、其他应付款、应交税金、应交基建收入、应交投资包干结余、应交能源交通建设基金、应交预算调节基金及其他应交款。各项应付款填报本报告期实际增加数（或发生数），不是填报开始建设以来的累计数。

三、房地产开发企业施工、销售和空置面积指标

1.**房屋施工面积**：指报告期内施工的全部房屋建筑面积。包括本期新开工的房屋建筑面积、上期跨入本期继续施工的房屋建筑面积、上期停缓建在本期恢复施工的房屋建筑面积、本期竣工的房屋建筑面积以及本期施工后又停缓建的房屋建筑面积。多层建筑应填各层建筑面积之和。

2.**房屋新开工面积**：指报告期内新开工建设的房屋面积，以单位工程为核算对象。不包括在上期开工跨入报告期继续施工的房屋建筑面积和上期停缓建而在本期复工的建筑面积。房屋的开工应以房屋正式开始破土刨槽（地基处理或打永久桩）的日期为准。房屋新开工面积指整栋房屋的全部建筑面积，不能分割计算。

3.**房屋竣工面积**：指报告期内房屋建筑按照设计要求已全部完工，达到住人和使用条件，经验收鉴定合格或达到竣工验收标准，可正式移交使用的各栋房屋建筑面积的总和。

4.**不可销售面积**：指报告期房地产公司竣工的用于拆迁还建的房屋面积；接受委托、定向开发建设，并收取一定的管理费所建设的统建代建房屋竣工面积；竣工的学校、幼儿园、派出所、居委会、商店等公益设施建筑面积。

5.住宅竣工套数：指报告期内按照设计要求已全部完工，经验收合格，达到住人或使用条件的正式交给开发公司的成套住宅数量（以设计图纸为准）。

6.房屋竣工价值：指报告期内按规定已经上报竣工的房屋本身的建造价值。一般按房屋设计和预算规定的内容计算。包括竣工房屋本身的基础、结构、屋面、装修以及水、电、卫等附属工程的建筑价值，也包括作为房屋建筑组成部分而列入房屋建筑工程预算内的设备（如电梯、通风设备等）的购置和安装费用；不包括厂房内的工艺设备、工艺管线的购置和安装，工艺设备基础的建造；室外的水、暖、电、卫、道路工程、挡土墙等环境工程的费用，办公和生活用家具的购置等费用；购置土地的费用；迁移补偿费和场地平整的费用及城市建设配套投资。

房屋竣工价值不仅包括该竣工房屋在报告期内完成的价值，也包括跨年施工的房屋在本期以前完成的价值。未竣工而转让给其他单位的房屋建筑工程，出让单位不计算竣工价值，待接受单位继续施工并符合竣工条件后，由接受单位计算其竣工价值，包括出让单位在出让前所完成的价值。房屋竣工价值一般按结算价格计算。

7.房屋出租面积：指在报告期期末房屋开发单位出租的商品房屋的全部面积。

8.商品房销售面积：指报告期内出售商品房屋的合同总面积（即双方签署的正式买卖合同中所确定的建筑面积）。由现房销售面积和期房销售面积两部分组成。

（1）现房销售面积：指在报告期内正式签订买卖合同、已经竣工达到入住条件的商品房屋建筑面积。包括以一次性付款方式和分期付款方式销售的现房建筑面积。

（2）期房销售面积：指在报告期内正式签订买卖合同、正在建设尚未竣工交付使用的商品房屋建筑面积。包括以一次性付款方式和分期付款方式销售的商品房屋建筑面积。期房销售建筑面积竣工后不再结转为现房销售建筑面积。

9.商品房销售额：指报告期内出售商品房屋的合同总价款（即双方签署的正式买卖合同中所确定的合同总价）。该指标与商品房销售面积同口径，由现房销售额和期房销售额两部分组成。

（1）现房销售额：指报告期内销售的已竣工商品房屋的合同总价款。包括现房销售前期预收的定金、预收款、首付款及全部按揭贷款的本金等款项。该指标与现房销售面积同口径。

（2）期房销售额：指报告期内销售的正在建设尚未竣工的商品房屋的合同总价款。包括预售房屋前期预收的定金、预收款、首付款及全部按揭贷款的本金等项。该指标与期房销售面积同口径。

10.商品住宅销售套数：指报告期内出售商品房屋合同中总的成套住宅数量（即双方签署的正式买卖合同中所确定的成套住宅数量）。由现房销售套数和期房销售套数两部分组成。

（1）现房销售套数：指报告期内销售的已竣工商品房屋合同中总的成套住宅数量。

（2）期房销售套数：指报告期内销售的正在建设尚未竣工的商品房屋合同中总的成套住宅数量。

11.待售面积：指报告期末已竣工的可供销售或出租的商品房屋建筑面积中，尚未销售或出租的商品房屋建筑面积，包括以前年度竣工和本期竣工的房屋面积，但不包括报告期已竣工的拆迁还建、统建代建、公共配套建筑、房地产公司自用及周转房等不可销售或出租的房屋面积。按照商品房待售时间的长短可以划分为待售一年以下、待售一到到三年（含一年）和待售三年以上（含三年）。

四、主要分组指标

1.登记注册类型：指企业或企业产业活动单位的登记注册类型，按其在工商行政管理机关登记注册的类型填写。

机关、事业单位和社会团体及其他组织的登记注册类型，按其主要经费来源和管理方式，根据实际情况，比照《企业登记注册类型与代码》确定。

工商行政管理部门对企业（单位）登记注册的类型分为以下几种：

（1）**国有企业**：指企业全部资产归国家所有，并按《中华人民共和国企业法人登记管理条例》规定登记注册的非公司制的经济组织。不包括有限责任公司中的国有独资公司。

（2）**集体企业**：指企业资产归集体所有，并按《中华人民共和国企业法人登记管理条例》规定登记注册的经济组织。

（3）**股份合作企业**：指以合作制为基础，由企业职工共同出资入股，吸收一定比例的社会资产投资组建，实行自主经营，自负盈亏，共同劳动，民主管理，按劳分配与按股分红相结合的一种集体经济组织。

（4）**联营企业**：指两个及两个以上相同或不同所有制性质的企业法人或事业单位法人，按自愿、平等、互利的原则，共同投资组成的经济组织。联营企业包括国有联营企业、集体联营企业、国有与集体联营企业和其他联营企业。

国有联营企业：指所有联营单位均为国有。

集体联营企业：指所有联营单位均为集体。

国有与集体联营企业：指联营单位既有国有也有集体。

其他联营企业：指上述三种联营企业之外的其他联营形式的企业。

（5）**有限责任公司**：指根据《中华人民共和国公司登记管理条例》规定登记注册，由两个以上，五十个以下的股东共同出资，每个股东以其所认缴的出资额对公司承担有限责任，公司以其全部资产对其债务承担责任的经济组织。有限责任公司包括国有独资公司以及其他有限责任公司。

国有独资公司：指国家授权的投资机构或者国家授权的部门单独投资设立的有限责任公司。

其他有限责任公司：指国有独资公司以外的其他有限责任公司。

（6）**股份有限公司**：指根据《中华人民共和国公司登记管理条例》规定登记注册，其全部注册资本由等额股份构成并通过发行股票筹集资本，股东以其认购的股份对公司承担有限责任，公司以其全部资产对其债务承担责任的经济组织。

（7）**私营企业**：指由自然人投资设立或由自然人控股，以雇佣劳动为基础的营利性经济组织。包括按照《公司法》、《合伙企业法》、《私营企业暂行条例》以及《个人独资企业法》规定登记注册的私营独资企业、私营有限责任公司、私营股份有限公司、私营合伙企业和个人独资企业。

私营独资企业：指按《私营企业暂行条例》的规定，由一名自然人投资经营，以雇佣劳动为基础，投资者对企业债务承担无限责任的企业。

私营有限责任公司：指按《公司法》、《私营企业暂行条例》的规定，由两个以上自然人投资或由单个自然人控股的有限责任公司。

私营股份有限公司：指按《公司法》的规定，由五个以上自然人投资，或由单个自然人控股的股份有限公司。

私营合伙企业：指按《合伙企业法》或《私营企业暂行条例》的规定，由两个以上自然人按照协议共同投资、共同经营、共负盈亏，以雇佣劳动为基础，对债务承担无限责任的企业。

个人独资企业：指按《个人独资企业法》、《个人独资企业登记管理办法》的规定，由一个自然人投资，财产为投资人个人所有，投资人以其个人财产对企业债务承担无限责任的经营实体。个人独资企业填表时归入私营独资企业。

(8) 其他内资企业：指上述第（1）条至第（7）条之外的其他内资经济组织。

(9) 与港澳台商合资经营企业：指港澳台地区投资者与内地的企业依照《中华人民共和国中外合资经营企业法》及有关法律的规定，按合同规定的比例投资设立，分享利润和分担风险的企业。

(10) 与港澳台商合作经营企业：指港澳台地区投资者与内地企业依照《中华人民共和国中外合作经营企业法》及有关法律的规定，依照合作合同的约定进行投资或提供条件设立，分配利润、分担风险和亏损的企业。

(11) 港澳台商独资经营企业：指依照《中华人民共和国外资企业法》及有关法律的规定，在内地由港澳台地区投资者全额投资设立的企业。

(12) 港澳台商投资股份有限公司：指根据国家有关规定，经商务部（原外经贸部）批准设立，并且其中港、澳、台商的股本占公司注册资本的比例达 25%以上的股份有限公司。凡其中港、澳、台商的股本占公司注册资本的比例小于 25%的，属于内资中的股份有限公司。

(13) 其他港、澳、台商投资企业：指在中国境内参照《外国企业或个人在中国境内设立合伙企业管理办法》和《外商投资合伙企业登记管理规定》，依法设立的港、澳、台商投资合伙企业。

(14) 中外合资经营企业：指外国企业或外国人与中国内地企业依照《中华人民共和国中外合资经营企业法》及有关法律的规定，按合同规定的比例投资设立，分享利润和分担风险的企业。

(15) 中外合作经营企业：指外国企业或外国人与中国内地企业依照《中华人民共和国中外合作经营企业法》及有关法律的规定，依照合作合同的约定进行投资或提供条件设立，分配利润、分担风险和亏损的企业。

(16) 外资企业：指依照《中华人民共和国外资企业法》及有关法律的规定，在中国内地由外国投资者全额投资设立的企业。

(17) 外商投资股份有限公司：指根据国家有关规定，经商务部（原外经贸部）批准设立，并且其中外资的股本占公司注册资本的比例达 25%以上的股份有限公司。凡其中外资股本占公司注册资本的比例小于 25%的，属于内资中的股份有限公司。

(18) 其他外商投资企业：指在中国境内依照《外国企业或个人在中国境内设立合伙企业管理办法》和《外商投资合伙企业登记管理规定》，依法设立的外商投资合伙企业。

2. 控股情况：根据企业实收资本中某种经济成分的出资人的实际投资情况，或出资人对企业资产的实际控制、支配程度进行分类。具体分为国有控股、集体控股、私人控股、港澳台商控股、外商控股和其他六类。

(1) 国有控股：包括：

①在企业的全部实收资本中，国有经济成分的出资人拥有的实收资本（股本）所占企业全部实收资本（股本）的比例大于 50%的国有绝对控股。

②在企业的全部实收资本中，国有经济成分的出资人拥有的实收资本（股本）所占比例虽未大于 50%，但相对大于其他任何一方经济成分的出资人所占比例的国有相对控股；或者虽不大于其他经济成分，但根据协议规定拥有企业实际控制权的国有协议控股。

③投资双方各占 50%，且未明确由谁绝对控股的企业，若其中一方为国有经济成分的，一律按国有控股处理。

(2) 集体控股：包括：

①在企业的全部实收资本中，集体经济成分的出资人拥有的实收资本（股本）所占企业全部实收资本（股本）的比例大于50%的集体绝对控股。

②在企业的全部实收资本中，集体经济成分的出资人拥有的实收资本（股本）所占比例虽未大于50%，但相对大于其他任何一方经济成分的出资人所占比例的集体相对控股；或者虽不大于其他经济成分，但根据协议规定拥有企业实际控制权的集体协议控股。

（3）私人控股：包括：

①在企业的全部实收资本中，私人经济成分的出资人拥有的实收资本（股本）所占企业全部实收资本（股本）的比例大于50%的私人绝对控股。

②在企业的全部实收资本中，私人经济成分的出资人拥有的实收资本（股本）所占比例虽未大于50%，但相对大于其他任何一方经济成分的出资人所占比例的私人相对控股；或者虽不大于其他经济成分，但根据协议规定拥有企业实际控制权的私人协议控股。

（4）港澳台商控股：包括：

①在企业的全部实收资本中，港澳台商经济成分的出资人拥有的实收资本（股本）所占企业全部实收资本（股本）的比例大于50%的港澳台商绝对控股。

②在企业的全部实收资本中，港澳台商经济成分的出资人拥有的实收资本（股本）所占比例虽未大于50%，但相对大于其他任何一方经济成分的出资人所占比例的港澳台商相对控股；或者虽不大于其他经济成分，但根据协议规定拥有企业实际控制权的港澳台商协议控股。

（5）外商控股：包括：

①在企业的全部实收资本中，外商经济成分的出资人拥有的实收资本（股本）所占企业全部实收资本（股本）的比例大于50%的外商绝对控股。

②在企业的全部实收资本中，外商经济成分的出资人拥有的实收资本（股本）所占比例虽未大于50%，但相对大于其他任何一方经济成分的出资人所占比例的外商相对控股；或者虽不大于其他经济成分，但根据协议规定拥有企业实际控制权的外商协议控股。

（6）其他：除上述五类以外的企业控股情况。

3.隶属关系：指本单位隶属于哪一级行政管理单位，按照国家标准《单位隶属关系代码》（GB/T12404-1997）分为：中央、省、地、县、街道、镇、乡、居民委员会、村民委员会和其他。

中央与地方双重领导的单位，以领导为主的一方来划分中央属或地方属。

各级政府（中央，省，地，县，街道、镇、乡）、党委、人大、政协等机关的隶属关系填写本级。如：省政府的隶属关系填“省”。

居委会、村委会的隶属关系分别填“居委会”和“村委会”。

隶属于“中央”的单位兴办的集体企业，隶属关系填“其他”；省属以下的企业（单位）办的企业（单位），其隶属关系与企业（单位）本身的隶属关系一致。

无主管部门的单位、本省（自治区、直辖市）在外省（自治区、直辖市）的办事机构所开办的第三产业等单位填“其他”。